KB266218

중심은 유지되는가

중심은 유지되는가

초판 1쇄 인쇄 / 2013년 8월 20일
초판 1쇄 발행 / 2013년 8월 26일

지은이 / 도널드 파머
옮긴이 / 이용대
펴낸이 / 신성모
펴낸곳 / 북&월드

등록 / 2000년 11월 23일 제10-2073
주소 / 경기도 양평군 용문면 덕촌길 211번지 129-11
전화 / (02) 326-1013
팩스 / (031) 771-9087
이메일 / gochr@hanmail.net

ISBN 978-89-90370-96-9 03100

책 값은 뒤표지에 표기되어 있습니다.
파본은 구입하신 서점에서 교환해 드립니다.

중심은 유지되는가

도널드 파머 지음 / 이용대 옮김

북&월드

　내 생각에, 운 좋은 대부분의 사람은 자신들이 어떤 특별한 호감이나 재능이나 솜씨가 있기 때문에 매력을 느끼는 직업 분야에 결국에는 진출할 것이다.(나는 학생들더러 "여러분이 가장 잘하는 일, 다른 무엇보다 낫게 하는 일, 하기 좋아하는 일을 하라"고 충고한다. 그 경우에 내가 커다란 범죄 행위를 옹호하는 것은 아니라고 믿는다.) 적어도 철학을 전공하는 경우에는 그것이 틀림없는 사실이다. 나는 부모들이 법대나 의대로 가라고 압력을 넣는 학생들을 만나보기는 했지만, 철학 전공자가 되라고 부모들이 강요하는 학생은 만나본 기억이 없다. 확실히 어떤 심각한 착오가 아니라면, 탐욕이 동기가 되어 이 분야에 들어온 사람은 아무도 없다. 플라톤은 좌절된 권력욕에 떠밀려 철학에 뛰어들었을지 모르지만, 그런 실수를 다시 저지르는 사람은 거의 없다. 그러므로 여러분과 나는 젊은 시절에 철학이 어딘가 본래부터 흥미롭고 어쩐지 우리한테 '자연스러운 것'이라고 여겼음이 틀림없다. 여러분도 눈치챘겠지만, 불행히도 모든 학생이 철학의 타고난 매력에 관해 우리하고 의견이 같은 건 아니다.

　학생으로서 나 자신의 경험(마린칼리지, 버클리의 캘리포니아대학, 마드리드대학, 나바르대학 등)에 근거해볼 때 철학은 가르치는 방법에 따라 엄청나게 재미있을 수도 있고 죽도록 지겨울 수도 있는 것이 사실이다(이 점은 아마도 모든 분야에 해당되겠지만, 아무래도 철학에 더 들어맞는 것 같다). 우리가 철학도로서 갖추었다고 생각하는 타고난 철학적 능력과 자질을 모든 대학생이 지닌 것이 아니라는 합리적인 가정을 전제한다면, 우리는 철학 분야 자체가 모든 학생에게 본래부터 흥미로울 것이라고 확신할 수는 없을 것이다. 철학을 사랑하는 우리한테는 놀라운 사실일지 모르지만, 모든 사람이 철학을 좋아하지는 않는다.(한 학생이 나한테 "이 수업이 나중에는 좀 더 재미있어지나요?" 하고 물어서 충격을 받은 일이 있다. 나는 이렇게 말해주고 싶었다. "어리석은 친구 같으니. 이게 바로 철학이야!") 우리 철학 교수들은 철학에 타고난 매력을 느끼지 못하는 학생들한테도 철학이 무언가 중요한 것을 제공해준다고 믿는다. 그러나 그것을 증명하는 몫은 우리한테 있다. 안내자가 없으면 어떤 사람들은 보편자의 지위에 관한 중세의 토론이 자신들의 삶에 무슨 중요한 연관성이 있는지 알지 못한다.(이 말은 물론

진담이다. 만일 에코의 소설 《장미의 이름》의 마지막 글귀에 진리가 있다면? "장미는 그 이름 때문에 존재한다. 우리가 가진 것은 이름뿐이다." 만일 셰익스피어가 틀리다면, 우리가 장미를 어떤 다른 이름으로 부르면 달콤한 향기가 사라질 것이라고 한다면? 이것은 중요한 문제다.)

그래서 나는 좀 더 흥미롭고 자극적이며 즐거운 철학 수업에 기여하기를 바라면서 책을 썼다. 나는 어려운 개념을 지나치게 희석시키거나 단순성에 영합하는 일이 없이 생생하게 다가가는 방식으로 이 책을 쓰려고 했다. 때로는 어휘가 학생들에게 친숙하지 않을지도 모르겠지만 지겨울 정도는 아닐 것이다. 학생들은 어쨌든 도전받기를 원한다. 책이 더 재미있으라고 만화와 우스개 소리를 이용한 것에 대해 변명할 필요가 있을까? 철학은 즐거운 것이어야 한다. 사유는 사유하기 좋은 것이다. 그러한 목표는 또한 수많은 철학 교재의 저자들과 달리, 이 책에서 논의하는 대부분의 주제에 대해 내가 개성적인 입장을 취하는 이유를 말해준다. 이러한 접근법에 대해서는 아마도 만화의 경우와 달리, 좀 더 변명이 필요할 것이다. 사실 솔직히 말해서, 단순히 여러 가지 대체 개념을 순전히 무해하게 연이어 늘어놓기만 하는 철학 책은 근본적으로 멍청하고 의심스러운 책이라고 나는 생각한다(어떤 카페가 음식을 그런 식으로 늘어놓는다면 나는 상관은 않겠지만, 카페를 별로 좋아하지 않게 될 것이다). 여러분은 물론 나의 결론 몇 가지에 대해 이견이 있을 테지만, 최소한 여러분이 그것들을 공리 공담으로 여길 것이라고는 생각하지 않는다. 나는 가망 없는 정충주의자 — 또는 어쩌면 제임스주의자(이 말이 통한다면 그렇게 쓰자!) — 이다. 그뿐만이 아니라 학생과 교사로서의 내 경험에 따르면, 좋은 철학 강좌의 동력은 스페인어나 생물학 강좌와 달리 부분적으로 교재와 수업 사이의 자그마한 대립 속에서 나온다. 이것이 기회라고 생각하라! 나는 여러분에게 풍부한 재료를 제공했다고 확신한다.

여러분들이 관심을 갖는 다른 분야, 특히 예술, 문학, 물리학, 사회학, 심리학, 정신분석학 등과 철학을 연관짓는 것이 이 책의 장점으로 인식되기를 나는 바란다. 철학이 더 이상 모든 학문의 여왕은 아니겠지만, 적어도 그 동반자인 것은 확실하다.

반대의 측면도 있기는 하지만, 이 책의 본문은 자료의 선별에서 지극히 관례적인 입장을 취한다. 주제들은 철학 개론 강좌에서 전형적으로 가르치는 테마이다. 장의 구분과 소구분 자체가 이런 점을 말해준다고 생각한다. 나는 상호 참조 방식의 용어 해설을 제공하고 특정한 테마들을 각 장마다 살려서 한 번 학습한 개념들이 사라지는 일이 없도록 함으로써 책 전반의 연속성을 확립하고자 한다(이 경우에도 역시 "활용하든가 잃어버리든가 둘 중 하나"이다).

이 새로운 판版에서 변화된 내용은 교수, 학생, 일반 독자들이 나에게 전달해준 무수한 의견의 결과이다. 나는 수많은 조언에 감사드리며, 특히 초판을 대학 교재로 활용하여 책의 장단점을 파악하기 좋은 입장에 있었던 철학 교수들에게 감사드린다. 디아블로 밸리대학의 데이빗 칼, 샌 앤토니오 마운틴대학의 그레이스 딤, 타우슨 주립대학의 대니얼 킬리, 먼로 커뮤니티대학의 웨슬리 코빌락, 이스턴 뉴멕시코대학의 글렌 맥코이, 오하이오대학의 에드워드 슬로윅, 아주사 퍼시픽대학의 스티브 윌킨스가 그들이다.

내가 받은 수많은 제안의 결과로, 책 본문 전반에 걸쳐 수십 군데의 사소한 변경과 삭제, 수정이 이루어졌으며 또한 몇 군데 커다란 변화가 가해졌다. 소크라테스 이전 철학자들을 좀 더 폭넓게 다룬 것이나, 아리스토텔레스와 스피노자에 관한 새로운 단락들, 신비주의에 관한 항목, 서양 도덕 철학에 대한 페미니즘의 비판, '심층 생태학' 운동을 다룬 것이 그것이다. 각 장에는 철학의 심층부로 들어가보고 싶은 사람들을 위해 값싸고 읽을 만한 페이퍼백 서적의 목록을 덧붙였고, 각 장의 마지막에는 대학 교재로 이 책을 이용하는 학생과 교수들한테 도움이 되도록 '생각해볼 문제'를 여러 가지로 배치했다. 또한 몇몇 장은 구성을 바꾸었다. 이러한 변경과 첨가로 이 책이 더 나아졌기를 바란다.

그리고 감사의 인사를 덧붙여야겠다. 만일 길게 나열되는 명단이 지루하게 여겨지면 이 단락을 건너뛰어도 무방할 것이다. 내 의도는 여기서 빚도 갚고 이 책의 제작에 (대부분은 인지나 동의 없이) 참가해준 많은 사람에게 감사를 표하려는 것이다. 첫 번째는 철학자들이다……. 내가 연구한 모든 철학자가 해당되겠지만, 특별히 꼽자면 비트겐슈타인, 키에르케골, 사르트르, 맑스, 프로이트, 니체, 플라톤, 데카르트, 스피노자, 흄이 있다. 여러분은 또 다시 그들의 이야기를 들을 것이다(어떤 이는 무덤 속에서 포복절도할 지도 모른다). 다음에 내 자신의 스승들이다. 버지아나 오크니, 코넬리어스 웨버, 조지 던컨, 하웰 브리스, 존 설, 스탠리 케이블, 벤슨 메이츠, 스티븐 페퍼, 제리스 애덤스와 버질 '브이아이피' 파치가 도움을 주었다. 그 다음에 마린칼리지에서 25년 동안 함께 한 나의 학생, 5천 명 모두에게 감사를 드린다(그 수가 7천 명이 되면 나는 은퇴할 것이다). 이어서 이 책의 편집자인 짐 벌에게 특별한 감사를 드린다. 그는 이 모든 수고를 감당했을 뿐만 아니라, 실제로 나의 첫 저서《철학 들여다보기》와 함께 이 책을 만들도록 만든 장본인이다. 또한 이 두 번째 판을 내는 데 수고해준 메이필드 출판사의 직원들에게도 감사드리고 싶다. 줄리아나 스콧 페인, 로빈 모앳, 진 슈라이버, 팸 트레이너, 위엔 판이 그들이다. 또한 원고 정리를 맡아준 제이 스튜어트에게도 그녀의 기민한 통찰력에 감사드린다.

또한 이상하게 들릴지 모르지만, 수많은 사상이 부화되고 수많은 책들이 씌어진 현장인 미국의 거대한 사막들 — 스모크 크리크사막, 블랙 락사막, 모자브, 오르간 파이프 국립 기념 공원, 앤자 보리고, 그리고 (당연하지만) 그와 더불어 고故 에드워드 애비 — 에게 감사드리고 싶다. 마지막으로 내 진정한 활력과 영감, 사랑의 원천인, 이 책을 헌정받은 사람, 나의 아내 라일라 메이에게 감사한다. 그녀가 없었더라면 철학조차도 내게는 가치가 훨씬 덜했을 것이다.

이 책은 미국 철학자 도널드 파머의 철학 입문서를 번역한 것이다. 파머는 철학 교수로, 대중적인 철학 강의와 교재로 명성을 얻고 있다. 이 책이 다루는 주제는 인식론, 존재론, 종교학, 윤리학, 정치 철학, 미학 등 철학의 거의 모든 분야를 망라하고 있다. 저자는 이들 주제와 연관하여 철학사의 주요 흐름과 논쟁점, 미해결 과제 등을 명료하면서도 알기 쉽게 해설해주고 있다. 저자의 해설은 단지 철학 개념만 다루는 것이 아니라, 철학과 연관된 자연과학의 성과와 실생활의 사례를 다각도로 원용하여 철학 개념의 의의와 쟁점을 풍부하게 구체적으로 이해할 수 있게끔 해주는 강점이 있다. 특히, 저자가 직접 그려놓은 재치 있고 수준 높은 삽화는 이 책의 독특한 매력이라고 할 수 있다. 이처럼 그림과 사례를 결합하여 저자는 흔히 어렵고 딱딱한 것으로 치부되는 철학의 개념과 주제를 생동감 있고 흥미진진한 탐구 과제로 살려내는 데 성공하였다. 저자의 재능에 힘입어, 철학적 사색은 따분하고 무미건조한 이미지를 벗어던지고 매력적이고 차원 높은 '정신적 유희'의 지위를 획득하게 되었다. 지금까지 나온 철학 입문서 가운데 아마 이 책만큼 대중적이고 명쾌하며, 철학에 관심을 갖게 만드는 책은 옮긴이가 알기로 일찍이 없었던 것 같다.

철학은 실생활과 별로 연관이 없어 보이는 학문이다. 실상, 철학을 전혀 알지 못해도 실생활을 살아가는 데 아무런 불편이 없다. 철학은 경제학이나 역사학, 문학, 수학, 화학과 같은 학문이 실생활에 대해 갖는 쓰임새를 전혀 갖지 않는다. 철학이 이런 특징을 갖는 것은 철학이 세계의 특정한 분야와 현상을 다루는 학문이 아니라, 세계 일반을 다루는 학문이기 때문이다. 철학은 개별 학문이 다루는 세계의 일부분이 아니라 개별 학문의 영역을 넘어선 세계 전체의 문제를 다룬다. 그래서 철학은 학문의 학문이며, 세계관을 주는 학문이라고 한다.

또한 철학은 특정한 전공자의 전유물이 아니다. 전혀 철학을 공부하지 않은 사람도 삶 속에서 자기 나름대로의 철학을 형성하고 피력할 수 있다. 과학 탐구의 여러 분야는 전문적인 연구 없이는 진리에 도달하기 어렵다. 그러나 철학의 진리는 전문가가 아니더라도 누구나 쉽게 접근할 수 있는 특성을 지닌다. 그래서 철학자는 사람들 앞에서 무슨 '전문가' 행세를 하기가 애매하며 전문가 대접을 받지 못한다. 심지어, 심오한 사색의 결과로 궁구된 철학의 진리라는 것이 때로는 평범한 상식으로 깨달은 삶의 진실보다 못할 경우도 있다. 그렇게 되는 이유는 역설적으로 철학이 사람의 삶과 가장 직접적인 연관을 갖는 학문이며 삶에 대해서는 전문가가 따로 있을 수 없기 때문이다. 생물학은 사람에 대한 수많은 전문적인 과학 정보를 주지만, 사람의 삶을 직접적으로 다루지 않는다. 생물학을 아무리 깊이 연구하더라도 그 자체로서 "삶이 무엇인가"라는 전형적인 철학적 물음에 답이 나오는 것은 아니다. 그렇기 때문에 사람의 삶의 문제를 직접적인 탐구 대상으로 하는 학문은 철학밖에 없다고 할 수 있다. 그래서 철학은 사람의 삶의 문제, 곧 사람의 운명 문제에 답을 주는 것을 자기 사명으로 하는 학문이라고 한다.

사람의 삶은 세계 속에서 영위되기 때문에 세계관의 문제, 곧 세계를 어떻게 이해하고 어떻게 대처하느냐 하는 문제는 사람의 삶에 직적적인 영향을 미친다. 미신적이거나 비과학적인 세계관은 사람이 자기 삶에 유익함이 없는 헛된 행동을 하게 만들고 인생의 중요한 고비에서 판단을 그르치게 만든다. 예속적이고 의존적인 세계관은 남의 탓을 하며, 굴종적이고 패배적인 삶을 살아가게 만든다. 현대 자본주의 사회가 부추기는 개인 이기주의, 황금 제일주의의 세계관은 사람이 한평생을 이기심과 물질적 탐욕의 늪에서 허우적대며 살아가게 만든다. 세계관은 사람이 삶의 가치와 좌표를 어떻게 가지고 사느냐를 규정짓는다. 그래서 어떤 세계관을 갖는가에 따라 사람의 운명이 달라질 수 있다. 환경과 조건이 동일하다고 해서 동일한 삶을 사는 것이 아니라, 그 환경과 조건을 어떻게 이해하고 어떻게 대처하느냐에 따라 사람의 삶의 모습은 천차만별로 달라지는 것이다. 그러므로 사람이 삶의 대장정에서 나름대로 보람과 성공을 거두자면 세계관을 올바로 갖는 데에서 출발해야 긴 여정을 큰 실수 없이 마무리할 수 있고, 아쉬움과 여한 없이 인생을 마감할 수 있을 것이다. 여기에 철학이 할 몫이 있다.

이 책은 독자들로 하여금 철학에 관심을 갖게 만들고, 철학적 사색을 통해 자기 삶을 풍부하게 만드는 데 도움을 줄 것이다. 이 책의 모든 결론이 옳은 것은 아니다. 저자 자신이 미국이라는 특수한 사회 환경과 문화 속에서 형성된 철학 전통 속에서 공부한 사람이기 때문에 관심 영역과 문제 인식에서 많은 차이가 있을 수 있다. 그런 점을 분별해내는 것은 오늘 이 땅에서 살아가는 독자의 몫일 것이다.

이 책이 나오기까지 오랜 시간이 걸렸다. 보잘 것 없는 번역 원고를 끝까지 신주 단지 모시듯 하며 인내심을 가지고 마침내 햇빛을 보게 해준 출판사 여러분께 감사드린다.

2013년 6월

옮긴이

차례

1 철학은 가능한가

이 수업에서 무엇을 할 것인가 … 21

8 전통적 윤리학 이론에 대한 비판

민족마다 방식이 다르다 … 355

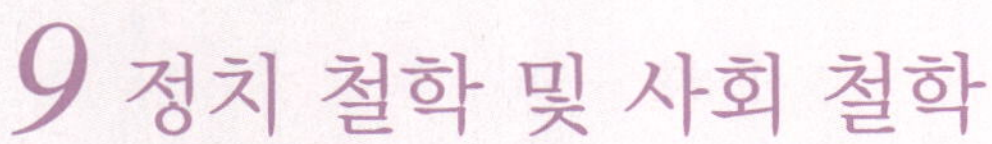

9 정치 철학 및 사회 철학

사람들한테 케익을 먹여라 … 393

10 예술 철학

그러나 그것이 예술인가 … 455

　들어가기는 소개를 위한 것이다. 소개한다는 것은 사람과 사람 사이, 또는 사람과 사상이나 장소 사이에 관계를 맺어주는 것을 말한다. 그러나 그것은 철학을 소개하는 입문서인 이 책 전체의 목적에 해당된다. 이 책은 사람들에게 다른 사람들(불행이도 그 대부분은 죽은 사람이다), 사상들(되도록이면 살아 있는), 그리고 어떤 장소(정신의 고원 지대 — 허나 여기에도 수령, 움푹 꺼진 곳, 불모지가 있을까 우려된다)를 소개하기 위한 것이다. 그렇기 때문에 이런 책은 긴 서론이 필요하지 않다. 그것은 고작 서론의 서론에 불과할 것이기 때문이다.

　그래도 몇 가지는 언급할 필요가 있을 것이다. 첫째로, 문체에 관해 한 마디 해야겠다. 모든 사람의 문체는 독특한 동시에 모방적이다. 의식적이든 무의식적이든, 나는 내 스승들과 내가 공부한 철학자들의 문체를 흉내냈다. 이 책은 그러한 모든 영향에도 불구하고 다소 독특한 문체로 씌어졌다. 철학 교수, 철학 생도, 일반 독자들이 내 문체를 자신들 고유의 가르치고 배우고 생각하고 향유하는 방식과 양립 가능한 것으로 느끼기를 바란다. 내 문체는 명랑하면서 동시에 심각하고자 하는 시도이다. 그것이 명랑한 것은 기쁨과 지식이 상호 배척하지 않는다는(니체의 '유쾌한 지혜') 깊은 신념에 기인한다. 여러분이 적어도 몇 가지 우스개를 산만하지 않으면서 재미있게 느끼기를 바란다. 그 중 몇몇은 깨우침도 줄 것이라고 감히 기대한다. 그러나 이 책은 또한 심각한 질문을 제기하기 때문에 심각하다. 사르트르와 하이덱거 같은 철학자들이 말하는 바, 인간이 된다는 것은 질문을 가지고 세계를 대면하는 것이라고 한다. 그리고 우리의 모든 사소한 질문은 더 큰 질문들, 이를테면 "실재란 무엇인가?" "지식이란 무엇인가?" "가치란 무엇인가" "인간이 된다는 것은 무엇인가?" 같은 질문에 의해 틀지어진다. 이는 철학적인 질문들이다. 그것들이 바로 철학(그리고 인생)이 관여하는 문제다. 철학에 관련하여 일부 사람을 곤혹스럽게 만드는 문제는 그러한 질문들에 최종적인 해답이 없어 보인다는 사실이다. 각 세대는 거기에 답을 주는 듯이 보인다. 그러면 각각의 새로운 세대가 새로운 해답을 요구하는 새로운 방식으로 그 질문들을 다시 제기한다. 그러나 그것은 인생에 관련해서도 역시 곤혹스러운 문제(아울러 흥미진진한 문제)인 것이다.

그럼에도 불구하고 나는 주제넘게 각 장의 말미에 나 자신의 잠정적인 결론을 도출하고자 한다. 이런 일은 철학 입문서에서 늘 있는 일이 아니다. 왜냐하면 학생들이 스스로 결론을 도출하도록 해야 한다고 여기기 때문이다. 그러나 어떤 식으로든 학생들은 (특히 교수들의 도움을 얻어) 결국에는 나의 결론을 넘어서지 않겠는가 생각한다. 내 결론에 영향받고 싶지 않다면 그냥 건너뛰면 그만이다.(하지만 누구를 바보로 여기는가? 필자들의 결론은 보통 그들이 제기하는 질문 속에 잠재적으로 비집고 들어오기 마련이다. 주의하도록!)

학생들이 주의해야 할 이 책의 또 다른 특징은 배타적인 서양 지향성이다. 여기서 배우는 철학은 모두가 그리스-로마-유럽의 전통 속에 있다. 다른 문화권에도 풍부한 철학적 광맥이 있지만 나는 그것을 캐낼 만한 전문 능력이 없다. 이 책의 철학 대부분이 서양 철학일 뿐만 아니라, 그 대부분은 또한 남성들에 의해 제시된 사고 체계들이다. 이런 약점에 대해 나의 잘못은 단지 부분적일 뿐이다. 과거의 여성들이 철학사에 참여하는 데 대해 체계적인 방해가 있었고 여성들이 그런 시도를 하면 무시당하거나, 심지어 탄압받아왔다는 페미니스트 철학자들의 주장에 나는 동의한다. 오늘날 여성이 철학에 종사하는 것을 방해하는 체제적 장벽이 붕괴되고 있다는 것은 고무적인 일이다.

그런데 "중심은 유지되는가"라는 책 제목은 어떤 의미인가? 나는 그 개념을 윌리엄 버틀러 예이츠William Butler Yearts의 시에서 빌려왔다. 그는 〈재림The Second Coming〉이라는 시에서 이렇게 말한다. "사물들이 무너져 내린다/ 중심은 유지될 수 없다." 하지만 반성적 사유 이전의 단계(철학 이전의 삶)에서 보면 우리 대부분에게 대부분의 경우에 중심은 확실히 유지되는 듯이 보인다. 우리가 거주하는 세계는 그 물리적 및 사회적 표현 속에서 매우 질서 있고 예측 가능한 방식으로 우리에게 다가온다. 그러나 때때로 자연적이거나 사회적인 재난(지진이나 전쟁 같은 것)이 발생하여 사물의 질서와 이치가 사라지고 혼돈이 생겨난다. 또한 대부분의 개인은 자신들의 삶의 어떤 지점에서 여러 차례의 '작은 정신 이상'을 겪는데, 그 경우에 중심은 유지되지 않는 것 같이 보인다(예이츠의 시는 그와 같은 경험에서 영감을 얻었을 것이다). 나아가, 데카르트가 상기시켜주듯이 우리들 각각은 매일 밤마다 광기보다 더 광기스러운 꿈의 세계로 빠져든다. 그리고 나서 우리는 깨어난 뒤에 그것을 비현실 영역으로 치부하여 비이성의 경험을 최소로 줄인다.

어릴 때 나는 샌프란시스코 해변의 놀이 공원(지금은 건물이 들어차 있다)에 즐겨 다녔다. 내가 좋아하는 놀이 기구 중의 하나는 회전 원반이었다. 커다란 원반 중심에 앉아 있으면 원반이 서서히 회전하기 시작했다. 원반이 점점 더 빨리 움직이면 주황색 원으로 표시된 정중앙에 자리 잡은 사람만이 (구심력에 의해) 안전하게 앉아 있었다. 다른 모든 사람들은 처음에는 조금씩 불가피하게 미끄러지기 시작했다. 그러다가 갑자기 커다란 비명 속에 사람들은 주변부로 끌려갔다.(원심력) 최초에 미끄러지는 것을 느낄 때 사람들은 중심에 도달하기 위해 손을 그러쥐지만 그 중심은 불가항력으로 빠져 나가는 것 같았다. 중심은 유지되지 않았다. 나는 광기의 발작이 때때로 비슷한 느낌을 일으키지 않는가 생각하는데, 철학 연구도 역시 그렇다. 사유와 지식, 실재, 가치에 대한 철학적 검토를 하다보면 세계의 상식적 중심과 정상적 질서가 사라지는 듯이 느껴진다. 니체가 말했듯이, 철학을 하는 동안 우리는 때때로 닻을 끊고 외계의 차가운 어둠 속에 표류하는 듯이 느낀다.

그럼에도 불구하고 철학은 정상적이고 상식적인 것을 타파하는 데 초점을 둔 회의적인 작업만은 아니다. 그것은 또한 '더 큰 그림'의 전망을 획득하기 위한 — 경험의 총체를 이해할 수 있는가를 알 기 위한 — 시도이다. 이 책의 제목인 "중심은 유지되는가"는 인간의 경험에 대한 검토가 모종의 통일성을 드러내는가, 아니면 혼돈에 빠져드는가를 묻는 것이다. 이 책의 각 장은 그 총괄적인 질문에 독자가 답하도록 도와주려는 시도이며, 그 작업은 각각의 경험의 상이한 특성을 면밀히 검토하는 방식으로 이루어진다. 물론, 독자들은 자기 스스로의 결론을 끌어내야 한다. 건강한 회의주의의 경향을 띤 나의 결론은 중심은 유지된다. 그러나 '대충' 그럴 뿐이라는 것이다. 어느 때는 그것이 다른 것들보다 더 잘 유지되는 듯이 보인다는 것이다.

철학은 가능한가

그 과목의 주제가 무엇인가, 또는 연구할 학과 자체가 존재하는가에 대해 수업 시간의 대부분을 할애하는 학과 과정은 거의 없다. 하지만 철학은 그런 경우에 해당한다. 철학은 일련의 문제를 제기하고 거기에 답하고자 하는데, 그 문제 중의 하나는 "철학이란 무엇인가?" 하는 것이다. 이 사실은 철학의 자기 반성적 성격에 관해 알려주기 때문에, 그 자체가 철학에 관해 무언가를 말해주는 셈이다. 철학은 그 자신에 관해 생각하는 사유의 한 형식이다. 실상, 철학은 그 자신에 관해 생각하는 인간 정신이라고 (짐짓 무게 잡고) 말할 수도 있을 것이다. 아마 철학의 바로 이와 같이 지나치게 내성적인 측면이 일부 사람들을 곤혹스럽게 만들어 철학자들을 마치 무슨 정신병자처럼 생각하게 만드는 요인일 것이다. 정신병자들도 또한 자신들이 세상과 자기 자신에 대해 어떤 관계인가를 놓고 괴상하게 뒤틀린 설명을 만들어내는 데 상당한 시간을 소비하고 있다.(때때로 철학과 정신 이상의 경계는 참으로 너무나 희미하다는 사실을 우리는 알게 될 것이다. 필요한 것은 철학 문제에 대한 해답이 아니라 치료법이라는 결론을 내린 철학자가 한둘이 아니다.)

자신에 관해 사유하는 사유

철학의 기원

철학을 이해하는 한 가지 방법은 그 언어적 및 역사적 기원을 살펴보는 것이다. '철학'이란 말은 '지혜에 대한 사랑'을 의미하는 그리스어 필로소피아philosophia에서 유래한다. 플라톤은 이러한 정의를 매우 진지하게 받아들여 철학자는 일종의 연인이라고 보았다. 그리하여 진정한 연인은 항상 지혜를 사랑한다는 것을 보여주기 위해 플라톤은 사랑의 의미를 확정하고자 많은 노력을 기울였다. 그러나 우리가 철학이라고 부르는 활동은 플라톤보다 수백 년 전에 시작되었다. 서양 전통 속에 기록된 최초의 철학자는 일반적으로 밀레토스의 탈레스Thales(기원전 580년경)로 알려져 있다. 그가 무슨 말을 했는가를 간단히 살펴보면, 철학의 본성에 관해 어느 정도 깨달을 수 있을 것이다. 비록 탈레스의 주된 이론이 명백한 허위이기 때문에(그의 이론 — 모든 것은 물이다!), 그리고 그의 '활동'이 — 최소한 우리한테는 — 그다지 특이한 것 같지 않기 때문에 다소 실망스럽게 보일 수도 있겠지만 말이다.

알려진 바에 따르면, 이집트 방문 중에 탈레스는 어째서 나일강이 당시 알고 있던 다른 강과 달리, 겨울에 말라붙고 여름에 범람하는가를 설명하는 하나의 가설을 정립했다고 한다. 그의

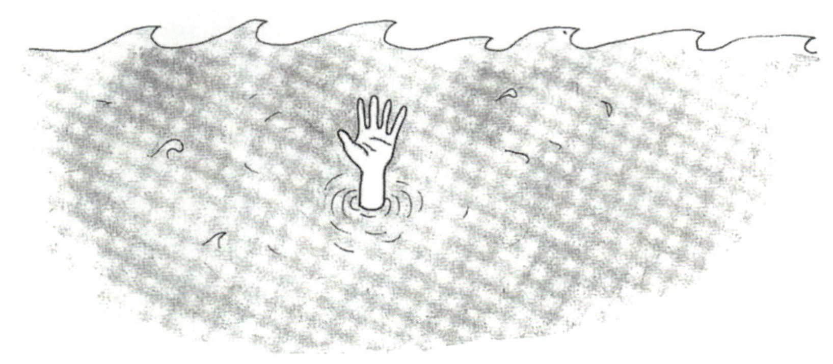

가설은 바람이 그러한 현상의 원인이라는 것이었다. 이 이론에 무슨 주목할 점이 있는가?(이제는 그것이 허위임을 우리가 안다는 사실 말고.) 우리의 관심을 사로잡는 점은 탈레스 이전의 모든 선배가 초자연적 현상에 원인을 돌림으로써 나일강의 그런 사실에 관해 해명하고자 했다는 것이다. 탈레스는 기적이나 신들의 의지를 말하기보다는 하나의 자연 현상(나일강의 범람)을 다른 자연 현상(사막의 바람)과 관련하여 설명했다. 모든 것이 물이라는 그의 터무니없는 주장조차도 자연 현상을 다른 자연 현상과 관련지어 설명하려는 시도인 셈이다(실상, 그렇게 터무니없는 주장만은 아니다 — "모든 것은 물이다"에서 "모든 것은 원자다"로 도약하기는 생각보다 간단한 일이며, 그러한 도약에는 겨우 몇백 년이 걸렸을 뿐이다).

철학의 본성에 관해 알고자 하는 우리의 요구에 비추어볼 때 탈레스의 잘못된 답변보다는 그의 질문(곧, "만물은 무엇으로 이

루어졌는가?")이 훨씬 더 중요하다. 그리고 탈레스의 질문이나 답변보다도 더욱 흥미로운 것은 그의 질문의 배후에 놓여 있는 전제들이다. 대부분의 그리스인처럼, 탈레스는 관찰 가능한 세계에서 일어나는 극적인 변화를 예민하게 의식했다. 이를테면, 낮이 밤으로 변했다가 다시 낮이 되는 것이라든가 여름이 겨울로 변했다가 다시 여름이 되는 것, 더위와 추위가 번갈아 바뀌는 것, 그리고 모든 변화 중에서 가장 불가사의한 삶에서 죽음으로, 그리고 죽음에서 무언가 삶이 되살아나는 따위의 변화에 대해서 말이다.

탈레스의 질문은 만약 변화가 존재한다면 그 변화의 배후에는 변화하지 않는 어떤 것이 틀림없이 있다는 것을 전제한다. 탈레스는 또한 세계가 수많은 개별적인 사물, 곧 바위, 표범, 이쑤시개, 무지개, 사람 따위로 이루어졌음에 주목했다. 하지만 그 세계는 어쨌든 하나의 전체이며 단지 관련 없는 물체들의 느슨한 집합이 아니었다. 탈레스의 질문은 만약 '많은 것'이 존재한다면 아무튼 그 '많은 것'의 배후에는 틀림없이 '하나'가 있다는 것을 전제한다. 곧, 탈레스의 질문은 차이라는 개념이 보다 더 기본적인 동일함이라는 개념에 논리적으로 의존하고 있고, 차이가 반드시 다소간 동일함으로 환원될 수 있는 그 무엇을 전제하고 있다는 것이다. 나아가, 탈레스의 질문은 인간의 정신이 그 많은 것의 배후에 있는 불변하는 하나를 파악해낼 수 있으며, 그것을 파악해냄으로써 정신은 중심을 유지해주는 것이 무엇인가를 이해하고 사물들이 서로 어우러지는 의미를 이해할 것이라고 전제한다. 이는 2600년 전 탈레스의 관심사인 동

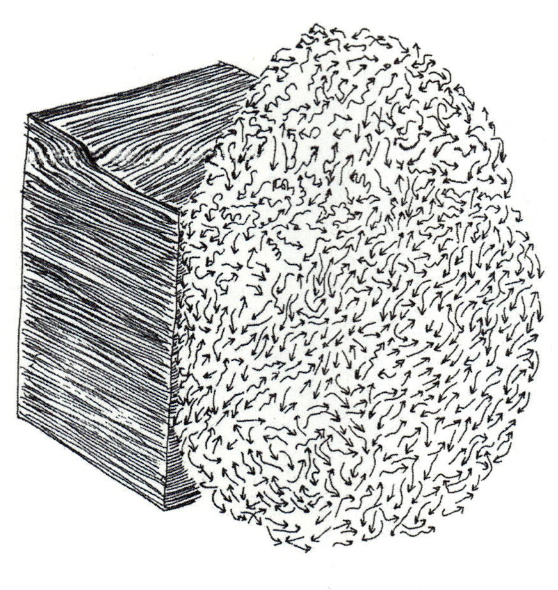

시에, 오늘날의 철학자들의 여전한 관심사이기도 하다.

다시 한번 강조하건대, 탈레스의 경우에 그의 질문에 대한 답변을 초자연적인 것이 아니라 자연적인 것에서 찾았다는 사실이 중요하다. 이는 탈레스의 사고 방식을 그 이전의 신화적 사고 방식과 구별해주는 주요 지점이다. 신화는 사물의 기원을 추적함으로써 사물이 어째서 지금의 모습으로 존재하는가를 설명해준다. 그런 점에서 뮈토스(신화적 사고 방식)는 로고스(철학적/과학적 사고 방식)와 전혀 다르지 않다. 그러나 신화는 사물의 기원을 초자연적 시간, 곧 신화학자들이 간혹 지칭하는 '강력한 시간'과 초자연적 조상들에서 찾는다. 강력한 시간은 '정상적인' 시간이 존재하기 훨씬 이전의 시기다. 그 당시에 존재했던 마술적 존재는 인간을 정상적 시간에 묶어두는 시간과 공간의 제약을 받지 않았다. 이들 마술적 존재의 영웅적이거나 비열한 행위가 우리가 사는 세상의 원천이 되었다. 사회적 및 자연적 세계의 질서는 그러한 세계가 '강력한 시간'과 그 시간 속에 거주했던 신적인 존재들과 어떻게 연관되는가를 보여줌으로써 설명된다. 신화는 보통 보수적이다. 그것은 현상現狀에 대해, '강력한 시간'과의 연관성을 밝힘으로써 그것을 정당화한다("우리 조상들이 그렇게 했기 때문에 우리는 이러저러한 일들을 하는 것이다⋯⋯"). 신화는 종종 세계의 시초와 연관된 상투적인 문구로 시작한다("옛날, 오래고 오랜 옛적에 세상이 아주 어렸을 때⋯⋯"). 신화를 낭송하면 화자와 청중은 모두 자연적 시간을 벗어나 '강력한 시간'으로 되돌아가게 된다. 나아가, 신화의 낭송을 둘러싼 의식儀式은 사회적, 자연적 세계를 재구성한다. 만약 이러한 신화들이 낭송되지 않고, 이러한 의식들이 수행되지 않는다면 세계는 혼돈에 빠지고 중심이 유지되지 않으며 사물들은 산산이 흩어져버릴 것이라고 신화적 정신은 믿는다. 신화에 기반한 사회는 전통적으로 '비역사적'이다. 그것들은 역사를 기록하지 않는데, 그

중심은 유지되지 않는다 – 사물들이 무너져내린다

까닭은 '역사'란 변화를 내포하며 신화 지향적인 사회는 변화를 부정하기 때문이다. 유일한 변화는 '강력한 시간'에서 일상적 시간으로 추락한 것이었다. 그 이래로 변한 것은 전혀 없다. 그리스 세계에서 뮈토스의 두 명의 전달자는 시인 호메로스Homeros(기원전 9세기)와 헤시오도스 Hesiodos(기원전 10세기)인데, 이 둘은 영웅담을 기가 막히게 이야기하고 있다. 게다가, 많은 그리스의 극장 연극은 고대 신화에 근거하고 있었다. 시인과 극작가가 묘사한 세계의 기원과 올림포스산의 신들의 활약은 새롭게 출현하고 있는 그리스 철학이 발전하는 것을 막는 배경으로 작용하고 있었다.

신화적 설명과 마찬가지로, 탈레스의 '철학적' 이론은 사물의 기원을 추적한다. 그러나 연대기적 기원이 아니라 오히려 존재론적 기원, 곧 그 존재 속의 기원을 추적한다. 세계에서 관찰할 수 있는 대상과 궁극적 실재 그 자체는 무슨 관계가 있을까? 대상들로 하여금 그들의 형태를 드러내고 변화를 겪게 하는 자연적 대상 뒤에 숨겨진 진리란 무엇인가? 탈레스의 가설은 '강력한 시간'이나 초자연적 실체에 대한 언급을 포함하지 않는다(이 책의 한 기묘한 단편에 "만물은 신을 담고 있다"는 말이 나오기는 하지만 말이다). 오히려 그것은 관찰에서 끌어낸 식별 가능한 사실들에 대한 논리적 분석을 내포한다. 그리스인들은 4대 원소, 곧 흙과 물, 공기, 불을 식별했다. 탈레스는 이 중의 하나가 다른 것보다 더 근본적인 것임에 틀림없다고 결론짓고서 네 가지 중에서 어느 것이 가장 다양한 형태를 취할 수 있는가를 자문했다. 물이 가장 그럴듯한 후보로 여겨졌다. 가열하면 물은 증기로 변했다가 공기가 되었다. 얼리면 물은 고체가 되었다. 물은 땅 밑이나 하늘 위로 사라졌다가 땅에서 다시 뽀글뽀글 솟아나기도 하고 하늘에서 떨어져

강력한 시간으로부터의 추락

내리기도 했다. 탈레스는 강어귀에 삼각주가 쌓이는 것을 보고 물이 흙으로 바뀐다고 (틀리게) 추리했다. 그는 아침에 땅 위에 이슬이 맺히는 것을 보고 흙이 물로 바뀐다고 (틀리게) 추리했다. 그는 지중해에서 일어나는 "물을 끌어당기는 해"라고 부르는 현상(바다에 폭풍이 칠 때 구름이 태양 주위에 소용돌이 모양으로 선회하는 듯이 보이는 현상)을 보고서 해 속의 불이 물을 먹는다고 (틀리게) 추리했다.

그러므로 물이 기본 원소였다! 그런데 그것은 초자연적인 물이 아니었다. 아마도 매우 초월적인super 자연수이기는 하겠지만 말이다.

'뮈토스'와 '로고스'의 구별은 철학의 본성을 판정하는 데 유용하지만, 거기에 문제가 없지는 않다. 첫째, 그 구별의 생명력 자체에 대해 몇몇이 의문을 제기했다. 심리학자 융C. G. Jung이라

든가 인류학자 클로드 레비 스트로스Claude Levi-Strauss의 주장에 따르면, 이른바 로고스란 것은 단순히 신화 제작의 현대적, 서구적 방식에 불과하며 어떤 점들에서는 다른 형태의 뮈토스보다도 열등한 것이다. 예컨대, 서구적 로고스의 추상 개념은 일상 경험의 실질적 질감으로부터 너무 멀리 떨어져 있음을 그들은 지적했다. 과학적인 이론은 우리가 매일 접촉하는 세계의 감각적 특성들이 실

재함을 부인하거나 원자, 전자, 중성자처럼 보이지 않는 실체 — 초강력 시간의 마술적 실체의 지위를 차지하는 이론적 실체 — 로 그것들을 환원하려고 함으로써 신비화하는 듯이 보인다. 다른 비판자에 따르면, 서양 과학은 정치적으로 오염되었으며, 다른 뮈토스 형태보다 우월하다고 주장하는 것은 자기 민족 중심주의 및 문화적 식민주의의 한 변형이다. 비록 이들 비판자가 종종 약간의 점수를 따더라도 그들은 매우 소수파고, 대다수는 과학이 뮈토스로부터 진보한 것이라는 주장을 옹호하고 있다. 여전히 뮈토스와 로고스의 분리는 우리가 바라는 만큼 명확하지 않다.

학자들은 또한 탈레스에 뒤이은 수많은 철학자가 그 사상 속에 여전히 분명한 신화적 경향을 드러냈음을 상기시켰다. 한 예로는 탈레스의 철학적 직계 제자인 밀레토스의

아낙시만드로스Anaximandros(기원전 545년경)가 있다. 그는 자기 스승의 이론을 비판하면서 만약 4대 원소 중 어느 하나가 근본적인 것이라면 만물은 벌써 오래 전에 그 원소로 환원되어버렸을 것이라고 말했다. 그래서 그가 생각하기에 모든 사물의 배후에는 원초적이며 이름 없고 형체 없는 원소가 존재해야 했는데, 그러한 원초적 질료를 그는 '미결정자' 또는 '무한자'라고 불렀다. 아낙시만드로스의 실전된 책에서 현존하는 단편 중 가장 유명한 구절에는 이렇게 씌어 있다.

그 생겨난 근원이 무엇이든 사물은 파멸할 때 반드시 그 근원으로 되돌아간다. 왜냐하면 그 것들은 시간의 질서에 따라 자신들의 부정의에 대해 벌을 받고 서로 배상해주기 때문이다.

'부정의'라든가 '배상'과 같은 도덕적 범주를 사용하여 세계를 설명함에 있어서 아낙시만드로스는 명백히 위대한 신화 제작자들의 경우와 비슷한 설명 방식을 따르고 있다고 어떤 학자들은 말한다. 나아가, 아낙시만드로스 이후 수백 년 동안 명성을 날린 수많은 위대한 서양 철학자가 신적인 존재에 의지하여 현실을 설명했음을 쉽게 지적할 수 있다(제5장 참조). 그러므로 초자연적 설명의 거부란 것이 철학을 규정하는 요체일 수 없다.

소크라테스 이전의 다른 주요 철학자 몇 사람의 견해를 간략하게 개괄해보면, 뮈토스/로고스의 구별과 관련하여 철학을 정의하고자 하는 노력의 장단점이 부각될 것이며, 가장 고대의 서양 철학자들의 활동에 관해 더 많은 정보를 얻게 될 것이다.

일종의 수학적 관조에 몰두하는 철학의 한 유파가 피타고라스Pythagoras(기원전 572년경~500

년경)에 의해 창시되어 거의 400년 동안 존속했다. 이 학파의
두드러진 철학자 네 사람은 피타고라스의 부인 테아노Theano
와 그들 사이의 세 딸인 뮈이아Myia, 다모Damo, 아리그노테
Arignote였다. 비록 그들에 관해 정확한 정보로 전해지는 것은
거의 없지만, 이는 고대 세계에서 여성 철학자들의 비중이 컸
음을 보여준다(실제로 18세기의 한 역사가는 펠로폰네소스 전쟁
이후 200년 동안에만 65명의 여성 철학자를 꼽아낼 수 있었다).

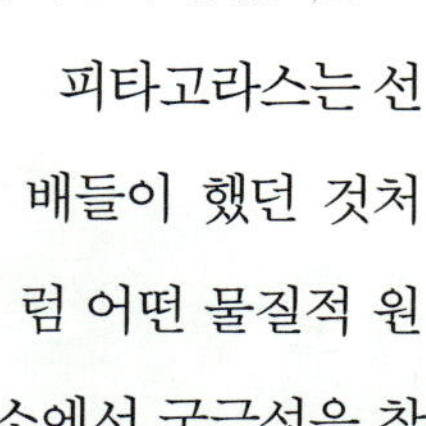

부정의성 때문에
벌을 받는 물

피타고라스는 선
배들이 했던 것처
럼 어떤 물질적 원
소에서 궁극성을 찾
지 않았다. 오히려 그는 모든 사물은 수數라는 기묘
한 견해를 주장했다. 문자 그대로 이해하면 이
는 터무니없어 보이지만, 다른 무엇보다도 피
타고라스가 의미한 것은 실재에 대한 정확
한 서술은 수학적 공식으로 표현되어야 한
다는 것이었다. 나아가, 그는 유클리드의
기하학 저술에 나오는 내용 대부분을 앞
서 생각했으며 음악 소리와 수 사이의 조
화 비율을 발견했다. 이로부터 그는 우주
전체를 관통하는 수학적 조화를 연역해냈
는데, 이 견해는 '천체天體의 음악'이라는
교리로 귀결되었다.

이 부분의 피타고라스 견해가 대체로
로고스 같아 보인다면, 또 다른 부분은 보
다 뮈토스 같아 보인다. 그는 한 종교 교
파의 지도자였는데, 그 구성원들은 금욕

4명의 피타고라스 학파 철학자

주의와 수점數占, 채식주의에 바탕을 둔 몇 가지 엄격한 밀교密敎적 규칙을 준수해야 했다. 채식주의에도 불구하고 피타고라스교도들은 콩을 먹는 것을 금했다. 그 까닭은 콩을 먹는 것이 일종의 식인 풍습이라는 이유 때문이었다. 콩의 내부를 자세히 들여다보면 각기 맹아적인 작은 인간(실제로는 인간 모양의 콩)을 포함하고 있는 것처럼 보인다.

소크라테스 이전의 주목할 만한 또 다른 철학자로는 헤라클레이토스Heraclieitos(기원전 470년경)가 있다. 그는 어떤 특정한 물질적 원소(탈레스의 경우)나 보이지 않는 불확정적 요소(아낙시만드로스의 경우)나 수(피타고라스의 경우) 중 어디에서도 궁극적 실재를 찾지 않았다. 오히려 그는 변화의 구조 속에서 그것을 찾았다. "변화 그 자체만 빼고 만물은 변화한다"고 그는 썼다. 그런데 변화, 곧 과정은 파괴와 창조의 체계다. 그의 말에 따르면, "모든 사물은 대립을 통해 생성되며 만물은 강과 같이 유전流轉한다."

이처럼 현대적으로 들리는 견해 —실재는 사물로 이루어지는 것이 아니라 법칙에 지배받으며, 항상 변화하는 견인과 대립의 관계로 이루어진다는 견해 — 는 확실히 로고스라고 부를 수 있을 것이다(실상, 그는 만물을 지배하는 법칙을 로고스라고 불렀다). 하지만 헤라클레이토스는 그의 신탁 같은 문체

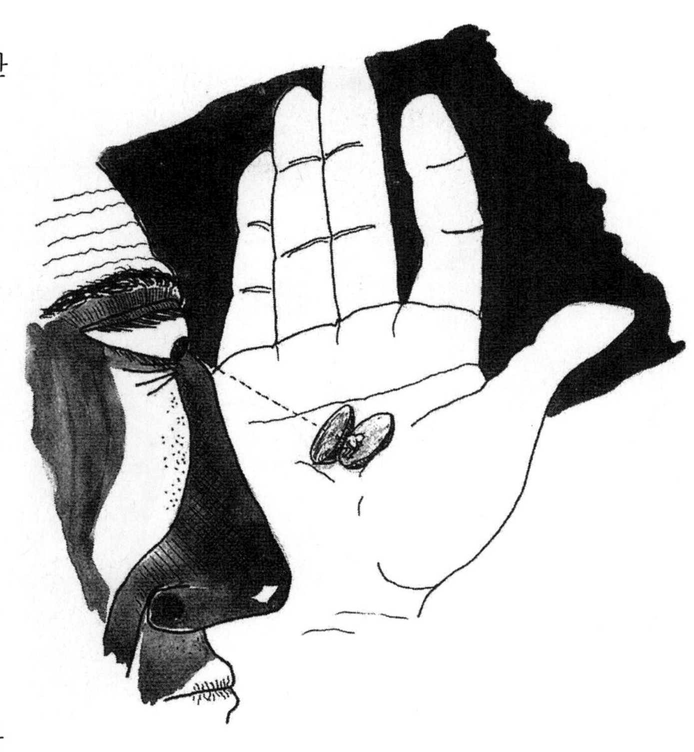

와 신비스러운 경구로 인해 "어두운 존재"로 알려졌다. 예컨대, 그는 이런 말들을 했다. "벼락은 만물을 지배한다", "정의는 투쟁이다", "전쟁은 모든 것의 아버지이며 군주다", "너희는 같은 강에 두 번 발을 담글 수 없다."[1] 이런 말들은 로고스에 속하는가, 뮈토스에 속하는가? 그리고 그는 낙관주의자인가 비관주의자인가? 우리는 이미 헤라클레이토스 뒤에 여러 세대에 걸쳐 그를 절망의 철학자로 간주해왔음을 알고 있다. 그 뒤로 1800년 동안 그는 눈물을 글썽이는 철학자로 묘사되었다. 그는 중심은 유지되지 않는다고 확신하는 것으로 잘못 알려져 있으나, 사실상 거기에는 유지할 중심이 없다(헤라클레이토스는 비록 변화와 운동이 존재한다고 하더라도 명백히 그것은 혼돈스럽고 초점이 없는 변화가 아니라 로고스에 의해 지배받고 있다고 믿고 있기 때문에 그를 이렇게 보는

헤라클레이토스

것은 잘못이라고 생각한다).

헤라클레이토스와 짝을 이루는 파르메니데스Parmenides(기원전 515년경~440년경)는 어두운 존재와 정확히 정반대의 주장을 제기했다. 운동은 환상이며 변화하는 것은 아무것도 없다고 주장했다. 그러므로 같은 강에 두 번 발을 담글 수 없을 뿐만 아니라 강에 발을 담그는 것 자체가 불가능하다. 감각 기관에 의해 지각되는 세계는 기만이다. 오직 이성만이 진리를 드러낼 수 있다. 그런데 이성은 우리에게 무엇을 말해주는가? 존재는 그것 자체임을 말해준다. 'A'='A'이다. 'A'는 'A'와 다른 것일 수 없다. 변화의 관념은 개념상으로 일관성이 없다. 존재는 있다. 다시 말해서, 그것은 창조된 것이 아니고 파괴할 수 없는 것이며 빈틈없이 가득 찬 것이다('빈 공간'이라는 관념은 자기 모순이다). 움직일 수 없고 완전히 가득 찬 것이기에 그것은 하나의 충만이다. 이처럼 엄격하게 이성을 존재에 적용하는 것은 아마 극단적인 로고스일 것이고, 중심은 유지되는가에 대한 견해 중에서 가장 어울리지 않는 옹호일 것이다(유지할 수 없기 때문에 일종의 변화를 수반하며, 그것은 논리적으로 불가능하다 — 논리적 필연의 반대물).

그래서 나는 뮈토스/로고스의 구별이 신화의 체계를 합리적 사고 체계로부터 분리시키려고 하는 것처럼 이야기하고 있다. 그러나 비록 후자의 범주 안에서라고 하더라도, 오늘날 우리가 철학이라고 부르고 있는 것과 과학적 사고와 같은 다른 합리적 사고 형태를 구별해야 한다. (이것은 소크라테스 이전에는 구별할 수 없었다. 실상, 탈레스는 서양 철학사만이 아니라 서양 과학사에서도 효시로 꼽히는 인물일 것이다.) 어떤 필자들은 이 사실을 인정하되 철학의 사변적 성격을 강조하면서 과학은 철학의 어떤 갈래가 실험적이고 경험적인 방향으로 나아갈 때 이룩되는 것이라고 주장한다. 예를 들어, 대표적인 과학자로 꼽히는 아이작 뉴턴 경은 자신의 주저에《자연 철학의 수학적 원리》라는 제목을 붙였다. 그리고 사실상 한때 철학자들의 사변에서만 다루었던 많은 것이 오늘날 물리학자와 사회학자, 심리학자들에게로 넘어갔다.

그럼에도 불구하고 철학을 단지 미성숙한 과학으로 규정하는 것은 철학을 축소시키는 것일 뿐만 아니라, 철학의 흥미로운 내용 중 많은 부분을 놓치는 것이다(증명할 수는 없지만). 수많은 철학적 문제는 그 본성상 실험적인 것이 될 수 없다는 생각이 든다. 특히 가치와 관련된 문제들이 그렇다(최초의 소련 우주 비행사들이 지구와 교신하면서 하늘을 살펴봤더니 거기에도 신은 없더라고 보고했을 때 사람들은 그들이 농담을 하는 것이거나 아니면 신의 존재 문제를 잘못 이해한 것이라고 생각했을 것이다). 나아가, 철학적 문제들은 종종 과학의 범위 안에서 제기된다. 물리학자들이 어떤 입자를 기본적인 것으로 주장할 때 무슨 기준으로 어떤 것이 '기본적'이라고 판정하는가 하는 문제가 제기된다. 또는 의학에서 무슨 기준을 이용하여 죽음을 판정하는가? 무엇이 이론의 확증으로 간주되는가? 과학에서 끊임없이 제기되는 이런 종류의 철학적 질문들은 무시할 수 없는 것으로서 철학이 단지 미개한 과학에 불과한 것이 아님을 입증해준다.

철학의 역사적 기원을 더듬어본 우리의 짧은 여행은 결정적이지는 않더라도 도움이 되었을

것으로 생각한다. 수많은 철학의 특징은 아마도 단순히 그리스적인 철학의 원천으로 되돌아감으로써 밝혀지는 것은 아닐 것이다. 그러한 특징들 몇 가지에 도달하는 또 다른 접근 방법은 오늘날 일반적으로 인정되는 철학의 다양한 분과를 열거하고 규정짓는 것이다.

현대 철학의 여러 분과

미국의 전형적인 4년제 대학의 안내장을 집어들고 '철학'이란 표제 아래쪽을 살펴보면 다음과 같은 영역의 강좌들이 제시되어 있음을 발견할 것이다. 곧, 인식론, 존재론(또는 형이상학), 논리학, 윤리학(또는 도덕 철학), 정치 철학, 미학 등과 아울러 '~(의) 철학'으로 지칭되는 한 무리의 강좌들, 예컨대 과학 철학, 종교 철학, 심리 철학, 스포츠 철학 등등이 있다. 여러분이 이러한 강좌에 등록할 경우에 무엇을 배울 것인지 살펴보기로 하자.

인식론

인식론은 지식에 관한 이론이다. 그것은 다음과 같은 문제들을 다룬다.

이러한 문제들은 실험적이기보다 개념적이라는 사실에 주목하자. 이 중 마지막 문제만이 엄밀하게 말해서 실험의 대상이 될 수 있고, 따라서 심리학의 영역에 속한다고 주장할 수도 있을 것이다. 하지만 심지어 이 문제조차도 전적으로, 또는 대부분이 실험적이지는 않다는 것을 우리는 곧 알게 될 것이다.

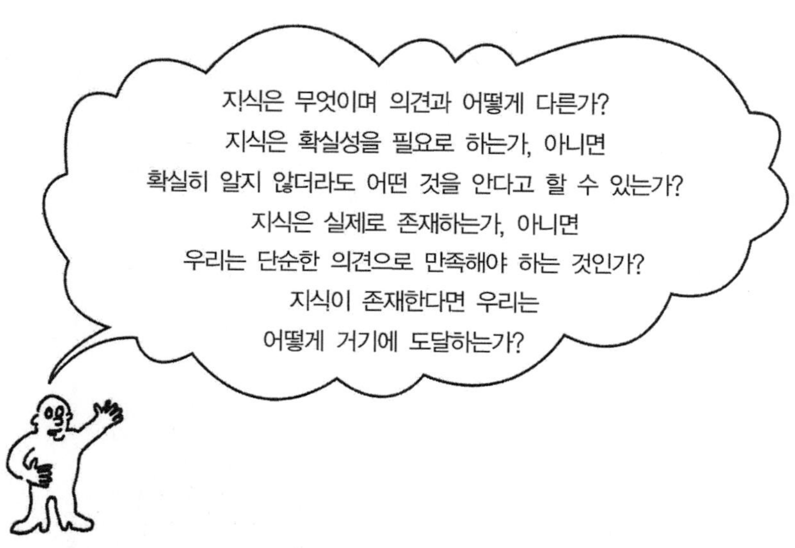

존재론

존재론은 존재에 관한 이론이다(어떤 필자들은 형이상학이라는 명칭을 더 즐겨 쓴다). 그것은 다음과 같은 문제들을 다룬다.

이러한 문제들은 실험적인 것이 아니라는 사실에 주목하자. 그 까닭은 여러분이 어떤 실험을 시작하기도 전에 이미 그것들에 관해 잠정적인 결론을 내려야 하기 때문이다. "정신이 존재하는가?", "소수素數는 실재하는가?" 따위의 질문은 "일각수가 존재하는가?", "유령이 실재

하는가?" 따위의 질문과 같
지 않다. 후자의 질문에 답
하기 위해서 실험과 답사를
상정하는 것은 가능하다. 그
러나 철학 수업은 현장 답사
를 하는 일이 거의 없다. 왜냐
하면 갈 곳이 없기 때문이다
― 아니 더 정확하게 말하자면, 어느 곳에
있든지 이미 그곳에 있는 것이기 때문이다.

철학 현장 답사

논리학

논리학은 철학의 가장 전문적인 분과다. 그것은 때때로 타당한 추론의 과학이라고 정의된다. 기원전 4세기에 아리스토텔레스가 정초한 이 과학은 순수하게 형식적인 학문이다. 말하자면, 그것은 어떤 형식의 논증이 타당한가를 알고자 하며 논증 결과의 진리성이나 논증의 다양한 부분들에는 관여하지 않는다. 예를 들어, 다음과 같은 논증을 살펴보자.

모든 인간은 죽는다.
소크라테스는 인간이다.
따라서 소크라테스는 죽는다.

이것은 합당한 논증이다. 그것은 앞의 두 진술(논증의 전제)이 세 번째 진술(논증의 결론)을 논리적으로 수반한다는 것을 의미한다. 논증의 첫 번째나 두 번째 전제가 거짓으로 드러나더라도 그 논증은 합당할 것이다. 어떤 인간이 죽지 않거나, 소크라테스가 실제로는 물고기였다는 사실을 발견하더라도 그 논증은 타당한데, 이는 순전히 다음과 같은 형식 때문이다.

모든 사람은 죽는다.
소크라테스는 사람이다.

모든 A는 B이다.
S는 A이다.
따라서 S는 B이다.

이와 같은 간략한 설명만으로는 논리학이 현대 철학에 미치는 영향력의 폭과 깊이를 정당화할 수 없다. 19세기와 20세기 초에 상징 사전이 엄청나게 발전하게 됨으로써 논리학이 이전에는 결여하고 있던 정확성을 보강할 수 있게 되었다. 한편으로는 논리학과 수학의 관련성이 조심스럽게 검토되었고, 논리학 — 혹은 그것의 새로운 형태인 상징 논리학 — 은 대수학의 한 분야가 되었으며 철학의 대부분의 다른 영역에 강력한 분석 및 비판 도구를 공급했다.

철학의 다음 세 분과 — 윤리학, 정치 철학, 미학 — 는 모두 가치를 연구하는 학문인 가치론의 변형이다. 윤리학은 도덕적 가치를 연구하는 학문이다. 그것은 선함, 의무, 옳고 그름 등과 같은 개념을 다룬다. 정치 철학은 사회적 가치를 다루며, 정치 제도와 정치 관계의 정당성을 탐구한다. 미학은 아름다움의 가치를 연구하며, 예술과 자연에 대한 평가를 불러일으키는 성질과 관련되어 있다. 그것은 미학의 주요 부분인 예술 철학과 또한 자연적 아름다움의 가치를 연구 영역으로 포괄하고 있다.

윤리학

윤리학 또는 도덕 철학은 다음과 같은 질문들을 제기한다.

또 다시 이런 질문들은 실험적이거나 경험적인 것이 아니라는 사실에 주목하자. 심리학자들은 사람들이 어째서 자신들이 주장하는 바와 같은 도덕적 가치를 주장하는지 밝힐 수 있을 것이다. 사회학자들과 인류학자들은 어떤 가치가 모든 문화에서 견지되는 것인지, 그리고 어

떤 가치를 견지할 때의 사회적 결과는 무엇
인지에 대해 말해줄 수 있을 것이다. 그러
나 이것들은 철학자들이 제기하는 것과 똑
같은 질문은 아니다. 비록 사회과학이 제공
하는 가치에 관한 경험적 정보가 도덕에 관
한 철학적 질문들과 유관할 수는 있겠지만
말이다.

정치 및 사회 철학

정치 및 사회 철학은 그 구성원들에 대한
국가의 합법적 권위에 관해, 그리고 정의 같
은 사회적 가치에 관해 질문을 제기한다.

또 다시 이러한 질문들은 정치학자들이
제기하는 질문과 연관되며, 때로는 중첩되기도 한다는 사실에 주목하자. 이를테면 "어떤 형태
의 정부는 다른 것보다 우월한가?" 하는 질문의 경우가 그렇다. 그러나 일반적으로 그것들은

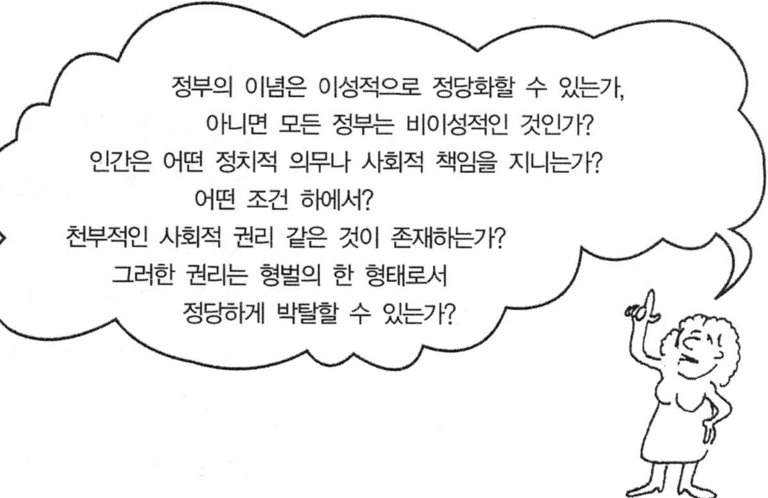

정치학자들이 제기하는 기본적으로 경험적인 질문들과 동일한 것은 아니다.

미학

미학은 미학적 대상과 미학적 판단의 본성을 탐구하는 철학의 분과다. 물론, 그러한 정의는 미학적 대상과 미학적 판단이 의미하는 몇 가지 개념을 가지고 있지 않다면 별 도움이 되지 않는다. 역사적으로 미학적 대상 개념의 주요 구성 부분은 아름다움이며, 미학적 판단의 핵심 주제는 아름다움의 판단이었다. 하지만 미학적 판단의 대상으로 종종 논의되는 다른 성질은 장엄함, 추함, 익살스러움이다. 따라서 미학은 예술 철학보다 광범위한데, 이는 많은 대상이 예술과 자연 모두에 결합되어 있기 때문이다. 그럼에도 불구하고 철학사와 현대적 장면 양자 모두에서 미학 내부의 수많은 논의는 예술과 관련되어 있다. 18세기 중엽에 독일 철학자 알렉산더 바움가르텐Alexander Baumgarten은 그리스어로 감각 작용이란 뜻의 '미학aesthetics'이란 말을 만들어냈다. 우리가 미학이라고 부르는 것은 적어도 기원전 4세기의 플라톤에게까지 거슬러 올라가며, 몇몇 역사가는 플라톤에게서 미학의 기원을 찾고 있다. 그들은 미적 판단의 근거와 정당성에 대해, 그리고 어떤 예술 작품이나 지각知覺을 다른 것에 비해 객관적으로 더 가치있게 만드는 예술이나 지각의 어떤 필연적인 특징이 존재하는가에 대해 알고자 한다. 미학은 또한 예술 활동이 개념상으로 나머지 다른 인간 활동과 어떻게 조화를 이루는지도 알려고 한다.

앞서 언급했듯이, 철학의 이러한 전통적인 분과 이외에도 '~(의) 철학'이라고 부르는 강좌들을 대학 안내장에서 발견할 수 있다. 이때 ~는 그 자체가 철학이 아닌 어떤 분야나 활동을 가리킨다. 이를테면 과학이나 법, 스포츠, 종교, 또는 연애나 성性 따위이다.(사실상

미학은 '예술 철학'이라고 정의할 경우에 그런 분과에 속한다. 예술 자체는 철학이 아니기 때문이다. 하지만 예술에 관해 철학하는 것은 가능하며 그렇게 할 때 미학에 관여하는 것이다.)

이러한 분야들이 가능한 이유는 '이차적' 수준의 분석이라고 일컫는 철학의 특징과 상관이 있다. 캐피튼이 시도한 철학의 그와 같은 정의를 살펴보자. 그것은 포괄적 정의로서는 실패라고 생각되지만(모든 정의가 그렇다!) 우리가 여기서 논하는 철학의 한 측면을 드러내준다는 장점을 지닌다. 캐피튼에 따르면, 철학은 "어떤 사고 체계에 대해서든 그 구조와 전제 조건, 개념, 그 주장의 지위 따위를 살피는 이성적 탐구"[2]이다. 이 정의는 '~철학'이 어째서 가능한가를 보여주며, 또한 맑스나 프로이트가 일차적으로는 철학자로 간주되지 않음에도 불구하고 어째서 철학과에서 맑스와 프로이트에 대한 강의를 할 수 있는지 보여준다. 이를테면 프로이트는 '승화昇華', '투사投射', '전이轉移', '전위轉位', "반동 형성反動形成' 같은 일정한 핵심 개념들을 사용하며, 정신분석학자들은 인간의 행동 속에서 이러한 개념들의 실증을 찾는다. 이것이 일차적 분석이다. 철학자들은 이러한 '직접적' 접근법에는 관여하지 않으며 한 걸음 물러나서 이차적인 문제들을 제기한다. 이를테면 "이러한 개념들의 논리는 무엇인가?", "이러한 개념들은 정신과 지식, 가치에 관해 무엇을 전제하는가?", "무엇이 이러한 주장들을 옹호하거나 반박하는 증명으로 간주되는가?" 등등이다. 캐피튼의 정의는 우리가 철학의 분석적 또는 비판적 측면이라고 부를 수 있는 것, 여기서 이미 '이차적' 지위로 지칭된 측면을 강조하고 있다.

철학의 이러한 분석적 특징을 강조하는 경향은 또한 유명한 현대 영국 철학자 햄프셔의 정의에서도 발견된다. 햄프셔에 따르면, "철학은 인간 지식의 한계 및 경험과 현실에 적용 가능한 가장 일반적인 범주들에 대한 자유로운 탐구다".[3] '자유로운 탐구'라는 용어로써, 햄

맑스와 프로이트가 철학 교실에 들어오다

프셔는 철학의 이상적 조건을 제시하는 것으로 보인다. 철학의 탐구는 정치, 종교, 개인적 이익이나 다른 '특별한 이해관계'의 필요에 따른 지시와 요구에 제약되지 않아야 한다는 것이다. 그것이 이상적 조건이라고 말하는 까닭은 확실히 철학으로 간주되는 것의 상당수는 철학 외적인 의제議題의 요구에 이러저러하게 복종해왔기 때문이다. 이러한 '이상'은 순수 이성이나 순수 논리 같은 것이 존재하거나 마땅히 존재해야 하며, 철학은 그러한 속박 없는 합리성의 추구여야 한다는 의미를 내포하는 것 같다. 그러나 사실상 인간 정신은 최소한 조금이라도 중요성을 지니는 쟁점들에 대해서는 비철학적인 부담을 벗어나서 순수하게 객관적으로 이해관계와 무관하게 기능하기가 어려울 것이다. 그럼에도 불구하고 햄프셔는 옳다 — 철학은 자기 감시를 해야 하며 그 고유한 동기에 대해 설령 그 목표에 근접한 것이라 하더라도 의심해보아야 한다.

햄프셔의 정의는 "경험과 현실에 적용 가능한 가장 일반적인 범주"에 대해 언급한다. 그의 규정의 이처럼 의도적으로 모호한 부분은 어떤 핵심적 범주(이를테면 시간, 공간, 존재, 사회성, 아름다움, 사랑, 죽음 따위)가 철학에 중요하다는 사실과 아울러, 그것들의 일반적 성격에 철학의 관심이 있음을 환기시켜준다. 그 일반적 성격으로써 햄프셔가 의미하는 것은 이를테면 이런 것이다. 나는 당신에게 지금 시간이 어떤지 물어볼 수 있는데, 그럴 때 나는 확실히 철학적 문제를 제기하는 것은 아니다. 아니면 당신이 나에게 비행기로 샌프란시스코에서 리노까지 가는 데에는 리노에서 세인트루이스까지보다 시간이 덜 걸린다고 말할 수 있는데, 그럴 때 당신은 철학적 단정을 내리는 것은 아니다. 그러나 만약 내가 "시간이 어떠냐?"가 아니라 "시간이 무엇이냐?"고 묻는다면 나는 아마 철학적 문제에 해당될 일반 문제를 제기하는 셈일 것이다(만약 예컨대 내 어학력이 부족해서 '시간'이란 단어에 익숙지 않기 때문에 그 말의 사전적 정의를 묻는 것이 아니라면 말이다). 이와 비슷하게, 어떤 것이 공간 속에 존재하는 것이 무슨 의미인가를 묻는

다면 나는 철학적 문제를 제기하는 것이지
만, "식탁 주위에 의자가 몇 개나 들어갈
까?"를 묻는다면 그렇지 않다.

이 책에서 나는 이러한 문제들을 '거창
한 문제'라고 부른다. 이는 약간 과시적인
표현이지만, 어떤 철학자들이 하듯이 '가
장 중요한 문제'라고 부르는 것만큼 과
시적이지는 않다(어떤 문제를 '중요'하게
만드는 요인은 그것이 제기되는 상황이라
는 사실을 인정해야 할 것이다). 이러한
철학적 문제들은 또한 깊이 있는 문
제라고 부를 수도 있다. 하지만 그
것은 어떤 주제넘은 의미에서가 아니

라, 비유하자면 고고학적이거나 지질학적인 의미에서 그렇다. 그것들은 다른 문제들의 심층에
놓이거나 다른 문제들을 뒷받침하기 때문에 깊이 있는 것이다. A지점에서 B지점으로 가는 데
걸리는 시간의 양을 이야기할 때, 내 말뜻의 밑바탕에는 시간에 대한 어떤 일반 개념이 존재하
며 철학은 그처럼 밑바탕에 놓이는 일반 개념을 비판적으로 고찰하는 것이다.

덧붙여서, 철학을 정의하는 또 다른 시도를 살펴보자. 이는 채널 교수가 시도한 것이다. 그에
따르면, 철학은 "인간 경험의 어떤 측면들을 서술하거나 설명하거나 해설해주는 이론을 개발해
내는 끊임없는 비판적 활동"[4]이다. 그의 정의의 전반부는 너무 모호해서 사실상 무용지물이지
만, 철학에 대해 "이론을 개발해내는……활동"이라고 지칭하는 것은 다른 정의에서 소홀히 다
루어진 철학의 특징 — 곧, 철학의 구성적이고 창조적인 측면 — 을 강조해준다. 어떤 철학자들
은 (특히 20세기 전반기에) 철학은 이론을 개발해서는 안 되며 전적으로 비판과 분석을 하는 데
만족해야 한다고 생각했다. 그러나 살펴보겠지만, 철학사는 어떻게 모든 것이 다른 모든 것과
연관되는가를 보여주고자 하는 거대한 이론적 도식들로 가득 차 있다. 거의 모든 철학의 '위인
들'은 그러한 도식을 개발해냈다. 철학의 이러한 특징은 셀러즈의 아마 약간 해학적인 철학의
정의에 잘 포착되어 있다. "철학은 가능한 가장 넓은 의미의 사물들이 어떻게 가능한 가장 넓은

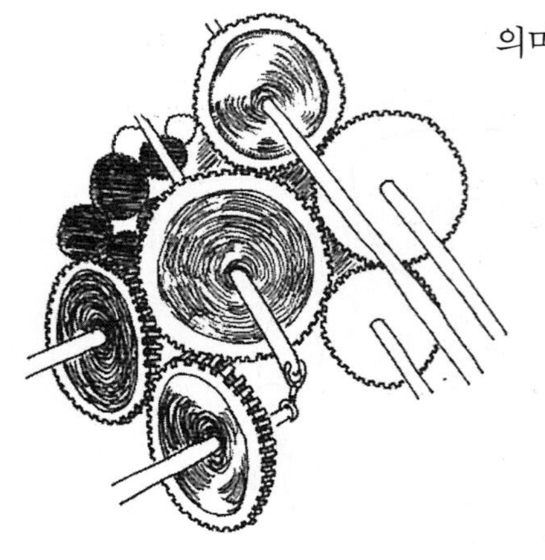

사물이 서로 결합하는 방법

의미에서 함께 어우러져 있는가를 알려는 시도다."[5]

그렇다면 철학을 정의하려는 시도가 왜 그렇게 많은가? 어째서 한 차례의 직설적이고 명확한 진술로 끝나지 않는가? 어쨌든 '삼각형' 같은 단어라면 그렇게 할 수 있다. "삼각형은 세 변을 지닌 닫힌 도형이다." 어떤 것이든 삼각형이라면 그런 특징을 지니며, 어떤 것이든 그런 특징을 지니면 삼각형이다. 어떤 것이든 그런 특징이 없으면 삼각형이 아니다 ― 끝! 우리가 '삼각형'은 포괄적으로 정의할 수 있지만 '철학'은 그러지 못하는 이유는 아마 전자가 닫힌 개념인 반면, 후자는 열린 개념이라는 사실 때문일 것이다. 다시 말해서, 우리는 어떤 것이 삼각형이기 위한 필요 충분 조건은 서술할 수 있지만, 어떤 것이 철학이기 위한 그러한 조건은 아마 존재하지 않을 것이다. 철학이 유일하게 열린 개념은 아니다. 가장 고도한 몇 가지는, 이를테면 '사랑'과 '예술' 같은 것일 터이다.

예를 들어보자. 몇년 전 나는 붐비지 않는 어느 평일 아침에 현대 미술관에 있었다. 나는 한 커다란 전시실에 들어갔다가 방 가운데 자갈더미만 덩그라니 있는 것을 보았다. 처음에 나는 무슨 공사중인 방에 잘못 들어간 것으로 생각했다. 그냥 돌아 나오려는데 돌더미 앞에 놓인 작은 탁자에 글씨를 새긴 작은 명패가 있는 것이 눈에 띄었다. 거기에는 '자갈더미'라는 글자가 적혀 있었다. 관람객 몇 명이 돌더미 주위를 돌며 조용하게 그 '작품'을 감상하고 있었다. 다른 사람들은 그것을 비웃었다. 여기서 떠오르는 문제는 "이것이 예술인가?" 하는 것이다. 우리에게 그 문제를 판정해줄 수 있는 것은 지극히 자의적인 정의뿐일 것이다.

예술은 최근에 풍요와 자기 회의로 가득

자갈더미

찬 위기의 시대를 거쳤다. 그 개념의 외곽 경계선은 확대와 수축을 겪으면서 때로는 균열하는 듯이 보인다. 이는 아마 마땅히 그래야 할 일일 것이다(더 자세한 내용은 10장을 보라). 그러나 주변부의 작품에 관해 우리가 확신하지 못하더라도 그 개념의 중심부에 놓이는 작품을 인식하는 데 방해가 되지는 않는다. 우리는 로버트 배리Robert Barry의 개념 예술(그의 작품: 〈1969년 6월 15일 오후 1시 36분 뉴욕 — 그 순간에 내가 알지만 생각하지 않는 모든 것〉)에 대해서는 의심할 수 있지만, 베르미어Vermeer의 〈터번을 두른 소녀〉에 대해서는 의심할 나위가 없다.

철학의 경우도 이와 비슷하다. 우리가 검토할 대부분의 문제는 그 개념의 중심부에 놓이지만 소수는 주변부에 있을 것이다. 우리는 우리가 철학을 한다는 것을 보증하기 위해서 반드시 있어야 하고 있을 경우에 충분한, 그리고 없을 경우에 우리가 철학을 하지 않는다는 것을 보증하기에 충분한 하나의 특성 또는 한 묶음의 특성들은 존재하지 않는다는 사실을 발견할 것이다. 여러 철학적 탐구는 오히려 루트비히 비트겐슈타인Ludwig Wittgenstein(그에 관한 더 자세한 내용은 10장을 보라)이 '열린 개념'은 어떤 것인가를 보여주고자 할 때 거론한 '가족 유사성'을 지닐 것이다. 그는 '게임'이라는 열린 개념에 관해 다음과 같이 썼다.

가족 유사성

또한 우리는 같은 방식으로 수많은 다른 게임 그룹을 거칠 수 있으며 여러 유사성이 생겨나고 사라지는 것을 볼 수 있다.

이러한 검토의 결과는 이렇다. 우리는 중첩되고 교차되는 유사성의 복잡한 연결망을 본다. 때로는 전체적인 유사성을, 때로는 세부적인 유사성을 본다.

이러한 유사성을 규정하는 데에는 '가족 유사성'보다 더 나은 표현이 떠오르지 않는다. 가족 성원들 사이의 다양한 유사성, 곧 체격과 용모, 눈빛깔, 걸음걸이, 기질 등등은 똑같은 방식으로 중첩되고 교차된다 ― 그리고 '게임들'은 하나의 가족을 이룬다고 할 만하다.[6]

철학의 개념은 아마 게임의 개념과 비슷할 것이다. '철학'이란 단어가 지칭하는 다양한 활동은 한 묶음의 공통 분모를 지님으로써 서로 연관되는 것이 아니라 오히려 서로에 대해 '가족 유사성'을 지니는 것이다.

소크라테스의 철학

철학이란 무엇인가를 이해하기 위해 마지막으로 어떤 다른 방식을 시도해보자. 우리는 한번 더 고대 그리스로 돌아가 가장 초기의 가장 유명한 철학자 가운데 한 사람인 소크라테스의 활동을 검토해보고, 그럼으로써 철학 자체의 본질에 관해 어떤 통찰을 얻고자 할 것이다.

아테네에서 평생을 보낸 소크라테스Socrates(기원전 469~399)는 강연을 하거나 논문을 쓰지 않았다. 그는 논문을 쓰지 않았을 뿐만 아니라, 문자가 정신을 죽인다고 생각했기 때문에 어떤 형식으로든 철학을 글로 쓰는 데 반대했다. 소크라테스에게서 철학은 일종의 사회 활동이며 진리를 탐구하는 둘 이상의 사람들 사이에서 이루어지는 일종의 담론이었다. 따라서 그의 철학 활동은 아테네의 거리와 상점과 공원에서 이루어졌으며, 거기서 소크라테스는 '고상한 것들'에

철학 토론회에 참석하는 소크라테스

관한 대화에 흥미가 있는 누구와도 어울렸다. 소크라테스의 부인 크산티페는 때때로 그의 버릇에 역정을 느꼈다. 간단한 심부름이라도 보내면 그는 자신의 철학적 관심사에 골몰해서 장시간 지체하기가 일쑤였던 것이다. 때때로 그는 가지러 갔던 물건은 없이 몇 시간이나 지나서 돌아오기도 했다. 한 일화에 따르면, 그는 그러한 대화 중에 제기된 어떤 문제에 몰두해서 턱에 손을 괴고 밤새도록 그 장소에 머물러 생각에 잠긴 일도 있었다고 한다. 또 다른 이야기에 따르면(아마 위서겠지만), 격분한 크산티페가 남편의 옷을 숨겨놓고 그가 밖에 나가 소년들과 더불어 철학을 할 수 없게 만들었다. 그러나 소크라테스는 나체로 빠져 나갔으며, 제자들은 그가 벌거벗고 올 경우에 대비해서 여분의 옷을 준비해오기 시작했다.

다행히도 소크라테스의 가장 총명한 제자인 플라톤은 스승의 충고를 귀담아듣지 않았다. 플라톤은 소크라테스가 한 말 중에서 기억나는 모든 것을 기록으로 남겼다. 그는 자기가 그 말을 들을 당시와 똑같은 대화체로 소크라테스의 말을 옮겨 적었는데, 그 결과물이 약 20편에 달하는 유명한 '플라톤의 대화편'이다. 이것과 또 다른 동시대인 크세노폰Xenophon의 더 간략하고 덜 철학적인 기록이 아니었더라면, 우리는 소크라테스의 가르침에 관해 거의 알지 못했을 것이다. 실상, 소크라테스 연구자들에게는 몇 가지 해결해야 할 문제가 있다. 플라톤이 정말 자기 사상이 아닌 소크라테스의 사상을 우리에게 전해준다고 어떻게 확신할 수 있을까? 비록 플라톤의 철학이 소크라테스 사상의 연장이라고 하더라도 결국 플라톤은 소크라테스의 공식을 훨씬 넘어서는 자신의 독자적인 철학을 전개했음을 우리는 알고 있다. 아마 이 문제의 궁극적 해답은 없겠지만, 대충 어림잡아서 초기 대화편일수록 더 원본에 가깝고 후기 대화편일수록 플라톤이 단지 소크라테스라는 인물을 자기 대변인으로 활용하는 것일 가능성이 크다고 말할 수 있다.

(1)	(2)	(3)

첫째 부분

플라톤의 주요 대화편들은 각각 한 가지 철학적 주제 — 예컨대, 진리의 본성, 아름다움, 정의, 미덕, 용기, 신앙심, 우정, 통치 기술 따위 — 에 중점을 두고 있다. 학자들이 증명한 데 따르면, 초기의 전형적인 플라톤의 대화편은 세 부분으로 나누어 도식화할 수 있다. 첫 부분에서 소크라테스는 앞에서 말한 '거창한' 주제 중의 한 가지에 관해 무언가를 안다고 자부하는 젊은이와 마주친다. 소크라테스는 그 젊은이를 치켜세우며 자기가 50년 동안이나 찾아다닌 어떤 것을 실제로 아는 사람을 만난 자신의 행운을 자축한다. 그때의 젊은이 나이는 대개 열여덟, 열아홉, 또는 스물 정도에 불과하다. 소크라테스는 젊은이더러 자기한테도 지혜를 나누어 달라고 간청한다. 젊은이가 그렇게 하면 소크라테스는 깊은 감명을 받은 듯한 — 때로는 압도당한 듯한 — 시늉을 한다. 젊은이는 의기 양양한 기분을 느끼기 시작한다.

둘째 부분

대화의 둘째 부분이라고 할 수 있는 것은 소크라테스가 젊은이의 논증에서 나타나는 외견상 사소해 보이는 어떤 문제점에 주목하는 데에서 시작한다. 젊은이는 간단한 윤색 작업으로 그 흠집을 가릴 수 있다고 생각하지만, 우리 독자들은 소크라테스의 반론이 잡아당기면 옷 전체가 풀어 헤쳐질 가는 실이 되리라는 것을 안다. 이 둘째 부분의 결말에 이르러 이 젊은이는 혼란에 빠지며 무지를 시인한다. 어떤 대화편에서는 소크라테스의 반대문이 아주 부드

럽지만, 다른 곳에서는 아주 가혹하다. 한 대화편에서는 주인공이 결국 눈물까지 흘린다.

마지막인 셋째 부분의 대화는 소크라테스와 그의 상대방이 무지를 인정한 시점에서 시작한다. 젊은이는 'X'(진선미 따위)가 무엇인지 알지 못하며 소크라테스 역시 모른다. 이 지점에서 소크라테스는 낙심하는 동료에게 이런 말을 건넨다. "자, 여기 무지한 우리 두 사람이 있네. 하지만 우리는 알기를 바라는 사람일세. 만약 자네가 좋다면 나름 그 문제를 진지하게 탐구해보고 싶네." 어떤 의미에서 진정한 철학하기는 이 지점에서 비로소 시작된다. 마치 어떤 진정한 철학이 존재할 수 있으려면 그 이전에 젊은이의 안다는 주장이 반드시 그 본색 ─ 자신과 다른 사람들에 대해 무지를 은폐하는 기능을 하는 일종의 오만하고 허세부리는 방어 기제라는 사실 ─ 을 드러내야 한다는 듯이 말이다. 이는 소크라테스의 방법이 지니는 부정적이고 파괴적인 측면이다. 그리고 나서 건설적인 측면이 대화의 셋째 부분에서 등장한다. 여기서 소크라테스와 젊은이는 진리를 찾아내기 위해 수많은 가설을 검토해본다. 하지만 거의 모든 경우에 진리는 발견되지 않는다. 소크라테스의 대화는 결론 없이 끝난다. 어째서 그런가? 이 질문에 답할 수 있으려면 우리는 '소크라테스의 무지'에 관해 더 많은 이야기를 해야 할 것이다.

소크라테스의 불손한 언행은 아테네의 수많은 권력자를 화나게 만들었다. 그들은 불경죄와 거짓된 교리를 가르친 죄, 젊은이들을 타락시킨 죄로 그를 체포하여 재판받게 만들었다. 재판

중에 소크라테스는 배심원들에게 델피의 아폴로 신전에 예배드리러 가서 그 신에게 (신의 대변자인 신탁을 통해) 세상에서 가장 지혜로운 사람이 누구인지 물어보았다는 자기 친구 카이레폰의 이야기를 했다. 신탁은 소크라테스가 가장 지혜롭다고 대답했다. 소크라테스는 이러한 응답에 아주 당혹스러웠다고 주장했다. 자기는 아는 게 없는 데, 어떻게 세상에서 가장 지혜로운 사람일 수 있는가? 그러나 결국 소크라테스는 어떤 의미에서 자기가 다른 사람들보다 더 지혜롭다는 것을 개닫게 되었다. 다른 사람들은 아는 게 없으면서도 자신들이 무언가 안다고 생각했다. 소크라테스는 아는 게 없지만 자기가 아는 게 없음을 알고 있었다. 따라서 그가 다른 사람들보다 더 많이 아는 것이었다.

이 이야기를 우리는 진정 어떻게 받아들여야 할 것인가? 거기에는 명백히 반어법이 담겨 있다. 소크라테스는 반어법을 사용해서 501명의 배심원과 고발자에게 자기가 거짓된 교리를 가르쳤다는 비난이 틀린 것이며(왜냐하면 그는 아는 게 없으므로 가르친 것도 없다), 또한 그들이 자기를 재판할 수 있다는 게 틀린 것임을(왜냐하면 무지한 사람들이기 때문에 그들은 어느 누구도 재판할 수 없다)밝힌 것이다. 실상, 소크라테스의 담론은 반어법으로 가득 차 있다. 감언과 모욕, 유머, 과장, 축소, 틀린 진술, 시적 암시, 실없는 이야기 따위를 이용해서 반어적, 간접적으로 의사 전달을 하는 것은 분명 그가 철학하는 방법의 일부분이다. 월프 교수는《철학에 관하여》에서 '소크라테스의 무지'에 대해 간단하지만 독창적인 분석을 제시하고 있는데, 우리는 그 내용을 여기에 빌어올 것이다.[7]

월프에 따르면, 우리는 소크라테스의 대화가 세 부류의 청중을 지닌다고 생각

세 부류의 청중

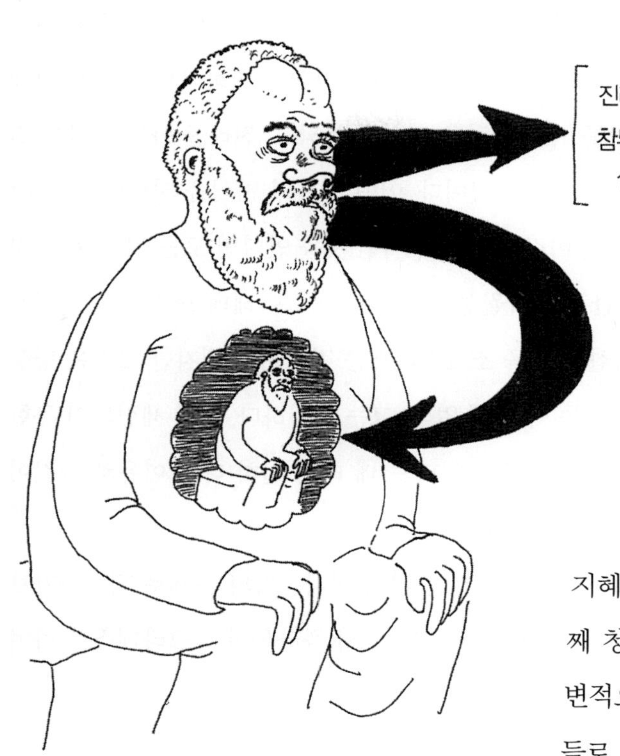

할 수 있다. 첫 번째는 단순한 청중으로서, 보통 소크라테스와 대화를 벌이는 젊은이로 대표된다. 소크라테스가 "나는 무지하다"고 말할 때 젊은이는 그 주장을 문자 그대로 받아들여 자신이 지녔다고 자부하는 지혜의 경지와 대조적으로 이해한다. 두 번째 청중은 조금 세련되었으며 대화편에 주변적으로 등장하는 인물이나 대화편의 독자들로 대표된다. 이 청중은 이렇게 생각한다. "그는 무지하지 않다. 그의 무지하다는 주장은 순전히 반어적인 것이다." 그리고 어떤 의미에서 이 두 번째 청중은 옳다. 소크라테스는 명백히 무언가를 알며 그가 스스로 무지를 고백하는 상대방보다 더 많이 알고 있다. 하지만 가장 세련된 세 번째 청중이 존재하는데, 이는 대화편의 가장 세련된 독자들(곧, 당신과 나)로 대표될 것이다. 이 청중은 "그가 무지하다"라고 말한다. 다시 말해서, 소크라테스가 자신과 다른 사람들에 대해 견지하는 엄격한 기준에 비춰볼 때 그는 정말 알지 못하는 것이다. 깊이 있는 의미의 지식 속에서 진정한 지자知

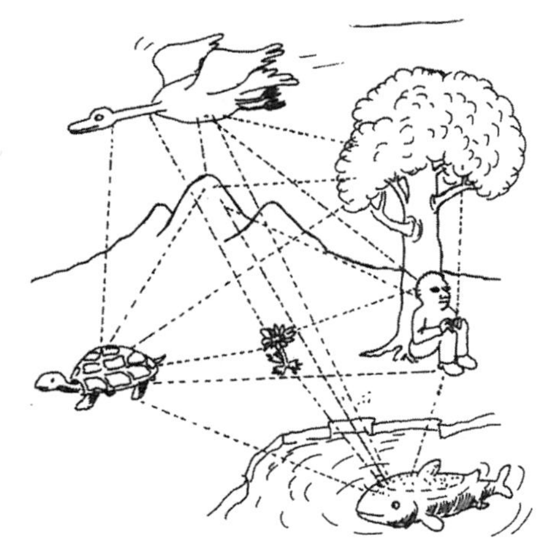

모든 사물은 서로 연관되어 있다

者는 자기가 아는 것에 대해 남김없이 해명할 수 있고 그 지식이 다른 모든 지식과 어떻게 관련되는지 이해한다. 또한 지자는 그 지식을 자기 삶 속에 구현하여 자신을 변화시킨다. 다시 말해서, 소크라테스가 보기에 진정으로 정의를 아는 사람은 정의롭게 되고, 진리를 아는 사람은 진실해지며, 아름다움을 아는 사람은 아름다워지는 것이다. 어떤 종류의 지식을 지니면 모든 사물이 어떻게 연관되는가를 이해하게 되며, 이런 의미에서 어떤 것을 안다면 모든 것을 아는 것이다. 이러한 지식을 획득하게 되면 인간적인 탁월성 — 그리스어로 아레테*areté* — 을 획득하게 되며 탁월한 인간이 된다. 바로 이러한 지식을 소크라테스는 평생 추구했지만 그것은 항상 그를 비켜갔다. 이런 의미에서 소크라테스는 아는 게 없다. 그는 무지하다. 가장 세련되지 못한 청중과 가장 세련된 청중이 소크라테스가 가장 무지하다는 데 대해 전혀 다른 이유로 똑같이 동의한다는 사실이 반어적 의미를 한층 가중시킨다.

이제, 우리는 어째서 소크라테스의 대화가 모두 결론 없이 끝나는가의 문제로 되돌아가보자. 그것은 당연히 그래야 한다. 만약 다양한 대화편의 결말에서 플라톤이 소크라테스로 하여금 최종적으로 'X'(진, 선, 미 등등)에 대해 정의를 내리게 했더라면 그것은 지식이 순수하게 형식적인 것일 수 있다는 것 — 우리가 사전적 유형의 정의에 도달하여 그것을 암기할 수 있다는 것 — 을 의미하기 때문에 전적으로 오도된 결과를 가져왔을 것이다. 일단 암기하게 되면 우리는 그 '지식'이 우리 삶에 전혀 영향을 미치지 않더라도 그것을 안다고 말할 수 있을 것이니까 말이다. 소크라테스는 그 자체에 의해 공식처럼 정의된 것을 진정한 진리로 간주할 수 없었다.

하지만 소크라테스는 여전히

저승 세계의 유령에게 질문하는 소크라테스

무지를 내세웠고 그와 동시에 "검토되지 않은 삶은 살 가치가 없다"고 주장하며 자신의 죽음을 향해 나아갔다. 재판의 마지막에 그는 고발자들과 배심원에게 작별을 고하며 이렇게 말했다. "떠날 시간이 왔소. 우리는 각자의 길을 갈 것이오. 나는 죽으러 가고, 여러분을 살러갈 테지요. 어느 길이 나은지는 오직 신만이 아실 겁니다." 그리고 처형실에서 정말 내세란 게 있다면 내세에서 무엇을 할 것인가 하는 질문을 받자, 그는 자기가 살아서 한 일을 죽어서도 계속할 것이라고 했다. 저승 세계의 유령들에게 그들이 어떤 지식을 갖고 있는지 물어보겠다는 것이었다. 그렇다면 이는 참으로 낙심천만한 일이 아닌가? 모든 시대에 걸쳐 가장 위대한 철학자이며 심오한 사상가였던 인물이 평생 동안 지식을 탐구했는 데도 그 지식 ― 그 탐구를 '철학'이라고 부르며 우리가 정의조차 내릴 수 없는 것 ― 을 획득하지 못하고 무덤에 갔다니 말

이다. 철학 강의를 처음 듣는 첫날의 입문생들에게 이는 낙심천
만한 일이 아닌가?

소크라테스보다 2500년 뒤에 명성을 날린 철학자 버트란드
러셀 경Bertland Russel(1872~1970)의 다음과 같은 유명한 구절
로 이 장을 마무리한다면 아마 우리는 약간 격려를 얻을
것이다.

러셀 경

철학의 질문들에 대한 어떤 명백한 답변도 일반적으로
진리임을 입증할 수 없기 때문에 철학은 어떤 명백한 답변
을 위해서가 아니라 오히려 질문 자체를 위해서 연구하는
것이다. 왜냐하면 그러한 질문들은 무엇이 가능한가에 대
한 우리의 관념을 확대해주고 우리의 지적 상상력을 풍부하
게 해주며 사변에 대해 정신을 닫아버리는 교조적 확신을 줄여주기 때문이다. 그러나 무엇보다
도 중요한 까닭은 철학이 고찰하는 우주의 위대함을 통해 정신도 또한 위대해지며 그 최고 선
을 이루는 우주와의 합일合一을 이룰 수 있게 되기 때문이다.[8]

결론

이 장을 끝내기 전에 '들어가기'에서 내가 객관성에 대해 말한 몇 가지는 기억해두기 바란다.
이 책의 각각의 장의 본문에서 나는 꽤 직선적인 방식으로 자료를 제시하려고 한다. 확실히 나
의 편견 — 의식적이든 의식적이지 않든 간에 — 은 여기저기에 흘러 들어갈 것이고 내가 연구
한 철학 사상에 대한 일정한 평가를 할 것이지만, 그럼에도 불구하고 균형잡힌 견해를 유지하
려고 할 것이다. 그러나 각 장의 결론에서는 당당하게 내 주장을 개진할 것이다. 그것은 여러분
이 읽는 자료로부터 끄집어낸 결론과 다를 수도 있는데, 다름으로써 여러분은 자신의 견해의
근거를 더 명확히 정리하여 옹호할 수 있게 될 것이다. 이를 거듭 경고하고 싶다.

플라톤은 철학이 경이에서 출발한다고 주장했으며, 플라톤의 제자인 아리스토텔레스는 "모든 인간은 천성적으로 알기를 바란다"는 구절로 자기 저서를 시작했다. 이러한 고대 그리스적 견해에 따르면, 우리는 모두 천성적으로 철학자인 셈이다. 우리는 호모 필로소피쿠스*homo philosophicus*(철학하는 인간)이다. 만약 그러한 낙관적인 그림이 사실이라면 우리는 철학에 대한 관심을 정당화하려고 애쓸 필요가 없을 것이다. 여러분이 철학 책을 들고 다니는 것을 무가 보고서 왜 철학을 공부하느냐고 묻는다면 여러분은 이렇게 답하면 충분할 것이다. "왜냐하면 나는 인간이니까."

이러한 그리스적 견해에는 일말의 진실성이 있다. 어떤 '거창한 질문'을 전혀 물어보지 않는다면 사람의 영혼은 참으로 왜소해질 수밖에 없을 것이다. 물론, 대부분의 사람은 직업 철학자가 되지 않는다.('직업 철학자'라는 개념은 약간 이상한 점이 있다. 그리스식 관점에서 보면, 그것은 마치 직업적인 인간이 된다는 것이나 같을 것이다. 소크라테스는 충격을 받았으리라.) 또한 우리들 다수는 대부분의 시간을 철학하며 보내지지 않는다. 게다가 어떤 사람들은 다른 사람들보다 아마 더 자연스럽게 철학적이다 — 이를테면, 철학적 기질 같은 것이 존재하는 것이다. 무엇이 우리로 하여금 철학을 하게 부추기는가? 때로는 호르몬이 그런 작용을 한다. 감수성이 예민한 청년기에는 삶과 죽음, 예술(곧, 록 음악), 사교성 등의 의미에 관해 고뇌하느라 많은 시간을 소비한다. 그리고 많은 사람은 거창한 문제들이 다시 한번 제기되는 고전적인 '중년의 위기'를 거치는 것으로 보인다. 그러나 철학적 문제 제기는 반드시 호르몬에 의한 것은 아니다. 가까운 가족이나 친구, 연인을 잃은 경우와 같은 극적이

아버지가 중년의 위기를 겪는 동안
삶의 의미에 대해 고뇌하는 민감한 사춘기 세대

오리 / 토끼

거나 정신적 상처를 주는 사건이 그럴 수 있는 것처럼, 때로는 지극히 사소한 일로도 우리는 철학적 망상에 빠져들 수 있다. 우리는 평생 철학자일 것이며 철학을 하는 게 우리의 인간성을 키워준다는 그리스식/러셀식 견해를 나는 지지한다. 미안스럽게도, 나는 한 번도 철학을 해본 적 없는 사람은 어딘가 인격이 모자란다는 견해를 지니고 있다.

그러므로 사람이 필연적으로 철학을 하게 되는 것이라면 그것을 잘 해야 하지 않겠는가? 먹고 운전하고 돈버는 것 같은 활동은 잘 해야 한다고 생각하면서 거창한 질문에 관해 사고하는 것은 어째서 대충 해도 무방하다고 생각하는가? 이 일에서도 또한 약간의 아레테를 지니도록 하자. 따라서 나는 여러분이 최소한 이번 학기만이라도 '직업적인 철학'에 몰두하도록 권유한다. 여러분 대다수는 이번이 여러분 평생에 듣는 유일한 철학 강의일 것이다. 한 보따리나 되는 철학 강의는 누구나 좋아하는 것이 아니며 대학 생활을 계획하는 데에는 긴급하게 할 것이 많기 때문에 더욱 이 강의는 진지하게 들을 필요가 있는 것이다.

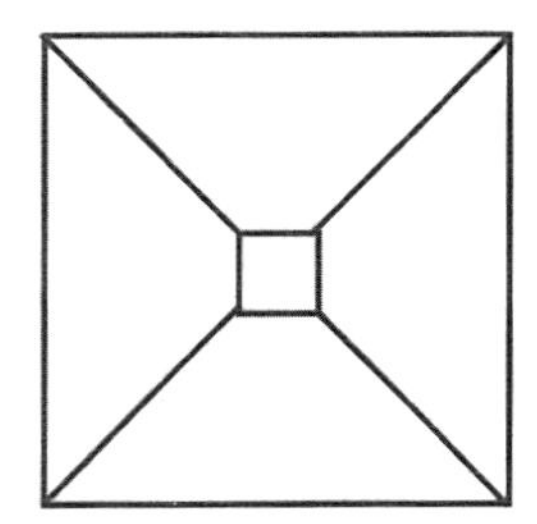

철학자들과 철학 이론들은 위대한 소설 같이 읽을 수 있다. 위대한 소설가들(세르반테스, 도스토예프스키, 엘리엇, 프루스트, 조이스, 만 등)은 여러분에게 마법의 안경을 건네주고 그것들을 들여다보도록 권하면서 이런 말을 한다. "이 안경을 통해 세상을 보면 여러분은 전에 보지 못한 광경을 볼 것이며, 일단 한번 보고 나면 그 광경은 영원히 여러분의 것으로 간직될 것이다." 진정 훌륭한 철학의 경우도 그렇다. 철학적 개념은 세계에 대한 가능한 해석으로서 제시된다. 세계는 매우 복잡한데, 그것에 대한 해석이 우리에게 유용하게 될수록 우리는 세계 속에서 더욱 자유롭고 효율적으로 될 것이다. 철학적 개념은 도구와도 같다. 도구의 종류가 많을수록 작업 능률은 더 좋아진다.

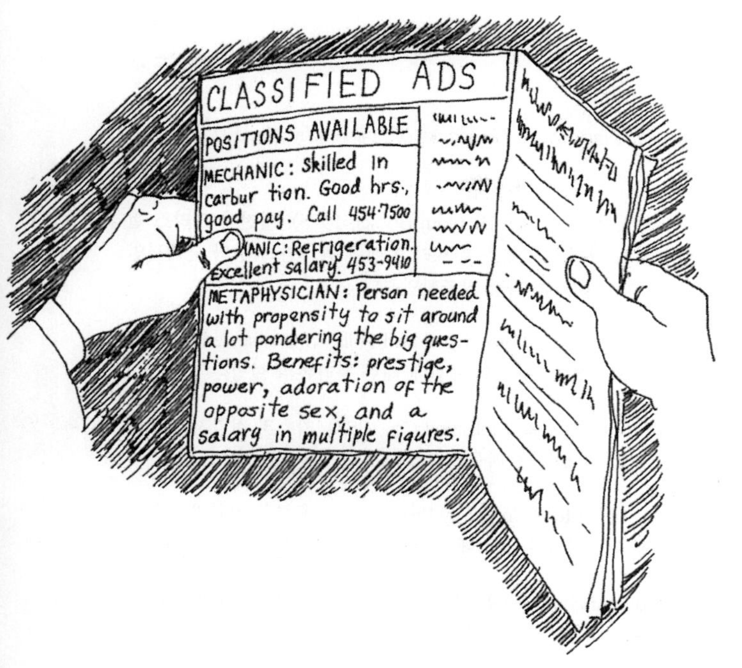

이런 맥락에서 20세기 오스트리아 철학자 루트비히 비트겐슈타인은 오늘날 보통 '비트겐슈타인의 오리/토끼'라고 지칭되는 현상을 크게 활용했다. 이 그림은 오리인가, 토끼인가? 물론, 그것은 어느 쪽으로나 해석할 수 있다. "그것이 실제로 무엇인가?" 하는 문제는 여기에 상관이 없다. 내가 제기하는 것은 세계가 처음 우리가 깨닫는 것보다도 훨씬 더 비트겐슈타인의 형상에 가깝다는 것이다. 인생이 우리에게 제기하는 문제들에 대해 창조적 해답을 내자면 세계에 대한 다양한 해석 능력이 필요하다. 철학은 바로 그러한 창조적 해석을 위한 일정한 도구를 제공해주는 것이다. 종종 세계는 훨씬 더 다양해서 단지 두 가지 해석(오리냐, 토끼냐)만을 허용하지 않는다. 그것은 올드리치가 제시한 이런 그림에 가깝다. 그는 이렇게 말한다. "……이 그림을 다음 다섯 가지 제목 아래 관찰해보라. (1)창틀에 매달린 정사각형. (2)위에 섯 본 등잣. (3)아래서 본 등잣. (4)터널을 들여다본 모양. (5)꼭대기가 짤린 피라미드를 공중에서 본 모양".[9]

그리고 이러한 철학적 도구를 검토해보고 나서 우리가 세계에 대한 쓸모 있는 해석으로 선택하지 않더라도 그것은 우리의 일상적 신념에 대한 비판적 분석으로 기능할 것이므로 우리는 여전히 이득을 보게 된다. 우리의 일상적 신념이 철학적 정밀 검토를 견뎌낸다면 그럴수록 더 좋은 것이다. 아리스토텔레스의 말을 바꾸면(약간 자유롭게 바꾸자면), 직업을 얻는 문제와 관련하여 철학은 모든 학문 중에서 가장 쓸모가 없겠지만, 그럼에도 불구하고 가장 훌륭한 학문이다.

Donald Palmer, *Looking at Philosophy: The Unbearable Heaviness of Philosophy Made Lighter*, 3rd ed.(McGraw Hill, 2001).

Robert Pirsig, *Zen and the Art of Motercycle Maintenance*(Bantam Books, 1975). 이전의 그리스 철학자들이 제기한 문제에 대한 답을 찾기 위해 자전거 크로스 컨트리 여행에 참가한 기수의 근대적인 오디세이. 뮈토스/로고스 및 아레테의 본성에 관해서는 가장 참조할만하다.

Plato, "Apology", in *Great Dialogues of Plato*, Eric H. Warmington and Philip G. Rouse, eds., W. H. D. Rouse, trans.(New American Library, 1956) 소크라테스의 재판에 대한 플라톤의 설명.

Merrill Ring, *Beginning with the Pre-Socratics*(Mayfield Publishing Co, 1987). 최초의 철학자들의 유실된 저작들로부터 현존하는 부분들을 모았고, 그 빈틈을 메꾸는 논평도 싣고 있다.

Bertrand Russell, *The Problems of Philosophy*(Oxford University Press, 1975). 훌륭한 철학자의 안목 있는 이 책은 1912년에 씌어져 약간 시대에 뒤떨어지나, 그럼에도 불구하고 일을만한 가치가 있다.

I. F. Stone, *The Trial of Socrates*(Doubleday Anchor, 1989). 소크라테스와 플라톤의 철학에 대한 천박한 이해는 나이가 들어서 고대 그리스어를 배워서 이 책을 쓴 최고의 저널리스트가 수행한 자유 변론을 옹호하기 위한 열전과 뛰어난 탐구 기술을 통해 별충한다.

Nancy Tuana, *Woman and the History of Philosophy*(Paragon House, 1992). 여성의 억압을 폄하하고 주변화하고 영속화시키는 서양 철학사의 특징을 인상적으로 비판한 책.

주

1. 헤리클레이토스의 모든 인용문은 John Mansley Robinson, *An Introduction to Early Greek Philosophy*(Houghton Mifflin Co., 1968), pp. 89~93에서 가져온 것이다.

2. Williamb H. Caotain, *Philosophy of Religion*: An Introduction(Pegasus, 1972), p. 1.

3. Stuart Hampshire, *The Age of Reason*(New American Library, 1961), p. 12.

4. Craig Channell, "The Advocacy Method: A Reply", *Teaching Philosophy*, Vol. 1, No. 1(Summer, 1975), p. 41.

5. Wilfrid Sellars, quoted in Richard Rorty, "The Fate of Philosophy", *New Republic*(Oct. 13, 1982), p. 28.

6. Ludwig Wittgenstein, *Philosophical Investigations*(Macmillan, 1964), p.52.

7. Robert Paul Wolff, *About Philosophy*, 4th ed.(Prentice-Hall, 1989), p.14.

8. Bertrand Russell, *The Problems of Philosophy*(Oxford University Press, 1975), p. 161.

9. Virgil C. Aldrich, *Philosophy of Art*(Prentice-Hall, 1963), p.20.

1. 소크라테스 이전의 사상가들에서 철학의 기원을 찾는 연구는 어떤 측면에서 철학의 본성을 해명해주는가?

2. 여러분은 소크라테스 이전 철학자들의 다양한 이론의 밑바탕에 놓인 공통 분모를 찾아낼 수 있는가?

3. 다음 견해 중 하나를 옹호해보라.

   (1)오늘날 서양에서 통용되는 철학과 과학은 로고스에 속하며 뮈토스와 근본적으로 구별된다.

   (2)로고스는 뮈토스의 일종일 뿐이다.

4. 다음 견해 중 하나를 옹호해보라.

   (1)'철학'은 정의할 수 있다.

   (2)'철학'은 정의할 수 없다.

5. 소크라테스는 자기가 무지하다고 말했는데, 사실은 아는 게 많은 사람이라면 그는 명백히 거짓말쟁이였는가?

이성주의 인식론

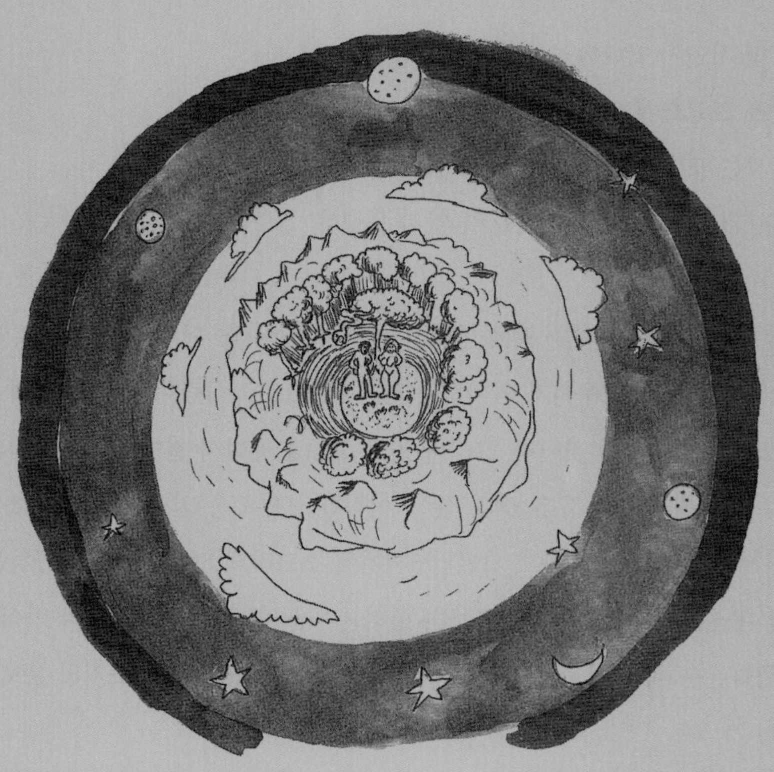

인식론은 지식에 관한 이론이다. 인식론의 큰 물음은 이런 것들이다. 지식이란 무엇인가? 견해와 지식의 차이는 무엇인가? 지식은 확실성을 요하는가? 지식의 한계는 무엇인가? 지식은 사실상 가능한가?(이 질문은 중심은 유지되는가 하는 질문의 인식론적 번안이다.)

'지식'이란 말은 어쩌면 약간 허풍처럼 들린다. 하지만 우리는 모두 그 말에 익숙하며 하루 종일 '안다'는 동사를 빈번히 쓰고 있는 것이 사실이다.

— 지금 몇 시인지 압니까?
— 그 말을 프랑스어로 알고 있었는 데 까먹었습니다.
— 그 여자는 모든 시험 내용을 알고 있었다.
— 우리는 그 사람이 오늘 도착할 줄 알지 못했다.

일상의 담론에서 우리가 이와 같은 이야기를 할 때 '안다'는 단어의 뜻은 무엇인가? 누군가가 무엇을 안다고 말할 때, 우리가 의미하는 것은 대체로 그 사람이 질문에 대해 옳은 대답을 제시할 수 있다는 그런 뜻일 것이다. 그러나 옳고 그름을 떠나서 철학자들은 지식의 의미에 대한 이와 같은 설명에 만족하지 않았다. 실상, 이러한 불만족은 철학사의 아주 초기부터 시작되었다. 우리가 이미 살펴보았듯이, 기원전 5세기에 소크라테스는 상식이 제공하는 것보다 더 엄격한 지식 개념을 고수했다. 그의 요구는 플라톤Platon(기원전 427~347)의 인식론에서 결실을 맺었다. 플라톤은 내가 이 장에서 이성주의라고 부르고 있는 것의 초기의 본보기로서 기여할 것이다.

　　지식 개념에 대한 플라톤의 분석은 다음과 같이 설명할 수 있다. "P는 X를 안다"는 문장을 예로 들어보자(여기서 P는 어떤 사람, X는 어떤 사실을 가리킨다). 그러한 문장이 참이려면 어떠해야 하는가? 첫째, "P는 X를 믿는다"는 것이 참이어야 한다. 여러분이 어떤 것을 믿지 않는다고

한다면, 그것을 안다고 주장할 수 없다.(한 가지 유일한 반대 사례를 생각해볼 수 있다. 누가 문을 두드리기에 열어보니 15년이나 만나지 못한 친구가 문간에 서 있었다고 하자. 그러면 여러분은 "조 스미스로군! 믿기지 않는 일이야!" 하고 외칠 것이다. 그러나 물론 여러분은 믿고 있다. 그렇지 않다면 여러분은 문을 닫고 돌아가서 TV나 볼 테니까.) 그러므로 믿음은 지식의 필수적인 부분이지만, 그것이 지식의 전부는 분명 아니다(어떤 것을 강하게 믿는다고 해서 내가 그것을 안다고 할 수는 없기 때문에……그것을 아무리 강하게 믿더라도 말이다). 그렇다면 믿음 이외에 무엇이 더 필요한가? 진리는

무언가를 매우
강하게 믿는다는 것

지구가 평평하다는 것을 아는 것

X가 사실일 것을 요구한다. 지구는 평평하지 않기 때문에 지구가 평평하다는 것을 알았던 사람은 아무도 없다. 수천, 수만의 사람이 한때 지구가 평평하다는 것을 안다고 주장했더라도 우리는 그들 모두가 틀렸음을 안다(루이스C. S. Lewis가 시사하는 바에 따르면, 콜롬부스 이전에 사람들은 지구가 평평하다고 생각하지도 않았는데, 그 이유는 지구가 둥글다고 생각했기 때문이 아니라 그 문제에 관해 전혀 생각해보지 않았기 때문이다). 그러므로 이제 이렇게 정리할 수 있다.

P가 X를 안다는 것은

(a) P는 X를 믿는다, 그리고

(b) X는 참이다, 라는 것을 수반한다.

여기서 (a)와 (b)는 지식의 필수적인 부분이다. 그러나 그것으로 충분한가? 다시 말해서, 참다운 믿음이 지식을 이루는 것인가? 플라톤은 그에 대해 부정적이었는데, 그 이유는 대체로 이런 종류의 것이다. 여러분이 나더러 지구가 둥글다는 것을 아느냐고 묻고, 내가 안다고 말했다고 하자. 나는 지구가 둥글다고 믿는 것인가? 그렇다. 지구는 둥근가? 그렇다.(여기서 나는 지구가 실제로는 약간 배 모양이라는 사실을 의도적으로 무시하고 있다. 여러분 자신도 만약 시속 수천 마일로 회전한다면 배 모양이 될 것이다.) 그런데 왜 이것이 지식이 되지 못한다는 것인가? 지구가 둥글다는 것을 내가 어떻게 아느냐고 여러분이 물을 때 내가 이렇게 말한다고 생각해보라. "여러분의 발바닥을 한번 보라. 발바닥이 휘어져 있지 않은가? 지구가 평평하다면 하

시속 수천 마일로 회전하며
배 모양이 되기

느님이 우리한테 둥근 발바닥을 주었겠는가?” 그 순간 여러분은 지구가 둥글다는 것을 내가 전혀 알지 못한다는 사실을 깨달을 것이다. 나는 운좋게 추측을 했을 뿐이다.

그러므로 참다운 믿음이 지식의 요건으로 충분하지 않다면 무엇이 더 필요한가?

P는 X를 안다

(a) P는 X를 믿는다.

(b) X는 참이다.

(c) P는 X의 로고스를 제시할 수 있다.

그리스어 ‘로고스’는 영어 ‘logic’(논리)의 어원이며, ‘~logy’(~학)로 끝나는 모든 용어의 어원이기도 하다(생물학biology은 생명체에 대한 이론 또는 연구이며, 사회학sociology은 사회에 대한 이론 또는 연구다).

그러므로 X의 로고스를 제시한다는 것은 X를 설명해주는 이론이나 연구 결과를 제시할 수 있다는 것이다. 로고스는 또한 그리스어로 ‘말’을 의미한다. 그 이론이 무엇인가를 말로 할 수 있어야 하는 것이다. 만약 어떤 사람이 플라톤이나 소크라테스에게 어떤 문제의 답은 알지만 말로 할 수 없다고 이야기한다면, 소크라테스와 플라톤은 바로 그 사실이 그 사람이 답을 알지 못하는 증거라고 비난할 것이다.

플라톤에게서 X의 로고스를 제시하는 것은 X에 대한 믿음을 정당화하는 것이며, 그에게 있어서 지식은 정당화된 믿음이다. 이는 매우 타당하게 들리지만, 플라톤에게서 정당화의 개념은 이미 살펴보았듯이 지극히 전문적이다. 실상, 그것은 앞서의 분석보다도 훨씬 더 전문적이다. 플라톤의 주저인 《국가》의 중심 대목인 ‘선線의 비유’를 살펴보면 여러분은 그 사실을 알게 될 것이다(그것을 비유라고 부르는 까닭은 지식과 실재를 소크라테스가 — 아마 추측컨대 땅바닥에다 막대기로 — 그리는 하나의 선

지구가 둥글다는 증명
– 직접적인 방법

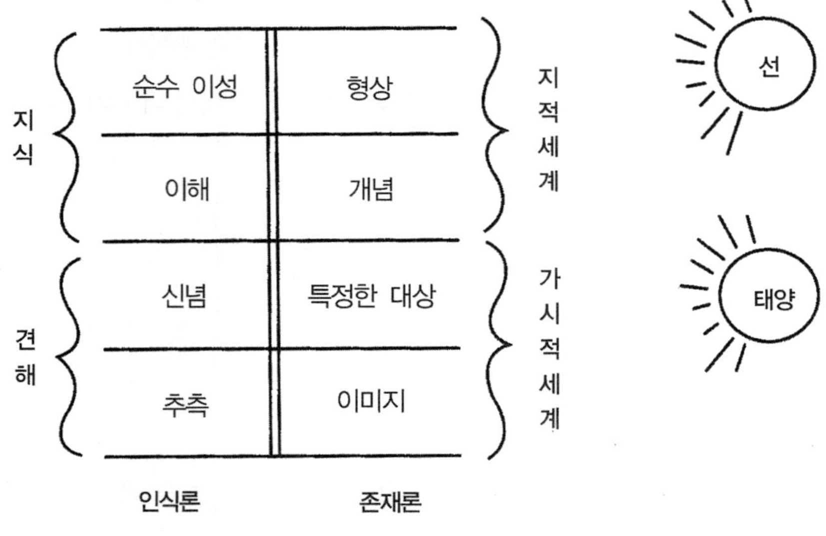

선의 비유[1]

에 비유하기 때문이다). 우리는 여기서 플라톤의 형이상학적 도식 전체를 얻게 된다. 선의 오른쪽은 그의 존재론(존재에 대한 이론)이다. 왼쪽은 그의 인식론(지식에 대한 이론)이다. 여기에는 또한 윤리학과 미학이 잠재해 있다. 우리는 선의 왼쪽에 집중할 것이다. 왜냐하면 그것이 이 장의 주제와 부합하기 때문이다. 그러나 그러기 위해서는 선의 존재론적 측면에 대해서도 몇 마디 할 필요가 있다.

가시적 세계(곧, 물질 세계)는 헤라클레이토스의 유전流轉하는 세계를 드러내는 것으로 생각할 수 있다. 그것은 두 개의 층, 곧 감각적 대상과 가상으로 구성되어 있다. 이들 두 수준은 항상 동일한 것으로 남아 있지 않는다.

가상

그림자와 반영은 플라톤이 제시하는 가상의 사례다. 그것들은 감각적 대상의 가상이지만, 그것으로부터 독립되어 있다. 나무의 그림자는 플라톤에게서 나무보다 덜 실재적인데, 그 까닭은 나무가 그림자보다 더 오래 존속하며 또한 나무는 그림자가 없어도 존재할 수 있지만 그림자는 나무가 없으면 존재할 수 없기 때문이다. 이제 선의 왼쪽으로 옮겨가보자. 이쪽 측면에서 우리는 사물(그림자나 나무 같은 것)이 아니라 정신태 — 곧, 인식 상태 — 를 본다. 만약 여러분의 인식 상태의 대상이 가상이라면 여러분은 '상상' 상태에 있는 것이다.(그리스어 '에이카시아*eikasia*'는 번역하기가 어렵다. 이 말은 '추측', '짐작'으로 번역되기도 한다.)《국가》가 함축하는 주장은 이러한 상태가 기만의 상태라는 것이다. 이러한 상태에 있는 사람은 가상과 사물을 혼동한다.(여러분은 누군가의 사진에 매혹되거나 TV의 축구 게임을 보다가 "슛, 골인" 하고 외친 적이 있는가? 아니라고? 나도 그런 일은 없다. 그렇다면 우리는 철학도가 틀림없다!)

나무 그림자를 트리스탄으로 착각하는 이졸데

감각적 대상

물질 세계에는 나무, 책, 고양이 같은 개별 사물들이 존재한다. 그것들은 가상보다 더 실재적이지만 절대적으로 실재적인 것은 아니다. 왜냐하면 그것들은 영구적이지 않으며(나무와 고양이는 늙어서 죽는다. 책은 찢어지거나 불타서 없어진다.) 또한 의존적이기 때문이다. 그것들은 무엇보다도 태양에 의존한다.(태양이 좀 더 가까이 다가오면 모든 것은 불타 버릴 것이다. 태양이 멀어지면 모든 것은 얼어붙을 것이다. 태양이 존재하지 않으면 나무도, 책도, 고양이도 그것들의 가상도 존재하지 않을 것이다.) 그리고 곧 살펴보겠지만 감각적 대상은 또한 형상에 의존한다.

나무와 고양이는 늙어간다. 책은 찢어진다.
(중심은 유지되지 않는다)

고양이와 그림자는 태양에 의존한다

선의 왼쪽 측면으로 되돌아가자. 만약 여러분의 인식의 대상이 감각적 대상이라면 여러분은 믿음의 상태에 있는 것이다. 밭에 있는 동물을 보고 시골 농부에게 그 짐승이 무엇이냐고 묻는 경우를 상상해보자. 농부가 "저건 말이야"라고 말한다. 그것이 말인지 어떻게 아느냐고 그에게 물으면 그는 (아마도 짜증을 내며) 말할 것이다. "저건 말이라니까! 보라구. 말이니까 말이지!" 그렇다. 농부는 그것이 말이라고 믿는다(믿음). 그것은 말이다(진실). 그렇다면 왜 플라톤은 농부가 그것이 말이라는 것을 알지 못한다고 말하는가? 왜냐하면 농부는 로고스를 제시하지 못하기 때문이다. 로고스는 어떤 것일까? 아마 이와 같을 것이다. 여러분은 농부에게 묻는다.

이 사람은 '안다'. 그는 개별적 지각을 개념적 수준으로 높일 수 있었다.(물론, 여기에는 많은 문제점이 있는데, 엘리트주의 문제도 그 중 하나다. 이에 따르면, 말을 다루는 수백만 명의 사람 중에서

오직 특출한 소수만이 실제로 말이 무엇인지 아는 셈이다. 플라톤 자신도 거기 끼지 못했다! 게다가, 생체 검사를 하고 생물학과 화학을 이해하지 않으면 말이 무엇인지 알 수 있는 길이 없다. 실상, '어떤 것'을 알기 위해서는 모든 것을 다 알아야 하는 것 같이 보인다. 어떤 해석자들은 바로 그것이 플라톤의 생각이었다고 믿는다. 그것은 최소한 자신이 무지하다는 소크라테스의 주장과는 일맥 상통할 것이다.)

개념

그리하여 우리는 지각을 개념적 수준으로 높임으로써, 곧 특수한 것을 일반적인 것 아래 포섭함으로써 믿음을 떠나 이해로(그럼으로써 견해를 떠나 지식으로) 나아가는 과정을 살펴보았다. 이는 지각을 로고스, 곧 이론이나 과학의 맥락 속에 놓음으로써 이루어진다. 예를 들어보자. 다음과 같은 세 가지 상이한 일화를 상상해보라. (1)여러분의 펜이 책상에서 굴러내려 마루바닥에 떨어진다. (2)운석이 대기권에 떨어져 밤하늘에 은색 불꽃을 일으킨다. (3)헤비급 권투 경기 6회전에서 챔피언이 턱에 충격적인 어퍼컷을 얻어맞고 링 바닥에 돌덩어리 같이 나가 떨어진다. 이들 각각의 경우에 묘사되는 이미지는 아주 상이하겠지만(이는 지각의 수준이다), 그 세 가지 사건을 이해하기 위해 우리는 하나의 이론을 필요로 한다. 그것은 아이작 뉴턴 경이 발견한 바로 그 이론, 곧 두 개의 질량이 있을 때 이 질량들은 질량의 크기에 비례하고 거리에 반비례하는 힘으로 서로를 끌어당긴다는 것이다. 이것은 지식이다. 그러나 명백히 플라톤에게서 그것은 최고 수준의 지식이 아니다. 순수한 이성이 아직 남아 있다.

중력의 작용

형상

플라톤에 따르면, 우리가 다루었던 개념들(말, 중력 등)은 단지 구체적인 사실에서 끌어낸 추상 개념에 불과한 것이 아니다. 그것들은 더 높은 진리의 가상이며, 이러한 더 높은 진리를 그는 형상이라고 불렀다. 이러한 형상들은 가시적인 세계에 존재하는 모든 것의 원형이다. 그것들은 시간과 공간 바깥에 존재한다. 그것들은 물질적이지 않으며, 그렇다고 정신적이지도 않다. 물질적이지 않기 때문에 그것들은 감각에 의해 파악할 수 없다. 정신적이지는 않더라도 그것들은 감각을

형상들의 천국

초월한 지성에 의해서만 파악할 수 있다. 이러한 형상들은 창조도 파괴도 되지 않고 불변하며, 따라서 영원하다는 의미에서 실재한다. 감각적 사물이 태양에 의존하는 것과 똑같이 그것들은 여전히 ― 플라톤이 선이라고 부르는 어떤 것에 ― 의존하기 때문에 절대적으로 실재하는 것은 아니라는 사실에 유념해야 한다. 선은 일종의 초超형상이며 형상 중의 형상이다. 그것은 모든 실재의 바탕을 이루며 거기에 값어치를 부여하는 절대적 가치다. 이는 나중에 중세 시대 존재론에서 하느님이 하는 역할과 흡사하다('선'을 뜻하는 영어의 'Good'에서 'o'를 하나 빼고[=God, '하느님'], '태양'을 뜻하는 'Sun'에서 'u'를 'o'로 바꾸면[=Son, '아들'] 중세의 기독교적 플라톤주의와 대충 부합하는 이론이 나온다). 플라톤의 체계 전체의 중심은 선이다. 선을 유지하기 때문에 중심은 유지된다. 그것은 일종의 파르메니데스적인 영원이다. 중심을 유지하지 않는다면 헤라클레이토스적인 유전하는 세계에 빠져버릴 것이다.

오감 초월하기

그런데 정신은 어떻게 형상을 파악하는가? 이는 오

직 감각을 전면적으로 초월함으로써만 가능하다. 감각은
아무튼 생성의 세계와 결부되며, 따라서 자연히 존재의 세
계에 대해 적대적이다. 개념은 명확히 지성적 영역에 속
하기는 하지만 여전히 가상에 매여 있으며, 따라서 아직
오염되어 있다.(서양 철학의 반육체적 편견이 여기서 플라톤
과 더불어 등장한다는 사실에 주목하라. 이는 매우 그리스인답
지 않은 특징이다.) 앞서 뉴턴의 중력에 대한 정의("두 개의
질량이 있을 때……")가 제시되었을 때 여러분은 정신의 눈
으로 두 개의 질량을 보았다. 그러나 정신은 시각적 가상
에서 벗어날 때 개념에 머물지 않고 형상을 파악한다. 이
는 정신이 그 대상을 수리화함으로써 이루어진다. 마치 P

라는 사람에게서 정의("두 개의 질량이 있을 때……")로부터 공
식($F=Gm_1m_2/d^2$)으로의 이행은 유전流轉하는 세계로부터 진리를 해방시키는 것이 되며, 우주
의 궁극적인 지성적 질서를 파악하는 것은 그것을 순수하게 형식적으로, 곧 수학적으로 파악
하는 것이 되는 것 같다. 이러한 플라톤의 해석이 정확하다면(물론, 다른 해석도 있다) 플라톤은
말과 중력에 대해서뿐만 아니라, 사랑과 아름다움에 대해서도 정확한 공식이 존재한다고 믿었
다는 이야기가 된다.

오늘날 많은 사람은 전자에 대해서는 인정할 용의가 있지만, 후자에 대해서는 반발할 것이
다. 우리는 상이한 개인들과 문화들에서 나타나는 미적 취미의 악명 높은 상대성을 들어 플라
톤을 논박한다(파리인과 우방기족은 아름다움이 무엇인가에 대해 일치하지 않는다). 그러나 플라톤
에게서 파리의 패션 모델과 우방기족의 공주가 다 같이 아름답다면 거기에는 반드시 어떤 공
통 분모가 존재해야 한다. 어쩌면 그것은 우아함, 균형미, '에로스' 따위를 포괄하는 '질서'에
대한 수학적 설명과 연관될 것이다. 어쩌면 언젠가는 아름다움의 아이작 뉴턴 경이 나타나서
"B=……"이라는 등식을 완성시킬지도 모른다.

마지막으로, 플라톤과 관련하여 그의 이론에 나오는 학습 과정에 대해 질문해보자. 이러한
과정을 다루는 대화편은 《메논》이다. 거기서 메논과 소크라테스는 '미덕'을 논하면서 그것을
가르칠 수 있는가에 대해 토론한다. 소크라테스는 메논을 몰아붙여 그가 미덕이 무엇인지 알지

우방가족 미인과 미에 관해 논쟁하는 펑크족 미인

못하며, 따라서 그것을 가르칠 수 있는지도 알지 못한다는 것을 시인하게 만든다(다시 말해서, 소크라테스는 1장에서 말한 '제2단계'의 막바지로 대화를 이끌어간 것이다). 소크라테스와 메논은 다 같이 자신들이 무지하다는 것을 시인하며, 소크라테스는 메논이 원한다면 그 문제를 진지하게 탐구해보고 싶다고 말한다. 여기서 메논은 메논의 역설이라고 알려지게 된 발언을 한다.

메논 그런데 소크라테스여, 당신은 그것이 무엇인지 전혀 알지 못하면서 어떻게 그것을 찾 겠다는 건가요? 당신은 우리들 앞에 당신이 알지 못하는 어떤 것을 놓아두고 그것을 찾으려 는 겁니까? 아니, 어쩌다 요행으로 그것을 발견하더라도 그것이 바로 당신이 알지 못했던 그 것인 줄 어떻게 알겠습니까?
소크라테스 자네가 무슨 말을 하려는 건지 알겠네, 메논이여. ……사람은 자기가 아는 것이 든 알지 못하는 것이든 찾으려고 애쓸 리가 없다는 말이겠지. 물론, 자기가 아는 것이라면 이 미 아니까 굳이 찾아내려고 애쓸 필요가 없기 때문에 찾으려 하지 않을 것이고, 알지 못하는 것이라면 무엇을 찾아야 할지 모르기 때문에 찾으려 하지 않을 걸세.
메논 그렇다면 소크라테스여, 그것이 훌륭한 논증이라고 생각지 않습니까?
소크라테스 나는 그렇게 생각하지 않네.[2]

진리를 발견했을 때 어떻게 알아볼 수 있을까?

대화 속에서 소크라테스는 메논의 역설을 그다지 심각하게 받아들이지 않는 것 같다. 이러한 (잘못된) 인상은 소크라테스가 메논에게 철학적 논증이 아니라 사제들과 시인들에게서 들은 이야기를 가지고 응답한다는 사실에 의해 더욱 굳어진다.

그들은 말하기를, 인간의 영혼은 불멸이라 때로 종말—죽음이라고 부르는 것—을 맞이하고 때로 다시 태어나지만, 결코 파괴되는 법이 없다고 하네……. 그러므로 영혼은 불멸하여 종종 지상에 있는 것과 하데스의 집에 있는 것, 그러니까 모든 것을 보고서 태어나기 때문에 영혼이 모르는 것은 존재하지 않는다네. 미덕이나 다른 것들에 관해서도 영혼은 이미 그것들을 알았기 때문에 궁금할 것이 없다네.[3]

그러나 소크라테스가 메논의 역설과 그에 대한 시적인 응답을 얼마나 진지하게 받아들이는가는 대화편 중에 그 직후에 일어나는 사건에서 나타난다. 메논과 소크라테스는 어떤 정원을 거닐다가 정원사인 교육받지 못한 노예 소년을 만난다. 소크라테스는 그 소년에게 아주 복잡한 기하 문제—정사각형을 두 배로 늘리는 문제—를 풀도록 요청한다. 그 소년은 자기가 수학을 배우지 못했다고 항변하지만, 소크라테스는 멈추지 않고 그에게 일련의 질문을 던진다. 그 문제를 풀 때 호弧를 사용할 것인가, 직선을 사용할 것인가?(직선을 사용해보자.) 직선을 정사각형 안에 놓을 것인가, 바깥에 놓을 것인가?(먼저 바깥에 놓고 그것이 안 되면 안에 놓기로 하자.) 소년이 '예' 또는 '아니오'로 답할 수 있는 일련의 질문이 길게 이어진 끝에 소년은 마침내 정확한 답(다음과 같은 도형)을 내놓는다.

그리하여 소크라테스에 따르면, 배우지 못한 노예 소년은 그가 이미 지닌 것 말고 어떤 정

노예 소년은 자신이 안다고
생각하는 것보다 더 많이 안다

보도 제공받지 않은 채 어려운 수학 문제를 풀 수 있었다. 여러분과 나는 이 경우에 소크라테스의 방법이 모종의 지적인 책략을 내포하고 있었다고 느낄 것이다. 그렇더라도 플라톤의 결론은 노예 소년이 문제의 답을 이미 알고 있었지만 그는 자기가 그것을 안다는 사실을 알지 못했다는 것이다. 플라톤에 따르면, 진리는 노예 소년의 영혼 속에 존재하고 있었다. 그것은 한 조각의 무의식적 지식, 그러니까 생득 관념, 곧 개인의 영혼 속에 타고난 이상理想에 바탕을 둔 지식이었다. 그렇기 때문에 모든 학습은 올바르게 기억하는 것이다. '메논의 역설'(우리가 알지 못하는 것을 어떻게 인식할 것인가)에 대한 답변은 우리가 사실상 알지 못하는 것을 알고 있으며 인식은 회상하는 것일 따름이라는 것이다. 그러므로 플라톤은 프로이트나 프루스트(일곱 권짜리 소설《잃어 버린 시간을 찾아서》의 저자)처럼 기억 현상을 극도로 진지하게 다루며 그것을 자기 지식 이론의 중심 주제로 삼고 있다.

플라톤의 인식론의 몇 가지 주안점을 개괄해보자. 안다는 것은 항상 변화하는 물질 세계의 유전流轉을 초월하여 그 유전의 배후에 있는 영원한 이성적 질서, 곧 특수한 것 속에서 보편적인 것을 보여주는 질서를 파악하는 것이다. 이러한 '파악'은 정신의 지적 활동이며, 그 가장 순수한 표현은 전적으로 형식적(곧, 수학적)이다. 그러한 지적 활동은 그것의 바탕이 될 수 있는 어떤 생득적인 관념이 있을 때만 이루어질 수 있다. 그러므로 안다는 것은 관찰 가능한 세계가 지성적인 진리들의 영구적 질서에 어떻게 관련되는지 보여줌으로써 그것을 이해할 수 있게 만드는 활동이다. 이 모든 것은 서양 사상의 주요한 인식론적 양극점의 하나인 이성주의(합리주의)의 요체다.

생득적 지식

플라톤의 이성주의는 아리스토텔레스의 경험주의에 의해 즉각 반격받았다(이는 3장에서 다룰 것이다). 하지만 이성주의는 후기 그리스와 로마 철학, 그리고 중세 초기 철학 전반을 지배했으며 단지 13세기에 성 토마스 아퀴나스의 작업 속에서 아리스토텔레스주의의 부활이 이루어짐으로써 다시 한번 반격받았을 뿐이다.

르네 데카르트의 이성주의

이성주의는 17세기에 르네 데카르트René Descartes(1596~1650)의 작업 속에서 가장 원숙한 경지에 도달했다고 볼 수 있다. 우리는 이성주의의 대안을 살펴보기 전에 그의 이성주의 이론을 검토해볼 것이다.

지식에 대한 이론들은 진공 속에서 창조되지 않는다. 그 배후에는 항상 심리적, 경제적, 사회적, 정치적 조건들이 동기로 작용하고 있다. 어떤 의미에서 각각의 인식론은 '지식'이라고 하는 어떤 자율적인 사물에 대해 서술하고 설명하는 것이라기보다는, 어쩌면 그 인식론의 우선적인 동기가 되었던 지적, 경제적, 사회적, 정치적 힘들에 의해 한정되고 제약되는 그 고유한 '지식'을 사실상 만들어내고 정당화하는 역할을 하는 것인지도 모른다. 플라톤에게 동기를 부여한 외적 환경은 데카르트에게 동기를 부여한 그것과 매우 달랐다. 귀족 출신인 플라톤은 새로운 상인 계급과 초기적인 민주주의의 등장에 직면하여 낡은 귀

데카르트

지식론은 진공 속에서
생겨나지 않는다

족 정치 체제가 붕괴해가던 시대에 살았다. 플라톤 시대 이전 200년 동안의 사회적, 지적 조건들은 호메로스와 헤시오도스의 신화를 전범으로 삼았던 낡은 귀족적 가치의 도덕적 권위를 잠식하는 방향으로 작용했다. 명예, 충성, 용기, 귀족 계급의 천부적 통치권 같은 가치들이 쇠퇴함에 따라, 플라톤이 보기에 탐욕과 권력욕을 한꺼풀 가린 천민적 가치에 불과한 것들이 그 자리를 대신했다. 이러한 새로운 가치는 소크라테스와 플라톤의 시대에 '소피스트'로 알려진 수사학 선생들에 의해 가르쳐졌다. 그들의 부패시키는 영향력에 대응하고 엘리트에 의한 통치를 정당화하는 어떤 구조를 유지하기 위해 플라톤은 소피스트들을 공격할 뿐만 아니라, 호메로스의 권위에 반대하여 순수 이성의 권위를 대체시켜야 했다. 호메로스의 저작은 플라톤이 지지하고자 했던 귀족 정치적 가치를 구현했으나, 호메로스는 자신의 시적 담론을 통해 정서에 호소하는 것 말고는 그 가치들에 대한 어떤 변론도 제시하지 않았다. 플라톤이 그 가치들을 이성적으로 옹호하자면, 그는(그리스 신화와 연극에서 표현된 것 같은) 시의 힘을 이성의 대변자인 철학의 힘으로 대체해야 했다.

시/철학의 대립은 17세기에 르네 데카르트가 직면한 대립과는 무관하다. 오히려 그는 종교/과학의 대립에 마주쳤다. 데카르트는 새로운 과학을 탄생시킨 시대에 살았다. 코페르니쿠스는 데카르트가 태어나기 불과 40년 전에 죽었다. 데카르트는 갈릴레오와 케플러의 동시대인이었다. 데카르트가 죽었을 때 뉴턴은 8살이었다. 실상, 데카

신흥 하층 계급의 공격으로 무너지는
낡은 귀족적 가치(플라톤의 견해)

철학과 시의 경쟁

르트는 불과 20대에 해석 기하학을 발견함으로써 과학사에 커다란 기여를 했다.

이제 새로운 과학의 점증하는 힘은 기울어 가는 교회의 권위에 도전하기 시작했다. 교회의 권위는 천 년 동안 지배적이었으나, 데카르트의 출생 전 200년 동안에 몇 가지 커다란 후퇴를 겪었다(일련의 내분, 세속 군주들에 대한 패배, 프로테스탄트 종교 개혁의 창출). 교회는 아직 지니고 있던 정치적 권력을 유지하기 위해서만 이 아니라 인간의 도덕적 자아상自我像에 대한 관할권을 견지하기 위해서도 싸웠다. 바로 이 영역에서 새로운 과학은 가장 직접적으로 종교적 권위에 도전하는 듯이 보였다. 그 대결은 1632년에 종교 재판소가 갈릴레오를 체포하여 재판하고서 불경죄를 선고했을 때 절정에 달했다. 갈릴레오의 체포를 야기한 구체적인 사건은 목성의 궤도를 도는 4개의 달이 있다는 그의 발견을 알리는 논문의 출판이었다.

그런데 종교 당국이 어째서 그러한 주장에 위협을 느꼈는지는 즉각적으로 분명하지 않을지도 모른다. 갈릴레오 사건에서 문제가 된 전통적 견해는 이런 것이다.[4] 천 년 동안 인간의 존엄성 개념과 긴밀하게 결부되었던 관념은 하느님이 우주 한가운데에 에덴 동산을 창조했으며 나머지 우주는 실재의 배꼽에 해당되는 에덴으로부터 사방으로 뻗어나간 일련의 동심원 모양을 이루고 있다는 생각이었다. 이는 인간의 드라마가 우주의 중심 드라마이며 우주의 다른 모든 존재는 단지 인간 드라마의 증인으로서 배치되었을 뿐이라는 것을 의미했다. 이는 모든 인간 행위에 의미를 부

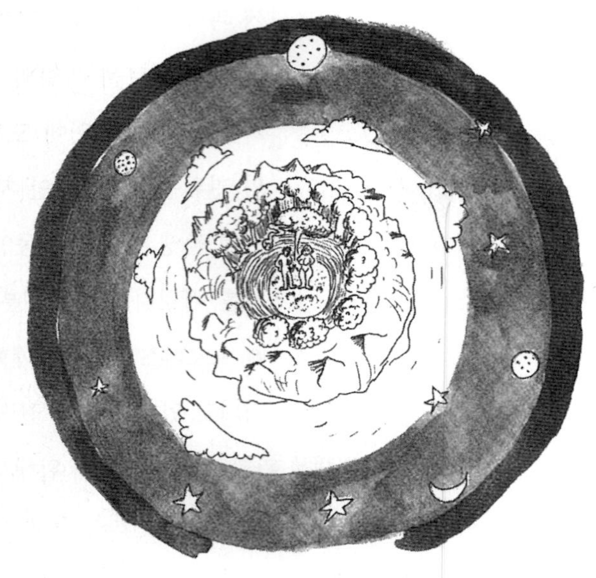

여하는 효과를 지녔다. 삶이 불행으로 가득 차 있더라도(중세 시대에는 불행이 넘쳤다) 그 불행은 최소한 의미를 지니고 있었다. 그러므로 가장 비참한 인간 존재일지라도 일정한 존엄성이 있었다.

그런데 인간의 삶에 대한 이러한 영웅적 관념은 지구가 우주의 중심이 아니라는 코페르니쿠스의 이론에 의해 갑자기 위협받게 되었다. 그에 따르면, 지구와 다른 행성들은 실제로 태양의 궤도를 따라 돈다는 것이었다(다시 말해서, 지구 중심설이 아니라 태양 중심설이 정확한 것이었다). 만약 지구가 우주의 다른 천체나 마찬가지로 별다른 의미 없이 우주 공간을 떠다니는 것에 불과하다면 이 사실은 인간의 존엄성 개념에 어떤 영향을 미치는 걸까?(프로이트는 인간의 존엄성이 세 차례 치명타를 맞았다고 말했다. 첫째는 인간이 우주의 중심에 있지 않다는 코페르니쿠스의 발견이었다. 둘째는 인간이 동물이라는 다윈의 발견이었다. 셋째는 그 동물이 병들어 있다는 프로이트의 발견이었다.) 그러나 한 가지 과학적 사실이 코페르니쿠스적 급진파들의 승리를 가로막았다. 그것은 지구의 달이 지구 주위를 돈다는 논란의 여지가 없는 사실이었다. 만약 태양 중심설이 옳다면 어째서 달은 지구 주위를 도는 것일까? 어째서 그것은 지구와 똑같이 태양 주위를 돌지 않는 것일까? 이제 여러분은 갈릴레오의 발견의 중요성을 알 수 있을 것이다. 목성의 달들이 목성 주위를 돈다면 달은 우주의 중심이 아닌 행성의 주위를 돌 수 있다는 증거가 되며, 이 증거는 지구 중심설의 마지막 발판을 무너뜨린 셈이다.

갈릴레오와 다소 비슷하게, 데카르트는 곤란한 처지에 놓여 있었다. 그는 교회 당국과 대립할 이유가 없는 독실한 가톨릭 신자였지만, 방금 완성한 물리학에 대한 원고(《세계》)는 많은 내용이 갈릴레오와 일치한다는 것을 그는 알고 있었다. 그래서 그는 자기 원고를 출판하기보다 과학과 종교 사이에 지적인 화해 분위기를 조성해줄 철학 책을 쓰기로 했다. 그는 '종교적 과학자'가 된다는 생각이 자기 모순이 아니라는 것을 보여주고자 했다. 실상, 그는 과학의 가능성 자체가 어떤 신학적 가정을 전제한 것임을 보여주고 싶었던 것이다. 그는 이 책을 《제일 철학에 관한 성찰》이라고 이름짓고 "가장 지혜롭고 저명한 분들인 파리대학 신학부의 학장 및 박사들"에게 헌정했다.

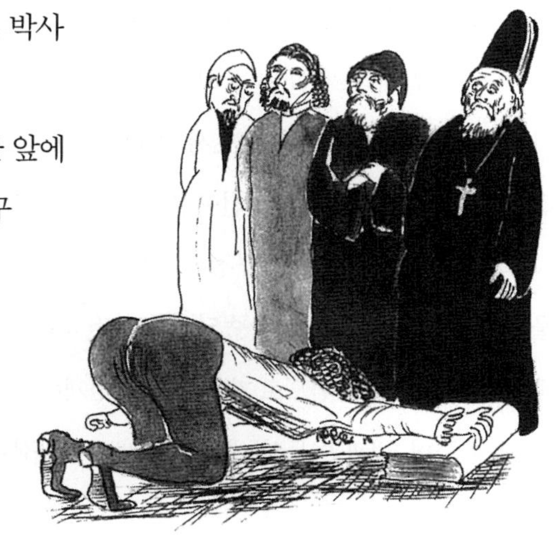

헌정사에서 데카르트는 소르본느의 신학자들 앞에서 아부하고 굽실거리는 말을 했으나, 자기 친구 메르센 신부에게는 아주 다른 어조로 편지를 썼다. "그리고 우리끼리 이야기지만, 이 여섯 편의 성찰이 나의 물리학의 근본 사상 전부를 포함하고 있다는 것을 말하고 싶네. 그러나 부디 그 사실을 소문내지 말게. 만약 저들[그 신학자들]이 안다면, 내 견해를 받아들이지 않으려고 할 테니까 말일세."[5]

내 생각에, 데카르트의 의도는 성공을 거두었던 것 같다. 내가 아는 한, 가톨릭 교회는 다시

종교와 과학이 충돌하는 경로

는 과학과 정면 대결을 벌인 일이 없었다. 데카르트는 그러한 충돌 과정이 불필요함을 보여주었다. 내가 보기에, 오늘날에는 과학적 이론에 대한 종교적 반대의 대부분이 특정한 프로테스탄트 진영에서 나오는 것 같다(예컨대, 다윈의 진화론에 대한 반대 같은 경우). 아마도 프로테스탄트 교회는 아직도 자신들의 데카르트를 기다리는 중인지 모른다.

그렇다면 데카르트가 《성찰》에서 전개한 인식론을 살펴보자. 그 책의 첫 단락에서 데카르트는 자신의 원대한 제안을 밝히고 있다. "만약 과학에서 어떤 확고하고 영구적인 구조를 세우고자 한다면, 나는 이번에 반드시 본격적으로 내가 예전에 지녔던 모든 견해를 제거하는 작업을 하고 그 기초부터 새롭게 건축을 시작해야 할 것이다."(p. 165)

목수 일에서 따온 이 구절의 핵심적인 비유에 주목하라. 지식은 기초 위에 모든 상부구조물이 놓이는 건축으로 간주되며, 그 건축은 기초가 튼튼해야만 튼튼한 것이다.(철학자들이 종종 핵심적 비유를 중심으로 자기 사상을 전개해 나간다는 것을 여러분은 진도가 나갈수록 알게 될 것이다. 예를 들어, 빛과 어둠의 개념이 플라톤의 사상에서 하는 역할을 생각해보라.) 데카르트는 계속해서 말한다.

나는 마침내 진지하고 자유롭게 예전의 나의 모든 견해를 전체적으로 뒤집어엎는 작업에 착수할 것이다.

그런데 이 목표를 위해서 모든 것이 거짓임을 보여줄 필요는 없다 — 나는 아마 그런 결말

에는 결코 도달하지 못할 것이다. 그러나 이미 이성의 설복에 따르면, 나는 명백히 거짓으로 보이는 사물들에 대해서 못잖게 전적으로 확실하고 자명하지 않은 것들에 대해서도 주의 깊게 동의를 유보하는 것이 마땅하기 때문에, 그 각각에서 만약 어떤 의심할 이유를 찾아낼 수 있다면 그것만으로도 내가 전체를 부정하는 것은 충분히 정당화될 것이다.[6]

여기서 우리는 방법적 회의라고 알려진 데카르트의 기법을 발견하게 된다. 그 좌우명은 "모든 것은 의심할 수 있다*De omnibus dubitandum est*"는 것이다. 그에 따라 데카르트는 그럴만한 아무리 사소한 이유라도 찾을 수 있다면 그 어떤 명제든 의심하도록 요구받는다. 법정에서와 달리, 방법적 회의는 의심의 합리성을 필요로 하지 않는다는 사실에 주목하라. 오히려 가능한 어떤 의심일지라도 충분히 하나의 명제를 배제할 만한 이유가 된다. 이 모든 회의의 취지는 의심할 수 없는 것, 자명하고 절대로 확실한 것을 찾고자 하는 데 있다. 그러한 절대적 확실성은, 만약 그런 것이 존재한다면 지식의 건물을 짓는 기초가 될 것이다.

나는 조금이라도 의심할 수 있다고 생각되는 모든 것을 마치 절대적인 거짓이라도 되는 것처럼 배제하는 작업을 해나갈 것이며, 마침내 확실한 어떤 것에 마주칠 때까지, 또는 최소한 달리 어쩔 수가 없다면 세상에는 확실한 것이 없다는 사실을 확실히 깨달을 때까지 이 길을 따라갈 것이다.(p. 170)

"모든 것은 의심할 수 있다"는 데카르트의 규칙은 삶의 방식으로 추천되는 것은 아니다. 그것은 하나의 철학적인 게임, 그러나 '심각한' 게임의 일환이다. 게임의 목표는 지식의 기초를 발견하는 것이다. 만약 그런 것이 존재한다면 말이다. 그런 기초가 존재하지 않는다면 게임은 포기되고 우리는 실생활로 돌아갈 것이다. 그러나 그럴 때 우리는 지식이란 것은 존재하지 않으며 오직 견해와 소문, 편견, 열정 따위가 존재할 뿐이라는 것을 알 것이기 때문에 게임 이전보다 훨씬 더 냉소주의에 빠질 것이다. '지식의 건물'은 불안정한 모래 위에 세워질 것이다. 데카르트의 방법은 중심은 유지되는가라는 질문에 대한 확실한 답을 찾는 자신의 방법이다.

《성찰》의 계획으로 돌아가보자. 데카르트는 계속해서 말한다.

> 지금까지 내가 참되고 확실하다고 받아들인 모든 것은 감각 기관으로부터 또는 감각 기관을 통해서 배운 것이다. 그러나 이러한 감각 기관은 때때로 기만적인 것으로 드러나며 한때 우리를 기만한 적이 있는 것은 그 어떤 것이든 전적으로 믿지 않는 것이 보다 현명하다.(p. 166)

중장비 기사 데카르트

여기서 우리는 지식의 건물에서 썩은 목재를 뜯어내는 데카르트의 작업이 쇠막대기보다는 불도저로 이루어짐을 목격하게 된다. 감각 기관은 알려진 사기꾼이므로 배제될 것이다. 이는 감각 기관에 기초한 모든 믿음이(그리고 결국 감각 기관 대부분까지) 내버려짐을 의미한다. 그러나 갑자기 데카르트 스스로 자신의 건물 파괴가 지나치게 빨리 진행되는 것은 아닌가 하고 의심한다. 그는 말한다.

> 그러나 감각 기관이 때때로 거의 지각할 수 없거나 아주 멀리 떨어진 것들에 관해서는 우리를 속일지라도, 비록 감각 기관에 의해 인식하지만 하등 의심할 근거가 없는 다른 많은 것을 발견할 수도 있을 것이다. 예를 들어, 내가 잠옷을 입고 이 종이를 손에 쥐고 여기 불가에 앉아 있다는 사실, 그리고 다른 비슷한 일들이 그렇다. 이 손과 몸뚱아리가 나의 것이라는 사실을 내가 어

떻게 부인할 것인가. 만약 내가 스스로를 의식이 없는 어떤 사람들, 그 소뇌小腦가 검은 담즙의 강렬한 증기에 덮여 착란을 일으켜서 실제로는 아주 가난하면서 자신이 왕이라고 생각하거나 실제로는 벌거벗고서 자주색 관복을 입었다고 생각하는 사람들, 또는 자기 머리가 질그릇이라거나 자기가 겨우 호박에 불과하거나 유리로 만들어졌다고 상상하는 사람들에게 비견하지 않는다면 말이다. 그러나 그 사람들은 미친 것이며, 내가 그처럼 터무니없는 사례를 따른다면 나도 영낙 없이 미친 사람일 것이다.(p. 166)

그러므로 파자마를 입고 난로 앞에 홀로 앉아 있는 르네 데카르트가 존재한다.(철학이 본질적으로 사회적 활동이라고 보고 아테네의 거리에서 철학을 했던 늙은 소크라테스와는 전혀 무대가 다르다! 그리스 시대 이래로 사색의 개념은 극적인 변화를 겪은 게 분명하다.) 그는 자기 손을 바라보며 생각한다. "이것은 내 손이다." 그가 어떻게 틀릴 수 있을까? 오직 미친 사람만이 자기 손을 바라보며 그것이 자기 손인지 의문을 품을 것이다. 만약 여러분이 수업을 마친 뒤에 캠퍼스 잔디밭에 가서 어떤 사람이 자기 손을 바라보며 "이것이 내 손인지 확신을 못하겠다"고 말하는 것을 듣는다면 여러분은 "철학자로군!" 하고 말하지 않을 것이다. 오히려 여러분은 "미치광이로군!" 하고 말할 것이다. 데카르트는 이 사실을 아주 잘 알지만, 근본적 회의의 질책에 따라 실제로 자기가 바라보는 것이 자기 손인가에 대해 질문을 던진다.(그런데 여러분은 광기에 대한 데카르트의 기묘한 설명에 주목을 했는지? "……소뇌가 검은 담즙의 강렬한 증기에 덮여 착란을 일으켜서……") 데카르트는 이렇게 계속한다.

동시에 나는 이런 사실을 명심해야 한다. ……나는 잠자는 습관이 있으며 미친 사람이 깨어 있을 때 생각하는 것과 똑같은 것, 또는 심지어 더 있을 법하지 않은 것들을 꿈 속에서 상상한다. 현실에서 나는 옷을 벗고 침대에 누워 있으면서도 밤에 이 특정한 장소에서 옷을 입고 난로가에

꿈에 관해 꿈꾸는 철학도

앉아 있는 꿈을 꾼 적이 얼마나 많았던가. ……많은 경우에 내가 잠 속에서 비슷한 착각에 속아넘어간 것이 기억난다. 이러한 반성을 주의 깊게 숙고해볼 때 나는 우리가 깨어 있는 것과 잠자는 것을 명확히 구별할 수 있는 어떤 확실한 지표도 없다는 사실이 너무도 분명하게 보여 경악에 빠진다.(pp. 166~167)

데카르트의 논점을 알겠는가? 여러분은 그를 논박할 수 있는가? 여러분은 지금 꿈을 꾸고 있지 않다는 것을 증명해줄 실험을 생각할 수 있는가? (만화에서 하듯이) 꼬집는 것은 명백히 소용없다. 왜냐하면 여러분이 자신을 꼬집는 꿈을 꿀 수도 있기 때문이다. 같은 이유로, 여러분은 이웃사람에게 "내가 지금 꿈꾸고 있습니까?" 하고 물어볼 수도 없다. 그 사람이 어떻게 대답하든 그것은 꿈일 수 있다. 데카르트를 논박하는 유일한 길은 꿈꿀 수 없는 실험을 생각해내는 것이므로, 사실상 그는 우리를 궁지로 몰아넣는 것 같다. 여러분이 생각할 수 있는 모든 실험은 꿈꿀 수 있는 것이다.(언젠가 한 학생이 죽음은 꿈꿀 수 없다는 것을 제기했다. 그럴지도 모르지만 데카르트를 논박하기 위해 자살한다는 것은 지나치게 극

단적인 방법이라고 생각한다. 그리고 물론 그러한 철학적 순교는 그것이 효과가 있었는지를 결코 알 수 없기 때문에 실패로 돌아갈 것이다.)

데카르트의 결론은 자신이 꿈꾸고 있는 것이 아닌가를 계속 의심해야 한다는 것이 아니라, 어떤 주어진 순간에 그 사람이 꿈을 꾸고 있지 않다는 것을 보여줄 철학적 증거가 존재하지 않는다는 것이다. 따라서 감각과 감각에 기초한 상식적 세계관은 지식의 기초가 될 수 없다.

이를 그림으로 나타내보자.

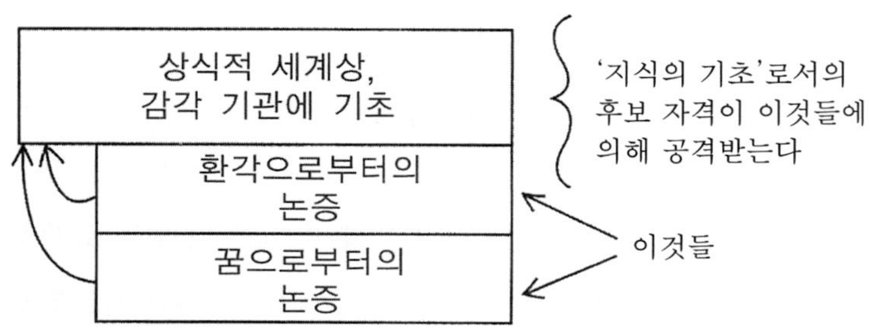

모종의 확실한 지식을 내세우는 다른 후보자가 있을 수 있을까? 수학은 어떨까? 데카르트는 말한다. "내가 깨어 있거나 잠들어 있거나 간에 2 + 3은 항상 5이며, 정사각형은 네 변 이상을 가질 수 없기 때문에, 그처럼 명석하고 판명한 진리가 어떤 허위성이나 불확실성의 혐의를 받는다는 것은 가능할 것 같지 않다."(p. 168) 여기서 데카르트가 말하는 논점은 틀린 것 같다. 내가 깨어 있을 때 수학적 오류를 저지를 수 있다면 꿈 속에서는 더욱더 그럴 수 있을 것이다!

그러나 여기서 데카르트가 밝히고자 하는 진정한 논점은 곰곰이 생각해볼 가치가 있다. 그러기 위해서는 일정한 쓸모가 있는 두 가지 철학적 전문 용어, 곧 아프리오리 및 아포스테리오리라는 말을 배울 필요가 있다. 아프리오리한 주장은 그 진리성이나 허위성을 관찰과 무관하게 알 수 있는 주장이다. 아포스테리오리한 주장은 그 진리성이나 허위성을 오직 관찰을 통해서만 알 수 있는 주장이다. 이제 데카르트의 논점은 이렇게 표현할 수 있다. '착각으로부터의 논증'과 '꿈으로부터의 논증'은 아포스테리오리한 주장을 공격할 수 있을 뿐이다. 그러나 수학은 아프리오리한 것이다. 따라서 그것은 그와 같은 회의적 논증을 모두 피해간다. 3 + 2 = 5라

수학적 실험

는 것은 현장 답사나 실험을 통해 증명되지 않는다. 분필 세 토막과 두 토막을 나란히 놓고 세어보는 것은 3 + 2 = 5의 증거가 되지 않는다. 이는 다섯 마리의 하얀 백조를 발견하는 것이 모든 백조는 하얗다는 것의 증거가 되지 못하는 것이나 마찬가지다.(3 + 2 = 5를 증명하는 길은 그 명제가 A = A라는 명제의 변형임을 밝히고 그러한 A = A를 부정하는 것은 자기 모순으로 귀결됨을 보여주는 것이다. 이런 종류의 증명은 지각의 활동이 아니라 플라톤이라면 '순수 이성'의 활동이라고 불렀을 그런 것이다.)

그러므로 데카르트가 묻는 것은 수학의 아프리오리한 진리가 절대적으로 확실한 지식의 기초 노릇을 할 수 있지 않는가 하는 것이다. 데카르트는 무엇보다도 수학자였기 때문에 당연히 그 물음에 대해 긍정적인 답변을 하고 싶었을 것이다. 그러나 살펴보겠지만, 방법적 회의의 엄격성 때문에 그는 어쩔 수 없이 부정적 답변을 하게 되었다.

그럼에도 불구하고 나는 오래전부터 나를 지금과 같은 모양으로 창조한 전능한 신이 존재한다는 믿음을 고정 관념으로 지녀왔다. 그러나 그가 농간을 부려서 지구도, 하늘도, 육체도, 크기도, 장소도 존재하지 않음에도 불구하고 내가 그 모든 것에 대한 지각을 지니고 바로 지금 눈앞에 보듯이 그것들이 존재한다고 여기게 만든 것은 아닌지 내가 어떻게 아는가? 게다가, 내가 때때로 상상하듯이 다른 사람들이 자기가 가장 잘 안다고 생각하는 일에서 스스로 속아 넘어가

는 것이나 마찬가지로 나 자신도 2와 3
을 더할 때마다, 또는 정사각형의 네 변
을 셀 때마다, 또는 그보다 더 간단한
것을 상상할 수 있다면 그 훨씬 더 간단
한 것들에 대해 판단할 때마다 속아 넘
어가는 것은 아닌지 내가 어떻게 아는
가?(p. 168)

이는 철학사의 가장 기묘한 이야기
거리 중의 하나인 데카르트의 '악령'가
설의 서론이다. 데카르트는 자문한다.
내가 2 + 3 = 5와 같은 가장 기초적인 수
학적 판단을 할 때조차 틀리게 만들고
그러면서도 틀린 것을 내가 결코 알지
못하게 속이는 것을 유일한 목표로 삼
는 어떤 악령에 의해 우주가 창조된 것

데카르트와 악령

은 아닌지 내가 어떻게 아는가? 데카르트는 심히 부끄럽게도 자신이 그러한 '신'의 존재를 반
증하는 것이 불가능함을 깨닫는다. 따라서 그러한 악령의 존재가 그다지 개연성은 없더라도 논
리적으로는 가능하며, 이로부터 수학은 절대적으로 확실한 것이 아니라는 결론이 나온다.(수학
교사가 학생들에게 "2 더하기 3은 5다……. 단, 2 더하기 3이 5가 아닐 수 있게 만드는 악령이 존재하지
않을 경우에"라고 말하는 것을 상상해보라. 수학에 그러한 조건을 첨가해야 한다면, 수학은 무조건적인
진리가 아니며 지식의 기초가 될 수 없다.)

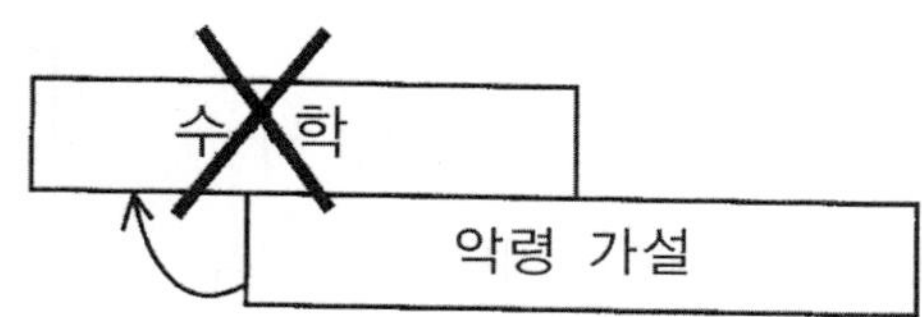

그래서 데카르트는 다음과 같은 상태에 빠져든다(만약 방법적 회의를 현실적 회의와 혼동한다면 이는 분명 편집증의 표본 사례로 꼽힐 것이다).

> 그러므로 나는 최고로 선하고 진리의 원천인 신이 아니라, 그에 못잖게 능력 있고 기만적인 어떤 악령이 나를 속이는 데 전력을 발휘했다는 생각이 든다. 하늘과 땅, 색깔, 형상, 소리, 그밖의 모든 외적인 사물은 없는 것이지만 그 악령이 착각과 꿈을 이용해서 나의 믿음에 덫을 놓은 것이라는 생각이 든다. 나는 손도, 눈도, 육체도, 피도, 감각도 없지만 나 자신이 그 모든 것을 지니고 있다고 거짓되게 믿고 있다는 생각이 든다.(pp. 169~170)

그렇다면 감각이 데카르트를 속일지라도, 그가 꿈을 꾸고 있을지라도, 악령이 존재할지라도 의심할 나위 없이 알 수 있는 확실한 진리는 존재하는가?

> 나 자신, 최소한 나는 어떤 존재가 아닐까? 그러나 나는 내게 감각과 육체가 있다는 것을 이미 부인했다. 하지만 나는 망설인다. 그로부터 귀결되는 그 무엇 때문에? 육체와 감각이 없으면 내가 존재할 수 없을 만큼 나는 그것들에 의존하고 있는가? 그러나 온 세상에는 아무것도 없다고, 하늘도 땅도 없고 정신도 없고 육체도 없다고 나는 확신했다. 그렇다면 그와 마찬가지로 나도 존재하지 않는다고 나는 확신했던 것이 아닌가? 전혀 그렇지 않다. ……[악령이] 나를 속이더라도 의심할 바 없이 나는 존재한다. 그가 마음대로 나를 속이게 하라. 그러더라도 내가 스스로 어떤 것이라고 생각하는 한, 그는 내가 아무것도 아닌 것이 되게 만들 수 없다. 그러므로 모든 것을 충분히 세심하게 검토해본 뒤에 우리는 "나는 있다, 나는 존재한다"라는 이 명제가 내가 그것을 단언하거나 마음속으로 생각하는 매 순간마다 반드시 참이라는 분명한 결론에 도달할 수밖에 없다.(p. 171)

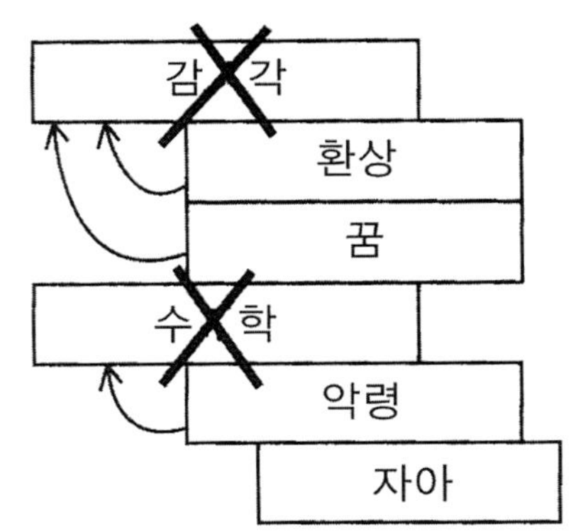

그러므로 이것은 모든 지식의 절대적으로 확실한 기초다. 《성찰》에서는 그 표현이 "나는 존재한다"이다. 다른 저작인 《방법 서설》에서는 "나는 생각한다. 고로 나는 존재한다

cogito ergo sum"로 나온다. 이 진리는 어떤 가능한 조건에서도 확실하다. "나는 존재한다"고 주장할 때마다 나는 옳다. 악령이나 정신 이상도 이 사실을 반증할 수는 없다.

이제 이러한 '기초'의 성격을 분명히 해야 한다.

> 나는 있다. 나는 존재한다. 그것은 확실하다. 그러나 얼마나 자주? 바로 내가 생각할 때마다. 내가 생각을 완전히 멈추면 나의 존재도 마찬가지로 완전히 중단될 수 있는 것이다. 이제 나는 필연적으로 진리이지 않은 어떤 것도 인정하지 않는다. 정확히 말해서 나는 생각하는 사물, 다시 말해서 어떤 정신이나 영혼, 또는 오성이나 이성에 불과하다. ……그러나 나는 실재하는 사물이며 참으로 존재한다. 그런데 무슨 사물? 생각하는 사물이라고 나는 답했다.(p. 173)

그러므로 데카르트가 그처럼 확신하는 자아의 본질은 사유, 또는 의식이다.(데카르트는 그것을 편리하게 '영혼'과 동일시한다. 아마 여기서 그의 숨겨진 종교적 주제가 일부분 드러나는 것 같다.)

이는 데카르트의 악명 높은 정신/육체 이원론의 출발점이다. 자아는 정신 또는 영혼으로 정의되며('생각하는 사물'), 육체는 자아의 필수적인 부분이 아니다. 이처럼 기묘한 결론으로 귀착되는 데카르트의 논증을 이해하기 위해서 한 쌍의 문장을 검토해보자(그 결론이 기묘하다는 것은 우리는 대부분 우리 육체가 오히려 자아의 필수적인 측면이며 외출할 때 가지고 다니는 가방 같은 것이 아니라고 늘 가정하기 때문이다).

1. "나는 내게 육체가 있다는 것을 의심한다." 이것은 이상한 의문이다. 누가 그런 말을 하는 것을 듣는다면 여러분은 그 사람이 이상하다고 생각할 것이다.(이상하거나 아니면 철학자일 것이다!) 그러나 그것은 단지 이상할 뿐이다. 그것은 불가능한 의문은 아니다. 그래서 데카르트의 방법은 이러한 의문을 요구한다.

2. "나는 내게 정신이 있다는 것을 의심한다." 이것은 이상할 뿐만 아니라, 불가능한 의문이다. 정신이 있다는 것을 의심한다는 것은 정신이 있다는 것을 확증하는 것이다. 왜냐하면 의심은 정신의 활동이기 때문이다. 데카르트가 보기에, 이 사실은 자아와 정신 사이에 필연적 관계가 존재하며 자아와 육체 사이에는 필연적이 아닌, 우연적인 관계만 존재함을 증명해주는 것이다.

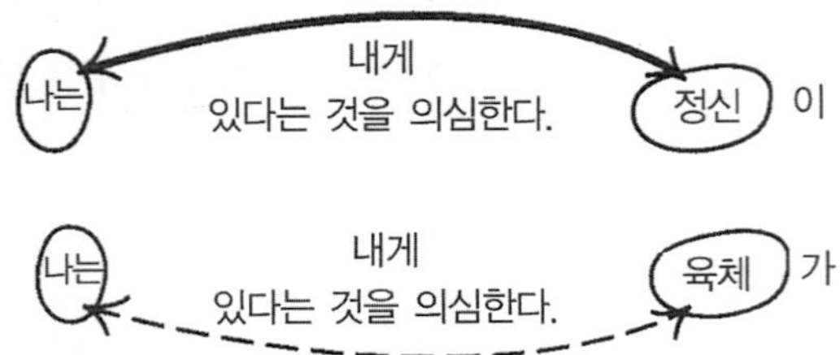

이는 평가하기 어려운 논증이지만, 평가는 제쳐두고 데카르트가 그것을 어떻게 처리하는지만 살펴보기로 하자. "그러나 그렇다면 나는 무엇인가? 생각하는 사물이다. 생각하는 사물은 무엇인가? 의심하고, 이해하고, 구상하고, 긍정하고, 부정하고, 바라고, 거부하고, 또한 상상하며 느끼는 사물이다."(p. 174) 여기서 데카르트는 특정한 심적 활동, 곧 의심하고 이해하는 것 등등을 수행하는 능력과 관련하여 정신을 정의하고 있다. 어떤 것이 정신을 지닌다고 말하는 것은 그것이 이러한 활동들을 수행할 수 있다고 말하는 것이다.

데카르트에게서 이는 '일괄 거래'인 것 같다. 여러분이 그 중 어떤 것을 할 수 있다면 여러분은 전부를 할 수 있는 것이다. 그 중 어느 하나를 여러분이 할 수 없다면 여러분은 그 어느 것도 할 수 없는 것이다. 이런 이유로 데카르트는 동물에게는 정신이 없다고 결론지었다. 개들은 어떤 것을 긍정하거나 부정하지 않으며, 그러므로 (반대의 현상에도 불구하고) 그들은 어떤 것도 바라지 않는 것이 틀림

없다.(아마 여기에도 종교적 동기가 있었을 것이다. 개들이 정신을 지닌다고 인정하는 것은 그들이 영혼을 지닌다고 인정하는 것이다. 그런데 우리는 정말 천국에서 개들이 짖기를 바라는가? 그들이 우리를 깨우고 잔디를 더럽히는 것은 여기 지상에서만으로 충분하지 않은가?)

데카르트가 밝히고자 하는 정신의 또 다른 특징이 있다. 그것은 유명한 '밀랍의 예'에 나온다.

거룩한 개 소리

우선 물질 가운데 가장 평범한 것, 우리가 가장 판명하게 이해된다고 믿는 것, 즉 우리가 만지고 보는 물체를 고찰하는 데에서 출발해보자. ……이를테면, 한 조각의 밀랍을

자기 손을 살펴보다 홀연히 녹은 밀랍으로 덮인 것 같이 느끼는 데카르트

예로 들어보자. 그것은 벌통에서 막 꺼낸 것으로 아직 안에 든 꿀의 감미甘味가 가시지 않았다. 거기에는 아직 그것을 모아온 꽃들의 향기가 감돈다. 그 색깔과 모양, 크기가 분명하다. 그것은 단단하고 차가우며 쉽게 만질 수 있고 손가락으로 두드리면 소리가 난다. 결론적으로, 우리가 어떤 물체를 판명하게 인식하는 데 필요한 모든 것이 그 안에서 발견된다. 그러나 내가 이 말을 하면서 불 가까이 다가가는 동안에 남아 있는 감미가 소실되고 향기가 사라지고 색깔이 변하고 모양이 부서지고 크기가 늘어나면서 그것이 액체가 되고 가열되는 것을 보라. 그것은 손으로 만지기가 어렵고 두드려보아도 소리가 나지 않는다. 이러한 변화 뒤에 남은 것은 똑같은 밀랍인가? 우리는 그것이 남아 있다고 인정할 수밖에 없다. 누구도 다르게 판단하지 않을 것이다. 그렇다면 이 한 조각의 밀랍에서 내가 그처럼 판명하게 알았던 것은 무엇인가? 미각과 후각, 시각,

촉각, 청각이 느끼는 그 모든 것이 변화하고 나서도 똑같은 밀랍이 남아 있으므로 그것은 분명 감각이 내게 알려준 그 모든 것이 전혀 아닐 수 있다.

……그러므로 우리는 이 밀랍 조각이 무엇인지 상상을 통해 이해하는 것조차 불가능하며 그 것을 지각하는 것은 오직 나의 정신뿐이라는 사실을 인정해야 한다.(pp. 175~176)

이러한 예는 감각 기관이 진정한 지식의 원천이라는 주장(다음 장에서 검토할 경험주의라고 일컫는 견해)에 대한 또 다른 공격에 해당되며, 데카르트는 실로 훌륭한 예를 선택한 것이다. 그는 오감五感을 거쳐가면서 밀랍에 대해 감각 기관이 제공하는 정보를 열거한다. 그리고 나서 그가 밀랍을 불가로 가져가자 그 모든 특성이 변화한다. 하지만 그것이 똑같은 밀랍이라는 것을 우리는 안다고 그는 말한다. 감각 기관이 우리에게 반대로 이야기하는 데도 우리는 어떻게 그것을 아는가? 우리는 '똑같다'는 개념을 어디서 얻는가? 감각의 자료는 (플라톤의 '생성'처럼) 항상 유동하기 때문에 명백히 감각에서 얻는 것은 아니다. 데카르트의 답변은 매우 플라톤적이다. 그에 따르면, '똑같다'는 개념, 곧 동일성의 개념은 관찰로부터 유래하는 것이 아니므로 마땅히 생득 관념일 수밖에 없다. 우리 모두는 '동일률', 곧 'A＝A'에 대한 (외견상 무의식적인) 지식을 지니고 태어난다. 이러한 절대적으로 필연적이고 아프리오리한 진리는 다른 모든 지식의 전제가 되는 것이다. 이 진리를 알지 못하면 우리는 어떤 진리도 알 수 없다.

밀랍의 예는 또한 실체(곧, 실체성, '물성物性')에 대한, 특히 물질적 실체(예컨대, 육체 같은 것)에 대한 생득 관념을 끌어낸다. 데카르트에 따르면, 이러한 관념은 감각으로부터만 도출해 내기가 불가능하다. 데카르트의 논점을 이해하기 위해서 그것을 이런 식으로 생각해보자. 우리가 어떤 컴퓨터 로봇을 조립한다고 상상해보라. 우리는 그 안에 각각 촉각 자료와 시각 자료, 후각 자료, 맛, 소리를 느끼는 다섯 가지 감지기를 장치하고 모든 감지기의 자료에 이름을 붙일 수 있는 언어를 가르친다. 그리고 나서 우리는 그것이 주어지는 모든 감각 자료를 기록하도록 프로그램을 입력하여 세상에 내보낸다. 이제 그 로봇은 이런 식으로 보고를 보낼 것이다. 로봇이 하지 못하는 말은 "책상 위에 파란색 펜이 있다"는 것이다. 그 까닭은 '동일성'과 '실체성'이라는 두 가지 핵심 개념이 없기 때문이다. 우리의 로봇 속에 그러한 개념을 미리 프로그램으로 입력시킨다면 그것은 감각 자료를 하나의 일관된 세계상으로 구성해낼 것이다.

그러므로 지금까지 많은 것이 플라톤을 연상시키기는 하지만, 데카르트의 이론은 생득 관

념의 숫자를 다루기 쉬운 소량으로 줄인다는 장점이 있다(지금까지 '자아', '동일성', '실체'가 거론되었을 뿐이다). 플라톤의 경우에는 단어의 숫자만큼 많은 생득 관념이 존재하는 것으로 보이며, 그러한 견해는 다소 받아들이기 어렵다. 그러나 데카르트의 체계에서는 어떤 생득 관념이 참다운 것으로 인정받을 수 있으려면 악령이 그것을 가져다놓지 않았다는 사실을 입증해야 하리라는 것을 상기하라.

이제 우리는 데카르트의 지식의 건물을 건축하는 작업으로 나아갈 것인데, 속도를 좀 빠르게 해야겠다. 그렇게 하는 한 가지 이유는 이 장의 주제가 이성주의적 지식 개념에 관한 것인데, 플라톤의 선의 비유와 데카르트의 지식의 기초에 대한 탐구를 논하면서 우리는 이미 그 본질을 발견했기 때문이다. 또 다른 이유는 일반적으로 데카르트의 상층 건물이 그의 기초를 다지는 논증만큼 탄탄하지 못하다고 여겨지기 때문이다.

그래서 데카르트는 자신이 여전히 악령의 그늘에서 작업하고 있으며, 앞으로 나아갈 수 있으려면 그 악령을 처치해야 한다는 것을 알고 있다. 데카르트에 따르면, 거기에는 단 한 가지 길이 있는 바, 곧 신의 존재를 증명하는 것이다. 그 까닭은 전지 전능하고 모든 면에서 선한 우주의 창조주라는 신의 개념은 논리상으로 악령의 개념과 양립할 수 없기 때문이다. 둘 중 하나는 존재할 수 있지만, 둘 다 존재할 수는 없다. 그러므로 데카르트가 신의 존재를 증명한다면 악령의 존재를 부정하는 것이 될 것이다. 어떤 관찰도 신뢰할 수 없기 때문에 데카르트의 증명은 엄격하게 선천적인 것이 되어야 할 것이다. 그것은 절대적으로 확실

악령의 그늘에 묻혀 작업하는 것

하며 '코기토'의 기초에 확고하게 의거해야 할 것이다. 데카르트의 제일 논증(그의 논증에는 여러 가지가 있다) 가운데 아마도 가장 간단해 보이는 것은 이런 것이다.

내가 회의한다는 사실, 따라서 나의 존재가 그다지 완전한 것이 아니라는 사실(왜냐하면 회의하는 것보다는 아는 것이 더 완전하다는 것이 명백하기 때문에)을 성찰하면서 나는 나 자신보다 더 완전한 어떤 것에 대한 생각을 내가 어디에서 배워왔는지 조사해볼 결심을 했다. 그리고 이러한 개념은 참으로 더욱 완전한 어떤 본성으로부터 비롯되어야 함을……나는 아주 명료하게 인식했다. 더욱 완전한 것에 대해 그것이 덜 완전한 것의 결과이며, 그것에 의존한다고 말하는 것은 무無에서 어떤 것이 생겨난다고 말하는 것이나 마찬가지로 모순이기 때문에 내가 완전한 존재의 관념을 스스로 지닌다는 것은 마찬가지로 불가능한 일이었다. 이렇게 해서 그것은 나의 본성보다 참으로 더욱 완전한, 그리고 그 안에 내가 생각할 수 있는 모든 완전성을 담고 있는 어떤 본성 ─ 한 마디로 말하자면 신 ─ 에 의해 나에게 주어진 것이라는 결론이 나올 수밖에 없었다.(pp. 128~129)

데카르트적 테마의 변형

이러한 논증을 공식화해보자.

1. 회의하는 존재는 불완전하다(왜냐하면 완전한 존재는 충만한 지식을 지니며, 따라서 회의할 여지가 없기 때문에).
2. 나는 회의한다. 따라서 나는 불완전한 존재다.
3. 그런데 나는 완전성의 개념을 지님으로써만 내가 불완전하다는 것을 알 수 있다. 고로 나는 완전성의 개념을 지니고 있다.
4. 나는 완전성의 개념을 어떤 불완전한 것에서 얻었을 수 없다. 따라서 나의 개념은 나 자신에게서 나온 것이 아니다.

5. 따라서 나의 완전성 개념은 실제로 완전한 어떤 것에서 나온 것이다.

6. 오직 신만이 실제로 완전하므로, 나는 나의 완전성 개념을 신에게서 얻은 것이다. 고로
   신은 존재한다.

여러분은 이 논증이 설득력이 있다고 생각하는가?(만약 아니라면 아마 5장에서 다룰 데카르트
의 제2논증이 더 설득력 있게 느껴질 것이다. 앞으로 건너뛰어 살펴봐도 좋다.) 여기서는 데카르트의
'증명'을 비판하지 않을 것이다. 우리는 그것을 그대로 놓아두고 데카르트가 어떻게 하는지 살
펴볼 것이다.

만약 데카르트가 참으로 신의 존재를 증명했다면 그는 자신의 계산에 따라 악령을 제거한
것이다. 만약 그가 악령을 제거했다면 수학은 타당하다(왜냐하면 수학에 반대하는 유일한 논증은
악령의 존재 가능성에서 도출된 것이었기 때문이다). 또한 이제 데카르트는 자신의 생득 관념들이
악령에 의해 주어진 것이 아님을 알기 때문에 그것들도 역시 진리일 수 있다. 하지만 이 지점
에서 데카르트는 거의 유아론적인 우주 속에 머문다. 다시 말해서, 신에 대한 지식을 제외하면
데카르는 자신의 정신 이외에 다른 어떤 것이 존재하는지 전혀 알지 못한다. 심지어, 그는 자
신에게 육체가 있는지조차 알지 못한다. 그러므로 그의 다음 과제는 외부 세계가 존재하는가

유아론적 우주에 갇힌 데카르트

를 판정하는 일일 것이며, 그의 최종적인 인식론적 과제는 그러한 세계에 대해 우리가 무슨 지식을 얻을 수 있는가를 판정하는 일일 것이다.

첫째로, 데카르트는 물질적 대상에 대한 우리의 관념에 두 가지 원천이 있음을 지적한다. 한 가지 원천은 수학적 관념(곧, 측정 가능한 대상을 포함하는 관념)이다. 이러한 관념은 3차원으로 확장되어 크기와 형태, 부분과 위치를 지니는 어떤 것으로 이루어진다. 이것들은 기하학의 대상이다. 다른 원천은 기하학의 바탕을 이루는 생득적인 형체corporeality의 관념과 수학보다는 감각 기관에서 유래하는 것으로서 책상과 바위, 나무(그리고 자신의 신체) 같은 물리적 사물들로 이루어진 세계에 대한 소박한 관념이다.

육체가 있다는 관념은
강제성을 지닌다

그러나 이 관념은 비록 소박하지만(곧, 철학적으로 세련된 것이 아니지만), 그럼에도 불구하고 강제적이다. 그것은 '방법적으로' 의심할 수 있지만 현실적으로는 그렇지 않다. 그런데 이러한 관념들에 관해 내가 틀리게 생각하는 것이 가능한가? 외부 세계의 존재에 대한 나의 관념의 강제적 성격에도 불구하고 '저 바깥에' 실제로 아무것도 없을 수 있는가? 아니다! 왜냐하면 신은

내게 그것이 사실이라는 것을 인식할 능력을 주지 않는 반면에……[물질적인 세계에 대한 나의 관념이] 물질적 대상들에 의해 나에게 전달된다는 것을……쉽게 믿는 경향성을 주었기 때문에 그러한 관념들이 물질적 대상이 아닌 다른 원인에 의해 생겨난다면 신은 사기죄의 비난을 모면할 길이 없을 것이다. 고로 우리는 물질적 사물들이 존재한다고 인정해야 한다.(p. 215)

그래서 우리는 물리적 세계가 존재한다는 것을 안다. 만약 그렇지 않다면 신은 사기꾼이 되는데, 그것은 불가능하기 때문이다. 데카르트의 체계는 이제 이런 식으로 표현된다.

그런데 물리적 세계를 구성하는 그러한 물질적 대상들의 본성은 무엇인가? 데카르트에 따르면,

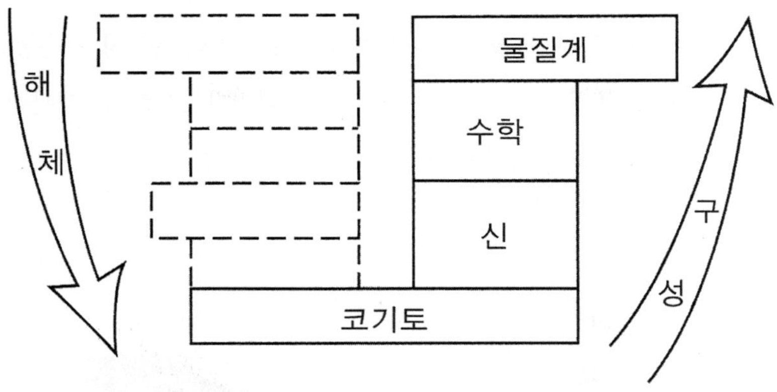

⋯⋯물질적 사물들은 존재한다. 그러나 그것들은 아마 우리가 감각 기관으로 지각하는 바로 그런 것은 아닐 것이다. 감각 기관이 이해하는 것은 많은 경우에 매우 모호하고 혼란스럽기 때문이다. 그러나 감각 기관 속에서 내가 명석 판명하게 이해하는 모든 사물, 그러니까 일반적으로 말해서 순수한 수학의 목적 속에서 이해되는 모든 사물은 참으로 그 대상들 속에서처럼 인식될 수 있다는 것을 우리는 최소한 인정해야 한다.

그러나 다른 사물들⋯⋯예컨대, 태양이 이러이러한 형상이라거나⋯⋯빛, 소리, 고통 등등과 같은 것에 대해서는⋯⋯매우 애매하고 불확실하기 때문에⋯⋯그러한 판단들이 어떤 오류를 내포하는 경우가 쉽게 발생할 수 있다. 예컨대, 이런 견해를 생각해보라⋯⋯. 따뜻한 물체 속에는 내 안에 있는 열의 관념과 전적으로 유사한 어떤 것이 존재한다. 흰색이나 녹색의 물체 속에는 내가 지각하는 것과 똑같은 흰색이나 녹색이 존재한다. 쓰거나 달콤한 물체 속에는 그와 똑같은 맛이 존재한다, 그리고 별과 탑, 그밖의 모든 멀리 있는 물체는 멀리서 우리 눈에 보일 때와 똑같은 모양과 크기를 지닌다 등등.(pp. 215~217)

이 모든 것의 결론은 다음과 같다. 철학자 겸 과학자로서 우리가 아는 물리적 세계는 겉모습의 세계, 감각 기관이 우리한테 제시하는 세계가 아니다. 그것은 수학적 물리학에 의해 알려진 세계다. 그것은 결국 새로운 과학에 의해 우리한테 밝혀진 세계 — 곧, 갈릴레오의 세계 — 다. 감각 기관은 여전히 영원한 사기꾼이다. 그것들은 물체가 색과 소리, 냄새, 맛, 뜨거움과 차

가움의 감각을 내포하고 있다고 우리한테 말한다. 그러나 실제로 '저기 바깥에' 존재하는 것은 수학이 측정할 수 있는 모든 것, 곧 연장, 크기, 형태, 부분, 위치, 운동성 ― 운동하는 질량, 원자들의 덩어리, 광파와 음파 등 ― 이며 색과 소리, 맛이 아니다. 그것들은 객관적 실재가 아니라 주관적 상태로서 오직 우리 감각 속에만 존재한다.

깃발의 색깔은
여기 안에 존재한다

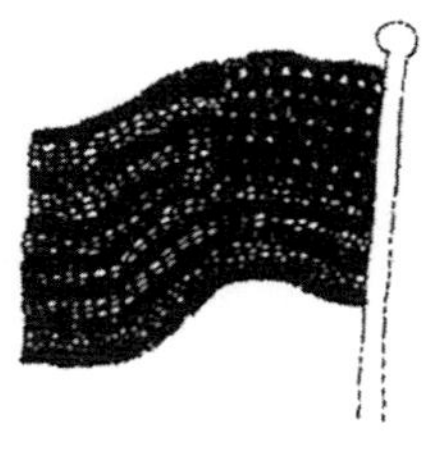

깃발의 분자 구조는
여기 바깥에 존재한다

그러므로 우리가 잃어버린 세계는 우리가 되찾은 세계가 아니다. 그러나 최소한 확실한 지식이 존재하며 세계는 다시 다루기 쉬운 것이 되었다. 흔들리는 것 같던 중심이 이제 다시 유지되는 것이다.

우리는 4장에서 데카르트적 세계의 본성에 관해 더 많은 이야기를 할 것이다. 여기서는 다만 데카르트가 철학/신학의 타협을 이루는 데 성공했다는 점만 지적하기로 하자. 갈릴레오와 신이 모두 그 체계 속에 들어 있다. 갈릴레오의 세계와 신은 모두 인식 가능할 뿐만 아니라 또한 필연적이다. 사실상, 과학은 신적인 기초에 의거한다. 그러나 영혼(곧, 자아)은 과학의 주제가 아니다. 과학은 측정 가능한 것만 알 수 있는데, 영혼은 측정할 수 없기 때문이다. 하지만 그것은 직접적으로 그 자체로서 인식될 수 있다. 실상, 자아는 세계를 알기 전에 스스로를 안다. 그러므로 데카르트는 우리의 영혼을 (아마 교회에서 돌보게끔) 우리 자신에게 맡기고 물리적 세계를 (목성의 달들을 포함하여) 과학자에게 맡기는 셈이다.

그러한 역사적 차이에도 불구하고 플라톤과 데카르트의 인식론은 서로 비슷하다. 양자는 모

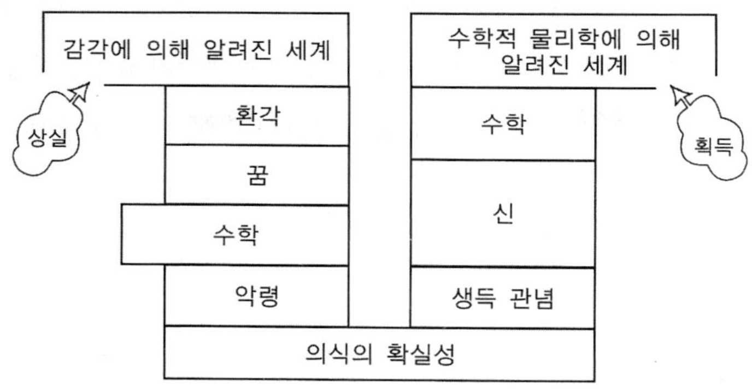

두 감각 기관이 참다운 지식의 원천이라는 것을 부정한다. 양자는 모두 유동하는 현상의 배후에 인식 가능한 질서가 존재한다고 본다. 양자는 모두 참다운 지식은 아프리오리해야 한다고 결론짓는다. 양자는 모두 수학을 지식의 모범으로 삼는다. 양자는 모두 세계에 대한 지식을 더 높은 실재(플라톤의 선, 데카르트의 신)에 대한 지식으로부터 이끌어낸다. 양자는 모두 영혼에 내

재하는 생득 관념 속에서 모든 지식의 근원을 찾는다. 이는 이성주의 인식론의 요체다.

나는 여기서 이성주의 인식론에 대한 내 자신의 결론을 내리지 않고 3장 말미에서 이성주의의 전통적 대안인 경험주의를 검토하고 난 뒤로 유보할 것이다. 다음 장에서 우리는 경험주의 이론을 살펴볼 것이다.

권장 도서

Christopher Biffle, *A Guided Tour of René Descartes's Meditations on First Philosophy*, Ronald Rubin, trans.(Mayfield, 2001). 여러분이 여기서 읽은 개념에 관한 데카르트 자신의 설명은 비플의 각주와 문제제기 및 최신식 번역을 통해 접근할 수 있다.

Susan R. Bordo, *The Flight into Objectivity: Essays on Cartesianism and Culture*(State University of New York Press, 1987). 데카르트 철학과 그것을 지탱해주는 데카르트 세계관에 관한 격렬한 페미니스트의 비판.

Plato, "Meno," in *Great Dialogues of Plato*, Eric H. Warming and Philip G. Rouse, eds., W. H. D. Rouse, trans.(American Library, 1956). 소크라티스의 대화의 복구된 기억과 하나의 뛰어난 예로, 플라톤의 지식에 관한 논의.

Plato, "Republic," in *Great Dialogues of Plato*. 4권과 5권에 선의 비유에 대한 플라톤의 해설이 실려 있다. 대단히 어렵지만 읽어볼 만하다.

The Rationalists: Descartes, Spinoza, Leibniz, J. Veitch, R. Elwes, G. Montgonery, trans.(Doubleday, 1974). 얼마 되지 않는 분량에 이들 철학자의 기본 저작을 수록.

Bernard Williams, *Descartes: The Project of Pure Enquiry*(Pelican Books, 1978). 중요한 현대 철학자에 의한 통찰력 있는 분석.

주

1. 플라톤이 선의 비유에서 사용한 그리스 용어들에 대한 가장 좋은 영어 번역어가 무엇이냐에 관해서는 학문적 토론이 많았다. 다음은 그 개념들의 그리스어 원어다.

1. 노에시스*noesis*

2. 에이데*eide*

3. 디아노이아*dianoia*

4. 히포테메노이*hypothemenoi*와 타 마테마티카*ta mathematica*

5. 피스티스*pistis*

6. 타 호로메바*ta horomeva*

7. 에이카시아*eikasia*

8. 에이코네스*eikones*

노에시스를 reason으로, 디아노이아를 understanding으로 표현한 것은 W. H. D. Rouse와 Leo Rauch의 번역에 따랐다. 하지만 노에시스를 understanding(G. M. A. Grube), knowledge(G. L. Abernathy와 T. L. Langford), 또는 intellection(Allan Bloom)으로 번역하는 경우도 있다. 디아노이아는 reasoning(Grube), thinking(Abernathy와 Langford), thought(Bloom)로 번역된다. 나는 Rouse와 Rauch를 좇아 노에시스를 'reason'으로 번역했는데, 그것이 플라톤에서부터 헤겔과 칸트까지 관류하는 서양의 후기 형이상학적 전통의 연속성을 가장 잘 드러낸다고 보았다(칸트는 5장에서, 헤겔은 6장에서 살펴볼 것이다). 또 네 번째 칸의 번역어로는 scientific concepts를 선택했다. 플라톤은 그 칸에 hypothemenoi와 ta mathematica라는 두 개의 용어를 넣고 있다. 해석자들은 그 중 둘째 것을 보통 'mathematical objects'라고 번역한다. 이 개념은 중요한데, 실제로 소크라테스는 대수와 기하의 예로 이 개념을 설명했다. 내가 'scientific concepts'를 고른 이유는 이 범주에 수학적 개념만이 아니라 다른 것들도 포괄되어 있기 때문이다. 나는 플라톤이 hypothemenoi(말 그대로는 '가정'이나 '전제'라는 뜻이다)라는 개념을 수학에만 제한하지는 않았다고 믿는다. M. E. Taylor는 플라톤이 수학 용어를 쓰는 것에 현혹되지 말라고 경고한다. 그에 따르면, 플라톤의 시대인 기원전 5세기에는 '수학' 이외에 달리 체계적이고 조직적인 지식이 없었다(M. E. Taylor, *Plato: The Man and His Work*[Meridian Books, 1960], p. 289)는 것이다. 플라톤이 말하는 조직적이고 개념적인 지식은 오늘날 과학적 개념과 대체로 일치한다. 플라톤에 따르면, 과학적 개념은 '형상'에 비해 열등하다. 그 이유는 그것이 '형상'의 사본(모방, 그림자, 반영)이기 때문이기도 하지만, 각 개인들은 개념의 차원에서 사고할 때도 여전히 시각적 이미지에서 벗어나지 못하기 때문이기도 하다. 이렇게 보면 개념보다는 '형상'이 이미지에서 자유롭기 때문에 수학적이다.

2 Plato, "Meno," in *Great Dialogues of Plato*, Eric H. Warmington and Philip G. Rouse, eds., W. H. D. Rouse, trans.(New American Library, 1956), p. 41

3 Plato, "Meno," p. 42.

4 최근에 나온 한 책은 다소 전통적 해석에 도전하고 있다. Pietro Redondi, *Galileo Heretic*, Raymond Rosenthal, trans.(Princeton University Press, 1988) 참조.

5 Ren? Descartes, *Essential Works of Descartes*, Lowell Blair, trans.(Bantam Books, 1966), p. x.

6 René Descartes, *Meditation on First Philosophy*, in *The Essential Descartes*, Margaret D. Wilson, ed., Elizabeth S. Haldane and G. R. T. Ross, trans.(New American Library, 1969), p. 166. 다른 언급이 없을 때 이 장의 뒤이은 데카르트 인용은 모두 이 전거에서 나온 것이다.

생각해볼 문제

1. 하나의 일반 개념(예컨대, '중력'이나 '정의' 같은 것)을 골라서 그것이 플라톤의 선의 비유에 따르면 어떻게 분석되어야 하는지를 보여라.

2. 소크라테스의 무지의 주장(1장에서 다룬 것)을 플라톤의 선의 비유와 관련하여 설명하라. 만약 플라톤의 지식론이 옳다면 우리는 모두 무지한 것인가?

3. 한 젊은 학생이 플라톤이 옳다는 것을 발견하는 과정 — 명백한 변화하고 유전하는 세계 뒤에 불변하는 영원한 동일성의 세계가 존재한다는 것을 발견하는 과정 — 을 요약해보라.

4. 데카르트가 어째서 감각은 확실한 지식을 제공할 수 없다고 생각하는가에 대해 최소한 세 가지 이유를 진술하라. 그리고 감각에 대한 데카르트의 태도를 플라톤의 그것과 비교해보라.

5. 데카르트는 묻는다. "육체와 감각이 없으면 내가 존재할 수 없을 만큼 나는 그것들에 의존하고 있는가?" 자기 질문에 대한 데카르트의 답변을 상식과 과학이 제공하는 답변과 대조해보라.

6. '생득 관념'이 존재할 수밖에 없다는 것을 증명하는 데카르트의 논증이라고 생각되는 것을 최대한 명료하게 진술해보라.

7. 어떤 데카르트 비판자들은 여러분이 데카르트의 기초(여러분 자신의 의식의 내용만이 확실하다는 것)에서 출발하면 유아론(자기 정신 이외의 다른 것에 대해서는 알 수 없다는 견해)을 피할 수 없다고 주장했다. 그 비판자들이 이 말로 무엇을 의미하는지를 제시해보라.

8. "데카르트의 미친 사람 놀이"라는 제목으로 논문을 쓰라.

경험주의 인식론

이성주의의 정반대는 경험주의다. 경험주의에 따르면, 지식의 참다운 기초는 '이성'이 아니라 관찰 속에서 찾아진다.

경험주의의 선구자 아리스토텔레스

우리는 플라톤의 제자인 아리스토텔레스Aristoteles(기원전 384~322)의 철학에서 경험주의의 초보적인 형태를 발견할 수 있다. 아리스토텔레스의 저작에는 강력한 플라톤적인 경향이 있지만, 아리스토텔레스는 플라톤이 자신의 스승인 소크라테스한테 했던 것보다 더 강력하게 스승인 플라톤의 견해를 비판하고 있다. 이는 아리스토텔레스가 이성주의보다는 경험주의를 선호했기 때문이다. 이제 아리스토텔레스의 사상을 검토해보자.

선의 비유에서 플라톤은 개별적인 물질적 대상을 4단 사다리의 두 번째 단에 놓고 그것들이 그 모사模寫에 불과한 형상보다 덜 실재적인 것으로 취급했다. 철학자가 그처럼 궁극적으로 실재하는 형이상

아리스토텔레스

플라톤의 견해

학적 대상, 곧 형상에 도달하는 유일한 길은 오직 그러한 특수한 감각적 대상을 초월하고 관찰 — 개별적인 물질적 대상을 파악하는 지각 활동 — 을 극복하는 길뿐이었다.

아리스토텔레스는 플라톤이 형상이라고 부른 추상 개념들(예컨대, 진리, 정의, 아름다움, 포유동물성, 나무성性 따위)의 철학적 의의를 결코 부정하지 않았으나, 이러한 형상들이 물리적 세계보다 우월한 독립적 실재를 지니며 그 세계를 초월함으로써만 형상을 파악할 수 있다는 이성주의적 명제는 부정했다. 반대로 아리스토텔레스에게서 물리적 세계는 실재하는 세계였으며, 그 세계를 지각하는 감각 활동은 커다란 인식론적 중요성을 지녔다. 그는 자기 스승과 동일하게 단순히 이미지를 수용하는 활동은 지식을 제공하지 않으며 인간의 정신은 이러한 활동들로부터 추상하여 이미지로부터 일반적 지식으로 이행하는 능력이 있다고 생각했다.

그러나 플라톤과 달리, 그는 '보편적인 것' 또는 '본질'(곧, '형상')은 물리적 사물을 초월하는 어떤 우월한 영역 속에 존재하는 것이 아니라, 특수한 대상들 속에 그 발전 원리로서 존재한다고 믿었다(도마뱀을 도마뱀이게 하는 것은 수태受胎의 순간부터 그 생물체 속에 내재해 있는

'도마뱀성'이다). 인간의 정신은 수많은 특수한 대상이 공통으로 지니는 그러한 특징들을 발견해낼 수 있다. 그러나 그러한 공통성, 곧 그러한 '본질'은 정신의 추상 능력의 도움을 받아 지각 활동을 통해서 그러한 대상들 속에서만 찾아낼 수 있다.

예를 들어, 우리가 '나무'라고 부르는 그러한 대상들의 무리를 관찰하는 속에서 정신은 모든 나무가 공통으로 지니는 특징을 발견할 수 있고, 그럼으로써 그것들을, 이를테면 '물고기'나 '곤충', 또는 '덤불'이나 '잡초'가 아니라 '나무'로 분류해낼 수 있다. 아리스토텔레스에게서 관찰을 초월할 필요가 있는 유일한 지적 활동은 '부동不動의 사동자使動者' 또는 '제1의 사동자' — 모든 사물이 자기 완성의 추구 속에서 무의식적으로 모방하는 순수한 완전성을 지닌 신적인 실체 — 의 존재에 대한 연역뿐이다(도토리가 참나무로 발전함으로써 자기 본질을 완성할 때, 그것은 달리기 선수가 목표에 도달하고자 하는 것과 동일한 방식으로 무의식적으로 신이 되고자 하는 것이다). 하나의 사물의 본질은 그 사물이 충분하게 현실화될 때 존재하는 것이다. 예컨대, 충분히 현실화된 도토리는 참나무가 된다. 세상의 '사물'(예컨대, 도토리)은 아리스토텔레스가 실체라고 부르는 것이다.

그것의 본질은 플라톤의 이론에서처럼 분리된 형이상학적 영역에 존재하기보다는 획득해야 할 — 현실화되어야 할 — 목적론적 목표로서 실체 속에 묻혀 있는 것이다. 그러나 실체

플라톤을 지상으로 끌어내리기

도 또한 역사를 가지고 있다. 곧, 그것은 과거, 현재, 미래를 가지고 있다. 그 본질을 획득하기 위하여 실체는 변화를 견뎌내야만 한다. 플라톤과 마찬가지로, 아리스토텔레스도 헤라클레이토스-파르메니데스의 딜레마를 풀려고 하고 있다. 그는 똑같은 실재 — 똑같은 실체 — 에서 변화와 영혼이 모두 어떻게 존재할 수 있는가를 보여준다. 변하지 않는 것은 본질 — 하나의 사물이 존재하는 것 — 이다. 변하는 것은 실체의 기층이며, 그것은 진정으로 존재하는 것이 되려고 하기 때문에 형태를 바꾸는 것이다.

부동의 사동자와 나란히, 실제의 총체성과 그 역사가 실재의 총체성을 구성하고 있다. 그리고 대부분의 실재는 이성의 안내를 받는 개별적인 지각 활동을 통해 발견할 수 있다. 간단히 말해서, 아리스토텔레스는 플라톤의 '피안성彼岸性'을 거부했다. 그는 플라톤의 철학을 지상으로 다시 끌어내리고자 했다. 이러한 열망이 아리스토텔레스를 경험주의자의 원조로 만든 것이다.

존 로크의 경험주의

이성주의가 그 최초의 근대적 표현을 르네 데카르트의 저작 속에서 찾았던 것과 같이, 경험주의의 최초의 근대적 진술은 영국의 내과 의사 존 로크John Locke(1632~1704)의 저작 속에 등장한다. 로크의 주된 명제는 다음과 같은 구절 속에 나타난다.

정신이, 이를테면 어떤 특성도 관념도 없는 텅빈 백지 상태(타불라 라사tabula rasa)라고 가정해보자. 그것이 어떻게 내용물을 갖추게 되는가? 인간의 분주하고 국경 없는 공상이 그 위에 거의 무한히 다양하게 색칠해놓은 방대한 축적물을 그것은 어디에서 얻는가? 이성과 지식의 모든 재료를 그것은 어디에서 얻는가? 이에 대해 나는 한 마디로 경험에서 얻는다고 답한다. 우리의 모든 지식은 경험에 바탕하며 그것으로부터 궁극적으로 스스

로크

로를 도출해내는 것이다.[1]

로크는 데카르트의 저작을 읽었으며, '백지 상태'로서의 정신 이론을 정립하기 위해서는 지식이 생득 관념에 기초한다는 이성주의자들의 주장을 논박해야 한다는 것을 알고 있었다. 이에 관해 로크는 이렇게 말한다.

우리가 어떻게 지식을 얻는가를 보여주는, 그것이 생득적이 아님을 충분하게 증명하는 길 — 어떤 사람들은 오성 속에……어떤 생득적 원리, 어떤 일차적 관념이 존재한다는 선입견을 지니고 있다 — 은, 말하자면 영혼이 그 최초의 존재 속에서 받아들여 세상에 가지고 태어나는 인간 정신에 각인된 어떤 특질이 존재한다는 것이다. 편견 없는 독자들에게 이러한 가정의 허위성을 납득시키자면 단지 (이 강론의 다음 부분에서 하고자 하듯이) 인간이 타고난 능력을 거의 사용하지 않더라도 어떤 생득적 인상의 도움 없이 모든 지식에 도달할 수 있다는 것, 그리고 그러한 원초적 관념이나 원리가 없이도 확실성에 도달할 수 있다는 것을 보여주는 것으로 족할 것이다.(1권, 2장 1절)

면도날을 휘두르는 오캄

로크는 여기서 오캄의 면도날로 알려진 경험주의의 귀중한 논거가 되는 원리에 호소하고 있다. 14세기 철학자 윌리엄 오캄 William Ockham(Occam)은 다음과 같은 명제를 하나의 경제 원칙으로 제시했다 —"[술어를] 더 적게 할 수 있는 것을 더 많게 하는 것은 헛된 일이다." 이 단순한 원리는 여러분의 국어 선생이 작문 과제 여백에 써놓을 법한 문구처럼 들리지만, 윌리엄이 의도한 것은 단순히 문체에 대한 충고 이상이었다.(실상, 윌리엄은 그의 원리로 인해 교회 당국과 갈등에 빠져들었다. 교회 당국은 오캄이 하나의 신적 실체가 셋보다 단순하다는 것을 근거로 삼위 일체 교리를 깎아내리려 한다고 의심했다.) 윌리엄의 논점은 현대적 용어로

고치자면 다음과 같다 — "필요 이상으로 실체를 늘리지 말라." 다시 말해서, 두 가지 이론이 있을 때 둘 다 관찰 가능한 모든 자료와 양립할 수 있고 또한 둘 다 동일한 현상에 대해 설명하고자 하는 것이라면 이론적 실체가 더 적은 이론이 보다 바람직한 이론인 셈이다.

역사적 사례를 고찰해보자. 망원경이 최초로 하늘을 겨누었을 때 어떤 천체는 단순히 일정한 궤도를 운행하는 것이 아니라 갑자기 정지했다가 후퇴했다가 돌진하는 것 같은 양상으로 관측되었다. 이 발견은 놀라운 — 심지어 당혹스러운 — 일이었다. 왜냐하면 사람들은 천체의 운동이 신의 기하학적 천재성을 증명하는 모범 사례라는 생각에 익숙해 있었기 때문이다. "그 현상을 구제해줄" 어떤 과학적 설명이 필요했다. 주전원周轉圓epicycles 이론이 그 역할을 했다. 이 가설에 따르면, 어떤 천체는 이와 같이 지구 주위를 운동한다. 그 경우에 지구에서 보면 이들 천체는 멈추었다 뒤로 갔다 앞으로 가는 것처럼 보일 것이다. 실상, 이렇게 해서 그 현상은 신의 기하학적 천재성과 나란히 구제받았다(이제 천상의 건축가는 더욱 더 수학의 귀재가 되

었다 — 비록 그의 취향이 약간 바로크 쪽에 쏠리기는 했지만 말이다). 그런데 망원경이 더 좋아짐에 따라 새로운 골칫거리가 드러났다. 이들 주전원 운동체는 단지 멈추었다가 후퇴, 전진하는 것 같이 보일 뿐만 아니라, 멈추었다가 파동치며

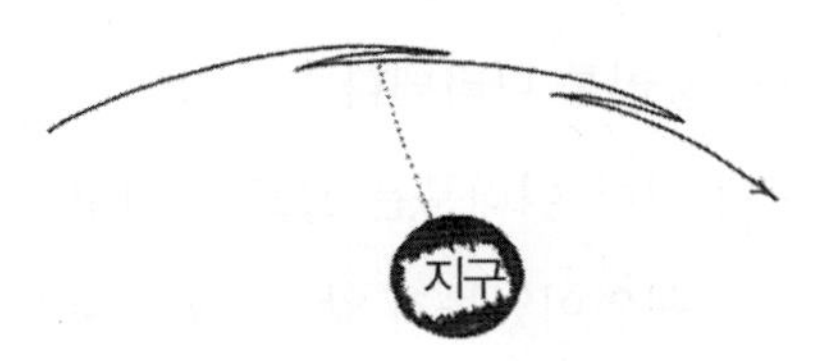

후퇴, 전진하는 것으로 보였다. 이 문제는 주전원에 주전원을 덧붙임으로써 해결되었다. 이제 천상의 위대한 건축가는 뚜렷한 로코코 양식으로 기울었다. 현상은 구제되었지만 그 대가는? 전체 건물은 이제 지나치게 위가 무거워져서 금방 무너질 것처럼 보였다. 그 설명은 오캄의 면도날이 등장해서 여분의 무게를 잘라내주기를 갈구하고 있었다.

면도날은 요한 케플러Johann Kepler의 행성 운동 이

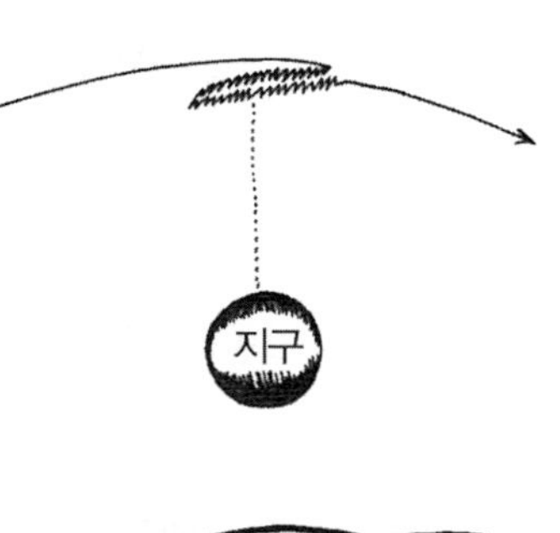

론의 모양을 하고 등장했다. 케플러는 태양 중심설이 옳다면 어떻게 되는지 물었다. 지구가 태양 주위를 운행하는데, 원형이 아니라 타원형으로, "동등한 권역을 동등한 시간에 지나가는" 방식으로 운행한다면? 그러면 일부 천체의 외견상의 역행 운동은 타원 궤도의 지구 운행 속도의 증감에 의해 설명될 것이다. 그리고 미세한 파동 운동은 우리의 대기권을 통해 되돌려보는 데 따른 광행차光行差의 결과라면? 주전원과 주전원 더하기 주전원은 이로써 끝이다. 케플러의 이론이 더 단순하다. 그것이 더 적은 실체를 지닌다. 이는 오캄의 면도날의 승리를 나타낸다.

이제 아마 여러분은 로크가 하고자 한 것이 무엇이었는지 알 수 있을 것이다. 그는 케플러가 주전원에 대해 했던 것을 '생득 관념들'에 대해 하고자 했다. 그는 또한 플라톤의 '형상'에 대해서도 똑같은 것을 하고자 했다. 오직 특수한 것들만 존재하는 이론이 특수한 것들과 아울러 추상 개념까지 존재하는 이론보다 더 단순할 것이다. 로크는 '백지 상태'라는 단순한 표상을 가지고 모든 가능한 지식을 설명할 수 있다고 믿었다. 그는 몇 가지 구별, 처음에는 단순 개념과 복합 개념, 다음에는 특수한 개념과 일반적 개념, 세 번째는 1차 성질과 2차 성질의 구별에서 출발했다.

주전원의 체계가 무너져내리다

단순 개념과 복합 개념

단순 개념은 더 간단한 구성 요소로 더 이상 분석할 수 없는 개념으로서, 이를테면 '단단함'(이 개념을 이해하지 못하는 사람이 있다면 그의 손독을 잡고 벽에다 눌러보라), '노랗다'(이 개념을

이해하지 못하는 사람에게는 잘 익은 바나나나 카나리아 새를 보여줘야 할 것이다) 따위의 개념들이다. 이들 개념은 보통 한 가지 감각 기관을 통해 들어온다. 하지만 그 중 일부, 이를테면 '운동' 개념 같은 것은 촉각을 통해 생겨날 수도 있고 아니면 시각을 통할 수도 있다.

복합 개념은 (1)단순 개념들의 복합체(예컨대, '아름다움', '감사', '사람', '군대', '우주' 따위)이거나 (2)두 가지 관념을 나란히 놓고 비교 또는 대조함으로써 창출되는 관계에 대한 관념(더 크다, 더 작다 따위), 또는 (3)정신이 어떤 관념의 특징을 분리하여 일반화시키는 추상 개념(예컨대, '푸르름' 따위)이다. 추상 개념은 한 무리의 대상들이 공통으로 지니는 어떤 특성을 우리가 인식할 때 형성된다. 그 특성에는 그것을 상징하는 하나의 이름이 주어진다. 이 이론은 전통적으로 개념론이라고 일컬어졌다. 로크의 견해는 이성주의자들이 이러한 '추상적인 일반 개념'을 현실적인 기존의 실체(플라톤의 형상)나 생득 관념과 혼동했다는 것이다.(거꾸로 이성주의자들은 로크가 자신이 논박하려고 생각하는 바로 그 대상의 진리성을 전제로 삼고 있다고 비난했다. 정신이 이미

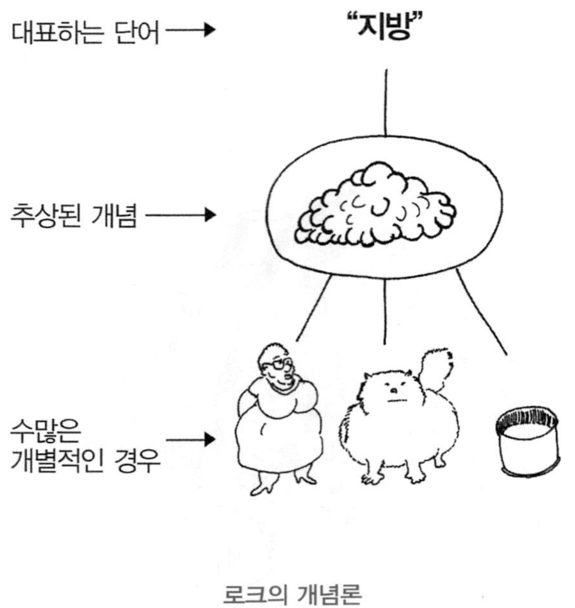

로크의 개념론

'동일성'의 개념을 지니고 있지 않다면 어떻게 수많은 대상이 공통으로 지니는 특성을 인식할 수 있느냐고 그들은 반문했다.)

1차 성질과 2차 성질

1차 성질과 2차 성질에 대한 로크의 구별은 데카르트와 갈릴레오가 즐겨 쓰던 것이다. 1차 성질은 물체 속에 필연적으로 내재하는 특성으로 이야기되었다. 그것들은 "고체성, 연장, 형상, 운동 또는 휴지休止, 수"를 포함했다. 2차 성질은 "사실상 대상 자체 속에 존재하지는 않지만 그 1차 성질에 의해, 곧 부피, 형상, 질감 및 그 감지할 수 없는 부분들의 운동에 의해 색깔, 소리, 맛 등의 다양한 감각 작용을 산출하는 동력이 되는 그러한 성질"(2권, 8장 10절)로 정의되었다.

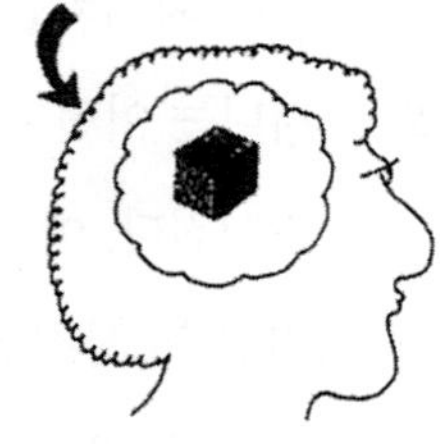

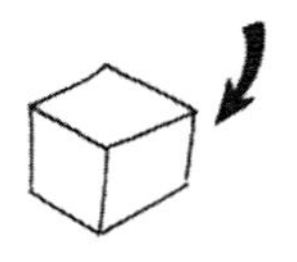

그런데 1차 성질에 대한 우리의 관념은, 로크에 따르면 정확한 관념이다. 곧, 이러한 관념은 저러한 성질에 의해 우리 정신 속에 생겨나며 그 성질을 정확하게 재현한다. 반면에 우리가 2차 성질에 대해 지니는 관념은 그 세계를 정확하게 재현하지 않는다. 로크는 말한다. "물체의 1차 성질에 대한 관념은 그것들의 닮은꼴이며 실제로 물체 자체 속에 그 원형이 존재한다. 그러나 이러한 2차 성질에 의해 산출되는 관념은 닮은꼴이 전혀 존재하지 않는다. 우리의 관념과 비슷한 어떤 것도 물체 자체 속에 존재하지 않는다."(2권, 8장 15절) 이러한 인식론적 견해는 오늘날 재현적 실재론이라고 알려져 있다. 그것은 '저기 바깥에' 현실 세계가 실제로 존재한다고 주장하기 때문에 실재론의 한 변종이다. 그 견해에 따르면, 정신이 우리로 하여금 실재에 직접 접근하게 하는 것이 아니라 사진의 경우와 흡사하게 실재를 재현하기 때문에 재현적 실재론이다. 사진의 어떤 특징들(예컨대, 수, 형상, 상대

적 크기 등등)이 세계를 정확하게 재현하듯이, 정신의 어떤 특징들이 정확하게 세계를 재현한다(그것들은 1차 성질에 대한 우리의 관념이다). 그리고 사진의 어떤 특징들이 순전히 그 사진의 특징인 것처럼(예컨대, 흑백 영상, 이차원성, 광택, 휴대성 등등) 정신의 어떤 특징들은 오직 정신과 관련될 뿐이며 세계와는 무관하다(그것들은 2차 성질에 대한 우리의 관념이다).

실체

이제 이런 도구들을 가지고서 로크는 자신이 데카르트를 논박했다고 믿었다. 왜냐하면 자신이 데카르트의 것보다 훨씬 단순한 이론을 사용하여 지식에 대한 완전한 설명을 제시했기 때문이다. 그러나 아마 사정이 그처럼 단순할 것 같지는 않다. 핵심적인 철학 범주인 실체(멀리 아리스토텔레스에게서 빌려온)에 대한 로크의 설명을 살펴보면 그 점이 드러난다.

실체 일반에 대한 우리의 모호한 관념 — 그래서 만약 어떤 사람이 순수한 실체 일반에 대한 자신의 관념 — 과 관련하여 스스로를 검토해본다면, 그는 자기가 그것에 대해 다른 어떤 관념도 지니고 있지 않으며 오직 우리들 속에 단순 관념을 생성해낼 수 있는 그러한 성질들을 뒷받침해주는 자신이 알지 못하는 어떤 것에 대한 가정만을 지닐 뿐이라는 사실을 발견할 것이다. ……만약 누군가에게 "색깔이나 무게를 내포하는 실체가 무엇인가?" 하고 묻는다면, 그는 "연장을 지닌 고체의 부분들"이라고밖에 달리 할 말이 없을 것이다. 이어서 만약 "고체성과 연장을 내포하는 그것은 무엇인가?" 하고 묻는다면, 그는 일화 속의 한 인디언보다 나을 것 없는 처지에 빠질 것이다. ……한 인디언이 세계는 거대한 코끼리가 떠받치고 있다고 말했다. 그러면 코끼리는 무엇이 떠받치느냐고 묻자 그의 대답은 "거대한 거북이"라는 것이었다. 그러나 또 다시 그 등이 넓은 거북이는 무엇이 떠받치는지 아느냐고 몰아세우자 그는 대답했다 — 그것은 내가 알지 못하는 어떤 것이라고.(2권, 23장 2절)

비록 본인은 깨닫지 못한 것 같지만, 실체에 대한 로크의 짐짓 당당해 보이는 설명은 그 자신의 프로젝트를 파탄시키고 있다. 그와 데카르트가 그랬듯이, 일단 실체의 형이상학에 뛰어들게 되면(곧, 세계 속의 어떤 것은 실체이거나 실체의 특성이거나 둘 중 하나라는 견해를 일단 받아들이게 되면) 실체에 대한 일관된 설명을 제시할 준비를 갖추고 있어야 한다. 밀랍의 예에서 데카르트가 '실체'와 '동일성'에 관한 경험적 설명을 할 수 없다는 바로 그 사실 때문에 생득 관념을 설정하게 되었음을 기억하라. 이제 로크는 오캄의 면도날을 사용하여 생득 관념을 제거할 수 있다고 주장했다. 그런데 핵심적인 존재론적 범주인 실체로 돌아가서 그는 그것이 "내가 알지 못하는 어떤 것"이라고 말한다. 이것은 경험주의 아니면 실체의 형이상학 중 어느 하나의 종말의 출발점일 수 있다. 우리는 곧 그것이 후자라는 것을 보게 될 것이다.

실체의 종말의 시작

로크에 대한 버클리의 수정

로크의 경험주의의 계승자인 조지 버클리George Berkley(1685~1753)는 영국 국교(성공)회의 주교가 된 아일랜드인으로서, 로크의 오류를 명확히 보고 그것은 오캄의 면도날을 더 강하게 — 이번에는 물질적 실체라는 개념 자체에 대해 — 적용함으로써 간단하게 고칠 수 있다고 생각했다. 로크는 이렇게 썼다. "정신은 그 모든 사유와 추론에서 그 자신만이 관조할 수 있는 그 고유한 관념들 이외에 다른 어떤 직접적 대상을 지니지 않기 때문에 우리의 지식은 오직 그것들에 관해 아는 것일 뿐이라는 것이 분명하다."(4권, 1장 1절) 버클리는 이 진술이 문자 그대로 옳다면, 관념이 아닌 어떤 것을 알기는 불가

조지 버클리

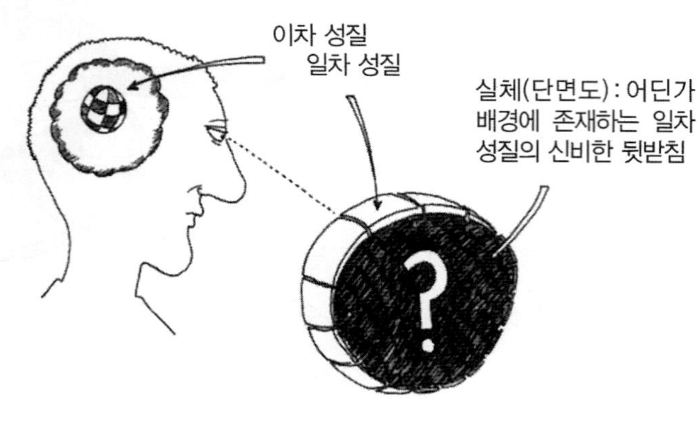

로크의 견해

능하다는 사실을 즉시 깨달았다. 그러나 로크는 아마 자기 주장과 모순되게 그러한 관념들의 다수가 물리적 세계에 실재하는 사물들(물질적 실체)에 의해, 그리고 특히 우리 정신 속에 일차 및 2차 성질들에 대한 관념을 생성시키는 동력이 되는 그 1차 성질들에 의해 생겨난다는 것을 우리가 안다고 주장했다.

감각 자료

버클리의 첫 번째 과제 중 하나는 1차/2차 성질의 구별을 해소함으로써 로크의 자기 모순을 입증하는 것이었다. 버클리는 1차 성질과 2차 성질이 사실상 동일한 것이라고 주장했다. 내가 어떤 탁자를 보거나 또는 느끼지 않으면 어떻게 그 크기와 모양을 판정할 수 있는가? 전자의 행위는 색채라는 2차 성질을 산출하며, 후자의 행위는 촉감(단단하다, 매끄럽다 등)이라는 2차 성질을 산출한

1차/2차 성질 구별의 붕괴

다. 나는 탁자의 갈색을 벽의 흰색과 양탄자의 녹색에 대조함으로써, 또는 그 표면을 손으로 쓸어보아 매끄러움과 저항의 감각이 어디에서 끝나는가를 확인함으로써 갈색 탁자의 크기와 모양을 안다. 바꿔 말하자면, 1차 성질에 대한 우리의 관념은 실제로 2차 성질에 대한 해석에 불과하다. 버클리에게서 우리의 관념은 (데카르트적 방식으로 알려진 '자아'의 관념과 뒤에 살펴보겠지만 '신'의 관념을 제외하고) 사실상 전부가 2차 성질에 대한 관념 또는 그것들에 대한 해석에 불과하다.《인간 지식의 원리에 관한 논문》에서 버클리는 이렇게 쓰고 있다.

인간 지식의 대상을 개괄해보면, 그것들은 실제로 감각 기관에 각인되는 관념이거나 아니면 정신의 열정과 작용에 주의를 기울임으로써 지각되는 것이거나 아니면 끝으로 기억과 상상력의 도움으로 형성되는 관념, 앞에 말한 방식으로 애초에 지각한 것을 합성·분해하거나 거의 재현하지 않는 그런 것이라는 사실이 누구에게나 분명하다. 시각에 의해 나는 몇 가지 농도와 편차를 갖는 빛과 색채의 관념을 지닌다. 촉각에 의해 나는……단단하고 부드러운 것, 뜨겁고 차가운 것, 운동과 저항을 지각한다. 후각은 냄새를 주고 미각은 맛을 주며 청각은 다양한 음조와 구성을 지니는 소리를 정신에 전달해준다. 이들 가운데 몇몇은 함께 동반하는 것으로 관찰되기 때문에 그것들은 하나의 이름으로 표시되며 하나의 사물로 판단되기에 이른다. 그래서 예컨대, 어떤 색채와 맛, 냄새, 형태, 견고성이 함께 동반하는 것으로 관찰되면 그것들은 '사과'라는 이름으로 지칭되는 뚜렷한 하나의 사물로 설명된다. 다른 관념들의 집합은 돌이나 나무, 책 등등의 감각적 사물을 이룬다. 그것들은 유쾌한 것이냐 불쾌한 것이냐에 따라 사랑과 증오, 기쁨, 슬픔 등등의 감정을 불러일으킨다.[2]

버클리 이론의 거의 전부가 이 주목할 만한 구절 속에 담겨 있다. 그 이론을 요약해보자. 데카르트처럼 버클리는 확실한 것, '주어진 것'이라고 할 수 있는 것에서 출발하고자 하며, 그에게서 '주어진 것'은 앞선 철학자들이 '2차 성질에 대한 관념'이라고 지칭했던 것, 그리고 그 자신은 단순히 '관념' 또는 '감각 작용'이라고 부르는 것이다(이제부터 우리는 그것들을 감각 자료라고 부를 것이다). 아기들이 세상에 태어나면 색, 소리, 맛, 냄새, 촉감 따위의 감각 자료가 그들에게 '주어진다.' 이러한 자료는 아기에게 하나의 세계로 다가오지 않는다. 오히려 그것들은 변화무쌍한 감각들의 혼돈 상태를 포함한다(사실상 그것들은 다섯 개의 혼돈된 세계를 이룬다). 그러나

갓 태어난 아기는 '주어진 것'에 직면하게 된다

아이는 서서히 이러한 자료들을 '읽는' 법을 배운다. 이는 마치 어린이들이 글자 읽는 것을 배우는 과정과 흡사하다. 그러한 과정은 이러한 자료들의 겉모양에 나타나는 유형을 주목하기 시작함으로써(물론, 이성주의자들은 아기가 동일성의 원리를 알지 못하면 어떻게 그러한 유형을 인식하겠느냐고 물을 것이다), 그리고 부모들이 아이에게 언어를 가르침으로써("……어떤 색채와 맛, 냄새, 형태, 견고성이 동반되는 것으로 관찰되면 그것들은 '사과'라는 이름으로 지칭되는 뚜렷한 하나의 사물로 설명된다.") 이루어진다.

이제 급진적인 버클리의 이론을 이해하기 위해서는 (1)세계 속에 주어진 어떤 '물질적 대상'이 바로 그것의 감각 자료의 총체이고, (2)감각 자료가 전적으로 정신적이라는 것 — 감각 자료는 오로지 정신에만 존재한다는 것을 이해해야만 한다. 바꿔 말하자면, 이른바 물질적 대상은 가능태나 현실태로서 오로지 의식 속에만 존재한다는 것이다. 버클리의 모토는 "존재하는 것은 인식하는 것이다*esse est percipi*"는 것이다. 그의 철학은 정신 세계를 물질 세계보다 우위에 두는 관념론의 한 변형이거나, 혹은 그의 더 급진적인 변형 속에서는 오로지 정신 세계만이 존재한다는 견해다. 만약 물질 세계라는 용어가 의식과 무관하게 존재하는 지각되지 않는 어떤 물질을 지칭한다면 거기에는 물질적 세계란 존재하지 않는다. 그러나 버클리가 탁자, 체리, 산과 같은 사물이 존재하는 것을 부정하는 것이 아니라는 사실을 인정하는 게 중요하다. 오히려 그는 오로지 감각 자료에 의해서만 "건너 방에 있는 탁자" 혹은 "나무에 달린 체리" 혹은 "지평선 너머의 산"과 같은 개념을 올바로 분석할 수 있다는 사실을 입증하려 하고 있는 것이다.

이 지점에서 여러분은 모든 것을 정신 상태(감각 자료)로 환원시키는 버클리의 견해가 상식과 동떨어진 것이라고 느낄 것이다. 확실히 버클리의 동시대인인 존슨Johnson 박사는 그런 생각을 품고 돌을 발로 걷어참으로써 버클리를 논박하고자 했다. 그러나 존슨의 이런 행동은 버클리의 이론에 대한 몰이해를 보여주는 것이다. 버클리는 "바위를 걷어차면 다친다"는 문장의 진리성을 부인한 것이 결코 아니었다. 그의 주장은 그 문장을 전적으로 감각 자료의 견지에서 분석할 수 있다는 것이었다.

우리가 감각 자료를 해석하여 하나의 세계의 상으로 전환시키는 방법에 대한 버클리의 설명에는 두 가지 특징이 있음을 주목하라. 첫째, 감각 자료가 인식 가능한 유형으로 나타난다는 객관적 사실이다("……함께 동반하는 것으로 관찰되면……"). 이는 해석을 가능하게 만드는 데에서 자연이 하는 역할이다. 왜냐하면 그것들은 자연적 유형이기 때문이다. 빨강, 노랑, 오렌지색의 불꽃 같은 감각 자료는 열과 통증을 동반하는 것이다. 둘째, 언어가 이러한 관념들을 우리 정신 속에서 통일시키기 위해 사용된다는 사실이다("……'사과'라는 이름으로 지칭되는……"). 이는 해석을 가능하게 만드는 데에서

존슨 박사가
버클리 주교를 논박하다

인습이 하는 역할이다.

　버클리의 이론을 근대적으로 만드는 요소는 그가 자기 인식론에서 언어에 많은 부분을 할애하고 있다는 점이다. 그럼으로써 그는 근대성이 발견해낸, 그리고 전통적 이성주의가 설명할 수 없었던 하나의 사실, 곧 종족이 다르면 세상을 재단하는 방식도 아주 다르다는 사실을 (이는 여러분이 인류학 시간에 익히 들었던 이야기다) 설명할 수 있게 된다. 만약 인간의 인습 ─ 무엇보다도 언어학적 인습 ─ 이 어떤 관념들을 서로 결합하는가를 결정할 수 있다면, 이는 어째서 에스키모들의 언어에 '눈'을 가리키는 단어가 없고 대신에 우리한테나 에스키모족과 인접한 코카서스의 유콘족에게는 전부 '눈' 같이 보이는 여러 다양한 실체들을 가리키는 수많은 명사만 있는지, 그리고 어째서 미국인들에게는 단 한 종류의 '존재'만 존재하는데 스페인어 사용자들에게는 두 종류('세르ser'와 '에스타르estar')가 존재하는 지를 아주 훌륭하게 설명해줄 수 있다. 만약 실체와 생득 관념에 대한 데카르트의 이론이 옳다면, 우리는 모두 세계를 동일하게 보아야 할 것이다.

　하지만 버클리의 이론은 언어가 아니라 일차적으로 감각 자료에 관한 것임을 명심해라. 존재하는 것은 인식하는 것이다. 거기에는 오로지 감각 자료와 그것에 대한 해석만이 있을 뿐이다. 몇몇 해석은 '자연적'이며, 곧 거기에는 그것에 대한 보편적 동의가 조금 더 많으며('고통'과 '물'처럼), 몇몇은 인습적이다(아마 '진홍색'과 '연두색'과 같은 색깔을 지칭하는 단어처럼). 다른 언어는 이런 인습적 차이를 다르게 표현할 것이다.

　그러나 언어는 버클리의 인식론에서 상호 주관성intersubjectivity의 가교架橋로서 커다란 역할을 한다. 이 역할은 다음과 같은 고찰에서 찾아볼 수 있다. 어떤 두 사람도 어떤 대상에 대해 정확

히 동일한 기하학적 시각을 공유할 수 없기 때문에 어떤 두 사람도 정확히 동일한 감각 자료를 지니지 않는다. 만약 한 방에 있는 30명의 사람이 책상 위에 놓인 한 권의 책을 바라본다면 각각은 의식 속에 약간씩 다른 자료를 지닐 것이다. 사실상, 논리적으로는 어떤 두 사람이 '빨강' 같은 기초적 술어를 사용할 때 전혀 동일한 경험을 하지 않을 수 있다. 그러나 이러한 것은 실제로는 문제

어떤 두 사람도 정확히 똑같은 것을 보지 않는다

가 되지 않는다. 왜냐하면 내가 어떤 '빨간' 것을 볼 때, 설사 여러분이 '초록'이라고 부르는 것을 보더라도 우리는 그 특정한 소리('빨갛다')를 그 특정한 경험과 연관짓도록 교육받았기 때문에 우리는 그것을 빨갛다고 묘사하기 때문이다. 그래서 결론적으로 우리들 각각은 자신의 작은 유아론적인 감각적 의식의 세계에 살지만, 언어 덕분에 우리는 그러한 고립된 섬들 사이에 가교를 놓을 수 있는 것이다.

또한 버클리의 이론에는 일종의 '민주적' 요소가 있다. 우리들의 세계에 대한 상(곧, 우리의 감각 자료의 해석)은 인습적으로뿐만 아니라 부분적으로 의식에 의해 만들어진 것이다. 모든 감각 자료는 다소간 질적으로 동일하다. 정신 착란자로 하여금 "이 방에 핑크빛 코끼리가 있다"고 말하게 만드는 감각 자료는 나로 하여금 "아냐, 방에는 아무 것도 없어"라고 말하게 만드는 나의 감각 자료만큼이나 실재적이다. 핑크빛 코끼리를 보았다고 주장하는 것에 포함되어 있는 시각적 감각 자료는 그것으로부터 어떤 촉각적 감각 자료를 예측할 수 있게 해주어야 한다. "방에 핑크빛 코끼리가 있다"는 "그 방향으로 열두 걸음을 가면 그 피부가 단단하고 거친 것을 느끼게 되는 어떤 것이 가로막고 있을 것이다"라는 예측을 수반한다. 물론, 정신 착란자는 단단하고 거친 어떤 것이 자신을 가로막고 있다고 느낀다고 말할 것이다. 만약 그렇지 안다면 그

언어는 상호 주관성의 다리를 놓는다

정신 착란자는 "방에 만져볼 수 없는 핑크빛 코끼리가 있다"고 말하면서 자신의 감각 자료를 재해석할 것이다. 이 두 가지 경우 어디에서나 우리는 이런 관점에서 다른 지각하는 자들을 불러들인다. 만약 서른아홉 사람이 방 안을 들여다보고서 모두 방이 비었다고 말하고, 사십번째 사람만이 거기에 핑크빛 코끼리가 있다고 말한다면 다수가 이긴다. 비록 모든 감각 자료가 개별적으로 동일하게 현존한다고 하더라도 '실재'가 의미하는 바는 우리가 수많은 감각 자료를 합의로 성공적으로 예측할 수 있는 그 감각 자료라는 것이다. 만약 세상에 단 한 사람만 있다면 그 사람의 감각 자료는 '실재'가 될 것이다. 그러나 세상에는 한 사람 이상이 있다는 게 판명되었다. 이러한 분석을 통해 실재와 외양의 구분이라는 유명한 문제에 대해 버클리는 해답을 제시하고 있다.

감각 자료의 근원

그런데 이 지점에서 버클리의 이론에 대한 전형적인 반론은 이럴 것이다. 만약 감각 자료(관념, 감각 작용)만 존재한다면 그러한 감각 자료는 어디서 오는가? 정상적으로(또는 적어도 데카르트적-로크적 정상성의 범주 속에서) 우리는 그것들이 '저기 바깥에' 있는 물질적 사물에서 온다고 말할 것이다. 그러나 버클리는 오캄의 면도날로 그러한 '사물'을 제거해버렸다. 그렇다면 그러한 감각 자료는 어디서 올 것인가? 버클리가 그 질문에 답하도록 하기 전에, 물질적 실체가 어디서 오는지 데카르트와 로크에게 먼저 물어보자. 감각 자료는 실체에 의해 생긴다고 그들은 말할 것이다. 그러면 실체는 무엇에서 생기는가? 데카르트와 로크는 모두 '신에게서'라고 답한다.(사실상, 다른 유일하게 명백한 답변은 그것이 "원인들의 무한한 연속"에서 비롯된다는 것뿐일 것이다 — 책상은 원자로부터 생기고, 원자는 '빅뱅' 속에서 일어나는 '원자 굽기'로부터 생긴다. 그런데 빅뱅에 의해 원자로 구워지는 물질은 어디서 생기는가? 아마도 그 이전의 어떤 것에서, 등등. 이렇게 무한히 이어질 것이다.) 이제 버클리에게로 돌아가자. 이러한 사건들의 사슬로부터 물질적 실체를 제거함으로써 그는 '중개자'를 제거해버린 셈이다. 따라서 그는 "감각 자료가 어디서 오는가?"라는 물음에 대해 다른 모든 사람이 물질이 어디서 오는가에 대해 제시하는 것과 정확히 똑같은 답변을 할 수 있다. 곧, 신으로부터 아니면 무한한 원인의 연속으로부터.

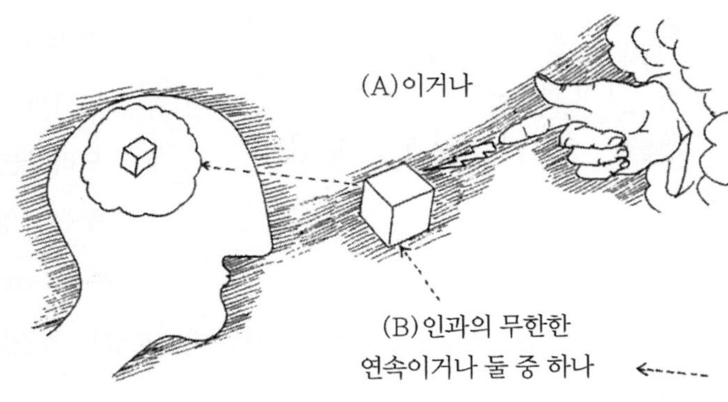

로크의 인과율 해석

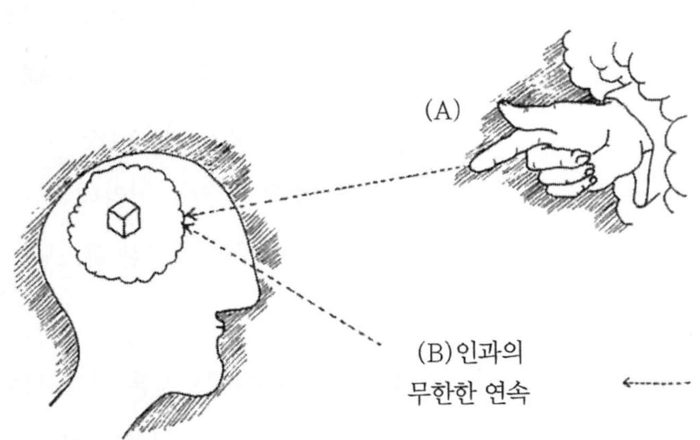

버클리의 인과율 해석

버클리는 물론 첫 번째 대안을 선호했다. 어쨌든 그는 주교였으니까. 실제로 신은 데카르트에서처럼, 버클리의 이론에서도 핵심적인 역할을 한다. 신은 우주의 질서(곧, 감각 자료의 질서)의 담보자다. 신은 자신의 불침번적 지각 활동에 의해 우리가 들어간 방이 우리 모두가 떠난 뒤에도 번쩍하고 사라지지 않으리라는 것을 보증해 주는 "영원히 지각하는 자eternal perceiver"이다.(만약 그것이 사라진다면 그것이 다시 되돌아올지 누가 알겠는가?) 로널드 녹스Ronald Knox는 이 점을 표현한 멋진 해학적 5행시를 썼다.

이렇게 말한 젊은이가 있었다네.
"하느님이 참 이상하게 생각할 거야.
안뜰에
아무도 없을 때
이 나무가 계속 서 있는 것을 보시면"

보거라.
그대가 놀라는 것이 이상하도다.
안뜰에 나는 항상 있다네. 그래서 그 나무는
내가 보고 있으니까
계속 서 있는 거라네.
―그대의 충실한 하느님

그러나 여기에는 커다란 문제점이 있는 것 같다. "존재하는 것은 지각하는 것이다"를 주요한 주장으로 삼는 체계 속에 신이 어떻게 존재할 수 있는가? 그러한 체계 속에서는 신이 지각될 수 있거나(그럴 수 없다) 아니면 존재하지 않거나 둘 중 하나일 것이다. 버클리는 명백히 이

러한 딜레마를 고민하다가 신에 대한
우리의 생각을 '관념idea'이 아니라 '개
념notion'이라고 지칭함으로써 그것으
로부터 벗어날 수 있기를 바랐다. 그러
나 버클리의 의미론적 해결책을 받아들
인 비평가는 거의 없었다.

흄에 의한 버클리 경험주의의 급진화

세 사람의 고전적 경험주의자 중 세 번째는 데이비드 흄David Hume(1711~1776)이다. 그는 고향인 스코틀랜드의 에딘버러대학에서 사서司書가 되었지만 초기의 탁월성에도 불구하고 자신이 희망했던 교수직을 수여받지 못했다(그는 자신의 최고 사상 중의 대부분을 19살 무렵에 창안해냈다).

흄은 경험주의의 일반적 취지('백지 상태' 이론, 오캄의 면도날의 채택, 생득 관념의 부정, 모든 지식은 감각 자료에서 생겨난다는 견해)에 동의했지만, 로크나 버클리는 그것을 적용하는 데 일관성이 없었다고 생각했다.

흄의 견해를 검토해보는 최선의 길은 아마 두 종류의 문장, 곧 '관념들의 관계'를 표현하는 문장과 '사실 문제'를 표현하는 문장에 대한 그의 구별에서 시작하는 것일 터이다.(후대의 철학자들은 다음 세기에 임마누엘 칸트가 창안한 용어를 따라, 그 두 가지 범주를 각기 '분석적' 및 '종합적'이라고 불렀다. 우리도 여기서 그 관례를 따를 것이다.)

흄

분석 명제('관념들의 관계')는 다음과 같은 특징을 지닌다.

1) 그 부정은 자기 모순으로 귀결된다.

2) 아프리오리하다.

3) 정의상으로 참이다.

4) 필연적으로 참이다.

"모든 삼각형은 세 각을 지닌다"는 문장을 예로 들어보자.

1) 만약 그것을 부정하면("모든 삼각형이 세 각을 지니는 것은 아니다.") 여러분은 단지 거
짓이 아니라 자기 모순을 말하는 것이 된다. 왜냐하면 세 각을 지니지 않는 어떤 도형도 삼각형이 아니기 때문이다.

2) 그 문장은 아프리오리하다. 여러분은 무엇을 관찰하거나 각을 재어봄으로써 그 진리성을 발견하지 않는다. 여러분은 그 의미를 관조함으로써 그 진리성을 이해한다.

3) 그 문장은 정의상으로 참이다. 다시 말해서, "세 변을 지닌 닫힌 도형"이라는 삼각형의 정의가 주어졌을 때 삼각형은 반드시(오직) 세 각을 지닐 수밖에 없다는 결론이 나온다.(한 문장이 정의상으로 참이다라는 것을 다른 방식으로 말하는 것은 그것이 개념적 진리를 표현하는 것이라고 말하는 것이다. 왜냐하면 삼각형이라는 개념이 세 각이라는 관념을 논리적으로 수반하기 때문이다.)

4) 그 문장은 필연적으로 참이다. 현행 우리 말의 약속에 따라 그것은 거짓일 수 없다.

지금까지 이 모든 것은 이성주의자가 좋아할 진술처럼 들린
다. 그러나……흄은 분석적 문장에 다른 한 가지 특징을 덧
붙인다.

> 5) 그것은 모두가 동어 반복이다. 곧, 그것은 사족이며 반
> 복적이다. 술어('세 각을 지닌다')는 이미 주어('삼각
> 형') 속에 있는 것을 반복할 뿐이다.

좋아하는 이성주의자

그러므로 아프리오리한 지식이 존재하더라도 그것은 그
자체에 관한 것일 뿐이다. 아프리오리한 진리는 실재에 관
해 말해주는 것이 없으며, 따라서 순수하게 아프리오리한
진리로 구성된 연역적 지식 체계를 추구하는 이성주의의
소망은 환상이다.(기본적으로 분석 명제는 정의와 정의의 구성
부분, 수학, 논리학을 포함한다. 그것들은 모두 참이지만 단지 우
리가 관념들을 어떻게 서로 연관지을 수 있는가를 보여줄 뿐이다.
예컨대, 'A＝A.' '2＋3＝5.' "형제들은 남성이다".)

종합 명제('사실 문제')는 모든 면에서 분석 명제의 반대
다. 그것들은 감각 자료(로크의 '2차 성질', 버클리의 '관념'과
'감각 작용')에서 도출되어야 한다. "존은 갈색 개를 가지고
있다"와 같은 문장이 유의미한 것인지 알아내자면, 우리는
그 핵심 관념들이 단순한 지각으로 소급될 수 있는가를 스
스로 물어보아야 한다. 실제로 우리의 문장은 감각적 지각
으로 소급할 수 있다. 최소한 우리는 그렇게 하는 것이 어떤

환상이 깨진 이성주의자

것일지는 안다.(존의 개가 녹색이거나 아니면 존에게 개가 없는 것으로 드러날 수도 있지만[종합 명
제의 한 가지 특징은 그것들이 필연적으로 참이지는 않다는 것이다] 우리는 그것을 알아내는 것이 어
떤 것일지 안다.)

그런데 흄에 따르면, 분석 명제와 종합 명제는 진정한 경험주의적 프로그램 속에서 유일하

게 가능한 종류의 의미다. 분석적이거나(동
어 반복이거나) 종합적이거나(그 관념들이 감
각적 지각으로 소급될 수 있거나) 둘 중 하나
가 아닌 어떠한 문장도 무의미한 것이다
— 마침표!

　버클리의 신도 그렇다! "신이 존재한다"는
문장은 부정하더라도("신은 존재하지 않는다")
자기 모순을 가져오지 않는다(5장에 나오는 성
안셀무스의 반대 주장을 보라). 그리고 신의 관
념은 감각 자료로 소급될 수 없다. 그것은 문
자 그대로 넌센스하다. 오캄의 면도날이 다
시 허공을 가른다!

　그러나 버클리는 신의 관념(또는 '개념')이 없으
면 우리는 무엇이 중심을 지탱하는지 설명할 수 없다고 주장했다. 어떻게 실재의 일관성(곧, 감
각 자료의 겉모양)이 존재할 수 있는가? 흄은 순수하게 경험적 근거에서는 그 문제에 답하기가
어렵다는 사실을 인정해야 했다. 그래서 그는 사물을 지탱해주는 것은 신이 아니라 보편적 인

쓰라린 경험을 통해 질이 갈색 개를 가지고 있다는 사실 알아내기
(아포스테오리한 증명)

과성이며, 원인의 관념은 감각 자료로 소급할 수 없
다고 가정했다. 곧, 인과성과 반복적 연속성 사이
에는 지각상의 차이가 존재하지 않는다는 것이
다("X가 Y의 원인이다"는 문장과 "먼저 X가 일어나
고, 다음에 Y가 일어난다"는 문장은 정확히 똑같은
감각 자료에 의해 확인되지만 그것들은 아주 다
른 의미를 지니는 것으로 보인다). 거기에 세
계 속의 대상들 사이의 인과적 관계들이
있다(곧, 흄의 용어를 사용하자면 세계 속의
사건들 사이에 '필연적 연관'이 있다)는 사실
을 흄은 심각하게 의심하는 것 같지 않으
나, 그는 인과성에서 그의 상식적 믿음에

합리적 정당성을 부여할 수 없다는 사실을 인정하고 있다. 비록 이런 엄청난 양보가 그의 경험
주의에 나쁜 소식일지라도 말이다. 거기에는 결국 중심은 유지되지 않는다거나, 적어도 중심
은 유지되고 있다는 신념이 비합리적이라고 의심할 단서가 있다.(실존주의의 창시자인 쇠뢴 키
에르케골은 흄을 꼼꼼히 읽은 독자이며, 또 다른 초기 실존주의자인 프리드리히 니체가 오로지 흄만이
경험했던 것을 뼈 속에서 최초로 느꼈다고 이야기한다. 키에르케골과 니체
는 뒤에 살펴볼 것이다.)

데카르트의 절대적으로 확실한 자아 관념은 어떤가? 버
클리도, 로크도 그 관념에 대해 비판할 필요를 느끼
지 못했다. 흄은 '생득적 지식'과 '신', '인과성' 등
의 관념에 대해 그랬듯이, 그 관념에 대해서도
회의적이었다. 자신의 《인간 본성론》(1735)에
서 이렇게 썼다.

어떤 철학자들은 우리가 자아라고 부르는 것
에 대해 우리가 모든 순간에 긴밀하게 의식

하고 있다고 상상한다. 우리는 그 존재와 존재 속의 연속성을 느끼며 그 완전한 동일성과 단순성을 증명할 필요도 없이 확신하고 있다는 것이다. ……나의 경우에는 내가 나 자신이라고 부르는 것에 가장 긴밀하게 개입할 때 나는 항상 더위나 추위, 빛이나 그늘, 사랑이나 증오, 고통이나 쾌락 따위의 이러저러한 특수한 지각에 의해 방해받는다. 나는 어느 순간에도 어떤 지각이 없이 나 자신을 포착할 수 없으며 지각 이외에 어떤 것도 관찰할 수 없다. ……그러나 이런 종류의 몇몇 형이상학자는 제쳐놓고 나는 나머지 인류에 대해서는 그들이 상상할 수 없는 빠르기로 서로 이어가며 유전하고 운동하는 한 꾸러미 또는 한 무더기의 상이한 지각들에 지나지 않는다고 감히 단언할 수 있다. 우리의 눈이 눈구멍 속에서 회전하면 우리의 지각은 반드시 바뀐다. 우리의 사유는 시각보다 훨씬 더 가변적이다. 그리고 우리의 모든 감각 기관과 능력이 이러한 변동에 기여한다. 단 한 순간이라도 변화 없이 동일하게 머무르는 영혼의 어떤 한결 같은 힘은 결코 존재하지 않는다.[3]

흄은 자아를 발견한다
– 있는 그대로의 모습으로

이것은 재미있는 구절이다. 자아 — 확실성의 기초이자 데카르트적 이성주의의 핵심 — 는 공허한 관념이다(“……결론적으로, 그런 관념이란 없다.”(p. 252) 자아의 경험적 연속성이란 없다. 사실상, 자아의 경험이란 전혀 없다. 흄에 따르면, 이런 발견은 우리 인간에게 모순되기 때문에 “‘그것의’ 지속된 존재인 척하고……변형을 속이기 위해 정신, 자아, 실체 개념에 뛰어들게 만든다.”(p. 254) 이 발견은 이성주의 철학뿐만 아니라, 서양 종교 및 상식 자체를 잘라내버렸다.

그러므로 흄의 급진적 경험주의는 '신'이나 '인과성', '자아' 개념에 대해 어떤 정당한 근거도 발견할 수 없었다. 실제로 그의 견해는 지탱하기 어려우리만큼 너무나 깊은 회의주의로 귀결되었다. 하지만 20세기에 한 무리의 영향력 있는 철학자들이 단지 약간의 사소한 수정만을 가한 채 그의 견해를 채택했다. 그들의 사상은 논리적 경험주의 또는 논리실증주의라고 알려지게 되었다.

논리실증주의 ─ 한층 더 급진화된 경험주의

논리실증주의자들은 콧대가 세고 과학적 정신을 지닌 한 무리의 철학자들로서, 그들의 최초의 입장은 1920년대 초 비엔나대학에서 공식화되었다. 거기에서 스스로 '비엔나 학파'라고 칭하는 소수의 철학자가 모리츠 슐릭Moritz Schlick 교수의 지도를 받았다. 실증주의자들은 수학과 논리학이 동어 반복이라는 흄의 견해에 동의했지만 그것들의 분석적 능력을 흄보다 더 깊이 인식했으며, 실제로 그들의 작업 대부분은 과학과 상식의 명제들을 논리적으로 분석하는 데 있었다. 그들은 인과성에 관해 대체로 흄과 일치했지만, 그 개념을 재정의함으로써 그의 문제점을 해결했다. '인과성'은 더 이상 사건들 사이의 어떤 신비한 필연적인 연관성을 지칭하는 것이 아니었다. 대신에 그들은 "X가 Y의 원인이다"는 X의 발생에 뒤이은 Y의 발생을 예언하는 것이라고 제기했다. 다시 말해서, 그들은 '인과성'이 결국 '반복적 연속성'에 불과하다고 판단한 것이다. 그들은 로크의 '실체'('물성')의 문제도 비슷한 방식으로 해결했다. "506호실에 책상이 있다"고 말하는 것은 미래의 감각 자료에 대한 예언의 한 방식이다. 그 의미는 이렇다. "만약 여러분이 506호실로 들어간다면, 그러면 여러분은 다음과 같이 갈색에, 직사각형에, 저항이 있는 등등의 감각 자료를 얻을 것이다." 선언적 문장의 의미는 그것을 만약/그러면(if/then) 가정문으로 번역함으로써 — 여기서 만약 절은 동작을 포함하고 그러면 절은 감각 자료에 대한 예측을 포함한다 — 정확하게 분석할 수 있다고 주장함으로써 실증주의자들은 순식간에 사라졌다 나타났다 하는 책상의 문제점을 완전히 비켜간다. 존 스튜어트 밀John Stuart Mill의 말을 빌리자면, 책상은 "감각 작용의 영속적 가능성"일 뿐이다.

실증주의자들은 버클리와 흄의 경험주의 이론에 내포된 관념론적 함축에 커다란 곤란을 겪었다(관념론이란 그 존재를 우리가 알 수 있는 것은 단지 관념뿐이라는 견해다). 버클리와 흄은 모두 감각 자료만이 알 수 있는 것이라고 생각하고 감각 자료는 정신적인 것이라고 믿었기 때문에 그들은 관념론자였던 것 같다. 논리실증주의자들은 관념론이 지나치게 형이상학적이며 과학적이지 못하다고 믿었다. 그들의 해결책은 일종의 중립적 일원론, 곧 실재(이 경우는 감각 자료)는 정신적이지도 물질적이지도 않다는 견해를 채택하는 것이었다. 오히려 그것은 어떤 제3의 종류의 분석 불가능한 중립적 '질료'다. 실증주의자들에 따르면, '정신적' 및 '물질적'이라는 범주는 단순히 감각 자료를 상이한 시각에서 해석한 논리적 구성물에 불과하다. 우리는 차원성, 크기, 모양 같은 개념들과 연관하여 범주화할 수 있는 감각 자료를 '물질적'이라고 부르고 그러한 범주에서 벗어나는 것들을 '정신적'이라고 부른다. 만약 감각 자료에 관한 경험적 사실들이 약간 달라지면 아마 우리는 이러한 범주들의 경계를 다르게 설정할 것이다. 예컨대, 사람들이 506호실에 들어갈 때마다 즉시 두통이 생긴다면 우리는 두통에 관해 다르게 말할 것이며, 사람들더러 그 방에는 두통이 있으니까 피하라고 경고할 것이다. 그리하여 우리는 두통을 정신적인 것이 아니라 물질

적인 것의 범주에 넣을 것이다. 그러므로 두통과 책상, 산, 무지개, 모래바람, 복수 행위 따위는 '논리적 구성물', 곧 그것들에 관한 객관적 분석과 의사 소통이 가능하도록 감각 자료를 개념적으로 구성한 것이다. 이러한 견해는 결국 버클리에게서 그다지 멀지는 않지만, 그에게서 관념론과 유신론을 배제시켜준다.

실증주의자들은 자아 개념에 대한 흄의 경험주의적 비판에 감명을 받고서 타인도 또한 단순히 '논리적 구성물'에 불과하다고 선언하는 영웅적 발걸음을 내디뎠다. 다시 말해서, 여러분은 나의 감각 자료다(무슨 실증주의적인 서부 컨츄리송 제목처럼 들리지만, 아마 그다지 낭만적이지는 않을 것이다). 아니면 최소한 여러분은 나의 감각 자료로부터 구성된 존재다. 다시 말해서, 실증주의자들은 자기 자신을 제외한 모든 사람에게 급진적 행태주의자가 되었으며, 심지어는 자기 자신, 곧 1인칭 자아에 대해서도 행태주의적 설명을 시도했다(행태주의는 4장에서 살펴볼 것이다).

끝으로, 논리적 경험주의자들은 이론적 실체라고 부르는 범주를 도입했다. 이 개념은 원자와 전자처럼 지각이 불가능하기 때문에 존재가 분명하게 지각이지 않은 항목들을 설명하기 위해 고안된 것이다. 이론적 실체는 감각 자료도 아니고 감각 자료로 구성된 논리적 구성물도 아닌 실체다. 오히려 그것은 이론 속의 실체로만 존재하며, 이러한 실체는 감각 자료에 대한 보다 정밀한 예언을 용이하게 하기 위해 이론 속에 포함된다. 예컨대, '평균적인 미국 주부'라는 개념을 고찰해보라. 그녀가 실제로 존재한다고 생각하면 분명 커다란 착오일 것이며, 그녀와 인터뷰하기 위해 (아마도 오하이오주 애크런에서?) 그녀를 찾으려는 것은 어이없는 짓일 것이다. 그녀가 1.78명의 자녀를 거느린다는 사실을 상기할 때 그 착오는 명백해진다. 그럼에도 불구하고 평

〈오 나의 태양 You Qre My Sunshine〉
곡조에 맞춰 부르기

평균적인 미국 가정 주부는
1.78명의 자녀를 거느린다

균적인 미국 주부라는 개 념은 경제학과 사회학 같은 분야에서 매우 유용할 수 있다. 왜냐하면 그것은 우리가 미국인의 소비 습관과 인구 통계에 관한 정보를 밝혀주고 그에 관해 정확한 예측을 할 수 있게 해주기 때문이다. 그런데 실증주의자들은 원자와 전자에 대해서도 평균적인 미국 주부를 다루는 것과 똑같은 방식으로 다룰 수밖에 없었다. 이들 실체는 감각 자료에 의해 검증될 수 있는 세계에 대한 예측을 쉽게 하기 위하여 정보를 그런 식으로 구조화하는 기능을 하는 이론 속에서만 존재하였다. 만약 '전자-대화'를 언급하는 것이 보다

정확한 예측을 낳는다면, 전자-대화는 정당화된다.(실증주의자가 아닌 철학자와 과학자들은 이것이 그다지 설득력 있는 이론이라고 보지 않았다. 그러나 그들은 전자와 양자 등등이 어떤 지위를 갖든지 그것들이 책상이나 의자와 동일한 방식으로 존재하지 않는다는 사실을 인정해야 했다. 그러므로 그것들의 지위에 관한 어떤 이론이든 아마 조금은 이상해 보였을 것이다.)

그리하여 논리실증주의는 악명 높은 오캄의 면도날을 또 다르게 급진적으로 적용한 것이다. 그것은 어쩌면 그 면도날의 남용이라는 느낌이 들며 그 원리를 적절하게 각색한 아인슈타인의 경구가 생각난다 ─ "모든 것을 가능한 한 간단하게 말하되 그 이상은 하지 말라."

논리실증주의의 감각 자료 개념에 대한 공격

1930년대와 40년대에 영국과 미국, 오스트리아의 철학자들 사이에서 급진적 경험주의에 대한 관심이 고조되었으나 보다 최근에 그것은 어려운 시기를 맞이했다. 다양한 진영으로부터 그것

오캄의 윌리엄과 알베르트 아인슈타인

에 대해 수많은 공격이 가해졌다. 그러한 공격의 공통 분모는 (게슈탈트 심리학이든 언어 철학이든 구조주의든, 아니면 해체주의 같은 포스트 구조주의적 입장이든 간에) 고전적 경험주의의 급소를 찌르는 것인 바, 감각 자료라는 것(또는 로크와 버클리가 쓰는 의미의 '관념')의 존재에 대한 부정이다. 논리실증주의(및 대부분의 경험주의)는 '심리학적 원자론'과 공존 또는 공멸의 관계에 놓인다. 그것은 곧, 세계에 대한 우리의 지식이 '노랗다', '날카롭다', '뜨겁다'와 같은 분절적이고 감각적인 인상들로부터 구축된다는 견해다. 이 가설에 따르면, 우리는 부분들의 조합으로부터 전체를 구성해낸다. 그러나 철학 이론과 심리학적 조사의 최근의 발전에 따라 이러한 가설은 의문시되었다. 예컨대, 게슈탈트 심리학자들은 우리가 다른 방향으로, 곧 전체에서 부분으로 움직인다고 주장한다. 그들에 의하면, '전체'를 창출하는 것은 형언할 수 없는, 절대적으로 확실한 감각 작용(원초적 감각, 감각 자료)의 토막들이 아니라 지각과 관련된 신경학적 및 사회적 사실들의 복잡하고 어쩌면 떼낼 수 없이 녹아 있는 결합체다. 신경학적 사실 — 심리적으로 표현되는 것 — 은 지각이 항상 전경과 배경이 대비되는 하나의 장場 속에서 이루어진다는 발견과 관련이 있다. 감각 작용은 의미의 장 속에서 지각이 되며 그 속에서 감각 작용은 그 배경과 구별됨으로써 특정한 의미를 부여받는다. 거꾸로 그 배경도 또한 아마 모호하고, 전경에 등장하는 '어떤 것'보다 덜 명료하기는 하지만 의미를 지닌다. 여기서 사회적 사실(곧, 인습적 사실)은 궁극적으로 특정한 사회 구조로 소급할 수 있는 지식과 기대의 결합이 장에 의미를 부여한다는 사실이다.

이는 어려운 논점이다. 내 자신의 경험을 예로 들어 설명해보자. 나는 언젠가 나를 직장까지 태워다주는 동료가 도착하기를 기다리며 아침 식탁에 앉아 있었다. 나는 줄곧 조간 신문에서 눈을 떼고 그의 밝은 빨간색 폭스바겐 '풍뎅이'가 눈에 띄기를 고대하며 창밖의 거리를 내다보곤 했다. 마침내 나는 틀림없는 폭스바겐 엔진 소리를 들었다. 다시 거리를 내다보니 앞마당의 관목덤불을 통해 내 친구의 빨간색 자동차가 도로에 주차해 있는 것이 보였다. 나는 커피를 들이마시고 서류 가방을 움켜쥐고는 계단을 뛰어내려 길거리로 나갔다. 도로에 나서자 나는 거기에 아무것도 없는 것을 보고 놀랐다. 당황한 나는 내 동료가 아마 차를 돌리는 모양이라고 생각하며 한동안 기다렸다. 몇 분 뒤에 나는 풀이 죽어 집으로 들어가서 식탁에 다시 앉았다. 도로를 내려다보다가 불현듯 나는 내 친구의 폭스바겐의 밝은 빨간색이라고 생각했던 것이 사실은 나와 도로 사이에 있는 관목덤불에 있는 덩굴옻나무 잎사귀의 흐린 오렌지색이었다는 것을

사라진 폭스바겐의 사례

깨달았다. 그의 도착에 대한 나의 기대, 그의 차 색깔에 대한 나의 지식, 그리고 폭스바겐 차 소리에 대한 인식(아마 지나가는 차였을 것이다)이 어우러져서 밝은 빨간색의 '감각 자료'를 창조해내는 작용을 한 것이다. 그 순간의 나의 세계상은 (비록 틀리기는 했지만) 전체에서 부분으로 나아갔으며, '심리학적 원자론'이 말하듯이 그 반대로 움직여가지 않았다.

역시 심리학적 원자론을 반박하는 '교훈'을 담고 있는 한 가지 일화를 더 이야기해보자. 나는 부엌의 탁자에 앉아 책을 보며 흑맥주를 마시고 있었다. 10살짜리 내 아들은 콜라를 마시며 탁자 맞은편에 앉아 있었다. 나는 책에서 눈을 떼지 않고 손을 뻗어 맥주를 집으려다 잘못해서 콜라잔을 집었다. 나는 맥주라고 생각하고 그것을 꿀꺽 삼키다가 곧바로 심리학자들이 말하는 인지 불일치의 충격을 받았다. 나는 그것이 맥주 맛이 아니라는 것은 알았지만 짧은 한순간 그것이 무슨 맛인지 전혀 알지 못했다. 분명한 콜라 맛이 의식에 느껴진 것은 내 실수를 깨닫고 난 다음이었다. 또 다시 부분이 전체에 의해, 곧 게슈탈트에 의해 창출되었으며, 그 '전체'는 순수한 지각적 사실이 아니라 나의 개인 심리와 문화의 역사로부터 도출된 기대와 예

인지 불일치

상으로 이루어졌던 것이다.

논리실증주의의 언어에 대한 공격

그런데 현대적 지혜에 따르면, 경험주의적 프로그램에는 또 다른 중대한 결함이 나타난다. 그것은 경험주의에서의 언어의 역할과 관련이 있다. 버클리는 생득 관념에 대한 로크식의 의심 때문에 생득 관념의 역할(특히 우리가 지닌 '동일성'과 '물성'의 개념을 생성하는 역할)을 교묘하게 언어에 이전시켰다. 그러나 그러한 조치가 통하려면 언어에 대한 일관된 경험주의적 이론, 곧 '백지 상태' 가설과 양립할 수 있는 이론이 가능하다는 것이 입증되어야 할 것이다. 이 과제는 우리 시대에 이르러 행동주의 심리학자(또는 자칭 '행동 공학자') 스키너B. F. Skiner(1904~1990)가 떠맡았다.《언어 행동》이라는 특색 있는 제목의 저서에서 그는 자발적 조건화라는 개념을 사용하여(여기에는 보상과 벌칙의 체계에 의해 장려 또는 제약되는 소리의 반복이 포함된다) 우리가 말하는 언어를 어떻게 배우는가를 보여주었다. 그의

생각은 어느 정도 자연스러운 개연성을 지닌다. 우리는 모두 부모가 어린아이에게 '색채 언어'나 신체 부위를 가르칠 때의 언어 교환을 목격한 바 있다. 그러나 스키너의 저서는 당시 상대적으로 무명이었던 젊은 언어학자 노엄 촘스키Noam Chomsky(1928~)에 의해 그 서평에서 호되게 얻어맞았다. 그는 오늘날에는 아마 가장 유명한 살아 있는 언어학자일 것이다. 촘스키는 언어 학습에 내포되어 있는 것이 '백지 상태'와 자발적 조건화뿐이라면 아무도 언어를 배우지 못할 것이라는 사실을 입증했다. 무엇보다도 촘스키는 스키너의 이론이 유능한 토착어 화자話者라면 누구나 할 수

스키너의 언어학

있는 언어적 창안을 설명해줄 수 없다고 지적했다. 그러한 화자는 다른 모든 유능한 화자들이 전에 한 번도 들어본 적이 없더라도 이해할 수 있는 완전히 새로운 문장을 만들어낼 수 있다. 실제로 나는 지금 그러한 문장을 말해보겠다. "작은 털난 매머드를 엘모 아저씨의 드라이 마티니에 넣을 색깔 있는 얼음조각으로 얼리는 것은 좋은 생각이 아니다(아저씨네 할머니는 크리미아전쟁에 참전했다)." 나는 어떤 사람도 전에 이런 문장을 말한 적이 없을 것이라고 확신한다.(당연히!) 하지만 촘스키에 따르면, 스키너는 우리 모두가 그 문장을 완벽하게 이해한다는 사실을 설명해줄 수가 없다.

나아가, 촘스키는 아이들이 저지르는 류의 문법적 착오를 상기시켰다. 작은 남자 아이가 울면서 엄마한테 가서 "쟈니가 나 때렸어hitted!" 하고 말한다. 이는 물론 부정확한 표현이지만 흥미로운 점이 있다. 그런 오류를 범하기 위해 그 어린아이가 '알아야' 하는 것은 영어의 과거 시제를 만드는 방법이 부정사에 'ed'를 더하는 것이라는 사실이다. 마침 그 특정한 동사가 불규칙 동사인 것은 그의 잘못이 아니다. 그는 어디서 'hitted'라고 말하는 법을 배웠는가? 촘스키에 따르면, 부모를 모방하거나 다른 아이들로부터 배운 것이 아니라 규칙을 생성해내는 타고난 능력으로부터 배운 것이다. 촘스키가 '심층 문법'의 능력이라고 부르는 이 능력은 인간 뇌수의 형성의 결과물이다. 그것은 우리가 배우는 음성 체계에 부여되는 것이지 거기서 도출되는 것이 아니다. 이 모든 이야기는 수상쩍게도 데카르트의 생득 관념의 기능 같이 들린다.

엘모 아저씨의 마티니

실제로 촘스키는 자기 자신과 그 고전적 이성주의자를 연관짓는데 대해 아무런 불평도 하지 않는다. 심지어 그는 그의 저서 중 하나에 《데카르트적 언어학》이라는 제목을 붙이고서 이런 말을 한다.

오늘날 활용 가능한 최상의 정보에 근거할 때 어린아이는 단단한 물체에 대한 지각이나 선과 각에 대한 관심을 통제할 수 있는 것 못지 않게 자신에게 주어지는 자료를 설명하기 위해 특수한 종류의 변형 문법을 구성할 수밖에 없다고 상정하는 것이 합당할 것 같다. 그러므로 언어 구조의 일반적 특징은 한 사람의 경험의 과정보다는 그 사람의 지식을 획득하는 능력 ─ 전통적 의미의 생득적 관념과 생득적 원리 ─ 의 일반적 특성을 반영하는 것이다.[4]

촘스키의 언어학
(스키너의 소극적 조건화 시도에 뒤이어)

칸트의 절충

이렇게 해서 우리는 서양의 전통적인 양대 인식론인 이성주의와 경험주의가 각각 문제점을 안고 있음을 보았다(간단히 말해서, 전자는 오캄의 면도날을 간과하고 후자는 그것을 지나치게 적용한다). 각각의 견해의 장점을 살리면서 단점을 제거하는 어떤 절충이 가능

할까? 그것의 최초의 본격적인 시도는 임마누엘 칸트Immanuel Kant(1724~1804)에게서 나왔다. 그의 《순수 이성 비판》은 데이비드 흄의 급진적 경험주의에 대한 직접적 응답으로 씌어졌다. 칸트는 정신이 단지 중립적 감각 자료의 수동적 용기容器에 불과한 것은 아니라는 근거로 경험주의자들의 '백지 상태' 가설을 거부했다. 그러나 칸트는 또한 아기가 관념을 가지고 태어난다는 주장은 지나친 억지라는 근거로 '생득 관념' 개념을 거부했다. 그는 이러한 생득 관념을 그가 '오성의 여러 범주'라고 부르는 생득적 구조로 대체했다. 그것은 감각 기관의 원자료에 일종의 질서를 부여하는 정신의 형식적, 능동적 특징이었다. 칸트는 정신의 생득적 구조로서 공간적/시간적 지각의 격자틀 — 공간과 시간 — 및 오성의 12가지 범주를 찾아냈다. 거기에는 다음과 같은 것들이 포함된다.

통일성
다원성
총체성
실체와 실체의 특성의 관계
원인과 결과의 관계
상호성의 관계

임마누엘 칸트

또 다시 이들 범주는 정신에 의해 감각 자료로부터 수동적으로 도출되는 것이 아니라 정신에 의해 능동적으로 세계에 주어지며 원자료에 부여되는 것이다. 그러나 원자료 자체는 지각되지 않는다. 우리는 이미 오성의 범주와 시공간의 격자틀에 의해 '가공된' 자료만을 지각할 뿐이다. 이것이 바로 "내용 없는 사유는 공허하고 개념 없는 직관은 맹목적이다"는 칸트의 유명한 진술의 의미다. 이는 경험주의자들에 대해서는 감각적 기여물이 없이 지식이 있을 수 없다는 것을 인정하고, 이성주의자들에 대해서는 감각 자료만으로 지식을 제공할 수 없다는 것을 인정하는 것이다. 그것은 또한 우리의 세계 이해에서 부분과 전체의 관계에 대해 게슈탈트 학파의 통찰과도 부합한다.

결론

그러면 이 모든 것은 우리를 어디로 데려다놓는가? 앞의 두 장에서 우리는 이성주의와 경험주의 양 진영의 강점도 보았지만 약점도 보았다. 만약 이성주의의 생득 관념이라는 개념을 받아들이면, 우리는 자료를 수용하는 인간의 정신이 어떻게 개별 자료를 충만하고 연속적인 사물과 사실들의 세계상으로 번역해내는가를 설명할 수 있다. 이성주의자들은 또한 그럼으로써 수학적 지식에 대해서도 만족스러운 설명을 준다. 그러나 이성주의자들은 오캄의 면도날을 잘 견뎌내지 못하며 (신이 내린?) 생득 관념의 개념은 아직 어딘가 신비스럽고 남용되기 쉽다.(예컨대, 누가 이렇게 말한다고 상상해보라. "남자가 여자보다 열등하다는 것은 잘 알려진 사실이다. 그 사실에 대한 경험적 증거는 없지만, 바로 그렇기 때문에 그러한 지식은 생득 관념으로부터 도출되는 것임을 알 수 있다.") 반면에 경험주의자들은 오캄의 면도날을 잘 견뎌내며 그들의 이론에서는 모든 것이 관찰 가능하기 때문에 신비스러운 실체가 거의 없다. 이성주의자들의 '생득 관념'의 부담을 언어가 지게 만든 그들의 교묘한 조치는 언어가 생득 관념보다 더 관찰 가능한 것이기 때문에, 그리고 그러한 조치가 데카르트류의 생득설에서는 가능하지 않은 방식으로 문화에 따른 인식의 다양성을 설명해주기 때문에 거의 통할 법하다. 그러나 이미 살펴보았듯이, 존립 가능한 경험주의 언어 이론은 명백히 전혀 나타난 바 없으며 심리학 분야의 최신 자료에 따르면, 경험주의의 중추를 이루는 '심리학적 원자론'은 심각한 곤란에 빠져 있음을 알 수 있다.

칸트의 견해는 명백히 이성주의와 경험주의의 절충이기는 하지만, 후자보다는 전자를 더 많이 편든다. 그렇기 때문에 그것은 여전히 낡은 데카르트적 문제점을 몇 가지 안고 있다. 데카르트의 생득 관념의 원리처럼, 칸트의 이론도 여전히 공간, 시간, 통일성, 다원성, 물성, 인과성과 같은 범주들이 어째서 문화에 따라 다르게 이해되는지를 설명해줄 수 없다. 칸트를 현대화하기 위해 우리는 그러한 범주들이 칸트가 인식했던 것보다 훨씬 더 인습, 특히 언어와 연관되어 있

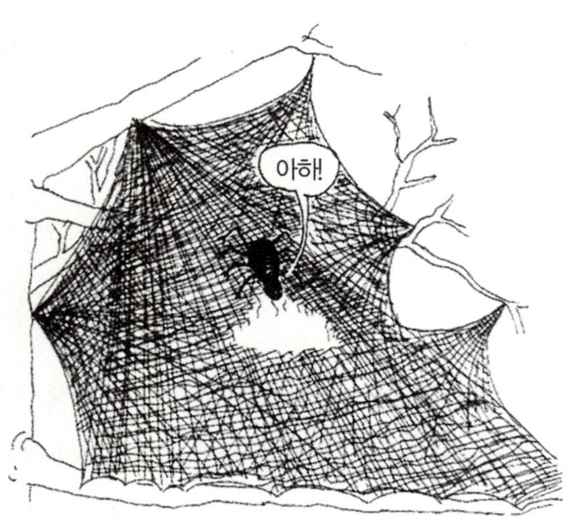

우리의 지식 체계는 건물보다는 거미줄에 가까운가?

다고 상정하는 버클리식 조치를 취할 수도 있다. 그러나 또 다른 한편 우리는 그러한 범주들이 부분적으로 '표층 문법'에 매이기 때문에 문화적으로 상대적일 수 있다는 촘스키의 명제를 내세움으로써 약간의 이성주의를 견지할 수도 있을 것이다. 그럴 때 거꾸로 그 같은 표층 문법은 '심층 문법'에 매이며, 그 심층 문법은 생득적인 신경학적 사실로부터 도출되는 것이다.

철학의 최근의 발전에 따르면, 우리는 다른 방식의 조정을 할 수도 있다. 우리는 이성주의자와 경험주의자 모두가 공유하는 지식의 기초에 대한 모색을 포기하는 문제를 고려해보아야 할 것이다. 데카르트와 그의 모든 인식론적 추종자들은 물론, 그의 비난자들까지도 '지식의 건물'이라는 비유에 집착하여 지식은 절대적으로 확실한 어떤 것에 기초할 때만 존재할 수 있다고 믿었다. 이성주의자들에게서 그러한 확실성은 생득 관념에서 도출되는 아프리오리한 진리에서 찾을 수 있었다. 경험주의자들에게서 그것은 감각 자료의 특권적 경험으로부터 도출되는 것이었다. 그러나 그 비유에는 무언가 잘못이 있다는 시각이 제기되고 있다. 아마 (현대 미국 철학자 콰인W. V. O. Quine 및 리차드 로티Richard Rorty가 시사하듯이) 지식은 건물 같기보다는 그물이나 거미줄에 더 흡사할 것이다. 어떤 부분이 약해지거나 낡아지면 우리는 여전히 우리를 떠받쳐주는 상대적으로 안정된 부분에 매달려서 그것을 수리하면 되는 것이다.

지식/건물 비유를 반대할 뿐만 아니라, 로티는 아는 것이 일종의 정신적으로 보는 것과 같다는 플라톤의 비유를 받아들인 것이 인식론의 주요한 오류가 아닌가 의심한다. 그 경우에 지식은 항상 믿음과 그 대상 사이의 관계 문제가 되는 것이다. 로티는 그의 영향력 있는 저서《철학과 자연의 거울》에서 지식은 정당화된 믿음이라는 플라톤의 견해를 받아들이지만 '정당화'는 믿음과 믿음의 대상 사이의 관계가 아니라 믿음과 논증 사이의 관계를 정립함으로써 이루어진다는 것을 보여주고자 한다. 그는 말한다. "만약……우리가 '이성적 확실성'을 알려진 대상과의 관계 문제가 아니라 논증의 승리 문제로 생각한다면……우리는 요지 부동의 기초보다는 빈틈없는 증명을 추구할 것이다."[5] 그러면 우리는 정당화에는 자연스러운 종결이 없다는 것을 깨달을 것이다. 오히려 변론이 영원히 이어질 수도 있다. 어쩌면 법정에서처럼 변론은 보통 다소 자의적으로 종결될 것이다. 확실히 지식에 대한 어떤 주장도 수정을 피할 수 없다. 나아가, 로티에 따르면 우리는 정당화가 사회적인 — 따라서 역사적인 — 현상임을 깨달아야 한다(모든 형태의 논증이 모든 역사적 시점에서 설득력을 지니지는 않을 것이다). 로티의 주장에 따르면, 전통적 인식론은 역사와 사회를 벗어난 합리성과 객관성의 기준을 정립하고자 함으로써 역사로부터 도피하려는 시도다. 로티는 '정상적 담론'(합의에 도달하는 일치된 기준에 의해 이루어

지는 ─ 과학적이든, 도덕적이든, 신학적이든, 정치적이든 상관없이 ─ 모든 형태의 담론)과 '비정상적
담론'(그러한 기준이 결여된 모든 형태의 담론)을 구별한다. 그리고 전통적 인식론은 "당대의 정상
적 담론을 영구화하려는 자기 기만적 노력"[6]이었다고 그는 주장한다. 그럼에도 불구하고 혁신
은 항상 '정상적' 담론과 '비정상적' 담론 사이의 투쟁의 결과였다. 이러한 상대주의적, 실용주
의적인 메시지는 나름대로 흥미롭지만, 로티가 시인하듯이 그의 견해는 우리를 그리스 소피스
트들의 입장으로 되돌아가게 만들기 때문에 약간 당혹스러운 점이 있다.

Alfred Jules Ayer, *Language, Truth and Logic*(Dover, n.d.) 논리실증주의의 주요 견해를 짧게 잘 요약하고 있다.

George Berkeley, *Three Dialogue Between Hylas and Philonous*(Bobbs-Merrill Library of the Liberal Art, 1954). (아래 The Empircists에서와 마찬가지로) 버클리의 이론은 유머섞인 플라톤의 대화 형태로 일반 독자에게 제시되었다. 'Hylas'는 존 로크이고, 'Philonous'는 버클리 자신이다.

The Empircists: Locke, Berkeley and Hume(Doubleday Anchor Books, 1974). 세 명의 주요한 경험주의자의 가장 중요한 인식론적 저작의 좋은 편집서.

John Lyons, *Noam Chomsky*(The Viking Press, 1970). 촘스키의 주요 주장에 관한 간략하면서도 포괄적인 개괄서.

Roger Scruton, *Kant*(Oxford University Press, 1982). 매우 어려운 철학자의 작업에 관한 훌륭한 개괄서.

주

1 John Locke, *An Essay Concerning Human Understanding*, A. C. Fraser, ed.(Clarendon Press, 1894), Bk. II, Chap. I, Sec. 다른 언급이 없으면 뒤이은 모든 인용은 로크의 이 책의 이 장에서 뽑은 것이다.

2 George Berkeley, *A Treatise Concerning the Principles of Human Knowledge*, G. J. Warnock, ed.(Word Publishing, 1963), Part I, Sec. 1.

3 David Hume, *A Treatise of Human Nature*, D. G. C. Macnabb, ed.(World Publishing, 1962), Bk. I, Part IV, Sec. 6.

4 Noam Chomsky, *Aspects of the Theory of Syntax*(MIT Press, 1965), p. 59.

5 Richard Rorty, *Philosophy and the Mirror of Nature*(Princeton University Press, 1980), pp. 156~157.

6 Rorty, *Philosophy*, p. 11.

생각해볼 문제

1. 플라톤이 '정의'나 '포유류' 같은 개념을 어떻게 분석할까에 대한 여러분의 생각을 짧은 논문으로 써보고(2장 참조), 여러분이 생각하는 것과 아리스토텔레스가 같은 주제를 다루는 방식을 비교해보라.

2. 어째서 로크는 정신에 관한 자신의 '백지 상태' 이론이 '생득 관념'(2장 참조)에 기초한 데카르트의 이론보다 우월하다고 생각하는가? 로크는 어떻게 자신의 증명을 확립하고자 하는가? 이 장에 나오는 로크

의 이론에 대한 설명에 따르면, 그의 논증은 어째서 불안정한가?

3. 로크는 말한다. "정신은……그 자신만이 관조할 수 있는 그 고유한 관념들 이외에 다른 어떤 직접적 대상을 지니지 않기 때문에 우리의 지식은 오직 그것들에 관해 아는 것일 뿐이라는 것이 분명하다." 이 견해를 문자 그대로 받아들이면, 어떻게 해서 로크 자신의 일반 이론이 '해체'되고 곧바로 "존재하는 것은 지각되는 것"이라는 버클리의 이론으로 귀결되는가를 보이라.

4. 경험주의의 주요한 원리를 서술하고 어떻게 흄이 로크나 버클리보다 일관성 있게 그 원리를 적용하며 어떻게 그의 급진적 경험주의가 회의주의로 귀결되는지 보이라.

5. 다음 세 가지 명제를 가지고 논리적 경험주의자들이 그것들을 어떻게 분석할 것인가를 보이라.

   1)어떤 유니콘(일각수)도 하나 이상의 뿔이 없다.

   2)무게가 있는 물체의 받침대를 제거하면 떨어진다.

   3)하느님은 사랑이다.

6. 데카르트의 '생득적 관념' 이론(2장)과 칸트의 '생득적 구조' 이론의 차이를 밝혀보라.

7. 버클리는 우리가 어려서 언어를 습득할 때 '동일성'(=정체성)과 '물성'(=실체)의 개념을 배운다는 것을 보여줌으로써 이성주의자들의 '생득 관념' 개념에 대해 오캄의 면도날을 적용할 수 있다고 생각했다. 이러한 경험주의적 견해에 대한 촘스키의 비판이 어떻게 우리를 다시 이성주의로 되돌려놓는지를 보이라.

존재론

존재론은 실재에 대한 이론, 또는 존재에 대한 이론이다. 존재론의 큰 물음은 이런 것들이다.

— 무엇이 실재하며 무엇이 단지 겉모양일 뿐인가?

— 실재와 겉모양을 구별해주고 존재하는 모든 것을 설명해주는 이론이 있을 수 있는가, 아니면 이런 구별은 항상 정황적, 방편적, 임시적인 것에 불과한가?

무엇이 실재하며 무엇이 단순한 겉모양일 뿐인가?

존재론적 논의의 역사적 골격은 다음과 같은 범주들과 관련되어 있다.

일원론 실재가 하나뿐이라는, 또는 한 종류의 사물만이 실재한다는 견해.

이원론 두 가지 형태의 실재 또는 두 종류의 실재적 사물이 존재한다는 견해.

다원론 실재는 많은 상이한 종류의 실재적 사물로 이루어져 있다는 견해.

허무주의 어떤 것도 실재하지 않는다는
견해(또는 때때로 도덕 이론
으로서 어떤 것도 존재할 값
어치가 없다는 견해).

우리는 1~3장에서 본의 아니게 일말의
존재론적 논의를 목격했는데, 그 까닭은 전
통적 인식론자들 대부분이 지식을 정의할
때 항상 어떤 실재하는 실체인 그 대상과
관련짓기 때문이다(예컨대, 플라톤의 형상과
버클리의 감각 자료). 우리가 살펴보았듯이,
플라톤과 데카르트, 로크는 모두 이원론자
의 범주에 넣어야 한다. 버클리의 관념론은
일원론의 한 형태다.

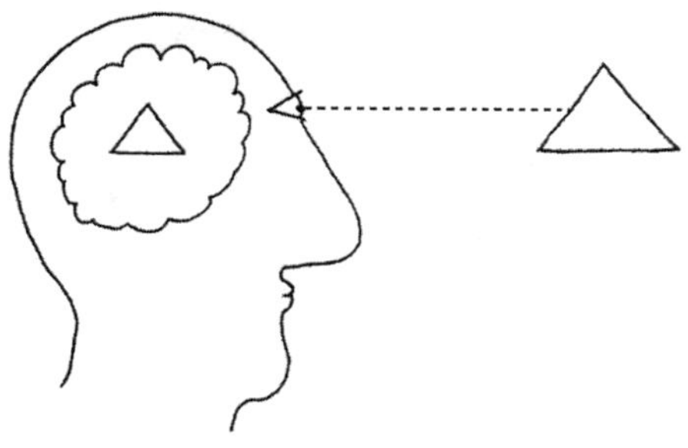

어떤 실재하는 사물인 대상과
관련하여 정의되는 지식

이원론

데카르트의 이론은 가장 급진적인 형태의 이원론이다. 비록 극단적인 형태이기는 하지만, 그 과장성 자체가 이원론 일반의 문제점을 해명해준다. 2장에서 이미 보았듯이, 데카르트는 두 가지 뚜렷한 존재 영역을 설정했다. 곧, 정신적 영역(정신, 또는 간혹 데카르트가 지칭하듯이 '정신 적 실체')과 물리적 영역(육체, 또는 '물질적 실체')이 그것이다. 데카르의《제1 철학에 관한 성찰》 의 부제는 이런 구절을 포함한다. '……정신과 육체의 구별을 증명하는……'(실상, 그의 초고에 서는 부제가 '……영혼의 불멸성을 증명하는……'이었으나 데카르트가 어디서도 영혼의 불멸성에 관해 언급조차 하지 않았다는 것을 어떤 비평가가 지적하자 데카르트는 부제의 문구를 정신과 육체의 절대적 구별을 가리키는 것으로 바꿨다. 데카르트가 생각하기에는, 그것이 영혼의 불멸성을 최소한 가능하게 해 주는 것이었다.) 데카르트에 따르면, 육체는 '연장된 사물*res extensa*'로서 그 특성은 연장, 크기,

형상, 위치, 분할 가능성, 운동, 휴지 등이다. 반대편에 정신(또는 영혼이나 자아)이 있는데, 그것은 '생각하는 사물*res cogitans*'이다. 데카르트는 묻는다. "생각하는 사물은 무엇인가? 의심하고, 이해하고, 구상하고, 긍정하고, 부정하고, 바라고, 거부하고, 또한 상상하며 느끼는 사물이다."[1] 이러한 두 가지 '사물'은 서로 완전히 다르며 서로 독립적으로 존재할 수 있다.

실체	정신	육체
본질	사유	연장
양식	긍정 부정 회의 의지 희망 … …	크기 모양 위치 부분 이동

데카르트의 유한자有限者의 존재론

데카르트는 말한다.

　정확히 결론짓자면, 나의 본질은 오로지 내가 생각하는 사물이라는(또는 그 전체적 본질 또는 본성이 생각하는 것인 실체라는) 사실에 있다. 그리고 비록 어쩌면(아니 금방 살펴볼 것처럼, 오히려 확실하게) 나는 육체와 긴밀하게 결합되어 있기는 하지만, 한편으로 나는 나 자신에 대해 오직 연장되지 않는 생각하는 사물에 불과하다는 명석 판명한 관념을 지니기 때문에, 그리고 다른 한편으로 나는 육체에 대해 그것이 연장된 생각 없는 사물에 불과하다는 판명한 관념을 지니기 때문에 이러한 나는(다시 말해서, 내가 지금의 나이게 하는 나의 영혼은) 전적으로, 그리고 절대적으로 나의 육체와 구별되며 육체 없이 존재할 수 있다는 것이 확실하다.(〈성찰 IV〉, pp. 213~214)

아주 좋다! 데카르트는 정신과 육체에 대한 자신의 정의대로라면 그것들이 서로가 없이 존재할 수 있다는 사실을 입증했다. 그러나 진정한 문제는 그것들이 어떻게 서로 함께 존재할 수 있는가 하는 것이다. 어느 곳에도 없는 연장되지 않는 정신적 실체가 어떻게 생기 없는 물질 같이 자신과 아주 다른 어떤 것에 영향을 미칠 수 있는가? 인간 존재가 어떻게 정신과 육체의 어떤 기묘한 결합일 수 있는가?(이는 영국 철학자 길버트 라일Gilbert Ryle이 말한 '기계 속의 유령' 문제다.) 이제 우리는 정신과 육체 사이에 상호작용이 있음을 안다(만약 내가 여러분의 발을 밟으면 여러분은 고통의 감각을 의식할 것이며[정신에 영향을 미치는 육체], 만약 여러분이 자동차 라이트를 켜둔 것이 생각나면 여러분은 주차장으로 달려가 그것을 끌 것이다[육체에 영향을 미치는 정신]). 문제는 데카르트의 설명에 의거할 때, 그것이 어떻게 가능한가 하는 것이다. 데카르트는 그 문제를 다음과 같이 설명했다.

나는 배에 탄 선원처럼 내 육체 속에 거주할 뿐만 아니라……그것과 아주 긴밀하게 결합되어, 말하자면 너무나 뒤섞여 있기 때문에 그것과 함께 하나의 전체를 이루는 것 같이 보인다. 만약 그렇지 않다면 내 육체가 상처를 입을 때 단지 생각하는 사물에 지나지 않는 나는, 마치 어떤 것이 배에 손상을 입힐 때 선원이 눈으로 그것

기계 속의 유령

을 지각하듯이 오직 오성에 의해서만 그 상처를 지각할 것이므로 고통을 느끼지 않아야 할 것이다.(〈성찰 VI〉, p. 216)

좋다! 배의 선장이 선교 위에서 두 개의 울퉁불퉁한 곶岬 사이로 배를 조종해서 빠져 나가려고 애쓰는 경우를 상상해보라. 통로는 좁지만 그는 자기가 할 수 있다고 생각한다. 그는 좌우를 계속 살핀다. 왼쪽을 살피고 있을 때 갑자기 오른쪽에서 섬찟한 '우지직' 소리가 난다. 우현을 보고서 그는 배가 바위에 긁혀 선체에 커다란 구멍이 난 것을 안다. "오, 저런!" 그는 생각한다. "이제 곤란하게 됐군." 만약 우리 육체에 대한 우리의 관계가 배에 대한 선장의 관계와 같다면 어떨까?

여러분이 부엌에 서서 렌지 위에 손을 없고 친구하고 이야기를 한다. 한참 지나서 여러분은 살이 타는 냄새를 맡는다. 여러분은 불타는 손을 렌지에서 떼내며 말한다. "오, 이런! 이제 곤란하게 됐군." 아니면 여러분이 길을 갈 때 날카롭게 '딱' 하는 소리가 들리면서 몸이 기울어지는 것을 느끼고 아래를 내려다보다가 여러분의 다리가 부러진 것을 목격했다면 어떨까?

데카르트가 옳다. 그것은 우리 정신과 육체 사이에 존재하는 관계가 아니다. 우리는 육체가 상처입는 것을 관찰하고 나서 우리가 아프다고 연역하지 않는다. 데카르트가 말하듯이, 우리 의식과 육체는 "너무나 뒤섞여" 있어서 "하나의 전체를……이루는" 것이다. 하지만 또 다시 그

살이 타는 냄새

의 설명에 의거할 때 그것이 어떻게 가능할까? 데
카르트는 이 문제에 관해 이야기해야 하기 때문에
그것을 특별히 다루고 있다.

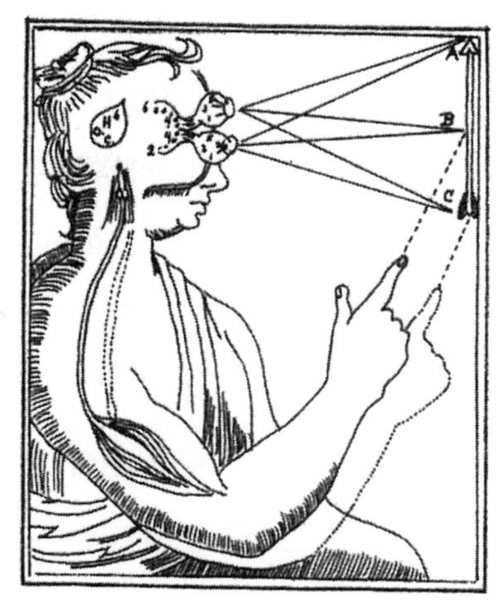

데카르트의 송과선 이론을
보여주는 17세기 목판화

나는 영혼이 즉각적으로 작용을 하는 신체 부
분이 결코 심장이나 뇌수 전체가 아니라 단지 뇌
수의 모든 부분 가운데 가장 내밀한, 아주 작은
어떤 선腺이라는 것을 분명히 확인했다. 그것은
뇌수의 내용물 한가운데 위치하고 전강前腔의 동
물적 정기가 후강後腔의 그것과 교통하는 도관導
管 위에 걸려 있어서 그 안에서 일어나는 아주 작
은 움직임도 그러한 정기의 흐름을 크게 변화시
킬 수 있으며, 반대로 정기의 흐름에 일어나는 아주 작은 변화도 그 선의 움직임에 큰 변화
를 미칠 수 있다.[2]

데카르트는 오늘날 송과선松科腺이라고 부르는 것을 육체와 영혼의 상호작용이 일어나는
장소로 꼽았다. 아마 그의 논리는 이런 식이었던 것 같
다. 그것은 다른 어떤 일도 하지 않는 것 같이 보이
니까 아마 그 일을 하리라는 것이다. 그러한 논리
에 따르면, 그는 편도선이나 맹장에 대해
서도 쉽게 우호적인 판단을 내릴 수
있었을 것이다.(게다가 송과선의 기
능에 관해서 약간의 논란이 계속
되기는 하지만, 그것은 명백히 생
식선의 크기 조절과 관련이 있다.
만약 그렇다면 데카르트는 그가 바라
지 않겠지만 훨씬 더 프로이트에 가깝게

프로이트 박사와 데카르트 씨

된다.) 그러나 송과선을 정신과 육체가 만나
는 장소로 선정할 때의 진정한 문제점
은, 그럼으로써 그가 정신에 위치를
부여한 것이다. 여러분도 기억하
겠지만, '위치'는 육체의 특성이
지 정신의 특성이 아니다. 만약
데카르트가 정신을 어떤 장소에
위치시킨다면, 그럼으로써 그는
그것을 육체로 변화시키는 것이
며, 그리하여 유물론자가 되는 것
이다. 물론, 이러한 결론은 데카르트
가 증명하고자 한 것과 정반대일 것이
다. 그의 존재론 전반은 바로 여기서 결말이

날 것으로 보인다. 이 지점에서 데카르트는 편리하게도 평범한 감기로 사망하고 그 역설을 가
려내는 작업을 후대에 떠넘겼다.

유물론적 일원론

유물론

데카르트가 정신과 육체의 관계를 워낙 신비스럽게 만들었기 때문에, 후대의 철학자들이 그
의 이원론을 떠나서 일원론에 쏠린 것도 놀라운 일은 아니다. 우리는 버클리가 이원론에 오캄
의 면도날을 적용하여 그 물질적 측면 전체를 제거하고자 한 것을 살펴보았다. 그러나 관념론
은 서양에서 그다지 인기가 없었다. 버클리와 헤겔은 각각 추종자들이 있었지만, 심지어 그러
한 제자들조차도 자기 스승들의 저작을 고쳐서 그들의 관념론적 결론을 피하고자 했다. 서양
에서 훨씬 더 인기 있는 형태의 일원론은 유물론이다. 이는 20세기에 특히 진실이었는데, 그 까
닭은 철학자와 비철학자를 망라한 많은 사람이 현대 과학의 권위가 유물론을 편든다고 느끼기

때문이다. 우리는 이 이론의 몇 가지 변형, 곧 행동주의, 정신–뇌수 동일성 이론, 배제적 유물론 및 기능주의에 대해 살펴볼 것이다.

행동주의

이 이론은 주로 심리학자들이 보급한 것이기는 하지만, 거기에는 철학적 의의와 철학적 제자들도 있다. 이것은 미국의 심리학자 존 왓슨John Watson(1878~1958)의 창조물이며, 그것의 가장 명료한 현대적 대변자는 우리가 이미 살펴보았던 B. F. 스키너였다. 이 이론이 약간 이해하기 어려운 한 가지 이유는 몇 가지 변형이 존재하는 데에다 그 옹호자들이 간혹 (아마 궁지에 몰리지 않으려고) 한 가지 변형에서 다른 것으로 슬쩍 빠져 나가기 때문이다. 우리는 이러한 변형을 알맞게 몇 가지로 줄여서 각각 완강한 행동주의, 유연한 행동주의, 논리적 행동주의로 지칭할 것이다.

완강한 행동주의는 정신이나 정신적 사건, 정신 상태, 정신적 과정 같은 것은 일절 존재하지 않는다는 견해다. 오직 운동하는 육체가 존재할 뿐이다(그러한 운동이 곧 '행동'이다). 이 급진적인 이론은 명백한 수많은 비판에 노출되어 있다. 상식적인 관점에서 "메리가 아프다"는 문장이 항상 틀리다거나 의미없다고 하기에, 또는 '아프다'라는 단어가 일련의 다양한 행동(얼굴을 찡그림, 신음 소리를 냄, '아픈' 팔을 잡음)을 지칭한다고 받아들이기 어렵다. 이 견해에 대한 하나의 반론은 우리가 아픈 척할 수 있거나, 때때로 고통과 연관된 행동을 억제할 수 있다는 것이다. 또 다른 반론은 어떤 정신적 활동이 특별하게 그것과 연관된 외관상의 행동(예컨대, 근심)을 갖고 있지 않다는 것이다. 유연한 행동주의는 완강한 행동주의가 직면한 몇 가지 문제를 회피하고 있다. 그것은 정신과 정

신적 사건, 상태, 과정 등은 존재할 수도 있지만, 방법론적으로 과학자들은 정신적인 것을 전혀 언급하지 않고도 인간과 그밖의 것들의 행동 일반에 대해 적절한 설명과 예측을 할 수 있다는 견해다.

이러한 후자의 견해는 진정으로 철학적인(곧, 존재론적인) 것은 아니며 전자보다 훨씬 덜 논쟁적이다. 하지만 그것대로 고유한 난점이 없지 않다. 문제는 행동주의자들이 '완강한' 이론을 주장하는 것 같다가도 궁지에 몰리면 때때로 '유연한' 이론으로 슬쩍 빠져 나간다는 것이다. 그러다가 다시 혼자 남으면 그들은 '완강한' 입장으로 되돌아간다.

행동주의자들이 주장하는 것은 이런 것이다. 사람들의 이른바 정신 생활에 관한 진술까지 포함하여 인간의 행동에 관한 모든 진술은 관찰 가능한 '행동'에 관한 진술로 번역할 수 있으며, 그렇지 않은 경우에는 거짓이거나 아니면 무의미하다는 것을 입증할 수 있다는 것이다. 그러므로 "메리는 비가 올 것이라고 생각한다"고 내가 말한다면, 나는 그 말이 사실상 다음과 같은 한 묶음의 다른 주장들을 압축한 것임을 보여줄 수 있어야 한다.

"메리는 "나는 비가 올 것이라고 생각해"라는 문장을 말한다."
"메리는 비옷을 입고 우산을 들었다."
"메리는 샌들이 아니라 장화를 신는다."
"메리는 야외 식당의 예약을 취소했다."

그리고 만약 "빌이 샘한테 화가 났다"고 내가 말한다면, 나는 다음과 같은 주장들의 일부 또는 전부가 참이라는 것을 보여줄 수 있어야 한다.

"빌은 '나는 샘한테 화났어'라는 문장을 말한다."
"빌은 언성이 높아진다 ― 그는 샘의 이

름이 나올 때마다 거친 말을 한다.”

“빌의 얼굴이 붉어진다. 그의 주먹마디는 하얗다.”

행동주의는 어느 정도 개연성을 지닌다. 어떤 의미에서 우리는 모두 다른 사람들에 대하여 행동주의자들이다. 여러분이 가장 친한 친구를 비롯하여 누군가에 대해 아는 모든 것은 그들의 행동을 관찰함으로써 아는 것이다(그들이 하는 말을 듣는 것도 물론 여기 포함된다). 우리 중에 누구도 다른 사람들의 생각을 포착하는 안테나는 가지고 있지 않다. 다른 사람들의 정신에 접근하는 유일한 길은 그 사람의 행동에 대한 관찰을 통해서인데, 내가 생각하기에 그것은 어떤 의미에서 사람들의 육체에 대한 관찰이다. 나아가, 우리는 이원론이 지니는 어떤 문제점으로 인해 행동주의에 이끌렸기 때문에 행동주의는 철학적 타당성을 지닌다. 부지중에 행동주의의 출로를 열어준 것은 결국 데카르트였다. 첫 번째는 정신/육체의 상호작용이 어떻게 가능한지 보여주는 데 실패함으로써, 두 번째는 “타인의 정신의 문제”를 만족스럽게 다루지 못함으로써 그렇게 한 것이다.(나 자신 이외의 사람이 정신을 지니는지 내가 어떻게 알겠는가?) 유명한 ‘밀랍의 예’를 논한 직후에 데카르트는 그 문제를 언급하면서 이렇게 썼다.

내가 창문으로 내다보면서 거리를 지나가는 사람들을 본다고 말할 때, 나는 실제로 사람들을 보는 것이 아니라 내가 보는 것이 사람들이라고 추리하는 것이다. ……그러나 창문으로 보면 자동 기계일 수도 있는 것에 씌워진 모자와 외투 말고 무엇이 보이겠는가? 하지만 나는 그것들이 사람이라고 판단한다. 이와 비슷하게, 오직 내 정신 속에 존재하는 판단 능력에 의해 나는 내가 눈으로 보았다고 믿는 것을 이해하는 것이다.(〈성찰 II〉, p. 177)

모자와 외투와 자동 기계

대부분의 비평가는 이 설명을 매우 불만족스럽게 여긴다. 데카르트는 그 자신이 정신을 지닌다는 것(또는 그가 말하듯이 그 자신이 곧, 정신이라는 것)을 증명했을지는 몰라도 다른 누군가가 그렇다는 것은 분명히 증명하지 않았다. 관찰 가능한 자료는 "다른 모든 사람"이 실제로는 정교한 로봇에 불과하다는 견해와도 양립할 수 있다(아마 살진 로봇이겠지만, 그래도 로봇임에는 틀림이 없다). 나아가, 데카르트가 존재한다고 증명한 정신 — 곧, 그 자신의 정신 — 은 위치를 지니지 않는다. 그것은 어디에도 없다. 정신이 어디에도 없다면 전혀 존재하지 않는 것과 다를 게 뭐냐고 행동주의자들은 묻는다.

이원론의 이 모든 문제점은 행동주의자들의 주장을 뒷받침해준다. 그럼에도 불구하고 행동주의자들에게는 문제가 있으며, 문제 중의 일부는 상당히 데카르트적인 성격을 지닌다. 예를 들어, 나는 여러분이 얼굴을 찡그리며 배를 움켜쥐고 약장으로 가서 '소다수'를 만드는 것을 보기 때문에 여러분에게 위가 있다는 것을 알 수 있다. 그러나 그것은 분명 내게 위가 있다는 것을 발견하는 방법은 아니다. 나는 바로 내가 그런다고 데카르트가 말하는 방법으로 — 나는 즉각적으로 복통을 의식한다 — 내게 위가 있다는 것을 알아낸다. 유연한 행동주의자라면, 과학자는 자기 자신을 연구하는 것이 아니라 다른 사람들을 연구하는 것이라고 응수할 수 있다(완강한 행동주의자는 그러지 않는다). 그렇다 하더라도 자기 자신을 제외한 모든 사람에게 참인 이론이란 이상한 것이다.(만약 뉴턴이 지구 표면의 물체가 $9.8m^2$/초의 가속도로 낙하한다고 주장하면서……자신의 육체는 그 법칙에서 예외라고 했다면 어떠했겠는가!)

행동주의에 대한 두 번째 반론도 또한 데카르트적 성격을 지닌다. 데카르트의 주장에 따르면, 정신 활동을 가리키는 어휘에 핵심적인 역할을 허용하지 않고서는 인간 존재에 대해 설명할 수 없다. 이를테면 긍정하다, 부정하다, 생각하다, 알다, 희망하다, 기대하다, 바라다 등등의 어휘가 그렇다. 그런데 이는 바로 사실상 존재하지 않는 정신적 사건을 지칭한다는 이유로 스키너가 배제하고 싶어하는 용어의 명단이다. 하지만 그의 출판물 자체도 이러한 동사들이 만연해 있다. 아마도 그는 자기가 그런 '전前과학적' 언어

를 쓰는 것은 단순한 대중에게 자기 주
장을 전달해야 하고, 그러자면 그들
이 쓰는 통속 언어를 쓰는 것이 필요
하기 때문에 정당하다고 생각하는
(생각한다!?) 것 같다(버클리의 표현
을 빌리자면, 통속적으로 말하고 세련
되게 생각한다는 것이리라). 그리고 이
따금 스키너는 그 기피되는 어휘의
사용을 자제하고 문제의 용어를 인
용 부호 안에 넣음으로써 효력을 상
쇄시킨다.(예컨대, "과학은……[그 어떤
것에 대한] 우리의 '이해'를 확대시켰다.")[3]
스키너가 이렇게 할 때마다 그가 함축하
는 의미는, 만약 하고자 한다면 자기가 그

뉴턴 경이 자신만 빼고 모든 것에
적용되는 중력의 법칙을 발견하다

러한 거슬리는 용어를 진정한 과학적 범주(곧, 조건화에 의해 귀결되는 행동에 관한 서술)로 번
역할 수 있다는 것이다.

　그러나 그렇게 하는 것이 정말 가능할까? 그리고 만약 우리가 그렇게 할 수 있으면 정말 과
학적 명료성이 커질까? 내게 행동주의자 동료가 있는데, 그는 사랑에 관한 어떤 심포지움에서
부인을 사랑하느냐는 질문을 받고 이렇게 대답했다. "나는 그녀의 행동적 구성에 대해 긍정적
으로 반응하며 그녀도 그렇다."(!!!) 언젠가 화재 현장에서 공포에 질린 사람들을 묘사할 때 그
친구는 이렇게 말했다. "그들은 창에서 뛰어내려 도주 행동에 돌입했다." "그들은 도망쳤다"고
말하지 않고서 말이다. 사람들이 이렇게 말하는 방식을 익힐 수도 있다고 생각하지만, 무엇하
러 그러고 싶겠는가?

　'논리적 행동주의'라고 부르는 견해는 중요한 철학적 이론이지만, 어떤 의미에서 그것을 다
루는 것은 어쩌면 이 지점의 논의와 무관할지도 모른다. 왜냐하면 논리적 행동주의자들이 반
드시 유물론자는 아니기 때문이다. 일부는 그렇지만, 일부는 아니다. 우리는 영국의 일상 언어
철학자 길버트 라일Gilbert Ryle(1900~1976)이 제시한 논리적 행동주의 이론을 검토해볼 것인

데, 그는 사실상 스스로를 유물론자가 아니라 다원론자라고 생각했다. 실제로 라일은 '논리적 행동주의'라는 용어로 자기 견해를 지칭한 적도 없었다. 그러나 라일의 이론은 논리적 행동주의 이론 가운데 가장 널리 논의된 것이었기 때문에 우리는 약간 걸맞지 않더라도 그것을 여기에 포함시킬 것이다.

라일의 1949년판의 영향력 있는 저서 《정신의 개념》은 데카르트적 이원론에 대한 공격의 연장선상에 있다(하지만 그것은 또한 곧 살펴보겠지만, 스키너의 완강한 행동주의에 대한 비판이기도 하다). 이 책의 첫 장에서 라일은 이렇게 쓰고 있다.

주로 데카르트에게서 유래하는 공식 학설은 이런 것이다. 미심쩍지만 백치와 갓난아이를 제외하고 모든 인간 존재는 육체와 정신을 구비하고 있다. 어떤 사람은 모든 인간 존재가 육체인 동시에 정신이라는 표현을 더 좋아할 것이다. 그의 육체와 정신은 일상적으로 함께 묶여 있지만 육체의 죽음 이후에도 정신은 계속 존재하면서 기능할 수 있다.

인간의 육체는 공간 속에 있으며 공간 속의 다른 모든 물체를 지배하는 역학적 법칙에 종

속된다. 육체적 과정과 상태는 외
부 관찰자에 의해 검토될 수 있다.
그러므로 인간의 육체적 생활은
동물과 파충류의 삶, 심지어는 나
무, 수정, 행성의 생애나 마찬가지
로 공적인 사건이다.

그러나 정신은 공간 속에 있지
않고 그 활동이 역학적 법칙에 종
속되지도 않는다. 한 정신의 작용은
다른 관찰자가 목격할 수 없다. 그 생활

어떤 사람들은 도주 행동에 몰입하고
다른 사람들은 달아난다

은 사적이다. 오직 나만이 나의 정신의 상태와 과정을 직접 인지할 수 있다. 따라서 사람은
두 가지 병행되는 역사적 과정을 살아간다. 하나는 그의 육체 속에서 그리고 그것에 대해 일
어나는 일로 이루어지며, 다른 하나는 그의 정신 속에서 그리고 그것에 대해 일어나는 일로
이루어진다. 전자는 공적이고, 후자는 사적이다. 전자의 역사에 속하는 사건은 물리적 세계
의 사건이고, 후자에 속하는 사건은 정신적 세계의 사건이다.

……한 사람의 두 가지 생애의 이분화를 나타내는 이러한 다소 비유적인 표현의 근저에
는 외견상 보다 심오하고 철학적인 가정이 놓여 있다. 그 가정은 두 가지 상이한 종류의 존
재 또는 상태가 있다는 것이다. 존재하거나 발생하는 것은 물리적 존재의 지위를 지니지 않
으면 정신적 존재의 지위를 지닐 것이다. 이를테면, 동전의 표면이 위 아니면 아래이듯이, 또
는 생물체가 수컷 아니면 암컷이듯이 어떤 존재는 물리적 존재이고 다른 것은 정신적 존재
라고 그렇게 상정되고 있다.

……공식적 이론의 개요는 이와 같다. 나는 종종 그것에 대해 의도적으로 빈번하게 "기계
속의 유령의 도그마"라고 이야기한다. 나는 그것이 전적으로 부분에서가 아니라 원리상으로
거짓되다는 것을 증명하고자 한다. 그것은 단지 특수한 오류들의 조합에 불과한 것이 아니
다. 그것은 하나의 커다란 오류이며 특수한 종류의 오류다. 그것은 곧, 범주 오류다. 그것은
사실상 다른 데 속하는 정신적 생활의 사실들을 어떤 하나의 논리적 유형이나 범주(또는 한
범위의 유형들이나 범주들)에 속하는 것처럼 나타낸다.[4]

범주 오류란, 라일에 따르면, 하나의 논리적 또는 문법적 범주에 속하는 술어나 어구를 그
릇되이 다른 범주에 속하는 것으로 놓고 그러한 잘못된 범주화로부터 부당한 결론을 끌어내
는 오류다.

실상 루이스 캐롤Lewis Carroll의 책《이상한 나라의 앨리스》와《거울 너머로》는 전체적으로
범주 오류의 거대한 저장고다. 앨리스와 '하얀 왕'의 토론을 보라. 왕은 자기가 기다리는 두 명
의 사자使者에 관해 앨리스한테 이렇게 말한다.

"길을 살펴보고 그들 중 누가 보이는지 말해주렴."

"길에는 아무도 안 보이는데요." 앨리스가 말했다.

"내게도 그런 눈이 있었으면." 안달하는 투로 왕이 말했다. "아무도 안 볼 수 있다니! 그것
도 그렇게 먼 거리에서! 글쎄, 이런 밝기에 내가 할 수 있는 건 진짜 사람들을 보는 것이 고
작이라니까."**5**

(존 테니엘 경의 그림을 본땀)

이 재담의 근원은 명백하다. "어떤 사람이 보
인다"와 "아무도 안 보인다"는 문장은 비슷하
게 보인다. 문법적으로 그것은 각각 주어와 동
사를 지닌다. 그러나 그렇기 때문에 '어떤 사람
somebody'과 '아무도 안nobody'이 똑같이 존재
하는 실체의 명칭이라고 믿는 것이 바로 '범주
오류'다.

물론, 라일은 자신이 생각하는 범주 오류의
몇 가지 사례를 제시하고 있다. 첫 번째 사례는
한 대학을 방문하여 도서관, 강의실, 대학 구내,
학생들, 교수들, 운동장, 행정 사무실 등을 소개
받는 외국인에 관한 것이다. 안내인에게 감사하
면서 그는 이렇게 말한다. "그런데 대학은 어디
있지요?" 그는 대학이 그 모든 것 이외의 다른

어떤 것이 아니라는 사실을 알지 못한다. 그러나 대학은 바로 그 모든 항목의 총합일 뿐이다.

라일의 두 번째 사례는 크리켓 경기장을 처음 방문한 다른 외국인에 관한 것이다. 운동장의 모든 특색을 구경하고 선수들의 모든 역할에 관해 들은 뒤에 그는 말한다. "그런데 경기장에는 유명한 단체 정신이라는 요소에 기여하는 사람이 없군요. 투구와 타구와 문지기는 누가 하는지 알겠는데, '단체 정신esprit de corps'을 발휘하는 역할을 하는 사람이 누군지 모르겠어요."

이 두 번째 사례는 특히 시사적이다. 나와 다름없다면 여러분도 크리켓 경기에 대해 문외한 일 테니까, 사례에 나오는 운동 경기를 크리켓 대신 야구로 바꾸어보자. 여러분이 야구에 대해 관심은 있지만 문외한인 다른 문화권 출신의 방문객과 함께 야구 경기를 관람한다고 상상해보라. 여러분이 배트와 미트, 투수 마운드, 외야석, 투수, 내야수, 외야수, 누상의 주자, 심판에 대해 알려주고 안타, 홈런, 포볼 등등에 대해 설명해주는 것을 듣고 난 뒤에 그는 묻는다. "단체 정신은 어디 있죠?" 명백히 여러분은 이렇게 답변하지는 않을 것이다. "아, 미안해요. 깜박했군요. 그건 저기 2루와 3루 사이에 있답니다." 그것은 결코 여러분이 가리켜 보일 수 있는 사물이 아니다. 여러분은 그 질문에 대해 무엇이라고 답하겠는가? 여러분이 르네 데카르트라면 이렇게 말할 것이다.

만약 여러분이 B. F. 스키너라면 이렇게 말할 것이다.

이러한 답변들 중 어떤 것도 외국인에게는 그다지 만족스럽지 못할 것이다. 라일에 따르면, 그것들은 모두 범주 오류에 기초한 것이다. 그것들은 또한 각각의 경우에 동일한 범주 오류다.

곧, '단체 정신' 같은 용어가 영혼적인 사건을 가리키는 명칭이라고 생각하고, 그리하여 (1)그것은 오직 1인칭으로 경험될 수 있을 뿐이거나(데카르트의 견해) (2)전혀 존재하지 않는다(스키너의 견해)는 부당한 결론을 연역해내는 오류인 것이다. 사실 야구 선수들이 '단체 정신'을 지닌다는 말은 일정한 경기 방식을 지칭하는 것이다.(그들은 활기차게 시합을 벌이며 '큰 소리'를 친다["헤이, 베이비"라는 말을 많이 한다]. 서로 엉덩이를 두드려주며 경기 중간 중간에 서로 공을 던지고 받는다. 이닝을 교대할 때 경기장을 빠르게 달리며 들락거린다.)

그런데 '단체 정신'에 관해 라일이 말하려는 것(그것은 여러분과 내가 '철학적'이지 않은 순간들에 말하는 그것이라고 그는 생각한다[그래서 그는 '일상 언어 철학자'라고 불린다])은 '지적이다', '어리석다', '희망차다', '의도적이다' 따위의 다른 심리주의적 술어에 관해 그가 말하는 것이나 대략 비슷하다. 그는 이러한 술어들이 존재할 수도 있고 안할 수도 있는 영혼적인 사건들의 명칭이 아니라 오히려 사람들이 일을 행하는 방식을 가리키는 것이라고 말하려는 것이다.

이러한 견해를 명료화하기 위해 다음과 같은 시나리오를 상상해보라. 나는 여러분의 철학 교수다. 나는 여러분에게 데카르트에 관해 강의하는 중이다. 갑자기 교실 문이 활짝 열리면서 한 청년이 엄청 긴장된 표정으로 걸어 들어온다. 내가 저지하기도 전에 그는 자기 주머니에 손을 넣어 잉크병을 꺼내더니 뚜껑을 열고 내 머리에 잉크를 붓는다. 그는 얼굴에 심술궂은 웃음을 띠고 여러분에게 돌아서서 이렇게 말한다. "파머 교수가 지난 학기에 나를 낙제시켰어." 그러고 나서 그는 걸어 나간다. 나는 이렇게 외친다. "저 친구는 고의적으로 그런거야!" 당연히, 나는 고소를 한다! 여러분은 재판에서 나의 증인이 된다.

캘리포니아주에서는 어떤 사람의 범죄 행위를 유죄로 판정하려면 우선적으로 그가 범의犯意를 지녔다는 사실을 입증해야 한다. 그 청년의 변호사가 데카르트라고 가정하자. 그는 배심원들에게 이렇게 말을 할 것이다. "내 의뢰인은 의도적으로 파머 교수

단체 정신이 떠나갈 때

고의적 행위

에게 상해를 가한 혐의를 받고 있습니다. 그러나 사실상 어느 누구도 그 자신 이외의 어떤 사람의 의도를 알 수 없습니다. 왜냐하면 의도는 순수하게 개인적인 현상이니까요. 따라서 내 의뢰인의 자백이 없는 한, 그가 그런 의도를 지녔다는 어떤 증거도 있을 수 없습니다. 그러므로 그는 마땅히 '무죄' 판정을 받아야 합니다."

또는 그 청년의 변호사가 스키너라고 가정하자. 그는 이렇게 말할 것이다. "내 의뢰인은 의도적으로 파머 교수에게 상해를 가한 혐의를 받고 있습니다. 그러나 사실상 의도란 게 무엇입니까? 그것을 관찰할 수 있습니까? 저울에 달 수 있습니까? 돌려볼 수 있습니까? 측량할 수 있습니까? 아닙니다! 의도라는 것은 존재하지 않습니다. 따라서 내 의뢰인은 '의도적으로' 어떤 일을 했을 수가 없습니다. 그러므로 그는 마땅히 무죄로 판정되어야 하는 것입니다."

어느 쪽의 변호든 법정에서 단 한 순간도 설득력을 지니지 못할 것이다. 그 행위가 의도적으로 행해졌음을 입증하자면 검사측은 여러분을 증인으로 부르면 족할 것이며, 여러분은 그의 행위가 이루어진 방식을 증언할 것이다. 라일에 따르면, 어떤 사람이 의도적으로 어떤 일을 했다고 말할 때 우리가 의미하는 모든 것은 그가 어떤 특정한 방식으로 그것을 했다는 것이다. 무슨 방식이라고? 어떤 사람이 의도적으로 어떤 일을 했다는 말은 무슨 기능

을 하는가? 그것은 그 행위를 우발적으로 행해진 어떤 것과 구별해주는 기능을 한다. 편지를 가지러 (의도적으로) 층계를 달려 내려가는 것과 여러분의 아들이 놓아둔 스케이트 보드를 (우발적으로) 밟고 층계에서 굴러 떨어지는 것은 커다란 차이가 있다. 의도를 제거하려는 스키너의 시도는 그와 같은 중요한 구별을 없애는 결과를 가져온다. 그것이 진정 과학적 진보인가? 그렇게 생각하기는 어렵다.

이 모든 것의 결론은 라일이 데카르트와 스키너의 중간쯤 어딘가에 놓인다는 것이다. 그는 인간의 행동을 서술하는 데 심리주의적 용어를 사

편지를 가지러 층계를 내려가는 것

용하는 것은 합당할 뿐만 아니라, 절대로 필요하다고 보는 점에서 데카르트와 일치한다. 그러나 정신적 용어가 인간 행위의 특징을 서술하는 데 적합하다고 보는 데에서 데카르트와 일치함에도 불구하고, 라일은 데카르트의 이원론보다는 오히려 스키너의 행동주의에 더 가깝다. 왜냐하면 라일은 정신적 용어의 의미가 반드시 관찰 가능한 행동과 연계되어야 한다고 생각했기 때문이다. 그 젊은 이는 파머 교수에게 의도적으로 잉크를 퍼부었다고 말하는 것은 어떤 것을 행하는 방식을 서술하는 것이다. 이 차이 때문에 라일은 '논리적 행동주의자'로 불리는 것이다. '의도적인'과 같은 용어의 논리는 마땅히 그 용어를 어떤 관찰 가능한 행동과 연계 짓는 것이어야만 한다.

내 생각에는, 라일이 '기계 속의 유령'의 신화

영혼적인 사건

를 추방하기 위해 먼 길을 가는 수고를 했다고 말하는 것이 공정할 것 같다. 하지만 문제는 남는다. 라일은 정신적 용어가 일반적으로 특정한 방식의 행동의 성향을 가리킨다고 생각한다.

라일에 따르면, 우리는 돌로 때리면 깨질 것 같은 유리잔이나 혹은 액체를 부으면 녹아버릴 것 같은 설탕에 대해 말할 수 있는 것과 똑같은 방식으로 인간의 성격에 대해서도 말할 수 있다. "존은 용감하다"— 그는 자기 주장을 굽히지 않는 성향이 있다. "존은 나눗셈을 안다"— 그는 특정한 문제를 풀 수 있는 성향이 있다. "존은 생각이 깊다"— 그는 효과적으로 자제하며 성급하게 행동하지 않는 성향이 있다. 여기까지는 좋다. 그러나 전반적으로 용감하면서도 눈에 띄지 않게 비겁한 짓을 하는 것도 분명 가능하다. 또한 무언가 하려는 성향이 없이 나눗셈에 대해 깊이 생각하는 것도 분명 가능하다. 라일의 노력에도 불구하고, 기계 속의 유령은 완전히 추방되지 않았다. 그것은 여전히 철학 속에서 우리를 따라 다닌다.

모든 사유가
행동으로 이어질 수는 없다

정신-뇌수 동일성 이론

유물론의 한 변종인 이 이론은 (완강한 행동주의처럼) 정신적 사건의 존재를 부정하거나, (논리적 행동주의처럼) 정신적 용어가 실제로는 일을 행하는 방식을 가리키는 것이라고 주장하지 않는다. 오히려 그 명칭이 시사하듯이, 그것은 정신적 용어(술어)가 실재하는 실체를 지칭한다고 주장한다. 하지만 그것이 지칭하는 것은 사실상 신경학적 사건들이라는 것이다. 모든 형태의 행동주의에 비해 이 이론은 본질적으로 개인적인 것으로서 경험되는 정신적 상태가 존재한다는 데카르트적, 공감각적 주장(나의 생각, 나의 두통은 나만이 경험할 수 있다)을 부정할 필요가 없다는 장점이 있다. 그러면서도 그것은 이원론의 모든 함정을 피해가며 과학의 권위를 배경으로 삼는 듯이 보인다. 1959년에 쓴 영향력 있는 한 논문에서 오스트레일리아 철학자 스마트는 이렇게 말했다.

내가 보기에, 과학은 갈수록 유기체를 정신화학적 메커니즘으로 볼 수 있는 관점을 제공하는 것 같다. 심지어는 인간 자신의 행동도 언젠가는 기계론적 견지에서 설명할 수 있을 것 같다. 과학에 관한 한, 세상에는 물리적 성분들의 갈수록 복잡한 배열만 존재하는 것 같다. 단한 곳, 의식만 제외하고 모든 곳에 말이다. ……그러므로 감각 작용, 의식의 상태는 물리적 세계상의 바깥에 놓인 사물의 일종 같이 보이며 여러 이유로 나는 그것이 그럴 수 있다는 것이 믿기지 않는다. 감각 작용의 발생을 제외한 모든 것이 물리학의 견지에서 설명되어야 한다는 것(물론, 부분들이 조합되는 방식에 대한 설명과 더불어, 대체로 생물학과 물리학의 관계는 무선 공학과 전자기학의 관계와 같다)은 내게는 솔직히 믿기 어려운 일로 보인다.[6]

스마트의 명제는, 간단히 말하자면 "감각 작용은 뇌수의 과정 이상의 것이 아니다"라는 것이다. 그는 자신의 명제가 오늘날에는 진리로 입증될 수 없지만 언젠가는 그렇게 될 것이라고 기대하며 그것에 대한 아프리오리한(곧, 개념적인) 반론은 존재하지 않는다는 것을 확증함으로써 그러한 발전의 길을 닦아 나가고자 한다. 다시 말해서, 그는 그 사상에 (비판자들이 주장하듯이) 일관성이 없는 요소는 없다는 것을 확증하고자 하는 것이다. 스마트는 장차 정신적 상태와 과정이 뇌수의 상태와 과정에 불과하다는 발견이 다음과 같은 과거의 발견들과 흡사한 지위를 차지할 것이라고 생각한다. 곧,

— 번개는 구름과 구름 사이 또는 구름과 지표면 사이에 일어나는 방전 현상이다.
— 물은 H_2O다.
— 새벽별은 저녁별이다.

스마트는 위의 각각의 문장 왼쪽에 있는 주어가 오른쪽의 술어와 동일한 것을 의미한다고 주장하지 않는다는 사실에 주의해야 한다. 사람들은 '번개'와 '물'의 물리적 성분이 발견되기 오래 전부터 그 단어를 사용해왔다. 그러므로 스마트의 등식은 단지 언어적인 것이 아니라 과학적인 것이다. 그것은 말에 의해서가 아니라 사실에 의해서만 증명할 수 있다.

그런데 수많은 철학자(제롬 샤퍼, 노먼 맬컴, 리차드 테일러 등)가 동일성 이론의 과학성에 대해 반론을 제기하면서 그것이 참이라는 것을 입증하기 위해서는 정확히 어떤 사실이 발견되어야

하는가를 물었다.[7] 새벽별과 저녁별 사이에(그리고 스마트에 따르면, 정신적 사건과 뇌수의 사건 사이에) 견지되는 유형의 엄격한 동일성이 어떤 성격을 지니는가에 유념하라. 공간적 및 시간적 특징의 견지에서 볼 때, 등식의 한쪽에 대해 참인 모든 것은 다른 쪽에 대해서도 참이어야 한다. 만약 새벽별이 저녁별이라면, 그리고 새벽별이 T_1이라는 시간에 태양으로부터 X마일 거리에 있다면 저녁별도 T_1이라는 시간에 태양으로부터 X마일 거리에 있어야 한다. 만약 저녁별이 Y의 질량을 지닌다면 새벽별도 Y의 질량을 지녀야 한다. 이러한 특성들에 조금이라도 차이가 있다면 새벽별은 저녁별이 아니다. 사유와 뇌수의 사건들의 경우는 어떠한가? 그것들은 동일한 공간적 및 시간적 특징을 지니는가? 그러나 여기에는 문제가 있다. 사유에 공간적 특징을 부여하는 것이 조금이라도 합당한 일인가? 샤퍼는 말한다.

그러나 사유에 관한 한, 사유가 육체의 어떤 장소에 위치한다고 말하는 것은 전혀 합당하지 않다. 내가 갑자기 어떤 생각이 떠올랐다고 말할 때 내 육체의 어디에서 그 생각이 떠올랐는가를 묻는 것은 전혀 무의미하다. 그것은 마치 그 생각이 입방체인지 또는 지름이 1미크론인지를 궁금해 하는 것이나 마찬가지로 불합리한 일이다.[8]

　샤퍼의 논점은 사유가 위치를 지닌다는 것을 입증하기가 불가능하다거나 그것이 위치를 지닌다는 견해가 허위로 판명된다는 것이 아니라, 그 견해가 불합리하다는 것이다. 여러분은 신경의 물리적 성질에 대해서는 무슨 말이든 할 수 있다 — 그 크기, 모양, 색깔, 무게에 대해 말할 수 있다. 그러나 여러분이 점심 도시락을 집에 두고 왔다는 깨달음이 삼각형인지 튜브 모양인지, 노란색인지 회색인지, 가벼운지 무거운지 묻는 것에 무슨 의미가 있겠는가? 샤퍼에 따르면, 만약 뇌수의 상태에 관해 말할 때 완전히 의미가 통하는 어떤 것이 정신적 상태에 관해 말할 때 무의미한 것이 된다면 정신적 상태는 뇌수의 상태가 아니며, 따라서 동일성 이론은 거짓이다(같은 식으로, 만약 새벽 별에 관해 말할 때 완전히 의미가 통하는 어떤 것이 저녁 별에 관해 말할 때 무의미한 것이 된다면 새벽 별은 저녁 별일 수가 없다). 다시 말해서, 샤퍼는 스마트가 범주 오류를 범하고 있다고 비난하는 것이다.

　샤퍼의 견해를 평가하기는 어렵다. 사유와 감정, 희망, 기대, 신념, 의도 등에 관해 3차원적인 물리적 대상의 어휘로 말하는 것은 확실히 이상한 일이기 때문에 그의 논증은 일정한 무게를 지닌다. 하지만 아마 샤퍼는 그의 논증이 '논점의 절취'(곧, 참이라고 증명해야 할 어떤 것을 참이라고 전제하는 것)라는 비판을 면하기 어려울 것 같다. 언젠가는 언어적 인습이 발전해서

정신적 현상을 물리적 모델과 결부시킬 수 있게 된다는 것이 정말 불가능한 일일까? 아마 더위나 추위의 경험을 수치와 결부시키는 것도 한때는 불합리해 보였겠지만, 온도계의 발명 이후에는 그렇게 하는 게 아주 정상적으로 여겨진다. 미래의 과학적 발견이나 발명이 다음과 같은 문장, 곧 "내 도시락을 집에 놓고 온 것을 방금 알았다" 대신에 "M12-0332 지점의 나의 C-섬유가 방금 강도 N으로 흥분했다"라는 문장의 정상화로 귀결되지 않으리라고 누가 장담할 수 있을까? 그러나 그렇더라도 샤퍼는 C-섬유의 흥분이 어떻게 사유와 감각 작용의 경우처럼 거짓이거나 오류일 수 있는가라고 물을 것이다.

그것이 어쨌든 간에 동일성 이론에 대해 이해하고 평가하기 더 쉬운 또 다른 반론이 제기된다. 이 비판은 동일성 이론이 무의미하다는 것을 보여주기보다는 그것이 비경험적, 비과학적이라는 것을 입증하고자 한다. 신경 생리학이 발전하여 어느 날엔가는 어떤 의식 활동(사유, 감각 작용, 감정 등)이 일어날 때마다 그에 상응하는 특정한 신경 작용이 정확히 인지됨을 보여줄 수 있는 일종의 뇌 스캐너가 개발된다고 가정해보자. 예컨대, 메리가 도시락을 집에 두고 왔다는 깨달음을 표현할 때마다 스캐너는 그녀의 C-섬유 M12-0332 지점이 강도 N으로 흥분하는 것을 보여주며 그 역도 사실이다. 그렇다면 이는 정신적 상태가 곧, 뇌수의 상태임을 증명하는 것인가? 그것이 증명하는 최대치는 정신적 상태가 뇌수의 상태와 상관관계를 갖는다는 것, 다시 말해서 전자가 발생할 때마다 후자가 동시에 발생한다는 것이다. 그러나 상관관계는 — 심지어 엄밀한 상관관계라 할지라도 — 동일성이 아니다. 가장 발전된 기술 장비를 갖춘다 하더라도 사유가 항상 뇌수의 사건들과 상관관계를 갖기 때문에 양자가 동일하다는 것을 입증할 수는 없을 것이다. 그것은 과학 철학자들이 말하는 것 같은 '반증'이 불가능하다. 곧, 그 진리성

저녁 별에 관한 무의미한 대화

이나 허위성을 입증하는 데 도움이 되는 어떤 증거도 존재하지 않는다. 이 사실은 확실히 동일성 이론이 과학적이라는 주장과 어긋난다.

배제적 유물론

어떤 유물론자들은 동일성 이론에 대한 이와 같은 반론들이 설득력 있다고 보고 그 이론을 배제적 유물론, 배제론으로 수정했다. 이 수정론에 따르면, "정신적 사건은 뇌수의 사건이다"라는 동일성은 더 이상 "새벽 별은 저녁 별이다"와 같은 것이 아니라 다음과 같은 문장에 가까운 것으로 보아야 한다.

"제우스의 번개는 정전기의 방전이다."
"귀신 들리는 현상은 환각을 수반하는 정신병의 일종이다."
"일각수의 뿔은 일각 고래의 뿔이다."[9]

다시 말해서, 정확한 공식은 더 이상 "X=Y"가 아니다. 오히려 그것은 "사람들이 X라고 부르는 것은 오늘날 Y라고 알려져 있다"이다. 리차드 로티가 시사하는 바에 따르면, 미래의 과학적 발견은 '정신적 현상'에 관한 우리의 현행 일상 어법을 뛰어넘어 우리가 우리가 언젠가는 "나는 아프다" 대신에 "나의 C-섬유가 자극받는다"라고 말하게 만들지도 모른다. 로티의 주장은 실상 "나는 아프다"라는 문장이 거짓이라는 것이 아니라 언제가는 그것을 표현하는 더 나은 방법이 있는 것으로 증명될 수도 있다는 것이다(그가 의미하는 '더 낫다'는 것은 설명과 예측 가능성 면에서 더 낫다는 것이다). 실상, 로티는 "제우스의 번개가 저녁 하늘을 밝힌다"거나 "도라는 귀신 들렸다"는 식의 문장에 대해서조차 거짓이라고 말하기를 꺼리는 것 같다(왜냐하면 명백히 그는 술어의 의미와 진리치가 '의미'라고 하는 불변적이고 몰역사적인 어떤 것에서 나오는 것이 아니라 이론적 또는 준이론적 체계의 일부가 됨으로써 생겨난다고 생각하기 때문이다). 그것은 단지 이제 우리가 그러한 '언어 게임'을 '더 나은' 것을 위해 배

제하는 것일 뿐이다.

그럼에도 불구하고 로티는 (귀신이 존재하지 않는 것으로 판명되었듯이) 고통의 감각 같은 것은 없는 것으로 판명될 수 있다는 주장이 터무니없어 보인다는 것을 시인한다. 그러나 그는 그러한 터무니없음만으로 자기 이론이 논박되는 것은 아니라고 생각한다. 당연한 일이지만 상당수의 철학자는 그 터무니없음이 배제적 유물론을 충분히 논박한다고 생각한다. 그러나 비록 배제적 유물론이 유물론적으로 기울어진 정신 철학자들 사이에서 더 이상 가장 대중적인 이론이 아니지만, 배제론은 현재도 여전히 캘리포니아대학에 있는 페트리샤Patricia와 폴

벤은 무언가 중요한 사실을 배울 참이다

처취랜드Paul Churchland 같은 유명한 철학자들이 옹호하고 있다. 처취랜드에 따르면, 정신주의적 대화는 단지 '민속 심리학fork psychology' — 감정, 동기, 의식적 현상에 대해 공통적이고 전前과학적으로 말하는 방식 — 의 부분에 지나지 않는다. 그에게서 민속 심리학은 이제 그런 사실을 더 잘 알게 되더라도 여전히 "해는 서쪽에 져"라고 말할 때 사용하는 의사疑似 이론적 체계, 곧 민속 물리학과 거의 같은 지위가 부여된다. 처취랜드에 따르면, 민속 심리학의 몇몇 구성 요소는 궁극적으로 신경 생물학의 구성 요소로 환원될 수 있는 것처럼 보일 것이고, 나머지는 ("비가 오고 있다it is raining"라는 문장 속의 비인칭 주어 it처럼) 아무것도 지칭하지 않는 것으로 보일 것이며, 따라서 소모 가능한 것으로 판명될 것이다. 이 후자의 범주에서 정신적 이미지, 신념, 감정, 욕망과 같은 것을 발견할 수 있다.

당신의 존재가 배제적 유물론으로 변환될 가능성은 우리가 이미지, 신념, 감정, 욕망에 대해 사고하고 말하는 정상적인 방식이 이 과학의 시대에 보다 세련된 이론으로 교체될 필요가 있는 원시적인 이론(민속 심리학)의 수용을 구성하고 있다는 처취랜드의 주장을 받아들이냐 여부에 전적으로 의존하고 있다. 실제로 정신적 현상에 대해 우리가 정상적으로 말하는 방식은 하나의 이론을 구성할까? "도라는 귀신 들렸다"는 문장은 이론적 문장이다. 그것은 귀신에 대한 이

론에 근거해 있다. 모든 문화가 그 이론을 공유하는 것은 아니며 역사의 어떤 단계에서 그 이론을 견지했다가 후기 단계에는 그것을 폐기한 경우도 있다. 그러나 "나는 아프다"는 전혀 이론적 진술이 아니다. 어떤 사람이 아프다는 것은 고통에 관한 어떤 이론을 믿든지 믿지 아니 하든지 간에 알 수 있는 일이다. 의심할 나위 없이 모든 문화의 구성원은 고통의 경험과 아울러, 그 경험을 표현하는 언어적 방법을 지녀왔다. 그것은 어떤 이론과도 무관하며, 따라서 후대의 이론이 그것을 뛰어넘을 수도 없다. 리차드 번스타인 같은 철학자들은 이 사실만으로도 "배제적 유물론이 배제하고자 하는 것(곧, 정신적 현상에 대한 언급)이 배제될 수 없다는 사실이 충분히 드러난다고 생각한다."[10]

기능주의와 그것의 불만

그 문제들이 행동주의와 정신-뇌수 동일성 이론과 배제론을 괴롭히더라도, 대부분의 정신 철학자는 몇몇 유물론의 형태(혹은 때때로 물리주의physicalism라고도 불린다)가 진리여야 한다는 데 동의하는 것 같다. 최근에 가장 호소력 있는 이론은 기능주의다. 대단히 많은 철학자가 기능주의를 주창하나 데이비드 암스트롱David Amstrong, 데이비드 루이스David Lewis, 윌리엄 라이컨William Lycan과 나란히 제리 포더Jerry Foder와 힐러리 푸트남Hilary Putnam이 선구자다. 그 것은 철학, 컴퓨터 과학, 신경학의 종합인 인지 과학에 의해 표현된 관심에서부터 출현하였다. 따라서 기능주의는 세 연구 분야의 통찰력을 이용한 정신 이론을 발전시키려 하고 있다.

기능주의에 따르면, 정신은 하나의 사물(데카르트적인 실체 혹은 뇌수 같은)로서가 아니라 하나의 체계로 간주되어야 한다. 하나의 체계는 하나의 기능을 가진 관련된 구성 요소들의 총체다. 이 기능은 그 체계가 완수하는 직무라고 할 수 있다. 다르게 말하자면, 그것은 환경과 상호작용하는 구성 요소들이 결집 방식이다. 기능을 정의하자면, 그것은 직무를 서술하는 것과 같은 것이다. 신경이나 용접을 생각해보라. 어떤 지위에 자격을 주기 위해서는 어떤 지식과 기술을 가지고 있어야만 하고 어떤 행위를 완수할 수 있어야만 한다. 칼이나 엔진 같은 가공물에는 진정 그런 것들이 필요하다. 그러나 두 개의 다른 칼이나 두 개의 다른 엔진은 매우 다른 물질로 구성될 수 있다. 그것들의 기능을 완수 — 각각 깎거나 동력을 만들어내는 — 할 수 있는 한 그것들은 칼이나 엔진으로 남아 있다.

그러면 정신은 무슨 기능을 완수하는가? 기능주의 모델에 따르면, 정신은 일차적으로 계산

행위 속의 기능주의

을 수행한다, 계산 과정은 형식적 규칙에 따라 상징들을 조작하는 것이라고 성격지울 수 있다. 그래서 기능주의자들은 정신을 컴퓨터라고 정의하는 것 같다. 실제로 그들 대다수는 컴퓨터가 생각한다고 말하는 데 주저하지 않는다. 그러나 기능주의에 따르면, 정신을 가진 것은 단지 인간과 컴퓨터만은 아니다. 해파리 같은 하급 생물이나 화성인과 같은 외계인도 계산을 할 수 있다면 정신을 가지고 있는 것이다. 기능주의자들은 그들이 '인간 배외주의human chauvinism' — 정신이란 오로지 인간만이 아프리오리하게 지닐 수 있는 속성이라고 잘못 정의하는 것 — 를 피하려고 한다.(그런데 이 잘못은 정신-뇌수 동일성 이론의 하나의 오류다. 만약 우리가 개별적 사고, 의도, 감정을 인간 두뇌의 개별적 과정이나 상태에 등치시킨다면, 정확히 우리와 같은 두뇌를 갖고 있지 않은 존재는 정의상으로 정신을 가질 수 없다는 견해에 인위적으로 빠지기 쉽다.) 기능주의자들은 정신적 현상을 '실현 가능한 곱셈'이라고 말하기 좋아한다. 똑같은 기능이나 '직무 서술'은 서로 매우 다른 물리적 체계에서 실현되어야 한다. 사실상 만약 깡통들의 줄, 또는 깡통들의 줄과 해파리가 계산을 할 수 있다면 기능주의자들은 그 '체계'가 정신을 가지고 있다고 주장할 수 있을 것이다. 그리고 만약 계산에 참여하는 천사나 신이 존재한다고 경험적으로 설정되었다면, 기능주의자들은 그것도 역시 정신을 가지고 있다고 쉽게 동의할 수도 있을 것이다.

이 마지막 예는 기능주의가 반드시 유물론의 한 형태가 아니라는 사실을 보여주고 있다. 하지만 계산하는 천사나 신이 존재한다는 경험적 증거가 압도적으로 많은 한, 그것은 유물론에 남아 있을 것이다. 따라서 그런 의미에서 기능주의를 유물론의 한 형태라고 부를 수 있을까? 자, 예를 들어 인간에게서 사고와 감정은 뇌수에서의 사건에 의해 야기된다. 뇌수에서의 사건은 물질적 사건이나, 사고와 의도는 물질적 사건이 아니다. 컴퓨터가 계산과 연관된 것과 똑같은 방식으로 뇌수는 그것의 산물(정신적 사건)과 연관되어 있다. 수학 문제에 대한 해답 — 곧, 9의 제곱근 — 은 인간이 푼 것이든, 아니면 컴퓨터가 푼 것이든 간에 그 자체가 물질적 상태나 사건이 아니다. 정신적 사건은 뇌수의 어떤 부분들에서 실현되나, 그 자체가 뇌수의 부분들과 동일한 것일 수는 없다. 만약 정신이나 정신적 능력에 대해 말한다면, 그것을 실현한 뇌수로부터 추상화하고 있는 중이며 더 높은 수준 — 뇌수가 실현한 행위 — 에 대해 말하고 있는 중이다. 이러한 정신적 사건들은 인과성의 망 속에 들어간다. 결정이나 의도는 세상에 무엇인가를 만들어내며, 그래서 결정이나 의도는 인과성의 힘을 지니고 있다. 우리는 프로그래머의 언어와 컴퓨터를 만들어내는 엔지니어의 언어 중에서 하나를 고를 필요가 없다. 그것들은 둘 다 옳다. 그것들은 실재의 다른 수준에 대해 이야기하는 것이다. 이와 마찬가지로, 신경학자의 언어와 상식적인 언어 중에서 고를 필요가 없다. 일상 언어는 옳다. 거기에는 정신적 사건(오늘 밤에 나는 영화 보러 가려고 한다)이 있으며, 그것은 실재적이다(나의 의도는 어떤 행위를 산출할 것이다). 유물론도 역시 옳다. 모든 물질적 사건은 (우리가 아는 한) 물질적 체계 속에서 실현된다. 정신 철학자 존 헬은 다음과 같이 말하고 있다.

기능주의는 철두철미하게 반反환원론이며, 세계를 명백하고 환원 불가능한 속성들의 수준을 내포하고 있는 것으로 공고하게 개념화하려 한다. 비록 높은 수준이 낮은 수준에 비해서 '자율적'일 것이라고 생각하더라도 — 높은 수준은 낮은 수준으로 환원할 수도 없고, 낮은 수준과 동일시될 수도 없고, 낮은 수준으로 붕괴될 수도 없다 — 높은 수준은 전형적으로 낮은 수준이 '수반하는'(낮은 수준에 '의존하며' 낮은 수준에 의해 '결정되는') 것이라고 말해진다.[11]

자, 그렇다면 기능주의는 정신-육체 문제에 대한 명확한 해답인가? 직업 철학자들 사이에서는 기능주의가 압도적인 유행이지만, 확실히 그것은 몇 가지 비판을 받고 있다. 캘리포니아 대학의 존 시얼 교수는 컴퓨터에 기반을 둔 정신 모델의 적합성에 대해 문제를 제기하였다. 첫째, 상징들이 어떻게 의미를 획득하는가를 아무리 해도 설명할 수 없는(곧, 의미론의 결여) 정신 개념을 성공적으로 만들어낼 수 없으며, 단지 해석되지 않는 상징들의 조작을 내포하고 있는 체계는 결코 그런 이론을 만들어낼 수 없다. 곧, 그것은 오로지 구문론 — 의미 없는 부호를 조작하기 위한 일련의 형식적 규칙 — 만 만들어낼 수 있다. 시얼에 따르면, "컴퓨터는 구문론이 아니라 의미론을 가지고 있다."[12] 반복하자면, 순전히 형식적인 일련의 규칙(구문론)은 의미(의미론)를 만들어낼 수 없다. 만약 내가 "하우 아 유hou är yoo?"라는 소리를 들을 때마다 앵무새에게 "파인 쌩큐fin thangks"라는 소리를 내도록 가르쳤다면 그것에게 정신을 부여하지 않았을 것이다. 게다가 시얼에 따르면, 기능주의자들은 컴퓨터 프로그램이 규칙을 따른다는 생각을

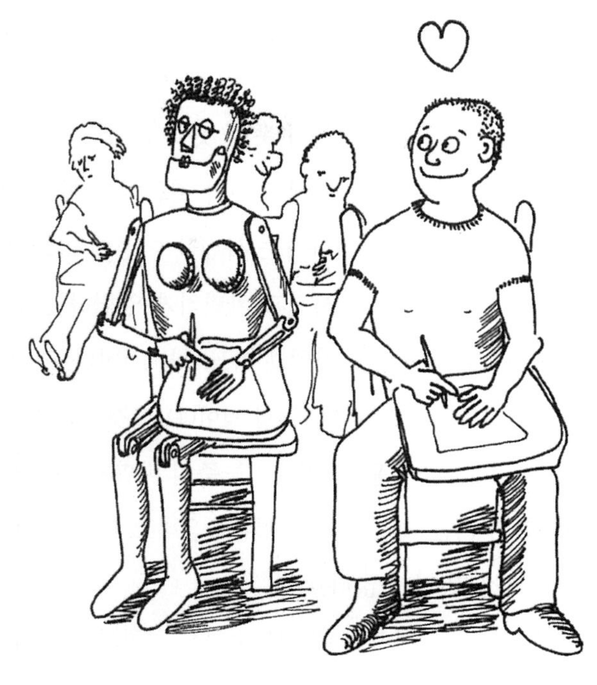

엄청나게 강조하고 있다. 규칙을 따른다는 것도 또한 의미론을 필요로 한다. 그는 "규칙을 따르기 위해서는 규칙의 의미가 행동에서 다소간 인과적 역할을 수행해야만 한다. ……인간이 규칙을 따른다면……, 컴퓨터는 전혀 규칙을 따르지 않는다. — 그것은 어떤 형식적 절차에 따라서만 작동한다"(p. 47)고 말하고 있다. 그는 이 점을 규칙을 따르는 은유적 감각이라고 부르고 있으며, 기능주의가 문자와 용어의 은유적 감각 사이의 혼동을 이용하고 있다고 주장한다.

　기능주의에 대한 또 다른 비판은 정신적 경험의 의미론적 구성 요소가 아니라 그것의 질적 특성, 곧 기능주의가 대부분 전적으로 무시하는 영역과 관련되어 있다. 《성찰》에서 데카르트가 그의 주위를 둘러싸고 있는 인간이 사실상 단지 인간의 행동과 언어를 복제한 잘 기능하는 '자동 기계'가 아니라고 확신할 수 있을까 하고 물음을 던졌던 것을 상기할 필요가 있다.(p. 165 참조) 비록 이 기계가 상징을 조작하고 계산을 할 수 있더라도 그것은 사고나 감정을 가지고 있지 않다. 그것은 웃음과 찡그림을 흉내낼 수 있고, 그의 우산을 잊어버렸다고 말하는 것에 상응하는 소리를 낼 수 있으나 기쁨, 고통, 공포, 희열을 느낄 수 없으며 단맛을 느낄 줄 모르며 그의 '피부'를 살살 더듬어주는 느낌을 알 수 없다. 그것은 좋은 부르그뉴 와인과 싸구려

하우스 와인을 (아마 분자 분석으로) 구별할 수 있으나, 그 맛의 차이를 알 수는 없다. 이 기계에 없는 감각 작용은 문학에서 콸리아(라틴어로 '질'을 의미함)로 알려지게 되었다. 데카르트의 자동 기계는 콸리아를 경험하지 못할 것이다. 그것의 의도와 목적이 어쨌든 간에 기계적인 느낌의 무감각한 것이다. 자, 이제 우리가 질문해야 할 문제는 당신의 기능주의 철학 교수가 기계처럼 무감각한 것은 아닐까라는 사실을 어떻게 아느냐 하는 것이다. 기능주의는 정신이 콸리아를 경험하지 않는다는 사실과 완벽하게 양립하는 것처럼 보인다. 그래서 그 다음 질문은 콸리아를 경험한다는 것을 어떻게 아느냐는 것이다. 그리고 만약 콸리아를 경험한다고 생각하고 있다면(그리고 아마 그렇게 생각할 것이다) 그것이 실제적이라는 것을 어떻게 알 수 있느냐? 내가 제기한 마지막 질문은 몇몇 기능주의 비판자들이 믿고 있는 것처럼 불합리한 것인가? 만약 그렇다면 우리는 데카르트의 세계에 올바로 뛰어든 것 같고, 그 당시 이래로 그다지 많은 진보가 이루어진 것 같지 않다.

이런 점들을 고려하기 때문에 수많은 철학자가 다시 정신적 상태의 경험이라는 문제에 대해 관심을 기울이게 되었다. 최근에 씌어진 글에서는 다음과 같이 말하고 있다. "의식은 돌아왔다. 과거 50여 년이나 금기시된 쟁점이었음에도 불구하고, 의식은 최근에 심리학과 정신 철학 모두에서 '뜨거운' 쟁점의 지위를 누리고 있다."[13] 의식 문제의 현대판은 토마스 네이겔이 1974년에 발표한 〈무엇이 박쥐가 되는 싶어하는가〉라는 영향력 있는 논문에서 처음 극적으로 제기되었다. 네이겔은 "폐쇄된 공간에서 흥분된 박쥐와 함께 지내본 사람이라면 근본적으로 이질적인 삶의 형태에 직면하게 된다는 것을 알고 있다"[14]고 지적하고 있다. 이는, 왜냐하면 박쥐가

주변 대상으로부터 자신의 빠르고 정교하게 조율되는 고주파 소리의 반사를 감지하는 소나나 음파 탐지기에 의해 일차적으로 외부 세계를 파악하기 때문이다. 박쥐의 뇌는 보낸 자극과 뒤이은 반향을 상관지어주며, 이렇게 얻은 정보로 말미암아 거리, 모양, 동작, 구조를 우리 눈으로 본 것에 손색이 없을 만큼 정확하게 구별할 수 있다.

이제 과학자로서 우리가 언젠가는 박쥐의 뇌와 신경계가 작동하는 것에 대한 모든 것을 알게 되겠지만, 박쥐가 되고 싶은 생각은 여전히 없을 것이다. 네이겔은 만약 당신이 박쥐라면 (벌레를 먹고, 공중에 거꾸로 매달리는 등) 좋았을까라는 질문을 하지 않을 것이라는 사실을 상기

시켜주고 있다. 오히려 그는 박쥐가 박쥐가 되려고 하는 이유가 무엇일까를 질문하고 있다. 네이겔과 그의 추종자들은 이러한 실패한 사고 실험으로부터 인간의 뇌와 신경계에 대한 소모적인 연구가 인간의 정신적 경험이 무엇인가가 아니라, 무엇이 그 경험을 야기하는가를 설명할 수 있게 하였다고 결론을 내리고 있다. 무엇이 인간이 되고(인간적 경험을 가지고) 싶어하는가 하는 질문에 대한 유일한 답은 인간이 되는 것이다. 다행스럽게도 우리는 인간이다. 그래서 우리는 그것이 무엇을 좋아하는지를 아나, 정신적 경험을 과학적이고 철학적으로 설명하려는 생각은 여전히 없다.

이제 의식 문제에 관한 이러한 새로운 관심에 대한 세 가지 반응을 살펴보자. 이들 반응은 현대 철학자들 사이에서는 잘 알려져 있지만 소수 의견임을 명심하라. 대부분의 정신 철학자는 기능주의의 여러 형태에 집착해 있는 것처럼 보인다.

존 시얼은 정신-육체 문제를 쉽게 풀 수 있다고 믿고 있다. 의식 상태는 완벽하게 실제적이며, 본성상 물질적이다. 곧, 그것은 두뇌의 생물학적 상태다. 그는 이렇게 말하고 있다.

정신 현상, 곧 의식적이든 무의식적이든, 시각적이든 청각적이든, 고통, 간지럼, 가려움이
든 모든 정신 현상, 실제로 우리의 정신 생활의 모든 것은 뇌에서 진행되고 있는 과정에 의
해 야기된다.(p. 18)

정신 현상은 뇌의 과정에 의해 바로 야기되지 않는다. 그것은 "바로 뇌의(그리고 아마 중심 신
경계의) 특징"(p. 19)이다. 물리학에서 마이크로 속성들(분자, 원자, 아원자 같은)이 매크로 속성
(유동성, 강도 같은)을 만들어내거나 구성하는 것과 똑같은 방식으로 인간 뇌의 마이크로 속성
(뉴런)은 의식의 매크로 속성(사고, 감정 등)을 만들어낸다. 개별적인 분자가 물렁물렁하거나 딱
딱한 것과 똑같은 방식으로 개별 뉴런은 주관적이거나 의도적이지 않다.(곧, 뉴런은 다른 사물에
관한 것이 아니다. 그것은 다른 사물에 준거하지 않는다.) 하지만 어떤 역동적인 결합에서 수소 분자
와 산소 분자는 액체성을 드러내고, 탁자를 구성하고 있는 분자들에 의해 차지된 격자 구조는
고체성을 드러낸다. 이와 유사하게 마이크로 수준에서의 뉴런의 자극은 매크로 수준에서 의식
을 만들어낸다. 그런 신경학적 활동은 그 자체로 우리로 하여금 물이나 탁자를 원하도록 만드
는 욕망으로서 드러난다. 곧, 몇몇 생물학적 상태는 의도적이다. 시얼에 따르면, 이것은 단지
과학적 사실일 뿐이다. 게다가 정신적 사건이 물질적 사건이 원인이 될 수 있는 이유는 정신적
사건이 물리적 사건이기 때문이다.(정신적 상태가 그에게는 완전하게 물리적 상태와 구별되는 것처
럼 보이기 때문에 데카르트가 정신이 실체와 독립적이라고 주장했던 것을 상기하라. 그러나 이 둘 사이
의 차이가 엄청나기 때문에 그는 정신적 사건이 어떻게 물리적 사건을 야기할 수 있는가를 설명할 수 없
었다. 이것이 정신-육체 문제의 근대적 시초다.)

시얼에 따르면, 많은 철학자가 정신-육체 문제에 대한 그의 간단한 해결을 거절하는 이유
는 물리학에서 적용되는 똑같은 마이크로-매크로 관계가 또한 신경학에서도 적용된다는 것을
알지 못했기 때문이다. 게다가 과학적 세계상이 모든 사실은 객관적 사실이어야 한다고, 곧 모
든 사실은 제3자의 관점으로 서술할 수 있다는 것을 수반한다고 그들은 잘못 가정하고 있다.
그러나 시얼에 따르면, 그것은

실재의 정의가 주관성을 배제해야 한다고 가정하는 실수다. 만약 과학이 세계에 관해 우리
가 말할 수 있는 객관적이고 체계적인 진리의 집합을 지칭한다면, 주관성이 존재한다고 하

는 것은 다른 것처럼 객관적인 과학적 사실이다. ……주관적 특징을 지니고 있는 어떤 종류의 생물학적 체계, 곧 인간과 어떤 동물의 뇌를 만들어낸다는 것은 바로 생물학적 진화에 관한 평범한 사실이다.(p. 25)

정신과 세계의 관계에 대한 또 다른 더욱 급진적인 반응은 데이비드 찰머즈David Chalmers로부터 나온다. 이것도 또한 소수 견해이기는 하나 1996년에 옥스퍼드대학 출판부에서 발간한 《의식적인 정신 *The Conscious Mind: In Search of a Fundamental Theory*》은 커다란 반향을 일으켰다. 찰머즈는 기능주의가 유사성을 분류하고, 자극을 구별하고, 도전에 반응하는 것과 같은 어떤 인지적인 계산 기술을 다루는 데 꽤 훌륭한 역할을 한다는 사실을 부인하지 않는다. 그러나 그는 유물론적 정신 철학자들이 '어려운' 문제를 회피하고 있다고 투덜댄다. 그들은 결코 의식 이론을 받아들이지 않는다. 그러나 오히려 다른 모든 이론을 받아들인다. 찰머즈는 네이겔이 곧, 거기에는 의식이 되고 싶어하는(〈무엇이 박쥐가 되는 싶어하는가〉에서 네이겔이 제기한 질문에서처럼) 어떤 것, 풍부하고 깊고 부인할 수 없는 의식적 경험이라고 불리는 어떤 것이 있다는 사실을 설명하지 못하는 실수를 똑같이 저지르고 있다고 지적한다.

찰머즈에 따르면, 성공적인 이론은 반드시 물리학자들이 자신의 분야에서 근본적인 속성들을 다루는 방식에서 의식을 하나의 근본적 속성으로 다루어야만 한다. 이와 유사하게 이들 속성이 다른 근본적인 속성들과 연관된 기본 법칙에 따라 행동하는 것을 물리학자들이 보여주는 것과 꼭 마찬가지로, 정신 철학은 의식적인 삶을 실재의 나머지의 것과 관련지우는 기본 법칙이 있어야만 한다는 사실에 직면해야만 한다. 따라서 찰머즈는 비록 데카르트의 존재론에서처럼 실체 이원론이라기보다는 오히려 속성 이원론이라고 불리어야 하더라도 이원론의 뻔뻔스러운 형태에 빠지고 만다. 마치 3차원성과 같은 물리적 속성이 세계의 실재적 특징인 것처럼, 정신적 속성, 예컨대 의도성은 세계의 실재적 특징이다. 그러나 이들 특징이 실재적이라는 사실은 거기에 이들 속성이 속한 실재적 실체('정신' 같은)가 있다는 것을 수반하지 않는다. 이것들은 실재 세계의 실재적 속성이라는 것으로 충분하다. 찰머즈에 따르면, 세계의 물질적 특징과 정신적 특징 사이에는 신비스러운 틈이 가로놓여 있지 않다. 이런 이원론적 상은 실재에 대한 과학적 이해의 부분이 될 것이다.

비록 찰머즈가 기능주의의 몇몇 표준적인 주장을 논박함으로써 수많은 반대자에게 깊은 인상을 심어주고 기능주의가 결코 하나의 실재적인 의식 이론을 만들어낼 수 없다는 것을 입증함으로써 많은 동조자를 얻었지만, 그 자신의 이론에서 가장 약한 연결고리는 그의 이론이 필요로 하는 심리물리적인 중계 법칙psychophysical bridging law이다. 비판자들은 아직까지 이들 법칙이 명백하게 개념화되지 않았다고 말한다.

우리가 살펴볼 마지막 반기능주의는 콜린 맥긴의 주장이다. 그는 정신-육체 문제의 논의에서 소수파일 뿐만 아니라, 그의 논의는 대단히 거칠다. 하지만 침례교도 성 요한처럼 맥긴은 몇몇 사람을 침례교도로 개종시켰다. 그의 몇몇 논문은 많은 정신 철학 저작에서 검토되고 있다.

최근의 저작인 《신비스러운 불길 — 물질 세계에서의 의식적 정신》에서 맥긴은 대단히 데카르트적인 사고에서부터 출발하고 있다.

> 우리는 내부적으로 의식을 알고 있는 반면에, 외부적으로 뇌를 알고 있다. ……당신은 파열할 때까지 당신의 정신을 살펴볼 수 있고, 그리고 뉴런과 시냅스와 나머지 모든 것을 발견할 수 없다. 그리고 당신은 어떤 사람의 뇌를 아침부터 저녁까지 들여다볼 수 있으며, 당신이 무례하게 그의 뇌를 쳐다본 사람에게 명백하게 존재하는 의식을 감지하지 못할 것이다.[15]

거기에는 하나의 통일이 있어야만 한다고 맥긴은 주장한다(결국, 그는 유물론자다). 이 책에서는 언급하지 않았지만, 의식은 얼음이 물의 속성으로부터 출현하는 것과 같은 방식으로 '출현 원리'에 따라 신경 상태로부터 나와야 한다고 하면서 그는 시얼의 견해에 동조하고 있다. 그러나 시얼과는 달리, 맥

맥긴

긴은 이들 신경학적 속성이 무엇이라거나 "뇌가 우선 어떻게 의식을 생성하려고 하는가"(p. 69)를 어떤 사람 — 철학자나 신경학자 — 이 거의 다 설명하게 되었다고는 믿지 않았다. 게다가 우리는 "의식을 무엇처럼 보인다고 설명할 수 있다고도 생각하지 않는다."(p. 61) 우리는 캄캄 무식하기 때문에, 맥긴은 물리학과 신경병리학이라는 과학이 근본적으로 불완전하다 — 그것들은 문제를 풀 수 없다 — 고 결론짓고 있으며, 그 과학이 불완전할 수 있다는 사실을 의심하기 시작한다. 우리는 과학이 물질적 실재에 관한 모든 질문에 답할 수 없다는 사실을 보여주는 그러한 어려운 문제와 마주치게 되었다. 데카르트가 지적했듯이, 정신 상태를 공간적으로 이해할 수 없기 때문에 이러한 장애가 맥긴으로 하여금 아마 파악할 수 없는 것은 공간 자체에 관한 어떤 것이라고 더 이상 사색하는 것을 막을 수는 없다. 여전히 맥긴은 물리적 사건이 다소간 공간적이어야 한다고 말하고 있다. "진화로 인해 우리에게 생긴 인지 능력이 의식을 이해하는 데 필요한 근본적으로 새로운 공간 개념을 개발하는 데 적합한가"(p. 130) 여부에 대해 맥긴은 고민한다. 진화의 역사와 우리가 생존하는 데 필요한 도구의 종류를 간략히 고찰한 뒤에, 어머니 자연이 우리에게 필요한 개념 장치를 설치했다고 가정할 만한 정당한 이유가 없다고 비관적으로 결론짓고 있다. 그는 이렇게 말하고 있다. "우리는 개념적 자원의 엄청난 구멍, 엄청난 부분의 이론적 약점을 지적하는 문제에 직면하고 있다. 이게 내가 그 문제를 미스터리라고 부르는 이유다."(p. 62) 그는 반대자들이 "딴딴한 신비주의자"(p. 134)라고 부르는 것을 반기는 것 같고, 그 미스터리는 완전히 나쁜 것은 아니라고 생각하고 있다. 아마 그것은 우리 인간을 약간 비참하게 만들어 원래 그리스 철학자들이 직면했던 경외감에 되돌아가게 할 것이다.

그래서 자주빛 안개가 걷히고[16] 신비스런 불꽃이 타오르며 귀신이 여전히 기계 주위를 떠돌아다닌다.

존재론　187

　　이제까지 이원론과 유물론적 일원론을 살펴보았다. 이와는 다른 대안이 존재하는데, 바로 다원론이다. 존재론적 다원론은 실재하는 사물의 다원성이 존재하며, 그러한 다원성은 이원성이나 단일성으로 환원될 수 없다고 보는 견해다. 역사적으로 아리스토텔레스는 이러한 견해의 가장 유명한 옹호자다. 3장에서 이미 살펴보았듯이, 그는 실재가 개별적 '실체들'로 이루어진다고 믿었다. 그가 생각하기에, 그것들은 거의 모든 경우에 하나의 본질을 지닌 물질적 대상들이다. 본질(또는 플라톤의 용어에서 그 피안성을 빼고 빌려온, 그가 말하는 '형상')은 사물의 '그 무엇임whatness'이며, 그 물질성은 그것의 '이것임thisness'이다. 곧, 참나무의 '그 무엇임', 그 '본질' 또는 '형상'은 그것이 이를테면 고양이가 아니라 참나무이게 하는 특성들의 결합이며, 그것의 '이것임'은 그 개별성 — 이 참나무를 다른 모든 참나무와 구별해주는 것(특히 그 공간적 물질성이 참나무가 여기, 지금 존재하며 다른 어떤 것도 없다는 사실) — 이다. 아리스토텔레스는 '참나무성性' 자체가 더 나아가서 화학적, 분자적, 원자적, 아원자적亞原子的 결합으로 분해될 수 있다는 현대의 과학적 견해에 동의하지 않았을 것이다. 그러므로 누구든 오늘날 아리스토텔레스의

참나무의 "그 무엇임"은 그 "참나무성"이다. 이 성질은 다른 모든 참나무에도 공통이다.

그 "이것임"은 그것에 특유한 것이며, 다른 모든 참나무와 구별되는 것이다.

다원론을 선택하는 사람은 그것을 개작하고 갱신해야 할 것이다.

　아리스토텔레스 견해의 수정이라고 할 만한 작업이 제2차 세계대전 이후에 우리가 이미 '일상 언어 철학자'라고 지칭했던 한 무리의 영국 철학자의 손으로 이루어졌다. 케임브리지 철학자 무어G. E. Moore(1873~1958)의 권위 있는 논문 〈상식의 옹호〉와 루트비히 비트겐슈타인(그에 관한 자세한 설명은 10장을 보라)의 철학에 영향을 받은 이 철학자들은 실재가 그 겉모양과 거의 흡사하다는 일종의 소박 실재론을 옹호했다. 이원론이나 일원론의 범주도, 칸트의 '오성의 범주'도 아닌 일상 언어의 범주들만이 실재하는 세계를 정확히 설명해준다. 이 학파의 구성원들 가운데 (방금 우리가 그의 논리적 행동주의를 검토해보았던) 길버트 라일 같은 이는 어째서 우리가 세상의 모든 것이 두 개의 상자 중 하나(정신 아니면 물질)에 들어맞아야 한다는 이원론자의 주장이나 모든 것이 하나의 상자에 들어맞아야 한다는 유물론자의 견해를 받아들여야 하느냐고 묻는다. 상자는 수백 개가 있다. (초보자들을 위해 말하자면) 사람, 바위, 구름, 바보, 소수素數, 계획, 표범, 당근, 제곱근, 정당, 기업, 결혼, 생일 잔치 따위가 존재한다. 또한 교향곡도 있다. 〈베토벤의 교향곡 5번〉을 보라. 그것은 물질적인가, 정신적인가, 아니면 물질적인 것과 정신적인 것의 결합인가? (철학자 말고) 누구도 그런 질문을 하지 않을 것이다. 그러한 범주에서는 〈베

일원론자와 이원론자의 논쟁

토벤의 5번〉에 대해 흥미를 가지고 이야
기할 수 있는 것이 거의 없다. 그것에 관
해 흥미로운 이야기거리를 지닌 사람들
은 그것이 물질적인 것이냐 아니면 정신적
인 것이냐의 측면에서 그 정보를 제시할 일
이 없을 것이다.

　〈베토벤의 5번〉에 대해 참인 것은 미국 헌
법에 대해서도 참이다. 그것은 물질적인
것인가? 아니다. 워싱턴 특별구에 있는
양피지가 불에 타 없어지더라도 우리는
여전히 헌법을 지니고 있다. 그것이 정신
적인 것이라고 말하는 것도 그다지 합당치
않다.(그 경우에 모든 사람이 한 순간 그것에 관한

〈교향곡 5번〉을 놓고 그것이 정신적인 것인지
물질적인 것인지 판정하고자 애쓰는 베토벤

생각을 중단한다면 그것은 존재하지 않게 되는 것인가?) 어쨌거나 어떤 사물이라면, 그것은 사회
적 사물이며 물질적 사물이나 정신적 사물과는 전
혀 다르다.

라일을 비롯한 일상 언어 철학자들은 실
재 속에 존재하는 어떤 사물이 물리학과
화학의 견지에서 분석할 수 있다는 사
실을 부인하지 않았다. 그러나 그러한
사물은 물리학과 화학의 범주들로 환
원될 수 없다고 그들은 주장했다. 어떤
탁자가 그 분자 구조의 견지에서 분석할
수 있다고 해서, 그 탁자 자체를 비실재
적인 것(또는 분자보다 덜 실재적인 것)이라
고 말하는 것은 오류를 내포한다. 물리학
교수인 내 동료 한 사람은 자기 학생들에

탁자는 고체가 아니다

게 탁자가 실제로 고체는 아니라고 말한다. 그의 설명에 따르면, 탁자 속의 원자들 사이의 간격이 차지하는 공간이 원자들 자체가 차지하는 공간보다 더 많으니까 그렇다는 것이다. 라일이라면 그러한 논증은 불합리하다고 말할 것이다(또 다른 범주 오류다). 여기서는 과학자가 틀리고, 일상 언어가 옳다. 설령 원자들 사이의 공간이 원자들 자체가 차지하는 공간보다 더 크다고 하더라도 탁자는 고체다(최소한 좋은 탁자는 고체다). 라일이 지적하듯이, 이른바 과학의 세계는 탁자와 의자들의 세계보다 더 실재적인 세계가 아니다. 이는 마치 '가금家禽의 세계'(양계업자들을 위한 잡지의 이름)가 일상적 세계보다 더 실재적인 세계가 아닌 것이나 마찬가지이다.

결론

　　지금까지 제시한 다양한 존재론적 대안과 그것들을 옹호하거나 반대하는 복잡한 논증들로부터 우리는 어떤 결론을 끌어낼 것인가? 첫째로, 내가 보기에 급진적 이원론은 믿을 만한 근거가 별로 없는 반면, 믿지 않을 만한 근거가 많은 것 같다. 내가 보기에, 물질적인 것과 정신적인 것이라는 두 종류의 실체가 존재한다는 주장은 뒷받침하는 과학적 증거가 희박해 보인다. 그리고 이런 견해에 의해 생겨나는 문제점이 너무 커서 그 이론이 지닐 수도 있는 장점을 무색하게 만든다.

　　유물론은 어떤가? 내 견해는 어떤 의미에서 유물론이 틀림없는 진리라는 것이다. 다시 말해서, 우리의 자그마한 우주 한 모퉁이는 나머지 우주와 똑같은 '재료'로 구성되어 있고, 과학사의 현시점에서 그 의미는 그것이 에너지의 덩어리 또는 양자量子로 구성된 아원자 입자로 이루어진 것처럼 보인다는 사실은 틀림없는 진리다. 그러나 유물론이 진리라는 의미는 아주 하찮은 것으로 드러날 수도 있다. 왜냐하면 인류학자와 사회학자, 심리학자들이 제기하는, 그리고 우리 자신이 자신 및 다른 사람들의 생각과 행동, 희망, 두려움, 의문을 서술하는 일상적 개개인으로서 제시하는 인간의 행동에 대한 설명이 분자와 원자, 전자, 에너지 양자와 연관지을 때 더 정확하게 주어질 것이라고 기대할 이유가 별로 없다고 생각되기 때문이다. 중요한 미국 철학자 솔 크립케는 이렇게 말한다.

　　내 생각에, 유물론은 세계에 대한 물질적 서술이 완결적 서술이며 정신적 사실은 필연적으로 파생된다는 곧이 곧대로의 의미에서 물질적 사실에 대해 '존재론적 종속성'을 지닌다고 주장해야 한다. 하지만 그것이 사실이 아니라는 직관적 견해에 대해 어떤 동일성 이론가도 설득력 있는 반론을 제기하지 못한 것처럼 보인다.[17]

유물론은 단지 '정신적 사실'에 대해서만 부적절해 보이는 것이 아니라, 아마 '직관적 사실'에 대해서는 훨씬 더 그렇게 보일 것이다. 세 가지 예를 살펴보자. 첫 번째는 "빌이 메리를 본다"이다. 논리적으로 이러한 진술로 귀결되는 순수하게 물질적인 서술 ― 물리학과 화학의 법칙 및 실체와 연관된 서술 ― 이 언젠가는 존재할 가능성이 있는가? 그 서술이 어떤 것일지는 확신할 수 없지만, 여기서는 우리가 유물론의 승리를 인정하게 될 개연성이 있다고 생각된다.

두 번째 예는 "빌이 메리를 사랑한다"이다. 언젠가 이러한 두 번째 진술로 논리적으로 귀결되는 순수하게 물질적인 서술 ― 물리학과 화학의 법칙 및 실체와 연관된 서술 ― 이 존재할 가능성이 있는가? "빌이 메리를 사랑하는가?"라는 물음에 분명하게 답해줄 모종의 뇌 스캐너나 생체 검사, 혈액 검사 따위를 상상할 수 있는가? 그럴 것 같지는 않지만, 그것은 가능할 수도 있다. 그러므로 여기서도 나는 유물론에 대해 그 가능성을 인정할 것이다.

세 번째 예는 "빌이 메리와 결혼한다"이다. 이

자가 진단 뇌 스캐너

러한 진술을 대체하는 순수하게 물질적인 서술을 예상할 수 있는가? 나는 그럴 수 없다고 생각한다. 이러한 세 번째 진술이 참인가 거짓인가를 판정할 수 있는 뇌 스캐너나 생체 검사, 혈액 검사 같은 것은 존재할 수 없다. 왜냐하면 결혼한다는 것은 명백히 물질적 상태가 아니며 정서적이거나 정신적인 상태도 아니기 때문이다. 그것은 법률적 상태이며, 사회적 상태이다. 만약 빌이 미혼이며 자격 있는 남성이고 역시 미혼이며 자격 있는 여성인 메리와 나란히 서품을 받은 성직자 앞에 서 있다면, 그리고 그들 두 사람 다 성직자가 제기하는 몇 가지 질문에 '예'라고 대답한다면 그들은 결혼하는 것이며, 뇌 스캐너나 생체 검사, 혈액 검사는 그 사실을 판정하거나 논박하는 것과 아무 관계가 없다. 물론, 이 모든 것이 사실이기 위해서는 어떤 의미에서 빌과 메리의 분자들이 일정한 상태에 있어야 한다는 것은 틀림이 없지만, 그 경우에 유물론이 진리라는 의미는 하찮은 것에 불과하다.

사회학과 인류학은 인간의 인습에 대한 과학이다. 그러한 인습에 대한 서술, 그리고 그것에 대한 우리의 일상적 담론이 언젠가는 분자에 대한 서술로 대체되리라고 예상할 근거는 전혀 없다. 유물론의 오류는 "모든 것은 물리학의 견지에서 설명할 수 있어야 한다"는 J. J. C. 스마트의 주장을 받아들인 것이다. 어째서 모든 것이 반드시 물리학의 견지에서 설명할 수 있어야 하는가? 어째서 예컨대, 벨라스케스의 그림 〈브레다의 항복〉의 역사적 의의와 미학적 특질에 대한 서술이 "물리학의 견지에서 설명"할 수 있어야 하는가? 루트비히 비트겐슈타인이 말했듯이,

삶의 형태는 무수히 많으며 그 모든 것을 설
명해주는 하나의 모델이 있어야 한다고 가정
하는 것은 철학적 오류다.

그러므로 이원론을 거부하고 하찮은 의미
를 지닐 뿐인 유물론을 거부함에 있어서 나
는 라일류의 다원론을 역성드는 것 같이 보
이는데, 어떤 면에서는 그것이 사실이다. 나
는 내가 세상을 헤쳐 나가는 데에서 일상 언
어와 철학, 문학, 그리고 자연과학과 사회과
학의 어떤 느슨한 결합이 적절하며 최소한
아주 유용하다고 생각한다. 그러나 존재론자
로서의 나 자신은 어떤가? 이 장의 처음에 우
리가 제기했던 큰 물음들을 상기하라. 무엇
이 실재하는 것이고 무엇이 단순한 겉모양인
가? 실재와 겉모양을 구별해주고 존재하는

모든 것을 설명해주는 하나의 이론이 있을 수 있는가, 아니면 이러한 구별은 항상 정황적이고
우연적이며 비공식적인 것으로 머물러야 하는가? 우리의 지성 발달의 현시점에서 나는 후자의
견해가 정확한 것 같다고 생각한다. 그러나 존재론에서 이것이 의미하는 바는 무엇인가? 실재
에 대한 이론은 있을 수 없는 것인가? 아마 그렇지는 않을 것이다. 최고의 일상 언어 철학자라
고 할만한 존 오스틴(1911~1960)은 '실재적'이라는 단어에 관해 이런 말을 했다.

[……'실재적'이라는 말은] 고도로 예외적인 것이다. '노랗다'나 '말', '산보' 따위와 달리, 그

것은 하나의 단일하고 특정 가능하며 항상 동일한 의미를 지니지 않는다는 점에서 예외적

이다(아리스토텔레스도 이러한 생각을 꿰뚫어보았다). 또한 그것은 다수의 상이한 의미를 지니

지도 않는다…….

'실재하는 오리'는 단지 그 말이 실재하는 오리가 아닌 다양한 방식 — 모조품, 장난감,

그림, 미끼 오리 등등 — 을 배제하는 데 쓰인다는 점에서만 단순한 '오리'와 다르다. 나아

가, 그것이 실재하는 오리라는 주장에 대해 그 특정한 경우에 화자가 무엇을 배제하려고 생각하는지 알지 못한다면 나는 그 주장을 어떻게 받아들여야 할지 알지 못한다. ……실재적인 것과 실재적이 아닌 것을 구별짓기 위해 일반적으로 설정할 수 있는 기준이 없다는 사실은 아주 명백하다. 그 기준의 설정은 특정한 경우에 무엇과 관련하여 문제가 제기되는가에 따라 달라져야 한다.[18]

만약 오스틴이 옳다면 어떨까? 그래서 '실재'라는 사물은 없으며, 따라서 '실재에 대한 연구'도 존재하지 않는다면? 그것은 중심은 유지되지 않는다, 곧 우리가 존재론자로서 할 일이 없다는 것을 의미하는가? 그렇지는 않다. 우리는 여전히 다양한(정치적, 종교적, 예술적, 도덕적, 과학인) '삶의 형태'를 철학적으로 검토할 수 있으며 그것들이 실제로 서로 연관된다면 어떻게 연관되는 것인지 보여주고자 할 수 있다. 그리고 우리는 이러한 분야들에서의 새로운 발전, 오늘날 이야기하는 새로운 패러다임 이동에 주의를 기울여야 한다. 왜냐하면 과학이나 예술, 정치의 주요한 변동은 세상을 보는 우리의 '일상적' 방식과 아울러, 철학의 내용에서도 변동을 요구할 것이기 때문이다. 그러므로 존재론적 과제는 대부분의 철학적 과제와 마찬가지로 계속 이어져가는 것이다.

Brain Cooney, ed., *The Place of Mind*(Wadsworth, 2000). 이 장에서 언급한 철학자 데카르트, 라일, 스마트, 처취랜드, 크립케, 로티, 포더, 푸트남, 시얼, 네이겔, 맥귄의 글을 발췌한 훌륭한 편집서.

Colin McGinn, *The Mysterious Flame: Conscious Minds in a Material World*(Basic Books, 1999). 정신/육체 문제를 결코 풀 수 없다고 하는 이유를 진술한 맥긴의 저서. 일반 독자를 위해 열정적으로 씌어졌다.

Thomas Nagel, "What's it Like to Be a Bat," *Philosophical Review* 83, No. 4(Oct., 1974), pp. 435~450. 또한 James E. White, ed., *Introduction to Philosophy*(West Publishing Co., 1989) p. 208~216과 같은 수많은 철학 편집서도 참조할 만하다. 강력하게 왜 의식이 완강한 유물론자들이 바라는대로 제거될 수 없는지를 설명한 글.

Gilbert Ryle, *The Concept of Mind*(Barnes and Noble, 1962). 언어 철학의 고전. 특히 1장 "Descartes's Myth"에 집약되어 있다.

John Searl, *Minds, Brains, and Science*(Harvard Univ. Press, 1984). 미국의 가장 흥미로운 철학자 중의 한 사람이 정신/육체 문제를 파고들어 그것을 해결한다고 주장한다.

John Searle, *The Rediscovery of the Mind*(The MIT Press, 1992). 이 책에서 그는 정신이 아직도 철학에서 배제되지 않았는가를 해명하고 있다.

René Descartes, *Meditations on First Philosophy*. 여러분은 데카르트를 직접 읽어야 한다. 데카르트의 존재론은 이 책 1, 2, 4장에 집약되어 있다.

Thomas Nagel, *The View from Nowhere*(Oxford University Press, 1986). 정신/육체 문제를 풀 수 없는가를 설명하고 있는 또 다른 미국 철학자의 책.

B. F. Skinner, *Beyond Freedom and Dignity*(Bantam Books, 1972). 행동주의의 가장 유명한 저작으로, 그에 대해 직접 읽을 수 있는 해설.

주

1 René Descartes, *Meditations on First Philosophy*, in *The Essential Descartes*, Margaret D. Wilson, ed., Elizabeth S. Haldane and G. R. T. Ross, trans.(New American Library, 1969), "Meditation II", p. 174. 다른 언급이 없으면 이 장에 나오는 이후의 모든 인용은 이 전거에서 나온 것이다.

2 René Descartes, *The Passions of the Soul*, in *The Essential Descartes*, p. 362.

3 Carl Rogers and B. F. Skinner, "Some Issues Concerning the Control of Human Behavior: A Symposium," *Science*, Vol. 124(Nov. 30, 1956), pp. 1057~1066.

4 Gilbert Ryle, *The Concept of Mind*(Barnes and Noble, 1962), pp. 11~13, 15~16.

5 Lewis Carroll, *Alice in Wonderland and Through The Looking Glass*(New American library, 1960), p. 194.

6 J. J. C. Smart, "Sensations and Brain Processes," *Philosophical Review*, Vol. 68(1959), pp. 141~156.

7 Norman Malcolm, *Problems of Mind: Descartes to Wittgenstein*(Harper and Row, 1971); Jerome Shaffer, "Recent Work on the Mind-Body Problem," *American Philosophical Quarterly*, Vol. 2, No. 2(1965), pp. 81~104; Richard Taylor, *Metaphysics*, 2nd ed.(Prentice Hall, 1974), pp. 11~37 참조.

8 Shaffer, "Recent Work on the Mind-Bond Problem," p. 97.

9 이 모든 예는 Richard Rorty, "Mind-Body Identity, Privacy and Categories," *The Review of Metaphysics*, Vol. 19, No. 1(Sept. 1965), pp. 24~54에서 가져온 것이다.

10 Richard Bernstein, "The Challenge of Scientific Materialism," *International Philosophical Quarterly*, Vol. 8, No. 2(June, 1968), pp. 252~275.

11 John Hell, *Philosophy of Mind: A Contemporary Introduction*(Routledge, 1988) p. 99.

12 John Searl, *Minds, Brains, and Science*(Harvard Univ. Press, 1984) p. 33. 이하의 시얼 인용은 이 책에서.

13 Henry Jackman, *Review of The Nature of Consciousness*, ed. Ned Block, Owen Flanagan, and G?ven G?zeldere(MIT Press, 1997), in *Teaching Philosophy*, vol. 23, No. 1(March, 2000), p. 100.

14 Thomas Nagel, "What Is It Like to Be a Bat?," *The Philosophical Review* 83(Oct., 1974), pp. 435~450.

15 Colin McGinn, *The Mysterious Flame: Conscious Minds in a Material World*(Basic Books, 1999), p. 47. 이하의 맥긴 인용은 이 책에서.

16 최근의 정신 철학은 Joseph Levine, *Purple Hazz: The Puzzle of Consciousness* (Oxford University Press, 2000)를 참조하라.

17 Saul Kripke, quoted in *The New York Times Magazine*(Aug. 14, 1977), Sec. 6, p. 14.

18 Jone L. Austin, *Sense and Sensibilia*, G. J. Warnock, ed.(Oxford University Press, 1964), pp. 64~76.

생각해볼 문제

1. 일상 언어에서 다음과 같은 문장을 취하여 그것들을 데카르트의 '정신/육체' 문제와 결부지어보라
   그녀는 정신이 훌륭하다.
   그는 육체가 훌륭하다.
   그녀는 거의 정신을 잃었다.
   불행하게도 그는 노망이 들었다. 그는 더 이상 내가 알던 삼촌이 아니다.

2. 데카르트는 우리가 밤새 꿈을 꾸며, 심지어 '무의식' 상태에 떨어질 때에도 반드시 우리 정신 속에서 사

유가 작용한다고 믿었다. 그가 왜 그런 견해를 고수하는지 설명해보라.

3. '다른 정신의 문제'를 논하라. 겨실에서 여러분 옆에 앉아 있는 사람이 (아주 잘 만들어지고 아마도 매력적인 외형을 지닌) 로봇이 아니라는 것을 여러분은 어떻게 아는가?

4. 데카르트의 말에 따르면, 정신을 지닌다는 것은 "긍정하고, 부정하고, 이해하고, 알고, 소망하고, 기대하고, 지향하고" 할 수 있다는 것이다. 그는 동물이 이런 능력을 지닌다는 것을 부정한다. 여러분은 집에 있는 개가 이러한 정신 활동의 전부 또는 일부를 할 수 있다고 생각하는가? 어떤 증거를 바탕으로 여러분은 결론을 내리는가? 그 증거가 진정으로 동물의 행동을 설명할 철학적 범주가 필요한가? 식물의 행동에 대해서는 어떤가?

5. 위의 문제 4와 관련하여 스키너는 만약 식물과 동물에 대한 철학적 범주가 필요하지 않다면 인간에 대한 것 역시 우리에게 필요하지 않다고 말한다. 그 견해에 대해 설명하고 비판해보라.

6. J. J. C. 스마트가 제시한 '정수–뇌 동일성 이론'과 리차드 로티가 옹호하는 '배제적 유물론'의 차이를 진술하라.

종교 철학

여기서의 커다란 물음은 다음과 같다. 신의 존재나 비존재를 믿는 타당한 근거가 있는가? 어떤 종류의 신이 존재하거나 존재하지 않는가? 신의 존재나 비존재가 인간에게 갖는 의미는 무엇인가?

일찍이 번창했던 모든 문화는 일정한 신의 개념을 보유했던 것 같다. 물론 그 사실로부터, 따라서 신이 존재한다는 결론이 나오는 것은 아니다(이는 모든 문화가 스스로를 인접 문화보다 우월하게 생각했다는 사실이 모든 문화가 그 인접 문화보다 우월하다는 것을 의미하지 않는 것이나 마찬

신의 존재 또는 비존재에 내포된 의미는 무엇인가?

가지다). 하지만 종교적 신념의 문화적 보편성 그 자체는 인상적인 사실이다. "왜 그처럼 많은 사람이 신을 믿는가?"라는 질문은 — 순수하게 종교적인 문제는 말할 것도 없고 — 심리학적, 사회학적, 인류학적, 철학적인 쟁점들의 뒤엉킨 덤불 속으로 우리를 끌어들이기 때문에 아주 복잡한 것이다. 이 장에서 우리는 일차적으로 철학적 쟁점에 관심을 기울일 것

모든 문화에는 신의 개념이 있다

인데, 이는 우리가 신의 존재를 믿거나 믿지 않을 타당한 근거가 있는가를 물을 때 고찰하게 되는 그런 종류의 논증에 관심을 기울인다는 의미다.

그러나 이렇게 말하면 우리가 지나치게 이성적인 존재로 보일 수도 있다. 마치 그러한 쟁점을 놓고서 우리 모두가 로크의 유명한 '백지 상태'에서 출발하여 상이한 입장에 근거한 상이한 논증들로 그것을 채운 다음에 가장 합리적인 것을 선택하고 나머지를 버린다고 하는 식이다. 그러나 그러기는 어렵다. 종교적 신념에 관해서 그처럼 깨끗하게 객관적인 사람은 우리 중에 거의 없다. 아마도 버트란드 러셀은 예외였던 것 같다. 자서전에서 그는 자기가 18살 때 '제1원인'의 논증이 부당하다고 판단하고서 무신론자가 되었다고 말한다. 그러나 케임브리지대학 4학년 때 신의 존재에 대한 대안적 증명이 타당하다는 결론을 내리면서 그는 다시 유신론자가 되었다. 러셀은 이렇게 쓰고 있다.

청년 버트란드 러셀이
신이 존재한다는 것을 발견하다

나는 담배 깡통을 사러 나갔다가 그것을 가지고 트리니티 노선을 따라 돌아오는 길에 갑자기 깡통을 공중에 던지면서 소리쳤다. "장화를 신은 위대한 신이여! — 존재론적 논증은 타당하다!"[1]

그러나 나중에 그는 그 논증에서 결함을 발견하고서 다시 무신론으로 돌아섰다.

내 생각에, 우리 대부분이 지니는 신의 존재에 대한 견해는 러셀이 스스로 주장하는 경우만큼 명백하게 단순한 논증의 타당성에 의해 결정되지는 않는 것 같다(그러나 이 인물은 자신의 16살 때에 대해 이렇게 쓴 사람이라는 것을 잊지 말라). "들판을 가로질러 뉴사우스게이트로 이어지는 오솔길이 있었는데, 나는 종종 거기 혼자 가서 석양을 바라보며 자살에 관해 명상했다. 그러나 나는 수학에 대해 좀 더 알고 싶었기 때문에 자살하지 않았다."[2] 그렇다면 우리 중에서 종교에 관해 그처럼 냉정하지 못한 사람들은 신을 믿거나 믿지 않는 '근거'를 제시할 때 단지 합리화(우리가 간절히 믿기를 바라는 선입관과 견해를 뒷받침하기 위해 근거와 논리를 부당하게 이용한다는 경멸적인 의미의 합리화)를 하는 데 불과할 것이다. 그러나 반드시 그렇지는 않다. 아마 순수하고 맹목적인 이성의 추구란 존재하지 않을 것이다. 러셀 스스로 언젠가 그러한 일들에 관해 정신이 작용하는 방식은 다음과 같다는 말을 했다. 먼저, 여러분은 자기가 가고 싶은 곳을 결정한다(이는 의지와 열정, 편견, 소망이 합리성의 과정에 정당하게 포함되는 지점이다). 그런 다음에 여러분은 "내가 A에서 X로 가자면 어떤 논증들이 필요할까?"라고 자문해야 한다. 이어서 여러분은 "그런 논증들이 성립할 수 있는가, 그리고 그것은 훌륭한 논증들인가?"라고 물을 필요가 있다(이 지점에서 우리는 합리화와 소망, 그리고 다른 형태의 자기 기만에 대해 최대한 경계해

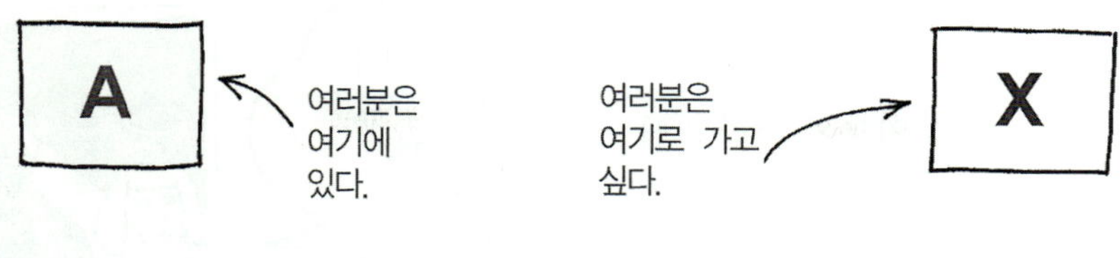

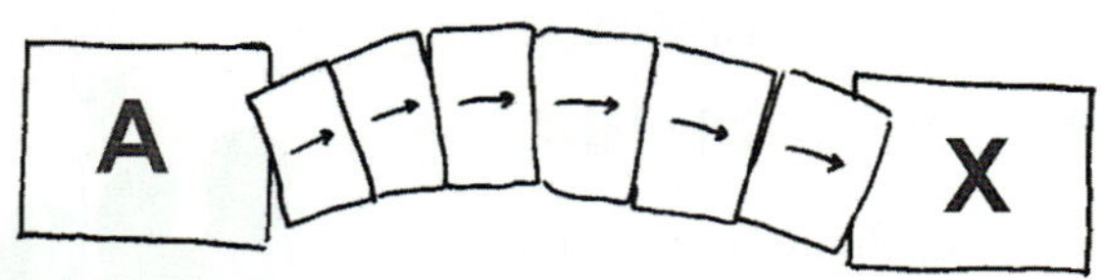

야 한다). 만약 논증들이 비판을 견뎌내고 서로 잘 들어맞는다면 여러분은 X라는 신념을 견지할 만한 타당한 근거를 지닌다. 만약 아니라면 여러분은 X를 폐기해야 한다.

유신론

자, X가 신의 존재에 대한 믿음 또는 유신론이라고 할 때 우리를 X로 이끌기 위해 어떤 종류의 논증들이 제시되었는가? 최상의 것은 중세 후기, 곧 '신에 도취한' 시대라고 일컫는 시대에서 비롯한 서양적 전통이다. 이 시대는 놀랍게도 어떤 무신론도 존재하지 않았던 것으로 보이는 시대였다(그러나 이단은 많이 있었다). 만약 그것이 사실이라면 중세의 '증명'이 신을 믿는 근거를 제공해준다고 하는 것은 정확한 이야기가 아니다. 왜냐하면 그 당시에는 명백히 어떤 대안도 존재하지 않았기 때문이다. 오히려, 중세인들은 명백히 신에 대한 믿음 — 또는 지식 — 의 이성적 지위를 자기들 스스로에게만 설명하는 식이었다.

신에 취한 사람

존재론적 증명

그러한 태도는 가장 유명한 중세 논증
가운데 하나의 기묘한 도입부에, 그리고 신
의 존재를 증명하는 그 논증이 무신론자들
이 아니라 신 자신을 위해 제기된 것이라는
사실에 반영되어 있다. 신이 스스로의 존재에
대한 증명을 필요로 했다는 것은 믿기가 어렵지
만, 캔터베리의 안셀무스Anselmus(1033~1109)
는 아마 자신의 명상을 예배나 선물로 바칠 생
각이었던 것 같다. 그것은 신의 창고에 더 보
탤 수는 없겠지만(아무것도 그럴 수 없다!), 그
럼에도 불구하고 신이 보기에 기쁜 것이었을

터이다. 안셀무스의 도입부는 이렇다. "나는 내가 믿는 것을 이해하고자 하지 않으며, 다만 이해
하기 위해 믿는 것이다. 그렇기 때문에 나는 또한 내가 믿지 않았다면 이해하지 못했으리라는
것을 믿는다." 나아가, 안셀무스는 "가슴 속에서 '신은
없다'고 말하는" 〈시편〉 53장 1절의 '바보'에
대해 언급한다. 이러한 바보조차도,

〈시편〉 53장 1절

오성[이해] 속에 그보다 더
큰 것을 상상할 수 없는 어떤
것이 존재함을 납득한다. 왜냐
하면 그것에 대해 들을 때 그
는 그것을 이해하는 것이다. 그
리고 확실히 그보다 더 큰 것을
상상할 수 없는 어떤 것은 오성
속에만 존재할 수 없다. 만약 그것
이 오성 속에만 존재한다고 하면 그

것은 그보다 더 큰 실재 속에도 존재한다고 상상할 수 있기 때문이다.

따라서 어떤 것도 그보다 더 클 수 없는 그것이 오성 속에만 존재한다면, 그 이상의 어떤 것도 상상할 수 없는 바로 그 존재는 그보다 더 큰 것을 상상할 수 있는 것이 된다. 그러나 명백히 이것은 불가능하다. 따라서 그보다 더 큰 어떤 것도 상상할 수 없는 어떤 존재가 존재하며, 그것이 오성과 실재 속에 존재한다는 것은 의심할 나위가 없다.

그리고 확실히 그것은 참으로 존재하기 때문에 그것이 존재하지 않는다고 상상할 수 없다. 왜냐하면 존재하지 않는다고 상상할 수 없는 존재에 대해 상상하는 것은 가능하기 때문이다. 따라서, 만약 그보다 더 큰 어떤 것도 상상할 수 없는 그것이 존재하지 않는다고 상상할 수 있다면 그것은 그보다 더 큰 어떤 것을 상상할 수 없는 그것이 아니다. 그것은 화해할 수 없는 모순이다. 그러므로 그보다 더 큰 어떤 것을 상상할 수 없는, 존재하지 않는다고는 상상조차 할 수 없는 어떤 존재가 참으로 존재하며 그 존재 당신은 바로 오 주, 우리 하느님인 것이다.[3]

이 논증을 좀 더 간단하게 정리해보자.

1. "그보다 더 큰 어떤 것도 상상할 수 없는" 존재에 대해 상상하는 것은 가능하다('가장 크다'는 말로 안셀무스가 의미하는 것은 '최대'가 아니라 '가장 완전하다'는 것이다.).
2. 그보다 더 큰 어떤 것도 상상할 수 없는 그 존재가 정신 속에만 존재한다면 그것은 상상할 수 있는 가장 큰 존재가 아니다(왜냐하면 그보다 더 큰 것, 곧 정신 속에만이 아니라 정신 바깥에도 존재하는 것을 항상 상상할 수 있기 때문이다).
3. 따라서 그보다 더 큰 어떤 것을 상상할 수 없는 존재를 상상할 가능성은 그러한 존재가 실존한다는 논리적 필연성을 수반한다.
4. 그보다 더 큰 어떤 것을 상상할 수 없는 이러한 존재는 우리가 신이라고 부르는 존재

이 논증은 미심쩍게 보인다. 그것은 뒤집어엎기가 아주 쉬울 것 같다. 그러나 그것은 매끄러운 논증으로서 생각보다 비판하기가 만만치 않다. 아마 우리는 안셀무스 이후에 약 500년이 지나서 르네 데카르트가 제시한 더 간단한 변화형을 검토해보면 그 논증의 구조에 관해 좀 더

명확하게 알 수 있을 것이다. 그것은 이런 식으로 전개된다.

1. 정의상으로 신은 절대적으로 완전한 존재다.

2. 존재하는 것이 존재하지 않는 것보다 더 완전하다.

3. 따라서 신에 대해 생각하는 것(곧, 절대적으로 완전한 존재에 대해 생각하는 것)은 필연적으로 그가 존재한다고 생각하는 것이 된다(신이 존재하지 않는다고 생각하는 것은 자기 주장을 철회하는 것이기 때문이다).

4. 따라서 "신은 존재하지 않는다"고 말하는 것은 자기 모순이다.

5. 따라서 "신은 존재한다"는 문장은 필연적으로 참이다.

만약 데카르트나 안셀무스의 이러한 논증('존재론적 증명'이라고 알려져 있다)이 여러분의 마음에 걸린다면, 그것은 아마 거기에서 단순한 정의(아프리오리한 주장)로부터 사실(아포스테리오리한 주장)로 나아가는 것이 부당한 이행이라고 생각하기 때문일 것이다. 그 경우에 여러분은 아마 2번쯤에서 "존재하는 것이 존재하지 않는 것보다 더 완전하다"는 주장은 논란의 소지가

있는 가치 판단이며 논리상으로 필연적인 진리가 아니라
고 말함으로써 데카르트식의 논증을 반박하고 싶을 수도
있다. 그러나 데카르트는 설령 그것이 가치 판단이라
하더라도 여러분 자신이 명백히 그것을 받아들이고
있다고 응수할 수 있다. 왜냐하면 비존재가 존재보
다 낫다고 생각했다면 여러분은 오늘 아침에 총
으로 자살했을 것이기 때문이다. 여러분이 여기
에 있다는 사실이 여러분이 존재의 가치를 받
아들인다는 증거다. 그러므로 여러분이 2번을
부정하는 것은 위선일 뿐이다. 나아가, 데카르
트는 이런 예를 제시할 수도 있다. 여러분이 변
두리 벽돌 공장에서 한 트럭분의 벽돌을 주문했
는데, 트럭 운전수가 여러분의 주문품을 배달하러
와서 이렇게 말한다고 치자. "이 벽돌은 모든 점에

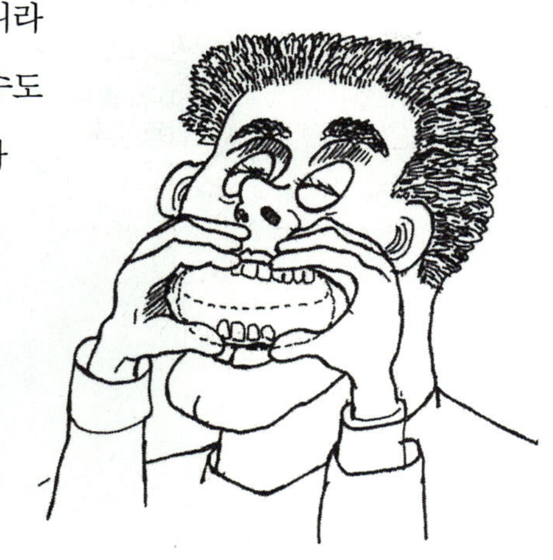

서 훌륭하지만 한 가지 작은 흠이 있다면 존재하지 않
다는 것입니다." 만약 그가 여러분에게 이 존재하지 않
는 벽돌의 대금을 부과하려고 들면 여러분은 분명 지불
을 거부할 것이다 — 아니면 아마 똑같이 '흠
이 있는'(존재하지 않는) 수표로 계산을
할 것이다. "이 모든 것은 여러분이 나
에게 동의한다는 것을 보여준다. (데카르
트는 말할 것이다.) 곧, 존재는 비존재보다
완전한(더 나은) 것이다."

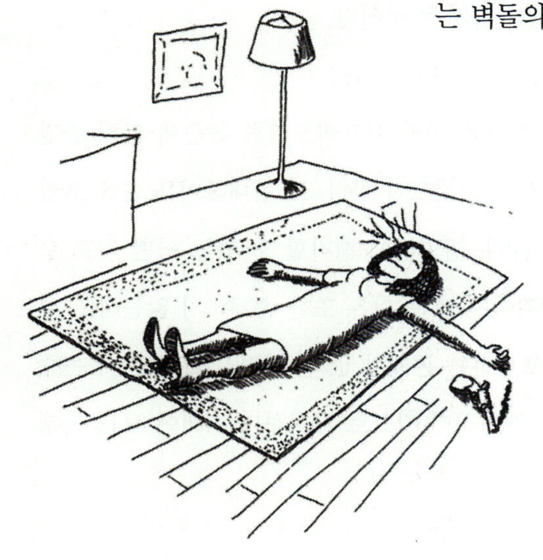

데카르트에 대한 논박(다시)

(여러분은 데카르트에게 만약 운전수가 벽
돌 대신에 원하지 않는 말똥을 한 트럭 싣고
온다면 어떻겠느냐고 물을 수 있다. 그 경우

에는 [여러분이 말뚝을 원하지 않기 때문에] 존재하지 않는 말뚝이 존재하는 말뚝보다 좋다. 그러나 말뚝의 견지에서 본다면, 실재하는 말뚝이 실재하지 않는 말뚝보다 좋다는 데카르트의 말이 옳지 않겠는가?)

이러한 변론에도 불구하고 존재론적 논증에는 어떤 속임수가 들어 있다는 느낌이 들 것이다. 실제로, 가장 종교적인 철학자였던 토마스 아퀴나스조차도 그 논증이 부당하다고 생각했다. 그 증명에 대한 가장 유명한 비판 중의 하나는 데이비드 흄이 제기한 것이다. 다음 구절은 그의 사후에 출판된 《자연 종교에 관한 대화》에서 가져온 것이다.

나는 먼저 사실에 관한 문제를 논증하거나 그것을 어떤 아프리오리한 논증에 의해 증명하려고 드는 데는 명백한 불합리가 있다는 점을 지적하고자 한다. 그 반대물이 모순을 포함하는 것이 아닌 한, 어떤 것도 논증 가능하지 않다. 판명하게 생각할 수 있는 어떤 것도 모순을 포함하지 않는다. 우리가 존재한다고 생각하는 모든 것은 또한 존재하지 않는다고 생각할 수도 있다. 따라서 그 비존재가 모순을 포함하는 존재란 없다. 따라서 그 실존이 논증될 수 있는 존재란 없다. 나는 이 논증을 아주 결정적인 것으로 제기하며 기꺼이 모든 논쟁을 거기에 의거할 것이다.[4]

흄의 논점은 요컨대 이런 것이다. 순수한 정의로부터 실재에 관한 사실의 진술로 이행하는 것은 항상 부당하다. 정의는 의미들 사이의 관계를 다룰 뿐이며, 그렇기 때문에 순전히 논리와 언어적 인습의 표현이다. 실재에 관한 사실의 진술은 항상 관찰에 근거한다. 안셀무스의 증명은 관찰과 전혀 무관하게 순수한 관념의 영역에서 사실의 영역으로 옮아가기 때문에 그 논증은 부당할 수밖에 없다.

만약 그 증명에 문제가 있다면, 그것은 순수한 관념의 영역에서 사실적인 실재의 영역으로의 부당한 이행과 관련이 있다고 생각하는 점에서 흄은 분명히 옳다. 그러나 우리는 결코 정의의 영역에서 존재에 관한 진술로 이행해갈 수 없다는 흄의 말은 옳은 것인가? '정사각형 원'의 정의를 고찰해보자(그것은 변 위의 모든 점이 중심에서 등거리에 있는 네 변을 지닌 등변 도형이다). 우리는 다음과 같이 연역할 수 있다. "어떤 정사각형 원도 존재하지 않는다."[5] 이와 같이 단 한 번일지라도 우리가 정의로부터 실재에 관한 사실의 진술로 나아갈 수 있다면 흄의 논증은 그 효력을 상당 부분 상실할 것이다.

흄의 비판은 안셀무스의 논증의 논리에 틀림없이 무언가 잘못이 있다는 것이었다. 또 다른 유명하고 좀 더 근대적인 비판은 그 문법에 잘못이 있다는 점을 지적한다. 칸트가 쓴《순수 이성 비판》에 나오는 다음과 같은 유명한 구절을 보라.

존재는 분명히 실재하는 속성predicate이 아니며 한 사물의 개념에 덧붙일 수 있는 어떤 것의

눈에 잘 띄지 않는 정사각형 원을 찾아서

개념도 아니다. 그것은 단지 한 사물과 그 속의 어떤 한정限定에 대한 시인일 뿐이다. 논리적으로 그것은 단지 판단의 연결어連結語에 불과하다. 신은 전능하다는 명제는 각기 그 대상을 지니는 두 가지 개념, 곧 신과 전능을 포함한다. ~하다라는 말은 부가적 속성이 아니라 속성과 주어의 관계를 규정하는 역할을 할 뿐이다. 그러므로 만약 내가 주어(신)를 그 모든 속성과 함께(전능의 속성까지 포함하여) 받아들이고서 신이 있다고 말한다면, 나는 신의 개념에 새로운 속성을 부여하는 것이 아니라 단지 주어를 그 자체로서, 나의 개념과 관련된 그 모든 속성과 함께 그 대상으로서 제기하는 것일 뿐이다. 양자는 정확히 똑같은 종류의 사물을 포함해야 한다. 내가 그 대상을 단순히 주어진 것으로 생각하고 그것이 있다고 말하는 것만으로는 가능성을 표현할 뿐인 그 개념에 어떤 것도 덧붙여질 수 없다. 그러므로 실재하는 것은 가능한 것 이상을 포함하지 않는다. 실재하는 100달러는 가능한 100달러보다 한 푼도 더 많은 돈을 포함하지 않는다.[6]

칸트의 비판의 요점은 위의 구절의 첫 줄과 마지막 줄에 담겨 있다. "존재는 분명히 실재하는 속성이 아니며" 또한 "실재하는 100달러는 가능한 100달러보다 한 푼도 더 많은 돈을 포함하지 않는다."

이러한 논점은 데카르트식의 논증으로 되돌아가보면 명료하게 이해될 것이다. 데카르트는 "세 변을 지니는 것"이 삼각형의 속성(또는 특성)인 것과 똑같이, '완전성'은 신의 속성이라고 보았다. 이어서 그는 '존재'가 완전성에서 도출되며, 따라서 '존재'는 신의 속성이 된다고 보았다. 그런데 존재는 전혀 속성이 아니며, 따라서 신의 속성도 아니라는 칸트의 주장은 '속성 알아맞히기'라고 하는 다음과 같은 게임을 상상해보면 쉽게 입증될 것이다. 내가 주머니에서 무언가를 꺼내 손 안에 쥐고 등 뒤에 숨긴 다음에 여러분더러 그 특성에 관해 질문하게 하고서 예 또는 아니오라고 답변한다고 하자. 여러분은 "그것이 초록색입니까?", "둥근 것입니까?", "무겁습니까?"라고 물을

속성 게임

수 있다. 그러나 "그것이 존재합니까?"라는 물음이 이 게임에서 유효한 물음일 수 있을까? 게임의 규칙은 이미 대상의 존재를 전제하고 있다. 만약 대상이 존재하지 않는다면(곧, 내 손에 아무것도 없다면), 나는 그 게임을 하는 것이 전혀 아니다. 나는 단지 여러분을 속이는 것일 뿐이다. 아니면 다른 게임을 해보자. 이 게임은 '장미 상상하기'라고 부른다. 먼저 장미꽃을 상상하라. 이제 노란 장미를 상상하라. 이제는 가시 달린 노란 장미를 상상하라. 이제는 가시 달리고 꽃잎에 이슬이 맺힌 노란 장미를 상상하라. 이제는 가시 달리고 꽃잎에 이슬이 맺히고 존재하는 노란 장미를 상상하라. 초점을 놓치지 말라. 마지막의 경우에는 장미 개념에 덧붙여진 것이 전혀 없다. 장미를 상상하는 것과 존재하는 장미를 상상하는 것은 같은 것을 상상하는 것이다. 노란색과 이슬, 가시의 경우에 우리는 그 개념에 무언가를 덧붙였으며, 따라서 그것들은 실재하는 속성의 사례다. 그러나 존재의 경우에는 어떤 것도 첨가되지 않았다. 따라서 존재는 "실재하는 속성이 아니다."

칸트의 비판은 확실히 존재론적 증명의 논리적 오류는 아니더라도 언어적 약점을 밝힌 것으로 보인다. 그것이 이야기의 끝인가? 아마 아닌 것 같다. 나는 앞에서 안셀무스의 논증이 엄청나게 융통성 있고 탄력적이어서 치명적인 공격을 받고도 되살아날 수 있다는 사실을 지적했다. 예를 들어, 현대 미국 철학자 노먼 맬컴은 안셀무스의 글에서 칸트의 비판에 영향을 받지 않는 종류의 존재론적 증명을 발견했다고 주장했다. 그 논증은 부연하자면 다음과 같은 것이다.

1. 만약 신이 존재하지 않는다면, 그의 존재는 논리적으로 불가능하다(왜냐하면 정의상으로 신은 영원하고 독립적이므로 나중에 존재하게 되거나 다른 원인에 의해 생성될 수 없기 때문이다).

2. 만약 신이 존재한다면 그의 존재는 논리적으로 필연적이다.(왜냐하면 신은 [위에서 말한 이유로] 나중에 존재하

게 되거나 존재를 중단할 수 없기 때문이다. 만약 존재를 중단한다면 신은 한계를 갖게 되는데, 정의상으로 신은 한계가 없기 때문에 그럴 수 없다.)

3. 따라서 신의 존재는 논리적으로 불가능하거나 논리적으로 필연적이거나 둘 중의 하나이다.

4. 만약 신의 존재가 논리적으로 불가능하다면 신의 개념은 자기 모순이다.

5. 신의 개념은 자기 모순이 아니다.

6. 따라서 신의 존재는 논리적으로 필연적이다.

7. 따라서 신은 존재한다.[7]

여기서 우리는 맬컴의 논증을 분석하는 작업은 하지 않을 것이다(하지만 그것은 많은 비판을 불러일으켰다).[8] 오히려 우리는 이 논증으로부터 맬컴이 끌어내는 다소 놀라운 결론에 주목할 것이다.

안셀무스의 존재론적 논증은 종교적 신념과 어떤 관계가 있는가? 이것은 어려운 문제다. 나는 어떤 무신론자가 그 논증을 접하고 그 타당성을 확신하게 되어 그에 대한 반론을 통렬하게 공격하면서도 여전히 무신론자로 남는 경우를 상상할 수 있다. 〈시편〉의 바보에게 그것이 미칠 수 있는 유일한 영향은 그가 진심으로 "신은 없다"고 말하는 것을 중단시키는 일일 것이다. 왜냐하면 그는 이제 그런 말이나 생각이 더 이상 의미를 지닐 수 없다는 것을 깨닫기 때문이다. 어떤 논증적 주장이 부가적으로 그에게 살아 있는 신앙을 일깨우기를 기대하기는 어렵다. 그 논증을 한 조각 논리로만 보고 연역적 과정은 따라가되 종교적 감동은 받지 않는 어떤 차원이 확실히 존재할까? 나는 그렇다고 생각한다. 그러나 이 차원에서조차 그 논증은 종교적 가치가 없지 않을 것이다. 왜냐하면 그것은 신앙의 길을 가

말문이 막힌 무신론자

로막는 어떤 철학적인 망설임을 없애는 데 도움이 될 것이기 때문이다. ……안셀무스의 증명이 타당하다고 인정하는 것이 반드시 종교에 귀의하는 결과를 가져와야 한다고 요구하는 것은 불합리한 일일 것이다.[9]

성 안셀무스가 창안한 그런 종류의 논증에 '존재론적 증명'이라는 이름을 붙인 것은 칸트였다. 이미 살펴보았듯이, '존재론적'이라는 의미는 "존재에 대한 연구와 관계가 있다"는 것이다. 칸트는 안셀무스의 논증이 순전히 '가장 실재적인 존재' 또는 '가장 완전한 존재'의 개념에 대한 논리적 분석에서 도출된 것이라는 데 주목하고서 '존재론적 논증'이라는 이름을 붙인 것이다. 우리가 이제 검토할 논증과 달리, 안셀무스의 논증은 매우 플라톤적이라는 사실에 주의하라. 그것은 '순수 이성'으로부터 도출된다. 그 속에서 '가장 완전한 것'과 '가장 실재적인 것'은 (플라톤의 '선'의 꼭대기에서 그런 것처럼) 동일한 것으로 드러난다. 그리고 그것은 전적으로 아프리오리한 논증이다. 안셀무스나 데카르트는 어디에서도 여러분더러 어떤 곳을 보라거나 어떤 것을 만지라거나 어떤 물리적 실험을 하라고 요구하지 않는다. 그들이 요구하는 모든 것은 생각하라는 것이다. 안셀무스는 순수한 사유로부터 신의 존재를 끌어냈다.(아마 이 사실은 결국 존재론적 증명이 틀린 지점일 것이다. 그러나 또한 논증의 특징은 그 순수하게 아프리오리한 성격에 있음을 시인해야 한다.)

우주론적 증명

신의 존재에 대한 또 다른 종류의 논증으로는 칸트가 우주론적이라고 부르는 것이 있다. 그렇게 부르는 까닭은 그러한 논증의 제1전제가 세계 속의 관찰 가능한 어떤 사실('우주')에 연관되기 때문이다. 따라서 그것은 아포스테리오리한 제1전제를 지니는 논증이다. 확실히 우주론적 논증의 가장 유명한 예는 토마스 아퀴나스Thomas Aquinas(1225~1274)가 창안해낸 것이다. 그의 사상은 그의 시대 이래로 대부분의 가톨릭 철학에 영감을 불어넣었다.

토마스의 《신학 대전》에 나오는 논증 가운데 하나를 살펴보자.

감각의 세계에서 우리는 동인動因들의 질서가 있음을 발견한다. 어떤 사물이 스스로의 동인으로 드러나는 경우는 알려진 바 없다(실상, 그것은 가능하지도 않다). 왜냐하면 그럴 경우

에 그것은 스스로에 선행할 것인데, 이는 불가능한 일이기 때문이다. 그런데 동인들 속에서는 무한으로 나아가는 것이 가능하지 않다. 왜냐하면 순서를 따르는 모든 동인에서 제일은 매개 원인의 원인이며 매개 원인이 여럿이든, 단 하나든 간에 매개 원인은 궁극 원인의 원인이기 때문이다. 그런데 원인을 배제하는 것은 결과를 배제하는 것이다. 따라서 동인들 가운

데 제1원인이 없으면 궁극 원인도 없고 매개 원인도 없을 것이다. 그러나 만약 동인들에서 무한으로 나아가는 것이 가능하다면 제1동인은 없을 것이며 궁극적인 결과도 매개적인 동인도 없을 것이다. 이 모든 것은 명백히 거짓이다. 따라서 모든 사람이 신이라는 이름으로 부르는 제1동인을 인정하는 것이 필요하다.[10]

동인이라는 용어는 성 토마스가 아리스토텔레스에게서 빌어온 것으로서, 오늘날 우리가 '원인'이라는 말로 의미하는 것과 대체로 동격이다. 따라서 토마스의 논증은 이렇게 요약될 것 같다.

1. 세계의 모든 사건은 그것에 선행하는 어떤 사건이 원인이다.
2. (a)원인의 연속은 무한하거나, (b)원인의 연속은 그 자체로 원인이 없는 제1원인으로 소급되거나 둘 중 하나다.

3. 그러나 원인의 무한한 연속은 불가능하다.

4. 따라서 제1원인, 곧 신이 존재한다.

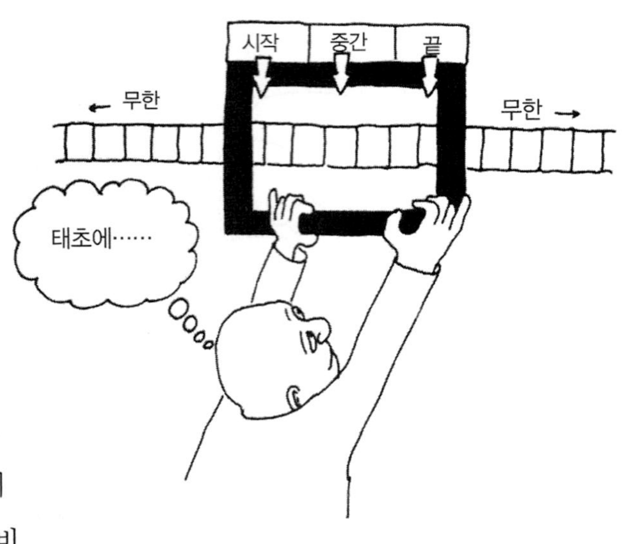

사물에 '시작'을 부여하려는
인간 정신의 요구

우주론적 증명에 대한 흄의 비판

이 논증을 거부한 흄과 칸트 같은 철학자들은 1번과 3번의 전제를 반박하고 결론에 대해서도 의문을 제기했다. 흄은 아마 '인과성' 개념에 대한 비판적 분석으로 가장 유명할 것이다. 우리가 흄의 논쟁적 분석을 자세히 따라가다가는 지나치게 문맥을 벗어나게 될 것이다. 여기서는 다만 흄의 주장에 따르면, 모든 사건에 원인이 있다는 것은 아프리오리하게 증명할 수 없으며 또한 아포스테리오리하게 어떤 일련의 관찰로도 그것을 입증할 수 없기 때문에 첫 번째 전제를 안다고 주장할 만한 어떤 타당한 근거도 존재하지 않는다고 말하는 것으로 족할 것이다. 또한 세 번째 전제가 거짓이라고 흄은 생각했다. 원인의 무한한 연속이 왜 불가능한가? 토마스와 달리, 흄은 원인의 연속이라는 개념 속의 그 어떤 것도 인간의 정신이 자의적으로 부여한 필요성 말고, 달리 시작의 존재를 필요로 하지 않는다고 믿었다. 흄이 생각하기에, 여러분은 그 어떤 사건을 상상하든 항상 그것에 선행하는 앞서의 사건을 상상할 수 있다. 수학에서 무한한 수의 연속이 가능하듯이, 상상이 시간 속으로 얼마나 멀리 소급해 들어가든지 상관이 없다. 따라서 "원인의 무한한 연속"이라는 개념에는 논리적 모

나르시스

순이 없다. 그리고 세 번째 전제를 증명해주는 관찰 가능한 자료가 없기 때문에 최소한 우리는
그 주장에 관해 회의적인 입장에 머물러야 마땅하다고 흄은 결론지었다.

마지막으로, 설령 1번에서 3번까지의 논증이 타당하다 하더라도 그것이 성 토마스가 믿었
던 기독교 신의 존재를 증명해줄 것인가? 토마스가 자신의 우주론적 증명의 여러 요소를 그
에게서 빌어온 아리스토텔레스 본인은 지극히 '자신에 몰입'하여 사람이 존재하는지조차 알
지 못하는 자기 도취적인 신을 믿었다. 확실히 토마스는 그러한 신의 존재를 증명하고 싶지는
않았을 것이다.

흄이 우주론적 논증을 단번에 확실하게 논박해냈다고 생각하기 쉽겠지만, 최근의 토마스
철학 연구자들은 토마스의 논증이 겉보기보다 더 복잡하여 수평적인 원인들의 체계(거기서는
원인의 무한한 연속이 배제될 수 없다)와 위계적인 종속성의 체계(토마스에 따르면, 이는 무한한 소급
을 허용할 수 없다)를 모두 포함한다고 경고했다는 것에 유념해야 할 것이다.[11] '종속성의 위계'
를 포함하는 이런 류의 논증은 앞서의 것보다 훨씬 더 플라톤적이며 플라톤의 '선의 비유'를
상기시킨다. 그 증명의 이러한 해석에 대한 논박은 플라톤적 형이상학에 대한 거부를 포함할
것이다.

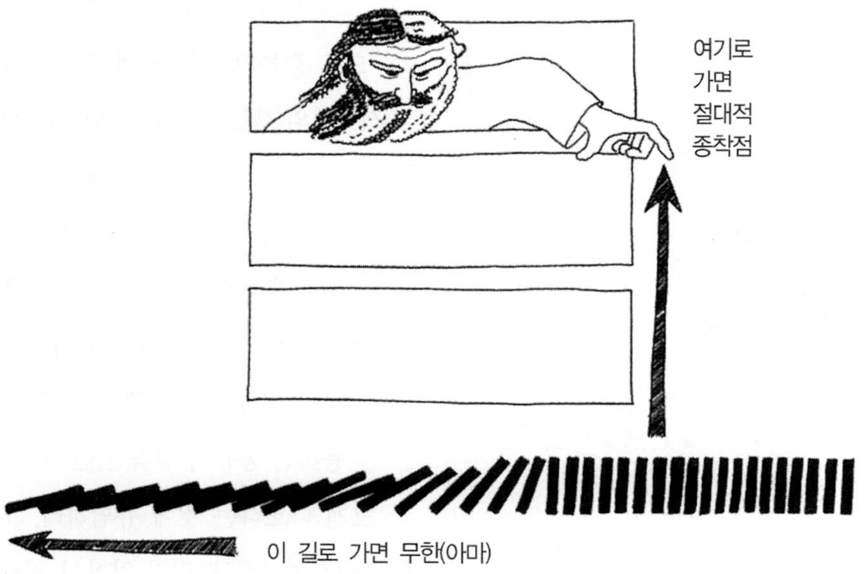

목적론적 증명

신의 존재에 대한 세 번째 종류의 논증은 '목적론적 증명', '계획으로부터의 논증', '유추로부터의 논증' 등 몇 가지 명칭으로 통한다. 이 증명은 18세기에 특히 인기가 있었지만, 우리는 또다시 토마스 아퀴나스의 《신학 대전》에서 그 13세기판을 발견한다.

다섯 번째 길은 세계의 통치로부터 나오는 것이다. 우리는 자연물 같은 지능이 없는 사물들이 목적을 위해 행동하는 것을 본다. 이는 그것들이 항상, 거의 항상 똑같은 방식으로 행동하며 최선의 결과를 얻고자 한다는 사실에서 분명히 나타난다. 따라서 그것들은 우연이 아니라 의도적 계획에 따라 그 목적을 달성함이 분명하다. 그런데 지능이 없는 모든 것은 지식과 지능을 지닌 어떤 존재에 의해 인도되지 않으면 목적을 향해 나아갈 수 없다. 이는 마치 궁수가 표적을 향해 활을 쏘는 것과 같은 이치다. 따라서 모든 자연물을 그 목적으로 인도하는 어떤 지능적인 존재가 존재하며, 이 존재를 우리는 신이라고 부른다.[12]

목적론적 설명은 목표나 목적, 의도의 견지에서 작동하는 것이다.('목표'나 '목적'을 뜻하는 그리스어 텔로스*telos*에서 유래). 우리는 날마다 우리 자신과 우리 주변 사람들의 행동을 설명하기 위해 목적론적 설명을 이용하기 때문에 그것에 익숙하다. "존은 어째서 다른 방으로 갔는가?" "질에게 전화하기 위해서." 존의 행동에 대해 그의 의도와 목표의 견지에서 이렇게 설명하는 것은 우리가 그의 행동을 이해할 수 있게 해준다.

존의 행동에 대한 이런 목적론적 설명은 자연적인 비인간적 사물들의 운동을 이해하기 위해 우리가 종종 사용하는 종류의 엄격한 인과적 설명과 크게 다르다는 것에 유념하라. "나무가 왜 쓰러졌는가?" "뿌리가 얕아서 지난 밤의

폭풍 때 나무의 무게를 지탱하지 못했기 때문이다.”

우리는 또한 우발적인 인간 행동의 경우에도 인과론적, 비목적론적인 설명을 사용한다. “존은 마루에서 뭘 하는가?” “구두끈에 걸려서 넘어졌다네.” 여기서는 목표나 의도, 목적에 대한 언급이 없으며, 따라서 목적론적 설명이 아니라는 것에 유의하라. 그런데 이러한 두 가지 구별되는 설명 방식의 사용법은 아주 명확할 것 같다. 우리는 특정한 종류의 인간 행동(곧, 우발적인 것이 아닌 목적적 행동)에 대해 목적론적 설명을 사용하며, 자연 현상에 대해 인과론적 설명을 사용한다. 그러나 다음과 같은 대화를 살펴보자.

“물수리는 왜 그렇게 시력이 좋은가?”
“공중 높은 데에서 물고기를 보기 위해서.”

“저 나방은 왜 날개에 갈색 반점이 있는가?”
“주변 환경 속에 섞여서 천적으로부터 자신을 보호하기 위해.”

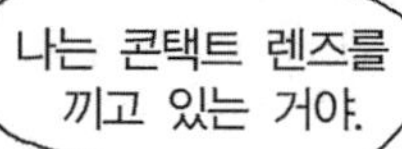

근시안인 물수리

“뇌에 피가 충분히 공급되지 않으면 어지러워서 쓰러지는 이유는?”
“심장이 피를 수평으로 펌프질할 수 있도록 하기 위해.”

이것들은 목적론적 설명이다. 그것들은 목표와 의도의 견지에서 설명하고 있다. 다윈이 주장하듯이, 이런 설명은 무언가 잘못된 것으로 드러날 수도 있지만, 사람들(대개 아이들에게 이야기하는 부모들)이 항상 이런 식으로 이야기한다는 사실은 부인할 수 없다. 많은 사람에게 이런 종류의 설명은 전적으로 자연스러워 보인다. 그런데 목적론적 증명이 점수를 얻는 것은 바로 그러한 설명의 ‘자연스러움’ 때문이다. 이 증명이 말하는 바는 자연 현상이 목적론적 설명을 필요로 하는 그런 것이거나 최소한 하나의 체계로서의 자연 현상 전체가 그런 설명을 필요로 하며, 다른 어떤 종류의 설명도 만족스럽지 않다는 것이다.

이 논증의 통상적인 형태는 이런 식이다. 만약 여러분이 산길에서 손목시계를 발견한다면 여러분은 시계의 기능으로 보아 그것이 어떤 목적에 이바지하기 위해 설계된 것이며, 따라서 그 인공물을 만든 영리한 시계 제작자가 반드시 존재한다고 연역할 것이다. 그 시계를 자연적 우발성과 우연의 일치의 견지에서 설명하는 것은 합당하지 않을 것이다. 그런데 자연은 그 운동의 복잡성 면에서 시계보다 훨씬 더 경이롭다. 인간의 심장은 인간의 생명을 유지하기에 꼭 알맞은 압력으로 피를 펌프질한다. 행성은 절대적인 수학적 정확성을 가지고 궤도를 운행한다. 각각의 식물은

그다지 영리하지 못한 시계 제작자

그 환경과 거의 완전한 조화를 이루고 있다. 요약하면, 우주는 지극히 복잡한 균형잡힌 메커니즘의 체계이기 때문에 시계의 경우처럼 그것은 영리한 창조주의 목적과 의도의 견지에서만 설명할 수 있다. 우주의 경우에 그 영리한 창조주는 신이다.

목적론적 증명에 대한 다윈과 흄의 비판

목적론적 논증에 대한 가장 유명한 비판자들은 찰스 다윈과 (또 다시) 데이비드 흄이다. 다윈의 비판은 간단히 말하면 이런 식이다. '설계' 개념과 '질서' 개념 사이에는 차이가 발생한다. 계획된 것은 반드시 누군가에 의해 설계된 것이 맞지만, 질서를 보여주는 모든 것이 설계된 것은 아니다. 자갈 해변의 예를 들어보자. 거기서 우리는 뚜렷한 질서를 발견한다. 가장 작은 모래알이 해변의 꼭대기 층을 이룬다. 두 번째 층의 알갱이는 좀 더 크고 가장 큰 것이 바닥 층을 이룬다. 그러나 이러한 질서를 설명하기 위해 어떤 '설계자'도 필요하지 않다. 거기에는 어떤 수수께끼도 없다. 어째서 커다란 자갈이 바닥에 있는가는 아주 명백하다. 그것은 가장 무거우며, 따라서 밀려오는 파도에 의해 가장 먼저 퇴적되는 것이다. 가장 작은 것은 가장 가벼우니까 가장 마지막에 퇴적된다.

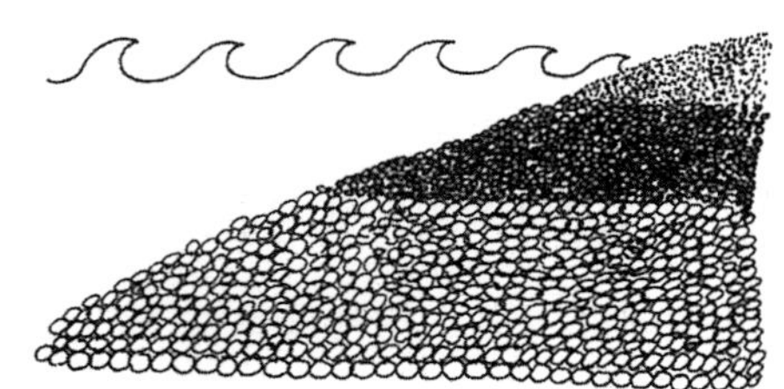

이와 비슷하게, 자연 전반의 질서는 종종

이보다 더 복잡하지만 같은 종류의 자연주의적 견지에서 설명할 수 있다. 심장과 신체의 완벽한 조화는 그만한 크기의 심장이 산출해낼 수 있는 만큼의 혈압을 견뎌낼 수 있는 신체라야만 심장이 지탱할 수 있다는 사실에 의해 설명된다. 다른 모든 신체는 견뎌내지 못할 것이다(실제로 견뎌내지 못했다). 그 특정한 크기의 심장과 그 특정한 구조의 신체가 우연하게 결합하여 견뎌낼 만한(실제로 견디고 있는) 유기체를 만들어낸 것이다. 심장이 신체를 유지하기 위해 X파운드의 혈압을 펌프질하는 것이 아니다. 오히려 심장이 X파운드의 혈압을 펌프질하기 때문에 신체가 활력을 지니는 것이다. 이와 비슷하게,

인간의 진화된 미래

초대형 무

물수리는 물고기를 정탐하기 위해 뛰어난 시력을 지니는 것이 아니다. 오히려 뛰어난 시력이 있기 때문에 물고기를 정탐하는 것이다. 나방은 적을 피하기 위해 반점이 있는 것이 아니다. 반점이 있기 때문에 적을 피하는 것이다. 열거하자면 끝이 없다. 만약 다윈의 논증이 성공적이라면 그것은 목적론적 어법("~하기 위해서")이 순수하게 인과적인 어법으로 대체될 수 있음을 보여주며, 따라서 목적론적 증명의 효력을 무산시킨다.

데이비드 흄은《자연 종교에 관한 대화》에서 목적론적 증명에 반대하는 최소한 한 쌍의 논증을 제기했다. 첫째로, 그는 "시계와 시계 제작자의 관계는 세계와 세계의 창조주 사이의 관계와 같다"는 유추

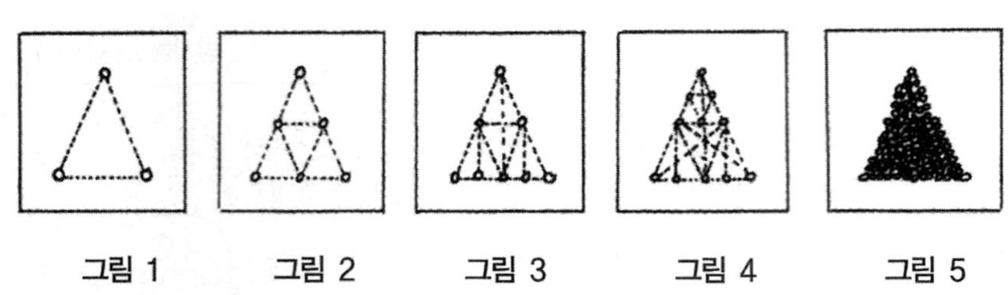

그림 1   그림 2   그림 3   그림 4   그림 5

의 타당성을 반박했다. 흄의 주장에 따르면, 시계와 시계 제작자의 관계에서 우리가 전자를 발견할 때 후자의 존재를 추론할 수 있는 것은 그것이 경험적인 관계이기 때문이다. 우리는 시계 제작자들이 시계를 만드는 것을 목격했기 때문에 시계의 존재로부터 시계 제작자의 존재를 추리할 수 있다. 시계와 시계 제작자의 관계에 바탕한 성공적인 유추라면 그 어떤 것이든 그 관계에 대한 경험적 요소를 반드시 포함해야 할 것이다. 그러나 세계와 세계의 창조주 사이에 주장되는 관계는 경험적인 것이 아니고 그럴 수도 없기 때문에 유추는 실패한다. 게다가 흄의 말에 의하면, 세계에 관해서 목적론적 설명의 필요성을 부추기는 측면은 흔히 세계의 유기적 측면이다. 유기적 세계는 시계보다는 식물에 더 가깝다. 우리는 (경험적으로) 식물이 어디에서 나오는지 알기 때문에 유추로부터의 논증은 우리로 하여금 세계의 창조주가 시계 제작자보다는 일종의 초대형 무에 더 가깝다는 결론을 내리도록 이끈다고 흄은 짐짓 장난스럽게 말한다!

    계획으로부터의 논증에 대한 흄의 또 다른 비판은 위와 같은 도표로 설명할 수 있다. 〈그림 1〉에서 세 점이 얼마나 질서 정연한가를 보라. 그것은 완전한 삼각형을 이룬다. 〈그림 2〉는 더 많은 질서를 포함한다. 단지 점 3개를 더함으로써 삼각형 안에 4개의 삼각형이 만들어졌다. 훨씬 더 복잡한 질서의 체계가 〈그림 3〉과 〈그림 4〉에 나온다. 그리고 나서 우리는 〈그림 5〉에 이르러 우리가 실제로 보고 있는 것은 모래더미라는 것을 깨닫는다. 그것은 우리가

생각하는 질서 있는 체계가 아니라 순전히 임의적인 종류의 우연성에 불과하다. 흄은 질서란 보는 사람의 눈 속에 있다고 제기하는 것이다. 인간의 정신은 자연의 혼돈에 질서를 부여하고 그것을 설명하기 위해 신성한 질서 부여자를 추리해낸다. 흄의 논점은 다윈보다 훨씬 더 급진적이라는 사실에 주목하라. 다윈은 '자연 속의 설계'라는 관념을 문제삼았을 뿐, 자연에 '질서'가 있다는 것은 결코 의심하지 않았다. 흄은 질서의 관념 자체를 문제삼는 것이다.

지금까지 살펴본 것은 확실히 신의 존재를 증명하려는 철학적 시도의 완전한 목록은 아니며, 또한 우리가 검토한 세 가지 논증의 풍부성이나 다양성을 남김없이 담을 엄두조차 내지 못

한 것이다. 그러나 그것은 신의 존재를 믿을만한 타당한 이유를 우리에게 제공해주는 이성적 논증이 있음을 보여주는 그런 종류의 시도의 좋은 견본일 것이다.

무신론

이미 살펴보았듯이, 신의 존재를 옹호하는 논증은 각각 문제가 있지만, 그러나 신이 존재하지 않는다는 것을 증명하고자 하는 논증도 분명히 거기에 못지 않다. 그러한 증명은 무신론을 옹호하는 논증이다. 여기서 우리는 그러한 논증 몇 가지를 열거하겠지만, 그것들을 검토하는 데 오래 지체하지는 않을 것이다. 그런 종류의 논의는 영원히 계속될 수 있다(실상, 중세 수백 년에 걸친 논쟁 이후에 그것은 영원히 계속될 것 같이 보이기 시작했다). 이러한 논증 가운데 일부는 존재론적 증명을 뒤집어놓은 것으로서, 서양 문화가 상상하는 신의 개념 자체가 자기 모순적인 것임을 보여주고자 하는 것이라는 사실에 유의하라. 여기 나오는 다른 논증들은 우주론적 논증을 뒤집어놓은 것으로서, 세계 속의 어떤 사실들이 신의 개념과 양립할 수 없음을 보여주고자 한다. 여기에 생략된 형태의 몇 가지 예가 있다.

1. 신의 전지성全知性은 그가 피조물에게 부여한 자유와 양립할 수 없다.(만약 신이 전지하다면 미래를 알 것이다. 만약 신이 인간의 미래의 행동을 안다면 인간은 마땅히 그 미래의 행동을 신이 아는 바대로 해야 한다[아니면 신이 틀린 것이다]. 만약 신이 인간의 미래의 행동을 알지 못한다면 전지한 것이 아니다.)

2. 신의 전적인 선함은 그가 악마와 영원의 벌을 창조했다는 사실과 양립할 수 없다.(신이 전

적으로 선하다면 어떻게 사탄 같이 강력한
악의 세력을 풀어놓아 인간 같은 약한 피
조물을 유혹하게 만들고 일시적으로라
도 악마의 우월한 간계에 굴복하는
불쌍한 영혼들에게 영원한 저주의
벌을 내리겠는가?)

3. 신의 전능성, 전지성, 전적인 선
함omnibenevolence, 전적인 창조성
omnicreativity은 세상의 악의 존재와 양립할
수 없다.(세상에는 자연 재해, 질병, 범죄, 기근,
비정함 따위의 악이 존재한다. 신이 그것들을 만들
지 않았다면 신은 우주의 창조주가 아니다. 신이 창조할 때 그것들을 막지 못했다면 신은 전
능하지 않다. 신이 그것들을 예견하지 못했다면 신은 전지하지 않다. 반면에 의도적으로 그것
들을 만들었다면 신은 전적으로 선한 존재가 아니다.)

4. 신은 전능하다고 정의되지만 전능성의 개념은 일관성이 없기 때문에 전능하다고 정의
할 수 있는 것은 아무것도 없다.(신은 너무 커서 자신도 옮길 수 없는 바위를 창조할 수
있는가? 만약 그럴 수 없다면 신은 전능하지 않다. 그럴 수 있다 하더라도 신은 전능하지
않다.)

이들 논증의 대부분은 이미 중세에 등장했다. 이는 실제로 신의 존재에 의문을 제기하는 것
이 아니라 — 중세에 무신론은 전혀 위협이 되지 못하였다 — 신학자들이 신의 본성에 대한 이
해를 스스로에게 명확히 하는 한편, 자신들의 철학적 능력을 과시하기 위한 구실로서 제기한
것이다. 하지만 이들 문제 중의 하나 — 죄악의 문제 — 는 다른 것들보다 훨씬 강력한 것이다.
여기에서 나는 그 문제를 논리적 형식으로 틀지우고 있다. 그러나 일반 신자들에게는 그것을
지지하는 증거들이 일차적으로 철학을 함으로써가 아니라 어떤 사람의 일상적인 삶의 여정에
서 발견되었고, 그리고 불행하게도 그 증거가 신학자와 비신학자 모두에게서 때때로 개인적이
고 고통스럽게 경험되었기 때문에 그 문제는 전혀 논리 퍼즐과 같은 것이 아니었다. 중세 세계

는 죄악으로부터 수많은 신앙자의 마음에 매일 떠오르는 논증으로 모든 수준에서 엄청난 고통을 받았다. 우리는 이러한 선입견이 죄악의 출현을 설명하거나 혹은 죄악이 왜 신의 은총과 양립할 수 있는가를 보여주거나 신의 은총의 필요한 부분임을 입증함으로써 그것의 목표가 고통으로부터 야기된 사고와 감정을 중화시키는 수많은 설교와 신학적 흔적으로부터 생겨난 것임을 알고 있다.

실제로 중세 때 지적인 수준에서조차 신의 존재에 대한 논증은 생각할 수 없는 것으로 결정되지 않은 상태를 유지하려고 했다. 곧, 세계는 혼돈되고 공포스러운 것으로 나타났다. 중세의 위대한 시기 내내 기근과 페스트는 어떤 통지자나 규칙에 의해 훈련받지 않은 약탈자 무리의 손에 의한 폭력이나 죽음에 의해서만 중단되었다. 그것은 성경에서 발췌한 묵시록의 네 마인馬人의 모습 — 페스트, 전쟁, 기근, 죽음 — 처럼 보여야 했고, 혼돈과 공포는 신의 계획의 한 부분이었다. 많은 사람에게 엄청난 고통은 신의 존재에 반대하는 증거가 아니라 신의 존재에 대한 증거로 보였다. 거기에는 그런 고통의 관찰자와 고통받는 개인의 마음속에 의문 — 이것이 모든 것이라면 저기에는 무엇이 있는가? 만약 신이 없다면? 중심이 유지되지 않는다면? — 이 몰래 스며드는 순간이 있어야만 한다. 중세적인 신앙심의 부분은 고대 그리스의 극작가 아리스토파네스Aristophanes가 명확히 한 사고, 곧 제우스가 쓰러졌을 때 혼돈이 그를 계승했으며 회오리 바람이 지배했다는 생각을 암묵적으로 수용하였다. 이 사고는 뒤에 표도르 토스또예프스키의 소설 속의 한 인물인 이반 카라마조프에 의해 "신이 없다면 모든 것이 허용된다"고 표현되었다.

천년 세월이 지난 뒤에 중세는 종말을 고했으며, 그럼으로써 신에 대한 전면적 집착도 끝이 났다. 중세 내내 서양인의 정신을 강하게 옥죄었던 종교의 속박이 풀어진 데에는 많은 역사적 이유가 있는데, 그러한 이유의 대부분은 순수하게 철학적인 것이라기보다 역사적, 사회학적인 것이다(예컨대, 기독교의 대분열이 종교적 신조의 일치성과 보편성이라는 외양을 손상시킨 것, 특정한 종교 제도 내부의 부패상이 드러나면서 종교의 도덕적 권위가 손상된 것, 과학적 발견의 등장이 성서적 세계관과 모순되게 보인 것 등). 18세기 이래로 무신론을 옹호하는 대부분의 철학적 논증은 신 개념의 부정합성이라든가 개념과 경험적 사실의 양립 불가능성을 보여주는 증명의 형식을 취하지 않았다. 오히려 그러한 논증은 종교적 신념을 옹호하는 우리의 동기가 잘못되고 환상적인 것임을 폭로함으로써 종교적 신앙을 타파하는 것을 목표로 삼았다. 19세기에 그러한 논증의 전형은 루트비히 포이어바흐Ludwig Feuerbach(1804~1872)와 그의 옛 제자 칼 맑스Karl Marx(1818~1883)에게서 발견된다.

포이어바흐의 '인간의 종교'

포이어바흐는《기독교의 본질》(1841)에서 종교적 신념이 기본적으로 인간의 가능성에 대한 혼동의 결과이며, 이러한 혼동과 그 결과물인 신념은 인간 문제의 본격적인 해결에 장애가 됨을 보여주고자 했다. 포이어바흐의 이론은 이런 식이었다. 인간은 근본적으로 선하며 유類로서의 인간은 종의 출발부터 어느 정도 지녀온 어떤 정당한 소망을 품고 있다. 이러한 소망은 다른 무엇보다도 사랑과 진리, 아름다움, 행복, 지혜, 순결함, 힘 따위를 획득하려는 의지다. 다시 말해서, 모든 인간 공동체는 의식적으로든 무의식적으로든 그러한 가치를 획득하고 표현하기를 소망해왔다.〈그림 1〉(플라톤의 그림자!) 그러나 개별적으로나 집단적으로나 삶은 힘들었고 이러한 이상은 거의 실현되지 않았다. 자연 재해와 전쟁, 사회적 혼란, 전염병이 이러한 이상을,

그림 1   그림 2   그림 3

말하자면 구름을 통해 하늘로 날아가게 만들었다.〈그림 2〉 그러다가 갑자기 이상한 일이 일어났다(애석하게도 포이어바흐는 그 일이 어떻게 일어났다고 생각하는지에 대해 자세한 이야기를 하지 않는다). 구름이 걷히더니 그 똑같은 이상들이 신의 목소리라는 새롭고 강력한 형태로 돌아왔다.〈그림 3〉 역사의 커다란 변증법적 아이러니는 진정한 인간성의 표현이었던 그 똑같은 이상이 이제 종교의 형태로 지상에 돌아와서는 인간을 땅바닥에 깔아 뭉갠다는 것이다.〈그림 4〉 — ”그리고 만약 내가 그 모든 것이라면 너희는 보잘것없는 존재다!([항상 그 사실을 잊지 말라!])”

그림 4

포이어바흐에 따르면, “항상 그 사실을 잊지 말라”는 구절이 ‘기독교의 본질’이며, 사실상 모든 조직화된 종교의 본질이다. 종교의 역사와 문헌은 이러한 명제의 예증으로 가득하다고 그는 믿었다. 특히 구약에 나오는 욥의 이야기를 포이어바흐의 관점에서 고찰해보자.

　사탄과 다른 천사들하고 토론하다가 하느님은 자신의 종 욥을 지목하여 악마 앞에서 그를 완전하고 의로운 인간으로 추켜 세운다. 사탄은 하느님이 보호하고 축복해주니까 욥이 완전한 것이라고 응수한다. 그러나 만약 하느님이 욥을 재앙에 떨어지게 하면 그는 하느님을 저주할 것이라고 사탄은 내기를 건다. 악마가 틀렸음을 증명하기 위해 하느님은 욥을 사탄에게 넘겨서 마음대로 욥을 괴롭히게 허락한다. 다만 욥을 죽이지는 않도록 한다.(”보아라, 그는 그대의 손 안에 있도다. 그러나 그의 목숨은 남겨두라.”[욥 2장 6절]) 고통의 첫날은 한 하인이 그에게 달려와 그의 황소와 나귀를 모두 도둑맞고 그의 목동들이 모두 살해당했다는 소식을 알리는 것으로 시작된다.

포이어바흐적 깨달음의 순간

첫 번째 하인이 이야기를 채 마치기도 전에 두 번째 하인이 와서 하늘에서 불이 떨어져 그의 양과 양치기들을 모두 태워 죽였다는 소식을 전한다. 이 하인이 말을 채 마치기 전에 세 번째 하인이 쫓아와서 칼데아인들이 욥의 낙타를 모두 훔쳐가고 낙타를 돌보는 사람들까지 죽였다고 알린다. 욥이 이 소식들에 정신이 혼미할 때 또 다른 하인이 와서 그의 장남 집이 폭풍에 무너져 욥의 자식 열 명이 모두 죽었다는 이야기를 전한다. 욥은 자기 옷을 찢고 삭발한 다음, 통곡을 하다가 고통의 둘째날에 깨어 일어나 자기 발바닥부터 머리 꼭대기까지 온 몸이 고통스러운 종기로 덮인 것을 발견한다. 욥의 부인은 욥이 삭발을 한 채 고름이 흐르는 종기와 고통을 안고 재 속에 앉아 있는 것을 보고 그에게 말한다. "하느님을 저주하고 죽어버려요."(욥 2장 9절) 욥은 하느님을 저주하지는 않지만 자기가 태어난 날을 저주하고 하느님의 뜻을 헤아리기가 불가능하다고 쓰디쓰게 내뱉는다. 그는 하느님에게 말한다. "무슨 까닭에 당신이 이 몸을 공박하는지 알려주십시오." "제가 악하지 않다는 것을 당신은 아시지 않습니까?"(이는 "왜 나인가?"라는 질문의 다른 표현인 바, 이 상황에서는 전적으로 합당한 질문일 것이다.) 하느님은 회오리 바람 속에서 욥에게 응답하면서 일련의 위협적인 질문을 던진다. "누가 여기서 알지 못하는 말로 혼란을 일으키는가?"(욥밖에 없다.) "내가 땅의 기초를 놓을 때 그대는 어디 있었는가?"(욥은 알지 못한다.) "그대에게 하느님 같은 팔이 있는가?"(욥에게는 없다.) "그대는 하느님처럼 천둥 같은 목소리를 낼 수 있는가?"(욥은 할 수 없다.) 마침내 욥은 깨닫는다. 하느님의 뜻은 묻는 것이 아니다. 하느님의 경우에는 힘이 정의다. 욥이 깨달았을 때 그는 잃어버린 모든 것과 그 이상을 — 새 가축과 새 땅, 새 하인, 새 자식들을 — 되찾는다.

내가 이 이야기를 포이어바흐의 시각에서 어떻게 한 것인지 여러분은 알 것이다(물론, 다른 가능한 해석도 많이 있다).[13] 사람은 자기가 당하는 불행에 체념해야 하며 그것을 지속시키는 제도를 문제삼거나 거기에 대항해서는 안 된다. 또 다시, 하느님이 모든 것이라면 사람은 보잘 것없는 존재다.

포이어바흐는 그 뒤를 이은 맑스처럼 사회주의자였다. 진정으로 인간적인 사회(곧, 사회주의 사회)는 우리의 정당한 소망인 사랑과 진리, 아름다움, 행복, 지혜, 순결함, 힘 등의 이상을 사실상 궁극적으로 성취할 수 있다고 그는 믿었다. 마치 포이어바흐는 인류 문화사에서 종교가 해온 엄청나게 중요한 역할을 인정하면서도, 그러한 이상적인 인간 세상의 길을 가로막는 유일한 장애물은 종교라고 생각했던 것 같다. 만약 인간 스스로가 자신들의 주관적 본질을 소외시켜 그 속에 '신'이라는 외래적이고 인위적인 존재를 객관화했다는 사실을 사람들이 알기만 하면 그들은 그 본질을 되찾고 지상의 천국을 건설할 수 있을 것이다. 포이어바흐는 마치 독자가 《기독교의 본질》을 정독하면 인간의 소외가 사실상 종교적 소외라는 것을 홀연히 깨닫게 되리라고 믿었던 것 같다. 그는 자기 이마를 치면서 외친다. "그렇지! 이제 알겠어!" 그 순간에 그는 종교적 소외로부터 해방되어 새로운 '인간의 종교'와 새로운 예루살렘의 건설에 헌신하게 될 것이다.

포이어바흐에 대한 맑스의 응답

칼 맑스는 포이어바흐의 책에서 커다란 감명을 받았다. 젊은 시절 한때, 맑스는 유일하게 올바른 철학의 길은 "불의 시내를 건너는 것"이라고 주장하기까지 했다(독일어로 포이어바흐Feuerbach는 '불의 시내'를 의미한다). 그러나 그는 이내 자기 스승에게 등을 돌렸다. 그랬던 기본적인 근거는 포이어바흐가 스스로 유물론자라고 생각함에도 불구하고 사실은 숨은 관념론자라는 것이었다(포이어바흐와 맑스가 누군가를 부를 때 가장 기분 나쁜 칭호가 '관념론자'였다). 맑스가 포이어바흐를 비판하며 쓴 종교에 관한 다음과 같은 구절을 살펴보라.

맑스가 불의 시내를 건너고 있다

포이어바흐는 종교적 자기 소외, 곧 세계가 종교적, 가상적 세계와 현실적 세계로 이중화되다는 사실에서 출발한다. 그의 작업은 종교적 세계를 그 세속적 토대로 해소시키는 데 있다. 그는 이 작업을 마친 이후에 주요한 할 일이 여전히 남는다는 사실을 간과한다. 왜냐하면 세속적 토대가 그 자체로부터 벗어나 구름 속에서 독자적 영역으로 자리잡는다는 사실은 이러한 세속적 토대의 자기 균열과 자기 모순에 의해서만 진정으로 해명할 수 있는 것이다. 그러므로 후자는 자체적으로 먼저 모순 속에서 이해되어야 하며, 다음에 모순의 제거에 의해 실천 속에서 혁명화되어야 한다. 그래서 예컨대 지상의 가족이 신성 가족의 비밀이라는 사실이 일단 발견되고 나면, 전자는 자체적으로 이론 속에서 비판되고 실천 속에서 혁명화되어야 하는 것이다…….

종교적 고통은 현실적 고통의 표현인 동시에, 현실적 고통에 대한 항변이다. 종교는 영혼 없는 상태의 영혼인 것과 마찬가지로, 억압받는 피조물의 한숨이고 비정한 세계의 온정이다. 그것은 인민의 아편이다.[14]

이 구절에서 맑스가 쓰는 언어는 조금 난해하지만, 그가 포이어바흐의 이론에 반대한다는 것은 아주 쉽게 알 수 있다. 맑스에 따르면, 포이어바흐가 종교를 소외의 한 형태로 보는 것은 옳지만 그 문제의 해결책이 종교의 비판이라고 믿는 것은 잘못이다. 맑스는 종교가 질병의 원인이 아니라 징후일 뿐이라고 주장한다. 질병은 세상의 사회 조직에 있다. 지상의 가족이 "이론 속에서 비판되고 실천 속에서 혁명화되어야" 한다고 말할 때 맑스가 의미하는 것은, 신성 가족(마리아와 예수, 요셉)이란 지상의 현실적 문제가 하늘에 거꾸로 투영된 것이라는 것이다. 당시 유럽 사회의 결혼은 합법화되고 강요된 매춘의 한 형태이며 '가장'으로서 아버지의 역할은 어머니와 자식에 대한 폭력적인 압제의 한 형태라고 맑스는 주장했다. 그가 생각하기에, 이 모든 것은 신성가족에 대한 종교적 견해 속에서 변증법적으로 전도된다. 맑스가 보기에, 종교를 금하는 것은 소용없는 일이다. 현실적 가족의 압제와 매춘, 착취가 폐지되면 종교는 간단하게 소멸할 것이다. 이는 최소한으로 이야기하더라도 논란이 많은 주장이지만, 맑스의 이론이 옳다면 포이어바흐의 종교 비판이 부적절하다는 점은 분명히 해야 할 것이다.

포이어바흐와 맑스 양자의 이론에 내포된 아이러니 중의 하나에 주목하라. 그것은 종교가 진리 — 사회적 진리가 되어야 할 정신적 진리 — 를 내포하는 중요한 의의를 지닌다는 것이다. 이는 포이어바흐보다 맑스의 경우에 훨씬 더 명확히 그렇게 여겨졌다. 맑스에게서 종교란 "영혼 없는 상태의 영혼……억압받는 피조물의 한숨이고 비정한 세계의 온정이다. 그것은 인민의 아편"이라는 것을 상기하라. 이는 종교에 대한 절대적 비난이라고 보기 어렵다. 보통 마지막 문장은 문맥과 별개로 인용되며, 그 경우에 아편은 사람을 실성시켜 히죽거리고 침 흘리며 체신 없이 굴게 만드는 마취제로 간주된다. 그러나 맑스는 아편의 약물적 효능을 염두에 두었다. 그것은 고통을 없애준다. 맑스에게서 고통은 현실적인 것이므로 종교는 최소한 정확한 과제, 곧 인간의 불행을 다루는 것이다. 20세기 맑스주의 철학자 허버트 마르쿠제는 이 점을 잘 이해했다. 자신의 저서 《에로스와 문명》에서 그는 이렇게 썼다.

종교가 여전히 평화와 행복을 향한 비타협적 소망을 간직하는 경우에, 그 '환상'은 그것의 제거를 위해 작업하는 과학보다 더 높은 진리치를 지닌다. 종교의 억눌리고 변형된 내용성은 과학적 태도에 그것을 양도해서는 해방될 수 없다.[15]

지그문트 프로이트 — 종교의 정신분석학

종교의 숨은 진리치에 대한 믿음에도 불구하고, 포이어바흐와 맑스 양자는 종교가 궁극적으로 환상이라고 생각하는 무신론자였다. 20세기의 가장 유명한 무신론자 중의 한 사람은 지그문트 프로이트Sigmund Freud(1856~1939)였다. 그도 또한 종교적 신념은 일종의 환상이라고 생각했으며, 종교에 관한 그의 저서는 제목이 《환상의 미래》다. 그의 종교관은 그의 나머지 정신분석학 이론과 깊이 얽혀 있다. 그러나 다행히 우리는 종교에 관한 프로이트의 심리학 전반을

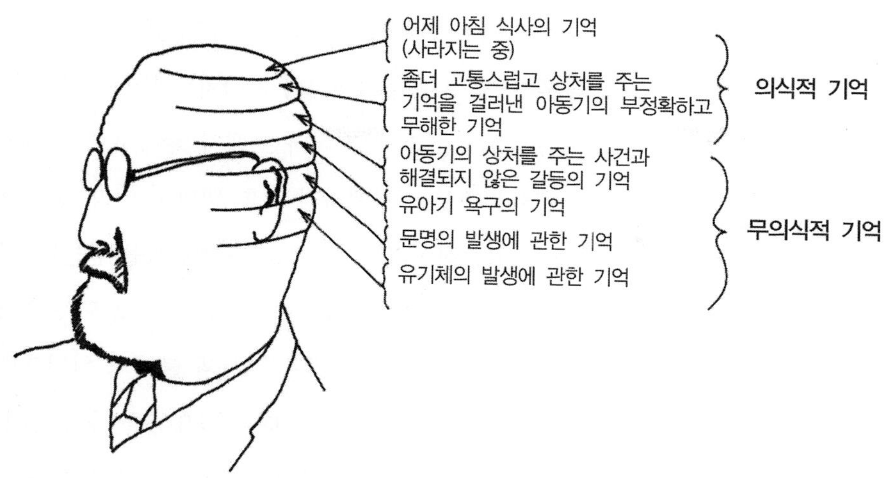

서술하지 않고 그 몇 가지 요체만 가지고도 종교에 관한 그의 주장의 핵심에 도달할 수 있다. 프로이트에 따르면, 인간의 정신은 그 초기 단계의 모든 것을 그 최종적 형태와 나란히 보존한다. 이는 개체 발생과 계통 발생 모두에 해당된다(곧, 개인사와 아울러 인류사에도 해당된다). 새로운 부분을 세우기 위해 낡은 부분을 파괴해야 하는 도시의 경우와는 달리, 정신 속에서는 최초 단계와 최종 단계가 동시에 존재한다. 그러나 초기의 것은 상당 정도 무의식 속으로 가라앉거나, 심지어 억압되기도 한다. 따라서 의식의 관점에서 볼 때 초기 단계의 구조와 내용은 영원히 망각된 것 같이 보이지만, 그것들은 사실상 우리의 의식적 사유나 마찬가지로 현존하며 일정 정도 행동의 동기로 작용한다. 그런데 종교에 관해 프로이트는 이렇게 말한다.

유아기의 무력감과 그로 인해 야기되는 아버지에 대한 갈망에서 종교적 요구가 파생된다는 것은, 내가 보기에 논란의 여지가 없는 사실인 것 같다. 특히 그 감정은 어린 시절로부터 단순히 연장되는 것이 아니라 숙명의 우월한 힘에 대한 공포에 의해 영속적으로 유지되기 때문에 더욱 그렇다. 나는 아버지의 보호에 대한 요구만큼이나 강한 아동기의 요구를 상상할 수 없다.[16]

정신의 대부분은 무의식 속에 잠겨 있다

유아는 어떤 면에서 자신이 전능하다고 믿으면서 세상에 나온다. 그 요구의 최소치나 최대치는 단순히 불평을 알리는 즉시 돌보아진다. 그러나 오래지 않아 유아는 자신이 전능하거나 현실을 지배하지 못할 뿐만 아니라, 전적으로 연약하고 의존적이라는 공포스러운 깨달음을 얻는다. 이러한 발견(그는 결코 거기서 벗어나지 못한다)은 공포와 분노를 낳는다. 유아는 세상의 수많은 고통과 불행의 원천으로부터 자신을 지켜줄 보호자의 절대적 필요성을 마지 못해 인정한다. 그는 이 보호자를 아버지의 모습으로 발견하게 된다. 자신의 연약성과 아버지에 대한 의존성의 이러한 두려운 발견은 이 발견에 수반되는 정서적 부담 — 공포, 요구, 사랑, 분노 — 과 나란히 성인의 무의식 속에 활동적 힘으로 남는다. 성인이 되면,

우리는 각각 어떤 일면에서 편집광 같이 행동하며 소망의 구축에 의해 세상의 참기 힘든 측면을 교정하고 이러한 망상을 현실에 도입한다. 현실의 망상적 재구성을 통해 고통을 이기고 행복과 보호의 확실성을 획득하고자 하는 이러한 시도가 상당수의 보통 사람들에 의해 이루어진다는 사실은 특별한 중요성을 지닌다. 인류의 종교는 이러한 종류의 집단 망상의 사례로 분류되어야 한다. 물론, 망상을 공유하는 사람들은 누구라도 그것을 망상이라고 인식하지 않는다. ……[종교의] 기법은 인생의 가치를 저하시키고 현실 세계의 상을 망상적 방식으로 왜곡하는 데 있다 — 이는 지성에 대한 협박을 전제로 한다. 그 대가로 사람들을 강제로 심리적 유아기 상태에 빠뜨리고 집단 망상으로 유도함으로써 종교는 수많은 사람이 개인적 노이로제에 빠지지 않게 하는 데 성공한다.(pp. 30~31, 34)

유아는 자신이 전능하다고
믿으면서 세상에 나온다

프로이트는 종교가 사람들에게 노이로제를 면하게 해줄 수 있다는 것을 깨닫기는 하지만, 그럼에도 불구하고 그는 종교를 경멸하는 것 같다. 그는 말한다. "모든 것이 너무나 명백하게 유아적이고, 너무나 현실과 이질적이기 때문에 인류에 대해 우호적인 태도를 지닌 사람은 누구나 인류의 대다수가 이러한 인생관을 결코 넘어설 수 없으리라는 생각에 고통을 느낀다."(p. 49)

그러므로 프로이트에 따르면, 종교는 약자를 위한 것이며, 세상의 험난함 속에 망상을 동반할 필요성을 지니는 사람들을 위한 것이다. 문명과 그 불만족에서 프로이트는 알콜과 마약을 다루는 똑같은 항목에서 종교를 다루고 있다. 그에게도 역시 종교는 진정 '인민의 아편'인 것이다. 망상이 없이 세상의 험난함에 맞서서 과학적 진리로 망상을 대체하는 용기를 발휘할 수 있는 사람들이나 예술 작업 속에서 다른 종류의 편집광적 환상을 창조해낼 수 있는 사람들만이 종교를 피해갈 수 있다(이에 대한 자세한 설명은 10장을 보라).

프레드릭 니체가 중요한 발견을 하다

종교적 신념의 의지적 정당화

앞서 우리는 신의 존재에 대한 믿음의 합리성을 증명하고자 하는 여러 가지 논증을 살펴보았다. 그러한 논증은 이성과 증거를 강조했다. 신의 존재를 옹호하는 다른 종류의 논증도 있는데, 그것은 인간

성의 이성적, 지적 측면보다는 감정적 측면에 호소하는 것이다.(신의 존재에 반대하는 '감정적' 논증도 있다. 니체의 논증이 아마 압권일 것이다. "만약 신들이 있다면, 내가 그 중의 하나가 아니라는 사실을 어떻게 견딜 수 있겠는가? 고로 신은 없다.") 신의 존재를 옹호하는 그러한 심정적 논증 가운데 가장 유명한 것 하나는 미국의 실용주의자 윌리엄 제임스William James(1842~1910)가 제기한 것이다.

먼저, 실용주의에 관해 조금 살펴보자. 이 명칭은 또 다른 미국 철학자 찰스 퍼스Charles Peirce(1839~1914)가 만든 것인데, 그에게 실용주의란 본질적으로 다양한 사상에 대한 믿음의 실제적 결과를 추적함으로써 우리의 사유 과정을 명료화하는 것을 목표로 삼는 방법론의 명칭이다. 제임스식 실용주의(이는 퍼스에게 커다란 불쾌감을 주어 퍼스는 자기 견해를 'pragmatism'에서 'pragmaticism'으로 명칭을 바꾸었다 — 이는 "유괴범 걱정을 안 해도 좋을 만큼 못생긴" 이름이라고 그는 말했다)는 궁극적으로 특정 종류의 종교적 신념의 정당화가 되었다. 그 정당화를 개진하기 전에, 우리는 의미에 대한 실용주의 이론과 진리에 대한 실용주의 이론을 구별해야 한다. 전자에 관해 제임스는 이렇게 썼다.

세계는 하나인가 여럿인가? 숙명적인가 자유로운가? 물질적인가 정신적인가? — 여기에는 각각 세계에 대해 타당할 수도 아닐 수도 있는 개념들이 존재한다. 그리고 그러한 개념들에 대한 논란은 끝이 없다. 그와 같은 경우에 실용주의적 방법은 그 각각의 실제적 결과를

추적함으로써 각각의 개념들을 해석하고자 하는 것이다. 만약 저 개념이 아니라 이 개념이 옳다면 어느 누군가에게 실제적으로 어떤 차이가 있는가? 아무런 실제적 차이도 찾아낼 수 없다면, 그 대안들은 실제적으로 똑같은 것을 의미하며 모든 논쟁은 무익한 것이다.[17]

다시 말해서, 한 문장은 여러분이 다른 것을 믿을 때와 달리 여러분의 생활에 어떤 실제적 차이를 가져온다고 생각될 때만 유의미하다. 예컨대, 다음과 같은 문장을 보라. "이 방 한가운데에 탁자가 있다." 만약 여러분이 방의 한 끝에서 다른 끝으로 이동하고자 한다면, 그 문장이 옳다고 믿는 것은(반대로 되는 것과 달리) 실제적 차이를 가져올 것이다. 왜냐하면 여러분이 방을 가로질러 가는 길은 전자의 경우와 후자의 경우에 각기 다를 것이기 때문이다. 이제 좀 더 복잡한 사례를 살펴보자. "목성은 달이 세 개다." 여러분이 그 문장을 믿든지 아니면 다른 것(이를테면 "목성은 달이 없다")을 믿든지 간에 여러분이 천문학자나 우주 비행사가 아니라면, 그것은 아마도 여러분의 생활에 어느 쪽이든 큰 차이를 가져오지 않을 것이다. 그러나 여러분이 천문학자나 우주 비행사라면, 우리는 후자와 반대로 전자의 대안을 믿는 것이 명확한 실제적 결과를 가져오는 상황을 확실하게 상상할 수 있다(여러분은 목성에 세 번째 달이 있다고 믿지 않는다면, 그 세 번째 달에 로켓을 착륙시키려고 하지

오직 유의미한 문장만이
참이거나 거짓일 수 있다

않을 것이다).

그러므로 우리가 살펴본 탁자와 달의 예
는 그 중 어느 쪽을 믿느냐에 따라 차이
를 가져오기 때문에 유의미하다. 그런 예
들을 이것과 대조해보라. "데이지꽃과 햄
버거 같은 물건들 주위에는 투명하고 알
수 없고 보이지 않고 만질 수도 없는 존재
들이 많이 있다." 이 문장을 믿거나 아니
면 그 반대를 믿거나 실천은 정확히 똑같
을 것이다. 따라서 각각의 믿음은 실제적
으로 동일하다.

그렇다면 진리의 경우는 어떤가? 무엇
보다도 오직 유의미한 문장만이 참이거나 거짓일 수 있다는 사실에 유의하라(이로부터 투명한
존재에 관한 우리의 마지막 사례는 참도 거짓도 아니라는 다소 기묘한 결론이 나올 것이다). 제임스의
실용주의적 진리론을, 서양 철학사를 관통하면서 서로 경쟁해온 다른 두 진리론, 곧 상응 이론
및 응집 이론과 비교함으로써 보다 일반적인 맥락에서 진리에 대한 철학적 논의를 해보자. 상
응 이론은 지배적인 이론이며 특히 경험주의자들이 선호해왔다. 이 이론에 따르면, 명제가 사
실과 상응하다면 그 명제는 참이라고 쉽게 말한다. "고양이가 매트 위에 있다"는 문장은 고양
이가 사실상 매트 위에 있으면 참이다. 이 이론의 주요한 매력은 그것이 단순하고 상식에 호
소한다는 데 있다. 주요한 약점은 (1)언어학적 실체(단어, 문장)가 언어처럼 아무것도 아닌 사
물과 어떻게 상응할 수 있는지에 대해 설명하는 데에서의 곤란함과 (2)문장이 상응해야 하는
것을 정확히 비순환적으로 설명하는 데에서의 곤란함(사실일까? 참인 문장이 주장하는 것이 그렇
지 않다면 무엇이 '사실'일까?)과 (3)특히 수학에 적용하는 데에서의 곤란함("5 + 2 = 7"라는 문장에
상응하는 것은 무엇인가?)에 있다. 진리의 응집 이론은 한 문장이 진리임이 판명된 다른 모든 문
장과 모순되지 않으면 참이라고 주장한다. 이 이론은 많은 이성주의자들이 선호해왔다. 이것
의 최대 강점은 수학적 진리의 개념에서 사리에 맞는다는 것이다("5 + 2 = 7"은 "7 = 7", "1 + 6 = 7",
"21÷3 = (2×3) + 1" 등등에 의해 필연적으로 생겨나기 때문에 참이다). 이것의 최대 약점은 끊임 없는 순환성에 있다. 명제 A는 명제 B, C, D와 일치하기 때문에 참이다. 명제 C는 명제 A, B, D와 일치하기 때문에 참이다 등등.(편집증의 신념 체계를 상기하라. 편집증 환자의 모든 신념은 다른 사람의 신념과 완벽하게 일치한다. 그에게 일어나는 모든 것은 모든 사람이 그 사람을 얻기 위해 밖으로 나온 증거다.)

그런데 실용주의자들은 상응의 검증과 응집의 검증이 경쟁하는 이론이 아니라 이들 신념이 '작동하는'지 알기 위하여 신념에 적용되는 단지 다른 도구라고 말하고 있다.

제임스는 진리에 관해 이렇게 말했다. "(자체적으로 우리 경험의 일부분에 불과한) 관념들은 우리가 우리 경험의 다른 부분들과 만족스러운 관계를 맺도록 도와주는 한에만 진리가 된다. ……우리의 관념 속의 진리는 그 '작동work' 능력을 의미한다."(p. 49) 그러므로 여기서 핵심 개념은 '작동'의 관념이다. 제임스는 그것을 "우리가 우리 경험의 다른 부분들과 만족스러운 관계를 맺도록 도와주는" 것이라고 정의한다. 제임스는 또한 이것을 관념들의 '현금 가치'라고 부른다. 그런데 만약 방 한가운데 탁자가 있다고 믿는 것이 여러분이 다리를 다치는 바보짓을 하는 것을 막아준다면, 그 믿음은 작동한다. 곧, 그것은 진리다.

마지막으로, 신에 대한 믿음에 관한 실용주의자들의 생각을 살펴보자. 이 주제에 관한 제임스의 논의는 적합한 증거가 없는 어떤 믿음도 우리는 주장할 권리가 없다는 과학적 견해에 대한 응답이었다. 이 견해(18세기의 흄과 20세기의 러셀이 주장한 것)는 제임스의 시대에 영국 수학자 클리포드W. K. Clifford(1845~1879)에 의해 널리 보급되었다. 클리포드는 이렇게 말했다. "믿음은 믿는 사람의 위안과 사적인 기쁨을 위해 증명되지도 않고 검토되지도 않은 진술에 주어질 때 더럽혀진다……. 불충분한 증거에 기초해서 어떤 것을 믿는 것은 항상 모든 곳에서 모든 사람의 경우에 잘못이다."[18] 이에 대해 제임스는 이런 말로 응답했다.

우리의 감정적인 본성은 여러 명제 중에서 그 본질상 지적인 근거를 바탕으로 결정될 수 없는 진정한 선택이 요구될 때는 언제나 합법칙적으로 선택을 결정할 수 있을 뿐만 아니라 마땅히 그래야만 한다. 왜냐하면 그런 상황에서 "결정하지 말고 문제를 열어두라"고 말하는 것은 — 예 또는 아니오를 결정하는 것이나 마찬가지로 — 그 자체가 감정적인 결정이며 진리를 놓치는 똑같은 위험을 수반하기 때문이다.[19]

그런데 제임스가 보기에, 신의 존재 문제는 명확히 지성만으로는 해결할 수 없는 문제다. 그러므로 만약 그것이 '진정한 선택'의 문제라면(곧, 유의미한 신념이라면), 그것은 순수하게 의지적인 근거에서 받아들여질 수도 있을 것이다. "신이 존재한다"는 명제는 실용주의적 견지에서 유의미한가? 그것을 믿는 것이 한 사람의 생활에 실제적 차이를 가져오는가? 이는 확실치 않은 문제다.

나는 어떤 사람에게는 그렇고, 어떤 사람에게는 그렇지 않다고 본다. 어떤 사람들은 신의 존재를 믿거나 안 믿거나 간에 똑같이 행동할 것이다. 그러나 또 어떤 사람들은 유대-기독교적 전통 속의 신의 존재를 믿는다면 그를 믿지 않을 때와 아주 다르게 행동할 것이다(만약 믿는다면, 아마 그들은 믿지 않을 때보다 이웃에 더 친절하게 대할 것이다).

그러나 신에 대한 믿음이 차이를 가져오는 경우라도 모든 사람이 똑같이 행동하는 것은 아니다. 일부는 수사나 수녀가 될 것이다. 다른 사람들의 경우에는 믿음으로 인해 생기는 유일한 차이는 일요일에 정장을 하고 교회에 가는 정도일 것이다. 이는 제임스의 의미 이론의 주관적 측면을 보여준다. 왜냐하면 어떤 명제의 의미는 그 명제에 대한 믿음에서 귀결되는 행동의 차이에 불과하기 때문이다. 그래서 어떤 사람들에게는 "신이 존재한다"는 문장과 "신이 존재하지 않는다"는 문장 사이에 실제적 차이가 없다. 다른 사람들에게는 불

실용주의적인
신의 존재 증명

신과 반대로, 믿음이 근본적 차이를 가져올 것이다. 하지만 또 다른 사람들에게는 믿음이 아주 사소한 차이(예컨대, 주일에 검정색 옷을 입는 따위)를 낳는 데 그칠 것이다.

그런데 "신이 존재한다"는 주장의 진리성은 어떤가? 제임스에 따르면, 한 명제는 그것을 믿는 것이 작동한다면 — 곧, 그 믿음이 믿는 사람으로 하여금 그의 다른 경험들에 대해 보다 만족스러운 관계를 맺게 해준다면 — 참이다. 이 점에 관해서 제임스는 이렇게 말한다.

> 실용주의적 원리에 근거할 때, 만약 신의 가설이 가장 넓은 의미에서 만족스럽게 작동한다면 그것은 참이다. 그런데 나머지 난점이 무엇이든 간에 경험이 보여주는 바는 그것이 확실하게 작동한다는 것이다. 문제는 그것을 보강하고 확정하여 그것이 다른 모든 작동하는 진리와 만족스럽게 결합되도록 하는 것이다.(p. 192)

그러므로 우리가 보기에, 제임스에게서 의미와 진리는 모두 상대적이다. 어떤 사람들에게는 "신이 존재한다"는 문장이 참이다. 다른 사람들에게 그것은 거짓이다. 대부분의 철학자는 종교적 신념 문제에 대한 제임스의 해결책을 거부했는데, 그 까닭은 의미와 진리에 관한 그의 상대주의를 미심쩍게 여겼기 때문이다. 그밖의 사람들은 제임스가 진정한 문제, 곧 신의 존재에 대한 믿음 속에서 발견되는 개인적 만족 또는 그것의 결여와 무관하게 진정으로 신이 존재하는가 하는 문제를 비켜갔다고 느꼈다.

신비주의 – 원대한 계획

종교적 신비주의

종교적 신념은 때때로 모종의 이례적인 개인적 경험에 근거를 두기도 한다. 그것들은 한 순간의 사건으로 감지되거나("우리는 모두 눈 깜짝할 순간에 변할 것이다."〈고린도 전서〉 15장 52절) 아니면 몇 분, 몇 시간, 며칠, 또는 심지어 몇

사울이 어떻게 바울이 되었는가

주 동안 지속되는 경험일 수도 있다. 그것들은 정신에 일어나는 자연 발생적인 내면적 폭발로서 경험할 수 있다.(개종의 경험 가운데 가장 유명한 것 ― 기독교 박해자였던 타르소스의 사울을 신약성서 대부분의 저자인 성 바울로 변화시킨 것 ― 은 명백히 그와 같았다. 다마스커스로 가던 길에 그는 홀연히 눈을 부시게 하는 빛을 보고 놀라서 말에서 떨어졌다. 그때 그는 "사울아, 사울아, 왜 나를 핍박하느냐?"라고 말하는 예수의 목소리를 들었다. 다른 예로는 로마 황제 콘스탄티누스의 경험이 있다. 그는 군대와 함께 말을 타고 알프스를 넘다가

하늘을 쳐다보았을 때 구름들이 소용돌이치며 십자가 표지를 만들고 "이 표지 안에서 정복하라"라는 글자를 이루는 것을 보았다.[아마 말 타는 것과 종교적 경험은 모종의 연관이 있는 모양?]) 또는 그러한 경험은 로욜라의 성 이그나티우스Ignatius가《영적 훈련》에서 약술한 것과 같은 일련의 신체적 및 정신적 준비에 몰입함으로써 의도적

으로 불러일으킬 수도 있다. 이러한 경험들은 이성에서 벗어난 것이기 때문에 ─ 곧, 논리적 설명을 초월한 것으로 보이기 때문에 ─ 종종 신비적 경험이라고 부른다. 그것들 모두의 공통점으로 보이는 것은 그 과정 중에, 그리고 그 이후에 얼마 동안 모든 것이 새로운 빛 속에 보인다 ─ 모든 것이 변화한다 ─ 는 사실이다. 종교의 관념 전반은 신비적 경험에 근거하며, 특히 몇몇 아시아 철학에서 그렇다. 여기서 우리는 서양의 종교 철학에 국한해서 다룰 텐데, 거기에서는 신비주의가 결코 주류는 아니었지만 유대교(카발라교의 전통), 이슬람교(수피교의 전통), 그리고 기독교의 가톨릭과 개신교 종파 모두에 신비 사상의 강한 저류底流가 항상 흐르고 있었다. 우리는 이들 각각의 서양적 신비주의 전통의 연원을 그 고유의 신성한 문서만이 아니라, 묘하게도 플라톤의 '선의 비유'에 대한 모종의 신플라톤적 해석에까지 소급할 수 있다.《국가》의 거의 불가해한 한 구절에서 플라톤은 소크라테스에게 이런 말을 시킨다.

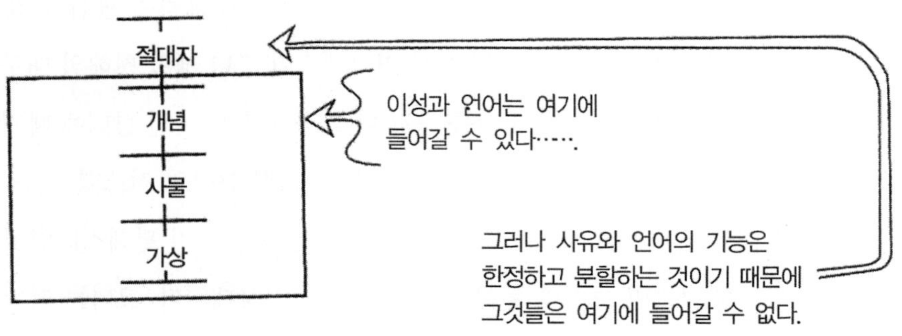

이러한 주장을 하나의 근거로 삼아 신비적 성향이 보다 강한 신플라톤주의자들 가운데 몇몇은 플라톤의 '선線'을 다음과 같이 해석했다.

절대자(궁극적 실재, 신)는 하나이며 분할할 수 없다. 따라서 그것은 전통적인 플라톤주의자들의 생각처럼 이성적 분석과 오성에 의해서가 아니라 이성을 벗어난 신비적 경험을 통해서만 '접근'된다.

우리는 서양 신비주의의 사례로 아빌라의 테레사Teresa(1515~1582) ─ 나중의 아빌라의 성녀 테레사 ─ 의 빛나는 예를 살펴볼 것이다. 그녀는 스페인 북부의 황량하고 메마른 카스티유 지방에 있는 유서 깊고 장엄한 아빌라 성시城市에서 태어났다. 어릴 적에 그녀는 당시에 유행했던 로망스와 기사도(1세기 뒤에 세르반테스가《돈키호테》에서 풍자했던 그런 것)를 다룬 소설과 성인들의 전기를 읽었다. 이러한 모험담이 동기가 되어 7살 때, 그녀와 그녀의 남동생은 집에서 달아나 '무어인들의 땅'을 찾아나섰다. 그들은 거기서 참수형을 당하여 거룩한 순교자가 되기를 소망했다. 다행히도 그들의 삼촌이 집에서 몇 블록 떨어진 곳에서 그들과 마주쳐 걱정하는 어머니에게 그들을 데려다주었다.

스페인의 아빌라 섬

젊은 처녀가 되어 테레사는 그녀의 미모로 많은 주목을 끌었으나, 그녀는 아빌라의 사교계가 줄 수 있는 몇 가지 쾌락에 관심이 없었다. 그녀는 20살 때 카르멜 교단에 들어갔다. 그녀는 항상 연약했으며 수녀 생활 첫해의 대부분을 병들어 지냈다. 그녀는 머리 속에서 이상한 소리를 듣고 나흘 동안 깊은 실신 상태에 빠져 자매들은 그녀가 죽은 줄 알았다. 이는 나중에 그녀가 경험하는 신비적 환각의 전조였을 수 있다. 그녀는 카르멜 교단의 개혁을 평생의 사업으로 삼았다. 그 교단은 12세기 팔레스타인에 뿌리를 두고 있었지만, 테레사에 따르면 초기의 불꽃과 열정을 상실한 상태였다. 그녀는 전적으로 시주에 의존해 살면서 스페인을 광범위하게 여행하며 32곳에 개혁 수도원을 세웠다. 일상 세계에 대한 그녀의 실제적 안목은 그녀의 종교적 경험의 '피안성'과 두드러진 대조를 이룬다. 윌리엄 제임스는 그의 명저《종교적 경험의 다양성》에서 테레사에 관해 이렇게 말하고 있다

그녀는 오늘날 삶의 기록이 남아 있는 여성 중에서 많은 점에서 가장 유능한 여성의 한 사람이었다. 그녀는 실천적 성격의 강력한 지성을 지녔다. 그녀는 탄복할 만한 기술記述 심리학을 집필했으며, 어떠한 위급 상황에도 대처할 수 있는 의지, 정치와 사업 방면의 커다란 재능, 낙천적 성향, 일류급의 문필력을 지녔다.[20]

테레사는 죽은 뒤, 32년 만에야 시복諡福(성인 피선출 자격을 얻는 것)을 받고 바스크 출신

의 닮은꼴인 로욜라의 이그나티우스와 나란히 1622년에 시성諡聖('성인'으로 공식 선포되는 것)을 받았다. 그녀는 항상 스페인 가톨릭 교회의 총애를 받는 인물 중의 하나였다.

우리는 테레사를 엄밀한 의미의 철학자라고 할 수는 없지만, 그럼에도 불구하고 그녀는 아우구스티누스의 《고백》에 대한 독서와 당대의 종교 운동 인물들과의 대화 및 교신을 통해 플라톤적 전통과 관계를 가졌다. 그녀가 살았던 시대는 종교 재판소가 수많은

책을 — 특히 여성에 대해! — 탄압하던 때였다. 이 사실이 그녀를 슬프게 만들었으나, 그녀의 환상 중에 그리스도 자신이 그녀한테 이렇게 말했다. "번민하지 말아라. 내가 그대에게 살아 있는 책을 주겠노라." 그 책은 자연이었다. 그녀는 자연에 가장 긴밀한 관심을 쏟고 자연으로부터 자신의 신비 철학의 영상을 이끌어냈다. 이 점에서도 그녀는 의식하지 못하는 사이에 플라톤적 전통에 참여하고 있었던 셈이다. 왜냐하면 신플라톤적인 중세 기독교계가 유산으로 남긴 견해에 따르면, 자연 속의 만물은 어떤 더 높은 진리의 상징이며, 따라서 개개의 자연적 대상은 하느님에 대한 — 직접적이지는 않더라도 — 유추적인 지식을 주는 것이기 때문이다. 묘하게도, 이는 '이미지'(가상)가 플라톤 본인보다는 신플라톤적 전통 속에서 훨씬 더 높은 평가를 받는다는 것을 의미한

아빌라의 성 테레사
(그레고리오 페르난데스의
16세기 조각상을 본땀)

다. 테레사의 신비 사상을 살펴보
면, 그녀가 자연계와 인간계로부
터의 이러한 이미지들을 어떻게
이용하여 종교적 지식의 신비적
상태를 서술하고, 아마 성취했는
지 알게 될 것이다.

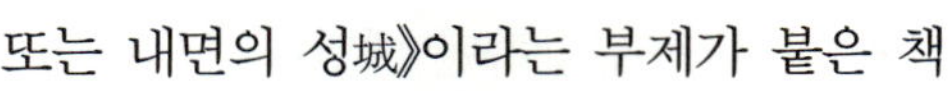

　　테레사는 수많은 저작에 자신
의 신비적 경험에 관해 기록했다.
우리는 간략하게 두 권에 집중할
것인데, 하나는 자서전 《그녀 생
애의 책》이고, 다른 하나는 《큰 저택
또는 내면의 성城》이라는 부제가 붙은 책
이다. 첫 번째 책에서 그녀는 종교적 심성의 네 단계를 구별하고 정원 가꾸기의 비유를 들어
그것을 설명한다. 두 번째 책에서 그녀는
가사家事의 비유로 논의되는 일곱 단계
를 가려낸다. 하지만 처음 세 가지 '내
면의 성'은 자서전에 나오는 첫 번
째 '정원'을 세분한 것으로 보인
다. 첫 번째 정원, 또는 그녀가 지
칭하는 '물'에서 사람은 수석 정원
사, 곧 하느님을 기쁘게 해줄 향기
를 뿜어낼 식물의 조심스러운 물주
기에 비유되는 기도의 상태로 들어간
다. 이 첫 번째 단계에서 묵상하는 영혼
은 우물에서 물을 길어올려 식물에 뿌
려주는 힘든 작업을 수행해야 한다. 신비
한 행정行程의 두 번째 단계에서 기도하는

성스러운 무의미한 말의 폭포수

황홀경의 성 테레사
(잔로렌쪼 베르니니의
1652년 작품을 본땀)

사람은 물레방아를 이용하여 정원에 물을 대도록 허용된다. 여기서는 묵상하는 영혼이 그렇게 많은 수고를 할 필요가 없다. 테레사가 '고요의 기도'라고 부르는 세 번째 단계에서 영혼은 개울이나 샘에서 흘러나오는 물로 정원에 물을 대도록 허락받는다. 이는 마치 이제는 하느님 자신이 정원을 가꾸고 영혼은 번성하는 식물의 달콤한 향기를 누릴 수 있게 된 것이나 같다.

테레사는 이러한 기쁨을 '천상의 광란', '영예의 아방궁'이라고 부른다. 이 세 번째 '물'에서 영혼은 마치 '수면'의 상태에 있는 것과 같다. 그것은 마치 '실신'해 있는 것이나 같다. 그것은 자기가 말하는지 침묵하는지, "웃는지 우는지" 알지 못한다. 귀로 듣지만 들리는 것은 "폭포수처럼 쏟아지는 성스러운 무의미한 말"이다. 먹는 것은 고통스럽고 잠자는 것은 고뇌를 가져온다. 이러한 고요의 기도 속에서는 마치 불꽃이 점화되어 이제 하느님이 먹여 살리며 다음 단계의 행정으로 이끌어가는 격이다. 이러한 네 번째 '물'은 정원 전체를 적셔주는 천상의 소나기와도 같다. 이어서 점화의 비유로 되돌아가서 그녀는 불이 완전한 불길로 타올라 불길이 불 위로 높이 솟아오른다고 말한다. 이는《큰 저택》에서 테레사가 말하는 '합일合一의 기도'이다. 여기서 하느님은 영혼을 완전히 사로잡는다. 미친 말들이 영혼을 빠져 나오지만 그것들은 참을 수 없는 기쁨의 칭송과 절규이기는 해도 정말로 무의미하다. 테레사는 또한 성서 중에서 가장 관능적인 〈아가雅歌〉 편에 나오는 비유를 사용한다. 영혼은 "그 배우자를 향한 사랑으로 상처받는다." 그것은 신랑으로부터의 '입맞춤'을 경험한다. 영혼 속의 불은 고통과 아울러 따스함과 기쁨을 준다. 최후의 순간에 "자신은 참으로 존재하지 않는 것 같

하느님의 얼굴을 보고 나서 설거지하기

이 보인다.” 삶도 죽음도, 아무것도 소망하지 않는다. 테레사의 말에 따르면, 그것은 마치 두 개의 촛불을 합치니 밀랍이 함께 녹으며 하나의 불꽃을 피워 올리는 것과 같다.

테레사의 신비한 ‘황홀경’은 항상 환상과 결부된다. 베르니니의 조각상에 포착된 그녀의 가장 유명한 환상은 ‘가슴을 꿰뚫리는 환상’이라고 일컫는다. 그녀는 아름다운 얼굴의 작은 천사가 끝에 ‘조그만 불’이 달린 ‘길다란 황금창’을 들고 그녀의 가슴을 찌르는 것을 보았다. 그래서 그녀의 말에 따르면,

창은 나의 창자를 꿰뚫었다. 그것을 빼낼 때 천사는 하느님에 대한 경이로운 사랑으로 나를 온통 불태우며 창자까지 몽땅 끄집어내는 것 같았다. 고통이 너무 커서 나는 몇 마디 신음 소리를 냈다. 하지만 이 가장 큰 고통은 너무도 감미로워서 그것이 가시기를 바라거나 하느님에 미치지 못하는 것에 영혼이 만족하기란 불가능할 정도이다.[21]

테레사는 이러한 환상을 무수히 겪었다. 그와 같이 ‘높은 곳’에서 내려오기란 — 그녀의 말에

따르면, 하느님의 얼굴을 보고 나서 설거지를 하기란 — 참으로 어려운 일이었을 것이다. 하지만 우리는 또한 스튜 요리 사이에서 — 항아리와 냄비 사이에서 — 하느님을 발견해야 한다고 그녀는 덧붙인다.

테레사의 환상의 거침없는 성적 이미지는 어떤 사람에게는 병적 상태를 시사할 수도 있을 것이다. 윌리엄 제임스는 테레사 연구에서 이렇게 말한다. "의학적으로 보면, 이러한 황홀경은 암시되고 꾸며진 최면 상태가 아니면 미신의 이지적인

밤새 토론하는 종교 재판소 신부들과 테레사 수녀

토대 및 퇴행退行과 히스테리의 신체적인 토대를 나타내는 것에 불과하다."(p. 450) 그러나 자신의 실용주의적 원리를 고수하면서 제임스는 이렇게 계속한다. "그러한 상태에 관해 정신적 판결을 내리자면 우리는 피상적인 의학적 설명에 만족할 것이 아니라 그것이 가져오는 삶의 결실을 탐구해야 한다"(여기서 제임스는 자신이 다른 곳에서 '발생론적 오류'라고 부르는 원리를 적용하고 있다 — 곧, 어떤 관념의 심리학적 뿌리를 소급해서 밝힘으로써 그 관념의 진리성을 논박했다고 생각하는 것이다). 그리고 명백히 제임스는 테레사의 환상이 실로 훌륭한 '삶의 결실'을 가져왔다고 생각한다. 그것은 그녀에게 커다란 활동력과 아울러, 고도의 실제적 성공과 행복의 동기가 되었던 것이다.

테레사는 그녀의 고해 신부 중 일부가 그녀의 환상에 대한 묘사에 문제를 느낀다는 것을 인정했다. 실제로, 종교 재판소 신부들은 그녀를 긴밀하게 감시했다. 왜? 아마 서양에서는 종교적 신념이 제도화되어 권위와 권력의 구조가 되었기 때문일 것이다. 신비한 황홀경은 기성 권력에 대해 파괴적이며, 따라서 교회 당국에는 우려의 대상인 것이다. 종교 재판관들은 아마 이렇게 묻고 싶었을 것 같다. "테레사 자매, 만약 그대가 하느님의 얼굴을 보았다면 왜 교황은 그것을 보지 못했을까?" 테레사는 아마 겸손하게 자신은 모른다고 대답했을 것이다.

가장 흥미로운 반이성주의적인 종교적 입장(나는 그것을 하나의 이론이라고 부르지 않겠다)을 견지한 철학자로는 19세기의 덴마크 철학자 쇠렌 키에르케골Søren Kierkegaard(1813~1855)이 있다. 키에르케골을 나는 급진적 기독교인이라고 부르고 싶지만, 그는 자기 글에서 감히 스스로를 기독교인이라고 칭한 적이 없다(그는 기독교인이 되기 위해 열심히 노력했다). 그는 포이어바흐의 무신론을 찬양했으며, 신의 존재를 증명하려는 모든 시도를 혐오했다. 실상, 키에르케골은 신의 존재를 증명하려는 모든 노력을 개인적 모욕으로 간주했다.("앉아서 거짓 증명이나 기록하는 그 모든 불성실한 집사들에게 화가 있으라.") 그랬던 까닭은 어떤 것이 진정한 종교적 믿음이기 위해서는 바로 믿음 자체, 곧 지식이 아닌 그 무엇이어야 한다고 그는 생각했기 때문이다. 참으로 종교적 믿음은 지식이 아닐 뿐만 아니라, 지식일 수 없는 그 무엇이어야 할 것이다. 오히려 그것은 키에르케골이 말하는 '부조리의 범주'와 관련해서만 설명할 수 있을 것이다. 그 범주는 칸트가 그의 12가지 '오성의 범주'에서 빠트린 것이라고 그는 생각했다.(이는 고대 기독교 신학자 테르툴리아누스Tertullianus[169~220]의 견해를 연상시킨다. 그의 좌우명은 "나는 부조리한 것을 믿는다"였다.) 키에르케골에 따르면, 지식은 객관적이어야 한다 — 수학(예컨대, 3×3=9)이나 과학(F=ma), 역사(케사르는 기원전 49년에 루비콘강을 건넜다), 상식(고양이가 매트 위에 있다)의 경우에는 그 진리치를 입증해주는 객관적 기준이 있다. 그러나 종교적 주장(예컨대, 하느님은 사랑이니 그를 믿는 자마다 영생을 얻으리라)의 경우에는 주관적 기준, 다시 말해서 개인적 기준밖에 없다. 종교적 전망에 도달하려면 '신앙의 도약'이 필요하다.

아마 이러한 개념은 키에르케골의 저서《공포와 전율》(1843)에 나오는 성경의 아브라함과 이삭 이야기에 대한 당혹스러운 해설을 살펴보면 가장 잘 파악할 수 있을 것이다. 왜냐하면 그 책에서 우리는 종교적 믿음에 대한 복잡하기는 해도

키에르케골

나는 부조리한 것을 믿는다*Cred Quia Absurdum*

가장 일관성 있는 그의 논의를 발견하기 때문이다.(키에르케골이 그 책을 자신의 여러 가명 가운데 하나인 '요하네스 데 실렌티오'라는 이름[이는 키에르케골의 영웅인 소크라테스에 필적할 만한 의도적인 반어법이다 — 침묵하는 요하네스가 말한다!]으로 집필하고서 나중에 자신의 가명으로 발표한 견해에 대해 자신은 아무런 책임이 없다고 주장했다는 사실 때문에 우리의 문제는 복잡해진다. 키에르케골과 그가 익명으로 집필한 저작 사이의 기묘한 관계는 한 권 이상의 책으로 다뤄야 할 주제이지만, 여기서 우리는 키에르케골의 부인을 무시하고《공포와 전율》에 나오는 견해를 키에르케골 자신의 것으로 간주할 것이다.)

먼저 창세기 11~22장에 나오는 성경 본문의 관련 내용을 검토해보자. 아브라함은 히브리족의 세습 족장이었다. 늦은 나이에 그는 아이를 낳지 못하는 이복누이 사라와 결혼했다. 아브라함이 75살 때, 하느님은 그에게 부족을 이끌고 하느님이 보여줄 땅으로 이동하라고 명했다. 하느님은 아브라함과 언약을 맺고 사라가 위대한 민족의 조상이 될 아들의 어머니가 될 것이라고 약속했다. 여러 해가 지나도 사라는 잉태를 하지 못했다. 그러다가 아브라함이 99살이고 사라가 90살일 때("……여성들의 관례가 사라에게 그쳤을 때"[〈창세기〉 18장 11절]) 하느님은 아브라함에게 다시 나타나 약속을 갱신했다. 사라는 임신을 하고 이삭을 낳았다. 아이의 할례와 젖떼기 의식은 자기 아들을 사랑하는 아브라함에 의해 큰 기쁨과 더불어 거행되었다. 그러다가 〈창세기〉 22장 1~2절에 묘사된 끔찍한 밤이 찾아왔다.

그러다가 하느님이 아브라함을 시험하고자 말했다. 아브라함아, 보라. 여기에 내가 있노라. 네가 사랑하는 너의 아들 이삭을 데리고 모리아의 땅으로 가라. 거기서 내가 말해줄 산 위에 올라가 아이를 구운 제물로 바쳐라.

망설이지 않고 아무한테도 말하지 않고서 아브라함은 이삭을 데리고 사흘 동안 외딴 사막을 건너 약속된 제단에 이삭을 올려놓고 제사용 칼로 그를 찌르려고 했다. 그때 주의 천사가 그를 제지하며 시험에 통과했음을 알리고, 이삭 대신에 마침 근처 덤불에서 잡은 수양을 제물로 바치게 했다. 그래서 아브라함은 이삭을 데리고 자기 부족에게 돌아와 여생을 축복 속에 살았다.

그런데 이 이야기는《공포와 전율》의 저자의 가명인 요하네스 데 실렌티오에게 깊은 당혹감을 불러일으킨다. 무엇보다도, 요하네스는 그 이야기를 이해할 수가 없어서 당혹스럽다. 둘째로, 모든 사람이 그 이야기를 완벽하게 잘 이해하는 것 같아서 그는 당혹스럽다.(아니면 어째서 다른 모든 사람은 그 이야기를 읽은 다음에 성서를 선반에 다시 올려놓고 "얼마나 멋진 신앙 이야기인가!"라고 평하면서 조금도 그 이야기에 영향받지 않고 즐겁게 지내겠는가? 그런데 그 이야기 때문에 요하네스는 밤잠을 이루지

못하고 책 제목처럼 공포와 전율에 사로잡
히는 것이다.) 요하네스는 아브라함 자신
을 이해할 수가 없기 때문에 그 이야기
를 이해할 수 없다. 그는 묻는다.

누가 아브라함의 팔에 힘을 주었는
가? 누가 그의 오른손을 치켜올려 그
것이 그의 옆구리에 힘없이 늘어지지
않게 했는가? 그 광경을 목격하는 사람
은 온몸이 얼어붙는다. 누가 아브라함
의 영혼에 힘을 주어 그의 눈이 흐려지
지 않게 하고, 이삭도 수양도 보지 못
하게 했는가? 그 광경을 목격하는 사람
은 앞이 캄캄해진다.[22]

퇴직을 앞두고 책을 읽는
요하네스 데 실렌티오

요하네스는 아브라함을 신화적 문헌에 나오는 공상적 인물이 아니라 피와 살을 가진 실재
하는 인간으로 생각하고자 한다. 실존하는 인간으로서 아브라함은 이해가 가지 않는다. 어떻
게 그는 공포스러운 자기 임무 앞에서 그처럼 단호할 수 있는가? "그런데 만약……그 개인이
착오를 범했다면 — 무엇이 그를 구원해줄 수 있는가? ……그런데 만약 그 개인이 신을 오해
했다면 — 무엇이 그를 구원해줄 수 있는가? …… 만약 그 사람이 정신 이상이라면, 만약 그가
실수를 저질렀더라면!"(pp. 71~72)

나아가, 요하네스는 아브라함을 '신앙의 아버지'로, 그러므로 우리 모두의 아버지로 만드는
것이 무엇인지 확인할 수가 없다. 많은 사람은 아브라함이 자기가 가진 최상의 것을 기꺼이 하
느님에게 바치기 때문에 위대하다고 말한다. 요하네스는 예증을 들어 이러한 견해의 허위성
을 증명한다. 그는 아브라함 이야기의 바로 그러한 잘못된 해석을 대중에게 유창하게 설교하
는 한 성직자를 가상한다. 그의 교구민 중의 하나가 설교에 감동받고 집에 돌아가 자기 아들을
처치한다. 설교자는 이 소식을 듣고 죄인에게 가서 의로운 분개심에 사로잡혀 그를 공박한다.

"오, 혐오스런 인간, 사회의 폐물이여! 무슨 마귀가 씌워서 그대는 아들을 살해할 마음을 먹었는가?" 요점은, 물론 설교자가 아브라함에 대해서도 바로 그런 태도를 취해야 한다는 것이다. 요하네스 데 실렌티오는 묻는다.

> 그 설교자의 예에서 나타나는 모순을 어떻게 설명할 것인가? 아브라함이 위대한 사람이 될 어떤 규정적인 권리를 지니기 때문에 그가 하는 일은 위대하고 다른 사람이 같은 일을 하면 가증스러운 죄가 되는 것인가? 그렇다면 나는 그러한 아무 생각 없는 찬양에는 끼고 싶지 않다. 만약 신앙이 기꺼이 자기 아들을 죽이는 행위를 성스러운 것으로 만드는 것이 아니라면, 아브라함에게도 다른 모든 사람에 대한 것과 똑같은 비난을 해야 한다.(p. 41)

요하네스의 결론은 이렇다. "아브라함은 영락없는 살인자이거나, 아니면 여기서 우리가 모든 화해책을 뛰어넘는 역설에 직면해 있거나 둘 중의 하나다." 이러한 생각은 요하네스에게 두려움을 준다. 그는 이렇게 말한다. "아브라함은 신앙의 아버지로서 명예와 영광을 누리지만, 반대로 그는 살인죄로 기소되어 유죄 판결을 받아야 마땅하다." 그런데 만약 아브라함이 살인 미수범으로 단죄될 수 없다면(그럴 경우에 그는 확실히 신앙의 아버지가 될 수 없다), 그는 마땅히 미치광이로 판정이 나야 한다. "인간적으로 말할 때, 그는 미쳤으며 누구에게도 자신을 이해시킬 수 없다. 그가 미쳤다고 말하는 것조차도 가장 온건한 표현일 뿐이다."(p. 86)

아브라함의 광기에 대한 키에르케골의 설명에서 나타나는 가장 주목할 만한 생각(또한 책 제목 같이 공포와 전율을 환기시키려는 의도를 지닌 생각)은 신학적 전제를 인정하더라도 전혀 달라질 것이 없다는 것이다. 하느님이 정말 그에게 말했든 아니든 간에 아브라함은 미쳤다. 만약 법을 지키는 도덕적 인간이 "하느님의 목소리를 듣고서" 그런 영감을 얻어 사회적으로 무책임하게 된다면, 만약 그가 하느님이 그에게만 전해준 은밀한 명령에 따르기 위해 범죄적 의도 없이 자기 아들을 죽인다면 의학적-사회적 관점에서 볼 때(곧, "인간적으로 말할 때") 그 사람은 확실히 미친 것이다.

장 폴 사르트르는 아브라함의 상태에 대한 키에르케골의 분석의 이러한 측면에 특히 감명을 받고 자신의 불안 이론을 설명하기 위해 그것을 인용한다. 사르트르는 이렇게 적었다.

여러분은 이런 이야기를 안다. 한 천사[23]가 아브라함에게 자기 아들을 제물로 바치도록 명령했다. "너는 아브라함이다, 네 아들을 제물로 바쳐라"라고 말한 것이 정말 천사라면 아무 문제도 없을 것이다. 그러나 모든 사람은 반드시 먼저 이렇게 물어보아야 한다. "그것이 정말 천사고, 내가 정말 아브라함인가? 무슨 증거가 있는가?"

환상에 사로잡힌 미친 여자가 있었다. 누군가가 자꾸 그녀에게 전화를 걸어 명령을 내린다는 것이었다. 의사가 그녀에게 물었다. "당신한테 말하는 사람이 누굽니까?" 그녀는 대답했다. "그 사람은 자기가 하느님이라고 말해요." 정말 그것이 하느님이라는 무슨 증거가 있는가? 설령 천사가 내게 오더라도 그것이 천사라는 무슨 증거가 있는가? 설령 내가 목소리를 듣더라도 그것이 지옥에서 또는 무의식적, 병적인 상태에서 오는 소리가 아니라 하늘에서 오는 소리라는 무슨 증거가 있는가? 그것이 나에게 한 말이라는 것을 무엇이 증명해주는가?[24]

아브라함은 앞서 언급한 의미(의사 소통이 불가능하며, 자신의 도덕적 기준에 반하고 모두에게 공포감을 줄 행동을 저지르려고 한다는 의미)만이 아니라 다음과 같은 의미에서도 미쳤다. 그는 자기 아들이 죽을 것이라고 믿는 동시에, 자기 아들이 죽지 않을 것이라고 믿는다(아브라함은 하느님이 옛 언약을 지킬 것이라는 믿음을 여전히 지니고 있다). 아브라함은 두 가지 상호 배척하는 명제를 확신을 가지고 믿었으며 단일한 투기投企 속에서 그 각각에 따라 행동했다(그것은 마치 콜롬부스가 지구는 편평하다는 것과 지구는 둥글다는 것을 동시에 믿으면서 한 차례 항해로 그 두 가지 점을 모두 증명하고자 하는 것이나 같다).

그러므로 아브라함은 살인자가 아니면 광인이다. 아니면 아브라함 이야기는 이성적으로 이해하기가 불가능하다. 키에르케골(아니면 최소한 요하네스 데 실렌티오)이 후자의 결론을 내린다는 사실을 발견하더라도 여러분은 아마 놀라지 않을 것이다. 신앙은 "살인조차도 신에게 기쁜 성스러운 행위로 변화시킬 수 있는 하나의 역설"이라고 그는 말한다. 아브라함은 "불합리에 의해" 행동했으며 "불합리에 의해" 신앙의 아버지가 되었다. "아브라함은 모든 사람보다 위대했는데, 무력함을 힘으로 삼는 자기 능력 때문에, 어리석음을 비결로 삼는 자기 지혜 때문에, 자신에 대한 증오로 표현되는 사랑 때문에 위대했다."(p. 31) 플라톤의 용어를 빌어서, 키에르케골은 아브라함의 상태를 '신성한 광기'라고 부른다. 당연히 키에르케골에게서 문제는 아브라함이 미쳤는가 여부가 아니라 그의 광기가 신성한 것인가 아니면 악마에 씌운 것인가 하는 것이다. 하지만 "인간적으로 말할 때" 그것은 문제가 되지 않는다. 어느 경우든 사회에는 그러한 영웅들을 위한 수용소가 마련되어 있다.

앞서 언급한 대로, 키에르케골이 보기에 종교적 신념은 객관적 정당화가 있을 수 없고 주관적, 개인적 정당화가 있을 뿐이다. 이러한 생각은 아브라함 이야기에 대한 키에르케골의 해설의 몇 가지 특징을 고찰해보면 분명하게 이해할 수 있다. 아브라함의 행동이 신의 명령에 의해 정당화되지 않는다는 사실에 유의하라. 오히려 신의 명령이 그것을 특정한 방식으로 해석하는 아브라함의 결단에 의해 정당화된다. 그 무서운 밤에 자기 자식을 죽이라는 목소리를 듣고 깨어났을 때 아브라함이 대응할 수 있는 방식은 무수히 많았다. 그는 이렇게 말할 수도 있었다. "이것은 하느님의 목소리가 아니라 악마의 목소리다. 오직 악마만이 사람을 유혹하여 악행을 저지르게 한다. 웃기지 마라, 사탄이여!" 아니면 그는 (특히 프로이트를 읽었다면) 이렇게 말할 수도 있다. "이것은 하

프로이트를 읽는 아브라함

느님의 목소리가 아니라 나 자신의 광기
의 소리다. 나는 그런 미친 짓을 하느니 차
라리 자살하겠다!" 또 아니면 이렇게 말할
수도 있다. "이는 하느님의 목소리다. 그분
은 내가 부도덕한 행위를 아무 이유 없이
기꺼이 저지르는지 보기 위해 나를 시험
하는 것이다. 나는 그 행위를 거절함으로
써 시험을 통과해야겠다!" 아니면 또 이렇
게 말할 수도 있다. "만약 이것이 하느님의
목소리라면 그는 내가 생각했던 하느님이
아니다. 오히려 그는 악하고 잔인한 괴물
이다. 나는 그의 명령을 듣지 않겠다!"

사람들을 종교로부터 몰아내는 키에르케골

　아니면……그는 또 다른 많은 이야기를 할 수 있을 것이다. 그러나 대신에 그는 임무를 받아
들이는 것을 선택했고, 그렇게 선택할 때 신의 명령에 자기 고유의 권한을 부여했다. 키에르케
골에 따르면, 궁극적으로 개인은 모든 권한의 근원이며 자신의 모든 결정과 행동에 전적인 책
임이 있다.(이는 20세기에 실존주의로 알려진 사상 경향의 출발점이다. 실존주의는 개별적 인간의 실
존 문제를 철학 무대의 중심에 놓는다[실존주의에 대한 더 자세한 논의는 10장을 보라]. 키에르케골의
견해는 장 폴 사르트르, 마르틴 하이덱거, 칼 야스퍼스, 알베르 까뮈, 미겔 데 우나무노, 가브리엘 마르셀
같은 이 학파의 인물들에게 큰 영향을 미쳤다.)

　신앙을 지적인 범주로 환원할 수 없다는 데 대한 키에르케골의 복잡한 증명(그것은 여기 제
시한 것보다 훨씬 더 복잡하다)은 참으로 심오한 것이다. 신의 존재에 대한 전통적 증명과 아울러
종교적 신념의 비합리성에 대한 전통적인 무신론적 비판까지도 키에르케골의 설명 앞에서는
무력하고 천박해 보인다. 특히 종교를 약자의 버팀대로 보는 프로이트식의 이성주의적 논증은
신앙에 대한 키에르케골의 폭발적인 설명에 비해 취약하다. 키에르케골의 종교적 담론은 영혼
을 약해지게 하는 것이 아니라 강해지게 하려는 것이다. 그것은 겁쟁이들을 위한 '시시한 레몬
음료'(대부분의 설교를 그는 이렇게 부른다)가 아니다. 오히려 그것은 신과의 투쟁 및 자신과의 투
쟁이라는 드라마를 견뎌낼 수 있는 사람들만을 위한 것이다.

하지만 이러한 설명은 엄청난 철학적 문제를 야기한다는 것을 분명히 해야 한다. 그 중 적지 않은 것은 광신狂信의 문제다(우리들의 가엾은 세상은 키에르케골의 시대 이래로 무수한 광신에 시달려왔다). 또한 우리는 이렇게 물을 수 있다. 진정한 종교적 인생관이 궁극적으로 사회적 인생관과 양립할 수 없다는 키에르케골의 암시를 우리는 반드시 받아들여야 하는가? 진정으로 종교적이 되려면 사람은 '신성한 광기'에 사로잡혀야만 하는가? 물론, 키에르케골은 최소한 자기 명제를 지지하는 수많은 성경의 증거를 지적할 수 있겠지만, 윌리엄 버렛의 말처럼 키에르케골의 엄격함이 최소한 사람들을 종교의 품에 끌어들이는 그만큼 사람들을 종교로부터 몰아낸 것도 놀라운 일은 아니다.[25]

결론

이 모든 사실로부터 우리는 무슨 결론을 내릴 것인가? 여기서 나는 매우 조심스러울 수밖에 없다. 종교에 관해 말할 때는 모든 것이 논쟁적이기 때문이다. 어디로 걸어가든 여러분은 누군가의 발가락을 밟게 된다. 하지만 우리는 걸어가야 한다. 그 길이 상대적으로 무난하기를!

첫째, 신의 존재를 증명하고자 하는 다양한 논증에 관해. 내가 보기에, 그 가운데 어느 하나도 이성적 동의를 강제할 만한 힘은 없는 것 같다(무신론을 옹호하는 논증의 경우도 마찬가지다). 하지만 종합했을 때 그 결합물은 신앙에 대한 어떤 철학적 망설임을 제거해줄 만한 힘이 있을 것으로 상상할 수 있다. 그런데 그것들을 모두 종합해서 말하면 뭐가 잘못인가? 보

발가락 위로 걷기

통 사람들은 자신들이 믿는 것에 대해 하나 이상의 믿는 이유가 있다. 우리의 신념과 정당화의 체계는 보통 다층적多層的이다. 여러분이 왜 특별히 이 수업에 수강 신청을 했느냐고 묻는다면 여러분은 아마 여러 가지 이유를 댈 것이다. "인문과학 분야 3학점이 필요해서." "이 시간이 좋기 때문에 — 공부하는 시간을 줄여주니까." "교수가 괜찮다는 말을 듣고." "이 강좌에 똑똑한 사람들이 몰리는 것을 보고 나도 그 범주에 끼고 싶어서." "이 교실에는 매력적인 이성이 많기 때문에." "내가 조금이라도 철학을 배우지 않으면 부모님이 재정 지원을 중단하겠다고 해서." 아마 이러한 이유 가운데 어느 하나로는 충분한 설명이 안 되겠지만 종합을 하면 설득력을 지닐 것이다.

이미 말했듯이, 신의 존재를 옹호하는 모든 논증을 그와 같이 한 덩어리로 묶어서 설득력 있다고 보는 사람도 있을 것이다. 솔직히 말해서, 나는 그런 생각이 들지 않는다(무신론을 옹호하는 모든 논증을 합한 것도 역시 설득력 있다고 생각하지 않는다). 아마 내가 제시한 것보다 더 치밀한 형태의 논증이라면 그럴 수 있을지 모르지만 그런 것이 없는 속에서 나는 그것들 각각으로서는 명백히 너무나 많은 문제점이 있다고 생각할 수밖에 없다. 그러므로 나는 "신의 존재를 믿을 만한 타당한 이유가 있는가?"라는 물음에 대해 — 우리가 '이유'라는 말로 '논리적 논증'이나 '설득력 있는 증거'를 의미한다면 — 부정적인 답변으로 결론내려야 한다. 그러나 키에르케골과 제임스, 그리고 신비적인 시인들로부터 배웠듯이, 그러한 '이유'의 정의는 지나치게 제한적이며, 파스칼의 말처럼 '가슴의 이유'도 있음을 나는 안다. 그것은 가슴의 수많은 것이 그렇듯이, 복잡스럽고 아주 개인적이며 평가하기 어렵지만 사람은 감히 그것을 비웃는다. 그러한 '이유'는 어느 화창한 날 "등 뒤를 치는 생각"(키에르케골의 표현)으로 사람에게 다가올 수도 있다.

나는 일종의 감동받기 쉬운 불가지론을 선택했다. 이는 지금까지 제시한 '증거'를 바탕으로 부정적인 답변을 내세우지만, 새로운 증거나 낡은 증거의 새로운 해석에 대해 개방적인 입장을 말한다. 이는 키에르케골이라면 나의 반응을 얼마나 경

등 뒤를 치는 생각

중요한 철학적 입장을 자랑하기

멸했을지 충분히 잘 알고 하는 말이다. 그는 '불가지론자'라는 단어가 라틴어로 '무식한 자 *ignoramus*'으로 번역된다는 점을 재빠르게 지적했을 것이다. 그는 무식한 자가 많이 있다는 사실에는 놀라지 않았다. 다만, 그 무식꾼들이 자신들의 무지를 — 보통 칵테일 파티에서 — 중요한 철학적 입장으로 자랑한다는 사실에 놀랐을 뿐이다.

권장 도서

Sigmund Freud, *The Future of an Illusion*, trans. James Strachey(Norton, 1989). 종교적 심성의 비판을 통한 정신분석학적 사유의 재미있으나 지독하게 강요적이지는 않은 입문서.

John Hick, *Philosophy of Religion*, 4th ed.(Prentice-Hall, 1978). 짧고 명쾌한 입문서.

David Hume, *Dialogues Concerning Natural Religion*(Hafner, 1960). 종교적 사고에 대해 사후에 발간된 흄의 가장 유명한 비판. 간략하면서도 쉽게 접근할 수 있다.

William James, *The Varieties of Religious Experience*(Random House, The Modern Library, 1994). 명료하고 매우 이해하기 쉬움. 종교적 심성에 관한 빈틈없고 정렬적인 관찰자가 쓴 대작.

S ø ren Kierkegaard, *Fear and Trembling*, Alastair Hannay, trans.(Penguin Books, 1985). 키에르케

골의 작은 보석.

Alvin Plantinga, ed., *The Ontological Argument*(Doubleday, 1965). 18세기에서부터 지금까지 안젤무스의 증명에 찬동하는 주장과 반대하는 입장을 잘 요약하고 있다.

주

1 Bertrand Russell, *The Autobiography of Bertrand Russell. The Early Years: 1872~World War 1*(Bantam Books, 1969), p. 43.

2 Russell, *The Autobiography*, p. 45.

3 Anselm of Canterbury, *Proslogium*, in Anne Fremantle, *The Age of Belief*(New American Library, 1954), pp. 88~89.

4 David Hume, *Dialogues Concerning Natural Religion*(Hafner, 1960), p. 58.

5 그 예는 Richard Tayor, "Introduction," in *The Ontological Argument*, Alvin Plantinga, ed.(Doubleday, 1965), p. XV에서 가져온 것이다.

6 Immanuel Kant, *Critique of Pure Reason*(Doubleday, 1965), p. 358.

7 Norman Malcolm, "Anselm's Ontological Arguments," in Plantinga, ed., *The Ontological Argument*, pp. 141~147.

8 Alvin Plantinga, "A Valid Ontological Arguments" and Paul Henle, "Uses of the Ontological Argument," in Plantinga, ed., *The Ontological Argument*, pp. 160~171, 172~180 참조.

9 Malcolm, "Anselm's Ontological Arguments," p. 159.

10 Thomas Aquinas, *Summa Theologica*, in Fremantle, *The Age of Belief*, p. 153.

11 Frederick Copleston, *Aquinas*(Penguin Books, 1955), pp. 110~122.

12 Aquinas, *Summa Theologica*, pp. 154~155.

13 예컨대 Carl G. Jung, *Answer to Job*(Princeton University Press, 1973) 참조.

14 Karl Marx, *Marx and Engels: Basic Writings on Politics and Philosophy*, Lewis Feuer, ed.(Doubleday, 1959), pp. 244, 262~263.

15 Herbert Marcuse, *Eros and Civilization*(Vintage Books, 1955), p. 66.

16 Sigmund Freud, *Civilization and Its Discontents*(Norton, 1962), p. 19. 다른 언급이 없을 경우에 이 장에서 차후에 나오는 모든 프로이트 인용은 이 책이 출처다.

17 William James, *Pragmatism*(World Publishing, 1961), p. 42. 다른 언급이 없을 경우에 이 장에서 차후에 나오는 이 책으로부터의 모든 인용은 본문에 나타낼 것이다.

18 William James, "The Will to Believe," in *Pragmatism: the Classic Writings*, H. S. Thayer, ed.(New

American Library, 1970), p. 191에서 인용.

19 William James, "The Will to Believe," in *Philosophy of Recent Times*, Vol. 2, James B. Hartman, ed.(McGraw-Hill, 1967), p. 28.

20 William James, *The Varieties of Religious Experience*(Random House, The Modern Library, 1994), p. 379. 다른 언급이 없을 경우에 이 장에 나오는 차후의 모든 제임스 인용은 이 책이 출처다.

21 Chapter 21 of Tersa's Book of *Her Life*, quoted in E. Allison Peers, *Studies of the Spanish Mystics*, Vol. 1(The Sheldon Press, 1927), p. 197. 성 테레사로부터의 다른 모든 인용은 이 책이 출처다.

22 Søren Kierkegaard, *Fear and Trembling*, Walter Lowrie, trans.(Doubleday, 1954), p. 36. 다른 언급이 없을 경우에 이 장에서 차후의 모든 키에르케골 인용은 이 책이 출처다.

23 우리는 실상 그 이야기를 알지만 여기서 사르트르의 성경 지식은 기대에 미치지 못한다. 아브라함에게 말한 것은 천사가 아니라 하느님 자신이었다.

24 Jean-Paul Sartre, *Existentialism and Human Emotions*(Philosophical Library, 1957), p. 19.

25 William Barrett, *Irrational Man*(Doubleday, 1962), p. 262.

생각해볼 문제

1. 데이비드 흄은 "그 비존재가 모순을 내포하는 존재는 없다"고 말한다. 안셀무스와 데카르트가 왜 그 말과 불일치하는지 가능한 한 분명하게 진술하라. 그리고 그 두 측면 사이의 논쟁에 대해 논평하라.

2. '존재론적 증명'의 플라톤적인(고로, 이성주의적인) 특징을 '우주론적 증명'의 경험적 근거과 대조해보라. 신의 존재에 관한 여러분 자신의 견해와 무관하게 두 가지 접근 방법 중 어느 쪽이 신의 존재나 비존재의 문제를 해결하는 데 더 성과적이라고 생각하는가?

3. 목적론적 자연관에 대한 다윈과 흄의 비판에도 불구하고 (안구의 구조와 시력의 기능 같은) 어떤 자연 현상은 자연적 목적이나 목표가 있다고 가정하지 않고 바라보기가 사실상 어렵다. 이러한 직관은 여러분이 판단하기에 신의 존재에 대한 '목적론적 증명'을 충분히 뒷받침하는 것인가?

4. 무신론자 맑스가 무신론자 포이어바흐보다 종교에 대해 더 동정적이라고 하는 의미를 설명하라.

5. 지그문트 프로이트는 종교가 겁쟁이들을 위한 것이라고 생각한다. 그의 종교관을 쇠렌 키에르케골의 그것과 비교해보라.

6. 우리에게 충분한 증거 없이 신념을 견지할 권리가 있는가라는 문제에 관한 W. K. 클리포드와 윌리엄 제임스의 논쟁에서 하나의 입장을 취하라.

7. 데이비드 흄은 아빌라의 테레사가 그녀 스스로 말하는 경험을 겪었다는 사실은 부인하지 않을 것이다. 그러나 그녀가 그 경험을 그런 식으로(곧, 신에 대한 그녀의 믿음을 정당화해주는 경험으로) 묘사하는 것은 근거가 없다고 그는 주장할 것이다. 여러분 생각에, 테레사가 묘사하는 종류의 경험은 너무나 강력해서 자체의 진정성을 스스로 입증할 수 있을 정도라고 보는가?

자유의 철학

소련 붕괴 직전에 한 TV 상업 광고가 내 눈길을 끌었다. "블라 블라 항공사는 자유 세계에서 가장 큰 항공사입니다." 이 광고는 어떤 정보를 전달하고 어떤 정보를 은폐한 것일까? 후자의 질문은 답변하기 쉽다. 광고에서 은폐된 진실은 이런 것이다. "소련 관영 항공사인 아에로플로트가 세계 최대의 항공사다. 블라 블라는 두번째로 크다."(상업 광고에서 이런 것을 상상할 수 있을까?) 자, 숨겨진 것을 생각하지 않기로 한다면, 우리는 무엇을 생각하기로 되어 있을까? 나는 우리가 생각 속에서 블라 블라 항공사/거대성/반反전체주의/자유 세계(곧, 자유)를 연관짓도록 되어 있다고 본다. 이러한 생각들을 합치면 우리 주머니에서 몇 달러가 빠져 나가게 되어 있는 것이다. 여기에 문제가 있다. 우리

문화 속에서 자유는 한편으로는 그것을 위해 죽을 만한 가치가 있다고까지 배울 정도로 귀중하게 여겨진다("자유로운 삶이 아니면 죽음을"—이는 뉴햄프셔주 차량 번호판에 적힌 표어다). 하지만 다른 한편으로는 그것은 이데올로기꾼과 장사꾼의 수중에 들어가 무의미한 수사가 되기도 했다. 참으로, 우리 사회에서는 자유에 관해 말을 많이 한다. 우리는 TV 광고라든가 좌익, 중도파, 우익의 정치 연설에서 그것에 관해 들으며, 드물지 않게 자동차 범퍼에 붙인 스티커에서

도 그것이 언급되는 것을 본다.

철학자들이 자유의 문제에 관심을 기울일 때 제기하는 커다란 질문의 종류는 다음과 같다.

— '자유'란 말로 우리는 무엇을 의미하는가?

— 자유는 존재하는가, 아니면 필연만이 존재하는가?

— 자연 법칙의 지배를 받는 세계에서 자유가 어떻게 가능한가?

— 우리는 자유가 있는지 알 수 있는가?

— 자유가 있다면 그것은 '선언選言' 명제인가, 아니면 정도의 문제인가? 우리는 그것을 극대화하거나 위태롭게 하는 어떤 일을 할 수 있는가?

— 이 중 어느 것이든 실제로 중요한 것인가, 아니면 모두가 학문적 관심사에 불과한가?

결정론 — 고대 그리스와 계몽주의의 견해

결정론은 일어나는 모든 일이 필연에서 생긴다는 입장이다. 이 입장은 철학사에서 레우키포스Leucippos(기원전 460 경~?)와 데모크리토스Democritos(기원전 460 경~370 경)의 이론 속에 처음 등장한다. 그들은 실재의 본성에 관한 100년 동안의 사색(여기서 우리가 '소크라테스 이전의 전통'이라고 불렀던 것)의 정점에서 존재하는 모든 것은 운동하는 원자로 이루어져 있다고 결론지었다. 이러한 원자는 원자 자체의 본성과 운동의 본성에 의해 강제되는 궤도를 따라 가차

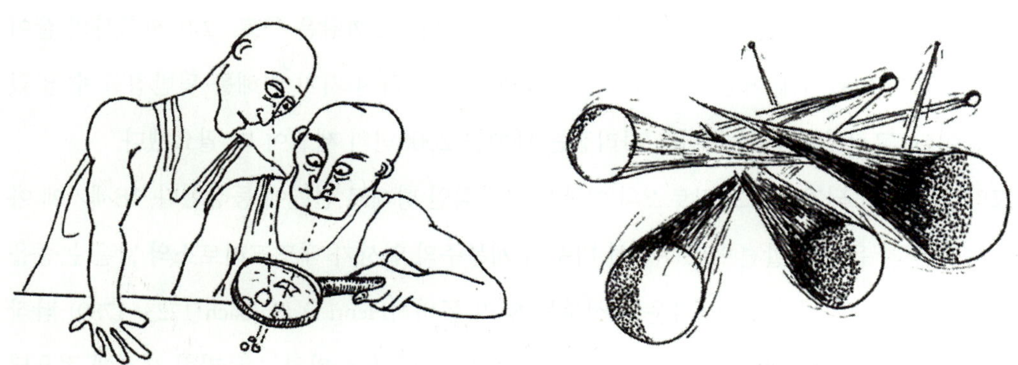

없이 움직인다. 오늘까지 전하는 레우키포스의 책의 하나뿐인 단장斷章에는 이런 말이 나온다 —"어떤 것도 무에서 생겨나지 않으며 모든 것은 필연성의 토대에서 비롯된다."

다음과 같은 도식을 상상해보라. 도표의 각각의 문자는 공간 속의 운동을 나타낸다. 각 숫자는 시간 속의 한 순간을 나타낸다. 기호 'ⴱ'는 운동들 사이의 필연성의 관계를 나타낸다. 임의로 다음과 같은 관계가 성립한다고 해보자.

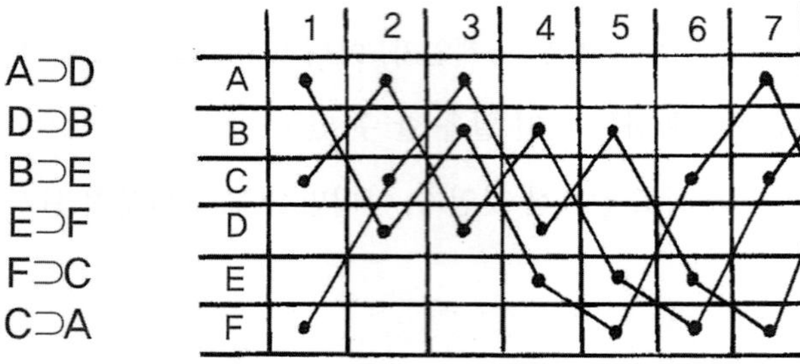

만약 왼쪽 줄이 자연의 법칙들을 나타내는 것이라고 한다면, 우리는 각 원자가 활동하는 각 순간의 궤도를 예언할 수 있음을 알 수 있다. 어떤 원자가 F에 주어진다면 그것은 반드시 C로 이동해야 하며, C에 주어진다면 반드시 A로 이동해야 한다, 등등. 물론, 레우키포스와 데모크리토스는 그러한 법칙들을 안다고 주장하지는 않았다. 그러나 그들은 그것들이 존재하고, 따라서 일어나는 모든 일은 필연성에서 생겨나며 '자유 의지'는 환상이라고 추측했다.

데모크리토스의 견해는 당대의 주류가 되지는 못했다. 그 까닭은 주로 그가 과학사의 끝이 아니라 문턱에 있었기에 어떤 과학적 권위의 전통에 호소하여 자기 견해를 뒷받침할 수 없었기 때문이다. 그러한 전통이 권위로 자리잡는 데에는 2000년의 세월이 더 필요했다.

그러나 그때가 되자 데모크리토스의 이론은 극단적인 형태로 전면에 등장했다. 18세기에 아이작 뉴턴 경의 유명한 발견으로 무장한 다수의 계몽주의 인사가 데모크리토스의 낡은 논증을 새로운 형태로 제기했다. 그들 가운데 선두는 앙리 돌바하Henri D'Holbach(1723~1789) 남작과 피에르 시몽 라플라스Pierre-Simon Laplace(1749~1827)였다. 돌바하는 물리적 세계에 적용되

는 것과 똑같은 원리가 인간의 뇌수에도 반드시
적용되어야 하며, 인간의 뇌수는 본성상 달과
별이나 똑같이 물질적이라고 주장했다. 따라
서 모든 뇌수의 모든 사유는 그러한 사유에
선행하는 뇌수의 상태로부터 필연적으로
귀결되는 것이다. 라플라스는 비슷한 견
해를 견지하며, 심지어 이렇게까지 말
했다. 만약 내가 자연의 모든 법칙을
알고 어떤 주어진 순간의 우주에 대해
하나의 완전한 상을 지닌다면, 나는 미래
의 모든 사건을 예언하고 과거의 모든 사건
을 소급해갈 수 있으리라는 것이다.

라플라스

완강한 결정론 ― 현대적 견해

결정론의 핵심적인 개념은 인과성과
필연성이다. 이 이론에 따르면, 세상의
모든 사건에는 원인이 있다. 곧, "X가 Y
의 원인이다"라고 말하는 것은 "사건 X
가 일어나면 사건 Y가 필연적으로 발생
한다"고 말하는 것이다. 완강한 결정론은
결정론이 진리이고 그 진리가 자유의 가
능성을 눌러버린다는 견해다. 만약 모든
것이 필연적이라면 자유로운 것은 전혀
없게 된다.

자유와 존엄을 넘어서

스키너

현대 세계에서 완강한 결정론을 아마 가장 명확하게 옹호하는 인물은 B. F. 스키너일 것이다(우리는 이미 3장에서 그와 마주쳤다).《자유와 존엄을 넘어서》라는 인상적인 제목의 책에서 스키너는 이렇게 말한다.

많은 인류학자, 사회학자, 심리학자들은 자신들의 전문 지식을 활용하여 사람이 자유롭고 합목적적이며 책임감이 있다는 사실을 증명했다.

이러한 도주로는 인간 행동의 예측 가능성에 관한 새로운 증거가 발견됨에 따라 서서히 봉쇄된다. 개인이 전면적 결정론을 벗어날 길은 과학적 분석이 진보함에 따라, 특히 개인의 행동에 대한 설명에서 사라진다.[1]

여담이지만, 나는 스키너의 논증에서 논리적 오류로 보이는 점을 지적할 수도 있다. 행동은 예측 가능하기 때문에 틀림없이 결정되어 있다고 그는 말한다. 그런데 (A)만약 행동이 결정되어 있다면, (B)그것이 원칙적으로 (라플라스의 근거에 따라) 예측 가능하다는 것은 분명히 참이다. 그러나 어떤 행동이 예측 가능하기 때문에 결정되어 있다는 것은 참이 아니다.

논증의 편의를 위해 자유라는 것이 존재하며 피에르가 기독교적 가치를 지키기로 자유롭게 선택한다고 상상해보자. 내가 생각하기에, 그 경우에 우리는 피에르가 교회 예배에 참가하

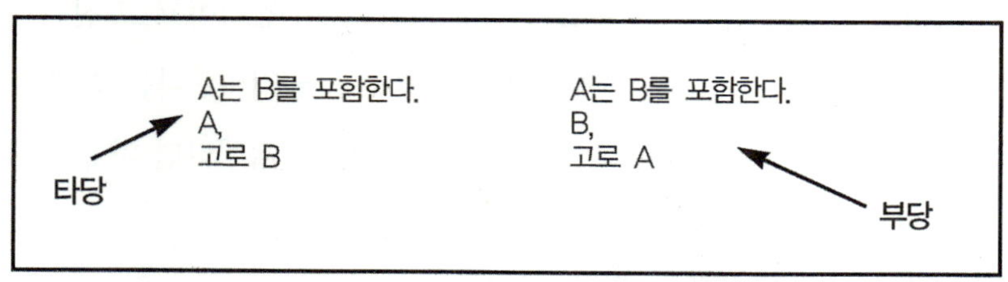

고 어려운 이웃을 도울 것이라고 정확하
게 예측할 수 있을 것이다. 그렇다고 해서
그가 다르게 행동할 수는 없는 것인가? 당
연히 그렇지 않다.

이제 자유 개념과 목적론적 설명 모델을 정
확하게 연관짓는 스키너에게로 돌아가보자. 여
러분은 5장에서 본 대로 목적론적 모델이 사물
을 목표와 목적, 계획과 의도의 견지에서 설
명하는 것이라는 사실을 상기할 것이다. 경
험론자이자 유물론자인 스키너는 비물질적
이고 관찰 불가능한 실체를 의심하기 때문
에 목적론적 설명 모델을 제거하고자 한다.
그는 이렇게 말한다.

피에르가 교회에 가다
(그는 달리 어쩔 수가 없었다)

낙하하는 물체의 기쁨을 자세히 관찰함으로써 물리학이 발전하거나, 살아 있는 정신의 본
성을 관찰함으로써 생물학이 발전하는 것은 아니다. 우리는 행동의 과학적 분석에 이르기
위해 자율적 인간의 계획이나 목적, 의도 또는 그밖의 필요 조건이……무엇인가를 발견하고
자 할 필요는 없다.[2]

인과론적 모델(뒤에서 밀기)

목적론적 모델(앞에서 밀기)

여기서 문제는 정확히 무엇인가? 보통 우리 자신의 행동에 대한 우리의 설명은 목적론적 모델에 의거한다는 사실을 상기하는 것이 중요하다. 만약 여러분이 나더러 왜 그렇게 서두르냐고 묻는다면, 나는 오후 6시에 식료품 가게가 문 닫기 전에 가게에 가려고 그런다고 설명한다. 그것은 내 행동에 대한 설명이며(그 설명으로 행동은 이해된다), 또한 나의 의도와 목적에 의거한 설명이다. 스키너는 그런 설명을 배제하고자 한다.

나아가, 우리의 도덕적, 법적 전통 속에서 우리는 사람들이 자신들의 의도적 행위에 대해서만 전적인 책임을 진다고 주장한다. 만약 여러분의 변호사가 배심원단에게 여러분의 행위는 의도적이 아니라 우발적이었다고 납득시킬 수 있다면(이미 살펴보았듯이, 우발적 개념은 의도성과 대비될 때만 의미가 통한다), 배심원단은 여러분이 그 행위에 대해 전적인 책임이 없다고 볼 것이다(만약 여러분이 고의적이 아니라 우발적으로 어떤 사람을 죽였다면 여러분은 살인이 아니라 과실 치사로 유죄 판결을 받을 수 있다). 이와 비슷하게, 우리는 사람들이 어쩔 수 없는 행위가 아닌 자신들의 자유로운 행위에 대해서만 책임이 있다고 주장한다(그 때문에 우리는 정신병자에게 책임을 묻지 않는다). 그러므로 만약 스키너가 목적론적 모델을 배제한다면, 그는 또한 법정과 감옥 같은 우리의 도덕적, 법적 제도를 뒤엎는 셈이다. 그의 이론은 급진적이며 그 사실을 그는 잘 알고 있다.

스키너는 목적론적 모델을 인과적 설명, 곧 침 흘리는 개에 대한 파블로프의 유명한 실험에 기초한 자극/반응 모델로 대체하고자 한다. 여러분이 개에게 고기를 주려고 하면 개는 고기를 보거나 냄새를 맡는 순간에 침을 흘리기 시작한다. 그런데 여러분이 고기를 먹이기 직전에 반복해서 종을 울리면 결국 개는 종소리만 듣고도 침을 흘릴 것이다. 우리는 이

스키너 이론을 실행에 옮기면
교도소가 텅 빌 것이다

파블로프의 과학

사실을 설명하는 데 무슨 '개의 심리학'이나 목적과 계획, 의도, 목표에 대한 언급이 필요하지 않다. 그것은 순수하게 기계적으로 설명할 수 있다. 스키너는 자신이 파블로프의 모델을 인간의 영역에 확대해서 전통적인 목적론적 모델을 뒤엎고 우리를 '자유와 존엄 너머'에 둘 수 있다고 믿었다.

지그문트 프로이트

훨씬 더 강력한 종류의 완강한 결정론은 역시 이 책 앞 부분에서 우리가 마주쳤던 지그문트 프로이트의 정신분석 이론에 대한 몇몇 해석에서 나온다. 그 결정론의 논증은 이런 식이다. 한 개인의 성격은 5살까지 형성된다. 사람은 자신의 성격 형성에 대해 개인적으로 제어하지 못하며, 그 나이 이후에 한 개인에게 일어나는 모든 일은 이미 완성된 성격 구조에 의해 대응될 것이다. 나아가, 사람의 동기 부여 체계는 무의식적인, 그리고 반사회적인 생물학적 충동에 의해 구조화된 고통스러운 어린 시절의 기억, 해소되지 않은 정서적 갈등, 공상적인 욕망, 두려움들이며 이 모든 것은 무의식 속에 억제되어 있다. 자아(다소 의식적인 자기)는 이드("그 모든 것을 당장 원하는" 반사회적, 동물적 자기)와 초자아(비이성적이고 거부적이며 죄를 낳는 사회적 양심)의 격렬한 투쟁을 가리는 외관에 불과하다. 이처럼 결정론적인 프로이트 해석에 따르면, 이른바 정상적인 인간의 행동은 정신 이상자의 경우만큼이나 자유

롭지 못하다. 그리고 스키너의 결정론적 도식에서 그랬듯이, 여기서도 책임성이란 것은 존재하지 않는다. 프로이트를 완강한 결정론자로 해석하는 철학자인 존 호스퍼스는 이렇게 말한다.

그러나 환영할 만한 소식이 못 되는 것은 우리의 의지 작용 그 자체와 거기에 이르는 전반적인 숙고熟考의 과정은 무의식적인 소망 또는 정확하게 말하자면, 무의식적인 타협과 변호를 나타내는 겉보기에 불과하다는 사실이다.

……우리는 사람의 행동이 무의식적으로 동기 부여되지 않는 만큼만 사람이 자유롭다고 말할 수 있다. 이것이 우리의 기준이라면 우리의 행동 대부분은 자유롭다고 할 수 없을 것이다. 인생에 대한 우리의 기본 태도, 우리가 철학자나 예술가, 사업가 중 어느 쪽이 되는가 하는 우리 취미의 일반적 기조, 금발이냐 갈색머리냐, 능동적이냐 수동적이냐, 나이든 쪽이냐 젊은 쪽이냐에 대한 우리의 선호를 비롯한 우리의 전반적인 정서 생활과 관련된 충동과 의지를 포함하는 모든 것은 무의식 속에 그 불가피한 토대를 지닌다. 인생의 비교적 사소한 측면들 — 사실상 우리한테 중요하지 않은 사람들에 대한 우리의 행동 같은 것 — 만이 이러한 규칙에서 면제된다.[3]

이드와 초자아 사이의 거리

이 문맥의 마지막 구절에서 보이는 약간의 비꼼은 사실상 호스퍼스가 프로이트를 엄밀하게 완강한 결정론자로 해석하지 않는다는 것을 보여주고 있다. 왜냐하면 호스퍼스는, 프로이트에 따르면 몇몇 의식적 결정 — 곧, 전혀 중요하지 않은 결정 — 이 무의식적 동기에 의해 야기되지 않을 수도 있다는 것을 인정하기 때문이다. 그래서 호스퍼스에 따르면, 프로이트는 오직 중요한 곳에서만 완강한 결정론자다. 실제로 프로이트 자신은 이렇게 말하고 있다.

아다시피, 많은 사람은 자유 의지가 있다는 강력한 확신감에 근거함으로써 절대적인 정신적 결정론의 가정에 맞서는 주장을 한다. 이런 확신감은 존재하나 결정론에서의 신념과는 양립할 수 없다. 모든 정상적인 감정처럼, 그것은 무엇에 의해 정당화되어야 한다. 그러나 내가 관찰하는 한, 그것은 무게 있고 중요한 결정에서 드러나지 않는다. 오히려 거꾸로 사람들은 정신적 강제 감정을 더 많이 느끼며 기꺼이 그것에 되돌아간다(루터가 "나는 여기에 서 있으나 다른 어떤 것도 할 수 없다"고 말한 것과 비교해보라).
한편 사람들이 바로 쉽게 다르게 행위할 수 있다, 곧 자신의 자유 의지로, 그리고 어떤 동기 없이 행위를 했다고 느끼고 있다고 확신한다는 것은 사소하고 무관한 결정이다. 우리의 분석에 따르면, 우리는 자유 의지가 있다는 확신감의 권리와 경쟁할 필요가 없다.[4]

그래서 프로이트는 무의식적 동기에 의해 모든 중요한 판단이 야기된다(결정된다)고 말하는 것 같다. 그런데 일과 천 사이에서 한 숫자를 선택하거나 파란 것 중에서 애완 동물을 고르는 것과 같은 모든 것은 '임의적인 선택'이다. 유일하게 무관심한 선택만이 (그것이 무엇이든 간에!) 무의식적 동기에 의한 결정으로부터 벗어날 수 있다. 그러나 프로이트는 아래처럼 말하면서 여러분이 방금 읽은 구절을 마무리짓고 있다.

만약 우리가 의식적 동기와 무의식적 동기를 구별한다면 의식적 동기가 우리의 모든 작동하고 있는 결의에까지 확대되지 않는다는 것을……확신감에 의해 우리는 알고 있다. 따라서 한편에 자유롭게 남겨진 것은 다른 편, 곧 무의식에서 그 동기를 부여받으며, 그래서 정신적인 영역에서의 결정론은 방해받지 않고 완수된다.

이 신비스러운 구절에서 프로이트는 바로 그가 준 것을 발설하는 것 같다. 이제 결정론이 정신 생활의 모든 것을 덮어버린 것 같이 보인다.
그래서 프로이트를 완강한 결정론자라기보다는 유연한 결정론자로 해석할 수도 있다. 완강한 결정론자는 자유의 가능성, 따라서 개인적 책임의 가능성을 부인한다는 사실을 상기하라.

여자 없는 풀밭 위의 점심, 폭주족 스타일
(에도르 마네에게 죄송)

그리고 실제로 철학자이자 정신분석가로서 프로이트는 사람들이 통제하지 못하는, 대부분이 그런 것 같은 행위자의 책임이 유지되길 바라지 않는다. 그러나 프로이트는 어떤 종류의 자유를 신봉하는 것 같다. 그래서 어떤 점에서 그는 유연한 결정론자다(여러분이 곧 보게 되겠지만, 유연한 결정론자는 만약 정확히 정의된다면 자유가 결정론과 양립할 수 있다고 믿고 있다).

자기가 관계맺는 모든 남자가 어째서 자기한테 가혹 행위를 하는지 알아내기 위해 정신분석의를 찾아온 한 여자의 사례를 고찰해보자. "왜 남자들은 나를 때리고 싶어할까요?"(이 사례는 표면상으로 흔해빠진 프로이트적 성 차별의 전형적 예인 것 같지만, 자세히 검토해보면 이 경우에는 그런 문제가 아니라는 것이 밝혀질 것이다.) 조사 결과, 여자 쪽의 무의식적인 어린 시절의 기억, 그녀의 아버지가 어머니를 때리는 것을 목격한 기억이 드러난다. 전형적인 프로이트식 모델에 따르면, 그 여자는 자기 어머니를 여성성의 모델로, 그리고 자기 아버지를 남성성의 모델로 선택함으로써 여성으로서 자신의 선택을 할 때 무의식적으로 자기를 때릴 남자를 선택하는 것이다. 하지만 그녀가 그것에 대해 통제하지 못하기 때문에 그것은 진정한 선택이 아니다(여기까지는 완강한 결정론의 한 모델이다). 그런데 프로이트가 이 여자를 위해 무엇을 할 수 있을까? 그는 그 여자를 '치료'해줄 수 없다. 아마 그녀는 항상 어떻게든 난폭한 남자에게 이끌릴 것이다. 그러나 이제 그녀는 자신한테 작용하는 동기 부여력을 깨닫기 때문에 자기 삶을 어느 정도 통제할 수 있다. 그녀는 선술집에 들락거리기를 삼갈 것이며, 폭주족들의 연례적인 야유회 초대를 수락하지 않을 것이다! 정신분석학이 그녀에게 되찾아준 이러한 새로운 통제력은 분명 완강한 결정론의 이론과 양립할 수 없는 일종의 자유다.

나아가, 영국 철학자 리차드 피터스가 지적했듯이, 프로이트의 주장을 모든 행동의 동기

가 무의식이라는 뜻으로 해석하는 것은 다소 지나
친 일이다. 당신과 내가 체스를 두는데, 나의 퀸
이 무방비 상태인 것을 당신이 발견했다고 하
자. 당신이 둘 차례라서 당신이 나의 말을
잡아간다. 우리는 당신의 행동을 설명
하기 위해 무의식적인 동기를 찾을
필요가 없다. 우리는 당신의 불행
한 유년기나 억눌린 성적 공상에
대해 알 필요가 없다. 이러한 정신
분석학적 주제 중의 일부는 어째서
당신이 체스 게임을 제일 좋아하는가

하는 문제와 유관할 수도 있지만, 어째서 당
신이 체스를 두다가 무방비 상태인 나의 퀸을 잡기로 결정하는가 하는 문제와는 상관이 없다.
당신이 일상적으로 의식하는 이유에다가 체스 규칙에 대한 지식을 더하면 당신의 행동에 대한
완벽하게 합당한 설명이 나온다.

　　피터스의 또 다른 예에서 어떤 사람이 자기가 왜
길을 건너는가에 대해 담배를 사려고 한다는 말
로 설명할 경우에, 그것은 특정 상황에서 완벽
하게 합당한 설명이라고 말한다.(그 사람은
담배를 피운다. 담배가 떨어졌다. 길 건너에
담배 가게가 있다.) 여기서는 어떤 무의
식적 동기나 정신분석 이론도 필요
하지 않다(그 사람이 왜 담배를 좋아하는
가를 설명하는 데에는 무의식적인 동기가 유용

할 수도 있겠지만 말이다). 반면에 만약 그 남자가
길을 굴러서 건너면서 담배를 사려고 그런다고 자기
행동을 설명한다면, 그러한 설명은 검토를 요한다. 그 경우

에는 우리의 정상적인 설명이 통하지 않기 때문에 정신분석학적 설명이 필요할 수도 있다. 프로이트에 대한 자신의 비결정론적 해석의 결론으로, 피터스는 이렇게 말한다.

> 어떤 사람이 행동을 하며 그 행동에 대한 이유가 있다는 등등의 이야기가 걸맞는 그런 행위에 대해 서술하고자 할 때 프로이트는 자아에 관해 이야기한다. 반면에 어떤 사람이 무언가를 괴로워하거나 어떤 행동을 하도록 강박된다는 것을 이야기하고자 할 때 그는 이드에 관해 말한다.[5]

유연한 결정론

결정론의 진리성을 긍정하지만, 자신들의 결정론적 견해가 자유의 존재를 배제한다는 것은 부정하는 철학자들이 있다. 그들 중의 일부는 스키너와 (적어도 한 가지 해석에서는) 프로이트 같은 완강한 결정론자들이 도달한, 누구도 그 무엇에 대해 책임이 없다는 결론을 좋아하지 않기 때문에 자유와 결정론의 양립 가능성을 증명하고자 했다. 자유가 있을 때만 책임이 있을 수 있다는 것을 정확히 보면서도 결정론의 진리성을 믿기 때문에, 그들은 필연의 세계 속에서도 자유가 존재할 수 있다는 것을 입증하지 않으면 안 되었다. 이러한 견해는 유연한 결정론이라고 불린다.

이러한 접근 방법은 20세기의 일부 철학자들 사이에서 유행했지만, 그 뿌리는 로마 시대로 거슬러 올라간다. 스토아 학파(1세기)와 성 아우구스티누스(4세기), 토마스 홉스(17세기), 바룩 스피노자(17세기)는 모두 그런 류의 입장을 옹호했다. 아우구스티누스의 해석은 아주 대표적이다. 결정론에 대한 그의 관심이 지금까지 우리가 언급한 것과는 달랐지만 말이다.(근대 결정론자들은 자연의 법칙에서 필연성의 개념을 끌어낸다. 아우구스티누스는 신의 전지성에 대한 믿음에서 그 개념을 끌어낸다. 신이 모든 것을 안다면 미래도 알 것

유연한 결정론자

이다. 신이 미래를 안다면 미래는 그것에 대한 신의 지식에 부합되게 전개될 수밖에 없다.)

'자유'라는 말로 우리는 무엇을 의미하는가? 아우구스티누스와 그 밖의 유연한 결정론자들은 철학자로서보다는 일상생활 속의 평범한 사람으로서 그런 물음을 제기한다. 자유라는 말로 우리가 의미하는 것은 의지와 능력의 일치성이다. 곧, 우리는 원하는 것을 할 수 있고 얻을 수 있는 그만큼 자유롭다. 오늘밤 자유롭게 영화 보러 갈 수 있느냐고 여러분이 물을 때 내가 그렇지 않다고 대답한다면, 내가 뜻하는 바는 그러고 싶지만 그럴 수 없다는 것이다. 이것은 감옥의 죄수들이 자유롭지 않다는 그런 의미다. 그들은 떠나기를 원해도 자유롭게 떠나지 못한다. 그러나 그들은 자유롭게 어머니에게 편지를 쓴다. 그러므로 이러한 상식적 정의에 따르면, 자유는 문맥에 따라 상대적이다. 사람은 자유로운 동시에 자유롭지 않다. 그럼에도 불구하고 모든 사람은 때때로 자유롭다(자기가 원하는 것을 한 번도 얻지 못할 만큼 불행한 사람은 일찍이 없었다). 어떤 사람은 다른 사람들보다 더 자유로우며 자기 생애의 다른 시기보다 특정 시기에 더 자유롭다. 그리고 사람이 X를 하기를 원하여 X를 한다면 X를 하는 것은 자유로운 행위이며 사람은 그 행위에 책임이 있다.

게다가, 이러한 정의에 따르면, 자유는 결정론과 양립 가능하다. 나는 프로이트나 스키너식의 원리에 따라 내 의지가 결정되어 있을지라도, 때때로 내가 하고자 원하는 것을 한다. 그러므로 자유와 필연은 동일한 세계 속에 공존

할 수 있다. 유연한 결정론의 가장 기묘
한 형태 중의 하나는 서기 1세기에 스
토아 학파가 제기한 것이다. 이 학파의
이름은 그 창시자인 키프로스의 제논
Zenon(기원전 334~262)의 설교 장소였
던 스토아, 곧 주랑柱廊에서 따온 것이
다. 사람은 자기가 원하는 것을 얻는 정도
만큼 자유롭다는 주장을 수용한 세네카Seneca
와 에픽테투스Epictetus 같은 스토아 학파 철학

자들은 사람은 자유로운 정도만큼 행복하다고 덧붙였다. 이어서 우리는 모두 이따금 자유롭고
행복하다는 사실을 지적하면서, 그들은 항상 전적으로 자유롭고 전적으로 행복할 수 있다는 놀
라운 주장을 제기한다. 어떻게 그럴 수 있는가? 원하는 것을 얻고자 함에 의해서가 아니라 얻
는 것을 원함에 의해서 — 여러분의 의지를 '세계 의지', 곧 니체가 '아모르 파티amor fati'(운명
에 대한 사랑)라고 부르는 것과 동일시함에 의해서 — 그럴 수 있다.

그런데 이러한 견해를 모방하기는 아주 쉽지만("바로 내가 원했던 일이야……"), 여기서 우리
의 흉내는 한 가지 흥미로운 진실을 놓치고 있다. 곧, 많은 사람의 불행은 자신들이 가질 수 없
는 것을 원하는 데에서 생겨난다는 사실이다.

우리가 스스로를 매력적이고 바람직하고
독립적이고 멋있고 영리하고 무엇보다
도 '훌륭하다'고 생각한다면, 절대적으
로 마땅히 소유해야 할 쾌락적 대상과
능력들의 이미지에 부단히 시달리는 우
리들의 물질주의적 소비 문화 속에서는
특히 그렇다. 그래서 우리는 대부분의 삶
을 이러저러한 것에 대한 좌절된 욕망에
불타서 허비한다. 행복과 자유는 우리를 비
켜간다. 스토아 학파의 지혜(그것은 거의 아

원하는 것을 얻고자 하지 말고,
반대로 얻는 것을 원하도록 하라

시아적 유형의 지혜라고 나는 생각한다)는 고요 속에 행복이 있으며, 고요는 "강물을 따라 흐를 때" 온다는 것이다. 그러나 아시아 철학자들처럼 스토아 학파는 그러한 평화란 쉽게 얻어지지 않으며, 때로는 그것을 얻는 데 평생이 걸리기도 한다는 것을 알고 있었다. 게다가 그 추구는 수동, 무위無爲, 정적의 이상을 전제하는데, 이는 좋든 나쁘든 서양적인 자아의 이상과는 양립할 수 없는 것이다. 따라서 이러한 스토아적 형태의 유연한 결정론은 우리 대부분에게 '유효한 선택'이 못 된다.

비결정론

결정론의 반대는 비결정론이라고 부른다. 이는 단순히 결정론이 거짓이라는 견해다. 이러한 견해에는 여러 가지가 있다. 20세기에 수많은 과학자와 과학 철학자는 19세기의 인과성 개념을 거부한다. 그들에 따르면, A가 B의 원인이라고 말하는 것은 A가 B의 충분 조건(A가 주어지면 반드시 B가 따라온다)이라고 말하는 것이다. 그들은 이러한 1 대 1 당구 유형의 인과성 모델을 보다 느슨하고 통계적인 모델과 결부짓도록 강요한다. 예컨대, 새로운 개념에 따르면, A가 B나 C나 D나 E의 충분 조건(그러나 필연적으로 그 가운데 어떤 것도 다른 것에 반대하는 것으로서가 아니라)이라고 상상해보라. 곧, A가 발생할 때 B에서 E에 이르는 일련의 수 가운데 하나가 필연적으로 발생한다. E가 발생할 경우에 A가 E의 원인이나 E는 필연적인 사건이 아니다(A가 주어지면 E 이외의 다른 것이 발생할 수도 있다).

그래서 비결정론자는 (1)임의적인 사건만 있다거나 (2)몇몇 임의적인 사건이 있다거나 (3)몇몇 비인과적인 사건이 있다거나 (4)몇몇 인과적 사건이 필연적인 사건이 아니라고 주장할 수 있다. 어쨌든 (1)의 가능성을 옹호하는 사람은 아마 많지 않을 것이다(그것은 중심은 유지되지 않는다는 테제의 극단적인 판일 것이다). (4)의 가능성은 아마 "지나친 흡연은 암의 원인이다" 같은 명제가 참임을 설명하는 최대의 가능성이다. 모든 암의 경우가 지나친 흡연이 원인은 아니며, 곧 모든 지나친 흡연의 경우가 암의 원인은 아니나, 그럼에도 불구하고 지나친 흡연은 (통계적으로) 암의 원인이다. 비결정론자들은 그들이 작업하는 인과성 모델에 의존하고 있는 가능성 (1), (2), (3), (4)를 옹호한다.

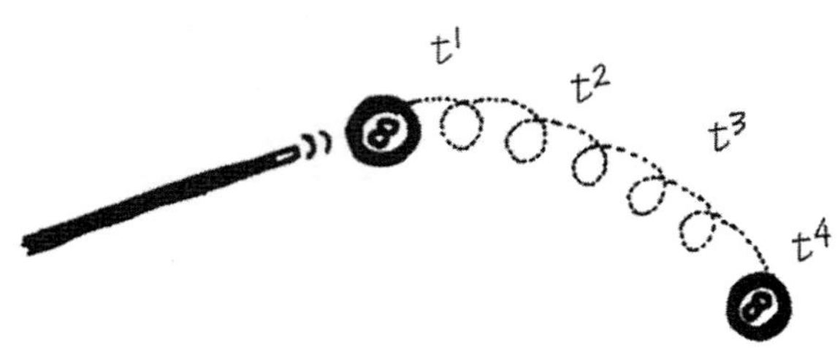

비결정론은 최근의 물리학의 발전 때문에 새롭게 각광을 받고 있다(결정론의 권위가 보통 고전 물리학에 대해 그것이 맺는 관련성과 결부된다는 점에서 이는 다소 아이러니하지만).

노벨상 수상자 베르너 하이젠베르크의 작업 이래로, 소립자 수준(곧, 가장 기초적인 수준)의 물리적 현실에서는 인과적 모델이 통하지 않으며 통계학적 모델로 대체되어야 한다는 문제 제기가 있었다. 그 점을 설명하기 위해 고전적인 뉴턴적 세계에서의 당구대의 조감도를 상상해보자. 그 세계에서 당구공을 칠 때 큐대가 당구공에 가하는 정확한 힘과 힘이 가해지는 정확한 지점, 당구대의 펠트천이 일으키는 마찰의 정확한 크기를 안다면 이론상으로 우리는 당구공의 궤적과 t_1, t_2, t_3, t_4 시각의 공의 위치를 정확하게 예언할 수 있다. 그런데 만약 하이젠베르크의 '불확정성의 원리'가 옳다면(명백히 대부분의 물리학자들은 그것이 옳다고 생각한다) 소립자 수준에서는 똑같은 모델이 통하지 않는다. 당구공 대신에 전자를 상상해보라. 설령 우리가 그 질량과 위치, 속도, 그리고 t_1, t_2, t_3시각의 그 궤적을 안다고 하더라도(그런데 그것은 불가능하다) 우

점 Y

점 X

리는 t_4 시각의 전자의 위치를 정확하게 예언할 수 없을 것이다. 그것은 결국 점 Y 아니면 점 X 에 머물 것인데, 아마도 점 X에 머물 통계적 개연성이 더 크다는 정도일 것이다. 이처럼 전자의 운명을 예언할 수 없는 것은 단지 인간의 인식 능력의 약점일 뿐만 아니라, 소립자 세계의 특성과 관련된 사실이기도 하다. 이 모든 것으로부터 t_3에서 t_4까지 전자의 운동은 원인 없는 사건이라는 결론이 나온다. 만약 그러한 사건이 존재한다면(대부분의 물리학자들은 그렇다고 믿는다), 엄밀하게 말해서 결정론은 거짓이며 비결정론이 참이다.

자유주의

하이젠베르크 자신은 이 지점에서 점점 철학적으로 기울어 자신의 비결정론에서 자유주의적 입장을 도출해내고자 했다.[6] 자유주의(libertarianism, 이는 같은 명칭의 정치적 운동과는 아무런 관계가 없다)는 실상 비결정론의 한 변종이다. 그것은 결정론이 거짓이며 자유가 존재한다는 견해다. 곧, 어떤 행위는 원인이 없고 자유롭다는 것이다. 하이젠베르크는 뇌수 속의 어떤 사건들이 원인이 없다는 사실을 자유 이론의 과학적 토대로 삼고자 했다. 그러나 그의 비판자들은 원인 없는 소립자적 사건들을 자유롭다고 지칭하기는 어렵다고 지적했다. 그것들은 오히려 임의적 사건이라고 부르는 것이 더 정확하다. 그와 비슷하게, 원인 없는 뇌수의 사건에 바탕을 둔 인간의 행위 자체도 자유로운 사건이 아니라 임의적인 사건일 것이다. 만약 내가 신선한 공기를 맡기 위해 창문을 열러 갔다가 갑자기 원인 없는 뇌수의 사건이 일어나 창문을 향해 몸을 던졌다면, 우리는 그런 일을 '자유로운 행위'라고 부르지 않는다. 만약 어떤 사람이 거실을 가로질러 가는데, 자기가 강아지를 발로 차거나 뒤로 엎어지는 일이 없이 맞은편에 닿을지 어떨지 알지 못한다면, 그것은 자유와는 정반대의 상황일 것이다. 자유는 필연성의 반대라고 할 수 있다. 하지만 이

자유로운 행위?

공식에는 그 두 가지만이 아니라 세 가지 요소가 존재한다.

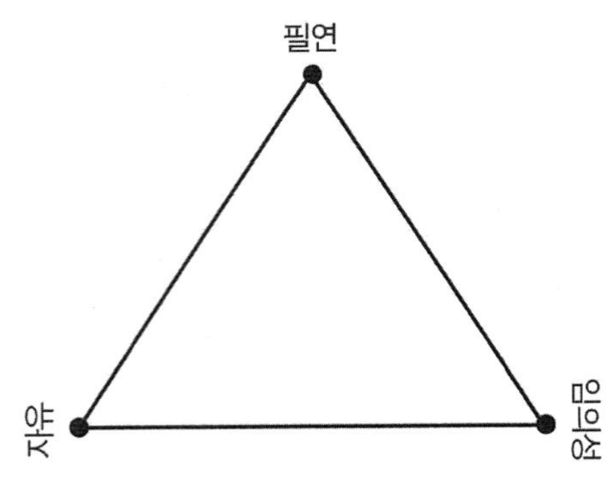

그러므로 하이젠베르크는 우리에게 이론적 자유를 주지 못한 것 같다. 그러나 최소한 그의 불확정성의 원리는 고전적 결정론으로부터 과학적 승인의 표지를 제거함으로써 그것에 결정타를 가했다. 이는 자유주의자들에게는 충분히 가치 있는 일일 것이다.

나는 이제 유명한 두 편의 논문에 나오는 개념을 이용하여 자유주의적 논증의 주류라고 생각되는 것을 제시할 것이다. 그 중 하나는 C. A. 캠벨의 것이고, 다른 하나는 리차드 테일러의 것이다.[7]

첫 번째 요지는 (아마 다소 놀라울 수도 있겠지만) 자유주의자들이 한 가지 중요한 주제에 관해 '완강한 결정론자'의 편에 서서 '유연한 결정론자'에게 반대한다는 것이다. 자유주의자와 완강한 결정론자는 만약 결정론이 옳다면 자유가 없다는 데 다 같이 동의한다. 유연한 결정론자는 결정론 일반(모든 사건은 선행하는 조건에서 필연적으로 귀결된다는 견해)은 인정하지만, 그 사실로부터 완강한 결정론자들이 끌어내는 급진적인 결론(곧, 자유는 없고, 따라서 책임도 없다는 것)은 좋아하지 않았다는 것을 상기하라. 유연한 결정론자는 책임을 구해내기 위해 '자유'란 의지와 능력의 일치("나는 할 수 있다")를 의미한다고 지적했다. 이어서 자유를 그렇게 정의

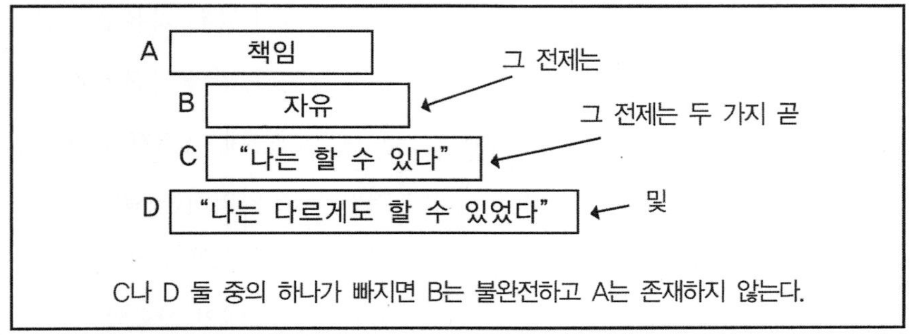

자유에 대한 자유주의자의 견해

할 경우에 결정론적 우주 속에서도 확실히 자유는 존재한다고 유연한 결정론자는 주장했다. 그리고 만약 자유가 존재한다면 책임도 존재한다고 유연한 결정론자는 말한다. 그런데 캠벨 같은 자유주의자는 유연한 결정론자의 자유의 정의가 반쪽의 진리에 불과하다고 주장한다. 자유는 사람이 소망하는 것을 이루는 능력("나는 할 수 있다")만이 아니라 진정한 대안, 실질적 선택에 대한 접근("나는 다르게도 할 수 있었다")을 수반하는 것이다. 다시 말해서, 만약 내가 A, B, C라는 조건에서 X라는 행동을 한다면, X는 오직 그와 동일한 조건에서 내가 X 대신에 Y라는 행동을 할 수도 있었을 경우라야만 내게 책임을 물을 수 있는 자유로운 행동이다. 그러나 바로 이러한 가능성을 결정론은 부인한다. 그러므로 유연한 결정론자들은 틀렸다. 그들의 이론은 진정한 자유의 개념을 산출

뉴턴의 중력 이론에 대한 대안

해내지 못하며, 따라서 정당한 책임 개념도 산출해내지 못한다.

그렇다면 내가 정의한 것과 같은 자유("나는 할 수 있다"와 "나는 다르게도 할 수 있었다")는 존재하는가? 만약 우리가 우리 자신과 다른 사람들의 현실적 경험에 호소한다면, 그 질문에 긍정적으로 답해야 할 것이라고 자유주의자들은 지적한다. 세계 속의 우리 자신에 대한 우리의 경험은 확실히 우리가 때때로 자유롭다고 말하는 것 같다. 그러나 우리의 경험은 결정론의 이론에 의해 착각으로 입증되는 것인가? 자유주의자는 결정론이 하나의 이론(곧, 지적 구성물)이라는 사

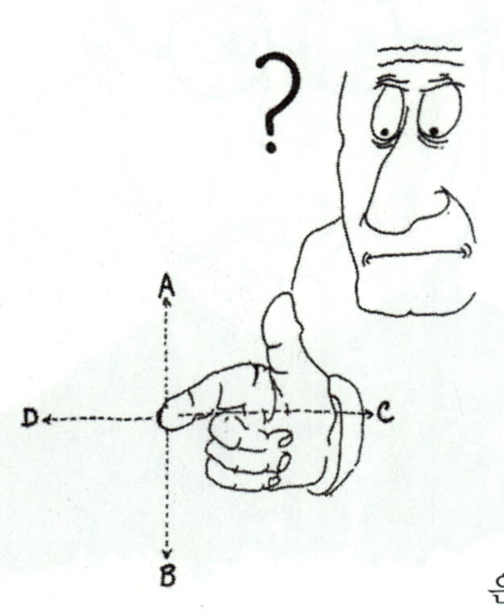

행동 속의 자유

실을 강조하고자 한다. 그것은 우리 경험의 서술로서 일상 언어보다 더 못하다. 실상, 그것은 전혀 우리 경험의 서술이 아니다. 일반적으로 이론의 역할이 무엇인가? 보통 이론의 기능은 경험의 어떤 특징을 해명하는 것이다.(뉴턴의 중력 이론은 우리가 경험하는 물리적 세계의 특징을 해명하고자 한다. 프로이트의 무의식 이론은 우리가 경험하는 어떤 충동적 행위를 해명하고자 한다.) 그러나 결정론의 당혹스러운 특징은 그것이 우리 경험의 자료를 해명해주기는커녕 오히려 부정한다는 것이다.

결정론의 이론에 관한 이와 같은 기묘한 사실을 들어 자유주의자는 우리가 그것에 대해 회의적이어야 한다고 생각한다. 이 점을 구체적으로 살펴보겠다. 내가 검지손가락을 내밀고 어느 방향으로 움직일 수 있을지 생각해보자. 나는 그것을 위로 치켜 올리거나(이 행동을 A라고 부르자), 아래로 내리거나(B), 왼쪽(C), 오른쪽(D)으로 움직일 수 있다. t_1, t_2, t_3의 시각에 내가 손가락을 내밀고 아직 어떻게 움직일지 결정하지 못했다고 하자. 그러다가 t_4의 시각에 나는 손가락을 왼쪽으로 움직인다(행동 C). 그런데 나는 이 행동을 (사소한 것이기는 하지만) 자유로운 행동으로 경험한다. 나는 C를 선택했으나 대신에 A, B, 또는 D를 선택할 수도 있었다. 그런데 결정론은 행동 C가 결정된 행동이라고 — t_1, t_2, t_3 시각의 선행하는 사건들로부터 필연적으로 귀결된다고 — 이야기한다. 캠벨 같은 자유주의자는 누구도 그것이 옳다고 증명하지 못했음을 지적한다. 만약 결정론자들이 경험과 정반대로 행동 C를 포함한 모든 행동이 필연적이라고 주장하고자 한다면, 직관에 반하는 그러한 주장을 증명할 책임은 그들에게 있다. 그러기 전에는 나머지 사람들이 결정론을 거짓이라고 믿는 것이 당연한 일이다.

사르트르

실존적 자유

지금까지의 자유주의의 논지는 아주 온건하고 상식적인 입장을 옹호하는 것이었다. 그것은 정상적인 환경에서 우리 자신이 겪는 공통적인 경험에 근거한다는 점에서 '상식적'이고 또한 우리의 반대되는 경험에도 불구하고 결정론이 옳을 수도 있음을 인정한다는 점에서, 그리고 우리의 행동 전부가 아니라 단지 일부분에서만 우리가 자유롭다는 것을 인정한다는 점에서 '온건하다'. 그러나 더욱 급진적인 종류의 자유주의적 견해도 있는데, 그 중에서 장 폴 사르트르(1905~1980)의 실존주의적 시각이 아마도 가장 흥미로울 것이다.

이제 우리는 사르트르 이론에 대한 소개삼아 여기서 정의해둘 필요가 있는 몇 가지 전문 용어를 살펴볼 것이다. 첫째는 대자적對自的 존재다. 이는 스스로에 대한 인간의 경험을 가리키는 사르트르의 용어다. 그것은 대체적으로 '의식'과 동격이지만, 우리 자신의 육체에 대한 경험도 거기 포함되기 때문에 단지 대체적으로 그럴 뿐이다(따라서 그것은 순수 의식을 나타내는 데카르트의 코기토는 분명 아니다). 둘째는 즉자적卽自的 존재다. 이는 인간의 개입에 앞서서 존재하는 비인간적 실재다. 사르트르는 즉자적 존재에 대해 "존재는 있다. 존재는 즉자적이다. 존재는 있는 그 자체다"라고 말한다. 그것은 충만하며 부동不動이다. 그것은 있다. 그 이상 할 수 있는 말이 없다. 이제 아래 그림이 그 두 가지 형태의 존재를 나타낸다고 하자.

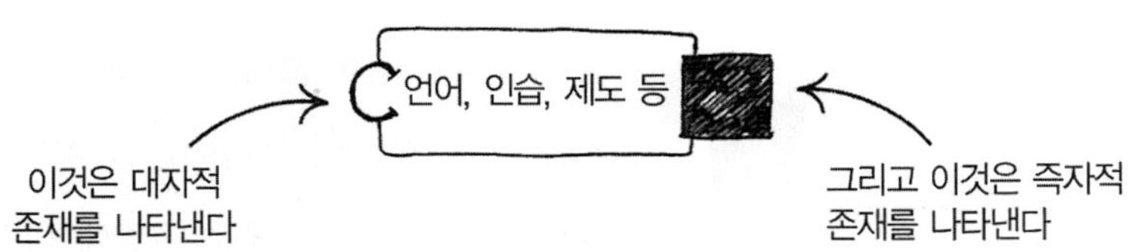

'대자'는 존재에 대해 열려 있다. 그러나 즉자는 닫혀 있다.

즉자에 관해서는 우리 인간이 어떻게 할 수 없는 어떤 특징이 있는데, 그런 특징을 사르트르는 사실성이라고 부른다. 대자와 즉자 사이의 '공간'은 인간 경험의 세계를 이룬다. 그것은 언어와 제도, 인습, 이론 같은 항목들을 포함한다. 그것은 즉자에 대한, 그리고 사실성에의 반응에 대한 인간의 해석에 의해 창조된다. 사르트르는 이러한 해석이 필연적이기는 하지만(우리는 반

드시 해석해야 하며 존재에 반응해야 한다—여
기에는 아무런 선택권도 없다), 그와 동시
에 근본적으로 자유롭다고 주장한다.

따라서 대자적 존재는 세계에 대
해 열려 있고, 사실상 세계를 자유
롭게 창조하며 세계에 대해 책임
이 있다.

매우 사르트르다운 예를 들어
이 주장을 설명해보자. 한 무리
의 사람이 알프스 산에 당일치
기 소풍을 간다고 하자. 그들의 목
표는 어떤 산봉우리에 올라갔다가
어둡기 전에 막사로 돌아오는 것이다.
몇 시간 동안 등반을 하다가 그들은 길
이 갑자기 최근에 위쪽 길에서 무너져내린
커다란 돌덩어리에 가로막힌 것을 발견한다.

사실성

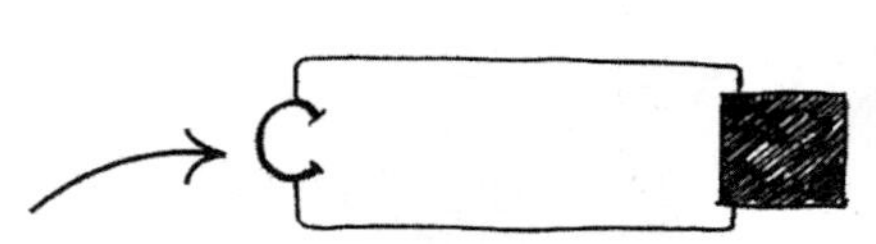

즉자 전체와 대자의 준범신론적
종합으로서 자연에 몰입하기

길은 완전히 봉쇄되었다. 바위덩어리를 지나갈 수 있
는 가능성은 전혀 없다. 그것의 존재는 사실성을 이
룬다. 한 등산객이 돌덩어리를 쳐다보며 절망감에
사로잡힌다. 그는 배낭을 풀밭에 내던지고 거기 드
러누우며 말한다. "그래, 좋아. 등산은 끝났어." 그는
자기 절망감을 달래기 위해 점심 보따리를 풀기 시
작한다. 사르트르가 보기에, 이 사람은 돌덩어리를
"넘을 수 없는 장벽"으로 선택하고 스스로를 '패배
자'로 선택한 것이다. 그는 사르트르가 말하는 "즉
자 전체와 대자의 준準범신론적 종합"[8] 속에서 자연
에 몰입한다. 그러나 또 다른 사람은 이 상황에 반

응하여 이렇게 말할 수도 있을 것이다. "아냐! 우리는 이 문제를 풀 수 있어. 반드시 길이 있을 거야." 그리고 그는 알려지지 않은 샛길을 찾아 주변을 탐색하기 시작한다. 이 사람은 바위덩어리의 사실성을 '도전'으로 해석하고 낭만적으로, 또 영웅적으로 스스로를 '도전받는 자'로 선택한 것이다. 그런데 또 다른 이는 사진기나 수채 물감을 꺼내 들고서 이렇게 말한다. "저 바위덩어리 양옆에 소나무가 있는 풍경이 얼마나 아름다운가 보라, 그 뒤에 반짝이는 산봉우리를 보라."(세계는 사진 촬영의 기회이며 자신은 예술가다.) 그리고 또 다른 사람은 바위덩어리를 자세히 관찰하면서 말한다. "여기 이 흥미로운 석영 결정을 보라. 이건 이 일대의 다른 바위에서는 발견되지 않는 것이다. 이 바위덩어리는 최소한 1천m는 굴러왔을 것이 틀림없다 — 아마 저 위의 노출된 암석층에서 떨어진 것 같다."(세계는 견본이며 자신은 과학자다.)

사르트르는 이 등반객들이 각기 자신의 세계를 창조하고 그 세계 속에서 자신을 선택한다고 주장한다. 물론, 결정론자는 그 상황에 대한 각인의 반응이 자유가 아니라 각 개인의 과거의 산물이라고 주장할 것이다. 그러나 사르트르는 그것을 완강하게 부정한다. 그는 말한다. "사실적 상황이 무엇이든(정치경제적 사회 구조이든[맑스의 결정론에 대한 공격], 심리적 '상태'이든[스키너와 프로이트의 결정론에 대한 공격]) 간에 그것은 그 자체로서 어떤 행동의 동기든 될 수가 있다."(p. 245) 존재에 대해 어떻게 해석하든 간에 나는 항상 다른 해석을 내릴 수도 있다. 대안적 해석이 불가능한 순간은 전혀 없다.

사르트르의 논점을 가장 과격한 형태로 표현하면, 어떤 명백한 필연성에 직면하더라도 사람은 항상 죽음을 선택할 수 있다는 말로 나타낼 수 있다. 물론, 바위덩어리의 존재 때문에 스스로 벼랑에 떨어지기로 작정하는 것은 등반이 좌절된 데 대한 반응으로서는 극단적이고 어리석을 것이다. 하지만 그렇게 하는 것은 하나의 대안이며, 자살 말고 어떤 다른 대안을 추구하는 한 사람은 그 대안을 선택한 것이며 거기에 책임이 있다. 오늘 아침에 자살하지 않는다면, 여러분은 그 대신에 오늘의 일 전부를 선택한 것이며 그 일은 여러분의 일이다.

사르트르는 대안을 선택하는 것이 반드시 항상 쉬울 것이라고 주장하지는 않는다. 그는 말한다. "나는 다르게 할 수 있었다. 그렇다. 그러나 어떤 대가를 치르고서 말인가?"(p. 255) 그가 의미하는 것은 이렇다. 패배감에 빠져 풀밭에 드러눕는 행동은 아마 외떨어진 행동이 아니라 전반적인 삶의 방식의 표현일 것이다. '패배자'로 묘사된 그 사람은 아마 거의 항상 세계 속에서 스스로 소극적인 선택을 했을 것이다. 그에게서 바위덩어리의 존재에도 불구하고 참는 것을 선택하기란 사르트르가 말하는 '근본적 전환', 곧 스스로를 다른 사람으로 선택하는 것이나 진배 없었을 것이다. 그러나 우리 모두는 바로 그렇게 하는 것이 가능하다. 하지만 대부분의 사람은 그러한 '실존적 진리'를 부정하는데, 사르트르에 따르면 그들은 '나쁜 믿음' 때문에 그러는 것이다.

나쁜 믿음(이것을 사르트르는 때때로 '허위성'이라고도 부른다)은 항상 자유와 책임, 주체성, 고통으로부터의 도피라는 형태를 취한다(그것이 고통으로부터의 도피인 까닭은, 사르트르에 따르면 자신의 자유에 대한 궁극적인 인정은 고통으로 경험되기 때문이다). 하지만 사르트르의 '나쁜 믿음'은 매우 미묘한 것인 바, 이 점은 사르트르의 《존재와 무》에 나오는 유명한 일화에서 살펴볼 수 있다.

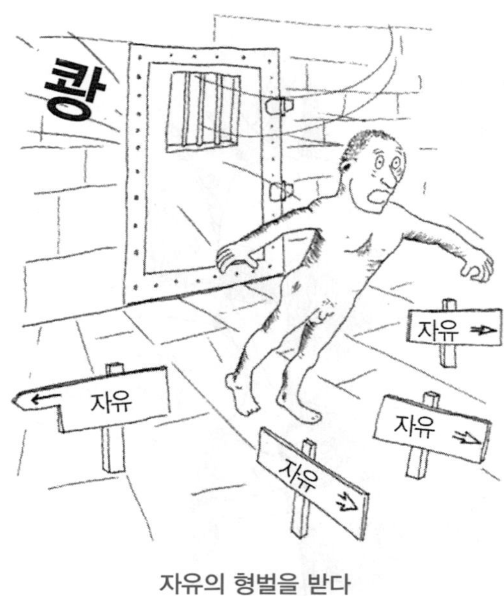

자유의 형벌을 받다

처음 한 특정한 남자와 외출하는 데 동의한 한 여자의 예를 들어보자. 그녀는 자기에게 말을 거는 남자가 그녀에 대해 품고 있는 의도를 아주 잘 안다. 그녀는 또한 조만간 그녀가 결단을 내릴 필요가 있으리라는 것도 안다. 그러나 그녀는 그 긴박성을 깨닫고자 하지 않는다. 그녀는 오직 동행인의 태도에서 점잖고 분별있는 점만 염두에 둔다. 그녀는 그러한 태도가 소위 '최초의 접근'을 달성하기 위한 시도라고 보지 않는다. 즉, 그녀는 그의 태도가 드러내는 시간적 전개의 가능성을 보고자 하지 않는다. 그녀는 그러한 행동을 현재 있는 것에 국한시킨다. 그녀는 그가 건네는 미사 여구 속에서 명시적인 의미 이외의 것을 읽고자 하지 않는다. "당신은 너무나 매력적입니다!"라고 그가 말하더라도, 그녀는 이 말에서 성적인 배경을 배제한다. 그녀는 화자의 말과 행동에 직접적인 의미를 부여하며, 그것을 객관적인 성질로 상상한다. 그녀에게 말하는 남자는 탁자가 둥글거나 네모나듯이, 벽의 색깔이 푸르거나 잿빛이듯이 그녀한테 진실되고 점잖게 보인다. 이렇게 해서 그녀가 귀기울이는 남자에게 부여된 성질은 사물의 성질처럼 영원 속에 그런 식으로 고정되는데, 그것은 엄격한 현재형의 성질을 시간적 유동流動 속에 투영한 것일 뿐이다. 그렇기 때문에 그녀는 자기가 원하는 것을 딱히 알지 못한다. 그녀는 자기가 바라는 욕망을 깊이 깨닫지만 잔인하고 적나라한 그 욕망은 그녀에게 수치와 공포를 안겨줄 것이다. 하지만 그녀는 존중에 그치는 존중 속에서는 어떤 매력도 발견하지 못한다. 그녀를 만족시키려면 전적으로 그녀의 개성 — 곧, 그녀의 완전한 자유 — 에 부응하며 그녀의 자유에 대한 인식이 되는 감정이 있어야 한다. 그러나 동시에 그 감정은 전적으로 욕망이어야 한다. 곧, 그것은 대상으로서의 그녀의 육체에 부응하는 것이어야 한다. 그래서 이번에 그녀는 그 욕망을 있는 그대로 이해하기를 거부한다. 그녀는 심지어 그것에 이름도 붙이지 않는다. 그녀는 오직 그것이 스스로를 초월하여 찬사와 존중, 예의를 지향하며 그것이 만들어내는 보다 세련된 형식 속에 전적으로 흡수되는 한에서만, 더 이상 일종의 온기와 밀도로 다가오지 않는 한에서만 그것을 인정한다. 그런데 그때 남자가 그녀의 손을 잡는다고 하자. 동행인의 이러한 행동은 직접적인 결단을 요구함으로써 상황을 변화시킬 위험을 안고 있다. 손을 그대로 두는 것은 그녀 스스로가 연애의 유희에 동의하고 구애를 받아들이는 것이다. 손을 빼는 것은 그 순간을 매력적이게 만드는 착잡하고 불안정한 조화를 깨는 것이다. 목표는 결단의 순간을 가능한

줄거리가 흥미 진진해진다
– 그가 그녀의 손을 잡는다

한 늦추는 것이다. 우리는 다음에 무슨 일이 벌어지는지 안다. 젊은 여자는 손을 가만히 내버려두지만 자기가 가만히 내버려둔다는 것을 깨닫지 못한다. 그녀는 공교롭게도 그 순간에 가장 영리한 상태이기 때문에 깨닫지 못한다. 그녀는 자기 동행인을 가장 고상한 감상적 사색의 영역으로 끌어올린다. 그녀는 인생에 대해, 자기 삶에 대해 이야기하며 자신의 본질적 측면 — 개성, 의식 — 속에 자신을 드러내 보인다. 그리고 그 시간 동안에 육체와 정신의 분리는 완성된다. 손은 그녀 동행인의 따뜻한 양손에 잡힌 채로 — 동의하지도 거절하지도 않는 — 하나의 사물로 꼼짝 않고 머물러 있다.

이 여자는 나쁜 믿음을 지니고 있다고 우리는 말할 것이다.(pp. 146~148)

이 젊은 여자가 좋은 믿음을 지니려면 어떻게 해야 할까? 사르트르는 좋은 믿음을 누구도 달성할 수 없을만큼 어려운 일로 상정했는가? 그는 여자의 문제가 "자기가 원하는 것을 딱히 알지 못"하는 것이라고 말한다. 우리는 항상 우리가 원하는 것을 반드시 정확히 알아야 하는가? 사르트르는 자신의 반론을 다음과 같은 난해한 말로 지극히 기교적으로 설명하고 있다.

우리는……젊은 여자가 우리의 '세계 속의 존재' — 곧, 다른 대상들 가운데의 수동적 대상인 우리의 부동不動의 현존재 — 를 이용하여 갑자기 그녀의 '세계 속의 존재'의 기능으로부터 — 곧, 그 자신의 가능성을 향해 세계 너머로 자신을 투영함으로써 세계가 거기 있게 만드는 존재로부터 — 벗어나고자 함을 보았다.(p. 150)

사르트르의 논점은 이것이다. 우리는 세계 속의 육체다. 이 사실은 그가 우리의 '세계 속의 존재'라고 부르는 것이다. 그러나 우리는 또한 우리가 거주하는 세계를 창조하며, 이것이 우리의 '세계 속의 존재'다. 어떤 순간에든 우리 자신을 전적으로 세계 속의 존재로, 곧 수동적이고 관성적인 존재로 선택하는 것은 나쁜 믿음이다. 좋은 믿

스스로를 세계 속의 존재로 선택하기

음은 우리 자신을 있는 그대로, 곧 세계 속의 존재로 선택하고 그에 대한 책임을 받아들이는 것이다(그 젊은 여자가 좋은 믿음을 지니려면 어떻게 했어야 하는지는 아직도 썩 명확하지 않다).

사르트르가 자유에 관한 자신의 주장을 어느 극단으로 끌어가는가는 이런 글에서 알 수 있다.

그러므로 인생에는 우연이란 없다. 갑자기 터져 나와 나를 끌어들이는 공동체의 사건은 외부에서 생기는 것이 아니다. 만약 내가 전쟁에 동원되면 그 전쟁은 나의 전쟁이다. 그것은 나의 모습을 띠며 나는 그것에 값한다. 내가 그것에 값하는 첫 번째 까닭은 나는 언제나 자살이나 탈영에 의해 그것을 벗어날 수 있기 때문이다. 이러한 궁극적 가능성은 어떤 상황에 직면하는 문제가 있을 때 우리한테 항상 존재할 수밖에 없는 그런 것이다. 그것을 벗어나지 않음으로써 나는 그것을 선택한 것이다. 이는 관성 때문이거나 여론에 맞서기가 겁나서이거나, 전쟁에의 참가를 거부하는 것의 가치와는 다른 어떤 가치(친척들의 좋은 평판, 가문의 명예 따위)를 내가 선호하기 때문이다. 어떻게 바라보든 그것은 선택의 문제다. 이 선택은 전쟁이 끝날 때까지, 나중에도 중단 없이 거듭 반복될 것이다. 따라서 우리는 "전쟁에서 무고한 희생자는 없다"는 로맹J. Romains의 말에 동의해야 한다. 따라서 내가 죽음이나 불명예보다 전쟁을 더 좋아한다면, 마치 내가 그 전쟁의 전적인 책임을 지는 듯이 모든 일이 이루어질 것이다. 물론, 다른 사람들이 선전 포고를 한 것이고, 어쩌면 나는 단순한 연루자에 불과해 보일 수도 있다. 그러나 이러한 연루성의 관념은 사법적인 의미를 지닐 뿐이며 여기서는 통하지 않는다. 왜냐하면 나를 위해, 그리고 나에 의해 이 전쟁이 존재하지 않아야 한다는 것은 나에게 달린 일인데, 나는 그것이 존재하도록 결정했기 때문이다. 여기에는 어떤 강제도 없었다. 강제는 자유를 지배할 수 없는 것이다. 나에게는 어떤 변명의 구실도 없었다. 이 책에서 우리가 거듭 말했듯이, 인간-실재의 독특성은 변명의 구실이 없다는 데 있는 것이다.(pp. 278~279)

그러니까 정상적인 지능을 지닌 성인 인간은 거의 모든 상황에서 선택권을 지니며, 따라서 가능한 자유의 양에 비례하는 책임을 받아들여야 한다는 사르트르의 주장은 내가 보기에 많은 사람이 받아들일 용의가 있는 것 같다. 그러나 사르트르가 동의하는 로맹의 주장("전쟁에서 무고한 희생자는 없다")은 등에 네이팜탄의 불길에 휩싸인 채 공포에 질려 시골 도로를 달리는 벌거벗은 베트남 소녀의 뉴스 사진을 상기할 때 공허하게 들린다. 아마 사르트르는 모든 사람이 항상 자유로우며 자기가 창조하는 세계에 대해 책임이 있다는 그의 주장에 어린아이와 정신적 결함을 지닌 사람들이 어떻게 부합하는지(그러한 구별은 매우 사르트르답지 않은 것으로 보이지만) 설명함으로써 자기 이론을 보강해야 할 필요가 있었을 것이다.

아마 진실은 사르트르가 자기 주장처럼 이미 존재하는 인간의 자유를 서술한 것이 아니라 새로운 측면의 자유를 개척했다는 데 있을 것이다. 아마 사르트르의 철학을 읽고 이해할 기회를 지닌 사람들은 그럼으로써 새로운 종류의 자유와 동등한 새로운 종류의 자각을 얻겠지만, 그를 읽지 못한 사람들(그리고 비슷한 성격의 지적 경험을 달리 갖지 못한 사람들)은 그러한 자유를 얻지 못할 것이다. 이때의 문

부르주아적 사치로서의 실존적 자유

제는 그로 인해 자유가 일종의 부르주아적 사치가 된다는 것이다. 왜냐하면 철학을 공부할 능력이란 어떤 의미에서 바로 그러한 사치이기 때문이다(사르트르 자신도 말년의 저작에서 비슷한 결론에 도달했던 것 같다).

비뚤어진 자유

사르트르의 실존주의 이론 이외에도 문학 속에는 '비뚤어진 자유'[9]라고 부르는 또 다른 급진적인 자유의 이론이 있다. 이는 철학 논문이 아니라 표도르 도스토예프스키의 《지하 생활자의 수기》라는 소설에 나온다(이 제목은 좀 더 문자 그대로 직역하면 "마루 바닥 아래로부터의 수기"가 되는데, 이는 인생에 대한 '지하 생활자'의 시각이 쥐의 경우처럼 마루 바닥 틈새로 위를 쳐다보는 것이라는 의미를 함축한다). 이 소설은 다음과 같이 기묘한 구절로 시작한다.

나는 병자다……. 나는 심술궂은 자다. 나는 매력 없는 자다. 나는 내 간이 병들어 있다고 믿는다. 그러나 나는 내 병에 관해 전혀 알지 못하며 무엇이 나를 아프게 하는지 확실히 모른다. 나는 그것에 대해 의사에게 상의하지 않으며 상의한 적이 없다. 비록 의학과 의사를 존경하기는 하지만 말이다. 게다가 나는 어쨌든 극도로, 충분히 의학을 존경할 정도로 미신적이다(나는 미신적이지 않을 만큼 충분한 교육을 받았음에도 미신적이다). 아니, 내가 의사에게 상의하지 않는 것은 분풀이 때문이다. 그 점은 아마 여러분에게 이해가 가지 않을 것이다. 하지만 나는 이해가 간다. 물론, 이 경우에 정확히 누가 나의 분노의 대상인지는 설명할 수 없다. 나는 의사들한테 상의하지 않음으로써 그들한테 '앙갚음'할 수 없다는 것을 완벽하게 잘 안다. 나는 그 모든 일이 다른 사람 아닌 나 자신을 해칠 뿐이라는 것을 누구보다 잘 안다. 그럼에도 불구하고 만약 내가 의사에게 상의하지 않는다면 그것은 분풀이 때문이다. 내 간은 상태가 나쁘다. 그렇다면 아예 더 나빠지게 하자![10]

마루 바닥 아래 있는 남자

소설의 '논증'이 전개됨에 따라 우리는 지하 생활자가 사회와 현실 일반에 의해 자신의 자유에 주어지는 제약에 대해 깊이 분노함을 발견한다. 그는 그것을 개인적 모욕으로 간주한다. 그는 분별 있게 행동하라는 요구에 대해 분개한다. 그는 자신에게 가장 이로운 방식으로 행동하도록 해야 한다는 이야기를 듣는다. 만약 간이 아프다면 그는 의사를 만나보아야 한다. 만약 모스크바의 기후가 그에게 나쁘다면 상트 페테르부르그로 이사해야 한다. 만약 음식이 맞지 않는다면 식단을 바꾸어야 한다. 그러나 그에 따르면, 이러한 경우들에 분별심은 그의 자유를 제약하는 결정적 요소다. 따라서 그는 자신의 이익을 위해 행동하기를 거부하는 것이다. 그렇더라도 자신이 한 가지 이익, "가장 이로운 이익"에 따라 행동하리라는 것을 그는 인정한다.

사람 자신의 자유롭고 속박 없는 선택, 사람 자신의 변덕 — 제 아무리 거친 것일지라도, 때로는 광기로 발전하기까지 하는 사람 자신의 공상 — 이야말로 바로 우리가 간과해온, 어떤 분류에도 속하지 않는, 그리고 그것에 반하는 어떤 제도와 이론도 끊임없이 산산조각이 나는 '가장 이로운 이익'인 것이다. 사람이 정상적이고 고결한 선택을 바란다는 것을 저 현명한 체하는 사람들은 어떻게 아는가? 무엇 때문에 그들은 사람이 반드시 이성적으로 이로운 선택을 바란다고 생각하는가? 사람이 바라는 것은 단지 독립적인 선택이며, 그 독립성이 어떤 대가를 치르든 어떤 결과로 이어지든 상관이 없다. 물론 그리고서 선택, 그밖의 온갖 선택이 있다…….[11]

나아가, 지하 생활자는 사리에 맞게 행동하라는 요구, 곧 어떤 일을 할 때는 그렇게 하는 이유가 있어야 한다는 요구에 대해 분개한다. 그 경우에는 이성이 자신의 자유를 제한한다고 그는 믿는다. 지하 생활자는 동기 없는 행동 양식을 추구한다. 그는 아무런 이유가 없는 행동을 하고자 한다. 그는 자기가 '심술궂은 자'라고 말한다. 곧, 자신의 행동의 동기는 이성이 아니라

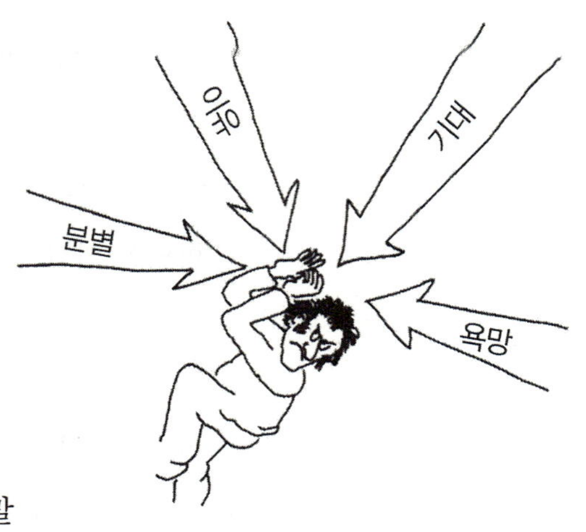

자유에 대한 제약

심술이라는 것이다. 그 러시아어 단어는 즐로스트*zlost*인데, 이는 명백히 '심술' 이상의 것을 의미한다. 그것은 또한 '변덕', '공상', '고집', '제멋대로 하는 것'을 의미한다. 만약 변덕이나 공상, 심술에 따라 행동하는 것 자체가 이유를 가지고 행동하는 것이며 여전히 동기가 있는 것이라고 누가 지적한다면, 지하 생활자는 반대하지 않을 것이다. 왜냐하면 그 경우에 그의 행동의 동기는 순수한 자유이기 때문이다. 실상, 우리가 경험으로 알듯이 어린아이들은 종종 심술에 따라 행동하며, 그렇게 할 때 그들은 대개 부모로부터 자신의 독립성을 확보하려고 시도하는 것이다.

그러나 어린아이들만 심술에 따라 행동하는 것은 아니다. 프리초프 베리만은 그의 저서《자유롭게 되는 것에 대하여》에서 그러한 심술궂은 자유의 특출한 예를 보여준다.

지하 생활자의 극단적 자유 개념과 비슷한 또 다른 예는 T. E. 로렌스의 생애를 소재로 만든 영화의 한 장면에 등장한다. 그것은 로렌스가 이미 작지만 강고한 아랍 군대를 지휘하며 일련의 눈부신 공로를 세웠을 때인 영화의 마지막 1/3 지점에서 나온다. 일시적인 후퇴 뒤에 로렌스는 터키군에 패배를 안겨주고 자기 부대에 전리품과 영예를 가져다줄 잘 계획된 대규모 전투를 준비하는 중이다. 그러나 그에게는 병력이 필요하다. 영화의 장면은 그가 거만한 부족장을 면담하는 광경을 서술한다. 그 과정에서 로렌스는 부족장에게 자기를 도와야 할 이유를 조목조목 밝히고자 한다. "내게 가담하면 그대의 명성은 멀리까지 퍼질 것이다. 돈도 많이 생길 것이다. 이번이야말로 그대가 오랫동안 추구해온 터키인에게 복수할 기회다. 우리가 함께 힘을 모아 그대의 백성을 노예 상태에서 끄집어낼 것이다. 우리는 그들을 굴종에서 일으켜 세울 것이다. 그대는 새로운 자랑스러운 민족의 아버지가 될 수 있다." 아랍인 부족장은 꿈쩍 않고 냉담하게 앉아 있다. 그는 이유 하나 하나마다 경멸하는 태도로 자신의 육중한 머리를 저어댄다. 그러나 그것들이 어떤 힘을 지니는지 그는 충분히 알며 그것을 느낀다. 그의 몸짓은 거부이고 사절이며 참으로 그 힘에 넘어가지 않겠다는 결의의 표시다. 결국, 로렌스의 무기고는 바닥이 난다. 그는 모든 이유를 제시하고 그 모두가 똑같이 고개젓는 몸짓에 의해 배척된다. 그래서 두 사람은 한동안 말없이 앉아 있다. 그러다가 로렌스는 막 일어나서 퉁명스럽게 작별을 고하려고 한다. 그때 마침내 부족장이 말한다. "나는 그대와 함께 하겠다." 그의 말은 이렇다. "그러나 명예나 돈이나, 심지어 내 백성을 위해서도 아니다. 그대가 제기한 어떤 이유 때문도 아니다. 나는 단지 내

기분에 따라 그렇게 할 것이다."[12]

이런 형태의 자유는 비록 극단적이기는 하지만 자유 개념의 본래적인 매력을 어느 정도 잘 포착하고 있다. 베리만이 말하듯이, "전혀 속박받지 않는다는 것, 어떤 권위에도(심지어, 이성의 권위에도) 굴복하지 않고 어떤 제약도 없이 행동한다는 것 — 그러한 표상이야말로 자유의 뿌리 체험에 가까울 것이다……. 해방에 관한 모든 담론의 배후에는 이러한 기대치의 희미한 기억이 여전히 번득이고 있다."[13]

결론

그렇다면 우리는 무엇을 믿어야 하는가? 첫째로, 결정론의 경우는 어떤가? 그것은 어쨌든 진지하게 논의할 만한 몇 가지 합당한 근거가 있다. 대우주적 차원에서 볼 때, 물리적 물체는 법칙에 따라 행동하며 원칙적으로 예측 가능해 보인다. 인간은 물리적 물체이기 때문에(물리적 물체에 불과하다는 의미는 아니다), 그리고 인간의 행동은 상당 정도 예측 가능하기 때문에 우리는 결정론이 옳지 않은가 하는 생각을 품을 수도 있다. 소우주적 차원에서 하이젠베르크가 결정론을 공격하더라도 그것은 소립자 수준에서 존재하는 임의성으로 결정론을 대체하는 것일 뿐, 인체 크기 사물의 수준에서 필연성을 반박하는 것은 아닌 것 같다(임의적인 인간 행동이 예정된 행동보다 더 나쁠 수 있다는 이유 때문만은 아니다). 게다가, 인간의 자유에 대한 믿음은 다소 주제넘은 것으로 보일 수 있다. 왜냐하면 그것은 인간의 오성을 압도할 만큼 거대한 우주의 대단찮은 조그만 한 귀퉁이에 우주의 다른 곳에는 존재하지 않는 자유라는 특징이나 성질이 존재한다는 주장을 필연적으로 수반할 것이기 때문이다.

그럼에도 불구하고 우리는 결정론이 참인지 알지

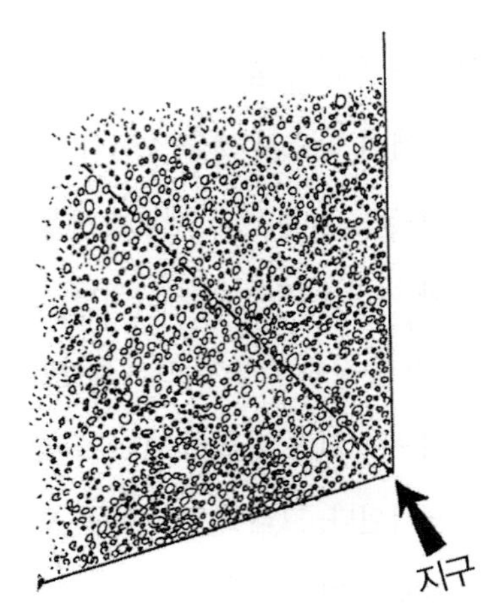

우주의 조그만 한 귀퉁이에
자유가 존재한다

못한다. 그것이 거짓인가도 역시 알지 못하지만 말이다.

자유는 어떤 물리적 체계의 두드러진 특성일 수도
있다(의식이 그러한 두드러진 특성일 수 있는 것과 똑
같이). '두드러진 특성'이라는 말로 나는 하나의
체계에 속하는 부분의 특징이 아니라 그 체계
의 특징을 의미한다. 이는 '유체성'이 산소나
수소의 특징이 아니라 물의 특징인 것과 같
은 의미다. 역시 우리는 자유에 대한 이런 설
명, 또는 저런 설명이 참인지 알지 못한다. 하지
만 그럼에도 불구하고 자유를 믿는 데에는 어느
정도 합당한 이유가 있다.

첫째로, 경험적인 이유가 있다. 캠벨/테일러 방식의 논증이
시사하듯이, 우리는 확실히 세계 속에서 스스로를 자유로운 존재로 경험하며 오직 어쩔 수 없
는 이유가 주어질 때만 그러한 경험을 환상적인 것으로서 배격할 것이다. 내가 보기에, 그러한
이유는 아직 드러난 바가 없다.

둘째로, 결정론을 거부하는 데에는 실천적인 이유가 있다. 만약 결정론이 옳다면(특히 '완
강한 결정론'이 옳다면) 아무도 자기 행동에 대해 책임을 지지 않을 것이며, 어떤 사람의 어떤
행동이든 칭찬하거나 비난할 도덕적 근거가 존재하
지 않을 것이다. 참으로, 그 경우에 우리의 모든
도덕적, 사법적 제도와 관념은 틀린 것이며,
스키너가 시사하듯이 해체되어야 할 것
이다. 우리가 그와 같은 급진적 결론
을 기꺼이 받아들이자면 결정론의 논
증이 엄청난 설득력을 지녀야 할 것으
로 생각된다.

나아가, 실천적 일관성의 문제가 있다.
결정론에 대한 믿음을 세계 속의 우리의

가죽을 씌운 우유 기계의 연료 보충

생각과 행동에 일치시키는 것이 실제로 가능한가? 현실에 대한 우리의 정상적인 이해와 담론은 자유와 책임의 관념을 전제하는 개념들로 가득 차 있다. 3장에서 살펴보았듯이, 스키너 같은 결정론자는 자신의 좀 더 대중적인 저작에서 편의상 그러한 개념을 사용할 때 그것을 나타내는 단어를 인용 부호로 표현하기를 좋아한다(예컨대, 그는 사람이 "'선택'하도록 되어질 수 있다"고 말한다). 그는 마음만 먹으면 그러한 개념을 보다 적절하고 과학적인 언어로 다시 서술하는 것이 가능하다는 듯이 말한다. 그러나 어떻게 그것이 가능할까? 스키너가 우리더러 '선택했다'는 말을 "~에 의해 강화되었다"는 말로 바꾸도록 가르치더라도 그것이 정말로 상황에 대한 우리의 이해(또는 스키너가 말하듯이, "[그 어떤 것이든] 우리의 '이해'")를 변화시킬 것인가? 만약 우리가 '암소'라는 말을 추방하고 '가죽을 씌운 우유 기계'라는 말로 대체한다면 정말 암소에 대한 우리의 개념적 상이 변화할 것인가?(아울러 스키너는 종종 자신의 자유주의 티가 나는 개념들에 인용 부호 달기를 놓친다는 사실을 지적해야 할 것이다. 그의 저서 《월든 2》에서 행동주의적 유토피아를 묘사하면서, 그는 그곳이 "모든 사람이 자신의 일을 선택[!]하는 곳"이라고 말한다. 다른 곳에서 그는 "인간 행동의 과학이 제공해주는 지식을 어떻게 사용할지는 우리가 결정[!]해야 한다"고 말한다. 마지막으로, 그는 "……우리는 물론 직접적이고 이기적인 목적[!]을 위한 과학의 전횡적인 사용에 기꺼이 저항할 것"[14]이라고 말한다. 이것이 목적론이 아니면 무엇이겠는가.)

이제 그렇다면, 만약 결정론의 주장을 거부하는 데 충분한 이유가 있다고 한다면, 우리는 일종의 자유주의를 받아들일 수 있는 것인가? 존재할 수 있는 여러 종류의 자유의 목록을 간략하게 검토해보자. 나는 임의적으로 그것을 '형이상학적 자유'(좀 더 철학적인 성격을 나타내는 것)와 '실제적 자유'(좀 더 실용적인 성격을 나타내는 것)의 두 부류로 나누어 그러한 자유가 존재한다는 것을 우리가 합당하게 믿을 수 있는지 물어볼 것이다. 또한 이 장 처음에 제시한 예를 염두에 두면서 우리는 우리 미국인들이 자유 세계의 성원들(아니, 선도자들)이라는 주장이 어느 정도 합당한가를 여담 삼아 물어볼 것이다.

1. 형이상학적 자유

1) 순수한 의지적 자유. 우리는 의지와 창조가 일치하는 경우에 이런 명칭으로 부를 수 있는 어떤 것을 생각할 수 있다. 만약 사람 P가 이런 종류의 자유를 지니고 있고 P가 X가 발생하기를 원한다면, X는 단지 P가 그것을 원하기 때문에 자동적으로 발생한다. 이는 명백히 신의 자

유다(신이 존재한다면 말이다). 성경에서 하느님이 "빛이 있으라" 하니까 빛이 있었다. 여러분과 나는 이런 종류의 자유를 지니고 있지 않으며 지닐 수도 없다.(이런 의미의 '자유'라면 우리는 명백히 '자유 세계'의 성원이 아니다. 이런 의미에서 우리의 세계는 기껏해야 하나의 성원을 지닐 뿐이다. 데카르트가 논평했듯이, 이런 의미에서 총체적 자유를 지닌 두 존재가 있다면 그들은 각각 서로의 자유를 제한할 것이다.)

신 행세를 하는 소년

2) 제한된 의지적 자유. 만약 사람 P가 X를 원하고 그의 바람과 노력에 의해 X를 획득한다면, X를 획득하는 행위는 자유로운 행위다. 이는 유연한 결정론의 자유다. 그것은 분명하게 존재한다. 어떤 사람들은 그것을 다른 사람들보다 더 많이 지니며, 어떤 사회가 다른 사회보다 그러한 자유를 더 많이 허용하는 조건을 창조해내는 것도 가능하다.(이런 의미에서 우리는 자유 세계의 성원인가? 다시 말해서, 전형적인 미국 시민은 전형적인 소련 시민보다 자기가 원하는 것을 얻을 가능성이 더 큰가? 정말이지 나는 알지 못한다. 구소련보다 여기에 자기 실현의 기회가 더 많은 것은 분명하지만, 현대 자본주의가 다른 사회 체제보다 더 많은 기대치를[곧, 더 많은 욕망을] 창조해내는 것도 또한 사실이다. 그러므로 여기서 우리가 제기하는 문제는 경험적인 것이기는 해도 답하기가 어렵다. 나는 그 답이 '예'가 아닐까 생각하지만, 그러는 것이 국수주의의 발로가 아니기를 바란다.)

3) 정신적 자유. 이는 어떤 주장이나 요구에 대해 동의하거나 반대하는 자유다. 여러분은 내 가슴에 칼을 겨누고 황제가 신성하다고 믿어야 한다고 말할 수 있으며, 아마 그렇게 믿는다고

말하도록 강요할 수는 있겠지만 실제로 내가 그렇게 믿도록 만들 수는 없다. 옛날 스페인 내전 때, 국제 여단의 독일 분견대가 부른 노래에 〈사상은 자유다Die Gedanken sind frei〉라는 것이 있다. 이런 의미의 자유를 나는 '정신적 자유'라고 부르며, 이것은 보편적으로 존재한다고 믿을 만한 충분한 근거가 있다. 그 경우에 이런 의미의 자유에서 세계 속에 다른 곳보다 더 자유로운 곳은 존재하지 않는다. 물론, 이 말은 '세뇌'의 문제를 간과하는 것이며, 그 문제의 심각성이 '정신적 자유'가 보편적이라는 앞서의 내 주장을 제약하기는 하지만 말이다. 이 경우에 '자유 세계'에 관한 질문은 이렇게 제기되어야 할 것이다. "우리 사회의 시민들은 북한 같은 사회의 시민들보다 덜 세뇌당하는가?" 나는 이 질문의 답을 알지 못한다.(결정론자들은 "사람은 누구나 항상 세뇌당한다"고 말할 수 없다. 왜냐하면 유의미한 반대 개념이 없다면 세뇌라는 용어 자체가 무의미하기 때문이다.)

4) 존재론적 자유. 이는 '자유주의적' 자유로서, 보다 제한적인 형태(캠벨/테일러류)로는 대안적 가능성이 거의 항상 우리에게 열려 있다는 취지다. 보다 급진적인 형태(사르트르류)로는 우리가 어떤 행동의 경로를 선택하더라도 우리가 선택할 수 있는 어떤 대안적 행동이 항상 존재한다는 취지다. 그런데 그러한 자유가 존재한다는 것을 증명할 길은 아마 없을 것이다. 우리가 어떤 행동을 하든 우리는 보통 "다르게 할 수 있었다"는 느낌을 강하게 갖는 것이 사실이지만, 사실상 그러한 느낌은 기만적일 수 있으며 정확히 그 상황에서 우리는 실제로 했던 것과 달리 할 수 없었을 수가 있다. 다시 말해서, 결정론이 옳을 가능성이 항상 존재한다. 그러나 우리는 자유의 경험이 기만적일 단순한 가능성보다는 그 경험의 타당성 쪽을 택해야 할 것이다. 우리 집의 미니 아줌마한테 뿔이 나는 것은 가능하지만, 그 가능성이 그녀가 그럴 것이라고 내가 예상할 이유는 되지 않는다.

그러나 경험은 우리에게 항상 대안이 있다는 사르트르의 주장을 뒷받침해주지 않는다. 이따금 우리는 대안이 없으며 우리 행동이 어쩔 수 없다고 느낀다. 그러므로 만약 여기서 우리가 전적으로 경험에 호소한다면 우리는 존재론적

미니 아줌마

자유의 수정된 명제를 받아들여야 한다. 어떤 사람은 사르트르의 보다 급진적인 주장이 옳다고 — 우리 행동이 어쩔 수 없다고 느낄 때조차도 우리에게는 여전히 대안이 있다고 — 믿을 수 있다. 그러나 그러한 견해를 받아들이는 것은 결정론을 받아들이는 경우나 마찬가지로 정상적인 경험과 직관에 반하는, 또는 적어도 그것을 뛰어넘는 것이다.(이런 종류의 자유의 견지에서는 어떤 특정한 사회도 '자유 세계'라는 칭호를 다른 사회보다 더 내세울 수 없다. 실제로 사르트르는 말한다. "우리는 독일 점령군 치하에서보다 더 자유로왔던 적이 없다."[15] 다시 말해서, 정치적 억압의 상황 아래에서는 우리의 대안의 존재가 더 분명하며 보다 일반적인 상황 아래에서보다 결단의 필요가 더 명백한 것이다.)

5) 비뚤어진 자유. 이는 도스토예프스키의 '지하 생활자'의 자유다. 그것은 이성과 분별심의 거부에 바탕을 두며 전적으로 기분에 따른 행동으로 표현된다. 그러한 자유는 존재한다. 물론, 결정론자는 '비뚤어진 자유'가 자유라는 것을 부정할 것이며, 그것은 오히려 정신 이상의 징후라고 말할 것이다. 그러나 비뚤어진 자유의 사례는 결정론자에게 커다란 불안을 야기할 것이라고 나는 생각한다. 그 이유는 이렇다. 인간의 본성은 그것을 예측 가능하게 만들고자 하는 모든 시도에 있을 수 있는 그런 것이기 때문이다. 여러분이 내 행동을 예측하고자 한다는 것을 내가 안다면 나는 그 지식을 동기로 삼아 여러분의 예측이 거의 불가능하게 행동할 수 있다. 이런 현상을 설명하고자 하는 어떤 결정론적 이론이 있을 수도 있다. 예컨대, 어떤 결정론자는 전지 전능한 관찰자가 개인의 비뚤어짐에서 인수 분해를 할 수 있고, 따라서 그의 행동을 성공적으로 예측할 수 있다고 주장할 수 있다 — 그 결정론자는 이런 방식으로 주장할 수 있으나 그의 주장은 순전히 이론적일 것이다. 그것을 지지하는 경험적 증거가 전혀 없다. 그것은 나에게는 더욱 더 한 인간이 도스토예프스키의 지하 생활자처럼 현재의 관찰자가 예측할 수 없는 임의적인 행위에 참여하려고 (비뚤어지게) 훈련할 수 있는 것 같이 보인다. 비뚤어진 자유의 문제가 심리학자들에 대한 실천적 관심이라는 것을 증명하는 것은 인간 주체에 대한 그들의 수많은 실험이 거짓을 포함해야만 한다는 사실이다. 만약 그 주체가 심리학자들이 실제적으로 답하려고 하는 질문을 안다면 주체들은 심리학자들을 기쁘게 하기 위해 편견이 섞인 반응을 보이거나 비뚤어진 반응을 보일 것이다.

2. 실제적 자유

1) ~에의 자유.

① 정치적 자유. 이 용어는 미국 헌법과 권리 장전이 보장하는 종류의 자유(신교의 자유, 이해 관계가 비슷한 사람들의 결사의 자유, 의견 표현의 자유 따위)를 가리키고자 하는 것이다.

② 경제적 자유. 이 용어는 개방된 시장에서 부당한 정부의 간섭 없이 물건을 사고 팔 권리를 가리킨다. 곧, 우리가 '자유 기업'이란 말로 의미하는 것이다.

그런데 이러한 자유는 특정한 사회에 존재하며 보통 그 사회의 법률에 의해 보장된다. 이 양자의 범주에서 서방 민주 국가의 시민들이 '자유 세계'에 산다고 말하는 것은 정당하다고 생각된다. 나는 우리가 예컨대, 구소련이나 오늘날의 북한의 시민들보다 이러한 자유를 더 많이 지니고 있다고 믿는다.

2) ~을 통한 자유. 이런 종류의 자유는 사회적 동의와 법령의 결과물이다. 예컨대, 교육 제도를 만드는 우리의 법률은 배울 자유를 제공한다. 도로망을 만드는 우리의 법률은 여행의 자유를 제공한다. 우편 설비를 만드는 우리의 법률은 통신의 자유를 제공한다(잘 모르기는 하지만, 우리 미국인들은 이 점에서 최소한 북한 사람들만큼, 어쩌면 그보다 더 자유롭지 않을까 생각한다).

3) ~로부터의 자유. 이런 종류의 자유는 기아와 의료 부담, 실업, 노령의 약점으로부터의 자유를 가리킨다. 이는 상대적인 자유이지만 어떤 사회가 다른 사회보다 더 이런 자유를 보장하는 데 힘을 쏟는 것으로 보인다. 나는 (어쨌든 사소한 것이 아닌) 이 분야에서 우리가 스스로 '자유 세계'라고 칭할 특별한 권리가 있는지 우려된다. 내 친구 빌이 한 이야기를 여러분에게 들려주겠다. 빌과 그 부인은 휴가를 맞아 공산주의 체제 하의 모스크바로 날아갔다. 그들은 밤늦게 공항에 도착해서 호텔로 가는 택시를 잡았다. 그러나 호텔에 도착하기 전에 택시가 어두운 다리 아래로 가더니 운전사가 차를 멈추고 시동을 끄고는 빌한테 청바지

를 팔 것이 있느냐고 물었다. 내 친구는 논쟁을 좋아하기 때문에(비록 명백히, 한밤중에 모스크바의 다리 아래서 시차로 인한 피로에 시달리는 상황일지라도) 운전사에게 이렇게 말했다. "참 놀랍군. 여기 세계 제일의 노동자 천국에 왔는데, 당신은 한밤중에 어둠 속에 숨어서 나더러 몰래 청바지를 팔라고 부탁을 하다니. 내가 사는 데서는 내가 원하는 만큼 하루 24시간 내내 청바지를 살 수 있다. 그렇다면 도대체 이 나라가 무슨 천국이라는 건가?" 택시 운전사가 말했다(명백히, 그도 논쟁을 좋아했다). "좋아. 당신 말이 옳다 나는 지하 시장에서 불법적으로밖에 청바지를 살 수가 없다. 그런 의미에서 당신은 나보다 더 많은 자유를 지니고 있다. 그러나 반면에 나는 중병에 걸려 재산을 탕진하거나 실직해서 노숙자가 되거나 늙어서 먹고 잘 걱정을 할 필요가 없다. 그런데 어느 점에서도 당신은 그렇지 않다. 그러므로 내가 당신보다 더 자유롭다."

그런데 그 택시 운전사는 몇 가지 점에서 틀렸다. 첫째, 내 친구 빌은 자본주의 제도 하에서 잘 해왔기 때문에 운전사가 언급한 어떤 가능한 재난에 대해서도 걱정할 필요가 없다. 또한 내가 읽은 기사에 따르면, 소련이 붕괴하기 전에 의료 제도가 크게 퇴보했으며, 아파트 주택의 질은 부끄러울 정도였고 '전근'할 의사가 있을 때만 일자리가 보장되었다고 한다. 이는 택시 운전사의 자유를 빛 바래게 한다. 그럼에도 불구하고 나는 부끄럽게도 그의 주장에 일리가 있다고 말할 것이다. 대체로, 우리가 여기서 논의하는 의미의 자유에서 '자유 세계'를 이루는 것이

무엇인가에 관해서는 정당한 논란이 있다.

　그러므로 자유를 믿는 데에는 충분한 이유가 있지만 '자유'라고 부르는 하나의 사물은 없다는 것이 나의 결론이다. 자유의 개념이 정확하게 적용되는 인간 생활의 많은 영역이 존재하지만 그 각각의 영역에서 그 개념이 항상 동일하지는 않다. 그러한 자유의 개념 가운데 어떤 것은 결정론과 양립할 수 있지만 어떤 것은 그렇지 않다. 그러나 여러분은 결정론을 거부할 자유가 있다고 말하는 것이 안전하리라고 나는 생각한다.

Frithjof Bergmann, *On Being Free*(University of Notre Dame Press, 1977). 유연한 결정론에 관해 명료하고 주의깊게 해설.

Fyodor Dostoyevsky, *Notes from the Underground*, trans. Constance Garnett(Dell, 1960). 가장 위대한 소설가 중의 한 사람이 제시한 '비틀어진 자유'라는 개념에 대한 재미있는 소설적 표현.

Jean-Paul Sartre, *Existentialism and Human Emotions*, trans. Hazel E. Barnes and Bernard Frechtman(Philosophical Library, 1957). 실존주의라는 용어를 만들어낸 철학자가 그것을 대중화한 저작.

B. F. Skinner, *Beyond Freedom and Dignity*(Knopf, 1971). 가장 현대적인 형태로 행동주의의 주장을 대중화한 저작.

Richard Taylor, *Metaphysics*, 4th ed(Prentice-Hall, 1992). 도발적이고 뛰어난 철학자의 도발적이고 뛰어난 저작. 테일러의 자유에 대한 옹호는 4장을 보라.

주

1 B. F. Skinner, *Beyond Freedom and Dignity*(Knopf, 1971), pp. 20~21.

2 Skinner, *Beyond Freedom and Dignity*, pp. 12~13.

3 John Hospers, "Meaning and Free Will," *Philosophy and Phenomenological Research*, Vol. 10, No. 3(March, 1950), pp. 316~330.

4 Sigmund Freud, *Psychology of Everyday Life*, in *The Basic Writings of Sigmund Freud*, ed./trans. A. A. Brill(Modern Library, 1966), pp. 161~162. 이하에서의 프로이트 인용은 이 책에 근거함.

5 Richard S. Peters, *The Concept of Motivation*(Humanities Press, 1969), p. 69.

6 Werner Heisenberg, *Physics and Philosophy: The Revolution in Modern Science*(Harper & Row, 1962).

7 C. A. Campbell, *In Defence of Free Will, An Inaugural Lecture*(Jackson, Son and Co., 1938). Richard Taylor, "I Can," *Philosophical Review*, Vol. 69(1960), pp. 78~89.

8 Jean-Paul Sartre, *Being and Nothingness*, in Robert Denoon Cumming, ed., *The Philosophy of Jean-Paul Sartre*(Random House, 1972), p. 258. 이후의 사르트르의 인용은 이 책에 전거하고 있다.

9 나는 'perverse freedom'이란 용어를 Robert C. Solomon, *Introducing Philosophy*, 3rd ed.(Harcourt, Brace, Jovanovich, 1985), p. 457에서 빌려왔다.

10 Fyodor Dostoyevsky, *Notes from the Underground*, Constance Garnett, trans.(Dell, 1960), p. 25.

11 Dostoyevsky, *Notes from the Underground*, p. 46.

12 Frithjof Bergmann, *On Being Free*(University of Notre Dame Press, 1977), pp. 21~22.

13 Bergmann, *On Being Free*, p. 18.

14 Carl Rogers and B. F. Skinner, "Some Issues Concerning the Control of Human Behavior: A Symposium," *Science*, Vol. 124 (Nov.30, 1956), pp. 1057~1066.

15 Jean-Paul Sartre, *Situations III*, in *Cumming, The Philosophy of Jean-Paul Sartre*, p. 233.

생각해볼 문제

1. 레우키포스와 데모크리토스의 '완강한 결정론'을 1장의 뮈토스/로고스 논쟁에 관한 논의와 결부지어 보라.

2. 목적론적 모형에 대한 스키너의 거부와 '완강한 결정론'에 대한 그의 지지 사이의 연관성을 설명하라.

3. 프로이트의 자유관의 정확한 해석에 관한 존 호스퍼스와 리차드 피터스의 불일치를 논하라.

4. 자유가 결정론과 양립할 수 있다고 하는 이론의 명칭은 무엇인가? 그처럼 명백히 상호 배척적인 개념들의 양립 가능성이 그 이론에 따르면 어떻게 가능한지 설명하라.

5. '자유주의'는 (1)'완강한 결정론', (2)'유연한 결정론', (3)'비결정론'과 어떤 관계에 있는지 살펴봐라.

6. 사르트르에 따르면, 어떤 의미에서 우리는 항상 자유롭고, 또 어떤 의미에서 '사실성'이 우리의 자유를 제한하는가?

7. 만찬 데이트에 대한 젊은 여자의 '나쁜 믿음'에 관한 사르트르의 설명을 비판해보라. 그녀가 '좋은 믿음'을 지니자면 무엇이 요구되는가? 그러한 요구는 합리적인가?

8. '비뚤어진 자유'의 상존하는 가능성이 어째서 인간 행동에 대한 과학의 가능성을 훼손하는지 설명해보라.

윤리학

윤리학, 또는 도덕 철학은 다음과 같은 종류의 '커다란 질문'을 제기한다. 선善이란 무엇인가? 선한 생활이란 무엇인가? 우리는 무엇을 해야 하는가? 도덕적 의무와 책임이란 것은 존재하는가? 절대적인 도덕적 가치가 존재하는가, 아니면 도덕적 가치는 시간과 장소, 문화, 개인에 따라 상대적인가? 도대체 도덕적이어야 할 어떤 이유가 존재하는가? 윤리학에서도 또한 우리는 (도덕적) 중심은 유지되는가라는 질문을 할 수 있을까?

고대 그리스의 도덕 철학자들

대부분의 전통적인 철학 문제들처럼, 도덕 철학의 문제도 그리스인과 더불어 시작되었다. 비록 그리스 시대 이래로 윤리적 개념이 크게 발전했고, '의무' 같은 현대의 몇몇 도덕적 개념은 그리스 사상 속에 직접적 닮은 꼴이 있는 것으로 보이지는 않지만 그래도 그것은 사실이다. 우리는 수많은 철학적 논의가 출발하는 지점 — 기원전 4세기의 아테네 — 에서 윤리학에 관한 우리의 논의를 시작할 것이다.

정의/도덕

플라톤의 주저이며 세계 문학의 걸작 중 하나인 《국가》는 서두에 '디카이오쉬네*dikaiosyne*'를 논하는데, 이는 다른 사람들의 이익을 존중하도록 강제하는 모든 인습을 가리키는 포괄적인 명칭이다. 이 개념은 영어의 '도덕morality'이란 말이 의미하는 내용의 대부분을 포괄하지만,

디카이오쉬네는 보통 영어로 '정의justice'로 번역된다. 불행하게도, 영어 단어 'justice'는 원래의 그리스어보다 훨씬 더 협소한 개념을 가리킨다. 그래서《국가》에서 "왜 나는 정의로워야 하는가?"라는 질문이 제기될 때, 뒤따르는 대화는 아마 그 질문을 "왜 나는 도덕적이어야 하는가?"라고 해석하면 오늘날 우리에게 더 잘 이해될 것이다. 소크라테스와 플라톤에 관해 이미 알고 있는 지식에 기초할 때, '디카이오쉬네'가 무엇인가를 우리가 알기 전에는 그 질문에 답할 수 없다고 그들이 생각했다는 사실을 발견하더라도 여러분은 놀라지 않을 것이다(또 다시, "X란 무엇인가?"라는 질문이 플라톤식 대화의 핵심 주제다).

《국가》1장 앞머리에서 우리는 그 대화편의 주인공의 한 사람인 소피스트 트라시마코스가 펼치는 "정의는 강자의 이익"이라는 대담한 주장에 충격받는다. 트라시마코스는 다음과 같은 구절로 자기 주장을 설명한다.

그대는 알지 않는가……. 어떤 국가는 전제 정치 아래, 어떤 국가는 민주 정치 아래, 어떤 국가는 귀족 정치 아래 있다는 것을? ……그 각각에서 강한 권력이 지배 권력이 아닌가? 각각의 권력은 자신에게 맞게 법을 제정한다. 민주 정치는 민주적인 법을, 전제 정치는 전제적인 법을 제정하며, 나머지도 마찬가지다. 그리고 법을 제정할 때 그들은 그것이 자기 신민臣民을 위한 정의라고 명시하는데, 내가 보기에는 그들 자신의 이익을 위한 것이다. 법을 위반하는 자를, 그들은 법의 파괴자이며 부정 행위자로 처벌한다. 그러므로 친구여, 내가 말하는 뜻은 이런 것이다. 모든 국가에서 동일한 것, 곧 기존 정부의 이익이 정의다. 기존 정부는 힘을 지니며, 따라서 정확하게 추론하면 모든 곳에서 동일한 것, 곧 강자의 이익이 정의라는 결론이 나온다.[1]

그러므로 트라시마코스에 따르면, 도덕이란 정치 권력을 쥐고 있는 사람들이 잘 속는 대

중에게 부과하는 일련의 규칙과 인습에 불
과하며, 이러한 규칙과 인습은 항상 지배
자들에게 유리하도록 고안된다. 그러므로
우리로 하여금 진실하고 정직하고 공정하
고 공평하고 개방적이고 유익하고 자비로운
방식으로 처신하도록 명령하는 여러 제도적 관
례는 권력자들이 자신들의 쓸모에 맞게 조종하는
것이다.

그러나 소크라테스는 트라시마코스로 하여금
도덕이 때로는 권력자들에게 이롭지 않을 때도
있으며, 따라서 강자의 이익이라는 견지에서 도덕이
정의될 수 없다는 사실을 인정하게 만든다. 그런 양보에
도 불구하고 트라시마코스는 도덕적이 되는 것이 개인에게 커다란 불이익이라고 주장한다. 트
라시마코스는 말한다.

트라시마코스의 베스트셀러

너무나 단순한 소크라테스여, 의로운 사람은 도처에서 불의한 사람보다 손해를 본다는 사
실을 그대는 고려해야 한다. 첫째 무엇보다도, 두 사람이 동업을 하기로 서로 계약을 맺었다
가 동업이 깨질 때 의로운 사람이 불의한 사람을 이기는 경우를 그대는 결코 발견하지 못할
것이다. 의로운 사람은 항상 당하기만 한다. 둘째, 세금과 기부금
이 관련된 공적인 일에서 재산이 같아도 의로운 사람이 더 많이
내고 불의한 사람이 더 적게 낸다. 배급이 있을 때는 전자
는 아무것도 받지 못하고 후자가 많이 받는다. 또한 그
두 사람이 공직을 맡을 때 의로운 사람은 자기 개인 일
을 소홀히 하여 비록 다른 손실은 보지 않더라도 곤란
한 형편이 되며 의롭다는 이유 때문에 국고에서 아무런
이익도 취하지 않는다. 게다가, 그는 자기 친구와 지인들
한테도 정의에 반해서 도와주지 않으면 인기가 없다. 그러

나 불의한 인간의 경우는 그와 정반대다.(pp. 142~143)

그러므로 트라시마코스에게서 비도덕적이 되는 것은 "그 사람에게 이익이며 유리한 것"이다. 소크라테스는 그 반대로 도덕적이 되는 것이 이익이고 유리하며 비도덕적이 되는 것은 불이익이고 불리하다는 것을 증명해야 한다. 트라시마코스의 사례에 직면해서 그렇게 하기는 어려울 것이다. 그러한 일부 사례의 진리성이 우리 마음에 걸린다. 기만적인 생활 방식과 부정한 사업 관행 덕분에 우리가 몰고 싶어할 멋진 차를 몰고 거액의 은행 계좌를 보유하며 사람들에게 특히 매력 있게 보이고 호화로운 여행을 다니며 전반적으로 우리가 쉽게 선망할 만한 생활을 영위하는 사람들의 예를 우리는 모두 알고 있다. 그러한 사람들은 외양과 반대로, 사실상 그 부도덕성 때문에 비참하다는 것을 소크라테스가 증명할 수 있기를 우리는 바란다. 그러나 이러한 부류의 사람들이 반드시 불행하다는 것을 어떤 종류의 논증이 아프리오리하게 입증할 수 있는지는 상상이 되지 않는다.

《국가》 1편의 끝머리에서 소크라테스는 매우 의심쩍은 수사학적 책략을 사용하여 간신히 트라시마코스를 혼란에 빠뜨리는데, 트라시마코스는 성나서 그 자리를 떠난다. 그러

성나서 떠나가는 트라시마코스

나 트라시마코스가 제기한 문제는 그대로 남아 사실상 2편에 이어지며 강화된다. 제2편은 세 종류의 선에 대한 논의로 시작된다.

1. 그 자체의 선(예컨대, 해롭지 않은 작은 쾌락들)
2. 결과의 선(예컨대, 약을 먹는 것)
3. 1번과 2번의 결합(예컨대, 건강한 것)

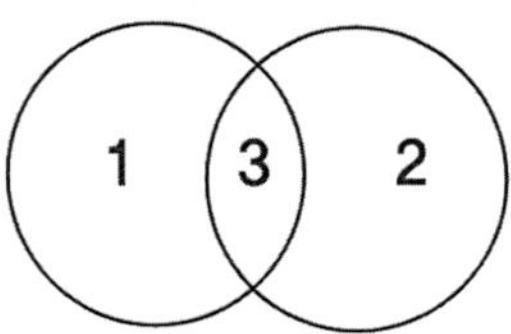

소크라테스는 도덕이 3번이어야 한다고 말하지만, 대부분의 사람은 2번으로 간주한다. 우리는 그렇게 하지 않을 경우의 결과를 우려하기 때문에 도덕적 행동을 한다. 소크라테스의 일행 중의 한 사람인 글라우콘Glaucon은 정의에 관한 사람들의 일반적 견해에 대해 자신의 생각을 말한다.

그러니까 사람들은 불의를 행하는 것이 선이고 불의를 당하는 것이 악이며 불의를 당할 때의 악의 초과분이 불의를 행할 때의 선의 초과분보다 더 크다고 말한다네. 그래서 사람들이 서로의 관계에서 불의를 행하고 당하며 양자를 동시에 맛볼 때 하나를 회피하고 다른 하나를 취할 수 없는 사람들은 불의를 행하지도 당하지도 않게 하는 협정을 맺는 것이 유익하다고 생각한다네. 이로부터 사람들은 자기네들끼리 통하는 율법과 계약을 만들기 시작하며 율법의 명령을 합당하고 정의롭다고 칭한다네. 이것이 바로 사람들이 말하는 정의의 기원과 본성이라네. 정의는 최선, 곧 나쁜 짓을 하고 그 대가를 치르지 않는 것과 최악, 곧 나쁜 짓을 당하고 앙갚음할 수 없는 것 사이의 중간에 있는 어떤 것인 셈이지. 정의가 그 중간에 있다고 하면서 사람들이 거기 만족하는 것은 그것이 선이라서가 아니라 불의의 약점에 비해 낫기 때문일세. 불의를 행할 능력이 있는 사람은, 그가 진정한 남자라면 결코 불의를 행하지도 당하지도 않는다는 협정은 맺지 않을테니까 말이네. 그러니까 소크라테스여……이것이 정의의 본성이고 사람들이 말하는 정의의 기원이라네.(p. 156)

글라우콘은 기게스의 마법의 반지 이야기를 예로 들어 자기 주장을 설명한다. 그 이야기에 따르면, 마법의 반지를 가지고 있는 사람은 보이지 않는 존재가 되어 자기 행동의 정상적인 결과를 모면할 수 있는 능력을 지닌다. 그는 왕비를 유혹하고 왕을 죽인 다음에 왕국을 차지한다. 이 이야기에 함축된 의미는 누구라도 같은 짓을 할 것이며 하지 않으면 바보라는 것이다. 만일 우리가 기게스를 비난한다면 그것은 시기심 때문이거나 아니면 나쁜 사람으로 보이고 싶지 않기

기게스와 마법의 반지

때문이다.(이에 대한 자세한 설명은 마틴 코헨,《철학의 101가지 딜레마》[북&월드, 2009] 문제 35와 그 해설을 보라. ─옮긴이)

이 지점에서 또 다른 일행인 아데이만토스Adeimantos가 글라우콘에게 동조하고 나선다. 도덕은 분명 2번이다. 사람들이 도덕을 찬양하는 것은 그것이 가져오는 보상 때문이다. 도덕의 겉모습은 실제적 도덕성뿐만 아니라 이러한 보상까지 얻으며, 따라서 분별 있는 사람들은 도덕이 아니라 평판에 신경을 쓸 것이다.(이 견해는 나중에 마키아벨리가《군주론》에서 옹호했다. 군주는 신앙과 믿음, 정직성, 인간성, 고결성을 지닐 필요가 없다. 그러나 그것들을 지닌 것처럼 보이는 것은 필요한 일이다.) 이 지점에서 소크라테스는 외견상으로 난제에 마주친 것을 인정하고, 그런 상황에서 우리들이 대부분 그렇듯이 주제를 바꾸는 방식으로……또는 그렇게 보이는 방식으로 대응한다.

도시/영혼

실상, 소크라테스는 그 문제가 복잡해졌고 세부 내용이 불분명하기 때문에 확대경을 비춰 보아야 해결할 수 있다고 결론내린다. 이러한 비유를 실마리삼아 소크라테스는 《국가》의 대부분을 차지하게 되는, 그리고 심지어 책 제목의 근거도 되는 기묘한 이론을 제기한다. 그 이론은 두 부분으로 나뉜다. 첫째, 도덕의 문제는 인간 영혼의 이해에 도달해야만 해결할 수 있다. 둘째, 그러한 이해는 도시(폴리스, 국가)의 본질을 연구함으로써 가장 잘 얻어질 수 있다. 왜냐하면 적어도 이상적인 견지에서 도시는 확대된 영혼이기 때문이다. 이상적인 도시에 대한 연구는 우리에게 이상적인 영혼을 드러내줄 것이고, 그 이상형으로부터 우리는 정의의 본성 및 어째서 사람이 도덕적이어야 하는가라는 문제의 해답을 연역해낼 수 있을 것이다.

도시는 영혼의 확대판이다

소크라테스의 분석은 다음과 같은 결론으로 이어진다(여기서는 다소 피상적으로 요약했다). 이상적 도시는 세 가지 상이한 계급을 포함한다. 첫째는 철학을 아는 통치자들이다. 그래서 그들은 시민권의 '플라톤적' 본질을 보았으며 하나의 계급으로서 지혜의 덕목을 지닌다. 둘째는 수호자들이라고 부르는 군사 계급이 있다. 그들이 하는 일은 도시를 안팎의 적으로부터 보호하는 것이다. 이 계급의 구성원은 약간의 철학적 원리를 안다(그렇지 않다면 그들은 도시의 벗과 적의 차이를 알지 못했을 것이다). 수호자들은 자신들의 철학적 능력을 입증한다면 결국에는 통치 계급으로 승격될 수 있다. 이 계급의 집단적 덕목은 용기다. 마지막으로 장인 계급이 있다. 이 계급은 도시의 대다수를 포함하지만 철학적 능력이 없기 때문에 자치 능력이 없다. 이들은 통치 계급이 강제하는 이성의 지배에 복종해야 한다. 그렇게 할 때 그 집단적 덕목은 절제다.

도시는 영혼의 확대판이기 때문에 영혼은 실상 하나의 통일체이기는 하지만 이성과 정기精

수호자 계급은 도시의 벗과 적을 구별할 줄 알아야 한다

氣, 욕구라는 세 가지 요소로 나눌 수 있다는 결론이 나온다. 이성적 요소, 곧 이성은 끊임없이 욕구적 요소와 대립하며, 욕구적 요소는 영혼의 동물적 부분이라고 할 수 있다. 영혼의 이 저급한 부분은 모든 원시적 욕정과 비합리적 갈망을 내포하는데, 이것을 다스려야 영혼의 안정을 얻을 수 있다. 그것은 프로이트의 '이드'와 흡사하다. 프로이트는 플라톤 철학에서 큰 영향을 받았기 때문에 이는 분명 우연의 일치가 아니다. 실상, 한 구절에서 플라톤은 욕구적 영혼의 갈망이 꿈 속에 표현된다고 (가장 '프로이트적인' 생생한 방식으로) 묘사하고 있다. "무법적인 욕망"을 "잠 속에서 일깨워지는 것"으로 논하면서 그는 이렇게 말한다.

영혼의 나머지 부분, 이성적이고 온화하며 지배적인 모든 것이 잠들 때마다……음식이나 술을 포식한 짐승 같은 야만적인 것이 마구 뛰어다니면서 잠을 떨치고 나가서 자신의 본능을 충족시키고자 한다. 아다시피, 모든 수치심과 이성을 내던진 그것이 감히 하지 못할 일은 없다. 그것은 공상 속에서 어머니든, 아니면 어떤 다른 사람이든 신이든 짐승이든 가리지 않고 주저 없이 동침하고자 하며 어떤 유혈에도 움츠러들지 않고 어떤 음식도 삼가지 않는다 ― 한 마디로, 모든 어리석음 또는 파렴치를 시도해본다.(p. 370)

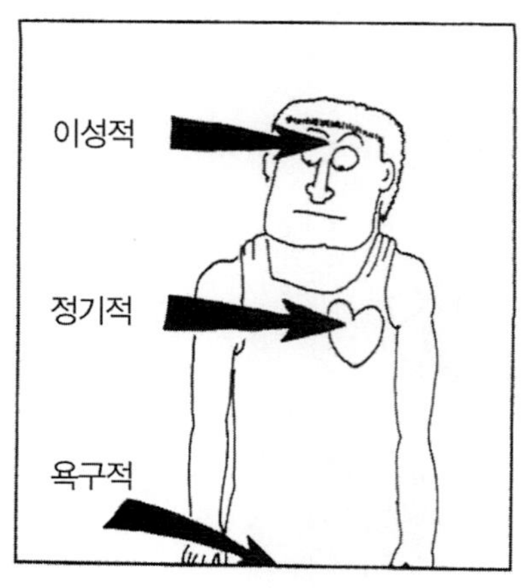

아마 놀라운 일은 아니겠지만, 플라톤은 비유적으로 욕구적 영혼을 '가로막 아래에', 그리고 이성적 영혼을 머리에 위치시킨다. 정기적 영혼은 심장에 위치시킨다. 정기는 행동의 근원이기 때문에 영혼의 싸움은 정기와 손잡기 위한 이성과 욕구의 투쟁이라고 볼 수 있다. 만약 욕구가 정기를 설복하여 자기 편에 가담시킨다면 개인은 욕정적이고 방종해질 것이다. 만약 이성이 정기를 설복하여 자기 편으로 만든다면 개인은 이성적이 될 것이다. 영혼의 각 요소는 자체의 덕목*areté*을 지니며, 그 덕목은 각각의 요소가 최적의 조건에서 작용할 때 개인의 행동 속에 표현된다. 이성의 덕목은 지혜다. 정기의 덕목은 용기다. 욕구의 덕목은 절제다. 영혼의 세 부분이 이성의 법칙 아래 작용할 때 그 결과는 정의(디카이오쉬네)다. 질서 바른 영혼을 지닌 사람이라면 누구에게나 왜 사람이 정의로운(곧, 도덕적인) 방식으로 행동해야 하는지 명백할 것이다. 왜 그런가? 왜냐하면 정의의 대립물인 부정의는 당연히 이성적 규칙에 복종해야 할 부분이 반란을 일으키면서 발생하는 혼란이기 때문이다. 혼란은 '아레테'와 양립할 수 없다. 정의가 승리할 때, 다시 말해서 개인이 자신의 사적 이익만이 아니라 다른 사람의 이익을 고려할 때에만 인간의 탁월성이 표현될 수 있다. 말을 바꾸자면, 개인은 다른 사람의 이익을 중하게 여기는 것이 자신에게 이익이라는 사실을 발견하는 것이다.

플라톤은 글라우콘으로 하여금 이런 말을 시킨다. "그러므로 미덕은 영혼이 지니는 일종의 건강과 아름다움과 온전함이고, 악덕은 질병과 추함과 결함인 것 같이 보인다." 과연 정의가 부정의

영혼의 혼란

보다 더 유익한가 하는 트라시마코스의 물음은 어떻게 되는가? 글라우콘은 말한다. "그 질문은 이제 어리석어 보인다." 왜인가? 소크라테스가 보여준 바에 따르면, "나는 왜 정의로와야 하는가?"라는 물음은 "나는 왜 건강해야 하는가?"라는 물음과 동일하기 때문이다. 그것은 어리석은 물음이며, 그렇게 묻는 사람은 그 말을 이해하지 못하는 것이다(아마도 스토예프스키의 '지하 생활자'는 예외일지도 모른다).

다시 한번 플라톤의 공식으로 돌아가보자. "도시는 확대된 영혼과 같다." 우리가 보았듯이, 도시의 세 계급은 각각 미덕을 지니며 각 계급이 자신의 미덕을 추구할 때 그 결과는 도시의 정의다. 도시와 영혼 양자의 경우에 모두 정의는 마땅히 복종해야 할 어떤 이성적 원리로부터 나온다. 개별 인간은 그러한 이성적 원리를 파악하여 심장이 그 규칙에 따르게 유도하고 심장의 도움을 얻어 욕정을 억누를 때 도덕적으로 행동한다. 그러나 이런 모형을 도시에 적용하면 삐걱거리는 역설이 생긴다. 플라톤의 선한 도시에 사는 대부분의 사람은 악인이다. 곧, 그 주민 대다수는 선천적으로 이성의 규칙을 스스로 발견하여 자신의 행동에 적용할 능력이 없기 때문에 그것은 독재적으로 그들에게 강제되어야 한다. 윤리학은 이성에 근거해야 하지만, 이성 그 자체는 권력이 아니다. 그것은 아무런 구속력이 없으며, 강요되어야 한다. 현대 영국 철학자 버나드 윌리엄스가 말하듯이, "플라톤에게서 도덕적인 것을 권력으로 만드는 정치적 문제는 사회가 이성적 정당성을 구현하도록 만드는 문제였으며, 그 문제의 해결책은 권위주의적인 것 말고는 없었다."[2]

대부분의 사람은 악인이다

오늘날 우리들 대다수는 살다가 가장 부정적인 생각이 드는 순간에 플라톤이 옳지 않은가 의심하는 때가 있을 것이다. 많은 사람이 강제하지 않으면 도덕적 행동을 하지 않는다고 여겨지는 것이다. 그러나 대부분의 사람은 플라톤주의를 자신의 도덕적 신조로 받아들일 수 없다. 그 까닭은 단지 플라톤의 엘리트주의와 전체주의적 함축에 동의하지 않기 때문만이 아니라, 절대 선이 존재하며 유일한 죄는 그것에 대한 무지라는 확신을 플라톤보다 훨씬 덜 갖기 때문이다.

이기론

플라톤은 도덕적인 것이 개인의 이익이 된다고 주장했다(하지만 불행하게도 대부분의 사람은 너무 아둔해서 그 진리를 이해하지 못한다고 그는 생각했다). 알고서도 자신의 이익과 반대로 행동하는 사람은 아무도 없을 것이며, 누군가가 그런 식으로 행동한다면 그것은 자신의 최상의 이익이 무엇인가에 대한 무지의 증거라고 플라톤은 믿었다. 우리는 이를 플라톤 사상의 이기론적 전제라고 부를 수 있다. 나는 플라톤의 이기론을 심리학적 이기론(모든 행위는 자신의 이익을 동기로 삼는다)과 도덕적 이기론(모든 행위는 자신의 이익을 동기로 삼아야 한다) 양자와 비교하면서 독해한다. 그러나 플라톤의 대변자인 소크라테스에 따르면, 사람들이 진정 무엇이 그에게 최상의 이익인가를 잘 알지 못하는 것이 보통이기 때문에 심리학적 이기론은 도덕적 이기론 만큼 크지 않을 것이다. 이런 점에서 만약 사람들이 어떤 행위가 자신에게 실제적으로 최상의 이익이 되는가를 알게 되면

칼 맑스와 소크라테스가 일치하다
(말하자면)

이 행위를 추구할 것이기 때문에 철학 교육은 심리학적 이기론과 도덕적 이기론 사이의 간극을 메우게 될 것이다. 플라톤에 따르면, 자신의 이익을 위해 행동해야 한다는 주장은 남의 이익을 위해 행동해야만 한다는 주장을 수반한다. 그러한 숨겨진 진리를 입증하는 것은 소크라테스의 철학적 담론의 임무다. (그런데 우리가 여기에서 자신의 이익을 말할 때 적절한 용어는 '이기주의egotism'가 아니라 이기론egoism이라는 점에 주의하라. 내가 여러분더러 '이기주의자'라고 부르면, 그것은 의도적인 모욕이며 험담을 하는 것이다. 내가 여러분더러 '이기론자'라고 부르면, 그것은 '나'를 뜻하는 라틴어 '에고ego'를 인간 행동의 동기로 보는 견해를 여러분이 지니고 있다는 뜻이다.) 플라톤이 《국가》에서 이런 원리를 실제로 공식화하지는 않았으나, 그것은 그 속에 담겨 있다. 흥미로운 점은 이 중요한 측면에서 《국가》의 소크라테스와 그의 반대자인 트라시마코스가 똑같은 견해를 지닌다는 사실이다. 차이점은 도덕적 행동이 사람의 최상의 이익이 아니라고 트라시마코스가 생각하는 반면, 소크라테스는 그것이 최상의 이익이라고 생각한다는 것이다. 그러므로 트라시마코스의 이기론은 개인과 사회를 대립시키는 반면(사회의 이익이 나의 이익은 아니다), 소크라테스의 이기론은(이후의 칼 맑스처럼) 개인의 이익이 공동체의 이익과 일치함을 보여주고자 했다.

이기론을 직접적으로 주장한 가장 유명한 철학자는 토마스 홉스Thomas Hobbes(1588~1679)다. 그의 책 《리바이어던》에서 홉스는 이렇게 썼다. "만인의 자발적 행동의 목표는 자신의 어떤 이익이다."[3] 홉스의 견해는 내가 심리학적 이기론이라고 판정했던 것이다. 그는 모든 사람이 항상 개인적인 이익을 얻기 위해 행동하는 것이 단지 심리학적 사실(유물론자로서의 그에게는 생물학적 사실을 의미한다)임을 확신한다. 그는 소크라테스처럼 철학적 사고가 진정한 최상의 이익이

이웃을 네 자신 같이 사랑하라

무엇인가를 명확히 해준다고 주장한다. 홉스의 견해는, 만약 진실이라면 이타론의 가능성을 배제하고 있다.

이타론은 도덕성의 요구에 따라 우리가 때로는 다른 사람의 이익을 위해 자신의 이익을 희생한다는 견해다. 고대 그리스인의 사고방식에는 아주 낯설었을 이타론은 우리가 종종 기독교와 결부짓는 견해다.(아마 단지 예수가 "이웃을 네 자신 같이 사랑하라"거나 "다른 사람이 네게 해주기를 바라는 것과 같이 다른 사람에게 행하라"고 말했기 때문만은 아닐 것이다. 반대로, 예수는 이런 말도 한다. "누구든지 나에게 올 때……자기 부인마저……미워하지 않으면 내 제자가 될 수 없다."[〈누가 복음〉 14장 26절]) 만약 이타론이 불가능하다면 그것은 도덕적 의무가 될 수 없다(데이비드 흄이 말했듯이, '당위'는 '가능'을 포함한다). 그렇다면 이타론은 불가능한가? 다른 사람의 이익에 맞게 행동하기 위해 자기 자신의 이익을 희생하는 것은 가능한 일인가? 홉스는 사람이 자기 이익을 희생하는 것이 자기 이익이라고 지각할 때만 그것이 가능하다고 말한다. 확실히 우리들 대부분은 홉스가 반대하는 어떤 구별을 짓는 경향이 있기 때문에 그의 주장에 놀란다. 예를 들어, 자기 목숨의 위태로움을 무릅쓰고 파도에 뛰어들어 물에 빠진 여자아이를 건져내는 사람의 경우를 놓고 그 사실에 대해 그가 제시할 수 있는 여러 종류의 설명을 고찰해보자.

내가 그녀를 건진 이유는……

1) 내가 쫓아가지 않으면 빠져 죽을 것 같았다.(누군가가 그 일을 해야 한다!)(책임)

2) 그녀를 구해내는 것이 나의 의무라고 인식했다.(의무)

3) 오직 짐승만이 옆에 서서 그녀가 빠져 죽게 내버려둘 것이다.(자연스

　　러운 정서)

4) 나는 그 가족을 알고, 그 꼬마 아이를 사랑한다.(사랑)

5) 그녀의 아버지가 내가 어려울 때 한 번 도와준 적이 있다.(빚)

6) 내가 왜 그랬는지 모르겠다. 나도 여러분만큼 놀랍다.(?)

7) 내가 그러지 않았으면 남은 생애 동안 양심의 가책을 받았을 것이다.

　　(죄 의식)

8) 사람들이 나더러 겁쟁이라고 말하기를 원하지 않았다.(평판)

9) 이 모든 행동으로 어떤 인정을 받고 싶었다.(평판)

10) 내가 다른 사람들을 도와야 한다는 요구를 충족시키고 싶었다.(자기

　　과시 — 아마 죄 의식이나 열등 의식의 산물)

11) 나 자신을 위해 이익을 얻기를 바랐다.(홉스적 솔직성)

12) 나는 즐거운 기분을 느끼고 싶었다.(쾌락주의)

홉스는 1)에서 10)까지의 이유는 실제로 11)의 변형이며, 11)은 실상 12)의 변형이라고 말한다. 왜냐하면 그는 '이익'을 쾌락의 견지에서 정의하기 때문이다.("쾌락…… 또는 기쁨은 선의 외양 또는 느낌이고, 괴로움 또는 불쾌함은 악의 외양 또는 느낌이다."[4] 이는 홉스의 이기론이 쾌락주의의 한 형태라는 것을 의미한다. 쾌락주의에 관해서는 곧이어 살펴볼 것이다.)

인간의 행동이 항상 자기 이익을 동기로 삼는다는 것을 홉스는 어떻게 아는가? 그 주장은 분명 경험적인 것을 의도한다 — 경험적 주장은 과학적 조

사의 결과라야 할 것이다. 하지만 홉스는 과학적인 조
사를 수행하지 않았을 뿐만 아니라, 사실상 그런
조사의 가능성 자체를 파괴했다. 왜냐하면 진정
한 과학적 이론은 새로운 반박 자료가 발견될 때
의 가능한 반론에 대해 항상 열려 있어야 하기
때문이다. 이 사실은 이른바 반증 가능성의 원
리(오스트리아계 영국의 과학 철학자 칼 포퍼Karl
Popper 경과 연관된다)라고 알려진 것에서 구체
화된다. 다시 말해서 어떤 명제가 진정한 과학
적 견해가 되자면, 그 옹호자는 그 가설이 논박
되었다고 인정되는 조건을 진술할 수 있어야 한

솟아오르는 사물들

다. 예컨대, 분명히 아이작 뉴턴은 만약 다른 모든 것
이 동일한 조건에서 공기보다 가벼운 물체가 떠돌아다
니거나 솟아오르는 사례가 반복적으로 보고되고 확인될 경우에 자신의 중력 이론이 틀렸다고
인정할 것이다. 뉴턴의 이론을 설득력 있게 만드는 것은 바로 그러한 사건이 전혀 확인되지 않
았다는 사실이지만, 그의 이론을 과학적으로 만드는 것은 그것이 거짓일 경우의 양상이 어떠
할까를 우리가 안다는 점이다.

그렇다면 반증 가능성의 원리에 비추어볼 때 홉스의
명제는 어떤 지위에 있는가? 어떤 종류의 자료가 발
견되면 홉스의 견해가 논박될 것인가? 그 해답
은 그런 자료가 없다는 것이라고 생각된다. 어
떤 가능한 반박 증거를 우리가 생각해내더
라도 홉스는 자기 이론이 그것을 설명할
수 있다고 주장할 것이다. 예를 들어, 이
타론의 모범이라고 생각되는 사건을 상
상해보자. 수류탄 위에 몸을 던져 자기 목
숨을 희생하고 동료들의 목숨을 구한 젊은

병사의 경우는 어떠한가? 그러한 영웅적 행위는 가능하다(실제로 그런 일이 있었다). 그러한 가능성은 이타론의 증거이며, 따라서 홉스의 이기론을 반박하는 증거가 아닌가? 전혀 아니라고 홉스는 말할 것이다. 만약 그 병사가 자기 목숨을 희생한다면 그것은 그가(바보든 아니든) 그렇게 하는 것이 자기 이익이라고 생각하기 때문이다.("그는 어쨌든 자기가 죽으리라는 것을 알고 영웅으로 기억되는 길을 택했다." "그는 자신에 대한 자부심을 영웅적 행위의 수행과 긴밀하게 결부짓게끔 양육되었다." 또는 "그는 사람들이 자기를 좋아할 것이라고 생각했다……" 등등.) 홉스는 아마 어떤 가능한 우연성에 대해서도 자기 이론이 적용될 수 있어야 이론의 위신이 선다고 믿었던 것 같다. 그러나 보다시피, 사실은 반대다. 모든 가능한 경우를 설명해주는 이론은 실상 아무것도 설명해주지 않는 것이나 같다. 또는 조금 달리 표현하자면, 모든 가능한 사태와 양립할 수 있는 '이론'은 전혀 이론이 아니다. 왜냐하면 현실적인 이론은 반드시 어떤 일부분의 가능성을 배제해야 하기 때문이다. 공자가 했다는 말처럼, "정신이 지나치게 열려 있으면, 만물이 흐트러진다." 이론의 경우도 똑같다.

만약 홉스가 자기 명제를 다르게 진술한다면 우리는 좀 더 공감을 느낄 수도 있을 것이다. 만약 홉스가 이렇게 말한다면 어떨까? "보통 인정되는 동기 속에는 대부분 자기 이익이 더 많다. 행위자의 의도를 평가할 때는 전반적으로 의심해보아야 한다. '그 속에서 행위자에게 이로운 것이 무엇인가'를 물어야 한다." 그랬다면 홉스는 이타적 행위의 (가망성은 아니더라도) 가능성을 인정하는 것이 될 것이며, 어떤 행동이 이기적이냐, 이타적이냐의 문제는 경험적인 문제(곧, 증거에 의해 판정되어야 할 문제)가 될 것이다. 그러나 있는 그대로 보자면, 자신을 위해 도덕의 상을 세우고자 할 때 홉스의 명제를 전적으로 진지하게 받아들이기는 어렵다.

쾌락주의

홉스의 이기론은 쾌락주의의 한 형태라고 앞서 언급했다. 쾌락주의는 인간 행동의 동기가 쾌락의 추구라고 보거나 그것이어야 한다고 보는 견해를 말한다. 첫 번째 견해는 홉스의 견해이기도 한데, 동기 부여에 관한 이론이기 때문에 심리학적 쾌락주의라고 부른다. 두 번째는 우리가 어떻게 살아야 하는가에 대한 이론이기 때문에 도덕적 쾌락주의라고 부른다. 엄격하게 말해서, 심리학적 쾌락주의는 도덕적 쾌락주의의 한 형태일 수 없다는 점에 주의하라. 왜냐하면 후자는 사람이 마땅히 자기 자신의 쾌락을 추구해야 한다고 주장하는 가운데 그렇게 하지 않는 것이 가능하지만 지혜롭지는 않다는 것을 전제하기 때문이다. 사실상, 마을 내의 유일한 볼거리에 불과한 행동을 옹호하는 것은 아무런 의미가 없을 것이다. 심리학적 쾌락주의는 쾌락주의가 유일한 가능성이라고 주장하기 때문에 철두 철미한 도덕적 견해일 수가 없다. 도덕론으로서 그것이 할 수 있는 최대치는 다른 것들보다 지혜로운(곧, 더 많은 쾌락을 주는) 어떤 종류의 행동들을 옹호하는 일에 불과할 것이다. 반면에 도덕적 쾌락주의는 자신의 쾌락과는 다른 이해관계를 동기로 삼는 행동이 가능하다는 것을 논리상으로 시인하는 입장에 서지만 그런 행동을 하는 것은 나쁜 생각이며, 실상 어딘가 비도덕적이라고 주장한다.

그러나 이러한 구별은 고대의 가장 유명한 쾌락주의 옹호자인 에피쿠로스Epicuros(기원전 341~270)를 비롯한 출중한 쾌락주의자들에 의해 제기되지 않았다. 그것은 아마 고대인들이 윤리학에 대해 항상 우리처럼 생각하지 않았기 때문일 것이다. 그들은 플라톤적 탐구의 연장선상에서 선을 추구했다. 에피쿠로스는 그 선이 쾌락이라고 생각했다. 그는 이렇게 썼다. "우리가 항상, 이를테면 고통과 두려움을 피하

고자 행동하는 것은 이런 목적을 달성하기 위해서다……. 그런 이유로 우리는 쾌락이 행복한 삶의 시작이자 끝이라고 부른다."[5] 에피쿠로스에 따르면, 어떤 행동을 수행해야 하는 것은 결과로 생기는 쾌락 때문이고, 어떤 행동을 거부해야 하는 것은 결과로 생기는 고통 때문이다. 이 사실을 출발로 에피쿠로스는 상이한 종류의 쾌락들을 분석했다. 욕망에는 두 종류가 있으며, 따라서 그러한 욕망을 충족한 결과물인 쾌락도 두 종류가 있다. 그것은 자연적 욕망(이것은 다시 두 가지로 나뉜다)과 허영적 욕망이다.

  1. 자연적 욕망

    1) 필수적인 것(예, 음식과 수면에 대한 욕망)

    2) 필수적이 아닌 것(예, 성욕)

  2. 허영적 욕망(예, 장식적인 옷이나 이국적인 음식에 대한 욕망)

필수적인 자연적 욕망은 반드시 충족되어야 하며 충족하기가 쉽다. 그것은 많은 쾌락과 아주 적은 고통스러운 결과를 가져온다. 허영적 욕망은 반드시 충족될 필요가 없고, 충족하기도 쉽지 않다. 그것은 아무런 자연적 제한이 없기 때문에 도를 지나쳐 매우 고통스러운 결과를 초래하는 경향이 있다.

성욕은 자연적이기는 하지만 보통 억제할 수 있다. 억제할 수 있다면 그래야 하는데, 그 까닭은 성적 욕구의 충족이 강렬한 쾌락을 주지만 보통 궁극적으로는 쾌락적이기보다 고통스럽고, 종종 극도의 고통을 유발하는 인간 관계로 사람을 몰아넣기 때문이다.

에피쿠로스는 실질적으로 가장 전통적인 그리스적 가치에 동의했는데(그는 아름다움과 분별, 명예, 정의, 용기, 솔직함의 추구를 옹호했다), 그 까닭은 단지 그것들을 견지하는 것이 고통보다 쾌락으로 이끈다고 믿었기 때문이다. 그

허영적 쾌락의 추구

는 이렇게 적었다. "아름다움과 미덕 등등은 쾌락을 주는 것이라면 존중되어야 하지만 쾌락을 주는 것이 아니라면 작별을 고해야 한다." 그러나 그는 이렇게 덧붙였다. "분별 있고 명예롭고 정의롭게 살지 않으면서 즐겁게 사는 것은 가능하지 않다."[6]

명백히 에피쿠로스는 그러한 가치들을 거부하는 것이 다른 사람들과의 긴장된, 따라서 불쾌한 관계를 유발하며 또한 죄 의식을 낳는다고 생각했다. 에피쿠로스는 아마 우리들 대다수에 관해서는 옳겠지만, 아데이만토스와 마키아벨리의 충고에 따라 선에 대한 갈망이 아니라 선의 외양이 주는 이득에 의해 행동하면서도 아무런 죄 의식을 갖지 않는 반사회적 병자를 상상할 수 있지 않는가? 또는 새디스트와 매조히스트의 경우는 어떤가? 그들은 필연적으로 도덕적인 사람들보다 더 불행한가? 만약 더 불행하지 않다고 한다면, 그들은 정말 자신들에게 쾌락을 주는 부도덕한 행위를 추구해야 할 일종의 도덕적 의무를 지는 것인가?

우리는 쾌락에 대한 에피쿠로스의 정의가 부정적이라는 점에 주목할 것이다. 곧, 쾌락은 고통의 부재다. 이러한 부정적 정의로 인해 에피쿠로스는 노골적인 관능주의에 빠져들지 않는다. 이 정의의 문제점은 그 논리적 극단까지 나아가면 인생의 부재가 어떤 인생보다도 나은 것이 된다는 데 있다(프로이트가《쾌락 원칙을 넘어서》에서 발견했던 것처럼, 거기서 그는 '쾌락 원칙'의 배후에는 타나토스, 곧 죽음의 본능이 있다고 주장했다). 에피쿠로스

자신은 자기 철학이 죽음의 공포를 쫓아준다고 주장
했기 때문에 이는 약간 반어적이다. 에피쿠로스의
유물론은 그로 하여금 죽음이란 단지 감각과 의식
의 부재에 불과하다고 믿게 만들었다. 따라
서 두려워할 만한 죽음의 감각이나 의식은
있을 수 없다. "죽음이 있는 곳에 우리가 없
고, 우리가 있는 곳에 죽음은 없다."

에피쿠로스를 추종하는 몇몇 로마 철학
자는 '쾌락'을 아주 다르게 해석하여, 적극
적인 자극으로 정의했다. 이러한 극단론자
들 때문에 오늘날 에피쿠로스주의는 종종
관능적 쾌락주의와 결부된다. 흔들리는 해
먹에 누워 지낸 병약한 에피쿠로스는 반대

쾌락 원칙을 넘어서

했을 것이다(그러나 논쟁은 고통스러운 동요를 일으키기 때문에 지나치게 강하게 반대하지는 않았을
것이다). 에피쿠로스의 이론은 결코 주류 철학 운동이 되지는 못했지만, 그리스와 로마 모두
에 여러 세기 동안 그의 제자들이 있었다. 그의 가장 유명한 추종자는 로마의 루크레티우스
Lucretius였다. 그는 기원전 1세기에 〈사물의 본성에 대하여〉라는 장시長詩를 써서 자기 스승
의 철학을 설파했다. 많은 사람이 에피쿠로스의 사상을 접하게 된 것은 루크레티우스의 시를
통해서이다.

공리주의

에피쿠로스의 쾌락주의와 공리주의라고 불리는 매우 영향력 있는 현대 도덕론 사이에
는 역사적 연관성이 존재한다. 공리주의의 견해는 19세기에 영국 철학자 제레미 벤담Jeremy
Bentham(1748~1832)에 의해 최초로 제기되었다. 이어서 벤담의 다소 변덕스러운 제자 존 스튜
어트 밀John Stuart Mill(1808~1873)이 그것을 비판하고 수정했다. 그리스 쾌락주의와 공리주의

사이의 본질적 차이는 전자가 성격상 이기론적인 반면, 후자는 사회적이라는 데 있다.

행복 계산법

벤담은 서양 전통 속에서 가장 심오한 철학자의 부류에 속하지는 않지만, 가장 실천 지향적이고 영향력 있는 철학자의 한 사람이었던 것은 분명하다. 그는 당대의 영국 법률 제도 개혁 운동에 적극적으로 가담했다. 홉스에 동의하여, 벤담은 좋든 싫든 우리 인간은 모두가 쾌락에 대한 갈망과 고통에 대한 혐오에 의해 지배된다는 가정을 자기 철학의 출발점으로 삼았다. 그러나 홉스와 달리, 그는 따라서 이타론은 불가능하거나 어리석거나 둘 중의 하나라는 결론은 내리지 않았다. 또 다시 홉스처럼, 그는 우리가 이성을 지니고 있기 때문에 '쾌락 원칙'(프로이트의 용어)이라는 목표를 어떻게 추구해야 하는가에 대해 도덕적 충고를 할 수 있다고 믿었다.

벤담의 충고는 그가 '행복 계산법'이라고 부르는 것 속에 분명하게 표현되어 있다. 그것에 따르면, 쾌락은 일곱 가지 범주로 분류할 수 있으며, 이 분류는 쾌락에 대한 이성적 분석틀을 제공해준다. 일곱 가지 범주는 다음과 같다.

1) 강도 — 얼마나 강렬한가?

2) 지속성 — 얼마나 오래 가는가?

3) 확실성 — 얼마나 확실한가?

4) 근접성 — 얼마나 빨리 오는가?

5) 풍부성 — 얼마나 더 많은가?

6) 순수성 — 얼마나 고통으로부터 자유로운가?

7) 범위 — 얼마나 많은 사람이 영향받는가?

벤담에 따르면, 여러분이 어떤
행동을 하고자 할 때마다 여러분
은 이러한 범주에 의거해서 그 가
치를 분석하고 대안들과 비교해볼
수 있다. 예컨대, 여러분이 내일 있
을 화학 시험 때문에 공부를 해야
하는데, 마침 오늘이 한 해의 가
장 멋진 날을 기약하는 상황이라
고 하자. 해변이 적극적으로 여러
분을 부른다. 화학 중간 고사 때문
에 공부하는 것과 친구들과 함께
해변에 가는 것 사이에서 결단해
야 하는 그러한 상황에 대해 '행복
계산법'을 적용해보라. 명백히 해변

해변의 죄 의식

의 파티는 몇 가지 범주(1, 3, 4, 6)에서 강하고 다른 범주(2, 5)에서 약할 것이다. 공부는 대부
분의 범주에서 약하지만, 몇 가지(2, 5) 그리고 여러분의 대학 성적에 관심을 갖는 다른 사람
이 있을 경우에 7)에서 강할 것이다. 공부의 이점은 여러분을 해변으로 유혹하는 즐거움에 비
교할 때의 그 결점을 극복할 만큼 강한가?(물론, 여러분이 해변에서 경험하는 죄 의식도 역시 고려
에 넣어야 할 것이다.)

만약 벤담이 값싼 계산기가 넘치는 오늘날에 살았더라면 '포켓용 행복 계산기'를 발명했을
것이라고 상상할 수 있다. 어떤 사람이 다양한 행동의 가치를 계산기에 입력하는 광경은 다소
어리석어 보이기도 하지만, 벤담은 자신의 행복 계산법이 사실상 우리가 어쨌든 반의식적으로
(따라서, 종종 빈약하게) 하는 행동을 도식화한 것이며, 일단 우리가 그러한 수치를 계산하는 데
능숙해지면 직관적인 판단이 가능할 것이라고 생각했다.

행복 계산법으로 되돌아가서 7)번의 '범위'라는 범주에 주목해보자. 바로 이 범주가 공리주
의를 사회적 쾌락주의의 한 형태로 만든다. 사람은 다른 사람의 쾌락과 고통을 고려해야 하며
자기 자신만 생각해서는 안 된다. 실제로, 벤담과 밀이 '공리성의 원칙'이라고 부르는 것은 정

확히 이 측면을 강조하며, 공리주의에서
의 이타론 — '최대 다수의 최대 행복' —
의 가능성을 허용한다. 만약 내가 하고자
하는 행동이 다수 사람에게 커다란 행복을
준다면, 설령 나에게 고통이 오더라도 나는 그
것을 수행해야 한다.

공리주의의 이러한 사회적 측면 이외에 그 속에는
또한 — 특히 벤담의 경우에 — 민주주의적 편견이
내재한다. 행동이 가져올 쾌락과 관련하여 행동을
평가하는 문제에 대해, 벤담은 '1인 1표' 원칙을
확고히 믿었다. 각자의 판단은 다른 모든 사람
의 판단이나 마찬가지로 중요하다. 어느 누구도
— 그 사람이 여러분의 부모이거나 국가라 하더
라도 — 여러분이 즐거움을 누릴지 누리지 못할지 여
러분에게 고지할 권리가 없다. 벤담에 따르면, "편견을 떠나면, 푸시핀push-pin 게임은 음악이
나 시 같은 예술 및 과학과 동등한 가치를 지닌다. 푸시핀 게임이 더 많은 즐거움을 준다면 그
것이 다른 것들보다 더 가치 있는 것이다."[7]

파시스트적 쾌락주의

쾌락의 질

존 스튜어트 밀은 자신을 벤담의 제자라고 생각했지만, 공리주의에 대한 벤담의 공식 일부
분에 함축된 의미에 대해서는 분명한 우려를 보였다. 밀은 행복 계산법의 지지자들이 예술과
과학보다 푸시핀(또는 TV 축구 관람)이 더 낫다는 결론을 내릴까봐 염려했다. 그것이 결코 진실
이 아니라는 것을 밀은 가슴 속 깊이 깨닫고 있었다. 셰익스피어의 소네트를 읽는 것이 다른
어떤 대안보다 낫다는 것을 증명할 수 있게끔 공리주의가 다시 씌어질 필요가 있었다. 부분적
인 문제는 '계산법'이 순전히 양적인 분석 결과를 산출한다는 데 있으며, 밀은 쾌락의 질이 양
보다 훨씬 더 중요하다고 확신했다. 나아가, 그는 행복 계산법을 문자 그대로 적용할 경우에 여
러 세대를 거치는 동안 문화가 완전히 손상될까봐 우려했다.

셰익스피어냐 축구냐

만약 여러분이 특정 국가의 선거권자들에게 다음과 같은 안을 제출하면 어떻게 될까? "우리 나라 학교의 셰익스피어 교육과 관련하여 납세자 개개인에게 5년마다 25달러의 비용을 물리기로 결정하였습니다. 납세자 여러분은 셰익스피어 교육을 위해 다음 5년분으로 1인당 25달러를 계속 낼 것인지, 아니면 25달러를 투표자 1인당 맥주 두 상자로 바꿀 것인지를 국가에 알려주시기 바랍니다." 문화가 대중 속에 지니는 허약한 기반과 벤담의 '1인 1표' 원칙을 고려할 때 셰익스피어가 패배할 것이라고 밀은 우려했다. 여러 세대가 지나면 셰익스피어가 누군지 아무도 기억조차 못할 것이다.(실제로, 1978년에 캘리포니아의 유권자들에게 이와 비슷한 안이 제기되었다. 그 안은 '제안 13호'라고 불렸다. 투표자들은 맥주를 선택했다.)

이러한 문화의 '하향 평준화' 가능성에 대처하기 위해 밀은 행복 계산법과 관련된 분석에 적합한 그런 욕망들보다 더 고급한 욕망을 지니는 것은 우리의 인류적 유산의 일부분이라는 사실을 강조했다. 그는 이렇게 썼다.

짐승 같은 쾌락을 최대한 충분하게 허용한다는 기약 때문에 하등 동물이 되는 데 동의하는 사람은 거의 없을 것이다. 영리한 사람이라면 바보가 되는 데 동의하지 않을 것이고, 교육받은 사람이라면 무식쟁이가 되는 데 동의하지 않을 것이며, 감정과 양심을 지닌 사람이라면 이기적이고 비열한 사람이 되는 데 동의하지 않을 것이다. 설령 바보나 열등생이나 악

어려운 벤담식 결단

한이 자신들보다 더 자기 처지에 만족하며 살아간다고 확신하더라도 말이다.[8]

명백하게, 밀은 '저급한' 욕망(동물의 욕망이자 아마 생물학적으로 가장 기본적일 인간의 욕망)은 행복 계산법에서 제공하는 양적 분석과 연관해서 다루는 것이 적절할 수 있지만, '고급한' 욕망은 오직 질과 연관해서만 논할 수 있을 뿐, 어떤 계산법으로도 평가할 수 있는 것이 아니라고 느꼈다. 밀에 따르면,

어떤 종류의 쾌락이 다른 것보다 더 바람직하고 더 가치 있다는 사실을 인정하는 것은 공리성의 원칙과 충분히 양립할 수 있다. 다른 모든 사물을 평가할 때는 질과 양을 동시에 고려하면서, 쾌락의 평가는 양에만 의존한다고 생각한다면 어리석은 일일 것이다.

쾌락의 질적 차이라는 말로 내가 의미하는 것이 무엇인가, 또는 어떤 쾌락이 양의 많음을 떠나서 순전히 하나의 쾌락으로서 다른 것보다 더 가치 있게 만드는 것이 무엇인가를 내게 묻는다면 가능한 대답은 오직 하나뿐이다. 두 가지 쾌락 중에서, 양자를 다 경험한 모든 사람, 또는 거의 모든 사람이 어떤 도덕적 의무감과 무관하게 분명히 선호하는 하나가 있다면

교양 없는 자는 교양에 대해 판단할 능력이 없다

그것이 가장 바람직한 쾌락이다. 만일 둘 중
의 하나가 둘 다 익숙하게 경험한 사람들에
의해 다른 것보다 훨씬 높이 평가되어, 그것
이 더 많은 양의 불만족을 수반한다는 것을
알면서도 사람들이 그것을 선호하고 자신들
의 천성이 수용할 수 있는 아무리 많은 양
의 다른 쾌락을 준다 해도 그것을 포기하지
않는다면, 우리는 그 선호되는 향락에 대해,
양을 훨씬 능가하여 양의 문제를 비교적 사
소한 것으로 돌리게 하는 질의 우월성을 인
정하는 것이 타당하다.[9]

밀의 반론은 아마 다음과 같은 유명한 구절로
요약될 것 같다 —"교양 없는 자는 교양에 대해 판단할 능력이 없다."

밀의 우려는 확실히 공감할 수 있다. 벤담의 '계산법'은 다소 조잡해 보이며, 민주주의 아래
서는 모든 기준이 가장 낮은 공통 분모로 저하될 위험이 항상 있다. 그러나 이 문제에 대한 밀
의 해답은 자체의 문제점을 야기한다. 밀은 엘리트주의 때문에 민주주의를 저버리고 쾌락주의
를 완전히 포기했다는 비난을 들을 수 있다. 엘리트주의에 대한 공격의 근거를 명확히 해야 할
것이다. 만일 투표권을 부여받기 전에 '능력'을 입증해야 한다면, 많은 쟁점에 대해 오직 소수
만이 견해를 표명할 권리를 지닐 것이다. 이 소수는 아마 사회 속에서 최고의 교육을 받고 가
장 부유하며 가장 힘 있는 부분이 될 것이다.(미국에서는 밀의 해답에 대한 절충안을 받아들였다.
우리는 '참여 민주주의'가 아니라 '대의 민주주의'다. 모든 사람이 모든 문제에 대해 투표하지는 않는다.
대신에 우리는 우수한 교육 배경과 급료를 받는 보좌진들 덕분에 이론상으로 우리가 잘 알지 못하는 어
떤 문제에 관해 판정할 능력을 지닌 대표자들을 선출한다. 그러나 어떤 주에서는 시민들이 특정 문제에
관해 발의 과정을 통해 대표자들을 건너뛸 권리를 보유한다. 이론상으로 제도는 이렇게 굴러가지만, 물
론 실제상으로 항상 그렇지는 않다.)

밀이 쾌락주의를 저버렸다는 비난에 대해 살펴보자. 이 비난 자체는 아마 그다지 통렬한 것

은 아닌 것 같다. 물론, 밀 자신은 기분이 나쁘겠지만 말이다. 밀은 쾌락주의의 기본 원리 — 유일한 가치 기준은 쾌락이다 — 를 수용하지만, 또한 어떤 쾌락이 다른 것보다 더 낫다(더 가치 있다)고 주장한다. 우리는 묻지 않을 수 없다. 어떤 기준에 따라 더 가치 있다는 것인가? 일부 쾌락이 더 낫다는 것이기 때문에 단지 '쾌락'이 기준일 수가 없다. 또한 여기서 '더 낫다'는 더 이상 "더 강렬하다, 더 순수하다. 더 오래 간다, 더 확실하다, 더 내재적이다" 따위를 의미하지 않는다. 오히려 그것은 "더 높은 질을 갖는다"는 의미다. 그런데 오직 "자격 있는 사람"만이 인식할 수 있다는, 이 붙잡기 어려운 '질'이라는 것은 무엇인가? 기묘하게도, 우리는 플라톤의 '아레테' 학설로 되돌아가는 것 같다. 왜냐하면 그 단어의 영어 번역어 중의 하나가 바로 '질'이기 때문이다. 그러나 아마 이것은 결국 그다지 나쁜 일은 아닐 것이다. 실제로, 대부분의 현대 공리주의자들은 쾌락주의 원리를 옹호할 필요성을 전혀 느끼지 않는다. '쾌락'을 논하기보다 그들은 '행복'과 '이익', '복지', '인류의 번영' 같이 더욱 모호한 용어를 즐겨 고수한다. 그 특정한 내용과 관련해서 "계산을 치를" 생각은 하지 않으면서 말이다.

공리주의의 문제점

액면 그대로 보면 공리주의는 매우 그럴 듯하다. 참으로 도덕은 마땅히 본질적으로 행복과 복지를 증진시키고 불행과 고통을 최소화하는 일에 연관을 가져야 할 것으로 보인다. 절대적으로 모든 사람에게 불행과 고통만을 주는 어떤 행위를 선하다고 주장한다면 매우 이상할 것이다. 따라서 그 반대의 견해(모든 사람에게 행복과 복지를 주는 행위가 선하다는 것)에 어떤 타당성이 있어야 하며, 바로 공리주의의 견해가 그렇다. 하지만 공리주의는 몇 가지 심각한 문제점을 야기한다. 그 중 하나는 그 '결과론적' 성격과 관련이 있으며(곧이어 다룰 것이다), 다른 하나는 정의와 공익성의 개념에 관련된 것이다.

정의와 공익성의 문제는 가상적인 한 예를 들어 설명할 수 있다. 여러분이 약간의 주차 위반 과태료를 내지 않아서 법정에 가게 되었다

고 하자. 여러분은 혼자서 판사와 정리, 서기와 함께 작은 법정 안에 있다. 정리가 기소 내용("주차 위반 과태료를 세 차례 내지 않은 사실")을 낭독한 뒤에 여러분이 답변하고("잘못입니다, 재판관님") 판사가 선고를 내린다. "당신은 모든 기소 내용에 대해 유죄로 판단된다. 그 벌은 총살형이다." "뭐라고?!" 여러분은 비명을 지른다. "별 것 아닌 주차 위반 딱지 세 장 때문에 사형이라고요." 판사는 몸을 앞으로 숙이며 이렇게 속삭인다. "당신이 이 벌에 합당치 않다는 것은 압니다. 하지만 우리 사회에는 살인이 빈발하는데, 방금 나온 한 연구에 따르면 처형이 있은 직후에 범죄율이 크게 떨어진다고 합니다.

병든 숙모를 문병하러 가는 샘

불행하게도 우리한테는 지금 당장 처리할 수 있는 유죄 확정된 살인자가 없군요. 대신 당신이 있는데, 모든 면에 비추어볼 때 당신을 처형하면 공익에 도움이 될 것이라고 믿습니다. 따라서 내 판결은 당신 개인한테는 부당해 보이지만, 최대 다수의 최대 행복을 확실하게 증진시켜줄 것입니다. 그러므로 그것은 내가 진정한 선의로 도달할 수 있는 유일한 판결이랍니다."

다른 예를 들어보자(이 예는 공리주의에 대한 모든 중요한 토론에 등장하며 '샘의 사례'라는 명칭까지 붙어 있다). 기본적으로 정상적이고 특징은 없지만 '괜찮은' 인간인 샘이 자신의 생존해 있는 유일한 친척인 노령의 병든 숙모를 문병하러 병원에 간다. 그의 문병과 우연히 일치하는 시점에 병원에서 다섯 건의 의학적 긴급 사태가 발생한다. 한 사람은 간 이식이 필요하고, 한 사람은 지라 이식, 또 한 사람은 허파 이식, 다른 사람은 새로운 심장, 다섯 번째는 새로운 송과선이 필요하다. 다섯 환자는 각기 엄청나게 중요하고 많은 사랑을 받는 인물이기 때문에 그 죽음은 대다수 사람에게 커다란 슬픔과 실질적인 물리적 불편을 초래할 것이다. 반면에 샘의 죽음은 아무도 슬퍼할 사람이 없다(아마 그의 숙모가 정신이 들 때만 예외일 것이다). 모두가 철저한 공리주의자들인 병원의 고위 운영진은 샘을 수술실로 유인하여 그의 신체 기관을 모두 잘라내서 다른 필요한 환자들에게 배분함으로써 최대 다수의 최대 행복이라는 공익성의 원칙에 따라

공포 사회

시술을 한다.

이러한 허구적인 사례가 신경 쓰이는 이유는 그것들이 정의와 공익성에 대한 우리의 직관적인 감각에 근본적으로 대립하기 때문이다. 주차 위반자든, 샘이든 담당 판사와 병원 간부진이 배정한 운명에는 걸맞지 않다. 이러한 사례가 공리주의와 양립할 수 있기 때문에 우리의 직관적 정의감이 틀리거나 공리주의가 틀리거나 둘 중의 하나다. 대부분의 사람은 아마도 자신들의 정의감을 부정하기보다는 이론을 폐기하는 쪽을 택할 것이다.

수많은 현대 공리주의자들은 이 점을 인정하고 우리의 직관에 좀 더 부합하도록 공리주의 이론의 조정을 시도했다. 이 목적을 위해 그들은 행위 공리주의와 규칙 공리주의를 구별했다. '행위 공리주의'는 전통적인 형태를 가리킨다. 그것에 따르면, 사람은 최대 다수의 최대 행복을 가져올 특정한 행위를 수행해야 한다. 반대로 '규칙 공리주의'는 사람이 두 가지 행위 중의 하나를 숙고할 때 그것에의 일반적 복종이 최대 행복을 가져오는 어떤 (가설적) 규칙에 부합하는 행위를 수행해야 한다고 말한다. 그 의미는, 설령 어떤 특정한 이기적인 속임수나 거짓말이 발각되지 않을 수 있고, 따라서 아무한테도 불행을 초래하지 않는다 하더라도, 그럼에도 불구하고 일반적으로 속임수와 거짓말은 행복보다는 불행을 초래하기 때문에 나는 그런 짓을 저지르지 말아야 한다는 것이다. 이는 또한 예로 든 담당 판사와 병원 운영자들이 자신들이 바라는 대로 일을 처리할 수 없다는 의미이기도 하다. 왜냐하면, 그들의 행위를 지배하는 규칙은 이럴 것이다. "만일 무고한 한 사람의 국외자를 희생시킴으로써 다수(또는 심지어 몇몇 예외적인 사람들)의 생명을 구할 수 있다면 그 희생은 집행되어야 한다." 그러나 사람들이 당국의 추적을 받아 자의적으로 살해되거나 내장이 잘릴 수도 있다고 알고 있는 사회 구성원은 시민들이 백주대낮에도 길거리에 다니기를 꺼리는 공포 사회의 구성원일 것이다.

어떤 비판자는 규칙 공리주의가 바람직하지 못한 결과로 귀결될 수 있다고 주장했다. 제2

차 세계대전 중에 유대인을 자신
의 다락방에 숨겨주었던 네덜
란드인 가족의 경우는 어
떻게 되느냐고 그는 묻는
다. 규칙 공리주의에 따
르면, 게슈타포가 그들
의 집에 와서 유대인을
찾을 때(거짓말은 일반적
으로 정직보다 더 큰 불행
을 가져오며, 따라서 거짓

말을 해서는 안 된다는 근거에서)

그들은 정직하게 대답해야 하지 않겠는가? 그러나 분명히 규칙 공리주의는 다음과 같은 일반
규칙에 따라 유효할 수 있다. "거짓말은 나쁘지만, 단 죄 없는 사람들의 생명을 구하기 위해 악
인을 겨냥할 때는 예외이다." 여기서 문제는 영리하고 이기적인 규칙 공리주의자라면 모든 종
류의 문제 있는 행동을 합리화하는 일반 규칙을 고안해낼 수 있지 않겠는가 하는 의심이 든다
는 것이다.("대형 백화점에서 도둑질하는 것은 붙잡히지 않고 아무도 발견하지 못하는 한 무방
하다.") 이는 확실히 규칙 공리주의를 해결하는 출발점이 될 것이다.

그러므로 전통적 공리주의(또는 '행위' 공리주의)를 규칙 공리주의로 수정하면 공리주의가 정
의와 공익성에 관한 우리의 감각에 들어맞지 않는다는 반론에 대응할 수 있다. 하지만 공리주
의의 '결과론적' 성격과 관련된 또 다른 반론이 있었다. 지금 우리가 고찰하는 견해에 따르면,
어떤 행위도 자체적으로 선하거나 악하지 않다. 오히려 하나의 행위는 그 결과와 관련해서만
선하거나 악하다. 행복과 복지, 번영을 가져오는 행위는 선하다. 그 반대를 초래하는 행위는 악
하다. 이 견해는 일견 타당성을 지니지만 또한 어떤 지점에서는 많은 사람의 도덕적 직관과 대
립하기도 한다. 왜냐하면 이유 없는 잔인성 같은 어떤 행위는 결과와 무관하게 그 자체가 악하
다고 우리 대다수는 느끼기 때문이다. 우리는 또한 어떤 행위 ― 도덕적 의무에 따라 수행되는
행위 ― 는 그 결과와 상관없이 옳다고 느낀다. 이런 종류의 추론에 근거한 도덕론을 가장 분명
하게 옹호한 철학자는 임마누엘 칸트였다.

결과론—행위 X의 도덕적
가치는 X의 결과에
달려 있다.

비결과론—행위 X의 도덕적
가치는 전적으로 행위 X 자체에
달려 있다.

의무 지향적 도덕

3장에서 그의 인식론을 간략하게 살펴보았던 임마누엘 칸트는 엄격하게 비결과론적인 도덕관을 취했다. 그에게서 한 행위의 경험적 귀결이나 결과는 그 행위의 도덕적 가치와 전혀 관련이 없다. 실제로 그에 따르면, 결과에 호소함으로써 행위를 정당화하려는 모든 시도는 즉각적으로 그 행위를 윤리적 영역에서 배제하는 것이다. 이 점을 증명하기 위해 칸트는 두 종류의 '당위'를 구별한다. 그가 정언定言 명령이라고 부르는 도덕적 당위와 가언假言 명령이라고 부르는 실천적 당위가 그것이다. 예로써 이 구별을 설명해보자. 내가 여러분한테 이렇게 말한다고 하자. "알겠지만, 여러분은 정말 신발끈도 안 매고 옷단추는 풀어 헤친 채 아이스크림이 팔에 녹아 내려 바닥에 뚝뚝 떨어지는 상태로 먹으면서 교실에 들어오면 안 됩니다." 여러분은 묻는다. "어째서요?" 나는 말한다. "그렇게 하면 바보 같이 보이기 때문입니다!" 여러분은 내게 다가와서 속삭인다. "나는 바로 그런 인상을 주고 싶어요. 사실, 나는 당신 교실에 있는 테러리스트 용의자를 추적 중인 비밀 요원이랍니다." 나는 대답한다. "아! 좋아요. 그렇다면 여러분은 완벽한 바보 같이 보이니까, 지금 하는 그대로 해야 합니다." 이것은 가언적 명령의 한 예이다. '명령'(당위)은 가언적 조건문의 '그렇다면' 절에 놓일 수 있다.

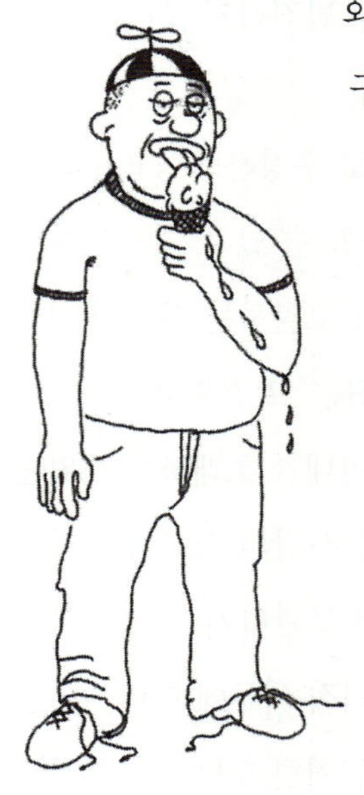

만약 여러분이 X를 원한다면(가언),

그렇다면 여러분은 Y라야 한다(조건).

가언적 명령에서 '당위'는 그 가설을 거부함으로써 배격할 수 있다.("아, 나는 바보 같이 보이고 싶어요…….") 이 분석은 다음과 같은 대화가 무엇이 잘못인지 보여준다.

프랜: "너는 내 차를 훔치면 안 돼."

잰: "어째서?"

프랜: "왜냐하면 사람들이 너를 감옥에 처넣을 테니까."

잰은 언제든지 이렇게 답할 수 있다. "아, 하지만 나는 감옥에 가고 싶어. 밖에서는 도저히 생활할 수가 없는 걸. 나는 국가가 방과 식사를 제공해주기를 원해. 내 목표를 달성하는 가장 확실한 길은 네 차를 훔치는 것이라고 생각해." 프랜은 이제 기묘하게도 다음과 같이 주장해야 할 것 같다. "아, 그렇다면 너는 반드시 내 차를 훔쳐야 해."

칸트에 따르면, 진정한 도덕적 당위는 어떤 개인의 욕망에 따라 조건지을 수 없다. 그것은 절대적이거나, 그의 표현처럼 '정언적'이어야 한다. 그러한 도덕적 요구가 존재하는가, 그리고 우리는 그 존재를 어떻게 증명할 것인가?

그에 따르면, 그러한 도덕적 당위는 실제로 존재하며, 일단 우리가 그것들을 발견하면 우리의 도덕적 의무가 무엇인지 분별해낼 수 있다. 그것들은 인간의 본성에 관한 어떤 사실, 곧 우리가 이성적 존재라는 사실에 뿌리를 두고 있다.(공리주의는 우리가 감정적 존재라는 사실—우리가 욕망을 지닌다는 사실—에 뿌리를 둔다는 것을 주목하라. 칸트주의는 우리에 관해 매우 다른 사실—

우리가 이성을 지닌다는 사실 — 에 뿌리를 둔다. 플라톤의 경우처럼, 칸트주의에는 이성이 욕망을 억눌러야 한다는 미묘한 함축 이상의 것이 있다.)

정언 명령의 배경을 이루는 원칙은 모든 이성적 행위자가 받아들여야 하는 원칙이다. 그러기를 거부한다면 자신의 이성을 포기하고 "인간으로서의 존엄성을 망각"하는 결과나 같을 것이다. 정언 명령을 진술해보자 —"네 의지의 격률格律이 보편적 법칙이 될 수 있도록, 오직 그 격률에 따라 행동하라." 하나의 연관된 정언 명령의 공식(첫 번째 것을 'A 공식'이라고 하면 이 새 것은 'B 공식'이라고 하자)은 "네 행위의 격률이 네 의지에 의해 자연의 보편 법칙이 된 것처럼 행동하라"고 진술한다. 이들 두 형태의 정언 명령은 여러분이 수행하고자 하는 어떤 행위든 그 배후의 일반 원리를 진술하는 것이 가능하다는 것을 전제하고 있다. 행위에 뛰어들기 전에(이를테면, 여러분의 이웃집 여자가 바람 빠진 타이어를 고치는 것을 도와주기 전에) 여러분은 물어볼 수 있다. "어떤 원칙(격률)이 이 행위를 지배하는가?" 이 경우에는 이럴 것이다. "곤경에 빠진 동료 인간을 돕는 것은 선이다." 그런데 정언 명령의 A 형태에 따르면, 우리의 원칙을 보편화하는 데 어떤 논리적 모순이 나타난 것인 양 우리의 원칙을 보편화하려 한다. 바꿔 말하자면, 내 원칙을 보편화함으로써 만약 게임 규칙이 서로 모순된다면 그 게임은 비논리적이고, 따라서 게임을 할 수 없다는 식으로 상정된 세계는 비논리적인가? 모든 사람은 곤경에 빠진 동료를 항상 도와야 하는 세계의 관념에 어떤 논리적 모순이 있는가? 만약 그렇다면 나는 모순 없는 그런

모든 사람이 바람 빠진 타이어를 고치고 있는 세상

세계를 생각할 수 없다. 정언 명령의 B 형태는 논리적 기준이라기보다는 자기 모순의 물질적 기준이라고 부를 수 있는 것을 만들어낸다. 곧, 달이 항상 지구 주위를 돌지 않을 수 없는 것처럼 모든 사람은 동료를 도와야만 하는 세계를 상상해보라. 그런 세계가 물질적으로 가능할까? 재차 그렇다면 나는 내 자신과 모순되지 않는 그런 세계를 생각할 수 있다. 이웃을 돕는 경우에 논리적으로나 물질적으로 아무 모순이 없는 것으로 보인다. 그래서 결론은 내 이웃을 돕는 것을 막는 도덕 법칙이 없다는 것이다. 나는 그녀를 도울 수도 있으나, (그렇다고 해서) 나는 그녀를 도와야 한다고 말하는 것은 아니다.

그렇다면 그것을 부정적인 방식으로 해보자. 곤경에 빠진 내 이웃을 도와야 한다는 느낌이 들지 않는다면? 내가 칸트주의자라면 그녀를 돕도록 의무지워져 있는가를 판단하기 위해서는 다음 질문들을 해보아야 한다.

1. 아무도 고통에 빠진 타인을 돕지 않는 세계를 논리적으로 일관되게 상정할 수 있을까?(A 형태)
2. 아무도 고통에 빠진 타인을 돕지 않는(곧, 심리물리적 이유 때문에 비록 그들이 도우려고 해도 서로 도울 수 없는) 세계를 물질적으로 일관되게 상정할 수 있을까?(B 형태)

첫 번째 경우에 거기에는 논리적 자기 모순은 없는 것 같다. 그것은 불가능으로 가득찬 세계를 상정하려는 것은 아니다.(그렇게 멀리, 나는 곤란으로부터 벗어나 있다. 그녀의 바람 빠진 타이어를 고쳐주자!) 그러나 칸트에 따르면, 두 번째 경우(B 형태)에는 모순이 있다. 인간 본성에 관한 사색에 근거하여 칸트는 인간은 상호 의존적이라고 결론짓고 있다. 오로지 병리학적으로만 인간은 고독한 개인이다(고대 그리스인과, 곧 살펴보게 될 헤겔과 맑스도 칸트처럼 이렇게 생각했다). 타인을 돕는 의무를 부정하는 격률은 어린아이가 생존하는 것을 막는 것일 뿐만 아니라, '궁핍한 개인'은 지원을 필요로 한다. 칸트에 따르면, 이 주장은 도덕적인 것이 아니라 경험적인 것이다. 인간의 삶은 상호 지원 없이는 영위할 수 없기 때문에 B 형태의 정언 명령은 내가 이웃을 도울 도덕적 의무가 있다는 것을 말하고 있다.(빌어먹을! 나는 축구하러 간다.)

다른 경우에 이 원칙들을 적용해보자.

여러분이 한 친구에게 5달러의 빚이 있는데, 그 친구가 자꾸만 성가시게 갚으라고 독촉한

다고 가정하자. 여러분은 혼자서 말한다. "내가 그를 죽이면 빚을 갚을 필요가 없을 거야." 그러나 진정한 칸트주의자인 여러분은 먼저 그 제기된 행동을 지배하는 원칙을 보편화할 수 있는지 검토해본다. 여러분은 스스로에게 묻는다. 만일 모든 사람이 자기 목표를 달성하기 위해 누군가를 죽인다면 어떻게 될까? "모든 사람은 누군가를 죽여야 한다"는 보편적 법칙이 존재할 수 있을까? 만일 모든 사람이 그에 따른다면, 결국 거기 따를 사람이 아무도 남지 않을 테니까 그것은 불가능한 법칙이다. 따라서 우리는 문제 해결을 위해 살인을 하지 않을 의무를 진다. 좋다. 그렇다면 여러분이 거짓말을 하면 어떨까? 이미 빚을 갚았다고 친구한테 말한다면? 이러한 제안의 배후에 있는 원칙은 보편화할 수 있을까? "모든 사람은 항상 거짓말을 해야 한다"는 일반적 법칙이 존재할 수 있을까? 명백히 아니다. 왜냐하면 그 법칙을 어기지 않고는 그것의 진술조차 불가능할 것이기 때문이다. 따라서 우리는 거짓말하지 않을 의무를 진다. 자, 여러분이 5달러를 갚고 그것을 다시 훔친다면 어떨까? 이 행동의 배후 원칙은 보편화할 수 있을까? "모든 사람은 항상 훔쳐야 한다"고 말하는 일반 법칙을 상상해보라. 훔친다는 개념은 소유 개념에 기생하기 때문에 이것도 또한 논리적으로도, 물질적으로도 불가능한 법칙이다. 만약 모든 사람이 항상 훔친다면 소유는 있을 수 없고 물건이 한 사람에게서 다른 사람에게로 넘어가는 일시적 점유만이 가능할

절도가 나라의 법인 곳에서는

뿐이다. 그러므로 우리는 또한 훔치는 것을 삼가야 할 의무를 진다.(만일 여러분이 진정한 칸트주의자라면, 여러분은 마땅히 빚을 갚아야 할 것 같이 보인다!)

칸트의 강점과 약점

의무 지향적인 도덕성에 몇 가지 흥미로운 사실이 등장한다. 진정한 통찰도 있고 또한 심각한 문제점도 있다. 먼저, 긍정적 특성에 대해 이야기해보자.

칸트의 도덕 철학은 도덕의 본질적 측면이 사람 자신의 행동을 포함하는 세계를 다른 사람의 관점에서 보아야 할 필요성에 있음을 인식하고 있다. 우리는 자신의 신발을 벗고 다른 사람들의 신발을 신어야 할 필요가 있다.(이 견해는 칸트와 공리주의 및 예수의 '황금률'에 공통된 것이다. 하지만 후자의 두 가지 도덕률은 욕망의 보편성에 근거하며 칸트의 것은 이성의 보편성에 근거한다. 그래서 칸트는 "만약 모든 사람이 그처럼 행동한다면 당신은 어떻게 좋아할 것인가?" 하

다른 사람의 신발을 신고 서 있기

고 묻지 않는다. 그는 당신이 좋아하는 것을 실제적으로 걱정하지 않는다. 오히려 그는 "모든 사람이 그처럼 행동한다면 이성과 존엄성의 기준은 여전히 유지되고 있는가?" 하고 묻고 있다. 개인은 자신이 보편 법칙으로부터 특별히 제외할 것을 요구하는 것이 비이성적임을 이해하기 때문에 주관주의와 이기주의적인 것으로부터 벗어나기를 강요받는다.) 칸트의 원칙은 다른 사람이나 자기 자신의 위선을 폭로하는 데 훌륭한 도구이다. 만약 누군가가 내 허락 없이 내 소유물을 취하는 것이 잘못이라면, 내가 다른 사람의 소유물을 허락 없이 취하는 것도 잘못이다. 만약 당신이 나의 스테레오를 가져갈 때는 도둑질이라고 하면서 내가 당신의 스테레오를 가져갈 때는 부의 재분배라고 한다면 나는 위선자다. 칸트가 옳다. 당신이 내 것을 가져가는 것이 잘못이라면, 연관된 모든 측면이 동일한 상황에서 내가 당신 것을 가져가는 것도 잘못이다.

그러나 칸트의 이론의 문제점은 그 강점과 똑같은 영역에 존재한다. 그의 견해에는 지나치게 절대주의적인 요소가 있다. 어떤 중무장한 미친 사람이 입에 거품을 뿜으며 슈 스미스가 어디 있는지 아느냐고 내게 묻는다면, 그리고 그가 그 여자를 보기만 하면 죽일 것이라는 것을 내가 깨닫는다면 나의 도덕적 직관은 마땅히 거짓말을 해야 한다고 — 실상, 진실을 말하는 것은 비도덕적인 일이라고 — 말할 것이다. 하지만 칸트는 거짓말의 배후에 있는 원칙이 모순 없이 보편화될 수 없다는 근거로, 설령 살인하는 미치광이한테라도 진실을 말해야 한다고 주장한다.

칸트의 비판자들은 규칙 공리주의와 관련해서 언급한 사실을 지적했다. 곧, 다음과 같이 수정된 규칙을 만들 수 있다는 것이다. "거짓말하는 것이 죄 없는 사람의 생명을 구해줄 때는 그렇게 해야 한다." 칸트는 그러한 수정이 규칙을 보다 상황에 종속되게 만들어 규칙의 보편성을 파괴한다는 근거로 그것에 반대했다. 그러나 많은 비판자는 그러한 반대가 설득력이 없다고 보며, 칸트가 흉악범에게 극형을 내려야 한다고 믿었다는 사실을 지적한다. 따라서 칸트 스스로 살인에 대한 자신의 금지 명령을 수정한 것이다. 오직 칸트의 일

반 법칙의 수정 가능성을 원칙적으로 인정할 때만 우리는 그의 도덕 철학을 불합리에서 건져 낼 수 있을 것 같다.

칸트는 그 원칙이 보편화될 수 없는 행위는 어떤 식으로든 우리에게 도덕적 의무를 지울 수 없다고 생각했다. 앞서 언급한 이유로 이것은 옳게 여겨진다.(되새김 — 만약 당신이 수행하는 어떤 행위가 나쁘다고 한다면, 연관된 모든 측면에서 동일하게 내가 수행하는 그 행위도 나빠야 한다. 이는 당신이 그리는 이 도형→△이 삼각형이라면 내가 그리는 그 도형도 삼각형이어야 하는 것과 정확히 똑같다.) 그러나 이 원칙으로부터 우리는 어떻게 칸트가 그처럼 귀중하게 여기는 의무 개념을 산출해낼 수 있는가? 확실히 우리는 그 격률이 일반화될 수 있는 모든 행동을 수행해야 할 도덕적 의무는 지니지 않는다.(나는 새들을 볼 때 미소짓기를 좋아한다. 그 행동의 배후에 있는 격률은 이럴 것이다. 곧, 아름다운 사물 앞에서 기쁨을 표현하는 것은 선이다. 이는 모순 없는 일반화가 가능하지만, 따라서 우리 모두가 새들을 보고 미소짓거나 어둠 속에서 휘파람을 불거나 코를 후비기 전에 헛기침을 해야 한다는 따위의 도덕적 의무를 지닌다고 생각하기는 어렵다.)

새를 보고 웃어야 할 도덕적 의무

칸트는 동의한다. 그는 그 격률이 보편화될 수 있는 모든 행위를 수행할 의무가 있다고, 오직 그런 행위만이 도덕적으로 허용될 수 있다고 주장하지 않는다. 어떤 행위에 도덕적 가치를 부여하는 것은 단지 그것의 보편화가 가능하다는 사실이 아니라 그것이 도덕적 행위로 선택되었다는 사실이다. 우리의 의무는 어떤 특정한 행위를 수행할 의무가 아니라 오직 보편화될 수 있는 행위만을 선택할 의무이다. 그 행위가 도덕적이 되는 것은 우리가 우리 의무를 수행하기 위해 그것을 선택했다는 사실 때문이다. 자신의 저서 《도덕 형이상학의 기초》(1785) 첫 문장에서 칸트는 말한다. "세계 속에서 — 심지어 세계 너머에서도 — 무조건 선하다고 부를 수 있는 것은 선의good will 말고는 상상할 수가 없다." '선의'라는 말로 그가 의미하는 것은 자신의 의무를 수행하고자 하는 의지다. 똑같은 행위가 — 또 다

보상의 기대

동정심

의무

이웃의 바람 빠진 타이어를
고쳐주는 세 가지 상이한 동기

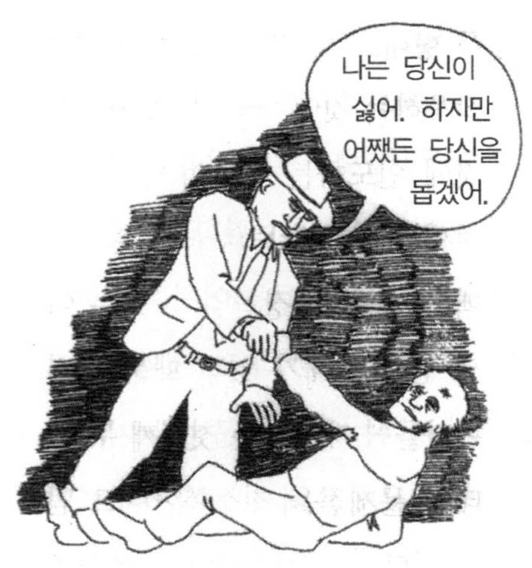

칸트적 영웅

시 이웃의 바람 빠진 타이어를 고쳐주는 행위를 예로 들어보자 — 그 동기에 따라 도덕적이거나, 도덕 중립적이거나, 심지어 비도덕적일 수 있다.(여기서 우리는 본성상 결과론적인 공리주의와 비결과론적인 칸트주의 사이의 커다란 차이를 발견한다. 곧, 칸트의 경우에 행위의 도덕적 가치는 결과가 아니라 의도에 의해 결정된다.) 만일 나의 동기가 이웃집 여자를 기만하여 내가 훌륭한 사람이라고 생각하고 호감을 갖게 하려는 것이라면 그 행위는 비도덕적이다. 만약 내가 그 여자를 돕는 이유가 동정심 때문이라면 그것은 도덕 중립적이다(단순한 감정은, 칸트에 따르면 도덕의 바탕이 될 수 없다). 오직 나의 의무를 수행하고자 하는 욕구가 동기일 경우에만 그 행위는 도덕적이다. 도덕적 가치를 할당할 때 행위자의 의도를 고려해야 한다는 칸트의 생각은 확실히 옳다(순전히 탐욕 때문에 하는 행위는 아무리 많은 사람에게 이익을 주더라도 도덕적으로 무가치하다). 그러나 여기에는 무언가 당혹스러운 점이 있다. 고통받는 인간 존재에 마음이 이끌려 부상당한 이방인을 도와주는 '선한 사마리아인'은 도덕적 행위를 수행한 것이 아니라고 칸트는 생각했다. 그러나 자기가 도와주는 사람을 포함하여 사람들을 혐오하지만, 그럼에도 불구하고 의무감에서 도와주는 '선한 사마리아인'은 도덕적 인간이라고 그는 생각했다. 이러한 이론의 핵심에는 냉혹함이 숨어 있다.

아마 감정이 도덕적 가치의 유일한 기준일 수는 없겠지만, 거기에서 큰 몫을 차지하는 것은 확실하다. 진정으로 선한 사람은 동료 인간에 대해 동정심과 공감을 지녀야 한다. 칸트의 도덕 철학의 이 얼음장 같은 측면이 보편성에 대한 그의 통찰을 손상시키는 일이 없이 무시될 수 있다면 좋겠다.

칸트의 세 번째 공식

칸트는 자신의 정언 명령을 두 가지 형태로 제시했다. 그의 세 번째 공식은 다음과 같다. "너 자신이든, 다른 사람이든 인간을 대할 때는 항상 단순한 수단이 아니라 목적으로 대하도록 행동하라." 명백히, 칸트는 이 공식이 첫 번째 것을 다른 방식으로 서술한 데 불과하며 그 자체가 보편성 원칙의 표현이라고 생각했다. 두 가지 공식 사이에 그러한 동일성이 존재하는가는 확실히 논란의 소지가 있

처주

다. 최근에 예일대학의 철학자 알렌 우드는 정언 명령의 첫 번째 두 형태(A와 B)가 세 번째 형태에 상응하는 것이 아니라 오히려 그것을 인도하는 계단이며, 이 세 번째 형태가 칸트의 도덕 철학의 핵심이라고 주장한다. 우드는 이 세 번째 형태가 있기 때문에 비판자들이 제기하는 첫 번째 두 형태의 문제점을 최소화한다고 믿고 있다.[10] 어떤 경우든 보편성의 원칙이 자신의 목적을 위해 다른 사람을 이용하는 행위를 금하는 것은 진실인 것 같다. 어쨌든, 칸트는 이성을 신봉하는 사람이라면 다른 사람들을 자신의 개인적 이익이라는 게임의 말판이 아니라 '목적 그 자체'로 대해야 한다고 제기하고 있다. 칸트에 따르면, 어째서 그런가를 알아보기 위해 우리는 그가 《도덕 형이상학의 기초》에서 제시하는 수많은 복잡한 논증을 피상적으로나마 요약해볼 필요가 있다.

칸트는 세계에 사람이 없고 사물만 존재한다면 가치도 없을 것이라고 믿었다. 어떤 것도 다른 것보다 가치가 더하거나 덜하지 않을 것이다. 사람 — 곧, 욕망만이 아니라(짐승도 욕망을 지닌다) 이성과 자유를 지니는 개별적 실체 — 들이 있을 때만 세계에는 가치가 존재한다. 인간적

목표에 관련될 때만 어떤 것이 가치를 지닌다. 그러므로 가치의 근원으로서 인간은 존엄성을 지닌다. 칸트는 존엄성을 그 어떤 것도 초월할 수 없는 가치를 지니는 어떤 것으로 정의한다. 따라서 인간으로서의 지위를 주장하기 위해 ― 곧, 자신의 존엄성을 주장하기 위해 ― 사람은 사람에게 존엄성과 인간다움을 부여하는 것, 곧 이성과 자유, 자율성을 다른 모든 것보다 귀중하게 여겨야 한다. 이는 자기 자신만이 아니라 자신 이외의 다른 개인들의 이성과 자유, 자율성까지 절대적으로 귀중하게 여겨야 한다는 의미다. 또는 칸트의 말을 빌리자면, 사람은 다른 사람을 목적 그 자체로 대해야 한다.

여기에 칸트의 입장이 지니는 몇 가지 두드러진 특징이 있다. 고도로 추상적인 논증에도 불구하고, 결론은 자기 목적을 위해 사람을 이용하는 것은 잘못이라는 널리 퍼진 도덕적 직관에 부합된다. 나아가, 그 결론이 인정된다면 그것은 안락사, 낙태, 인종 차별, 평등권, 페미니즘 같이 도덕적 의의를 지니는 주제들에 대해 입장을 취하는 근거가 될 수 있다. 그러나 물론 몇 가지 난점이 남는다. 첫째, 우리 인간이 일으킨 생태학적 위기로 인해, 오늘날 타당한 도덕 규범이라면 마땅히 자연계에 대한 어떤 책임성을 입증해야 한다는 사실을 우리는 어쩔 수 없이 깨달아야 할 것 같다. 자연은 인간의 목적을 위한 수단으로서만 가치를 지닌다는 칸트의 이론은 오늘날 우리에게는 다소 오만할 뿐만 아니라 아마 반어적으로, 위험하게까지 보일 것이다. 반어적이라는 까닭은 그 이론 자체가 인간의 목적에 도움이 되지 않기 때문이다. 둘째, 칸트의 경우처럼 추상적인 논증은 평가가 어려우며 항상 설득력 있게 들리지는 않는다(물론, 이 점을 지적한다고 해서 칸트의 논증이 논박되지는 않는다). 셋째, 사람을 수단으로 이용하는 것과 목적 그 자체로 대하는 것의 차이는 항상 명백한 것이 아니다. 예를 들어, 나는 철학을 가르치는 주요한 동기의 하나가 나 자신의 생계를 꾸리기 위해서라는 사실을 시인하지 않을 수 없다. 그렇다고

해서 내가 자신의 목적을 충족시키기 위해 학생들을 이용하고 있는 것인가? 넷째, 실생활에서 벌어지는 상황은 종종 우리가 어떻게 하든 우리 행위가 누군가를 이용하는 것으로 해석될 수 있다는 딜레마를 제기한다. 예를 들어, 실존주의 철학자 장 폴 사르트르는 독일의 프랑스 점령기에 자신에게 조언을 얻으러 찾아온 한 학생의 경우를 예로 든다. 그 젊은이는 다음과 같은 상황에서 사르트르를 찾아왔다.

……그의 아버지는 어머니와 사이가 나빴고, 게다가 나치의 협력자가 되려고 했다. 그의 형은 1940년의 독일군 공격 때 죽었으며, 젊은이는 다소 미숙하지만 고결한 감정으로 형의 복수를 하기를 원했다. 그의 어머니는 남편의 반半배신과 큰 아들의 죽음에 상심하여 그를 데리고 혼자 살았다. 소년은 어머니의 유일한 위안이었다.

소년은 영국으로 떠나서 자유 프랑스군에 가담하는 것 ─ 곧, 어머니를 혼자 남겨두는 것 ─ 과 어머니 곁에 머물러 생계를 돕는 것 사이에서 선택해야 했다……. 누가 그의 선택을 도와줄 수 있는가? 기독교의 교리인가? 아니다. 기독교의 교리는 이렇게 말한다. "자비심을 지녀라. 네 이웃을 사랑하라. 더 험난한 길로 가라, 등등." 그러나 어느 것이 더 험난한 길인가? 누구를 자기 형제처럼 사랑해야 하는가? 투사인가, 어머니인가? 무리 속에서 투쟁하는 모호한 행위와 특정한 사람이 살아가게 도와주는 구체적 행위 중에서 어느 쪽이 더 나은 일인가? 누가 선천적으로 판단할 수 있는가? 아무도 그럴 수 없다. 어떤 도덕 책도 그에게 말해줄 수 없다. 칸트의 윤리학은 말한다. "사람을 수단이 아니라 목적으로 대하라." 아주 좋다. 만일 내가 어머니 곁에 머문다면 나는 그녀를 수단이 아니라 목적으로 대하는 것이다. 그러나 바로 그 사실로 인해 나는 내 주변의 투쟁하는 사람들을 수단으로 대할 위험에 빠진다. 거꾸로, 만약 내가 투쟁하는 사람들에게 가담하러 간다면 나는 그들을 목적으로 대하는 것이 될 것이며, 그럼으로써 어머니를 수단으로 대할 위험에 빠지게 된다……. 여러분은 말할 것이다. "최소한, 그는 선생한테 조언을 구하러 온 것이다." 그러나 만일 여러분이, 예컨대 사제한테 조언을 구한다면 여러분은 이미 그 사람이 어떤 조언을 여러분한테 줄지 어느 정도 아는 그런 사제를 택할 것이다. 다시 말해서, 여러분의 조언자를 선택하는 일은 여러분 자신을 참여시키는 일이다. 그 증거로 만약 여러분이 기독교인이라면 여러분은 "사제에게 상의하라"고 말할 것이다. 그러나 어떤 사제는 협력하고 어떤 사제는 머뭇거리며 어떤 사제는 저항한다. 어느 쪽을 택할 것인가? 만일 그 젊은이가 저항하거나 협력하는 사제를 택한다면 그는 이미 자기가 받을 조언의 종류를 결정한 것이다. 따라서 나를 보러 올 때 그는 내가 어떤 답변을 줄지 알고 있었으며, 나는 한 가지 답변밖에 줄 것이 없었다. "너는 자유다. 선택하라. 곧, 발명하라." 어떤 일반 윤리학도 그대가 무엇을 해야 할지 보여줄 수 없다. 세상에는 어떤 징조도 없다.[11]

이 이야기로부터 우리는 칸트의 정언 명령을, 그 두 가지 형태 모두든 어느 하나든 받아들이더라도 여전히 칸트의 철학이 거의 도움을 주지 못하는 현실의 도덕적 상황에 직면한다는 사실을 알게 된다. 실제로, 사르트르 자신은 인간의 지위를 주장하자면 우리는 우리 자신과 다른 사람들을 자율적이고 자유롭고 이성적인 존재로 인식해야 한다는 칸트의 견해를 받아들였다. 그러나 사르트르는 궁극적으로 우리의 자유가 우리의 이성을 압도한다고 분명하게 주장했다. 궁극적으로 우리의 이성이 아니라 자유가 가치를 낳는다. 칸트라면 분명 이러한 사르트르식의 견해를 일종의 주관적 비합리주의로 여겼을 것이다(사르트르에 관해서는 곧이어 자세히 다룰 것이다).

결론

우리는 다음 장에서 윤리학의 토대에 대한 몇 가지 공격을 검토하기 전까지 그것에 관해 어떤 결론도 내리지 않을 것이다.

Christopher Biffle, ed., *A Guided Tour of John Stuart Mill's "Utilitarianism"*(Mayfield Publishing Co., 1993). 독자들의 이해를 돕기 위해서 밀이 말한 공리주의적 윤리학을 인용하고 문제제기하고 있다. 또한 밀과 칸트의 비교 분석을 쉽게 하기 위해 칸트의 윤리학 부분을 수록하고 있다.

Richard M. Hare, *The Language of Morals*(Oxford University Press, 1964). 영국의 '일상 언어' 철학자로서, 그의 이론은 약간 기술적이나 읽을 만하다. 그는 강요된 방식으로 칸트의 '보편 타당성' 원칙을 도입하고 있다.

Gilbert Harman, *The Nature of Morality*(Oxford University Press, 1977). 이 장의 주제에 관한 중요한 미국 철학자의 저작.

Plato, *Republic*, in *Great Dialogues of Plato*, W. H. D. Rouse, trans.(New American Library, 1956). 특히 제1편에서 플라톤은 소크라테스와 소피스트 사이의 도덕 논쟁을 다루고 있으며 제2, 제3, 제4 및 제5편에서 '정신'과 '도시' 사이의 유비를 발전시키고 있다.

Allen W. Wood, *Kant's Ethical Thought*(Cambridge Univ. Press, 1999). 읽을 가치가 있으나, 대부분의 칸트 해석자가 범하고 있는 오류를 교정하려는 전문적인 시도.

주

1 Plato, *Republic,* in *Great Dialogues of Plato*(New American Library, 1956), p. 137. 이하에서 특별한 언급이 없으면,《국가》에서의 인용은 이 책에 따른다.

2 Bernard Williams, *Ethics and the Limits of Philosophy*(Harvard University Press, 1985), p. 27.

3 Thomas Hobbes, *Leviathan: Or the Matter, Forme and Power of a Commonwealth Ecclesiasticall and Civil*(Collier Books, 1962), p. 105.

4 Hobbes, *Leviathan*, pp. 49~50.

5 Epicurus, *Epicurus: The Extant Remains*, C. Bailey, trans.(Clarendon Press, 1926), p. 87.

6 Epicurus, *Epicurus*, p. 99.

7 Jeremy Bentham, *The Rationale of Reward*, in *The Works of Jeremy Bentham*(Edinburgh, 1838~1843), Vol. II, Sec. i, p. 10.

8 John Stuart Mill, *Utilitarianism*(E. P. Dutton, 1951), p. 10.

9 Mill, *Utilitarianism*, p. 10.

10 Allen W. Wood, *Kant's Ethical Thought*(Cambridge University Press, 1999).

11 Jean-Paul Sartre, *Existentialism and Human Emotions*(Philosophical Library, 1957), pp. 24~28.

1. 소크라테스는 돈과 사업상의 문제에서 비도덕적인 인간이 도덕적인 인간을 이용할 수도 있다는 것을 부인하지 않지만, 소크라테스에 따르면 궁극적으로는 도덕적인 인간이 비도덕적인 인간을 이긴다고 한다. 왜 그런가?

2. "영혼은 도시와 같다"는 소크라테스의 비유는 어떤 심리학적 및 사회학적 전제를 배경으로 삼는가? 여러분이 보기에, 그 비유는 얼마나 성공적인가?

3. 이 장에서 홉스의 이기론의 진리성은 경험적으로(곧, 증거에 호소함으로써) 입증할 수 없다는 주장이 나온다. 이 견해를 옹호하거나 공격해보라.

4. (1)최선의 삶은 오로지 쾌락의 추구에만 몰입하는 것이며, (2)최선의 삶은 상대적인 무위, 곧 고요와 정적의 삶이라는 에피쿠로스의 외견상 모순되는 이론을 자세히 설명하라.

5. 여러분은 (1)쾌락이 가치의 유일한 기준이며, (2)어떤 쾌락이 다른 쾌락보다 더 낫다는 존 스튜어트 밀의 외견상 모순되는 견해를 조화시킬 수 있는가?

6. '규칙 공리주의'는 '샘의 사례'에서 공리성의 원칙('최대 다수의 최대 행복')이 제기하는 딜레마를 해결할 수 있는가?

7. 칸트는 왜 그 '격률'이 보편화될 수 있는 행동만이 유일하게 도덕적으로 올바른 행동이라고 생각하는가?

8. 다음과 같은 사례를 공리주의와 칸트주의가 각각 어떻게 다루는지 설명해보라.
   1) 말기병 환자의 자살을 도와주는 의사의 경우.
   2) 도둑질당해도 알지 못하는 부주의한 백만장자로부터 재산이 많지 않은 사람이 도둑질을 하는 경우.
   3) 딸에게 자신과 종교가 다른 사람과는 결혼하지 않겠다는 약속을 요구하는 죽어가는 아버지에게 거짓말하는 여자의 경우.
   4) 모든 사람이 싫어하는 어떤 사람을 죽이기 위해 거액의 돈을 제공하는 사람의 경우.

9. 자기 목적을 위해 다른 사람을 이용하는 것은 항상 잘못이라는 칸트의 견해를 옹호하거나 공격해보라.

전통적 윤리학 이론에 대한 비판

실존주의

앞 장 마지막에서 우리는 장 폴 사르트르의 실존주의가 어떤 의미에서 그 어떤 도덕 규범이나 체계의 가능성에 도전한다는 것을 살펴보았다. 다음과 같은 구절에서 보듯이, 한 측면에서 사르트르가 칸트의 도덕관을 수용한다는 사실에도 불구하고 그렇다.

나는 나 자신과 다른 모든 사람에 대해 책임이 있다. 나는 나 자신이 선택한 어떤 인간의 상을 창조한다. 나 자신을 선택할 때 나는 인간을 선택한다……. 확실히 많은 사람은 무언가를 할 때 자신들이 유일한 관여자라고 믿으며, "만약 모든 사람이 그렇게 행동하면 어떻게 되는가?"라고 누군가가 물으면 어깨를 으쓱하며 "모든 사람이 그렇게 하지는 않는다"고 대답한다. 그러나 참으로, 사람은 항상 자문해보아야 한다. "만약 모든 사람이 사물을 그런 식으로 본다면 어떻게 될 것인가?" 일종의 이중 거래가 아니고는 이러한 혼란스러운 생각을 벗어날 길이 없다. 거짓말을 하면서 "모든 사람이 그러지는 않는다"고 변명하는 사람은 양심에 꺼림칙함을 느낀다. 왜냐하면 거짓말하는 행위는 그 거짓말에 보편적 가치가 부여된다는 의미를 함축하기 때문이다.

행위의 보편성에 대한 이러한 언급은 사르트르의 도덕관의 칸트적 측면이다. 그는 계속 말한다. "따라서 윤리학의 내용이 다양하더라도 그것의 어떤 형식은 보편적이다. 자유는 그것 자체와 타인의 자유를 동시에 바란다고 칸트는 말한다. 그 말을 인정한다."[1]

　　칸트적 전제를 인정함에도 불구하고, 사르트르에게
조언을 구하러 온 젊은이의 예에서 사르트르는 도덕적
가치가 충돌할 때 어떤 도덕적 공식으로도 그 대립을
해결할 수 없다는 것을 아주 설득력 있게 보여주었
다. 그 젊은이에게는 단지 발명하는 길, 다시 말
해서 선택하는 길밖에 없었다. 그 까닭은 가치
의 근원이 항상 사람이라는 칸트의 견해를 사
르트르가 급진화하여 자유를 이성보다 우위
에 놓았기 때문이다. 만약 사르트르가 옳다면,
이성은 어느 누구한테도 이렇게 말고 저렇게 하
라고 강요할 수 없다. 오직 사람이 이성의 권위를
인정하기로 선택할 때만 이성이 하나의 권위가 될
수 있기 때문이다. 내가 일단 이성이 가치를 갖는다

사르트르에게 옳은 행동을
강요하는 이성

고 결정하면, 이성은 나에게 합당한 이유를 제시할 수 있는 방식으로만 행동하도록 강요할 수
있다. 그러나 이성을 가치 있게 보지 않고 내가 — 도스토예프스키의 '지하 생활자'처럼(6장의
'비뚤어진 자유' 참조) — 비이성이 나를 이끌도록 선택한다면 어떻게 될까? 그러면 나는 나의 선
택에 대해 이유를 제시할 필요가 없고, 제시할 수도 없다. 그러므로 사르트르는 비록 인간에 관
한 많은 사실(인간은 자유롭고 자율적이
라는 것)을 칸트와 동일하게 받아들
이지만, 칸트와는 정반대의 결론
을 끌어낸다. 우리는 자유롭고 자
율적이기 때문에 자연히 이성적일
수 없다. 우리는 오직 선택에 의해
서만 이성적이다. 또는 다르게 말
하자면, 만일 우리가 자유롭다면 어떤
도덕 규범도 우리를 구속할 수 없다.

흄과 자연주의적 오류

사르트르는 분명 도덕의 기초에 도전한 최초의 철학자는 아니었다. 이미 18세기에 데이비드 흄이 우리 시대에까지 여전히 반향을 미치는 폭탄을 터뜨린 바 있다. 이 폭발 장치는 다음과 같은 간단한 몇 단어의 문장 형태를 취했다. "'존재'는 '당위'를 내포하지 않는다." 이것으로 흄이 말하는 의미는, 어떤 도덕적 주장도 단순한 사실적 주장에서 도출될 수는 없다는 것이다. 거의 모든 사람이 동의하는 다음과 같은 도덕적 원칙을 가지고 이 점을 분명히 해보자. "단지 행위의 즐거움을 위해 죄 없는 어린아이를 학대하는 것은 도덕적으로 잘못이다." 그런데 흄이 이야기하는 초점은 이런 것이다. 만약 누가 이 주장에 도전하여 "그것이 옳다는 것을 어떻게 아는가?" 하고 묻는다면 우리는 어떤 증명을 제시할 수 있는가? 공리주의자는 그 행위가 공익성의 원칙("최대 다수의 최대 행복")에 반하기 때문에 잘못이라고 말할 것이다. 그러나 우리가 왜 공익성의 원칙을 받아들여야 하느냐고 공리주의자에게 묻는다면? 벤담에 따르면, 우리가 그래야 하는 이유는 "자연이 인간을 고통과 쾌락이라는 두 군주의 지배 아래 두었기 때문이다. 우리가 무엇을 해야 하는가를 지시하는 것은 그들만의 일이다."[2]

그러나 설령 벤담의 사실적 주장이 옳고, 우리 모두가 쾌락의 욕망을 동기로 삼는다 하더라도 논리적으로 우리가 마땅히 그래야 한다는 결론이 나오는가? 대부분의 사람이나, 심지어 모든 사람이 잔혹 행위에서 커다란 쾌락을 얻는다면? 어떤 도덕적 의미에서 사람들이 마땅히 잔혹해야 한다는 결론이 나올 것인가? 물론, 아니다. 그러므로 우리가 모두 행복을 바라는 것이 사실이기 때문에 공익성의 원칙을 마땅히 받아들여야 한다는 공리주의자들의 주장은 전혀 통하지 않는다. 그러므로 우리가 왜 죄 없는 어린아이를 학대해서

잘못된 논리

는 안 되는가 하는 문제는 미해결로 남는다.

칸트라면 그러한 행동은 정언 명령에 어긋나기 때문에 그래서는 안 된다고 답변할 것이다. 그러나 우리가 왜 그 원칙을 따라야 하는가? 칸트는 우리가 이성적이기 때문에 그래야 한다고 말한다. 그러나 흄이 지적하는 점은 설령 우리가 실제로 이성적이라 하더라도, 그렇기 때문에 우리가 마땅히 이성적이어야 한다는 결론은 나오지 않는다는 것이다. 따라서 그의 관점에서 볼 때 우리가 왜 어린아이를 학대해서는 안 되는가의 문제는 여전히 미해결이다.

20세기에 흄의 도덕적 회의론은 케임브리지의 중요한 도덕 철학자 조지 에드워드 무어 George Edward Moore(1873~1958, 보통 G. E. 무어라고 부른다)에게 영향을 미쳤다. 무어는 선이라는 개념이 '쾌락'이나 '행복', '생존 가치' 같은 어떤 '자연적' 성질과 관련하여 정의할 수 없다고 지적했다(무어가 말하는 '자연적 성질'은 흄의 '사실적 주장'이나 '존재'와 어느 정도 동일하다). "누이는 여자 형제다"와 같은 참 정의에서 주어의 술어에 대해 질문하는 것 — 예컨대, "맞다, 하지만 누이는 여자 형제인가?"라고 묻는 것 — 은 넌센스일 것이다. 그녀는 당연히 그렇다 — 그것이 '누이'라는 말의 의미이니까.(또는 이렇게 물어보라. "총각은 결혼하지 않은 남자인가?" "삼각형은 세 변을 지닌 도형인가?")

그런데 '선'이라는 단어를 정의하려는 시도로 눈길을 돌리면 기묘한 일이 발생한다. 예를 들어, 쾌락주의자는 '선'을 쾌락과 관련하여 정의하고자 한다. 하지만 "쾌락이 선인가?"라는 질문은 "사각형은 네 변을 지니는가?"라는 질문 같이 넌센스는 아니다.(예컨대, 히틀러의 쾌락은 어떤가? 그것이 반드시 선인가?) 사회 다윈주의자가 생존 가치와 관련하여 선을 정의하고자 할 때도 비슷한 결과가 나온다. "맞다, 하지만 생존이 항상 선인가?"라는 질문은 넌센스가 아니다(친구를 배신하는 것은 어떤 상황에서 생존 가치를 지닐 수 있지만, 그렇다고 해서 배신이 반드시 선이

비자연적이고 분속할 수 없고
단순한 성질인 선善

되지는 않는다). '선'을 신의 의지에 대한 순종과 관련하여 정의하고자 하는 종교의 경우에도 마찬가지다. "그러나 신에게 복종하는 것이 항상 선인가?"라는 질문은, 설령 우리가 그 답을 알지 못하더라도 최소한 의미는 통한다(아브라함에게 죄 없는 자기 아들을 죽이라고 한 신의 명령을 생각해보라). 그러므로 결론은 어떤 존재하는 사실과 관련하여 '선'을 정의하고자 하는 모든 시도는 오류로 귀결된다는 것이다. 무어는 그것을 자연주의적 오류라고 불렀다. 그 지적은 "존재는 당위를 내포하지 않는다"는 흄의 말을 자기 방식으로 긍정하는 것이었다.(무어의 저서 《윤리학 원리》에 나오는 무어 자신의 견해는 '선'이란 분석할 수 없지만, 인식할 수 있는 '비자연적인' 단순한 성질이라는 것이다. 무어의 신비스러운 주장에 동의하는 도덕 철학자는 거의 없었다. 그 주장의 의미를 충분히 해독할 수 있는 사람조차 드물었다.) 그러므로 문제는 계속 남는다. 만일 우리가 세계 속의 어떤 사실로부터 도덕적 가치를 끌어낼 수 없다면, 어디에서 그것을 끌어낼 수 있는가? 이 문제는 도덕의 기초를 객관성에 두고자 하는 모든 시도를 위협한다.

논리실증주의

3장에서 우리는 흄의 영향을 받은, '논리실증주의자'라고 하는 20세기 철학자들의 그룹을 살펴보았다. 그들의 견해는 더 이상 유행하지 않지만 당대에는 엄청난 영향력을 미쳤으며, 그 사상의 유령이 아직도 많이 돌아다닌다. 이런 이유로, 또한 이 장의 초점과 좀 더 가깝게는 도덕 철학의 가능성에 대해 일찍이 여러 철학자 그룹이 한 것 가운데 가장 강력한 공격을 제기했

세 가지 가능성		
분석적	종합적	무의미(넌센스)
정의상으로 참인 것. "일각수는 뿔이 한 개다."	관찰에 의해 입증되는 것. "피클은 시다."	"그것은 발갛다." "하느님은 당신을 사랑하신다."

기 때문에 그들은 연구할 가치가 있다.

3장에서 우리는 많은 실증주의자가 흄이 고취한 인식론적 견해를 받아들였음을 보았다. 우리가 보았듯이, 윤리학에 대한 그들의 공격은 그들의 의미론에서 도출된 것이다. 그 의미론에 따르면, 진정한 명제는 분석 명제와 종합 명제 두 종류뿐이다. '분석 명제'는 정의상으로 참이고, 동어 반복에 불과하며, 실재에 관해 아무 것도 말해주는 것이 없고, 단지 개념들이 어떻게 연관되는가에 관한 것일 뿐임을 상기하라.(예컨대, "모든 원은 둥글다.") '종합(또는 경험적) 명제'는 어떤 실제적이거나 가능한 관찰에

비도덕적인 부분을 찾아내라

의해서만 확증되거나 논박될 수 있다. 분석적이지도 종합적이지도 않은 추정적인 명제는 "인식상으로 공허"하거나 넌센스이다. "죄 없는 어린아이를 학대하는 것은 비도덕적이다" 같은 문장은 분석적이 아니다. 다시 말해서, 그것은 단순히 말의 의미상으로 옳은 것이 아니다(이 사실은 그 문장을 부정하여 "죄 없는 어린아이를 학대하는 것은 비도덕적이 아니다"라는 부정문이 "누이는 여성이 아니다"라는 부정문처럼 자기 모순에 빠지지 않는다는 것을 확인함으로써 증명된다).

반면에, 우리의 문장은 경험적인 것도 아니다. 다시 말해서, 그 문장을 확증하거나 논박할 수 있는 실제적이거나 가능한 관찰이 존재하지 않는다. 어떤 야만인이 어린아이를 학대하는 광경을 본다면 우리는 공포감과 혐오감과 분노를 느끼겠지만, 꼭 짚어서 ("저것이 노란 부분이다" 또는 "저것이 무거운 부분이다"라고 말하듯이) "바로 저거야! 저것이 비도덕적인 부분이다"라고 말할 수 있는 것은 없을 것이다. 그

에이어 경

렇다면 실증주의자들에 따르면, 우리의 도덕적 주장의 지위
는 무엇인가? 그것은 "인식상으로 공허"하기 때문에 단지
'표현'일 뿐이다. 젊을 때 비엔나에 가서 실증주의를
공부한 논리실증주의 학파의 영국인 철학자 알
프레드 줄스 에이어Alfred Jules Ayer(1910~1989)
의 주장에 따르면, 도덕적 언어는 단지 위장된
감정 표시에 불과하며 종종 "문법 형식이 잘못
된 명령문"과 결부된다. 그러므로 "학대는 비도
덕적이다"라는 문장은 실제로 다음과 같은 것
을 의미한다.

이 중 세 번째 부분만 진리값을 지닐 수 있을 것
이다. 따라서 "학대는 비도덕적이다"라는 전체 문장은 참일 수도 거짓일 수도 없다. 그것은 에
이어가 말하는 '사이비 개념pseudo-concept'을 표현하는 것이다.

논리실증주의는 당대에 많은 사람에게 영감을 주었으며, 우리는 아직도 그 영향을 여기저
기서(예컨대, B. F. 스키너의 과학 개념과 W. V. O. 콰인의 철학 개념에서. 콰인은 분석 철학의 전통에
서 가장 유명한 두세 명의 철학자 중의 한 사람이다) 발견한다. 하지만 실증주의의 자못 충격적인
도덕관에 지나치게 신경쓸 필요는 없다. 오늘날 우리는 논리실증주의를 너무 진지하게 받아들
일 필요가 없다는 데 공감한다. 그것은 몇 가지 훌륭한 분석 도구를 제공해주지만, 그 의미론이
지나치게 제한적이라는 사실이 아주 명백하다. 나아가, 그것은 치명적인 내부 결함을 갖고 있
다. 만약 모든 명제가 분석적이거나 종합적이거나 넌센스라면 모든 명제가 분석적, 종합적 또
는 넌센스라고 주장하는 명제의 지위는 어떤 것인가? 그것은 부정하더라도 자기 모순으로 귀
결되지 않기 때문에 분석적이 아니다. 그것은 어떤 관찰로도 확증하거나 논박하기 어렵기 때
문에 종합적이 아니다. 자체의 기준에 따르면, 넌센스 말고 어떤 지위가 남는가? 아마 존 휘틀
리 교수의 다음과 같은 말은 그 부고장이 될 것이다. "논리실증주의는 그 치명적 오류를 쉽게
입증할 수 있는 아주 드문 철학적 입장 가운데 하나이며, 그 사실이 바로 그것이 주요하게 내
세울 수 있는 명성의 근거다."[3]

그러면, 결과적으로 도덕의 기초에 대한 이와 같은 다양한 철학적 공격은 어떤 영향을 미치

는가? 사르트르든, 흄이든, 실증주의든 그 비판들은 각각 나름대로 사실 상 도덕의 기초에 대한 공격 이라는 점에 유념하라. 사 르트르는 도덕의 기초가 주관적이고 불안정할 수 밖에 없다는 것을 보여주 고자 한다. 흄과 실증주의 자들은 도덕이 세계에 관한 어떤 진정한 사실에 기초할 수 없다는 것을 보여주고자 한다. 그러

도덕의 기초에 대한 공격

나 도덕의 기초에 관한 담론 자체가 오해의 산물로 드러난다면 어떨 것인가? 3장 끝부분에서 우리는 지식의 기초를 발견하려는 시도가 완전히 잘못된 생각일 수도 있음을 보았다. 지식은 어떤 건물보다는 그물이나 거미줄에 가까운 것일 수도 있다는 점이 지적되었다. 윤리학의 경 우도 마찬가지다. 영향력 있는 영국의 도덕 철학자 버나드 윌리암스가 말하듯이,

……지식의 구조를 어떤 호감이 가는 부류 의 진술 위에 세우고자 하는 기초론적 시 도는 이제 일반적으로 전체론적 유형의 모델에 자리를 내주고 있다. 그 모델에 서는 어떤 일부분의 신념을 의문시하거 나 정당화하거나 조정하더라도 다른 것들은 변함 없이 유지된다. 하지만 (거의) 어떤 견지에서도 그것들을 한 꺼번에 모두 의문시하거나 모두 정 당화할 수 있는 과정은 존재하지 않 는다. 노이라트Neurath의 유명한 이

미지에서 우리는 바다에 떠 있는 동안에 배를 수리한다.[4]

윌리암스에 따르면, 윤리학의 경우도 마찬가지다. 그는 말한다. "윤리적 사상의 목표는 우리가 그 속에서 사회적, 문화적, 개인적 생활을 영위해가는 우리의 세계가 될 하나의 세계를 구성하도록 돕는 것이다."[5] 그런데 그런 활동은 어떤 '기초'도 필요로 하지 않는다. 인간이기 때문에 우리는 싫든 좋든 그것에 관여하게 된다. 그렇기 때문에 윌리암스는 소크라테스보다는 아리스토텔레스식의 도덕적 질문을 더 좋아한다. 윌리암스가 보기에, 소크라테스의 도덕적 질문은 "사람이 어떻게 살아야 하는가?"이다. 이는 추상적 성격을 지니는 이론적 질문이다. 그것은 기초론으로 다가가는 경향이 있다. 아리스토텔레스의 질문은 더 구체적이다. "우리는 어떻게 살아야 하는가?"라고 그는 묻는다. 소크라테스의 질문은 보편적 조건 속의 어떤 추상적인 인간 본성을 전제한다. 아리스토텔레스의 질문은 우리가 실제로 날마다 관여하는 구체적인 심리적 및 공동체적인 사회적 상황을 전제한다.

그러나 윤리학 문제에 대한 이러한 실용주의적 해답을 받아들일 수 있으려면, 우리는 도덕에 대한 또 다른 반론을 살펴보아야 한다. 이 반론은 실용주의적 해답조차도 위협하는 문화적 상대주의의 문제다.

문화적 상대주의

여기서 우리는 윤리학의 가능성에 대한 또 다른 종류의 20세기적인 공격에 관해 논의해야 한다. 이것은 철학 분야가 아니라, 사회과학 분야에서 나온 것이다. 인류학과 심리학 분야의 어떤 중요한 이름들과 결부되어 이것은 문화적 상대주의라고 불린다. 도덕적 가치가 개별 문화의 산물이라는 사실을 근거로, 이 입장은 어떤 절대적이거나 객관적인 도덕적 가치가 존재할 수 있다는 것을 부정한다. 개별 문화는 각 사회에 중심적인 가치가 서로 다르듯이 서로 상이하기 때문이다. 1934년의 유명한 논문에서 인류학자 루스 베네딕트는 이렇게 썼다.

모든 사회는 처음에 이러저런 방향의 사소한 경향성에서 출발하여 그 선택을 더욱더 밀고

도덕 철학자를 공격하는 인류학자들

나가 선택된 기반 위에서 점점 더 완전하게 통합을 이루며, 이질적인 행동 방식을 배제해나간다. 우리한테 명백히 가장 비정상적으로 보이는 이러한 개성의 조직화 과정 대부분은 상이한 문명들이 그 제도적 생활의 기초를 확립하는 데 이용되었다. 역으로, 우리의 정상적인 개인들의 가장 가치 있는 특징은 상이하게 조직된 문화 속에서는 이상한 것으로 간주되었다. 간단히 말해서, 정상성은 매우 폭넓은 범위에서 문화적으로 규정되는 것이다. 그것은 일차적으로 어떤 문화 속에서 사회적으로 가공된 인간 행동의 일면을 가리키는 용어다. 그리고 비정상성은 특정한 문명에서 사용되지 않는 일면을 가리킨다. 우리가 문제를 보는 눈 자체가 우리 사회의 오랜 전통적인 관습에 의해 조건지어진다.

……우리는 도덕이란 매 사회마다 상이하며 사회적으로 승인된 관습을 가리키는 편의적인 용어라고 본다. 인류는 항상 "이것이 관습이다"라기보다는 "이것이 도덕적으로 선이다"라고 말하기를 더 좋아했다. 이러한 선호 자체는 비판적 윤리학의 중요한 주제로 삼기에 족하다. 그러나 역사적으로 보면, 그 두 가지 문구는 동일하다.

정상성의 개념은, 정확히 말하자면 선의 개념이 변형된 것이다. 그것은 사회가 승인한 것이다. 정상적인 행동은 특정한 사회에서 기대되는 행동의 범위에 포함되는 행동이다.

……이러한 특징들은 각각 그 문화의 선택된 행동 양식을 강화하는 정도만큼 그 문화 속에서 정상적이다. 선천적으로든, 유년기 경향성의 결과이든 그것에 적응하는 개인들은 그 문화 속에서 위신을 지니며, 상이하게 조직된 사회에서라면 겪었을 사회적 경멸이나 비난을 받지 않는다. 반면에 그 사회에서 선택된 인간 행동의 유형에 적응하지 못하는 성격을 지닌 개인들은 상반되는 문명 속에서 그들의 개성적 특징이 아무리 가치 있는 것이라 하더라도 일탈자로 전락한다.[6]

베네딕트의 견해는 한 세대 뒤에 심리학자 B. F. 스키너의 호응을 얻었다. 그는 이렇게 말했다.

어떤 일정한 사람들의 집단이 선이라고 부르는 것은 하나의 사실이다. 그것은 그 집단의 구성원들이 자신들의 유전적 소질과 자신들이 접해온 자연적 및 사회적 우연성의 결과로서 강화하는 요소다. 각각의 문화는 자체적인 선의 집합을 지니며, 한 문화에서 선한 것이 다른 문화에서 선하지 않을 수 있다. 이것을 인정하는 것은 '문화적 상대주의'의 입장이다. 트로브리앙 섬 주민에게 선한 것은 트로브리앙 섬 주민에게 선한 것이며, 그것으로 끝이다. 인류학자들은 종종 모든 문화를 단일한 윤리적, 정치적, 종교적, 또는 경제적 가치로 개변하려는 선교사적 열정에 대한 관용적 대안으로 문화적 상대주의를 강조해왔다.[7]

베네딕트와 스키너의 견해는 우리 모두 들은 적이 있는, 많은 사람에게(특히 대학생들에게) 아주 정확해 보이는 생각 — 곧, "좋은 것"(선)은 항상 "그녀에게 좋은 것"이거나 "그들에게 좋은 것", "나에게 좋은 것"이지 그냥 좋은 것이 아니라는 생각 — 과 조화된다. 한 사람이나 한 문화에 좋은 것이 다른 경우에도 반드시 좋지는 않다. 따라서 실상 진정한 도덕적 논거는 있을 수 없으며, 단지 다른 사람들의 '선'에 대한 '승인'만 있을 뿐이다.("나는 당신이 말하는 것을 들어준다.") 사회과학이 제공하는 자료도 때로 그러한 상대주의를 지지하는 것 같다.(내가 소를 숭배하는 것

텍사스의 소 숭배자

은 '선'이 아니지만, 힌두교도가 소를 숭배하는 것은 '선'이다. 왜냐하면 소똥은 힌두교도의 경작을 위한 거름과 땔감을 제공해주기 때문이다.) 이런 종류의 상대주의는 청교도적 '경직성'과 위험한 인종 중심주의적 오만을 배격하는 점에서 건강하다.("우리의 가치는 옳다. 그렇기 때문에 그 때문에 당신들을 죽이게 된다 하더라도 그것을 강요하겠다!") 그러나 우리의 상대주의는 다음과 같은 질문에 마주칠 때 문제에 봉착한다. 우리가 나치 문화의 구성원이 아니라는 이유로 우리는 나치의 '야만성'에 관해 도덕적 판단을 삼가야 하는가? 600만 명을 학살하는 것이 히틀러한테는 '선'이지만 나한테는 아닌가? "민족마다 방식이 다르다"는 이 철학은 이 경우에 위험스러울 정도로 공허해 보인다. 그러므로 다시 돌아가서 윤리적 상대주의가 이야기하는 내용을 더 자세히 살펴보기로 하자. 자세히 검토해보면 그 명제는 그다지 분명하지 않다. 문화적 상대주의가 말하는 것은 (1)"보편적으로 견지되는 도덕적 가치는 없다"는 것인가, 아니면 (2)"정당하게 모든 사람에게 권장할 수 있는 가치나 가치관은 없다"는 것인가? 이것들은 아주 다른 주장이다. 그 각각을 살펴보자.

보편적으로 견지되는 도덕적 가치의 부재

이 첫 번째 주장은 경험적인 것임에 주목하라. 그것은 적어도 이론상으로는 과학적 조사를 통해 확증이나 논박이 가능하다. 그런데 그에 관해 몇 가지 이야기할 점이 있다. 첫째로, 그것을 개별적으로 해석해서 절대적으로 모든 사람이 받아들이는 도덕적 가치가 없다는 의미로 이야기한다면, 그 주장은 물론 옳겠지만 그다지 인상적인 것은 못 된다(왜냐하면 단 한 사람, 이를테면 크로노스가 자기 자식을 먹는 것을 금하는 율법을 어겼다고 해서 그 율법에 잘못이 있다고 볼 수는 없기 때문이다). 그렇다면 상대주의의 명제를 개별적으로보다 문화적으로 해석하는 경우는 어떤가? 이런 종류의 주장의 진리성에

자기 자식을 잡아먹는 크로노스
(프란시스코 고야를 본땀)

관해서는 확실히 모든 사회과학자가 일
치하지는 않는다. 예를 들어, 저명한 인
류학자 알프레드 크뢰버와 클라이드 클
럭혼은 모든 문화에서 받아들이는 어떤
보편적 가치가 존재한다고 주장했다. 어
떤 문화도 내부 집단 속에서의 무차별적
인 거짓말이나 절도, 폭력 따위를 관용
하지 않는다. 근친 상간의 금기는 사실
상 보편적이다. 어떤 문화도 고통에 대
해 목적 그 자체로서 가치를 부여하지 않
는다. 모든 문화는 죽음을 엄숙한 의식으
로 기린다. "모든 문화는 항상적으로 의사
소통이 안되거나 충동적인 삶을 일정하게
통제하지 못하는 개인들을 비정상으로 규정한
다."[8] 크뢰버와 클럭혼은 무엇을 거짓말이나 절

모든 문화는 항상적으로 의사 소통이
안 되는 개인을 비정상으로 규정한다

도, 폭력으로 간주하는가는 문화에 따라 다르게 규정할 수 있다는 것을 부인하지 않는다. 하지
만 그러한 가치는 특수적인 것의 배후에 있는 보편적인 것이라고 그들은 생각한다.

사회 심리학자 솔로몬 애쉬Solomon Asch도 비슷한 견해를 주장한다. 그의 주장에 따르면,
모든 사회는 비겁함을 경멸하고 용감성을 칭찬한다. 모든 사회에서 겸손과 용기, 환대가 장려
된다. 우리한테 끔찍스러워 보이는 행위를 정례적으로 수행하는 문화들에서도 그들의 문화와
우리 것 사이의 불일치가 사실상 가치에 관한 논란이기보다 경험적 사실에 관한 논란에 더 가
까운 경우를 종종 발견할 수 있다. 고대 중국 문화는 통상적으로 영아 살해를 저질렀다(원하지
않는 아이를 자연 속에 내버려 죽게 만들었다). 그러나 그 문화에서는 어린아이가 한 돌이 되기 전
까지는 인간으로 간주하지 않았다고 애쉬는 주장한다. 고대 중국인과 우리는 인간의 생명의
가치에 대해 실질적으로 일치하지만, 무엇이 인간을 이루는가에 관련된 사실들에 대해 불일치
하는 것으로 볼 수 있다.

적어도 그러한 종류의 불일치는 단지 기호의 차이가 아니며, 따라서 논쟁의 대상이고 원칙

적으로 해결 가능하다. 하지만 아마 그리 쉽게
해결되지는 않을 것이다. 낙태에 관한 논쟁이
엄청난 분란을 불러일으키는 것을 보더라도
그렇다. 이 논쟁도 또한 상당 정도 인간 생명
의 가치에 대한 것이 아니라 — 아마 양측 다
그 문제에 대해서는 어느 정도 일치할 것이
다 — 무엇이 인간을 이루는가에 관련된 사실
들에 대한 것이다. 하지만 나는 복잡한 문제를
지나치게 단순화할 생각은 없다. "인간이란 무엇
인가?"의 문제는 사전적 정의나 어떤 경험적 조사
연구를 통해 답변할 수 있는 간명한 문제처럼 보
인다. 그러나 사실상 '인간' 개념은 아마 여러 사실
과 가치의 복잡한 연관을 내포하며 순수한 과학적
정의를 허용하지 않는 개념인 것 같다. 묘하게도 그
것은 아마 사회적으로 조정할 수 있는 개념일 것이며,

화산과 협상하기

우리는 지금 현재 그것을 둘러싼 수고스럽고 장구한 논쟁의
와중에 있다. 아마 우리는 항상 그랬던 것 같다. 예를 들어, 여성과 이방인, 소수자를 완전한 인
간으로 대할 것인가, 또는 화산과 태풍을 적대적인 교섭 상대방으로 대할 것인가의 문제는 모
든 문화에 항상 명확한 것은 아니었다.

그러므로 만약 문화적 상대주의의 명제가 모든 사람 또는 모든 문화의 경우에 보편적으로
견지되는 가치가 없다는 것이라면, 그 명제는 아마 허위일 것이다. 문화적 상대주의의 두 번
째 공식은 어떤가?

모든 사람에게 권장할 수 있는 가치나 가치관의 부재

어떤 가치나 가치관도 정당하게 모든 사람에게 권장할 수 없다는 명제는 타당한 과학적 조
사에서 이끌어낸 결론일 수는 없다. 설령 앞서의 논의에 내포된 함축과 반대로 어떤 가치도 보
편적으로 견지되지 않는 것으로 드러난다 하더라도, 그 사실로부터 어떤 가치도 모든 사람이

채택할 만한 값어치가 없다는 결론은 나오지 않는다
(이는 또 다른 종류의 존재/당위의 문제다). 모든 사람
이 다른 사람에게 고통을 가하는 것을 즐긴다는 사
실을 우리가 발견하더라도, 사람이 마땅히 다른 사
람에게 고통을 가해야 한다는 결론은 나오지 않는
다. 이런 의미에서 인류학은 도덕 철학에게 줄 것
이 없다. 이런 의미에서 다른 문화의 사람들이 무엇
을 하는가는 중요하지 않은 문제다. 우리는 그들의
현재나 과거의 관행으로부터 그들이 마땅히 해야 할
것을 연역해낼 수 없다. 그러나 어떤 의미에서는 인
류학이 도덕 철학에 도움을 주는 것이 사실이다. 우리가

모든 사람은 다른 사람에게
고통을 가하는 것을 즐긴다

이미 지적했듯이, 다른 문화의 가치에 대한 연구는 유익한 겸양을 가르치는 효과를 지니며 우
리 문화의 가치가 아무튼 '자연'스럽고, 따라서 우월하다고 생각하는 경향을 막아줄 수 있다. 그
러나 또한 크뢰버와 클럭혼이 주장한 대로 그들이 열거한 보편적 요소들이 명백히 생존 가치를
지닌다는 것, 그것들이 "사회 생활의 필수 조건"이라는 것을 우리가 받아들인다면, 그리고 "인
간의 삶은 발전하고 번영해야 한다"는 견해를 도덕
적 원리로 받아들인다면 인류학과 사회학, 사회 심
리학은 우리로 하여금 우리 자신의 도덕적 추론에
대해 명확하게 사고하도록 도와줄 수 있다.

윤리학과 페미니즘

전통적인 서양 윤리학은 결국에 근본적인 결함
— 인류의 절반 이상에 대해 부적합하다는 결함
— 을 지니고 있는가? 다시 말해서, 전통적으로 이
야기하는 도덕 철학은 남성 중심주의의 편견에 빠

장난감의 배정

져 있는가? 그것은 여성의 경험을 고려하지 않고 여성의 경험에서 도출되는 도덕적 통찰을 무시하고 있는가? 도덕 철학에 대한 상당수의 페미니즘적 비판자들은 그렇다고 생각한다.

확실히 여성의 경험이 어떤 중요한 측면에서 남성의 경험과 다르다고 믿는 데에는 상당한 타당성이 있다. 소설가와 심리학자, 사회학자들은 이러한 의구심을 확인시켜주었다. 이러한 차이가 어느 만큼이나 여성과 남성이 출생 이후에 취급되는 방식의 차이와 구분해서 여성과 남성의 뇌수의 근본적 차별성에서 비롯된다고 볼 수 있는가는 판정하기가 어렵다. 예컨대, 우리 문화에서는 각각의 성에 대해 즉각적으로 행동 양식(수동성, 능동성)뿐만 아니라 색깔(분홍, 파랑)과 장난감(인형, 트럭)까지 다르게 배정한다.

가부장적 담론

그러나 여성과 남성의 경험의 차이가 어느 만큼이나 생물학적 또는 사회적인 차별성에서 비롯된다고 볼 수 있는가와 무관하게 여전히 이런 문제가 남는다. 소녀들과 부인들의 경험은 전통적인 윤리학 담론에서 무시해온 도덕 생활에 대한 새로운 통찰을 제공해줄 수 있는가? 나아가, 동일한 '가부장적인' 도덕 담론은 여성을 무시하기만 한 것이 아니라 여성의 억압에 가담하고 그들에 대한 편견을 영속화시키는 역할까지 했을 수도 있는가? 어떤 면에서는 그런 것 같다.

이런 질문에서 출발해보자. 도덕적으로 유의미한 여성의 경험에는 어떤 차이점이 있는가? 이 질문에 대답하는 중요한 한 걸음은 1982년에 캐롤 길리건Carol Gilligan이 출판한 《다른 목소리로 — 심리학 이론과 여성의 발달》이라는 책에서 제시되었다. 길리건의 기법 가운데 하나는 심리학자 로렌스 콜버그Lawrence Kohlberg가 개발한 일련의 질문을 이용하여 어린아이들과 면담하는 것이었다. 1960년대에 콜버그가 시험했을 때, 그가 확인한 결과는 소녀들이 소년들만큼 정의감이 분명하거나 도덕적 결론을 끌어내는 연역 능력을 똑같이 지닌 것으로 보이지 않는다는 것이었다. 여성이 남성보다 도덕 의식이 덜 발달했다는 주장에 근거한 문헌은 도처에서 발견된다. 독일 철학자 아르투르 쇼펜하워(1788~1860)는 이렇게 썼다.

여성은 평생 어린아이로 머문다……. 여성적 성품의 근본 결함은 정의감이 없다는 것이다. 이는 주로…… 여성에게 추리와 사색의 능력이 없다는 사실에 기인한다.[9]

"그는 남근을 무척 대단하게 여기기 때문에 여성도 그렇게 여길 거라고 생각한다."
(오토 바이닝거에 관한 저메인 그리어의 논평)

심리학자 오토 바이닝거(1880~1903)에 따르면, "여성은 사람이 원칙에 따라 행동해야 한다는 것을 이해하지 못한다. 여성은 연속성을 갖지 않기 때문에 자신의 정신적 과정에 대한 논리적 뒷받침의 필요성을 경험하지 못한다."[10] 아마 가장 악명 높은 사례는 (당연히!) 프로이트일 것이다. 그는 이렇게 썼다.

(말로 표현하기는 망설여지지만) 여성의 경우에는 도덕적으로 정상적인 것의 수준이 남성의 경우와 다르다는 생각을 나는 지울 수가 없다. 그들의 초자아는 결코 우리가 남성에게 요구하는 그만큼 강고하거나 비개성적이거나 감정적 기원으로부터 독립적이지 않다. 모든 시대의 비평가들이 여성에 대해 제기하는 성격적 특징, 곧 그들이 남성보다 정의감을 덜 보인다는 것, 인생의 긴요한 중대사에 복종하는 자세가 덜 되어 있다는 것, 종종 애증의 감정에 의해 판단이 더 쉽게 좌우된다는 것 — 이 모든 것은 그들의 초자아의 구성 형태의 변형 속에서 충분히 해명될 것이다. ……우리는 양성이 지위와 가치 면에서 완전히 동등하다고 간주하도록 우리한테 강요하기에 급급하는 페미니스트들이 그러한 결론을 부정한다고 해서 그것을 비껴가서는 안 될 것이다.[11]

제이크의 해법

길리건은 콜버그의 면담을 그대로 본떠서 자료를 재해석했다. 한 면담에서 그녀는 둘 다 11살이 된 한 소녀와 소년에게 다음과 같은 질문을 제기했다. 만일 약사가 싼 값에 약을 주지 않아서 약을 살 수 없다면 '하인츠'는 자신의 병든 부인의 생명을 구하기 위해 약사한테서 약을 훔쳐야 하는가? 제이크라는 소년은 하인츠가 그렇게 해야 한다고 확신하며, 하나의 원칙("생명은 돈보다 귀중하다")을 세워서 그 원칙을 적용하는 논리적 논증을 제시할 능력이 있다. 반면에 에이미는 그다지 확신이 없다. 그녀는 하인츠가 약을 훔치는 것이 잘못이라고 생각하지만, 약사가 약을 주지 않는 것도 또한 잘못이라고 주장한다. 그녀는 논리 규칙을 그 사례에 적용하기를 거부한다 — 실상, 어떤 면에서 그녀는 그 가설 자체를 거부한다. 만약 우리가 약사와 대화를 나누어 상황을 이해시킬 수 있다면 약사가 공짜로 약을 줄 것이라고 그녀는 생각한다.

에이미의 해법

　이것은 도덕적 미발달의 사례인가? 에이미는 정의라는 추상 개념을 이해하고 그 상황에 원칙을 적용하여 연역적 결론을 이끌어낼 능력이 없는가? 길리건은 그것이 이 경우의 정확한 교훈이라고 믿지 않는다. 그녀는 소녀의 설명이 '권리 투쟁'에 집중된 것이 아니라 "모든 사람이 그 지속성에 의존하는 관계의 네트워크"에 집중된 것이라고 본다.[12] 간단히 말해서, 에이미는 수학적 형태의 추상 원리를 인간 문제의 해결책으로 비현실적 시나리오에 적용하기를 거부하는 것이다. 그녀는 인간들 사이의 관계의 실제성을 바탕으로 상황을 설정하고 거기에 집중한다.

　상당수의 페미니스트들은 에이미가 옳다고 생각한다.(상당수라고 하는 것은 페미니즘의 단일한 입장이 존재하지 않기 때문이다. 실제로, 몇몇은 길리건의 일부 견해에 반대했다.)[13] 그들이 생각하기에, 종종 도덕 철학의 논쟁 구도를 이루는 전형적인 극단적 사례(예컨대, '샘의 사례')의 시나리오를 거부하는 점에서 에이미는 옳다. 규칙보다 관계를 강조하는 것, 그리고 그 상황에 대해 더 많은 정보를 요구하는 것에서 그녀는 옳다. 다시 말해서, 도덕적 판단을 현실 상황에 대한 이해로부터 흘러 나오는 것, 생성되는 것으로 보는 점에서 그녀는 옳다.

　어째서 여성들은 그처럼 상이한 도덕적 경험을 할까? 애그니스 헬러는 서양 사회에서 여성

이 역사적으로 가정에 국한되어 더 넓은 통상과 산업, 여행의 세계에서 배제되었다는 바로 그 사실로 인해 그들의 생활이 여러 세대에 걸쳐 더 큰 유사성을 지니게 되었으며, 그들이 현실적인 인간 관계의 실상에 대해 더 깊은 통찰을 지니게 되었다고 믿는다. 여성들은 현실의 사람들, 온갖 장점과 결점을 지닌 사람들을 포함하는 작은 공동체를 창조하고 운영하는 법을 익혀야 했다. 도덕은 궁극적으로 인간 관계에 관한 것이기 때문에 여성이 실제로 그 영역에 대해 특별한 통찰을 지닐 수도 있을 것이다.[14]

이 위에서는
움직일 여지가
별로 없어.

도덕적 우월성의
대좌

빅토리아 시대의 덕목

이는 여성이 남성보다 도덕적으로 우월하다는 것을 의미하는가? 반드시 그렇지는 않다(하지만 빅토리아 시대 영국에서는 여성이 도덕적으로 우월하다고 여겨졌는데, 이러한 가상적 우월성은 그들을 억압하는 입장 — 여성들은 순결을 보호하기 위해 가정에 머물러야 한다 — 과 해방시키고자 하는 입장 — 사회에 도덕적 영향을 미치기 위해 여성들에게 투표권을 주어야 한다 — 에 동시에 이용되었다). 그럼에도 불구하고 그것은 여성

이 남성 중심적인 윤리학 이론을 비판하
고 자신들의 통찰을 체계적인 도덕적 견
해로 발전시켜 나갈 독특한 시각을 지닐
수 있다는 것을 의미한다.

　가부장적 윤리학에 대한 페미니즘적 비
판은 두 갈래가 있다. 첫째는, 철학자 앨리슨
재거가 말하듯이, 페미니즘 윤리학은 "서양
윤리학이 여성을 배제하고 여성의 종속성
을 합리화시켜온, 명백하지만 종종 악의적으
로 은폐되어온 모든 관행을 밝혀내고 거기에 대
적하고자 한다."[15] 둘째로, 그것은 여성의 현실적인 도덕적 경험과 직관에 의해 고취되는, 또는
적어도 그것에 부합하는 윤리학을 개발해내고자 한다.

　첫째 지점에 관련해서 어떤 페미니스트들은 남성들의 추상적 사고 경향이 이론을 현실의 인
간 생활과 유리시킬 수도 있다고 우려했다. 그러한 현실에서 유리된 사고로부터 도출된 도덕
관은 페미니즘 철학자 진 그림쇼가 말하듯이, "인간의 사회적 생활과 제도 속에 스며들어 인간
사의 우선 순위에 대한 왜곡되고 위험한 의식, 실제로 군사주의 같은 경향에 내재하는 것과 같
은 도덕 의식으로 귀결"되었을 수 있다. 그림쇼의 주장에 따르면, 여성들의 생활은 "인간의 생
명을 어떤 추상적 이념이나 대의를 위해 쉽게 처분할 수 있는 것으로 보는, 그리고 다른 사람
들을 섬기기 위한 배려나 다른 사람들을 섬기는 데 바쳐진 삶을 상대적으로 중요하지 않게 보
는 그러한 종류의 우선 순위에 대해 질문할 수 있는 여유를 제공"해줄 수 있다.[16] 나아가, 여성
은 역사적으로 상당 부분 통상과 산업의 세계로부터, '세계사적 사건들'로부터 배제되어왔다
는 바로 그 이유 때문에, 아이러니하게도 자본주의 시장 경제의 도덕성을 가장 잘 비판할 수 있
는 입장에 있다. 그러한 사회 비평가들은 반드시 직업 철학자일 필요는 없다. 죽은지 오랜 여성
소설가 조지 엘리엇George Eliot(본명 마리안 에반스)은《풀숲 위의 방앗간》(1860)이라는 소설에
서 그러한 주제에 관해 매우 교훈적인 내용을 제시하고 있다.

　둘째 지점, 곧 페미니즘 윤리학의 개발 문제는 아직 진행중인 공식이다. 그것에 대한 흥미로
운 제안은 대학 교수석에서 나온 '상아탑'의 시각이 아니라 현장의 시각을 바탕으로 메리 로거

상아탑의 도덕적 칙령

스트가 제기하고 있다. 로거스트는 케네디 노령화 프로젝트의 책임자였다. 그녀는 페미니즘 윤리학에 대한 자신의 제안을 일곱 가지 기조로 제기한다.[17]

제1기조: 윤리학의 중심적인 우선 과제는 개인적 권리의 개념이 아니라 다른 인간들과의 관계의 개념이다(여기서 로거스트는 '제이크'의 직관과 반대되는 '에이미의 직관'에 동의하는 것 같다).

제2기조: 윤리학의 주요 목표는 (칸트와 사르트르의 경우처럼) 개별 인간의 자율성과 자유가 아니라 "특정한 사람과 상황에 적합한 배려의 주고 받음"이다.(윤리학의 이런 특성을 세밀하게 추구한 페미니즘 철학자는《배려 — 윤리학 및 도덕 교육에 대한 여성적 접근》을 쓴 넬 노딩스이다.[18] 그녀에게서 '배려'는 가능한 한 다른 사람의 경험 속에 몰입하기 위해 자신의 관심사를 제쳐놓는 것을 포함한다. '배려'에 대한 이와 같은 정의는 도덕성의 핵심에 직결되는 것 같다.)

제3기조: 개인주의를 넘어서는 상호 의존성.(또 다시, 이것은 '에이미'의 직관과 부합하는 것 같다. 한편으로 길리건은 여성적 경험의 이런 측면이 여성들에게 위험성을 안고 있음을 시인한다. 여성들 일부는 자신들 고유의 영역과 정체성, 이해관계, 요구를 자신들이 상호작용하는 다른 사람들의 것과 분명하게 구별하는 데 문제를 겪는다.)

제4기조: 사람이 도덕적으로 관계를 맺는 '타인'은 분명하게 인격화되어야 하며, 비개성적이고 얼굴 없는 추상 개념이어서는 안 된다.(여기서 비판 대상은 특히 칸트주의인 것 같다. 칸트주의에서 도덕적 주체는 전혀 특수적 성격을 지니지 않는다. 또한 '최대 행복'을 상투적

〈폭풍의 언덕〉 속의 주변적 문제

얼굴 없는 추상 개념으로서의
임마누엘 칸트

인 공식으로 설정하는 공리주의도 여기에 해당된다.)

제5기조: 도덕적 판단은 현실 상황에서 나오며 논리적 공식을 일반 원칙에 적용함으로써 도출되는 것이 아니다(이는 또 다시 '에이미'의 직관과 부합하며 반칸트적, 반공리주의적이다).

제6기조: 페미니즘 윤리학은 "변혁적이기보다 수용적인 것"이다.(여기까지 그것은 "심판하지 말라……"는 성경의 경구와 일치하지만, 또 다른 성경의 경구 — 7장의 제목으로 쓰인 "그대는 완전해야 한다" — 와는 불일치한다. 칸트는 윤리학을 자기 향상의 활동으로 보았기 때문에 이것은 또 다시 칸트에 대한 일격이다.)

제7기조: 페미니즘 윤리학은 정의의 도덕이 우선이기보다는 덕성의 도덕일 것이다.(이 기조는 근대 서양 윤리학의 주요 기조에 대한 거부를 수반한다. 그것은 또한 한편으로는 그리스 윤리학의 이념, 특히 아리스토텔레스의 그것으로의 회귀를 포함한다. 아리스토텔레스는 여성에 대한 실제적 태도 면에서 결코 페미니스트들의 영웅은 아니었지만, 선한 행동 경향[용기, 자제, 관용, 친절, 진실, 재치, 우애, 겸손 등]과 관련하여 도덕적 행동을 분석하는 사회적 상황 설정에 바탕을 둔 윤리학을 제시했다. 아리스토텔레스는 이렇게 썼다. "……[선행의] 특성은 관련된 당사자에 맞추어 상대적으로 절제하거나 중용을 지키는 데 있다."[19] 이것은 '하인츠의 사례'에서 '제이크'의 접근 방법보다 '에이미'의 접근 방법에 훨씬 더 가까운 것 같다.)

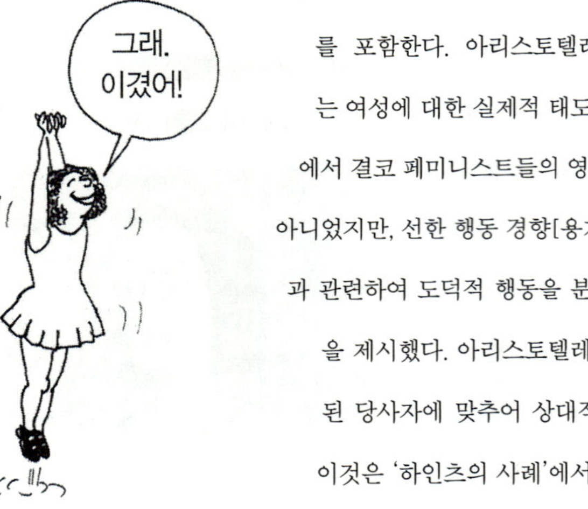

에이미의 승리

윤리학과 심층 생태주의

전통적인 서양 도덕 철학에 대해, 스스로 심층 생태주의라고 칭하는 강화된 환경 운동의 입장에서 강력한 공격이 제기되었다. 그것은 서양 윤리학의 인간 중심주의를 공격한다. 예컨대, 우리가 살펴보았듯이 칸트와 사르트르는 둘 다 가치의 근원을 전적으로 인간적 특성 속에서 — 칸트는 '이성' 속에서, 사르트르는 '자유' 속에서 — 찾는다. 공리주의는 "최대 다수 사람의 최대 행복"을 옹호한다. 그런데 공리주의는 고통을 느낄 수 있는 다른 동물까지 포괄하도록 확대하는 것이 가능하며, 실제로 '동물 해방'을 지지하는 몇몇 필자는 그렇게 확대하기도 했다.[20]

그러나 그와 같은 확대는 '심층 생태주의자'라고 알려진 행동가와 문필가, 시인, 철학자들의 느슨하게 망라된 집단에게는 불충분하다. 그들은 또한 자연을 보호하는 것이 인간의 이익에 도움된다고 주장하는 환경 보호주의자들의 견해에도 만족하지 않는다. 심층 생태주의자들한테는 이러한 견해조차도 모든 자연을 전적으로 인간의 이용과 소비를 위

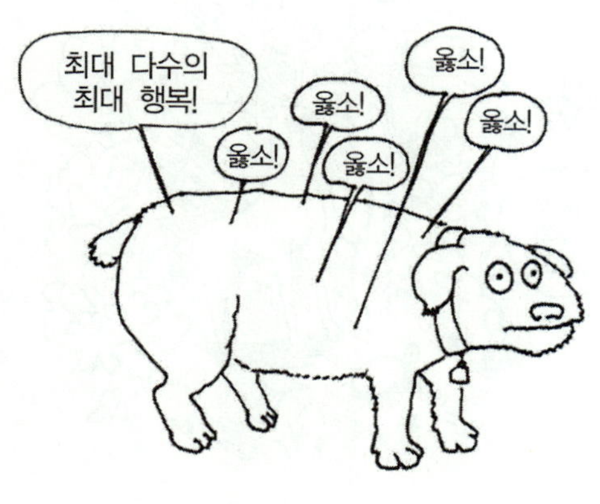

벼룩의 해방

해, 그리고 너무도 흔히 인간의 약탈을 위해 창조된 것으로 바라보는 인간적 오만의 산물이다. 심층 생태주의자들은 인류의 오랜 생존 기간 전반에 걸쳐(약 100만 년 동안) 오직 소수의 인류만이 인간 중심주의적 우주관을 견지했다고 지적한다. 대부분의 수렵-채취 사회들은 대지를 신성시하는 의식을 비롯한 '생태 중심적인'

종교적 견해를 지녔다. 이러한 의식은 역사 시대에 몇몇 범신론적 종교 속에 살아남았으며, 1장에서 우리가 간략히 살펴본 소크라테스 이전의 철학 속에 그 반향이 발견된다. 탈레스, 아낙시만드로스, 피타고라스, 헤라클레이토스, 파르메니데스, 데모크리토스의 이론에서 인류는 실재 속에 어떤 특별한 지위도 차지하지 않았다. 심층 생태주의자들은 소피스트 및 소크라테스의 등장과 더불어 존재론적 사상이 잘못된 길로 나아갔다는 하이덱거의 견해에 동의하는 것 같다. 그들은 우주적 사색을 포기하고 인간을 실재와 의미의 중심으로 끌어들였던 것이다. 유대-기독교 전통 속에서도 비슷한 과정이 전개되었다. 그 신성한 문서는 동식물계가 '인간'의 지배 아래, '인간'의 이용물로 놓인다는 주장을 도입했다.(그 전통 속의 모든 사상가가 성경에서 똑같은 인간 중심주의적 결론을 끌어낸 것은 아니다. 중세 유대 철학자 마이모니데스Maimonides[1135~1204]는 하느님이 아담과 이브를 창조하기 전에 자연을 창조하고 그것이 '좋다'고 여겼다는 점을 지적했다. 또한 중세의 신성한 빛 숭배 같은 몇몇 종교적 신비주의 유파도 생태 중심적인 것 같다. 그리고 17세기 네덜란드의 유대인 철학자 바룩 스피노자는 서양의 인간 중심주의적 전통의 두드러진 예외였다. 뒤에 보겠지만, 그는 많은 심층 생태주의자들의 존경을 받는다.)

심층 생태주의자들은 '생명 중심적', 또는 '생태 중심적 평등주의'라고 부르는 견해를 지닌다. 노르웨이 철학자 아르네 나에스(이 운동의 개척자 중 한 사람이며, '심층 생태주의'라는 명칭의 창시자)는 그 견해를 다음과 같이 설명한다.

다섯째 날

대지는 인간의 부속물이 아니다……. 인간은 단지 땅에 거주하며 생명적 요구를 충족하기 위해 자원을 이용할 뿐이다. 만약 그들의 비생명적 요구가 비인간의 생명적 요구와 충돌한다면 인간은 마땅히 후자에 양보해야 한다.[21]

나에스

나에스는 동료 심층 생태주의자 조지 세시언즈와 함께 1984년 4월에 죽음의 계곡 사막지대에서 야영하면서 이 운동의 원칙을 정식화했다. 그들은 다음과 같은 8개 조항을 제시했다.

1. 지구상의 인간 및 비인간 생명의 복지와 번영은 그 자체의 가치(동의어 ― 본유적 가치, 내재적 가치)를 지닌다. 이러한 가치는 인간적 목적을 위한 비인간계의 유용성과는 무관하다.

2. 생명 형식의 풍부성과 다양성은 그러한 가치의 실현에 기여하며 역시 그 자체의 가치를 지닌다.

3. 인간은 생명적 요구를 충족하기 위한 경우 말고는 이러한 풍부성과 다양성을 줄일 권리가 없다.

4. 인간 생명과 문화의 번영은 상당히 더 적은 수의 인구와 양립할 수 있다. 비인간 생명의 번영은 더 적은 수의 인구를 필요로 한다.

5. 현재 비인간계에 대한 인간의 간섭은 너무 지나치며, 상황이 급속히 악화되고 있다.

6. 따라서 정책이 변화해야 한다. 이러한 정책들은 근본적인 경제, 기술, 이데올로기 구조에 영향을 미친다. 그 결과로 도달되는 상태는 현재와는 상당한 차이를 지닐 것이다.

7. 이데올로기의 변화는 주로 갈수록 높아가는 생활 수준을 고집하기보다 생활의 질을 음미하는 것(내재적 가치를 지니는 상황 속에 거주하는 것)이 될 것이다. 거대성과 위대성의 차이에 대해 상당한 자각이 따를 것이다.

8. 앞의 조항들에 동의하는 사람들은 직접 또는 간접으로 필요한 변화를 이루고자 노력할 의무가 있다.[22]

죽음의 계곡, 1984년

보았듯이, 8개 원칙 중 첫 번째는 모든 형태의 생명이 단순한 '도구적 가치'와 반대되는 '내재적 가치'를 지닌다고 주장한다.(만약 X가 가치 Y로 귀결된다면, X는 '도구적 가치'를 지닌다고 말할 수 있다. 플라톤의 사례를 상기하라. 의학은 건강으로 귀결되므로 도구적 가치를 지니며 건강은 내재적 가치를 지닌다.) 그런데 나에스는 모든 생명 형식이 그 자체의 가치를 지닌다는 것을 어떻게 아는지 우리는 물을 수 있다. 만약 사실이라면 우리한테 모든 생명 형식을 존중할 모종의 도덕적 의무를 지울 그 주장을 우리는 왜 믿어야 하는가?(그리고 만약 우리가 칸트, 사르트르 및 공리주의자들의 인간 중심주의를 포기할 작정이라면, 어째서 생명 형식에 머무는가? 심층 생태주의 및 그와 관련된 행동주의 운동인 '대지 제일주의Earth First!'에 실질적으로 깊은 영향을 미친 급진적인 황무지 보존주의자 에드워드 애비Edward Abbey는 "오직 바위만이 실재다"라고 말했다 — 이는 일종의 뒤집어놓은 플라톤주의다.)

직업 철학자인 나에스는 '자연주의적 오류'와 그것을 피해야 할 필요성에 대해 잘 알고 있다. 그런데도 그는 (살아 있는) 자연이 그 자체로서 선이라고 주장한다. 그렇다면 그는 '존재'에서 '당위'로의 부당한 논리 이동을 어떻게 피하는가? 나에스의 답변은 몇 단계를 거친다. 첫째, 그는 '사실/가치'의 구별을 자의적인 철학적 독단으로 보고 배격한다. 우리가 어떤 생명 형식에 대해(그리고 생명 형식의 생태적 체계에 대해) 정확한 종류의 경이 — 고대 그리스인들 사이에서 서양 철학의 출발점이 된, 그리고 자연시詩의 여러 경향 속에서 지금도 발견되는 바로 그 경이 — 를 가지고 본다면, 우리는 모든 생명체가 우리 인간과 똑같은 생존과 번영의 권리를 지닌다

는 직관을 우리 속에서 발견한다. 이러한 직관 속에는 이성적인 요소와 초이성적인 — 어쩌면 시적이거나 '영적'인 — 요소가 동시에 존재한다. 이러한 직관은 언젠가 프로이트가 지칭한 '대양적大洋的' 경험 — 실재 전체와 연결되어 있다는 느낌 — 을 일깨워줄 수 있을 것이다. 그 경험은 모종의 신비주의의 토대가 될 수 있다. 그것은 우리에게 새로운 '자기' 의식을 제공하며, 그 속에서 우리는 (감자가 자루 속에 담겨 있듯이) 우리가 단지 표피 속에 갇혀 있는 것이 아니라는 것, 우리의 피부는 우리를 나머지 세계와 연결해주는 감각적인 외피라는 것, 그 세계는 이제 사실상 우리의 일부분 — 자기의 일부분 — 으로 실현된다는 것을 깨닫는다.

동물의 권리

다음에, 자기에 대한 이러한 새롭고 더 폭넓은 정의를 전제로 나에스는 자기 실현을 최고 목표로 삼는 아리스토텔레스의 도덕적 격률로의 복귀에 만족한다. '자기 실현의 최대화'는, 그러므로 심층 생태주의의 도덕적 요구일 것이다 — 그러나 오늘날 우리는 그 의미를 이렇게 이해한다. 우리는 스스로의 미발달된 잠재력을 실현할 개인적 책임이 있으며, 또한 거꾸로 그 사실은 다른 생명 형식이 자신들의 잠재력을 실현하도록 할 책임을 우리에게 지운다는 것이다.(물론, 나에스는 개념적 및 사실적 충돌이 발생할 가능성을 깨닫고 있다. 심층 생태주의의 전문 서적 상당수는 상이한 종과 생

자기 실현

태 영역의 상충하는 생명적 요구들 사이에 발생하는 '분쟁'의 해결이라는 실용적 과제를 겨냥하고 있다.)

이처럼 조심스럽게 고안된 도덕적 변호에도 불구하고, 나에스는 심층 생태주의의 토대를 윤리학보다는 존재론에 두는 것이 자신으로서는 더 좋다고 말한다. 아마 부분적으로 기독교와 칸트의 유산이겠지만, 서양의 도덕은 종종 자기 희생을 요구하는 것으로 비친다. 이미 보았듯이, 나에스는 자기 희생을 강조하기를 원하지 않으며, 그보다는 일단 자기에 대한 정확한 이해를 획득한 조건에서의 자기 발전을 강조한다.(나에스에게 있어서 이러한 '자기 실현'은 세계 인구의 감축을 위해 활동할 의무[8개 조항 중 제4항]와 성장과 소비의 확대 및 더 높은 '생활 수준'을 추구하는 개인적 및 국가적 요구에 반대할 의무[제7항]를 수반하는 것이 사실이다. 따라서 낡은 자기 개념에 따르면, 이는 '자기 희생'을 포함할 것이다.) 여기서 심층 생태주의자들은 명백히 어떤 전통적인 아시아 철학에 귀의하여 영감을 구할 수 있다. 예컨대, 심층 생태주의자 프리초프 카프라Fritjof Capra 및 게리 스나이더Gary Snyder는 불교의 영향을 받고 있다. 그러나 나에스와 세시언즈는 주로 스피노자에게서 영감을 얻는 것 같다.

바룩 스피노자Baruch Spinoza(1634~1677)의 주저 《윤리학》은 얼핏 보면 20세기 말의 급진적인 생태주의자들이 왜 그에게서 영감을 찾는지 그 이유가 분명히 드러나지 않을 것이다. 그의 책 구성은 유클리드 기하학 책의 그것과 같이 각기 '증명 끝(Q.E.D.)'이라는 꼬리표가 붙은 정의와 공리, 명제, 계系, 결론으로 이루어진다. 그의 어휘는 데카르트 형이상학의 어휘다(실체, 본질, 정신, 육체, 속성, 양상). 그의 열정은 "하느님에 대한 지적인 사랑"을 옹호한 중세 철학자 마이모니데스로부터 연유한다. 이 모든 것 속에 '심층 생태주의'가 어디 있는가?

우리는 데카르트의 주요 개념인 실체 개념에서 스피노자가

스피노자

찾아냈다고 주장하는 오류를 검토해보면
거기에 답할 수 있을 것이다.

　데카르트는 이렇게 말했다. "실체라는
말로써 우리는 자신을 넘어선 어떤 것도
필요로 하지 않는 방식으로 존재하는 사물
말고 다른 어떤 것도 상상할 수 없다." 그리
고 나서 데카르트는 계속해서 이렇게 말한
다. "그리고 사실상 절대적으로 독립적인
실체는 오직 하나만을 생각할 수 있으며,
그것이 바로 신이다." 이 신을 그는 '무한한

실체'라고 불렀다. 정의상으로 절대적으로 독립적인 존재는 오직 하나의 종류만 존재할 수 있
다고 시인함에도 불구하고, 데카르트는 (스피노자에 따르면, 모순된 방식으로) '무한한 실체'와 '유
한한 실체'를 구별하는 데로 나아갔다 — 후자는 물질적 실체(육체)이고 전자는 정신적 실체(정
신)라고 불렀다. 이러한 급진적 이원론으로 인해 데카르트는 악명 높은 정신/육체 문제와 보편

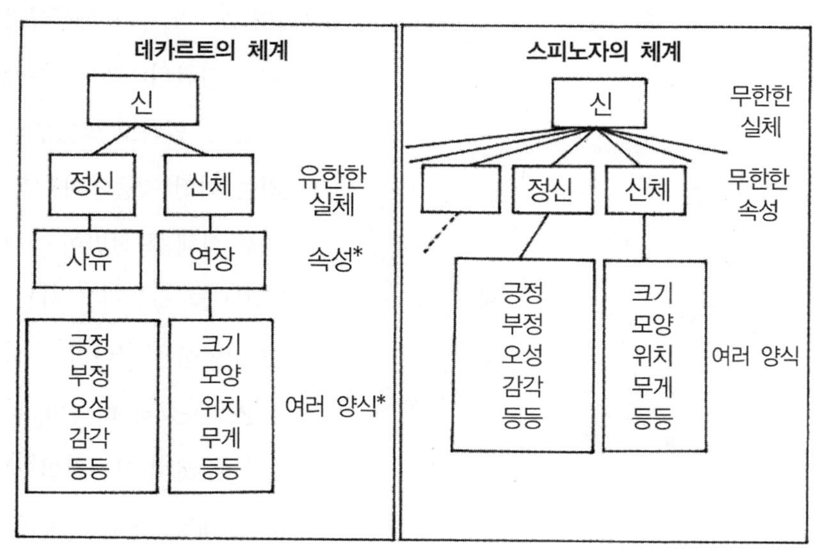

*　데카르트가 말하는 속성이란 실체의 본질과 관련된 특성(즉, 실체에게 필수적인 속성)을 뜻한다. 스
　피노자가 말하는 속성이란 인간 지성의 눈으로 볼 때 본질인 것처럼 보이는 특성을 뜻한다. 양식이
　란 속성의 특정한 변형(곧, 특성의 특성)을 뜻한다.

적 경멸의 대상인 송과선 해법으로 귀착되었다.

스피노자는 데카르트의 실체 정의("절대적으로
독립적인 것")를 수용하고 그러한 실체가 오직 하
나뿐이라는 추론을 진지하게 받아들임으로써 그
러한 곤란을 회피했다(만약 실체가 둘이라면 서로의
독립성을 제한할 것이다). 나아가, 유한성은 신의 절대적
독립성에 제약을 가할 것이기 때문에 스피노자는 신이 무한
한 속성을 지닌다고 정의했다. 그래서 또 다시 오직 하나
의 실체만 존재할 수 있다는 결론에 도달한다. 왜냐
하면 신과 다른 어떤 실체를 가정하더라도, 그것은
이미 신에게 속하는 것으로 정의된 속성을 지녀야
할 것이기 때문이다.

자연에 대한 대가 없는 사랑

데카르트와 스피노자의 체계를 그림으로 비교해보자.

그런데, 이 모든 것이 생태주의와 무슨 상관이 있는지 여러분은 여전히 의아할 것이다. 실
제로, 스피노자로부터 심층 생태주의를 도출해내기 위해 그 설계자는 스피노자의 원리를 그
의 결론 일부와 대립되는 의미로 사용해야 했다. 왜냐하면 스피노자는 개인적으로 동물계에
대한 인간의 수탈이 철학적으로 정당
화될 수 있다고 믿었던 것이다. 그 원
리는 어떤 것들인가? 스피노자가 '무
한한 실체'를 신만이 아니라 자연과도
동격으로 놓는다는 사실을 발견할 때
그 비밀이 드러난다.

스피노자에 따르면, 진정한 철학자
는 순수하게 인간적인 시각을 초월하
여 실재를 '실재 자체의 견지에서*sub
specie aeternitatis*' 조망하고자 한다.
이런 견지에서 볼 때, 인간은 우주 속

지나치게 많은 기쁨이 있을 수 있는가?

에서 특권적 지위를 지니지 않으며 자연 속의 다른 어떤 것에 비해서든 그 이상이나 이하의 존엄성을 갖지 않는다는 것을 깨닫게 된다. 사람은 모든 것을 사랑하도록, 다시 말해서 신을 사랑하도록 되어야 한다(왜냐하면 모든 것을 사랑하거나 아니면 아무것도 사랑하지 않거나 둘 중의 하나라야 하기 때문이다). 신에 대한 사랑은 신에 대한 지식, 다시 말해서 자연에 대한 철학적 지식과 동등하다. 영국의 스피노자 연구가인 스튜어트 햄프셔가 말하듯이, "스피노자에게 인간은 자신들의 지식과 오성을 통해 스스로를 자연의 질서 전체와 동일시할 때만 행복과 존엄에 도달할 수 있는 것으로 보였다."[23]

스피노자가 보기에, 그러한 지혜를 얻는 것은 쉬운 일이 아니다. 그는 말한다. "그러나 모든 뛰어난 것들은 희귀한 만큼 어렵다."[24] 하지만 일단 그러한 지혜 — 전체 질서에 대한, 그리고 자신과 그것과의 연결성에 대한 이해 — 를 지니게 되면 축복과 기쁨의 상태를 획득한다. 서양 철학사에서 가장 경이로운 명구 중의 하나에서 스피노자는 이렇게 말한다. "지나치게 많은 기쁨이란 있을 수 없다. 기쁨은 항상 선이다. 그러나 우울은 항상 악이다."[25] 나에스가 제창하고자 하는 것은 바로 이러한 기쁨이며, 자기 희생의 요구보다는 바로 이러한 약속이 심층 생태주의 운동의 윤리에 동기를 부여하는 것이다.

결론

도덕 철학의 주제에 관한 나 자신의 결론은 조심스럽게 회의적이다. 우리는 선이 무엇인지 알 수 없다. 그것은 플라톤 같은 이유(지나치게 많은 무지와 지나치게 많은 장애물이 존재한다는 것) 때문이 아니라, '선'이라고 하는 것이 존재하지 않기 때문이다. 이는 존 오스틴에 따르면, 실재라는 것이 존재하지 않는다는 것과 거의 같은 의미다. "선한 삶이 무엇인가?"라는 질문에 관해 우리는 인간의 욕망과 목표에 관해 어떤 공리주의적 유형의 가정을 세우는 한, 아마 좀 더 긍정적일 수 있을 것이다. 만약 우리가 그렇게 한다면(그러지 않을 이유가 없다), 아리스토텔레스와 공리주의자들은 모두 우리에게 매우 교육적일 수 있다고 나는 생각한다. 무엇이 행복한 삶에 가장 크게 기여할 것인가에 대한 일반 이론을 창조하는 것이 가능할 것이다 — 그러한 삶에서 쾌락 추구, 잠재력 개발, 창조적 표현, 다른 사람들(가족, 친구, 연인을 포함)에 대한 책임, 대의와 직업적 삶에의 헌신, 사회적 책임과 개인적 의무의 수용, 자연에 대한 존중과 아울러 인생의 '미덕'(용기, 정직, 절제 등) 등이 갖는 대략적인 역할을 보여주는 그러한 이론 말이다.

그러나 그러한 이론이 규범적일 수 있다 하더라도(곧, 우리의 결정과 습관 형성에 지침이 될 수 있다 하더라도), 그것이 어떤 사람을 선하거나 행복하게 만들 수는 없다는 사실을 이해해야 한다. 사람이 선을 알면 반드시 선하게 된다고 소크라테스가 생각한 것은 틀렸다. 불행하게도 무엇을 해야 하는지 알고(자신의 의무가 무엇인지 알고) 무엇을 하는 것이 선하거나 옳은 일인가를 알면서도 그 반대를 행하는 것이 가능하다. 도덕 이론은 일정한 종류의 생각과 행동을 일으키고자 하는 논증의 일부분이 될 수 있지만, 철학만 가지고는 올바른 행동을 낳을 수 없다(내가 보기에, 플라톤과 소크라테스는 그 점에서도 또한 틀렸다). 어떤 방식으로 행동하는 유일한 이유가 철학 이론에서 나온다면, 아마 사람이 바람직한 방식으로 행동하는 경우는 흔히 찾아보기 어려울 것이다. 사람이 이미 철학 외적인 이유에 의해 도덕적 생활 형태를 영위하게끔 되어 있다 하더라도, 도덕 이론은 지침일 수는 있어도 최종적 판단 근거일 수는 없다. 이론은 도덕적 판단을 내리지 못하며 인간만이 그렇게 한다고 사르트르가 말한 것은 옳다. 그는 또한 현실 생활에서 도덕 문제가 생기는 이유는 종종 '이념의 충돌'(이 주제에 관해 루터 빙클리가 쓴 뛰어난 책의 제목) 때문이며, "나는 도덕적이어야 하는가?" 또는 "왜 내가 도덕적이

도덕 이론이 사람을 선하게 만들 수는 없다

어야 하는가?"라는 식의 물음 때문이 아니라는 것을 보여주었다.[26] 어떤 윤리학 이론도 이러한 현실의 갈등을 해결할 수는 없을 것이며, 우리는 그러한 것을 기대하지 말아야 한다.

도덕적 회의론자들(흄, 논리실증주의자들, 문화적 상대주의자들, 실존주의자들)이 도덕성의 토대를 발견하는 것은 불가능하다고 말한 것은 옳았으며, 그런 작업을 해야 한다고 주장한 철학자들(플라톤, 쾌락주의자들, 공리주의자들, 칸트)이 그들 스스로 성공을 거두었다고 생각한 것은 틀렸다. 그러나 이러한 사실을 시인하더라도 그다지 큰 일은 벌어지지 않는다. 토대가 없는 건물은 실로 꼴이 말이 아니겠지만, 도덕은 건물이 아니다. 오늘날 많은 철학자가 인식론의 토대가 오류라고 결론짓듯이(3장의 결론을 보라), 도덕 철학에서도 점차 그것이 오류로 보이기 시작한다. 버나드 윌리암스가 말했듯이, 이 영역에서 철학의 역할은 도덕의 토대를 발견하는 것이 아니라 "우리가 그 속에서 사회적, 문화적, 개인적 생활을 영위해가는 우리의 세계가 될 하나의 세계를 구성하도록 돕는 것"이다. 이 탐구 영역에서는 (법 철학자 크리스토퍼 스톤을 좇아서) 일종의 도덕적 다원주의가 필요하다고 나는 믿는다.[27] 우리는 이러한 탐구가 오직 하나의 원리(예컨대 쾌락주의적, 공리주의적, 또는 칸트적 원리)에 의해 인도되어야 한다고 생각하면 안 된다. 오히려 우리는 어떤 "도덕적 지도 그리기"의 체계를 개발해내야 할 것이다. 칸트의 보편성 원칙은 다른 사람들과의 관계에 직면해서는 매우 유용하지만 자연계에 직면해서는 전혀 쓸모가 없으며, 심지어 파괴적이기까지 하다. 일종의 스피노자식 '심층 생태주의' 원칙은 자연계의 고유한 가치를 드러내는 데에는 필요할 수 있겠지만, 그 똑같은 원칙이 다른 사람들과의 관계에 관해서는 페미니즘 도덕론자들이 제시하는 견해만큼도 시사적이지 못할 것이다. 언제 어떤 도덕적 지도를 버리고 다른 어떤 것을 취하는가에 대한 결정은 순수하게 철학 이론의 기능은 아닐 것이다. 철학적 사색이 그러한 결정에 지침을 줄 수는 있겠지만 말이다. 그러므로 다른 경우처럼 여기서도 우리가 철학에 대해 지나치게 많은 것을 기대하지 않는다면 철학은 탁월한 동반자일 수 있다.

Simone de Beauvoir, *The Ethics of Ambiguity*, Bernard Frechtman, trans.(Citadel Press, 1970). 가장 실천적인 사람 중의 한 사람이 쓴 실존주의 윤리학의 주의 깊은 분석서.

Luther Binkley, *Conflict of Ideals: Changing Values in Western Society*(D. Van Nostrand, 1969). 맑스, 프로이트, 융, 프롬, 사르트르 및 '일상 언어 철학자'의 저작에서 도덕적 함축을 뛰어나게 개괄한 책.

Jean Grimshaw, *Philosophy and Feminist Thinking*(University of Minnesota Press, 1991). 잘 쓰고 강력한 책.

Alasdair MacIntyre, *After Virture: A Study in Moral Theory*(University of Notre Dame Press, 1981). 미국의 가장 유능한 철학자 중의 한 사람이 덕목에 기초한 윤리학에 가장 현대적으로 다가갈 수 있게 해설한 저작.

George Sessions, ed., *Deep Ecology for the Twenty-First Century*(Shambhala Publications, 1995). 심층 생태론자의 저작에 대한 최상의 해설.

Jean-Paul Sartre, *Existentialism and Human Emotions*, Hazel E. Barnes and Bernard Frechtman, trans.(Philosophical Library, 1957). 1946년 경의 사르트르의 도덕성에 관한 견해를 볼 수 있는 짧은 저작.

Bernard Williams, *Ethics and the Limits of Philosophy*(Harvard University Press, 1985). 중요한 영국 철학자가 쓴 윤리학에서의 '근본주의'에 대한 아름다운 비판.

주

1 Jean-Paul Sartre, *Existentialism and Human Emotions*(Philosophical Library, 1957), pp. 18~19, 47.

2 Jeremy Bentham, *An Introduction to the Principles of Morals and Legislation*(Hafner, 1970), p. 1.

3 Jon Wheatley, *Prolegomena to Philosophy*(Wadsworth, 1970), p. 103.

4 Bernard Williams, *Ethics and the Limits of Philosophy*(Harvard University Press, 1985), p. 113.

5 Bernard Williams, *Ethics and the Limits*, p. 111.

6 Ruth Benedict, "Anthropology and the Abnormal," *Journal of General Psychology*, Vol. 10(1934), pp. 72~74.

7 B. F. Skinner, *Beyond Freedom and Dignity*(Bantam Books, 1972), p. 122.

8 Alfred Louis Kroeber and Clyde Kluckhohn, "Values and Relativity," in *Culture, a Critical Review of Concepts and Definitions, Papers of the Peabody Museum*, Harvad Univrsity, Vol. 47, No. 1(1952), pp. 174~179.

9 Arthur Schopenhauer, "On Women," in James A. Ogilvy, ed., *Self and World: Readings in Philosophy*(Harcourt, Brace, Jovanovich, 1973), pp. 395~396.

10 Otto Weininger, *Sex and Character*(W. Heinemann, 1906), p. 149.

11 Sigmund Freud, "Some Psychic Consequences of the Anatomical Distinction Between the Sexes," *The Complete Psychological Works of Sigmund Freud*, Vol. XIX, trans. James Strachey(Hogarth press, 1968), pp. 257~258.

12 Carol Gilligan, *In a Different Voice: Psychological Theory and Women's Development*(Harvard University Press, 1982), p. 30.

13 Judy Auerbach, Linda Blum, Vicki Smith, and Christine Williams, "Commentary on Gilligan's In a Different Voice," in *Feminist Studies* 11, No. 1(Spring 1985) 참조.

14 Agnes Heller, "The Emotional Division of labour Between the Sexes," *Social Praxis*, 7(3/4), 1980.

15 Alison M. Jaggar, "Feminist Ethics: Some Issues for the Nineties," *Journal of Social Philosophy*, XX: 1~2(Spring/fall 1989), pp. 91~107.

16 Jean Grimshaw, *Philosophy and Feminist Thinking*(University of Minnesota Press, 1986), pp. 194, 196.

17 Mary C. Raugust, "Feminist Ethics and Workplace Values," in Robert Paul Wolff, *About Philosophy*, 6th ed.(Prentice Hall, 1996), pp. 78~82.

18 Nel Noddings, *Caring: A Feminine Approach To Ethics and Moral Education*(University of California Press, 1984).

19 Christopher Biffle, *A Guided Tour of Selections from Aristotle's "Nicomachean Ethics"*(Mayfield Publishing Co., 1991), p. 46.

20 Peter Singer, *Animal Liberation*(Random House, 1990).

21 Arne Naess, "The Deep Ecological Movement: Some Philosophical Aspects," in George Sessions, ed., *Deep Ecology for the Twenty-First Century*(Shambhala Publications, 1995), p. 74.

22 Arne Naess, 앞의 책, p. 68.

23 Stuart Hampshire, *Spinoza*(Faber & Faber, 1951), p. 61.

24 Baruch Spinoza, *Ethics*, Part IV, Prop. XLII. in *The Rationalists: Descartes, Spinoza, Leibniz, trans.* R. H. M. Elwes(Doubleday Anchor, 1974), p. 406.

25 Baruch Spinoza, *Ethics*, Part IV, Prop. XLII. in *The Rationalists*, p. 351

(Hampshire의 번역에 따라서 나는 hilaritas를 'joy'보다는 'mirth'로 번역했다.).

26 Luther Binkley, *Conflict of Ideals: Changing Values in Western Society*(D. Van Nostrand, 1969).

27 Christopher D. Stone, *Earth and Other Ethics: The Case for Moral Pluralism*(Harper & Row, 1987).

생각해볼 문제

1. 어떤 면에서 사르트르는 칸트와 일치하고, 어떤 면에서 불일치하는가?

2. 어째서 흄은 "사람을 살인하는 것은 잘못"이라는 주장보다 "사람을 죽이는 것은 잘못"이라는 주장을 정당화하는 데 더 곤란을 느꼈는지 설명하라.

3. "어린아이를 학대하는 것은 비도덕적"이라는 문장이 "인지적으로 공허하다"(곧, 무의미하다)라고 말하는 논리실증주의자에 대해 여러분은 어떻게 반론할 것인가?

4. 나치는 어떤 민족을 멸종시키는 것이 도덕적으로 정당화될 수 있다고 믿는다고 주장했다. 문화적 상대주의자의 견지에서 볼 때, 그러한 멸종을 막기 위해 나치 독일을 침략하는 것은 비도덕적인 일인가?

5. 칸트와 공리주의자들의 도덕 철학에 대한 여러분의 페미니즘적 반론은 어떤 것인가?

6. 바룩 스피노자와 아르네 나에스의 사상을 결합하여 심층 생태주의자들의 자기 개념을 설명하고 그것을 전통적 견해와 대조해보라.

정치 철학 및 사회 철학

정치 철학과 사회 철학의 구별은 매우 자의적이며, 어떤 철학자들은 아예 그러한 구별을 거부한다. 여기서 우리는 정치 철학의 핵심 쟁점은 정부의 정당성 문제이며, 사회 철학의 그것은 정의의 문제라고 구별할 것이다 — 이는 서로 명확히 중첩되는 주제다. 정치 철학은 인간이 법칙이나 본능에 의해 지배받는 집단으로 순전히 조직화하는 것 자체에 관심이 있다. 그것은 정당한 정치 권력과 정당하지 못한 정치 권력에 관해 질문한다. 곧, 정치 집합체의 성원들(국가들, 주들, 도시들 등등)이 왜 이 집합체의 법률에 복종해야만 하는가? 무엇이 이들 집합체를 정당하게 하나로 묶어주는가? 혈연? 지역? 출생? 동의? 계약? 만약 동의나 계약이라면 그런 합의는 공식적이어야만 하는가, 아니면 비공식적일 수 있는가? 여기서 나는 사회 철학이라는 용어를 사용하고 있듯이, 그것은 이미 정당한 권위의 국가를 전제하며 그 권위가 집합체의 다양한 시민에게 재화와 용역을 분배하는 데 무슨 역할을 하느냐를 묻는다. 그 국가가 어느만큼 공정하게 할당하느냐? 이 할당을 결정하는 것을 정당화하는 것은 무슨 원칙이냐?

정치 철학

한 유명한 구절에서 장 자끄 루소는 이렇게 썼다. "인간은 자유롭게 태어났으나, 도처에서 사슬에 묶여 있다." 이것은 정치 철학 논의를 시작하는 데 꼭 알맞는 주제다. 중요한 의미에서 우리는 들판의 짐승들과 하늘의 새들처럼 "자유롭게 태어났다." 한때 어떤 사람들이 다른 사

우리는 도처에서 사슬에 묶여 있다

람들의 노예나 자연적인 종으로 태어난다고 믿었던 적도 있지만, 우리 문화에서는 더 이상 그렇게 믿지 않는다. 우리는 어떤 자연적인 주인을 가지고 태어나지는 않는다.(5장에서 보았듯이, 어떤 초자연적인 주인을 가지고 태어났을 수는 있다. 그러나 초자연적 지배자를 옹호하는 대부분의 이론조차도 그가 우리를 자유로운 존재로 창조했다고 주장한다.) 하지만 루소는 도처에서 우리가 사슬에 묶여 있다고 말한다.

이것은 확실히 약간의 과장이지만, 문제를 이런 식으로 바라보자. 문명화된 사회에서는 규칙이 우리 행동의 거의 모든 측면을 지배한다. 규칙은 우리한테 무슨 옷을 입어야 할지, 다른 사람들을 어떻게 대해야 할지, 우리가 갈 수 있는 곳과 없는 곳이 어디인지, 우리가 그 일을 얼마나 빨리 해야 하는지, 어떤 환경에서 어떤 말을 하는 것이 옳고 어떤 것이 안 되는지 말해준다. 나아가, 이 모든 규칙은 거기 함축된 즉각적인 폭력의 위협, 그리고 재산과 자유, 심지어 어떤 경우에는 목숨까지 포함하는 결과적인 손실의 위협에 의해 강제된다. 예컨대, 무단 횡단을 금지하는 아주 간단한 규칙조차도 여러분이 '공안 관리'의 경고에도 불구하고 계속해서 여러 차례 어긴다면 곤봉 세례와 몸 수색, 수갑으로 귀결될 수 있다. 그러므로 어떤 의미에서 루소는 옳다. 우리 모든 행동은 총구를 바라보며 하는 행동이다. 이는 정치 철학의 핵심 문제 중의 하나를 제기한다 — 왜 우리는 그것을 참아야 하는가? 이는 단지 이 분야의 다음과 같은 큰 질문들 몇 가지를 제기하는 수사적인 방식일 뿐이다.

— 우리는 자연적으로 정치적인가, 아니면 정치 기구는 단지 인공물에 불과한가?(만약 후자라면 그것은 필수적인 것인가, 아니면 없어도 상관이 없는가?)

— 정당한 권위와 부당한 권위의 현실적 구별이 존재하는가? 만약 그렇다면 우리는 그것을 어떻게 구별할 수 있는가?

— 정치 기구는 필연적으로 부정의를 낳는가? 아니면, 어떤 선하고 정의로운 사회를 상상하는 것이 가능한가?

총구를 바라보며 행동하기

플라톤

우리는 또 다시 플라톤에서 시작해야겠다. 우리는 인식론과 존재론, 도덕론의 논의에서도 그로부터 시작했다. 우리는 종교 철학에서도 그의 영향력을 살펴보았다. 예술을 다루는 10장에서도 우리는 다시 그를 출발점으로 삼을 것이다. 이는 선악을 떠나서 플라톤이 서양 철학의 경로를 결정지었기 때문이다. 어떤 면에서 서양 철학사는, 화이트헤드A. N. Whitehead가 말했듯이 《국가》에 대한 일련의 각주脚註의 역사인 것이 사실이다. 의식적으로든, 무의식적으로든 철학자들은 플라톤의 이상을 달성하거나 아니면 그것을 회피하고자 하는 노력에 지나치게 많은 시간을 소비했던 것 같다. 그러나 여기서는 플라톤에 관해 이미 그처럼 많은 논의가 있었기 때문에 우리가 지금 그에 관해 상세하게 다룰 필요는 없을 것이다. 대신에, 우리는 그의 정치적 견해에 대한 피상적인 스케치를 제시하여 정치 철학의 이후 발전을 고찰하는 토대로 삼을 것이다.

플라톤은 우리가 자연적으로 사회적 존재라는 전형적인 그리스식 견해를 공유했다. 그러나 우리의 사회성의 '자연성'은 개개인으로서 우리가 갖는 자연적인 약점에서 비롯된다. 개인으로서 우리는 자족적이지 않다. 6장에서 보았듯이, 서로에 대한 필연적 의존성으로부터 플라톤은 계급 구분에 따라 일종의 자연적 분업을 연역해낸다. 숙련된 근로자와 장인이 하나의 계급을 구성하고, 군사적 경찰 계급이 다른 계급을 구성하며, 철학자들이 세 번째의 지배 계급을 구성한다. 마지막 계급은 군사 계급의 연장자들을 승격시킴으로써 생성된다. 하층 계급은 철학을

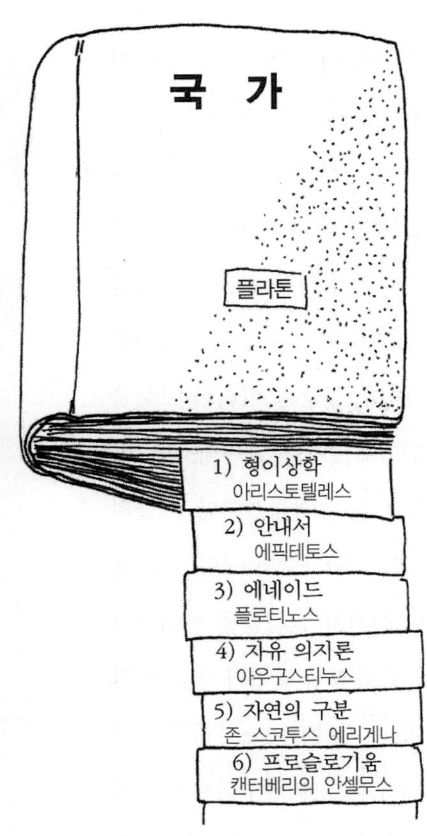

〈국가〉에 대한 일련의
각주로서의 철학사

할 능력이 없다(하지만《국가》에는 왜 어떤 사람들은 그 능력이 있고 다른 사람들은 없는지 분명한 설명이 없다 — 그러한 능력과 무능력은 선천적으로 타고나는 것 같다). 그에 따르면, 출생이나 습관 때문에 이성의 규칙에 적응하지 못하는 사람들은 그것에 복종하도록 강제되거나 유도되어야 한다. 근로 계급의 작업과 생산성은 사회에 필요하며 이 노동자들은 자신들의 생산물에 대해 보상을 받아야 한다. 따라서 그들은 가족을 보유하고 보수를 받으며 금은 장식품을 걸치는 것이 허용된다. 군사 계급은 철학을 할 능력이 있으므로 그 구성원들은 자신들이 지니는 용기와 결단력의 미덕이 자신들에게 고유한 보상이라는 것을 이해할 수 있다. 주목할 만한 한 구절에서 플라톤은 소크라테스의 입을 빌어 글라우콘에게 상층의 두 계급이 살아가는 상태를 이렇게 설명한다.

"……그리고 현명한 사람이라면 이러한 교육 이외에도 우리가 마땅히 그들의 숙소와 그 밖의 재산을 제공하여 그들 스스로 가능한 한 최선의 보호자가 되는 것을 방해하지 않도록 하고, 아울러 그들이 다른 시민들에게 해를 끼치도록 자극하는 일이 없도록 해야 한다고 말할 걸세. ……가장 먼저, 어떤 사람도 절대적인 필수품 이외에는 사유 재산이 전혀 없어야 하네. 둘째로, 어떤 사람도 모든 내방자에게 개방되지 않는 숙소나 창고를 가지지 않아야 하네. 그리고 그들의 식량은 전쟁을 치르는 운동 선수, 절제 있고

구피(열대어의 일종)는 날때부터 자족적이다
사람은 그렇지 않다

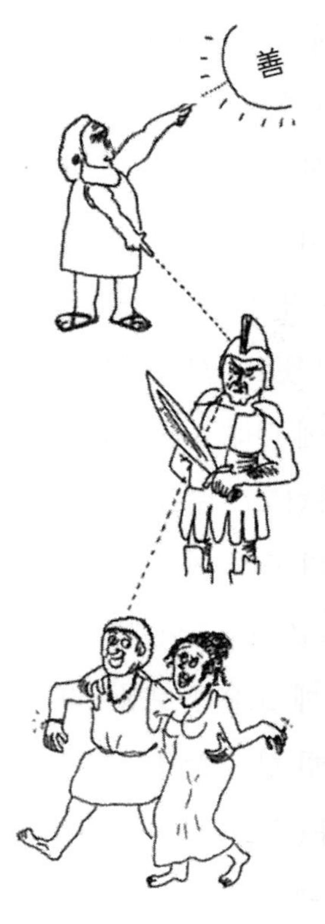

용감한 남자들이 필요로 하는 만큼 주어져야 한다네. 다른 시민들이 보호의 대가로 그들한테 고정된 배급을, 1년 동안 지내기에 풍족하되 연말에 남기지 않을 만큼 제공해야 하네. 그들은 공동 생활을 하고 마치 들판에서 지내는 듯이 한데 어울려 식사를 해야 하네. 금과 은에 대해서 우리는 그들이 신들로부터 받은 신성한 선물로 그것들을 자신들의 영혼 속에 간직하고 있으며, 어떤 인간의 금은도 그들한테는 더 이상 필요하지 않다고 말해야 하네. 그들은 이러한 보물을 유한한 금붙이의 재물과 뒤섞어서 더럽히지 말아야 한다네. 왜냐하면 비천한 화폐와 관련해서는 많은 사악한 짓이 행해졌지만, 그들의 것은 더럽혀지지 않기 때문이라네. 도시의 모든 사람 중에서 그들 혼자만이 금은을 가지고 거래하지 않으며, 심지어 그것들을 만지거나 그것들과 같은 지붕을 이거나 그것들을 팔 다리에 걸거나 금은을 가지고 마시는 것조차 하지 않으려 한다네. 그러다가……언제든 자신들의 땅과 집과 돈이 생기면 그들은 보호자 대신에 집주인과 농부가 될 것이며, 나머지 시민들의 동맹자 대신에 적이자 지배자가 될 걸세.

그래서 증오하고 증오당하면서, 음모하고 음모를 당하면서 그들은 외부보다 내부의 적을 두려워하고 파멸에 아주 근접한 길을 달리며 평생을 보낼 걸세. 그들과 도시 모두가 말일세. 나는 말했다. "이런 모든 이유에서 우리는 이와 같이 우리 보호자들에게 숙소와 그밖의 모든 것을 제공하는 데 동의하고 그것을 법으로 정하기로 하세. 자네 의견은 어떤가?"

"전적으로 동의합니다." 글라우콘이 말했다.[1]

나아가, 우리는 '보호자들'(군사 및 지배 계급)에게는 가족 자체가 없을 것이라는 이야기를 듣는다. "……어떤 사람도 개인적인 자신만의 아내

오직 미덕만이 그 고유한 보상이다

를 가지지 말아야 하고, 자식도 또한 공유해야 하네. 부모는 자식을, 자식은 부모를 알지 못하게 해야 한다네."(p. 255) 그래서 성 관계는 추첨에 의해 이루어질 것이다. 하지만 추첨에 부정이 있어서 누가 누구와 자는지 지배자들이 알 가능성이 있다. 따라서 상류 계급은 우생학적 원리에 따라 자녀를 낳을 것이다.

플라톤은 오직 상류 계급만을 위한 일종의 절대적 공산주의를 처방하고 있다. 이것은 하층의 더 무지한 계급에 배여 있는 탐욕으로부터 그들을 보호해줄 것이다. 앞에서 살펴보았듯이, 탐욕은 근로자와 장인들에게 일할 동기를 부여하기 위해 허용되지만, 철학자 군주들과 그 군사적 동맹자들에 의해 항상 억제되고 통제된다. 약 2250년 뒤의 칼 맑스처럼, 플라톤은 사회가 자연적이지만 탐욕을 억제하는 방향으

로 조직해가지 않으면 탐욕에 의해 파괴될 수 있다고 보았다.(물론, 플라톤과 맑스의 차이도 또한 두드러진다. 후자에게서 인류의 운명은 노동 계급의 공산주의와 결부된다. 플라톤에게서 그 계급은 너무나 미개해서 [오직 그 계급만] 공산주의를 시행할 능력이 없다.)

《국가》에서 아데이만토스라고 하는 인물은 소크라테스가 묘사하는 이상적 도시가 그 전체주의적 관행을 통해 탐욕의 위험성에는 면역이 되더라도 시기심에 의해 부패할 수 있다고 지적한다. 하층 계급은 상층 계급의 권력과 지성 때문에 그들을 시기할 것이며, 상층 계급은 하층 계급 수준의 생활이 더 재미있게 보이기 때문에 그들을 시기할 것이다. 이러한 반론에 답하기 위해 플라톤은 소크라테스로 하여금 매우 기묘한 제안을 하게 만든다. 이

탐욕과 시기 – 국가를
망칠 수 있는 두 가지 힘

제안은 오늘날까지 정치학을 괴롭히는 어려운 문제다(실상, 소크라테스는 그 제안을 해야 하는 것이 아주 당혹스러운 일임을 시인하고 있다). 그 제안은 — 지배자들을 포함하여 — 도시의 모든 구성원에게 왜 사물의 질서를 받아들여야 하는가에 대해 하나의 거짓말을 들려준다는 것이다. 플라톤은 그것을 '고상한 거짓말'이라고 부른다.《국가》에서 그것을 소개할 때 소크라테스는 약간 당황스러운 기색으로 다음과 같이 말한다.

"그렇다면 이야기해보세. 감히 어떻게 말할지, 어떤 말을 써야 할지 모르겠지만 말일세. 나는 먼저 지배자들 자신과 군인들, 그 다음에 도시의 나머지 사람들을 납득시키고자 할 걸세. 이야기는 이렇다네. 우리가 그들한테 제공한 훈련과 교육은 모두 꿈이었다, 그들은 단지 이 모든 일이 자신들과 그 주변에서 일어났다고 상상했을 뿐이다. 사실, 그들은 땅 속 저 밑에서 빚어지고 훈련된 것이다. 땅 속에서 그들과 그들의 무기와 그들의 장비가 만들어졌다. 그들이 완전하게 만들어졌을 때 그들의 어머니인 대지가 그녀의 자궁으로부터 그들을 낳았다. 이제 그들은 자신들이 살고 있는 땅에 대해 어머니이자 보모를 생각하듯이 생각해야 하며 그녀를 위해 계획하고, 만약 누구든 그녀를 공격한다면 그녀를 보호해야 한다. 그리고 그들은 다른 시민들에 대해서도 대지로부터 태어난 형제들로 생각해야 한다."

"놀라운 일은 아니군요."[글라우콘이] 말했다. "그런 거짓말을 당신이 말하기 꺼리는 것이 말입니다."

"그럴만한 이유가 있다네," 내가 말했다. "하지만 신경 쓰지 말고, 나머지 우화를 들어보게. '그러므로 여러분은 모두 도시의 한 형제들이다.' 우화 속에서 우리는 말할 것이네. '하지만 신이 여러분을 빚을 때 일부 사람들 속에 황금을 섞었는데, 그들이야말로 통치하기에 적합한 사람들이며, 따라서 가장 귀중한 사람

사람들이 고상하게 거짓말을 믿게
만들려는 소크라테스

들이다. 신은 그 조력자들 속에 은을 섞고, 농부와 다른 기술자들 속에 철과 황동을 섞었다. 그리하여 모두 혈통이 가깝기 때문에, 여러분은 대부분 닮은꼴을 낳겠지만, 때로는 황금의 혈통에서 은의 혈통이 태어나거나 은의 혈통에서 황금의 혈통이 태어나기도 하며, 모든 나머지 혈통의 경우에도 서로 마찬가지다. 통치자들은 신에게서 제일 먼저 어떤 사람보다도 자기 자식들의 훌륭한 보호자가 되라, 그리고 다른 무엇보다도 자신들 영혼 속에 섞여 있는 것들에 대해 주의 깊게 보살피라는 명령을 받는다. 만약 그들의 자식에게 조금이라도 황동이나 철이 섞여 있다면, 그들은 어떤 경우에도 그에게 자비를 베풀지 않을 것이며 그의 본성에 합당한 가치를 그에게 부여하여 기술자나 농부들 속으로 밀어보낼 것이다. 또한 만일 그들 중의 하나가 그 본성 속에 황금이나 은을 지니고 있다면 그들은 그를 존중하고 보호자나 조력자들의 반열로 높일 것이다. 왜냐하면 황동이나 철의 보호를 받으면 도시가 파멸할 것이라는 신탁이 있기 때문이다.' 자, 이제 자네한테 사람들이 이 우화를 믿게 만들 방책이 있는가?"(pp. 214~215)

각각의 문화는 고유한
신화를 지녀야 한다

이것은 매우 기묘하고, 심지어는 실망스럽기까지 한 이야기다. 이 이야기가 기묘하다는 것은 앞에서 언급했듯이《국가》의 작업 중 일부분은 그리스 세계에서 신화의 권위를 타파하고 이성(곧, 철학)의 권위로 대체하는 것이었기 때문이다. 한데 여기서 플라톤은 도시의 결속을 유지하기 위해 새로운 신화의 창조를 요구받는다. 그리고 그것이 실망스럽다는 것은 이성 자체가 도시를 하나로 결속시킬 만큼 강력한 힘이 못된다는 것을 플라톤이 시인하고 있기 때문이다. 심지어 통치자들조차도, 인간이 날 때부터 사회적인 존재로 상정된다는 사실에도 불구하고, 거짓말로 속일 필요가 있다는 것은 특히 주목을 끄는 점이다. 플라톤은 우리 시대에 이르기까지 몇몇 사상가에게 출몰해온 유령을 불러낸다. 곧, 한 사회는

스스로에게 이야기할 수 있는 자기 신화를 지
닐 때만 활력과 생기를 유지할 수 있다는 생각
이 그것이다. 그런데 불행하게도 이러한 신화는
보통 국수주의적이고 인종 중심적이어서 종종
공격적이고 오만하고 배타적이고 인종 차별적
이고 제국주의적이다. 위대한 20세기 사회학자
에밀 뒤르껭Emile Durkheim은 사회가 스스로에
게 그와 같은 신화를 이야기하는 능력을 잃으면
아노미(의미와 방향의 상실감)가 발생한다고 생
각했다. 뒤르껭에 따르면, 아노미는 문화적 및
개인적 자살로 이어진다고 한다.

아노미

토마스 홉스

근대에 들어와서 수많은 중요한 철학자가 정치 철학의 '큰 질문들'을 다루었다. 토마스 홉
스의 《리바이어던》(1651)은 정치 문제의 분석을 주요 목표로 삼았다. 우리는 이제 그 문제로
돌아갈 것이다.

7장에서 홉스가 인간의 동기 부여에 대해 '심
리학적 이기론'이라고 부르는 매우 독특
한 견해를 지녔던 것을 기억할 것이다.
그에 따르면, 모든 인간의 행동은 자기
이익이 동기가 된다. 홉스의 정치적 견
해는 심리학적 이기론의 진리성을 전제
로 삼는다. 앞서 우리의 논의에서는 그 이론
이 개별적 인간 행동에 대한 실패한 해명으
로 다소 호되게 비판받았지만, 정치적 모델
이나 아마 정치적 비유로서는 그것이 좀 더
수용할 만한 이론이라는 점을 지적해야 할

이타론적 노사 협상

것이다. 우리가 개인이 아니라 다양한 국가의 대외 정책에 대해 생각할 때 그 정책의 입안자들이 생각하는 국가의 이익이 그 정책의 동기가 아니라고 믿기는 어렵다. 아니면 노동조합과 관리자 집단 사이의 협상을 놓고 생각할 때도 그 집단들이 순수한 이타론에 의해 움직인다고 상상하기는 어렵다. 그러므로 아마 홉스의 심리학적 이기론은 도덕에 관한 논의에서보다 여기서는 다소 덜 공격적일 것이다. 하지만 여기서도 또한 그 가혹함이 홉스의 정치적 견해에 오점을 남길 수 있다. 미국 독립 선언서의 필자들처럼, 홉스는 모든 사람이 평등하다는 가정에서 자기 글을 시작한다. 그러나 그가 그렇게 가정하는 이유는 미국의 국부들과는 아주 다르다. 그들은 우리의 평등이 우리 모두가 창조주에 의해 그렇도록 만들어진 일종의 도덕적 상태라고 믿었다. 반면에 홉스는 평등의 명제를 순전히 물리적 사실로서 제기했다. 우리 가운데 가장 힘세고 가장 영리한 사람도 두세 명의 약자나 멍청이가 힘을 합쳐도 이겨낼 수 없을 만큼 강하거나 영리하지는 않다. 한쪽이 다른 쪽에 비해 약간의 유리한 점은 있을 수 있지만 궁극적인 차이가 생길만큼 그렇지는 못하다. 우리 인간들은 결국 다소간에 차이는 있더라도 똑같은 것이다.

그런데 인간의 천성이 이기적이고 권력 추구적이며 똑같이 분포되어 있다는 사실을 전제로 홉스는 '자연 상태', 곧 어떤 시민 국가나 법의 지배 이전 상태에서 인간이 어떤 모습일지 상상해보고자 한다. 그러한 상태에 관해 홉스는 이렇게 말한다.

이러한 능력의 평등으로부터 우리의 목표 달성에 대한 기대의 평등이 생겨난다. 따라서 어떤 두 사람이 같은 것을 바라는 데 둘 다 그것을 누릴 수는 없다면 그들은 적이 된다. 그들의 목표, 곧 주요하게는 자신들의 보존, 그리고 때로는 오로지 자신들의 쾌락을 향해 나아가는 길에서 그들은 서로를 파괴하거나 제압하고자 애쓴다.

……따라서 만인이 만인의 적이 되는 전쟁의 시대에 어떤 결과가 발생하든 그것은 사람이 자기 자신의 힘과 창의력으로 획득하는 것 말고는 어떤 다른 안전 장치도 없이 살아가는 시대에도 똑같이 발생한다. 그런 조건에서는 근면이 설 자리가 없다. 왜냐하면 근면의 결실이 불확실하기 때문이다. 따라서 토지의 경작도 없다. 항해도 없고, 바다로 수입되는 상품의 이용도 없다. 넓다란 건물도 없고, 이동하고 이전하는 데 쓰는 도구 같이 많은 힘을 요하는 것들도 없다. 지표면에 대한 지식도, 시간 계산도, 예술도, 문학도, 사회도 없다. 무엇보다 최악인 것은 지속적인 공포와 폭력적 죽음의 위험성이다. 고독하고 가난하고 못생기고 우둔하고 왜소한 사람들의 삶이다.[2]

홉스의 다섯 난쟁이 더하기 둘

이처럼 황량하고 침울한 그림에다가 홉스는 이제 다음과 같은 것을 덧붙인다.

이러한 만인의 만인에 대한 전쟁은 어떤 것도 부당한 것일 수 없다는 결과를 낳는다. 옳고 그름, 정의와 불의의 관념은 거기에 설 자리가 없다. 공통의 권력이 없다면 법도 없고, 불의도 없다. 힘과 속임수는 전쟁 속의 두 가지 기본 미덕이다. 정의와 불의는 육체의 능력도 정신의 능력도 아니다. 그런 능력이라면 그것들은 세계 속에 홀로 존재하는 사람 속에, 그의 감각과 열정 속에 존재할 것이다. 그것들은 고립 속이 아니라 사회 속의 사람들과 연관되는 특질이다. 또한 동일한 조건의 결과로 독점도, 지배권도, 내 것과 네 것의 구별도 없어진다. 오직 만인의 것, 만인이 가질 수 있는 것이 존재할 뿐이다. 단, 그것을 유지할 수만 있다면. 인간이 단순한 천성에 의해 실제로 놓이는 악조건은 이 정도로 심하다. 일면 열정 속에, 일면 이성 속에 인간이 거기서 벗어날 수 있는 가능성이 존재하기는 하지만 말이다.(pp. 101~102)

그러므로 홉스의 견해는 이런 것이다. 옳고 그름, 정의와 불의, '내 것과 네 것'(소유)의 개념들은 법에 의해 생겨나며, 따라서 법에 종속되는 개념들이다. 법의 부재 상태에서 그러한 개념들은 의미를 지닐 수 없다. 게다가, 법의 개념 자체는 권력에 종속된다. 배후에 권력이 없는 법은 강제될 수 없기 때문에 권위를 갖지 못한다. 이러한 견해는 법적 실증주의라고 부른다. 그에 따르면, 정의는 법률이 정당하다고 칭하는 모든 것이다. 합법

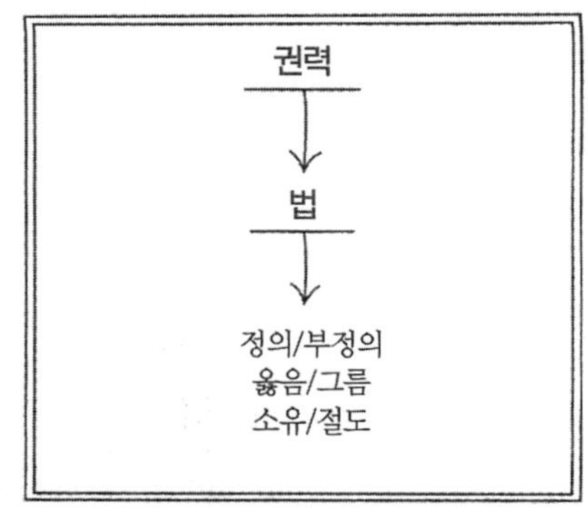

적인 것은 기성의 권력에 의해, 법을 강제할 수 있는 동안 합법적이라고 판정되는 것이다. 이러한 전통에 따르면(여기까지는 트라시마코스와 마키아벨리의 전통이다), '부당한 법률'에 대해 이야기하는 것은 별로 의미가 없다.(이 전통 속에서는 어떤 법에 대해 도덕적으로 부당하다고 일컫는 것은 전혀 중요성을 갖지 못한다. 왜냐하면 '도덕적 영역'은 환상이며, 가상적인 신의 권력으로 지배자의 권력을 대체하는 이상적 법 제도를 머리로 그려낸 것에 불과하기 때문이다.)

걱정스럽도록 비관적인 앞의 인용문 마지막에 어렴풋한 희망이 비치고 있음에 주목하라. 홉스는 말했다. "인간이 단순한 천성에 의해 실제로 놓이는 악조건

법적 실증주의

은 이 정도로 심하다. 일면 열정 속에, 일면 이성 속에 인간이 거기서 벗어날 수 있는 가능성이 존재하기는 하지만 말이다.”

우리 자아의 열정적인 부분은 절실하게 생존을 갈망한다.(그것이 아니라면 우리가 어떻게 힘을 얻고 쾌락을 누릴 수 있겠는가?) 그렇게 하고자 하는 것은 자연적 권리다. 홉스는 이렇게 썼다.

> 자연권은……각 사람이 자기 고유한 본성, 곧 자기 고유한 삶의 유지를 위해 자기가 바라는 대로 자신의 힘을 사용할 수 있는 자유, 그래서 결국 자기 고유한 판단력과 이성에 비추어 그러기 위한 최적의 수단이라고 생각되는 어떤 것이든 행할 자유를 말한다.(p. 103)

홉스에게서 자연권은 오직 하나뿐이며, 권리 장전이나 미국 독립 선언, 헌법에 나오듯이 한 무더기가 있는 것이 아니라는 점에 주의하라. 아마 홉스에게서 그 최선의 표현은 모든 사람이 자연적으로 자신의 생존을 귀중하게 여긴다는 사실인 것 같다. 그것이 아마 유일한 자연적 가치일 것이다.

그런데 나로서는 불행하게도, 여러분 또한 자신을 보존하고자 하는 자연적 권리를 지닌다. 그래서 결과는 이렇다.

> 그런데 인간의 조건은 만인에 대한 만인의 전쟁 상태이기 때문에, 그 경우에 자기 적들에 대해 자기 생명을 보존하는 데에서 그가 이용할 수 있는 어떤 것이든 그에게 도움이 안 될 것이 없기 때문에, 그런 조건 속에서는 모든 사람이 모든 것에 대해, 심지어는 서로의 신체에 대해서도 권리를 갖는다는 결론이 나온다. 따라서 모든 것에 대한 모든 사람의 그와 같은 자연적 권리가 견지되는 한, 그 누구든지 아무리 강하거나 지혜로운 사람일지라도 자연이 통상적으로 허용하는 만큼의 수명을 다 누릴 것이라는 보장을 받을 수 없다.(p. 103)

자연권을 추구하는 두 사람

홉스는 자연 상태에서는 재화가 일반적으로 희소할 것이라고 가정한다. 그와 같은 자연 상태에서는 만인의 생존과 번영에 충분한 재화가 존재하지 않기 때문에 각자는 다른 모든 사람의 적이 된다. 이런 조건 속에서는 나에게 생존하고자 할 권리가 있다 하더라도 실제로 내가 오래 버틸 수 있는 가능성은 그리 크지 않다.

그러므로 우리의 열정만을 바탕에 둘 때, 우리는 자연적 권리의 목표를 충분히 누릴 만큼 오래 생존하지 못할 것이다. 그러나 바로 이 지점에서 우리의 이성이 무대에 등장한다. 그것은 홉스가 말하는 '자연법'과 결부된다.

> 자연법은……사람이 자기 생명을 파괴하거나 생명을 보존할 수단을 없애는 일, 그리고 생명을 보존하는 데 최선이라고 자신이 생각하는 것을 빠트리는 일을 못하도록 금지하는, 이성이 찾아낸 훈령訓令 또는 일반 규칙이다.(p. 103)

우리 각자가 맹목적으로 자신의 자연적 권리를 추구한다면 어느 누구에게도 생존의 기회가 많지 않기 때문에, 우리는 우리의 이성과 이성이 발견한 '자연법'에 호소해야 한다.

> 결과적으로, 그것은 평화를 이룩할 희망이 있을 때는 모든 사람이 평화를 위해 노력해야 하고, 평화를 이룩할 수 없을 때는 전쟁이 주는 모든 도움과 이점을 추구하고 이용할 수 있다는 이성의 훈령 또는 일반 규칙이다. 그 규칙의 첫 번째 갈래는 최우선적이고 근본적인 자연의 법칙, 곧 평화를 추구하고 따르는 것을 포함하며, 두 번째 것은 자연권을 요약한 것으로서 가능한 모든 수단으로 우리 자신을 방어하는 것이다.
>
> 사람들한테 평화를 위해 노력하도록 명령하는 이러한 근본적인 자연 법칙으로부터 다음과 같은 두 번째 법칙이 도출된다. 사람은, 다른 사람들도 역시 그런다면, 평화와 자기 방어를 위해 그러는 것이 필요하다고 생각할 것이므로, 기꺼이 만물에 대한 그와 같은 권리를 포기하고 다른 사람들에 대해서도 자신에 대해 다른 사람들에게 용납되는 정도 만큼의 자유를 누리는 데 만족한다. 왜냐하면 모든 사람이 그와 같이 무엇이든 자기 마음대로 할 권리를 지니는 한, 모든 사람은 전쟁 상태에 놓이기 때문이다. 그러나 다른 사람들이 자신과 마찬가지로 자기 권리를 포기하지 않는다면 어느 누구도 자기 권리를 포기할 이유가 없다. 왜냐하면

그렇게 하면 스스로 평화를 얻는 것이 아니라 아무도 책임지지 않는 먹이감으로 자신을 노출시키는 것이 되기 때문이다.(pp. 103~104)

그러므로 홉스의 사회 계약의 기초는 이렇다. 나의 자연권은 여러분에 대한 폭력 사용이 나의 생존에 이익이 된다고 느낄 경우에 그러한 폭력을 사용하는 것을 정당화해준다. 나로서는 불행하게도, 나에 대한 여러분의 폭력 사용도 동등하게 정당화된다. 그래서 나는 여러분이 나에 대해 폭력을 사용할 권리를 포기하는 데 동의한다면, 여러분에 대해 폭력을 사용할 권리를 포기하는 데 동의한다. 그러나 우리의 계약은 조건부

우리 중 누구도 편하게 잠들 수 없다

이다. 왜냐하면 우리들 각자는 다른 사람이 그 계약을 지키지 않을 것이라고 생각하는 순간, 그것을 어길 것이기 때문이다. 그래서 그것은 그다지 안정적인 평화를 가져다주지는 않는다. 홉스가 지적하는 대로, 우리들 각자가 이기적이고 권력 추구적인 본성을 지니는 것이 맞다면 특히 그렇다. 계약을 깨는 것이 나에게 이익이라고 생각되면 나는 그렇게 할 것이다. 우리 중 아무도 편안하게 잠잘 수 없다. 실상, 이처럼 긴장된 평화 속에서는 우리 중 아무도 감히 잠들지 못할 것이다.

이러한 딜레마를 해결하기 위해서는 계약의 또 다른 단계가 필요하다. 우리 모두는 우리의 폭력

주권자

권과 우리 자신의 주권에 대한 권리를
상호 합의된 주권자(의회 또는 군주)에
게 양도하는 데 동의해야 한다. 이 주
권자는 이제 우리에 대해 절대적인 정
치적 권위를 지닌다. (군대를 포함한) 절
대 권력의 대가로 이 주권자는 평화 상
태를 조성해줄 법률의 제정을 약속한
다. 기본적으로 이 사실이 의미하는 것
은 주권자가 누구든 계약의 최초 부분
을 깨는 사람한테 제재와 벌을 가하기
로 약속하고 이처럼 새로 창조된 인위

적 기구, 곧 국가의 다른 모든 구성원에 대해 폭력을 사용한다는 것이다.

홉스는 주권자가 절대 권력을 남용하지 않는다는 보장이 없음을 알고 있다. 실제로, 주권자
는 그 이기적 성향에 비추어볼 때 그럴 것이 거의 확실하다. 그럼에도 불구하고 홉스에 따르
면, 남용된 권위가 무권위보다 낫다. 나아가, 주권자는 그 열정(이기적 측면)과 그 이성(자연법)
을 모두 사용하여 평화로운 상태가 아니면 성난 민중이 반란을 일으켜 주권자를 죽일 것이므
로 그 상태가 자신에게도 유리하다는 사실을 깨닫는 것이 바람직하다. 그러나 홉스의 정치 제
도에서 반란은 성공하지 못하는 한 결코 정당하지 않다는 점을 명심하라. 왜냐하면 홉스에게
서는 오직 권력만이 정당하기 때문이다. 그러

나 정당한 절대적 폭군조차도 나의 자연권을
빼앗는 법률은 제정할 수 없다. 그 까닭은 그
권리가 양도 불가능한 것이기 때문이다. 어
떤 법률도 그 법률이 내 목숨을 박탈하고
자 할 때 내가 거기에 저항할 권리를 빼
앗을 수 없다.

그러므로 이 장 서두에 제기한 '큰 질
문'으로 되돌아가면 우리는 홉스에게서 국

리바이어던 – 마을 내 최고의 쇼

가란 인공물(괴물, '리바이어던')이지만 필수적인 것임을 알게 된다. 정당한 권위는 권력을 지닌 권위다. 정체政體 자체가 무엇을 정당하다 또는 부당하다고 보는가를 결정하므로, 어떤 의미에서 그것은 부당할 수가 없다. 한데 부당성의 느낌을 자아낼 때조차 그것은 거의 항상 그 대안보다 낫다. 그렇기 때문에 우리는 항상 우리한테로 겨누어진 총과 국가 폭력의 위협을 받아들이는 것이다. 아무리 야만적이라 하더라도 국가는 우리한테 최선의 것이다. 그 대안은 혼란과 비참, 죽음이고 "고독하고 가난하고 못생기고 우둔하고 왜소한" 상태의 삶이다. 어떠한 국가도 국가가 없는 것보다는 낫다. 여러분은 정치를 좋아하지 않을 것이다. 그러나 홉스에 따르면, 오직 정치 때문에 사회적 중심이 유지된다. 정치적 권위를 만들어내는 사회 계약이 실패한다면 인간의 삶은 나락에 빠질 것이다.

존 로크

홉스보다 50년 뒤에 글을 쓴 로크는 홉스가 사용한 것과 똑같은 언어의 많은 부분을 매우 다른 의미로 사용했다. 예컨대, 로크도 또한 '자연 상태'를 논하지만, 그에게 있어서 자연 상태란 우리 모두가 신의 피조물인 덕분에 타고나는 도덕적 상태였다. 홉스는 명백히 의도적으로 정치 이론에서 신을 배제했는데, 그 까닭은 그가 무신론자라서가 아니라(그는 그랬을 수도 있고 아닐 수도 있다) 물리학에 신이 없듯이, 정치 과학에도 신은 없다고 생각했기 때문이며, 또한 자신들의 권력을 '신이 준 권리'라는 것으로 정당화하는 폭군들에게 염증을 느꼈기 때문이다. 그러나 로크도 또한 이른바 왕권

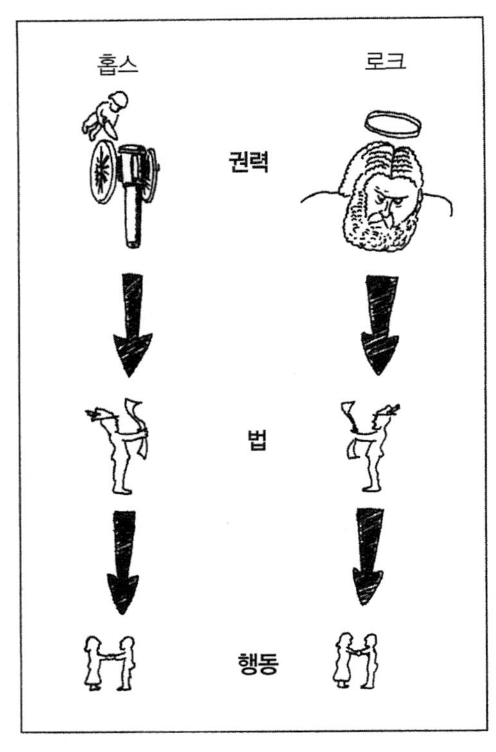

신수설王權神授說을 반대하기는 했지만, 자신의 정치 이론의 밑바탕을 종교적 믿음에 두는 데에는 아무런 거리낌이 없었다. 그에게서 신의 권능은 홉스의 이론에서 세속 권력이 하는 것과

비슷한 역할을 한다. 그래서 로크에게서 신은 인간을 창조하고 그들에 기본권, 곧 "생명과 건강, 자유, 소유"의 권리를 주었다. 우리들 각자는 어떤 도덕적 '자연 상태'를 타고나는데, 그 속에서 그러한 권리들은 로크가 '자연법'이라고 부르는, 홉스에게서 이성의 법칙인 일정한 도덕적 의무와 나란히 우리 것이다.

정치 권력을 올바로 이해하고 그것을 그 원형에서 도출해내기 위해 우리는 모든 사람이 자연적으로 어떤 상태에 있는지 고찰해야 한다. 그 상태는 다른 어떤 사람의 의사에 따르거나 허가를 청하지 않고, 자연법의 범위 내에서, 자신이 적합하다고 생각하는 바대로 자신의 행동을 지시하고 자신의 소유물과 인신人身을 처분할 수 있는 완전한 자유의 상태다……

자연 상태는 그것을 지배하는, 모든 사람에게 강제되는 자연법을 지닌다. 바로 그 법인 이성은 거기에 의지할 뿐인 모든 인류에게, 만인은 평등하고 독립적이므로 누구라도 다른 사람의 생명이나 건강, 자유, 또는 소유를 침해해서는 안 된다고 가르친다. 왜냐하면 사람은 모두가 전능하고 무한히 지혜로운 유일한 창조주의 작품이므로 — 모두가 유일하고 지고한 주인의 종으로서 그분의 명령으로 그분의 일을 위해 세상에 보내졌으므로 — 바로 그들을 만든 그분의 소유로서 그들 서로간이 아니라 그분이 기뻐하는 동안 존속하도록 만들어졌기 때문이다. 또한 모두가 비슷한 능력을 갖추고 하나의 자연 공동체 속에서 모든 것을 공유하기 때문에, 하등 동물이 우리한테 그렇듯이 우리가 마치 서로의 필요를 위해 만들어진 존재라도 되는 듯이 우리가 다른 사람들을 파괴하는 것을 정당화해주는 어떠한 종속 관계도 우리 사이에는 상상할 수가 없다.

홉스는 '자연적 소유' 같은 것은 없다는 주장을 특별히 강조했다. 소유 자체는 오직 법률에 의해서만 생겨날 수 있는 것이다. 따라서 홉스에게서 소유는, 나중에 맑스가 지칭했듯이 '법적 허구'다. 그러나 이미 살펴보았듯이, 로크에게서는 신의 율법이 자연적 소유를 창조한다. 이 기묘한 사상을 검토해보자. 성경의 설명에 따르면, 신은 대지를 창조하고 거기에 인간을 위해 자연적 자원을 부여했다. 앞서 시사했듯이, 로크는 홉스처럼 군주가 내세우는 소유에 대한 신성한 권리의 주장을 반박하고자 했는데, 성경의 설명을 이용하여 그렇게 하면서 거기에 자신의 철학적 특색을 가미했다. 자신의 《두 편의 통치론》에서 그는 이렇게 썼다. "대지와 그 속에 있는 모든 것은……인류 공동의 것이다. ……그리고……인류의 나머지에 대해 배타적인 사적 소유권은 원래 누구한테도 없다."(p. 134) 그런데 우리 각자가 지니고 있는 특유하게 자연적인 하나의 소유물은 바로 우리의 육체다. 우리 육체에 대해 우리가 지니는 소유권은 우리 육체의 노동에 의한 창조물에까지 확대될 수 있다.

대지와 모든 열등한 피조물은 만인의 공동 소유라 하더라도 모든 사람은 각각 자신의 인신에 대한 소유권을 지닌다. 그의 육체의 노동과 손의 작업은 마땅히 그의 것이라고 할 수 있다. 그러므로 자연이 제공하고 놓아둔 상태로부터 그가 분리해내는 모든 것에 그는 자기 노동을 섞어서 자기 고유의 것을 결합하며, 그럼으로써 자기 소유로 만든다. 자연이 놓아둔 공통의 상태로부터 그가 분리해낸 것이기에 그것은 이러한 노동에 의해 다른 사람들의 공동의 권리를 배제하는 어떤 것을 그것에 덧붙인다. 이러한 노동은 의심할 나위 없이 노동하는 사람의 소유이므로, 그를 제외한 어떤 사람도 일단 그것이 덧붙여진 것에 대해 권리를 지닐 수 없다. 최소한 다른 사람들의 공동의 것이 충분히 괜찮게 남아 있는 경우에는 말이다…….

아마 이에 대해 다음과 같은 반론이 있을 것이다. "만약 도토리나 대지의 다른 열매 등등을 채집하는 것이 그것들에 대한 권리를 부여한다면, 누구든 자기가 바라는 만큼 독차지할 수 있을 것이다." 이에 대해 나는 그렇지 않다고 답한다. 그러한 수단에 의해 우리에게 소유권을 부여하는 똑같은 자연 법칙이 또한 그 소유권을 제한하기도 한다. "하느님은 우리한테 모든 것을 풍부하게 주셨다."(《디모데 전서》 6장 17절) 이것은 영감에 의해 확인되는 이성의 목소리다. 그러나 하느님은 우리한테 그것을 어디까지 주었는가? 누구든 그것이 망가지기 전까지 삶에 이롭게 쓸 수 있을 만큼, 그만큼에 대해 그는 자기 노동에 의해 소유권을 확정할 수 있을 것이다. 그 너머의 모든 것은 그의 몫 이상이며 다른 사람들의 것이다…….

나는 그것에 대한 소유권도 역시 전자와 같이 획득되는 것이 명백하다고 생각한다. 한 사람이 갈고 심고 개량하고 경작하고 그 생산물을 이용할 수 있을 만큼의 토지가 그의 소유다…….

자신의 갈증을 끌 수 있는 강물을 통째로 지닌 사람이라면 다른 사람이 그 물을 마시는 것 때문에, 그가 아무리 많이 마시더라도 자기가 피해를 입는다고 생각할 리는 없을 것이다. 토지와 물의 경우는, 양쪽 모두 넉넉하게 존재한다면 전적으로 똑같다.(pp. 134, 136, 137)

그렇다면 사람은 다른 모든 사람에게 충분하게 남겨 놓는 한, 자신이 망가뜨리지 않고 사용할 수 있을 만큼의 '자연적 소유'를 축적할 수 있을 것이다. 이러한 생각은 홉스와 로크의 엄청난 태도 차이를 드러내준다. 홉스의 정치 철학은 희소성의 조건을 전제한다. 로크의 경우는 풍요성의 조건을 전제한다. 인간의 본성에 대한 로크의 상은 홉스보다 훨씬 더 관대하다.

우리는 로크와 홉스가 둘 다 옳을 가능성을 생각할 수 있다. 풍요성의 조건에서는 이타주의와 관용, 아량이 자연적 미덕일 수 있다. 희소성의 조건에서는 인색함과 비정함이 자연적일 수 있다. 1950년대에 내가 소년이었을 때 사람들더러 안마당에 원자폭탄 대피소를 짓도록 촉구하는 캠페인이 있었다. 당시에는 핵 전쟁 이후에 사회 질서가 붕괴되고 식량과 물이 방사능에 오염되었을 때의 가상 시나리오에 관해 많은 이야기가 떠돌았다. 전형적인 질문은 이

자연 상태
(홉스에 따름)

자연 상태
(로크에 따름)

**탐욕스러운 이웃에게서
안마당의 핵 대피소 보호하기**

런 것이었다. 만약 여러분의 이웃이 바보 같이 자기 대피소를 짓지 못해서 이미 비좁은 여러분의 대피소로 들어오려고 한다면 여러분은 그 이웃에게 총을 쏠 권리가 있는가? 일치된 의견은 그러는 것이 정당하다는 것이었다. 이것은 로크의 세계가 아니라 홉스의 세계였다. 만일 여러분과 여러분의 자식들이 살기 위해 필요한 오염되지 않은 물 한 병을 여러분의 이웃이 가지려고 한다면 여러분은 폭력으로 그것을 막아도 무방할 것이다.

로크의 '자연적 소유' 개념으로 돌아가자. 화폐에 대한 분석으로 이야기를 돌려 그는 이렇게 말한다. "이렇게 해서 사람들이 망가뜨리지 않고 보관할 수 있고 상호 동의에 의해 정말 유용하지만 썩기 쉬운 생활 수단과 교환할 수 있는 어떤 영속적인 물건, 곧 화폐가 사용되기 시작했다."(p. 144) 그러므로 여러분이 다른 사람들을 위해 충분히 남겨두는 한, 화폐를 모으거나 자녀들에게 물려주는 것은 아무런 잘못이 없다. 왜냐하면 "금과 은을 쌓아두는 것은 누구에게도 해가 되지 않을 수 있다." 이러한 가르침은 로크와 그의 부자 친구들한테 매우 편리했으며 토지가 경작자 소유라는 그의 견해의 급진성을 다소 상쇄시켜주었다. 그러나 그것은 부의 과도한 축적이 우리 모두가 타고났다는 도덕적 평등 상태를 파괴하는 데 쓰일 수 있는 일종의 권력이라는 사실을 간과한 것이었다. 잘 알려진 바대로, 로크의 정치 철학은 미국 헌법 제정자들의 주요 청사진 중의 하나였다. 어떤 사람들은 로크가 부당한 부의 축적 가능성을 눈감아준 것이 우리 정치 제도에도 그대로 전염되었다고 생각한다(뒤에서 우리는 '선한 사회'의 경제 정의에 대해 다시 이야기할 것이다).

로크는 우리의 자연적인 도덕적 지위(자연 상태)에 대한 자신의 이론이 필연적으로 정당한 형벌의 이론을 수반한다고 믿었다. 그는 이렇게 썼다.

　　그리하여 자연 상태에서 사람은 다른 사람
에 대한 권력을 획득한다. 그러나 그것은 아
직 범죄자를 붙잡았을 때 자기 의지의 열정
적인 뜨거움이나 무제한적인 방종에 따라
그를 다루는 절대적이거나 자의적인 권력
은 아니다. 단지 차분한 이성과 양심이 명
하는 한에서 그의 죄행에 비례하여 보상
과 억제가 될 만큼 보복을 가하는 권력
일 뿐이다. 오직 보상과 억제라는 이 두
가지 이유에서만 사람은 합법적으로 다른
사람에게 해를 입힐 수 있는데, 그것이 우
리가 말하는 형벌이다. 자연의 법을 어길 때
범법자는 신이 인간들의 상호 안전을 위해 인
간 행동에 부여한 척도인 이성과 공평성의 규칙

과는 다른 규칙에 따라 살 것을 선언하는 셈이다. 그래서 그는 인류에게 위험한 존재가 되며,
사람들을 상해와 폭력으로부터 지켜주는 유대 의식이 그에 의해 약화되고 깨어진다. 그것은
전체 인류를 거스르며, 자연의 법이 제
공하는 인류의 평화와 안전에 반하는
불법 행위이기에……모든 사람은 범
법자를 벌주고 자연법의 집행자가 될
권리를 지닌다.(pp. 124~125)

　　그러므로 자연 상태에서 우리들 각
자는 우리의 "생명과 자유, 건강, 소유"
에 대한 권리를 지닌다. 만약 어떤 사람
이 그러한 권리를 침해한다면 그 사람은
스스로를 자연 상태로부터 소외시켜 자기 자

신의 자연적 권리를 상실한다. 이렇게 해서 그는 마땅히 받아야 할 형벌을 번다. "형벌은 범죄에 부합해야 한다"는 원칙(질버트 및 설리반)에 따라 자연 상태에서는 극형도 가능하다.

똑같은 이유로 자연 상태의 사람은 그 법의 소소한 위반을 벌할 수 있다. 아마 이런 물음이 나올 것이다. 죽음의 벌인가? 나는 이렇게 답한다. 각각의 범법 행위는 범법자에게 충분히 손해가 가고, 후회하게 만들며, 다른 사람들이 겁나서 비슷한 행위를 못하게 만들 정도로 가혹하게 벌할 수 있다. 자연 상태에서 저질러질 수 있는 모든 범죄는 자연 상태에서도 동등하게, 공동체에서 벌할 수 있는 만큼 벌할 수 있다.(p. 126)

(오늘날 극형에 반대하는 사람들은 로크의 견해가 지나치게 가혹하다고 볼 수도 있다. 그러나 그가 당대에는 이 문제에 관해 매우 진보적이었다는 사실을 명심하라. 왜냐하면 18세기에는 수십 가지 범죄가 사형의 대상이었다. 로크는 최소한 단 한 가지 범죄 — 살인 — 에만 극형을 적용하도록 축소시켰다.) 여기서 우리는 로크의 정의 이론이 보복적(범죄자는 자신의 행동으로 형벌을 벌었으며 우리는 그것을 갚을 책무가 있다)이고 예방적(범죄자는 비슷한 범죄를 저지르지 않도록 억제된다)이라는 사실을 발견한다. 분배적 정의의 견지에서 보면, 로크의 자연 상태는 능력 사회이다. 곧, 사람은 오직 자신의 노동에 의해 성과를 내는 만큼(또는 선조의 노동을 물려받는 만큼)만 재산을 소유할 수 있다.

토마스 홉스의 정치 이론에서 시민들이 반란을 일으키는 조건은 분명하게 예측 가능하지만 정당한 반란이란 있을 수 없다. 왜냐하면 정당성은 법에 의해 결정되며, 주권자는 사회 계약에 의해 법을 창제할 권위를 부여받았기 때문이다. 그러나 로크에게는 아주 분명하게 정당한 혁명 이론이 존재한다. 이는 또 다시 신이 부여한 우리의 도덕적 상태, 곧 자연 상태에 바탕을 둔 것이다. 로크는 이렇게 적었다.

따라서, 둘째로 정부가 해체되는 또 다른 길이 존재한다. 그것은 입법부나 군주 중 어느 한쪽이 자신들의 위임委任과 반대로 행동할 때이다. ……입법부가 백성의 소유를 침탈하여 자신 또는 공동체의 다른 부분을 인민의 생명이나 자유, 재산의 주인 또는 임의적 처분자로 삼고자 할 때 입법부는 자신들에게 맡겨진 위임에 반하여 행동하는 것이다. ……모든 사람이

사회에 들어옴으로써 얻고자 하는 것, 그리
고 인민이 자신들 스스로 만든 입법자들에
게 복종하는 목적에 해당하는 것을 파괴할
권력을 입법부가 지니는 것은 결코 사회의
의지라고 생각할 수 없다. 언제든 입법자
들이 인민의 재산을 뺏거나 파괴하고자 할
때, 또는 인민을 자의적 권력의 노예로 전
락시키고자 할 때는 인민과의 전쟁 상태로
돌입하는 것이며, 그 즉시 인민은 더 이상
복종의 의무를 지지 않는다.(p. 233)

그러므로 정치적 국가의 기능은 우리의
도덕적 상태를 보장해주는 것이다. 이런 의
미에서 정치적 국가는 잠재적으로 자연 상
태보다 우월하다. 왜냐하면 후자는 공정한

혁명은 경솔하게 일으켜서는 안 된다

재판관, 정확한 법률, 도덕률을 뒷받침하는 충분한 권력 따위를 갖추지 못했기 때문이다. 정치
적 국가의 정당성은 시민의 동의에 있다. 시민들은 그러한 정치적 권위가 우리의 자연적 권리
를 보호하기 위해 필요한 모든 일을 할 것이라는 단서를 붙일 때만 정치적 권위에 복종하는 데
동의한다. 이것이 로크의 '사회 계약'이다. 그러나 정부가 계약의 목적을 견지하는 한에만 시민
은 계약에 복종한다. 로크는 인민이 경솔하게 반란을 일으켜서는 안 된다고 생각했다. 그러한
상태의 심각성 때문에 혁명을 선포하기 전에 권력 남용을 교정하기 위한 모든 방법을 시도해
야 한다. 그러나 국가가 시민들의 생명과 건강, 자유, 소유의 권리를 지켜주지 못할 뿐만 아니
라, 오히려 그러한 권리의 침해자가 된다면 혁명은 정당한 것이 된다.

로크는 제임스 2세 왕이 영국에 가톨릭교를 강요하고자 했을 때 집필했다. 그 일은 의회의
승리와 왕의 도주로 끝난 무혈 시민 혁명인 '명예 혁명'을 촉발시켰다. 그 다음에 로크의 정당
한 혁명 이론을 이용한 것이 조지 3세 왕의 영국 정부에 반란을 일으킨 미국 식민지 정착민들
이었다는 사실은 다소 묘한 일이다. 미국 헌법 제정자들은 독립 선언문에 이렇게 썼다.

다음과 같은 진리를 우리는 자명한 것으로 주장한다. 모든 사람은 평등하게 창조되었다. 그들은 창조주에게서 어떤 양도할 수 없는 권리를 부여받았으며 그 가운데 생명과 자유, 행복 추구의 권리가 있다. 이러한 권리를 확보하기 위해 사람들 사이에 정부가 설립되고 정부는 피통치자의 동의로부터 자신의 정당한 권력을 끌어낸다. 어떤 형태의 정부든 그러한 목적을 파괴할 때는 항상 그것을 바꾸거나 폐지하는 것이 인민의 권리다. 또한 새로운 정부를 설립하고 그러한 원칙들을 토대로 삼아 인민의 안전과 행복을 가장 잘 이루어낼 것 같이 보이는 형태로 권력을 조직하는 것도 인민의 권리다.

앞에서 언급했듯이, 미합중국은 때때로 거대한 로크식 실험으로 간주된다. 그것은 로크의 정치 이론의 가장 훌륭한 특징들을 모두 포함하지만(시민들의 동의에 의해 정당성을 지니는 정부, 법으로 보장되는 기본권, 도덕적 및 법적 평등의 인정, 정부가 임무를 저버릴 경우의 저항권의 인정) 또한 그 이론의 몇 가지 결함 때문에 고통을 겪는다.(정치적 권리의 근거를 신학적 인간관에 두면서도 종교와 정치를 분리시키는 모순. 성과나 상속 이외의 다른 것에 바탕을 둔 분배적 정의 이론의 결여, 부의 형태를 지닌 권력의 축적이 민주주의의 토대를 위태롭게 만들 수 있다는 인식의 결여.) 다른 무엇보다도 노동조합을 합법화하고 누진 소득세를 도입하는
법률의 제정을 통해 이러한 문제들에 대처하려는
시도가 있었다.

장 자끄 루소

루소Jean-Jacque Rousseau(1712~1778)의 프랑스 혁명에 대한 위치는 로크의 미국 혁명에 대한 위치와 대략 비슷하다. 하지만 미국은 오늘날에도 아마 로크적인 실험을 계속하고 있는 것으로 보일 것이나, 프랑스는 그 정도로 루소적인 실험을 하고 있지 않다(그리고 소련은 아마 그보다도 못하게 맑스적인 실험을 했던 것 같다).

인간은 선하게 태어났으나
사회에 의해 부패되었다

루소도 로크처럼 모든 인간이 자유롭고 자율적인 존재로 태어났으며 유일하게 정당한 정부는 그러한 조건을 보전하고 극대화하는 정부라고 믿었다. 또 다시 로크처럼, 그는 그러한 정당성이 오직 사회 계약에 대한 동의를 통해서만 생겨날 수 있다고 믿었다. 그러나 그러한 정당성은 사실상 그의 시대에는 어디에도 존재하지 않았으며 영국 의회주의자들도 자신들의 자유에 관해 스스로를 기만했다고 그는 믿었다. 실제로 이 장의 서두를 우리는 "인간은 자유롭게 태어났으나, 도처에서 사슬에 묶여 있다"는 루소의 말로 시작했다. 인간은 또한 선하게 태어났으나 사회에 의해 부패되었다고 진정으로 그는 생각했다. 그의 시대의 정치 상황에 대한 그의 진단과 처방을 살펴보자.

루소도 또한 '자연 상태'에 대한 설명으로 자신의 분석을 시작한다. 홉스처럼, 그리고 로크와 달리, 루소는 사회 질서를 벗어난 조건에서는 어떠한 도덕('당위', '의무')도 존재하지 않는다고 주장한다. 그러나 자연 상태에서 미덕에 대해 논하는 것은 가능하다. 예컨대, 루소는 자기애*amour de soi*가 자연적 미덕, 자연적 선이라고 간주한다. 자기애가 결여된 사람은 어떤 의미에서 도착적이며 진정한 도덕적 발전을 이룰 능력이 없다

자기애?

("이웃을 네 자신 같이 사랑하라"는 예수의 도덕적 가
르침 역시 자기애를 도덕의 필요 조건으로 전제한다
는 점에 주목하라). 이와 비슷하게, 루소에 따르면
우리는(홉스의 주장과 반대로) 다른 사람의 불행
에 대해 자연적인 동정심 또는 고통을 느낀다.
불행하게도, 전통 사회는 이러한 미덕의 첫 번
째(자기애)를 전도시키고 두 번째(동정심)를 뒤
집어놓는다. 자기애는 자존심*amour propre*으로
바뀌고 동정심은 그 대립물 — 다른 사람의 불
행에 대한 기쁨 — 로 변한다. 자존심은 자신에
관한 불안한 반성과 우월감의 요구로부터 생겨

다른 사람의 불행에서 얻는 기쁨

난다. 이러한 요구는 사람으로 하여금 끊임없이 자신을 다른 사람과 비교하도록 유도하여, 결
국에는 다른 사람의 불행이나 열등함에서 가장 강렬한 기쁨을 찾게 만든다. 자존심과 시기심
은 전통적인 사회 조직에 의해 도처에서 부추겨지지만, 사실상 그것들은 사람이 완전한 인격
체로 발전하는 것을 가로막는다. 이러한 성찰의 귀결로 루소는 (《에밀》에서) 진정으로 올바른
아동 교육은 어린이를 사회의 부패한 영향으로부터 가능한 한 멀리 격리시킬 것을 요구한다
는 견해에 도달한다. 어린이는 될 수 있는 대로 거의 '자연 상태'에서 양육해야 한다("자연으로
돌아가라"는 철학을 루소의 것으로 돌리는, 이해할 만하지만 그릇된 해석은 여기서 나왔다). 이러한 원
초적인 상태에서 어린이는 자기 고유의 자연적 미덕을 개발하는 것이 허용된다. 자기 생각대
로 하도록 내맡겨진 그러한 어린이는 이론이 아니라 시행 착오를 통해, 말이 아니라 사실을 통
해, 추상 개념이 아니라 감각과 느낌을 통해 배운다. 이 어린이는 '견해'를 지녀야 할 필요성에
서 해방되어 행복하고 자족적이며, 시간을 벗어나 미래에 관한 인위적 요구나 걱정을 느끼지
않는 삶을 살아간다. 이 어린이는 책 읽기를 교육받겠지만, 그 교육에서 허용되는 유일한 책은
《로빈슨 크루소》일 것이다!

단지 《에밀》만 읽은 사람은 루소가 국가의 폐지 또는 최소화를 주창하며 모든 사람에게 '자
연으로의 회귀'를 요구한다고 간혹 생각하기도 한다. 그러나 그들이 간과한 루소의 생각은 사
람이 자연적 미덕의 상태에 머물면 인간성의 완전한 발전을 이루지 못한다는 것이다. 그러한

발전은 미덕의 도덕으로의 발전을 요구하며, 도덕과 정치는 서로 연관되는 것이다. 자연적 미덕에서 도덕으로의 이행은 우리의 사회적 존재의 발전을 내포한다. 우리 본성의 사회적 측면(이는 아동기에는 미발달 상태일 수밖에 없다)을 채움으로써만 우리는 가장 완전한 자유를 찾을 수 있다. 그러나 만일 사회가 우리 자신의 자연적 연장이 되려면, 그것은 우리의 자연적 미덕 및 우리의 자유롭고 이성적인 상태와 부합해야 한다(순전히 강제력에 기초한 사회는 부자연스러운 동시에 부당할 것이다). 자연적이고 정당한 사회는 사회 계약에 의해 구성될 것이다. 루소는 그것을 이렇게 설명한다.

이러한 계약의 조항들은 그 행위의 본성에 따라 지극히 사소한 변경으로도 무효가 되도록 정해진다. 그래서 그것들은 아마 결코 공식적으로 발표되지는 않겠지만, 모든 곳에서 동일하며 암묵적으로 승인된다…….

이러한 조항들은 정확히 해석하면 하나로 환원될 수 있다 — 곧, 각각의 관련자들을 그 모든 권리와 더불어 전체 공동체에 전적으로 양도한다는 것이다. 왜냐하면, 우선 각자가 절대적으로 자신을 양도함으로써 모든 사람에게 조건이 동일하다. 그리고 그런 조건이라면 누구도 자신을 다른 사람에게 부담되는 존재로 만들 이유가 없다.

게다가, 양도가 무조건적이기 때문에 그 연합체는 더할 수 없이 완벽하며, 어떤 관련자도 더 이상 요구할 것이 없다. 왜냐하면 만약 개인들이 일정한 권리를 계속 지닌다면 그들과 대중 사이에서 판정해 줄 공통의 상급자가 없기 때문

〈로빈슨 크루소〉를 읽는 어린이(고전 만화 버전)

에, 각자는 일면 자기 스스로의 재판관이 되어 모든 사람에게 그렇게 되도록 요구할 것이다. 이렇게 되면 자연 상태가 지속되고, 연합체는 필연적으로 무력하거나 전제적인 것이 될 것이다.

끝으로, 각자는 자신을 모든 사람에게 양도할 때, 아무한테도 양도하지 않는다. 어떤 관련자도 자신에 대해 다른 사람에게 양도하는 것과 똑같은 권리를 다른 사람에 대해 갖지 못하는 일이 없기 때문에, 그는 자기가 잃는 모든 것에 대해 등가물을 얻으며, 아울러 자기가 지닌 것의 보전을 위한 힘이 커진다.

그러므로 만약 사회 계약으로부터 비본질적인 것들을 제거하고 나면, 우리는 그것이 다음과 같은 내용으로 환원된다는 사실을 발견할 것이다.

"우리들 각자는 자신의 인신과 모든 공통의 권한을 일반 의지의 최고 지휘 아래 두며, 하나의 집합체로서 우리는 각각의 성원을 전체의 분할할 수 없는 일부분으로 받아들인다."

즉각적으로, 각각 계약 당사자의 개별적 인격을 대신하여, 이러한 연합 행위는 하나의 집합적이고 집단적인 기구를 창출해낸다. 이 기구는 회합에 포함되는 투표자들만큼 많은 구성원들로 이루어지며, 그러한 행위로부터 그 통일성과 공통의 정체성, 그 생명, 그 의지를 얻는다.[4]

이러한 진술로부터 수많은 문제가 뛰쳐 나온다. 첫째로, 루소는 대의제 민주주의 개념을 전면 거부한다는 점에 주목하라. 그에 따르면, 진정한 민주주의에서는 공익과 관련된 모든 문제에 대해 모든 시민이 투표해야 한다.

주권은 그것을 양도 불가능한 것으로 만드는 바로 그 이유 때문에 대표될 수 없다. 그것은 본질적으로 일반 의지 속에 존재하며, 대표를 인정하지 않는다. 그것은 동일하지 않으면 다르다. 중간의 가능성은 없다. 인민의 대리인들은, 따라서 대표가 아니고 대표일 수도 없다. 그들은 단지 집사執事일 뿐이며, 어떤 최종적인 결정도 내릴 수 없다. 인민이 직접 비준하지 않은 모든 법은 무효이며, 사실상 법이 아니다. 영국의 인민은 스스로 자유롭다고 생각한다. 그러나 그것은 커다란 착각이다. 그들은 의회의 의원들을 선거할 동안만 자유롭다. 의원들이 선출되는 즉시 노예 상태가 인민을 덮치며 인민은 아무것도 아니다. 인민이 누리는 짧은 자

민주주의 소리와 함께 산들은 살아난다
(〈사운드 오브 뮤직〉 가사의 패러디)

유의 순간을 그들이 어떻게 이용하는가는 참으로 그들이 그것을 잃을 만하다는 것을 보여준다.(p. 240)

정당한 정치 기구는 그 모든 구성원이 정기적으로 회합할 수 있어야 하기 때문에 그 크기가 매우 제한적이어야 한다고 루소가 또한 주장하고 있음에 주목하라. 루소는 스위스 출신이며, 그의 모형은 스위스 지방 정부의 민주주의와 비슷하다.(하지만 그들도 1981년까지 국가적 문제에 대한 여성의 투표권을 완전히 법제화하지 않았으며, 1990년 4월 29일까지도 아펜젤 시의 남성 시민은 지방 선거에서 여성에게 투표권을 주는 것에 반대했다!) 또는 뉴잉글랜드 시 집회의 민주주의와 비슷하다. 미국 같이 거대한 나라는 루소가 보기에 — 최소한 그의 시대에는 — 진정한 민주주의가 될 수 없었다. 아이러니하게도, 오늘날 우리의 세련된 기술 덕분에, 적어도 이론상으로는 모든 미국인을 모든 투표에 참여시키는 것이 가능할 것이다. 월요일 저녁을 정치에 할애한다고 가상해보자. 3시간 동안 TV 방송국은 정치적 쟁점들을 토론하는 데 바쳐질 것이고, 뒤이은 투표에서 각각의 투표자는 자신의 사회 보장 번호를 컴퓨터에 입력한 다음에 각각의 쟁점에 대해 투표할 것이다. 이는 순식간에 집계되어 즉각 결과가 알려질 것이다.

루소의 정치 구도에서 또 다른 문제는 그의 두 가지 주장, 곧 사람이 정치 기구 속에서만 자신의 진정한 자유를 발견한다는 주장과 사람이 자신의 모든 권리를 전체 정치 기구에 양도하고 그가 말하는 '일반 의지'란 것을 자기 자신의 의지로 받아들여야 한다는 주장 사이의 명백한 모순이다. 루소는 그 문제를 깨닫고 있었다. 그는 이렇게 적었다.

국가가 설립될 때 거주는 동의의 성격을 띤다. 그 영토 안에 거주하는 것은 그 주권에 복종하는 것이다.

이러한 원시적 계약과 별도로, 다수자의 투표는 항상 나머지 모두를 구속한다. 이는 계약 자체로부터 따라 나온다. 그러나 어떻게 사람이 자유로우면서 동시에 자기 것이 아닌 의지에 강제로 순응할 수 있는가라는 의문이 제기된다. 반대자들이 어떻게 자유로우며 그와 동시에 자신들이 동의하지 않은 법률에 복종하는가?

나의 반박은 문제가 잘못 제기되었다는 것이다. 시민은 모든 법률에 동의를 표하며, 자신의 반대에도 불구하고 통과되는 법률, 심지어는 자신이 그것을 어길 때 처벌하는 법률도 거기 포함된다. 국가의 모든 구성원의 불변하는 의지는 일반 의지다. 그 덕분에 그들은 시민이 되며 자유롭다. 대중 집회에서 하나의 법률이 제안될 때 인민에게 요구되는 것은 정확히 그 제안을 찬성하느냐 반대하느냐가 아니라, 그것이 자신들의 의지인 일반 의지에 부합하는가 하는 것이다. 각각의 사람은 투표를 할 때 그 점에 대한 견해를 표명하는 것이다. 일반 의지는 투표의 집계에 의해 확인된다. 따라서 나 자신의 것과 반대되는 견해가 우세할 때 그것은 내 판단이 잘못되었음을 증명하는 것 이상도 이하도 아니다. 내가 일반 의지라고 생각한 것이 사실은 그렇지 않았다는 것이다. 나의 특정한 견해가 이겼더라면 나는 내 의지였던 것과 반대되는 것을 획득했을 것이며, 그 경우에 나는 자유롭지 못했을 것이다.(p. 250)

바꿔 말하자면, 어떤 국가 안에 사는 데 동의할 때(암묵적인 동의는 단순한 거주에 의해 이루어진다["싫으면 떠나라!"]), 그것은 단지 인민의 의지를 따르는 데 동의하는 것일 뿐만 아니라, 또한 그 의지가 바로 국가임을 인정하는 것이다. 따라서 모든 투표는 일반 의지에 대한 투표이

월요일 저녁 TV

일반 의지

며, 어떤 특정 문제에 대한 한 사람의 투표가 설령 묵살되더라도 그렇다. 그러므로 P라는 제안에 대해 내가 반대표를 던지고 그 제안이 다수의 찬성을 얻는 결과가 되더라도, 나는 사실상 P에 대해 반대표를 던졌음에도 불구하고 일반적인 의미에서는 실질적으로 그것을 찬성한 것이다. 따라서 처음에 그것이 제안되었을 때 좋지 않게 생각했더라도 나는 기꺼이 그것을 하나의 법으로 따를 수 있다. 또는 다르게 말하자면, 모든 정당한 정치 행동은 개인적 견해와 이기적 욕망을 초월해야 한다. 일반 의지를 결정하는 비전제적인 유일한 길은 다수결 원칙에 의해 결정되는 민주주의적 행위를 통하는 것이다. 따라서 나는 그러한 행위의 결과에 구속될 뿐만 아니라, 그 결과가 사회적 존재로서 내가 바라는 것임을 인정하는 것이다.

물론, 루소의 독자는 그것이 진정한 통찰인지 아니면 순전한 궤변인지를 스스로 판단해야 할 것이다.

존 스튜어트 밀

방금 살펴보았듯이, 루소에 따르면 개인들은 정확히 자신들의 개별 의지를 일반 의지에 양도함으로써(또는 그것을 일반 의지에 복종시켜, 자신들의 개별 의지를 일반 의지와 일치시킴으로써) 완전한 인간성을 실현한다. 루소 뒤에 3/4 세기가 지나 영국 해협의 반대쪽에서, 앞서 그의 공리주의적 도덕 철학에 대해 살펴보았던 존 스튜어트 밀은 루소의 것과 정반대되는 정치적

사적인 것과 공적인 것

의제를 제기했다. 밀은 공적인 것과 사적인 것의 구별이 자신의 목표라고 보았다. 전적으로 사회(따라서, 국가)의 관심사가 되는 영역이 존재한다고 그는 믿었다. 그러나 또한 전적으로 개인의 관심사가 되는 영역도 존재하며, 그 영역에서는 정치가 할 일이 없다고 그는 믿었다. 설령 100% 만장 일치로 '일반 의지'가 정당한 사적 영역에 개입하는 것을 승인하더라도, 이는 오로지 진정한 인간적 권리를 침해함에 의해서만 이루어질 수 있을 것이다. 이에 대해 밀은 이렇게 썼다.

따라서 정부가 전적으로 인민과 일치하고 정부가 생각하는 인민의 목소리에 어긋나지 않는 한 어떤 강제력도 행사할 의사가 없다고 가정하자. 그러나 나는 인민이 자의에 의해서든, 정부에 의해서든 그러한 강제력을 행사할 권리를 부정한다. 권력 자체는 부당한 것이다. 최선의 정부라 하더라도 최악의 정부나 마찬가지로 그에 대해 권리가 없다. 그것은 대중의 여론에 반할 때보다 일치하여 행사될 때 오히려 더 해롭다. 만약 한 사람을 제외한 모든 인류가 같은 의견이고 오직 한 사람만 반대 의견이라면, 인류가 그 한 사람을 침묵시키는 것은 그 한 사람이 권력을 가지고 인류를 침묵시키려는 것이나 마찬가지로 정당하지 못할 것이다.[5]

공적인 것과 사적인 것의 구별을 짓기 위해 밀은 자신이 '자유의 원리'라고 부르는 원리를 정식화했다. 에세이 《자유론》을 밀은 이런 주장으로 시작한다.

이 에세이의 목적은 한 가지 매우 간단한 원리를 주장하려는 것이다……. 그 원리는 이렇다. 인류가 개인적으로든, 집단적으로든 그 구성원의 행동의 자유에 간섭하는 것을 정당화해 주는 유일한 목표는 자기 방어다. 문명 사회의 구성원에 대해 그의 의지에 반해 정당하게 권력이 행사될 수 있는 유일한 목적은 다른 사람에 대한 피해를 막는 것이다. 그 자신에게 미치는 물질적이거나 도덕적인 선은 충분한 이유가 못된다. 그렇게 하는 것이 그에게 더 낫다는 이유로, 그것이 그에게 더 큰 행복을 준다는 이유로, 다른 사람들이 보기에 그렇게 하는 것이 지혜롭거나 심지어 옳다는 이유로 어떤 것을 하거나 하지 말라고 그에게 강제하는 것은 결코 정당할 수 없다. 이러한 것들은 그에게 충고나 설명, 설득, 간청을 할 만한 좋은 이유가 될지라도 그에게 강요하거나 그가 다르게 할 때 해악을 가할 이유가 되지 않는다.[6]

국가 온정주의
또는 아빠로서의 국가

바꿔 말하자면, 국가나 일반 의지 또는 그 무엇이라고 부르든 정치적 권위는 사회의 개별 구성원의 행동이 다른 구성원에게 해를 끼칠 경우에만 그 행동을 정당하게 제지할 수 있다. 여기서 밀이 배제하는 것은 이른바 '국가 온정주의state paternalism'라는 것이다. 또는 다르게 표현하면, 그는 "희생자 없는 범죄"를 제외시킨다. 다시 말해서, 국가는 행위자 이외에 다른 어떤 사람에게 해가 되지 않는 행동을 범죄시할 권리가 없다. 그 뜻은 자기 집안의 사적 공간에서 행해지는 술 주정이나 약물 복용, 또는 매춘이나 음란물 감상, 또는 헬멧을 쓰지 않고 오토바이를 모는 것 따위는 범죄가 될 수 없다는 것이다.

밀의 원리는 나의 직관에 부합한다. 나는 다른 어떤 사람과도 상관없는 나만의 일로 여겨지는 어떤 일을 하거나 말하거나 생각할 수 있다. 그럼에도 불구하고, 내가 보기에 밀의 원리는 심각한 문제점이 있는 것 같다. 첫째로, 역사적 관점에서 우리는 밀의 원리의 이데올로기적 성분을 의심해야만 할 것이다. 그것은 빅토리아 시대의 중간 계급의 소망, 곧 개별 영역 —지속되고 있는 산업 혁명의 시끄럽고 호전적인 경쟁으로부터 고립된 평화롭고 사적인 가정 생활— 따라서 "남자의 가정은 그의 성이다"라는 영국 속담의 환상을 지지하고 있다. 사회 비평가들은 최근에 가정, 공장 및 제국주의적 군사주의 사이의 밀접한 연관을 지적함으로써 이 거품을 제거하려 하였다.[7] 둘째로, 빅토리아 시대의 개별 영역들의 지위를 인정

자기 집안의 사적 공간에서 헬멧을
쓰지 않고 오토바이를 모는 술 취한 남창

한다고 하더라도 사회적 세계는 밀의 시대 이래로 훨씬 더 복잡해졌다. 사회 복지 계획과 과세 계획은 오늘날 이주 복잡하게 얽혀 있기 때문에 어리석게도 '시원함'을 위해 헬멧을 쓰지 않는 오토바이 운전자는 뇌 수술을 받으러 병원에 실려갈 때 더 이상 자기 혼자만 연루되지 않는다. 오히려 그의 수술 비용은 부분적으로 납세자인 나에게 부과되는 것이다.

이는 알콜과 약물 남용의 경우에도 어느 정도 사실이다. 또한 어떤 연구 결과에 따르면, 음란물 산업과 폭력 범죄 사이에는 중대한 연관성이 있다고 한다. 그것이 사실이라면, 사적인 것과 공적인 것 사이의 경계선이 흐려지기 시작한다. 게다가, 밀이 말하는 "다른 사람에 대한 피해"라는 개념은 우리가 '피해'를 정의하고자 하는 즉시 개념상의 어려움을 드러낸다. 우리가 그것을 순전히 '신체적 피해'로 추정한다면 절도, 사기, 그리고 아주 드물게는 심지어 강간까지 제외될 것이기 때문에 그 개념을 지나치게 협소하게 한정하는 것이 된다. 현대 미국 철학자 리차드 테일러가 말하듯이,

어떤 사람에게 피해를 준다는 것이 예컨대, 단지 신체에 대한 상해만이 아니라 그 사람의 내밀한 관심사까지 포함하는 것이라고 한다면, 우리는 당연히 절도와 사기 같은 것을 그런 의미 속에 포함시킬 것이다. 사람은 자기 신체와 아울러 재산의 안전에 대해서도 깊은 관심을 갖고 있다. 그러나 불행하게도, 사람은 자유의 신봉자가 아니더라도 단 1분도 저해되어서는 안 된다고 생각하는 다른 깊은 관심사를 또한 지닌다. 그래서 종교, 애국심, 공공 예절, 야생 동물 보호 등등 끝없이 많은 것에 대해 깊은 관심을 지니는 사람들이 있다. 그런데 누군가가 지니는 그러한 관심사를 저해하거나 가로막거나 훼손하는 일을 아무도 해서는 안 된다고 한다면, 이는 사람이 아무것도 해서는 안 된다고 말하는 것이나 거의 같다. 형법의 전체 내용은 모든 행동은 금지된다는 한 마디 말로 요약될 것이다. 그런 결론으로 귀착되는 원리라면 자

유의 원리라고 부르기가 어렵다.[8]

　해답을 찾자면, 형법 개념을 사용하여 적절한 구별을 짓고 정확히 무엇이 피해를 이루는가를 결정하는 것은 현실적인 법정의 몫이라고 해야 할 것이다. 그러나 밀이 의도한 것은 자유의 원리가 형법을 규정하는 것이지 그 반대가 아니라는 데 그러한 접근 방법의 문제점이 있다. 아니면 모든 과정이 순환될 것이다.

　밀은 자유의 원리를 확대하여 사상과 표현, 집회의 자유 같은 영역까지 포함시켰다. 밀에 따르면, 아무리 순수한 민주주의 정부라 하더라도 그것들을 금지하는 입법을 하는 것은 결코 정당할 수 없다. 원리상으로는 아니더라도, 실제로는 대중의 여론을 다소 뛰어넘는 것인 미국의 '권리 장전' 사상에 그는 찬성했을 것이다. 그에게 있어서 민주주의가 최선의 정부 형태라는 것은 분명하다. 그러나 민주주의는 그 자체가 목적이 아니라 공적 및 사적 영역 양측의 이익을 모두 보장해주는 가장 그럴듯한 수단이었다. 루소와 반대로, 그러한 이익은 민주주의조차도 짓밟을 수 없는 것이었다.

　이것은 바로 자유 방임주의의 원리다. 어떤 영역들은 정부가 관여할 일이 없다. 단, 그러한 영역들의 존재 자체를 보호하기 위한 것이 아니라면, 정부는 거기에서 '손을 떼야' 한다. 밀은 이러한 자유 방임주의 원리를 자신의 사회 철학 전반에 확대시켰다. 시민들의 내면 생활과 무해한 행동에 대한 국가의 간섭이 없어야 할 뿐만 아니라, 일반적으로 "자유 방임주의가……일반적 관행이 되어야 하며, 그로부터의 모든 이탈은 어떤 커다란 선을 위해 요구된다 하더라도 명백한 악이다."[9] 여러 적용 분야 중에서도 이것은 대부분의 지점에서 정부가 시장에서 손을 떼고 국가 통제에 의해

간섭받지 않는 자유 기업 체제를 허용해야 한다는 것을 의미한다. 비록 존 스튜어트 밀이 '자유주의의 성자聖者'로 간주되기는 하지만, 오늘날 자유 방임주의 원리는 보통 보수주의의 경제 정책과 결부된다. 하지만 경제적 자유 방임 정책에 대한 그의 열정에도 불구하고, 그는 그것으로부터의 탈피가 필요하다고 생각했다.

그러나 근로자가 일하는 수단의 가장 훌륭한 선택자라 해도, 똑같은 보편성을 가지고 소비자, 또는 서비스를 받는 사람이 목적의 가장 유능한 판단자라고 단언할 수 있을까? 구매자는 항상 상품에 대해 판단할 자격이 있는가? 그렇지 않다면 시장의 경쟁을 옹호하는 가정은 이 경우에 적용되지 않는다. 만약 상품의 품질이 사회의 커다란 관심사라면 국가의 집단적 이익의 권위 있는 대표자가 일정한 방식과 정도로 개입하는 편이 더 유리할 것이다.

그런데 소비자가 상품의 유능한 판단자라는 명제는 수많은 단서와 예외가 붙을 때만 인정될 수 있다. 그는 일반적으로 자기 용도를 위해 생산된 물질적 대상에 대해 최선의 판단자이다(이것도 보편적으로 그렇지는 않다). 그 대상들은 어떤 신체적 요구를 채워주거나 기호 또는 취향을 만족시키기로 예정되어 있는 것이며, 어떤 요구나 취향인가에 관해서는 그것을 느끼는 당사자가 호소할 수단이 없다. 아니면 그것들은 어떤 작업을 위한 수단 및 장비로서 그 작업에 종사하는 사람들이 이용하며, 그 사람들은 자신들의 관례적인 일에 필요한 것들에 대한 판단자라고 볼 수 있다. 그러나 시장의 수요가 결코 기준이 되지 않는 다른 가치있는 것들이 있다. 그것들은 취향을 만족시키거나 일상 생활의 용도를 채워주는 데 효용성이 있지 않으며, 그 필요가 가장 큰 경우에도 그 부족함이 가장 적게 느껴진다. 이것은 특히 인간의 성품을 향상시키는 데 주로 유용한 것들의 경우에 해당된다.(pp. 952~953)

그와 같은 정당한 국가 개입 정책은 밀에게서 예술에 대한 정부 지원금을 정당화해줄 뿐만 아니라, 오늘날의 세계에서 위험한 살충제 오염으로부터 시민들을 보호하고, 자신들의 단기적 이윤 때문에 자연계의 파괴가 필요하다고 보는 사악한 이윤 추구자들의 경쟁으로부터 환경을 보호하는 데에도 유용할 수 있다. 또 다시 밀을 인용하면, "교양 없는 자는 교양에 대해 유능한 판단자일 수 없다."(p. 953)

정의의 문제는 사회 철학의 핵심 쟁점이다. 이러한 문제는 보통 시민들의 요구에 응할 때와 재화와 용역을 분배할 때의 공정성 및 응당성과 관련이 있는 것으로 간주된다. 여기서 큰 질문은 이렇다. 무엇이 이러한 활동에서 국가의 정당한 역할인가? 우리는 이 문제에 관해 세 가지 견해를 살펴볼 것이다. 공산주의의 해답, 최소 국가주의의 해답, 그리고 자유주의가 그것이다. 나는 자유주의를 다른 두 가지 입장의 중간에 있는 것으로 보지만, 그렇다고 해서 공산주의와 최소 국가주의가 자유주의에 대해 양극단이기 때문에 옳지 않다고 상정하는 것은 아니다. 실상, 이 두 가지 '극단적' 견해는 어떤 절대적인 의미에서 가능한 최대의 극단은 아니다. 그러한 극단은 이런 것이 될 것이다.

한편으로는 일종의 국가주의가 있는데, 그것은 국가가, 오직 국가만이 시민들에 대한 재화와 용역의 공정한 분배를 전적으로 책임지며 오직 국가만이 시민들의 요구의 정당성을 판정할 수 있다는 주장이다. 다른 한편으로는 무정부주의의 입장이 있는데, 이는 국가 자체가 부당하며, 따라서 공정한 분배를 책임지거나 개인들의 정당한 요구에 응답하는 역할을 할 수 없다는 주장이다.

공산주의

칼 맑스의 정치 철학은 초기에 헤겔의 형이상학을 접하면서 커다란 영향을 받았다. 헤겔의 실재론은 뚜렷하게 유기체론적이다.(유기체론은 원자론의 반대이다. 원자론은 실재가 개별적인, 단순한 단위들로 구성되어 있다고 말한다. 그래서 개별자는 사실상 추상 개념에 불과한 전체에 비해 훨씬 현실적이라는 것이다. 유기체론은 전체가 부분보다 더 현실적이라고 말한다. 전체는 유기적 통일체이며, 부분은 전적으로 전체에 종속된다. 따라서 부분은 전체에 비해 덜 현실적이다.) 헤겔판版 유기체

권력 관계의 교차점으로서의 개인

론에서 이른바 개별자는 그 자체가 체계 내 힘 관계의 교차점에 불과하며, 그러므로 어떤 의미에서 각 개별자는 사실상 대우주를 비추는 소우주적 거울 — 전체 체계의 반영 — 이다.

맑스의 유물론

맑스는 헤겔의 거대한 형이상학적 도식을 거부했으나, 그도 역시 유기체론으로 기울었다. 그는 인류가 자연에 대해 생태학적으로 밀접한 연관을 지닌다고 보았을 뿐만 아니라(일설에 따르면, 맑스가 찰스 다윈에게 편지를 써서 《자본》을 그에게 헌정하는 것을 허락해달라고 요청했으나, 다윈은 그 영예를 사양하면서 자기 이론은 맑스의 이론 때문에 비난받지 않더라도 이미 충분히 자신한테 말썽을 안겨주었다고 말했다고 한다.) 또한 개별적 인간도 그 사회에 대해 생태학적 연관을 지닌다고 보았다. 사회는 단순히 개인들의 총합이 아니라 어떤 면에서 개인들을 창조해낸 유기적 전체였다. 따라서 맑스에게는 사회적 권리를 넘어서는 개인적 권리의 문제는 존재할 수 없었다. 개인이 하는 모든 것은 산 자와 죽은 자를 망라한 수많은 사람의 노력의 결과다. 그러므로 모든 생산물은 그런 의미에서 사회적 생산물이며 사회에 속했다.

역사적 사회는, 맑스에 따르면 거의 시초부터 부당한 것이었다(가장 원초적인, 따라서 가장 자연적인 사회 형태가 원시 공산주의 형태라 하더라도 그렇다). 그 까닭은 소수의 개인들이 그 공동체의 자원으로부터 권력과 물질적 부를 탈취하여 특권 체제를 세우고 그러한 특권을 보장해주는 사회 제도를 만들었기 때문이다. 그러한 특권은 처음에는 '경찰' 또는 '군대'라고 부르는 무장 집단에 의해, 그리고 최종적으로

모든 생산물은 산 자와 죽은 자를
망라한 수많은 사람의 노력의 결과다

는 사회 제도와 내면화된 죄 의식에 의해 보호되었다.(맑스는 이러한 권력과 부의 장악이 다소 '비자연적'이라고 생각했다. 홉스주의적인 그의 비판자들 몇몇은 그것이 너무나도 자연적이라고 주장한다.) 최초의 권력 장악 이래로, 사회적 세계의 역사는 항상 물질적 정의를 추구해온 역사였다. 이러한 추구는 다수(무산 근로 계급 ― 노예,

칼 맑스에 따른 소수의 이익 대 다수의 이익

농노, 노동자 등)의 이익과 소수 특권층의 이익이 충돌하는 계급 대립, 때로는 계급 전쟁의 양상을 띠었다. 맑스의 낙관적인 목적론적 역사관이 말해주는 바에 따르면, 궁극적으로는 다수의 이익이 반드시 승리한다.

　물리학이 아니라 경제학과 사회학의 범주들에 바탕한 맑스의 유물론적 유기체론은 사회의 사회경제적 구조가 사회 속의 개인에 대한 매우 강력한 결정인자라고 보는 것이다. 그래서 문제는 단지 권력의 부당한 사회경제적 구조가 개인들에 대해 불공정한 조건을 만들어내는 것이 아니라, 오히려 그것이 불구화된 개인을 만들어낸다는 데 있다. 예를 들어, 맑스는 이렇게 적고 있다.

여러분은 여러분이 만드는 것이다

노동자의 그 대상 속에서의 소외는 정치경제학의 법칙에 따라 다음과 같이 표현된다. 노동자가 더 많은 것을 생산할수록 그가 소비할 것은 적어진다. 더 많은 가치를 창조할수록 그는 무가치해진다. 그의 생산물이 더 세련될수록 노동자는 더 조잡하고 꼴사나와진다. 생산물이 더 문명화될수록 노동자는 더 야만적이 된다. 노동이 더 강력할수록 노

동자는 더 연약해진다. 노동이 더 많은 지능을 표현할수록 노동자는 지능이 감퇴하며 자연의 노예가 된다. 노동은 확실히 부자를 위해 기적을 생산하지만 노동자를 위해서는 결핍을 생산한다. 그것은 궁전을 생산하지만 노동자를 위해서는 오두막을 생산한다. 그것은 미美를 생산하지만 노동자를 위해서는 추醜를 생산한다. 그것은 노동을 기계로 대체하지만, 일부 노동자들을 야만적인 종류의 노동으로 퇴보시키고 다른 노동자들을 기계로 변화시킨다. 그것은 지능을 생산하지만 또한 노동자들을 위해서는 우둔함과 백치병白痴病을 생산한다.[10]

맑스의 실증적이고 낙관적인 인간관에 따르면, 인간은 자연적으로 창조적, 생산적, 예술적, 미적인 존재로서 자신들의 생산물 속에 자신의 존재를 표현해야 한다(이렇게 해서 인간은 자신들의 주관성을 객관화한다). 맑스는 호모 사피엔스*homo sapiens*(인식하는 인간)보다 호모 파벨*homo faber*(제작하는 인간)이라는 명칭을 더 좋아한다. 왜냐하면 그에게서 모든 인식은 행위와 제작에 뒤따르는 것이기 때문이다. 그러므로 부당한 사회경제적 체제의 또 다른 결과는 인간 존재가 자신으로부터 박탈되는 것이다. 그는 자신의 창조적 충동의 자연적 분출로서 생산을 하는 것이 아니다. 오히려 그는 자신의 노동을 다른 사람에게 팔도록 강요된다. 그의 노동은 자신에게서 박탈되어 자신의 고유한 관심사에 대해 적대적인 경제 체제의 일부가 된다. 이것이 바로 맑스가 말하는 '소외된 노동'이다. 그에 대해 그는 이렇게 말한다.

무엇이 노동의 소외를 이루는가? 첫째, 노동이 노동자에게 외재적이라는 것, 그의 본성의 일부분이 아니라는 것이다. 그래서 결과적으로 그는 자신의 노동 속에서 자기를 실현하는 것이 아니라 자신을 부정하고, 행복감보다 비참함을 느끼며, 자신의 정신적 및 육체적 에너지를 자유롭게 개발하는 것이 아니라 육체적으로 소모되고 정신적으로 저하된다. 따라서 노동자는 여

허위적 요구

가 시간에만 편안함을 느끼며, 반면에 작업할 때는 불안을 느낀다. 그의 노동은 자발적이 아니라 떠맡겨진, 강제된 노동이다. 그것은 요구의 충족이 아니라 다른 요구의 충족을 위한 수단에 불과하다. 그것의 소외된 성격은 물리적이거나 다른 강제가 없으면 그것을 전염병처럼 피한다는 사실에서 분명하게 드러난다. 외재적 노동, 곧 인간이 자신을 소외시키는 노동은 자기 희생의 노동이며 굴욕의 노동이다. 끝으로, 노동자에 대한 노동의 외재적 성격은 그것이 자기 자신이 아니라 다른 누군가를 위한 노동이라는 사실, 노동 속에서 그는 자신에게 속하는 것이 아니라 다른 사람에게 속한다는 사실에서 드러난다.[11]

맑스의 사회관

그렇다면 정의로운 사회는 맑스에게 어떤 모습으로 보이는가?(또는 어떤 모습으로 보일 것인가? 그 사회의 도래가 불가피하다고 그는 생각했는가?) 첫째, 그 사회적 생산은 그가 말하는 허위적 요구가 아니라 진정한 요구에 부응하는 것이어야 한다. 진정한 요구는 생물학적, 사회적 존재로서 우리가 지니는 현실적 본성에서 나온다(예컨대, 음식, 거처, 의복, 의료, 사랑, 교육 등의 요구). 허위적 요구는 대다수의 진정한 요구를 대가로 삼는 특권층의 인위적 요구, 또는 갖지 못한 다른 많은 사람에

칼 맑스가 자본주의의 승리를 검토하다

반해 일부에게 주입된 과장된 진정한 요구(대저택과 사치스러운 옷, 지나친 식도락의 요구), 또는 요구의 충족이 아니라 특권적 소유 계급의 이윤이 실질적 목표가 되는 대중에게 주입된 경제적 요구(노후 계획, 한 달 안에 닳아지는 전구, 날이 무뎌져서 버려야 하는 면도날, 시속 5마일 속도의 충돌에 범퍼가 주저앉는 자동차 등)이다. 둘째, 사회적 생산의 토대(천연 자원, 생산 수단, 분배 수단)는 사적으로 소유될 것이 아니라 사회적으로 소유되고 민주적으로 통제되어야 한다. 셋째, 사회적 생산은 개별 노동자들이 창조적 충동의 자연적 풍부성을 억제하는 전문화의 흐름 속에 강제로 끌려들어가지 않는 것이어야 한다. 어떤 사람도 특정한 하나의 역할로 객관화되어서

는 안 된다. 곧, 전적으로 웨이터나 교사, 수위, 물리학자, 신경외과 의사가 되어서는 안 된다. 이는 어떤 사람도 전문화될 수 없다는 의미는 아니다.(자신의 뇌 수술을 이발사나 철학 선생에게 맡기고 싶은 사람이 있겠는가?) 한 사람이 신경외과 의학을 익히기 위해 몇 년 동안 훈련받을 수는 있지만 그렇다고 전적으로 신경외과 의사가 되는 것은 아니다.(오늘날의 미국에서라면 아마 골프 선수도 겸하지 않을까?) '분업'의 폐지를 선언하는 한 유명한 구절에서 맑스는 이렇게 말한다.

공산주의 사회에서는 어느 누구도 한 가지 배타적 활동 영역을 지니지 않고 각자가 원하는 어떤 분야에서나 성취를 이룰 수 있기 때문에, 사회가 전반적인 생산을 규제하여 내가 오늘은 이것을 하고 내일은 다른 것을 하는 것, 사냥꾼이나 어부나 목동이나 비평가가 되지 않고도 마음 내키는대로 아침에 사냥하고 오후에 물고기를 잡고 저녁에 소떼를 치고 저녁식사 뒤에 비평하는 것을 가능하게 해준다.[12]

이러한 조건에서 정의의 표어는 "각자 능력에 따라 일하고, 필요에 따라 가진다"가 될 것이다. 여기서 우리는 진정한 인간성의 회복과 인간의 창조적 능력의 해방, 그리고 최초로 진정한 개성을 이룰 것이다. 왜냐하면 진정한 개성은 '진정한 의식'(개인의

요구와 사회의 요구가 동일하다는 인식)과 억눌리지 않은 창조성 — 이것이야말로 진정으로 개인의 차이가 작용하는 지점이다 — 을 필요로 하기 때문이다. 맑스는 이러한 새로운 인간을 민주주의에 떠넘기는 데 아무런 곤란을 겪지 않는다.

맑스의 견해에 대한 비판

맑스의 사상 대다수는 인상적이다. 내가 보기에, 세계사의 많은 부분이 다수의 고통에 의해 뒷받침되는 소수의 권력과 특권에 의해 규정된다고 본 것은 그가 옳다. 또한 정의로운 사회에 대한 완전한 이론은 분배적 정의(사회적으로 생산된 부의 공정한 분배 또는 결핍의 공정한 분배) 개념을 포함해야 한다는 것도 그가 옳다고 생각된다. 그러나 맑스의 체계 자체는 여러 문제점을 내포하고 있다.

소외의 안개를 통해 바라보기

첫째, 인간성에 대한 맑스의 엄청나게 낙관적인 상을 살펴보라. 프로이트와 홉스 같은 비관주의자들과는 반대로, 맑스는 우리가 자연적으로 사회적이며 자연적으로 일꾼이라고 생각했다.(프로이트는 우리가 자연적으로 이기주의자이며, 건달이라고 생각했다. 그래서 문명이 번영하려면 우리의 진정한 본성을 억눌러야 한다.) 맑스에 따르면, 우리는 자연적으로 협동적이다. 경쟁과 이기심은 무엇보다도 불건강한 사회 구조의 결과다. 그런데 이 모든 것에 대해 맑스가 옳기를 희망할 수는 있지만, 여러분과 나에게 주어지는 증거는 항상 그의 주장을 편들지는 않는다. 이러한 반론에 대한 그의 대답은 그러한 증거가 소외의 문화로부터 유래한 것이기 때문에 소외의 안개(여러분의 안개와 나의 안개)를 통해 평가되어야 한다는 것이다. 그러나 맑스에 따르면, 모든 문화는 어느 정도 소외되어 있는데, 무슨 증거로 그는 사람들이 근본적으로 '선하다'는 것을 입증할 수 있는가?

두 번째 반론은 노동 계급의 신비화에 관한 것이다. 어째서 우리는 인류의 운명이 노동 계급의 운명이라는 맑스의 주장을 받아들여야 하는가?
어째서 억압받고 소외되고 불행한 인
민의 특정한 계급이 인류사의 숨은
의미를 담당해야 하는가?(또한 인류
사가 의미, 곧 텔로스[목적]을 지닌다는
것은 확실한가?)

　세 번째 비판은 진정으로 인간적
인 사회에서는 개인의 이익과 사회
의 이익이 일치한다는 맑스의 본질
적으로 플라톤주의적인 주장에 관한 것
이다. 확실히 그 둘 사이의 대립을 줄이기
위해 모든 노력을 기울여야 한다는 것은 맑스가
옳지만, 한 비판자인 앨런 브라운 교수가 말하듯이 다음과 같은 의문이 든다.

　개인적 이익이 집단적 이익과 화해될 수 있는 유일한 길은 그러한 집단적 이익이 개인의
의식 속에서 그 자신의 이익을 대체하는 것이 아닌가? ……러시아워의 교통 정체 문제를 생
각해보자. 대중 교통을 이용하는 모든 사람
에게는 그것이 훨씬 더 편리하다는 데에
서 하나의 집단적 이익이 존재한
다. 개인은 차선의 해결책을 얻기
위해 자기 자신의 행동을 축소시
켜야 한다 — 자신이 승용차를 이
용하고 다른 모든 사람이 버스를
이용한다면 그것이 그에게는 더
좋을 것이다.[13]

시민 정신

　그리고 마지막으로, 맑스가 민주주의를

새롭게 부활한 참다운 인간

거리낌 없이 '혁명 이후'에만 타당한 것으로 받아들이는 문제에 관해서는 어떤가? 그는 현대 세계의 서구 민주주의는 그 속의 유권자들이 모두 자기 자신의 이익과 인류의 이익을 곡해하는 허위 의식에 빠진 소외된 공상가라는 근거에서 작위적인 것이라고 거부할 것이다. 맑스는 혁명의 2세대 내지 3세대의 산물일, 진정한 의식을 지닌 소외되지 않은 공산주의자들에게만 투표권을 줄 것이다. 하지만 그들의 창조는 과도적인 '프롤레타리아 독재'에 달려 있다. 이는 '새로운 인간'이 충분히 자라날 때까지 몇 세대 동안 새로 혁명화된 사회를 지도할 절대적 전체주의다. 그 시점이 되면 더 이상 사회 계급이 존재하지 않고 계급 투쟁과 착취, 착취 도구로서의 국가의 필요성이 사라질 것이기 때문에 프롤레타리아 독재는 간단히 '해체'되고, 자발적으로 내려와 '인민'에게 절대 권력을 넘겨줄 것이다. 이 모든 것을 받아들이자면 사람이 약간 순진해야 하지 않을까? 만일 불행하게도 액튼 경이 맑스보다 더 정확하다고 본다면, 그 사람은 자본주의의 하수인에 불과한 것인가?(액튼 — "권력은 부패한다. 절대 권력은 절대적으로 부패한다.")

이 모든 것이 문제되는 이유는 맑스의 유기체론과 관계가 있다. 그는 부정의의 단편적 교정이 성공할 수 없다고 믿었다. 게임이 부패하면, 그 게임 속에서 가능한 모든 수단이 부패한다. 모든 것을 쓸어버리지 않으면, 부정의는 영원히 존재할 것이다. 그러므로 맑스에 따르면, 우리는 이 모든 문제에서 그의 판단을 받아들이거나 아니면 우리 자신이 영원히 불의의 세력의 반동, 하수인, 대변인이라는 비난을 감수해야 한다.

최소 국가주의

맑스의 공산주의 사회(또는 '코뮨주의' 사회)의 반대편 극에 최소 국가의 사상이 있다. 이는 폭력 사용과 부정 행위를 방지하고 그런 행위를 처벌하기 위한 정당한 권력을 지니지만, 그러한 최소한의 의무를 넘어서는 어떤 조치를 수행하기 위해 세금을 부과하거나 재산을 몰수할 정당한 권력은 지닐 수 없는 국가를 말한다. 어떠한 공공 사업이나 빈민에 대한 지원 제도도 정당화되지 못한다.

그러한 최소 국가는 최근에 널리 읽히고 많이 토론된 하버드대학 철학 교수 로버트 노직Robert Nozick의《무정부, 국가, 유토피아》라는 책에서 변호되었다. 노직의 변호의 출발점은 로크의 '자연 상태'이다. 이미 살펴보았듯이, 그 속에서 개인은 "생명과 자유, 건강, 소유"에 대한 자연권을 지닌다. 노직은 오직 최소 국가만이 스스로 그러한 권리의 침해자가 되는 일이 없이 그것들을 지킬 수 있다는 견해를 주장한다. 최소 국가가 허용되는 최대 국가인 이유는 그 이상 국가가 확대되면 과세를 통해 그 사업의 재정을 조달해야 하는데, 어떤 개인

들이 이러한 과세에 동의하지 않는다면 그들의 권리가 침해될 것이기 때문이다. 물론, 최소 국가도 보호 서비스를 받는 시민에게 과세하며, 단지 세금을 낸 시민만이 그 혜택을 받는다.

노직에 따르면, 이것을 넘어서 동의되지 않은 과세는 강제 노동과 같다. 그것은 정부를 여러분의 부분적 소유주로 만든다(왜냐하면 노직의 논증이 출발점으로 삼는 로크의 원리에 따라 여러분은 여러분 자신을 소유하며, 여러분의 노동은 여러분 자신의 연장이기 때문이다). 그래서

그것은 반半노예 상태와 구별이 불가능하다. 노직은 사회주의(공산주의는 그 한 형태)와 자유주의(사회주의처럼 공정성은 모종의 부의 재분배를 요구한다고 주장)를 모두 비판한다. 그 근거는 그것들이 역사적 이론이기보다 그가 말하는 '정형화'된 정의 이론이라는 것이다. 다시 말해서, 그것들은 재화의 분배에 관해 특정한 종류의 정형을 강요하는데(예컨대, 맑스의 "각자 능력에 따라 일하고, 필요에 따라 가진다"), 그것은 분배되는 재화의 역사와는 무관하다. 재화가 하늘에서 만나처럼 떨어진다면 그래도 무방할 것이라고 노직은 말한다. 그러나 실상

하늘에서 만나처럼 떨어지는 재화

대부분의 재화는 역사와 더불어 우리에게 주어진다. 그것들은 이미 저당잡히고, 이미 소유된 것 ― 구입되거나 매매되거나 벌거나 선물로 받은 것 ― 이다. 그러한 재화 또는 '재산'은 그것들에 대한 그 소유주의 절대적인 권리에 의해 보호되며 그 권리를 짓밟는 것은 부당한 일이다. 이러한 권리는 최초의 취득이 정당하고 뒤이은 모든 거래가 정당하다면(예컨대, 내가 어떤 물건을 만들거나 정당하게 내 돈을 주고 구입함으로써 그것을 소유하는 경우, 등등) 성립한다. 나아가, 재산을 양도할 권리가 있다. 나는 내가 소유한 것을 매매하거나 넘겨줄 수 있다(이는 상속의 권리가 존재함을 의미한다). 마지막으로, 교정矯正을 요구할 권리가 있다. 무정부 상태('자연 상태')에서 나는 나 자신이나 나의 재산을 침해하거나 도둑질하거나 사기치는 사람들에 대항해 내 자신과 재산을 보호할 권리가 있으며, 그렇게 하는 사람들을 벌할 권리가 있다. 최소 국가에서 나는 개인적으로 손수 다른 사람을 벌할 권리를 포기하지만, 국가가 그러한 보호와 징벌 기능을 수행하도록 요구할 권리가 있다(하지만 그것 이외에 국가에 대해 달리 요구할 수 있는 것은 없다).

이 모든 것이 함축하는 의미는 오직 무제한적 자본주의만이 정당한 사회를 만들어낼 수 있으며, "동의하는 성인들 사이의 자본주의적 행위"를 금지하는 국가는 전제 정치라는 것이다. 노직은 자기 견해의 귀결이 어떤 사람은 막대한 부와 권력을 축적하는 반면, 다른 사람들은 빈곤 속에 발버둥치게 되는 것임을 인정하는 것 같다. 그러나 그의 제도의 이와 같은 불행한 부대 효

과는, 그럼에도 불구하고 정의에 부합한다고 그는 믿는다. 자기 책 첫 페이지에서 노직은 "다른 사람들의 요구와 고통에 대해 그처럼 명백하게 냉담한" 자기 결론을 많은 독자가 거부할 것으로 안다고 말한다. 자기 논증 전반에 걸쳐서 그는 이러한 우려를 덜어주려는 노력을 거의 하지 않는다. 다만 재산을 취득할 때 "다른 사람들을 위해 충분히 남겨놓아야 한다"는 로크의 단서에 찬동을 표함으로써 그런 방향의 제스처를 취하기는 한다. 노직은 말한다.

> 그러므로 한 사람이 사막의 유일한 물웅덩이를 독점하고 자기 마음대로 요금을 매겨서는 안 된다. 그가 물웅덩이 하나를 소유하고 있는데, 불행하게도 그의 것을 제외하고 사막의 모든 물웅덩이가 말라버리는 사태가 벌어진다면 그 경우에도 그는 자기 마음대로 요금을 매겨서는 안 된다. 이와 같은 불행한 상황은, 그의 잘못이 아니라는 것은 인정되지만 로크의 단서를 가동시켜 그의 재산권을 제한하게 된다.[14]

각주에서 노직은 이렇게 덧붙인다. "만일 그가 특별한 예방 조치를 취한 덕분에 그의 물웅덩이가 마르지 않은 것이라면 상황은 다를 것이다."(p. 180)

당연한 일이지만, 노직의 이론은 정치적 입장이 단호하게 우경적인 많은 사람을 기쁘게 만들었다. 그러나 그의 책에서 영감을 얻은 문헌의 대부분은 비판적인 것이었다. 하지만 그러한 문헌의 분량 자체가 노직의 책의 의의를 인상적으로 증언한다. 마치 정치 저술가들은 노직의 주장이 응답을 요할 만큼 중요하다고 간주하는 듯이 보인다.

수많은 비판자가 노직의 자유주의적 유토피아의 밑바탕을 이루는 권리 개념을 공격한다. 그의 책의 첫 문장은 이렇다. "개인들은 권리를 지니며, 그들한테는 어떤 사람이나 집단도 (그들의 권리를 침해하지 않고서) 하지 못할 일이 있다." 그러한 권리는 자기 일에 대한 강제적 간섭을 반대할 권리와 소유할 권리다. 이러한 권리는 어디서 얻었는가? 노직은 실상 말해주지 않는다. 하지만 그에게 있어서 그것들은 절대적이며 다른 어떤 도덕적 주장

노직의 견해를 반기는 사람

을 압도하는 것이다. 노직에 반대하는 전형적인 방식은 그러한 권리의 존재가 단지 전제될 것이 아니라 증명되어야 한다고 주장하는 것이다. 어떤 비판자 그룹은 그러한 절대적 권리의 존재 자체를 부정한다. 예를 들어, 유명한 영국 철학자 앨라스데어 맥킨타이어는 이렇게 말한다. "그것들에 대한 믿음은 마녀와 일각수에 대한 믿음과 하나다."[15] 또 다른 영국 철학자 앨런 브라운은 내가 어떤 것에 대해 권리를 지닌다는 말은 "모든 것을 고려할 때, 이 경우에 나의 자유가 존중되거나 신장되어야 할 충분한 도덕적 이유가 있다"(p. 106)는 말을 돌려서 표현한 것에 불과하다고 말한다. 따라서 권리는 절대적이거나 기본적일 수 없다. 오히려 그것은 다른 도덕적 고려에서 도출된다. 다른 철학자들은 기본적 권리가 존재한다는 점에서는 노직에게 동의하지만 그가 열거하는 권리의 목록이 자의적이라고 주장한다. 예를 들어, 로날드 드보르킨은 이렇게 말한다.

나는 권리가 침해되어서는 안 된다는 데 동의한다. 그러나 때때로 권리 주장들이 충돌하는데, 왜 노직의 소유권이 다른 권리를 배제하는지, 또는 왜 그것

이 필연적으로 다른 것보다 더 중요한지 그 이유를 나는 모르겠다.[16]

또 다른 종류의 비판은 노직의 주장이 갖는 순전히 유토피아적인(따라서, 비실제적인) 성격을 공격한다. 예컨대, 노직은 취득에 관한 역사적 이론만이 참으로 정당할 수 있다고 주장하며, 또한 현재적 소유권은 원초적 취득이 정당할 때만 정당하다고 주장한다. 그러나 원초적 취득이 무엇인가? 아담과 이브의 것을 말하는가? 확실히 대부분의 현재적 소유는 한때 전쟁의 전리품이었거나 또는 힘이나 협박에 의한

아담과 이브의 원초적 취득

다른 형태의 이동의 결과물이었던 물품으로 역사적인 소급 추적이 가능하다. 우리 지방은 한때 미워크 인디안의 영토였다. 나는 미워크족이 이 땅을 더 고대의 선사 시대 종족에게서 뺏었는지는 모르지만, 우리 조상인 유럽인 정착민들한테 그들이 순순히 땅을 선사하지 않았다는 것은 안다. 오늘날의 세계에서 어떤 사람이 자기 소유물에 대해 원초적 취득으로부터 도출되는 정당한 소유권을 지니는가? 놀랍게도, 노직은 그러한 역사적 사실들이 자신의 역사적 이론을 훼손하며 우리로 하여금 어쩔 수 없이 어떤 형태의 "정형화"를 받아들이게 만든다는 사실을 시인하는 것 같다. 그는 이렇게 말한다. "우리의 죄에 대한 벌로서 사회주의를 도입한다는 것은 너무 지나친 일이겠지만, 과거의 부정의가 너무 엄청나서 그것을 바로잡기 위해 단기적으로는 더욱 광범위한 국가가 필요할 수도 있다."(p. 231) 비판자 앨런 브라운은 이 모든 것으로부터 다음과 같이 결론을 내린다.

그러므로 노직의 이론은 본질적으로, 최악의 의미에서 유토피아적이다. 그것은 아무런 실천적 연관성을 갖지 않는다. 원죄 이전의 에덴 동산처럼 그것은 우리가 지금 여기서 해야 하는 일의 문제점들에 대해 아무런 통찰도 제공해줄 수 없다. 왜냐하면 어떤 원리들이 우리의

노직, 지옥에 가다

선택을 알려줄지 우리는 전혀 무지한 상태이기 때문이다. 그 이론은 아무 데도 적용할 곳이 없다.(p. 99)

자유주의

맑스의 공산주의적 유토피아와 노직의 최소 국가적 유토피아 중간의 이론적 스펙트럼 어디에선가 우리는 '자유 국가'의 사상을 발견할 수 있다. 그것은 노직의 하버드대학 동료인 존 롤즈에 의해《정의론》[17]에서 열렬히 변호되었다.

자유 국가는 오늘날 서구 민주주의 속에 존재하는 것과 매우 흡사하다. 자본의 자유 기업이 고도로 허용되고 많은 천연 자원이 개인 수중에 있으되, 낮은 인플레이션과 높은 고용을 촉진하기 위해 국가가 규제한다. 세금을 재원으로 하는 사회 보장은 일할 수 없거나 일자리가 없는 사람들의 빈곤을 조절하려는 시도다. 자유주의의 배경을 이루는 전제는 사회가 맑스나 노직의 유토피아에서 생각되는 것보다 훨씬 더 복잡할 수밖에 없다는 것이다. 그것은 필연적으로 협동적 기업이며, 따라서 그 생산물과 부는 부분적으로 협동의 결과다(따라서 그 협동체의 모든 구성원들 — 돈을 건 사람들 — 은 맑스에게서처럼 생산물과 부의 공정한 몫을 요구할 권리가 있다). 그러나 또한 재화의 생산과 획득 양면에서 필연적으로 경쟁이 존재한다(따라서 협동체의 일부 구성원들 — 가장 많이 기여하는 사람들 — 은 노직에게서처럼 생산물의 불균등한 몫을 요구할 권리가 있다). 타당한 정의 이론이라면 반드시 이러한 정당한 요구들의 균형을 맞추고 부당한 요구를 배제하는 공식을 찾아내야 할 것이다. 롤즈가 생각하기에, 그러한 이론은 일단 정식화되면 민주적 자본주의 사회나 민주적 사회주의 사회에 적용할 수 있다. 어떤 경우든 사회는 공교육 체계를 지니고, 경제적 기회 균등에 이바지하며, 사회 보장을 갖추고, 시민들의 생존이 그 이하로 떨어지지 않도록 최저 생활 수준을 정해야 한다.

협동과 아울러 경쟁

롤즈의 정의 개념은 "공정성으로서의 정의"이다. 모든 시민이 사회적 재화의 합리적인 몫을 얻도록 보장하는 것 이외에도 공정성의 원리는 그러한 재화를 추구할 때 사람들이 서로에게 행하는 것에 대한 일련의 규제 속에 존재한다. 한편으로 롤즈는 어떤 정의의 이론도 사람들한테 강요된다면 정당할 수 없다고 생각한다 — 정확한 이론은 합리적인 사람들이 어떻게든 스스로 도달하는 그런 것이어야 한다. 다른 한편으로 롤즈는 그러한 이론이 어떤 것인지 자신은 안다고 확신한다. 정의는 그 무엇이든, 자신들이 상호 동의에 의해 만들어진 사회에 살아야 한다는 것은 알지만 그 사회에 어떠한 개인적 특성을 지니고 갈지는 모르는(곧, 자신들의 인종, 자신들의 신체적, 정신적 능력, 자신들의 유산이나 사회적 배경은 알지 못하는) 합리적이고 자기 본위적이며 시기심 없는 사람들이 선택한 것이다. 그러한 사람들은 다음과 같은 순서로 다음과 같은 원칙을 선택할 것이라고 롤즈는 말한다.

1. 다른 사람들의 평등한 자유에 부합하는 각자의 최대한의 평등한 자유(정치적, 지적, 종교적 자유).
2. 부와 권력의 평등한 분배. 단, 불평등이 모두의 이익이 될 경우 및 유리한 평등의 입장을 차지할 수 있는 평등한 기회가 존재할 경우는 예외다.

공정성으로서의 정의

롤즈적 시민

만약 이것이 옳다면, 정의로울 수 있는 유일한 사회는 가장 불이익을 당하는 구성원을 위해 부와 소득을 부분적으로 재분배하는 자유주의적 사회라는(노직의 이론과는 다른) 결론이 나온다.

롤즈의 이론은 플라톤의 경우처럼 하나의 정치적 신화 — '고상한 거짓말' — 에서 출발한다는 것에 주목하라. 플라톤의 신화에서 사람들은 과거에 대한 자신들의 기억이 실제로는 꿈의 기억에 불과하며 자신들이 스스로에 대해 믿는 것은 사실상 거짓이라는 이야기를 듣는다. 이와 비슷하게, 롤즈의 신화는 그가 '무지의 베일'이라고 부르는 것을 설정하며, 그 속에서 우리가 스스로에 관해 알고 있는 것(우리의 심리적, 신체적, 사회적, 인종적 특징)은 배제된다. 그 신화는 또한 우리가 시기하지 않으며 합리적으로 스스로의 자기 이익을 추구한다고 전제한다. 만약 여러분이 롤즈한테 그의 신화는 신화일 뿐이지 전혀 진실이 아니라고 말한다면 롤즈는 그것이 단지 어떤 사회의 합리성을 증명하기 위한 분석 도구로 쓰이는 철학적 장치에 불과하다고 답변할 것이다(이 점에서 그의 '원초적 입장'[그는 무지의 베일에 가린 자신의 신화적 조정자의 상태를 그렇게 부른다]은 전통적인 계약 이론에서 말하는 '자연 상태'와 흡사하다). 그것은 정치 철학자로 하여금 자연적으로 진화하는 사회의 어떤 불평등은 걸맞지 않기 때문에 부당하다는 직관적 사실을 인정할 수 있게 해준다. 어떤 사람들은 더 적게 가지고 태어났다는 이유로 평생 고통받아야 하는 반면, 다른 사람들은 단순히 출생의 우연으로 인해 지나치게 많은 양의 재화에 둘러싸여 지낸다

는 것은 부당한 일이다. 그것은 롤즈로 하여금 자
신이 옳다고 직관하는 결론, 곧 사회는 가장 불
이익을 당하는 사람들을 위해 부분적으로 부
를 재분배할 때만 정당하다는 결론에 합리적
으로 도달할 수 있게 해준다. 간단히 말해서,
그것은 정의로운 사회가 어떻게 우리 모두에
게 홉스적인 이기주의자에서 칸트적인 보편주
의자로 변화할 것을 요구하는지 보여준다. 그러
기 위해 그것은 만약 우리가 단지 출생의 우연에
의해 우리 것으로 지니는 모든 특성을 벗고 어떤
사회 속에 들어가서 다른 사람들과 협상을 하도

록 강제된다면, 우리는 자유주의적 사회를 선택할 것이라는 것을 보여주고자 한다.

롤즈의 이론이 많은 독자의 호응을 받기는 하지만, 거기에도 또한 그 몫의 비판자들이 있다
는 것은 놀라운 일이 아닐 것이다. 모든 가능한 사회 중에서 가장 합리적인 것을 결정하고자 하
면서 우연하게도 그 이론의 저자가 살고 있는 사회의 유형이 그것이라고 결론짓는 이론은 많
은 사람의 의심을 산다.

한 특이한 비판에 따르면, 롤즈는 우리의 자연적인 도박성을 무시한다고 한다. 롤즈는 그의
자유주의적 사회가 공리주의적 사회보다 우월하다고 생각한다. 왜냐하면 후자는 노예제와 양
립할 수 있지만(불쌍한 소수의 노동하는 노예들
은 최대 다수의 최대 행복을 가져올 수 있다),
노예제는 자유주의와 양립할 수 없다. 그 까닭
은, '원초적 입장'의 조정자들은 자기 스스로가
노예가 될 수도 있으므로 노예제를 선택하는 모
험을 하지 않을 것이기 때문이다.

그러나 비판자들은 이렇게 묻는다. 만약 노
예제로부터 큰 이익을 얻을 가능성이 충분히 높
다면 노예로 지목될 낮은 가능성을 무릅쓰는 사

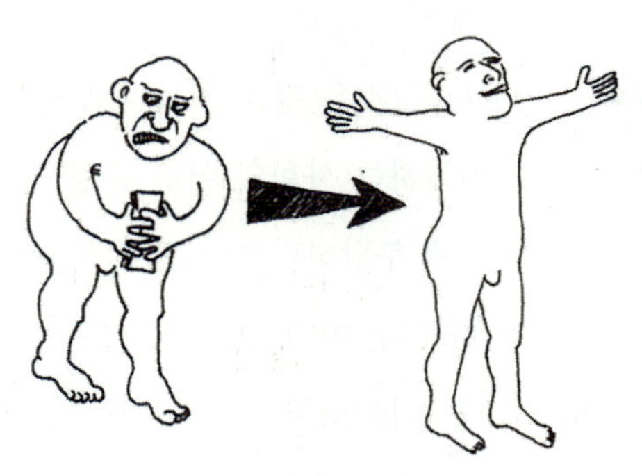

람들도 있지 않겠는가? 또 다른 비판은 만약 계약 서명자가 자신의 진정한 이해관계를 모르는 상태라면, 어떤 계약도 법적인 구속력을 갖지 못한다는 것이다. 한데 롤즈의 사회 계약에 서명하는 모든 사람은 자신의 개인적 신원조차 알지 못한다. 그러므로 이런 이유로 '무지의 베일' 뒤에서 이루어지는 롤즈의 계약은 무효다. 끝으로, 우리는 롤즈에 대한 노직의 주요한 비판을 상기해야 한다. 노직의 말에 따르면, "재화가 하늘에서 만나처럼 떨어진다

면" 어떤 정형화된 평등의 공식에 따라 재화를 분배해도 무방할 것이다. 그러나 파이를 놓고 누가 거기 기여했고 누가 실제로 소유주인지 알면서도 파이를 똑같이 분배하는 것은 부당하다. 노직은 묻는다. '원초적 입장'의 사람들은 어떻게 해서 자신들 뜻대로 파이를 분배할 권리를 갖는가?(그러나 물론 공정한 처리의 권리는 노직의 소유의 권리만큼이나 기본적인 것이라고 주장할 수 있을 것이다.)

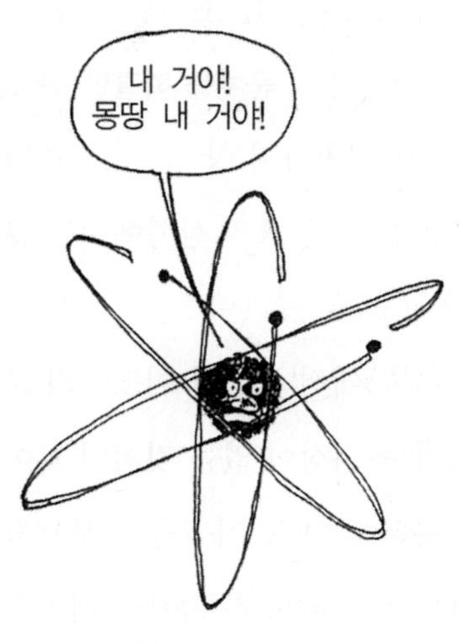

이기적 원자로서의 자아

결론

우리는 이 장 서두에서 대부분의 우리 행동이 위반자에 대한 거의 노골적인 실력 행사의 협박에 의해 강제되는 규칙과 법률에 의해 통제된다고 지적했다. 우리가 왜 그것을 참는가 하는 질문이 제기되었다. 이제, 우리는 그 질문에 대해 한쪽에서 홉스의 답변을 받아들일 수 있다고 나는 생각한다. 힘의 위협에 의해 우리 행동에 대한 규제를 용인하는 것이 그 급진적인 대안 — 무정부 상태 —

시민들의 질서를 유지해주는
고상한 거짓말

보다 더 낫다. 그러나 그렇다고 해서 (홉스가 생각했듯이) 우리가 어떤 형태의 정부든 동의해야 하는 것은 아니다. 정부로부터 우리가 정확히 무엇을 합당하게 기대할 수 있는가는 홉스적인(또한 프로이트적인) 자아自我 상이 옳은가 여부에 크게 좌우된다. 자아는 천성적으로 자기 자신의 만족만을 추구하며 강제가 있을 때만 협동적으로 행동하는 본질적으로 이기적인 원자인가? 아니면 자아는 로크와 맑스가 우리한테 설득하듯이 천성적으로 사회적, 협동적이고 다른 사람들의 곤경에 대해 동정적인가? 전자의 상이 옳다면 정치적 국가는 인위적 창조물이며, 과도한 억압(그리고 또한 프로이트적 의미에서의 과도한 죄 의식)이 없는 문화는 불가능하다. 나아가, 시민들이 질서를 유지하도록 하기 위해 모종의 '고상한 거짓말' 또는 신화가 필요할 것이다. 만약 후자의 더 낙관적인 상이 옳고 우리가 천성적으로 사회적이라면, 사회는 인위적이거나 반드시 지나치게 억압적인 것이 아니다. 그리고 신화보다는 이성이 시민들에게 사회적 가치를 대변하고 설명하고 정당화해줄 수 있을 것이다. 그러나 어느 상이 옳은가? 이것은 어려운 문제다. 이 문제를 고찰하고 여러 상이한 가설을 시험하는 데 평생을 소비할 수도 있다(하지만 프로이트는 어린이들이 모래 상자에서 노는 것을 20분만 관찰하면 그 문제를 해결할 수 있다고 생각했다). 내 견해로는, 인간성에 대한 믿을만한 설명은 이러한 두 가지 상 중 어느 하나에 대응하는 것이 아니다. 그러나 결핍의 상황에서는 홉스가 다소 옳고, 풍요의 상황에서는 로크가 다소 옳다.

영국의 인류학자 콜린 턴벌Colin Turnbull은 자신의 책《산악 부족》에서 특수한 이크족의 문화에 열악한 결핍이 미친 영향을 서술했다. 이 종족은 서로에 대해 동정심이 없는 것처럼 보이고, 이기적이며 악랄하다. 부모들이 자식들한테 음식에 손대지 못하게 하고, 자식들은 부모들한테서 훔치며 조부모들의 연약함을 이용한다. 하지만 그의 다른 책《숲의 부족》에서 턴벌은 콩고 우림 지대의 피그미족인 밤부티족의 또 다른 문화에 대해 서술하고 있다. 그들은 기본적

노는 아이들

인 물질적 요구를 채우며 매우 편안하게 살아가고, 그 구성원들은 사회적이고 협력적이며 동정적이다. 턴벌의 자료는 어떤 것도 증명하지 않지만, 거기에서 우리는 우리의 기본적인 물질적 요구가 충족되면 인간성의 좀 더 긍정적인 측면이 활성화될 수 있다는 희망을 얻을 수 있다. 만약 그것이 옳다면, 정부의 역할은 단지 우리를 서로에게서 보호해주는 것(홉스의 견해)이 아니라, 또한 어떤 도덕적 또는 정신적 상태를 진작시켜주는 것이어야 한다(로크의 견해). 나의 가설에 따르면 ― 로크에게서 명시적으로 표현되지는 않지만 ― 이것은 정부가 또한 일정 수준의 물질적 복지를 진작시켜야 한다는 의미다. 그러나 이것은 권위주의적 방식으로 이루어질 수는 없다. 홉스와 로크, 루소가 정당성의 핵심 개념을 동의라고 말하는 것은 옳지만, 그 개념을 정확히 어떻게 이해할 것인가는 논란의 소지가 있다. 정치 이론의 일차적 주안점의 하나는 동의 이론을 발전시키는 것이어야 한다.

이 모든 것은 우리를 사회 철학의 핵심 개념인 정의라는 주제로 이끈다. 나 자신의 결론은 문제의 해결로 제시되는 것이 아니다. 이 중요한 주제에 대해 어떤 입장을 취하든 그 당사자는 심각한 문제점들에 연루된다. 하지만 그렇다고 해서 우리가 최대한 능력껏 이 문제를 고찰해서 어떤 잠정적인 결론에 도달하지 못할 이유는 없다. 나의 결론은 이렇다. 나는 정의로운 사회는 억압받는 다수가 비생산적인 소수의 특권을 뒷받침하도록 강제되는 사회일 수 없다는 맑스의 견해에 동의한다. 사회적 생산성으로부터 이익을 얻고자 하는 모든 사람은 거기에 기여해야 한다. 그러나 맑스는 (밀과 대조적으로) 개인이 사회에 대해 아무런 정당한 권리를 갖지 않는다는 견해에서는 비판되어야 하며, 사회가 인간의 선에 대한 한 가지 견해 ― 곧, 생산성이 선이라는 견해 ― 에 바탕해야 한다는 그의 생각은(만약 그런 생각을 했다면) 잘못이다. 자유주의(밀과 롤즈)는 국가가 인간의 선에 대한 서로 양립할 수 있는 수많은 견해에 대해 열려 있어야 한다는 견해에서는 칭찬할 만하다. 노직이 정확하게 일깨워주듯이 소비나 구매, 거래를 위해 우리한테 주어지는 재화는 하늘에서 만나처럼 떨어지는 것이 아니다. 우리는 소유권을 생각하지 않고, 다시 말해서 어떤 사람들이 어떤 재화를 적법하게 생산하거나 구입하거나 상속받음으로써 그것들에 대해 정당한 소유권이나 지배권을 갖는다는 사실을 고려하지 않고 단순히 어떤 사람에게서 빼앗아 다른 사람에게 주는 방식으로 정의를 이룰 수는 없다. 그러나 '소유권'은 절대적 범주가 아니다. 나는 롤즈가 맑스 편에서 노직에 반대하여 제기하는 다음과 같은 주장이 설득력 있다고 본다. 정의로운 사회는 소유권에만 기초할 수 없으며 소유권 주장은 필요나 사회적 희생의 주장과 균형을 이루어야 한다. 따라서 정의로운 사회는 사회 속의 가장 불이익을 당하는 사람들이 일정하게 합의된 생활 수준 이하로 떨어지지 않도록 강제하고 자신들의 불이익의 처지를 넘어설 기회를 갖도록 보장해주는 지속적인 부의 부분적 재분배를 책임져야 한다. 이는 그러는 것이 도덕적으로 옳기 때문만이 아니라, 그러지 않으면 인간성의 악한(홉스적인) 측면이 활성화되어 모두의 인간 관계가 위태로워질 수 있기 때문이다.

권장 도서

Alan Brown, *Modern Political Philosophy: Theories of the Just Society*(Penguin, 1986). 통찰력 있는 논평이 가득한 명쾌한 요약.

Thomas Hobbes, *Leviathan: or the Matter, Forme and Power of a Commonwealth Ecclesiastical and Civil*(Coller Books, 1962). 정부와 휴머니티에 대해 17세기 영국에서 길고, 종종 지루하고 다소간 어렵지만 현명함을 내포한 채 오래되고 시니컬하게 다루고 있다. 여기서 다루는 주제는 특히 1부 13장부터 2부 18장까지 참조하라.

John Locke, *The Second Treatise of Civil Government, in Two Treatises of Government*(Hafner, 1964). 미국 독립 선언문에서 영감을 얻은 근대 정부의 '바이블'. 놀랍게도 읽을 만하다.

David McLellan, *Karl Marx*(Viking Penguin, 1976). 'Modern Masters' 시리즈 중의 하나로 간략하나 뛰어난 해설.

John Stuart Mill, *On Liberty*(Henry Regnery, 1955). 밀이 의도적으로 빅토리아 풍으로 쓴 문체 때문에 읽기 어려우나 짧고 인상적이다.

Robert Nozick, *Anarchy, State and Utopia*(Basic Books, 1974). 방대하고 범접하기 쉽지 않으나 노직은 좋은 저술가다.

Karl Popper, *The Open Society and Its Enemies*, 5th ed.(Princeton University Press, 1971). 제1분책에서는 플라톤의 정치학을, 제2분책에서는 20세기의 가장 뛰어난 과학 철학자 중의 한 사람인 맑스의

정치학을 무겁지만 흥미롭게 다루고 있다.

John Rawls, *A Theory of Justice*(Harvard University Press, 1971). 초보자에게는 약간 기술적이나 읽으면 좋은 책이다.

Richard Taylor, *Freedom, Anarchy and the Law*, 2nd ed.(Prometheus Books, 1982). 홉스, 로크, 루소, 밀이 제기한 기본 쟁점을 간략하나마 매우 읽기 쉽게 해설.

주

1 Plato, Republic, in *Great Dialogues of Plato*(New American Library, 1956), pp. 216~217. 이하에서의 《국가》로부터의 인용은 이 책에 따랐다.

2 Thomas Hobbes, *Leviathan: or the Matter, Form and Power of a Commonwealth Ecclesiastical and Civil*(Coller Books, 1962), pp. 98~99, 이하에서 홉스에 관한 인용은 이 책에 따랐다.

3 John Locke, *The Second Treatise of Civil Government*, in *Two Treatises of Government*(Hafner, 1964), pp. 122~124. 이하에서 로크에 대한 인용은 이 책에 따랐다.

4 Jean-Jacques Rousseau, *The Social Contract and Discourses*, G. D. H. Cole, trans.(J. M. Dent and Sone, 1982), pp. 174~175. 이하에서의 루소에 관한 인용은 이 책에 따랐다.

5 John Stuart Mill, *On Liberty*(Henry Regnery, 1955), pp. 23~24.

6 Mill, On Liberty, p. 13.

7 예컨대, Leonre Davidoff and Catherine Hall, *Family Fortune: Men and Women of the English Middle Class, 1780~1850*(Hutchenson, 1987) 및 Dorothy O. Helly and S. Reverby, *Gendered Domains: Beyond the Public and Private in Women's History*(Cornell Univ. Press, 1992) 참조.

8 Richard Taylor, *Freedom, Anarchy, and the Law: An Introduction to Political Philosophy*(Prentice-Hall, 1973), p. 58.

9 John Stuart Mill, *Principles of Political Economy*(Longmans, Green, 1929), p. 950. 이하에서의 밀의 인용은 이 책을 따랐다.

10 Karl Marx, *Economic and Philosophical Manuscripts*, in Erich Fromm, *Karl Marx's Concept of Man*, T. B. Bottomore, trans.(Frederick Ungar, 1969), p. 97.

11 Marx, *Economic and Philosophical Manuscripts*, pp. 98~99.

12 Karl Marx, *German Ideology*, in Fromm, Marx's Concept of Man, p. 42.

13 Alan Brown, *Modern Political Philosophy: Theories of the Just Society*(Penguin, 1986), pp. 117~118. 이하에서의 브라운의 인용은 이 책에 따른다.

14 Robert Nozick, *Anarchy, State and Utopia*(Basic Books, 1974), p. 180. 이하에서의 노직의 인용은 이 책에 따른다.

정치 철학 및 사회 철학　453

15 Alasdair MacIntyre, *After Virtue*(University of Notre Dame Press, 1981), p. 67; Brown, *Modern Political Philosophy*, p. 106.

16 Interview with Ronald Dworkin, in Bryan Magee, *Men of Ideas: Some Creators of Contemporary Philosophy*(British Broadcasting Corporation, 1978), p. 254.

17 John Rawls, *A Theory of Justice*(Harvard University Press, 1971).

생각해볼 문제

1. 플라톤이 자신의 이상 국가를 정당화하는 근거의 대부분은 현대 민주주의 사회의 시민들에게 호소력이 없거나 심지어 거부 반응을 일으킨다. 왜 그런가? 플라톤의 설명에 어떤 옳은 점이 있다고 보는가?

2. 어떤 문화도 그 사명을 정당화하는 모종의 신화(또는 '고상한 거짓말')이 없으면 존속할 수 없다는 플라톤의 주장에 동의하는가?

3. 비슷한 언어를 사용함에도 불구하고, 홉스와 로크는 정부에 대해 매우 상이하게 정당화한다. 왜 우리가 법의 지배에 복종해야 하는가라는 질문에 대한 그들 각자의 답변을 논하고 어느 한쪽의 입장을 취해보라(또는 둘 사이의 타협안을 만들어보라).

4. 왜 루소는 '참여 민주주의'가 유일한 진짜 민주주의라고 생각하는가? '대의제 민주주의'에 대한 비판은 무엇인가?

5. '사적' 및 '공적' 영역이라는 주제에 대한 루소와 밀의 차이를 최대한 분명하게 대비해보라.

6. 맑스의 사회 정의 이론에서 여러분이 가장 좋아하는 주안점과 가장 싫어하는 주안점을 끄집어내보라. 여러분의 판단을 설명하라. 맑스의 이론에서 이 두 가지 주안점은 어떻게 연관되어 있는가?

7. 노직이 '최소 국가' 이론에서 옹호하는 종류의 사회적 공정성과 롤즈가 '자유 국가' 이론에서 옹호하는 그것을 대비하라. 어떤 견해가 더 여러분의 공정성 개념에 부합하는가?

예술 철학

예술 창조의 충동은 인류 자체만큼이나 오래된 것으로 보인다. 만약 여러분이 알타미라나 라스코의 3천 년 전 동굴 벽화를 전형적인 황금 시간대 TV 작품의 영상과 ─ 또는, 더 못하게 버스 터미널 남자 화장실 벽의 낙서와(또는 한층 더 못하게, 가능하다면 이 책의 그림과) ─ 비교한다면, 우리 크로마뇽 조상들의 시대 이래로 하향 곡선이 있었다고 여러분은 생각할 것이다. 그러나 최소한 그 중간에는 어떤 위대한 순간들이 있었다!

'예술'을 창조할 때 인간은 무엇을 하는 것인가? 그들의 작품은 경박하거나 심지어 위험하기까지 한 장난질인가, 아니면 인간성에 관해 깊숙하고 본질적인 어떤 것을 보여주는 것인가? 그리고 예술과 '현실'의 관계는 무엇인가? 어떤 철학자들이 주장하듯이 예술은 현실의 빈약한 모방인가, 아니면 다른 철학자들이 주장하는 것 ─ 세계를 개량하는 것 ─ 인가? 이 듯이 예술은 자연을 정화하고 풍부하게 것은 예술 철학의 큰 질문들이다. 그 질문들에 어떤 답변이 존재하든지 간에, 몇천 년 동안 사람들이 예술에 관해 철학적 사색을 제기해온 것은 놀라운 일이 아니다. 왜냐하면 좋든 나쁘든 예술이야말로 참으로 설득력 있는 인간 경험의 일부분이기 때문이다.

원시 시대의 낙서

플라톤과 프로이트

앞서 언급한 대로, 우리의 예술 논의는 다른 많은 논의와 마찬가지로 플라톤의 견해에서 출발할 것이다. 그러나 여러분이 예상했든 아니든, 그 견해는 단호하게 부정적인 것이다. 선의 비유의 형이상학(2장 참조)에 바탕을 둔 그의 예술 비판은 세 부분으로 서술할 수 있다. 존재론적 반론과 인식론적 반론, 그리고 도덕적 반론이 그것이다. 존재론적 반론은 예술이 모방(미메시스)이라는 플라톤의 견해와 관련이 있다. 이는 표준적인 그리스적 견해로서, 그 주제를 다룬 그리스의 모든 위대한 사상가에게 이의 없이 통용되었다. 그런데 예술은 무엇의 모방인가? 플라톤에 따르면, 예술은 세계를 있는 모습이 아니라 보이는 모습대로 모방하는 것이어야 한다. 예술가들은 '특수한 대상'을 모방한다. 만약 그렇다면 예술 자체는 '가상'(이는 그 자체가 더 높은 사물의 모사에 불과한 '특수한 사물'의 모사이다)의 영역에 속해야 한다. 《국가》의 10편에서 플라톤은 예술이 "진리로부터 세 배나 멀리 떨어져 있다"고 말한다. 그것은 모사의 모사의 모사이다.

오늘날 우리들 대부분은 선의 비유의 영향 아래 예술에 접근하지 않기 때문에, 그리고 우리는 예술이 단순히 모방이라는 견해에 더 이상 만족하지 않기 때문에 우리는 아마 플라톤의 존재론적 반론이 매우 강력하다고 느끼지는 않을 것이다. 따라서 그의 논점을 더 잘 이해할 수 있기 위해서 다음과 같은 예를 살펴보자. 찰스 디킨스 같은 사람이 쓴 소설의 첫째

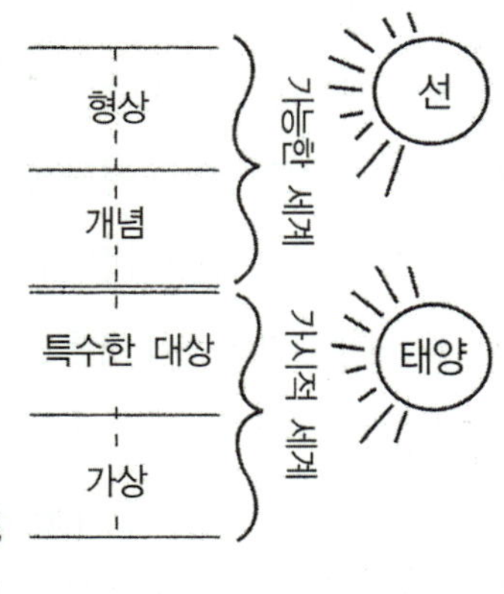

플라톤의 선의 비유 다시 보기

줄이 다음과 같이 시작한다고 가상하자. "때는 런던의 어느 안개 낀 날이었다." 자, 정확히 어떤 날이 안개 낀 날이었는가? 1836년 6월 21일인가? 1829년 8월 7일인가? 명백히 그 문장은 현실의 어떤 날도 가리키지 않는다. 엄격하게 말해서, 그 문장은 거짓이거나 최소한 진리와는 무관한 지위를 갖는다. 이는 소설 속의 모든 문장에 해당된다. 우연하게 사실과 일치하는 내용이라 하더라도 그렇다.(예를 들어, "1782년 9월 26일은 런던의 안개 낀 날이었다"라고 디킨스가 말했다

면, 우리는 기록을 조사해서 그날이 정말 안개 낀 날이었는지 알아 볼 수 있겠지만, 그날이 그랬든 아니든 예술 작품에는 상관이 없을 것이다. 그 문장이 참이라 하더라도 그 작품은 예술 작품으로서 더 좋거나 더 나쁠 것이 없다. 이와 비슷하게, 중세와 르네상스 시대의 예수 그림은 예수가 실제 인물이 아니라는 것이 증명되더라도 회화로서 더 나빠질 것이 없다.)

이로부터 예술 작품은 환상 덕분에 존재하는 것이라는 결론이 나온다. 디킨스 소설의 성공은 그가 현실의 사건과 사람들을 묘사한다는 환상을 창조해내는 데 달려 있다. 마찬가지로, 사실주의적 회화의 성공은 이 색채의 얼룩이 구름과 산, 집, 사람 등등이라는 환상을 예술가가 창조해내는 데 달려 있다. 그러므로 플라톤에게서 예술의 기능은 항상 속이는 것이다. 그것은 항상 실재(형상)로부터 벗어나 환상(가상)으로 관심을 돌린다. 플라톤은 더 고상한 기능을 하는 예술이 존재론적으로 정당화될 수 있다는 것을 부정하지 않았지만, 그가 보기에 거의 모든 예술은 방금 설명한 것처럼 기만적이었다.

플라톤의 인식론적 반론은 예술 작품과 예술가 양자를 모두 겨냥한 것이다. 예술 작품은 거짓이기 때문에 세계에 대한 참다운 지식을 전혀 주지 않으며 예술가는 자신들이 무엇을 하고 있는지 알지 못한다. 그들은 로고스를 줄 수 없다.

플라톤의 도덕적 반론은 여러 측면을 지닌다. 첫째로, 만약 플라톤이 지식의 추구는 선의 추구임을 입증했다고 하면, 그리고 예술이 무지를 생산하는 것이라

더 고상한 기능을 하는 예술

면, 예술은 비도덕적이다. 둘째로, 예술은 인간
과 신의 본성에 내재하는 결함에 집중적인 관심
을 쏟으며 종종 위대한 사람들과 신들이 비도덕
적인 행위를 하는 것으로 묘사한다. 여기서 플
라톤은 호메로스와 그리스 비극을 염두에 두었
다. 자기 부인을 속이고, 어디 갔었느냐고 물으
면 거짓말하는 제우스 같은 신을 여러분은 얼마
나 존경할 수 있겠는가? 또는 다른 경우에, 부인
한테 휘둘리고 심지어 오쟁이를 지기도 하는 그
를 찬양할 수 있겠는가? 저승에 간 오디세우스
의 이야기는 어떤가? 오디세우스가 아킬레우스

아킬레우스와 겁먹은 오디세우스

의 유령을 만날 때 이 존경받는 트로이 전쟁의 영웅에게 오디세우스는 자기가 그를, 죽은 자 가
운데 왕으로 무척이나 부러워했노라고 말한다. 아킬레우스는 절망적인 투로 이렇게 응답한다.
"나는 모든 죽은 자의 최고 임금이 되기보다는 차라리 작은 농장의 농부 밑에서 일하는 농노나
일꾼이 되고 싶다네." 만약 아킬레우스 같은 우상이 영웅으로 죽는 것보다 겁쟁이로 사는 것이
낫다고 말한다면, 여러분은 어떻게 청년들에게 용기를 불어넣어 조국을 지키기 위해 싸우도록
할 수 있겠는가? 만약 사람들이 결함 있는 신들과 영웅들을 모방한다면(비극적인 결함이라 하더

밤의 숲 속에서 불타는 진짜 호랑이

라도), 사람들 스스로 완전성을 얻기 위해 노력한다는 것은 기대할 수 없는 일이다.

우리는 예술이 환상이라는 것을 망각하기 때문에 그것을 이상적인 경우의 사례로 삼는다. 지난 주에 여러분의 몇몇 선생님이 요점을 밝히기 위해 허구에서 빌려온 사례를 이용한 경우가 몇 번이나 되는지 생각해보라. "광기의 완벽한 예는 당연히 돈키호테다." "햄릿은 우리 모두가 겪는 우유부단함의 좋은 예다." "피카소의 〈게르니카〉는 전쟁의 공포를 분석한다." 그러나 사실상 돈키호테라는 이름의 광인은 존재한 적이 없으며, 햄릿은 실제로 우유 부단함을 지닌 것이 아니었다. 폭탄에 맞은 말은 피카소의 말처럼 생기지 않았으며, 현실의 '호랑이'는 밤의 숲 속에서 불타지 않는다.

이로부터 우리는 예술에 대한 플라톤의 세 번째 가장 중요한 도덕적 반론에 도달한다. 예술은 영혼의 가장 고귀한 능력인 순수 이성에 호소하지 않는다.(예술은 가상을 다룰 수밖에 없는데, 어떻게 그럴 수 있겠는가?) 오히려 그것은 영혼의 가장 저급한 부분인 감정에 호소한다. 플라톤은 프로이트처럼 비이성적 열정을 매우 의문시했다. 플라톤과 프로이트는 모두 다 영혼의 가장 어두운 구석에 성욕과 폭력 — 무절제한 감정 — 의 용광로가 존재한다고 믿었다. 이러한 열정들은 반사회적이며 개인을 파멸시킨다. 우리가 직면하는 가장 어려운 일 중의 하나가 이러한 열정에 지배되지 않고 그것을 다스리는 일이다. 흥미로운 사실은 프로이트와 플라톤 둘 다 정신의 이러한 부분의 존재를 증명해주는 예로 꿈을 지목한다는 것이다. 그 부분을 프로이트는 '이드'라고 부르고, 플라톤은 '욕구적 영혼'이라고 부른다. 7장에서 여러분은 플라톤이 《국가》에서 소크라테스와 그의 친구 글라우콘 사이에 다음과 같은 대화를 제시하는 것을 기억할 것이다.

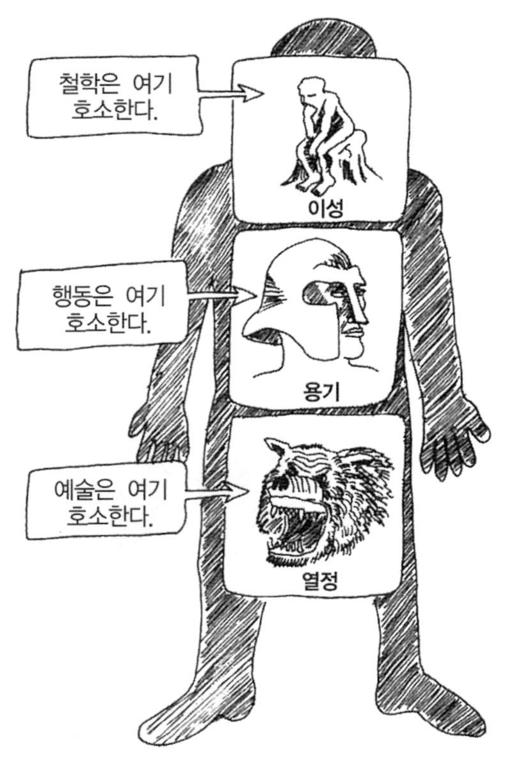

영혼의 구조

소크라테스 이것 보게, 내가 살피려는 것은 이런 것이라네……. 몇 가지 불필요한 욕망과 쾌락은 무법적이며, 모든 사람이 타고난다고 나는 생각하네…….

글라우콘 청컨대, 그것들은 무엇인가요?

소크라테스 잠 속에서 일깨워지는 것일세. 영혼의 나머지 부분, 이성적이고 온화하며 지배적인 모든 것이 잠들 때마다 음식이나 술을 포식한 짐승 같은 야만적인 것이 마구 뛰어다니면서 잠을 떨치고 나가서 자신의 본능을 충족시키고자 한다네. 아다시피, 모든 수치심과 이성을 내던진 그것이 감히 하지 못할 일은 없네. 그것은 공상 속에서 어머니든, 아니면 어떤 다른 사람이든 신이든 짐승이든 가리지 않고 주저 없이 동침하고자 하며 어떤 유혈에도 움츠러들지 않고 어떤 음식도 삼가지 않는다네 — 한 마디로, 모든 어리석음 또는 파렴치를 시도해본다네.[1]

폭력과 성욕의 꿈을 예방하기

플라톤에 따르면, 영혼의 이 부분을 통제하고 폭력과 성욕의 꿈을 예방하는 길은 절제 있게 생활하는 것, 잠자리에 들기 전에 적게 먹고 마시는 것, 잠자기 전에 철학적 사색을 하는 것, 그리고 무엇보다도 예술을 피하는 것이다! 정확히 우리가 예술을 좋아하는 이유는 그것이 열정을 자극하고 우리를 흥분시키기 때문이다. 세련된 사람들은 바흐를 듣고 흥분하고 세련되지 않은 사람들은 무술 영화를 보고 흥분하지만, 묘하게도 그 내용은 동일한 것이다. 우리는 플라톤의 이름으로 모든 예술은 음란물이라고 말할 수도 있을 것이다.

여러분이 플라톤의 견해를 비난하기 전에 우리 시대의 토론에서 제기된 다음과 같은 논쟁적 주장에 대해 여러분이 어떤 입장에 서 있는지 자문해보라. "TV에 나오는 폭력은 사회 속의 폭력을 영속시킨다. 많은 시간을 TV 보는 데 소비하는 아이들은 폭력에 대해 덜 민감하며 자신들의 문제를 폭력에 의존하여 풀려는 경향이 더 강하다." 만약 이 구절에 동의한다면 여러분은 플라톤을 편드는 것이다. 왜냐하면 TV는 대표적인 현대적 예술 형식이며, 플라톤의 모든 반론 ─ 존재론적, 인식론적, 도덕적 반론 ─ 은 우리가 화면에서 보는 것 대부분에 생생하게 적용되기 때문이다. '상업 광고'도 예외가 아니다.

플라톤과 예술에 대한 그의 반론을 마치기 전에, 잠시 플라톤과 프로이트의 비교로 돌아가 보자. 앞서 여러분은 플라톤의 생득 관념 이론과 프로이트의 정신분석 이론의 일부분 사이에 뚜렷한 유사성이 있음을 보았을 것이다. 두 사상가 모두에게 우리가 과거, 곧 우리 의식 속에 깊이 묻혀 있는 과거를 기억할 때 해방이 온다. 또한 두 사람 모두 영혼을 세 측면으로 나누었다. 프로이트의 경우는 이드, 자아, 초자아이고 플라톤의 경우는 욕구적, 정기적, 이성적 부분이다. 그런데 예술을 의심한다는 점에서 우리는 또 다른 유사성을 발견하게 된다. 프로이트의 예술 이론은 그 자체로 재미가 있으나, 그에 관한 간략한 논의는 플라톤의 유사한 이론에 빛을 비추어줄 것이다. 그것은 또한 (이 장 뒤에서 논의할) 20세기의 허버트 마르쿠제가 예술 문제를 해결하도록 예비할 것이다.

프로이트의 '본능'(독일어로 Triebe, 이는 '충동' 또는 '동인'으로 번역하는 것이 더 낫다) 이론은 그의 40년의 작업 기간에 걸쳐 상당한 변화를 겪었지만, 나는 그 가운데 대표적인 학설을 제시하고자 한다. 이드 속에 포함된 성적이고 공격적인 충동은 비이성적이고 반사회적이다. 이성과 사회가 존속하려면 이러한 열정은 통제되어야 한다. 정신의 이성적 요소(자아)는 자체적으로 이드의 폭발력을 억제할 능력이 없기 때문에 초자아의 가혹한 비합리성과 손잡아야 한다(이러한 제휴를 위해 정신은 무의식적 죄 의식의 형태로 큰

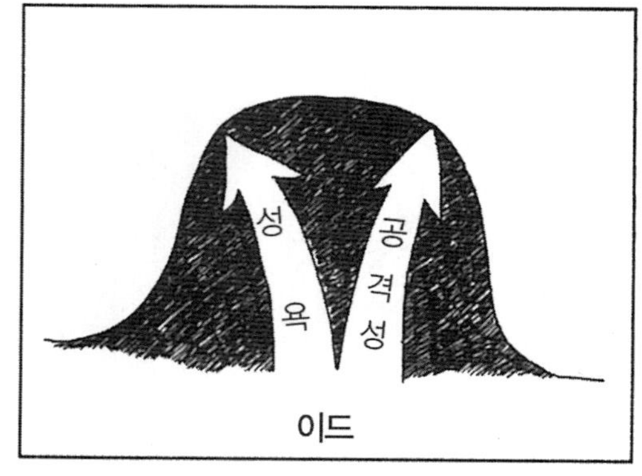

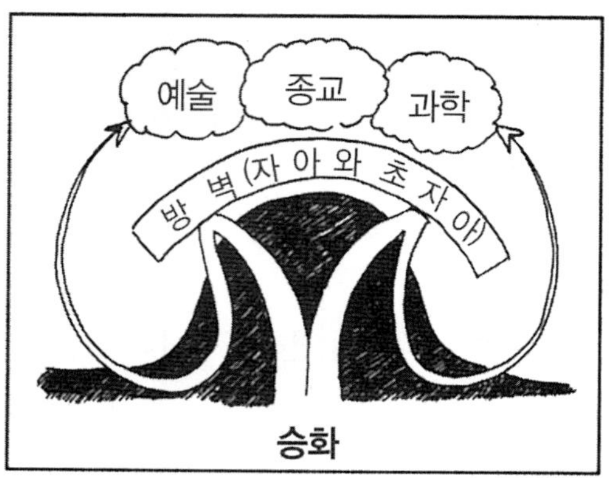

대가를 치른다). 그것들은 함께 방벽을 이루고 동물적 충동을 가로막아 그 근원으로 돌려보낸다. 거기서 그 충동은 "동물성을 탈피"하여 사회적으로 수용할 수 있는 창조성의 여러 형태 ─ 예술, 종교, 철학, 법률, 과학, 도덕 따위 ─ 로 방향 전환을 한다. 이러한 과정을 프로이트는 승화라고 부른다. 그것은 그 충동이 최초에 지향했던 목표의 대리 만족으로서 문화적 생산물을 만들어낸다. 하지만 문화적 생산물은 그 원초적인(성적이고 폭력적인) 본성을 결코 완전하게 상실하지 않는다. 예를 들어, 특별히 강한 공격적 충동을 지닌 소년을 상상해보자. 그는 살을 찢고 절단하고 사람들을 피흘리게 만드는 일에서 재미를 느낀다. 우리는 그를 길거리에 방치할 수 없어서 의과 대학으로 보낸다. 거기서 그는 자신의 적대감을 과학으로 승화시켜 외과 의사가 될 수 있다. 그는 이제 살을 찢고 절단하고 사람들을 피흘리게 만드는 일을 하면서 부와 위신과 존경을 얻을 수 있다. 프로이트는 사람이 성공적으로 동물성을 과학으로 승화시킬 수 있다고 믿었다(최소한 자신과 아인슈타인은 그렇게 했다고 그는 믿었다). 그러나 명백히 프로이트는 개인적으로 예술을 매우 존중했음에도 불구하고 예술적 승화를 의문시했다. 그가 애호하는 두 사람의 예술가, 곧 레오나르도 다 빈치와 미켈란젤로에 대한 그의 조사 연구는 의심을 덜어주지 않았다. 아놀드 하우저는 프로이트의 가장 비관적인 예술평을 다음과 같은 구절로 요약했다.

노이로제와 예술은 본질적으로 목적적이다. 그것들은 현실에 직면한 실패와 체념의 표현일 뿐만 아니라, 또한 일종의 도피주의다. 그것들은 현실로부터의 후퇴의 일면 결과이며, 일면 수단이다. 프로이트는 말한다. "모든 노이로제는 환자를 현실 생활에서 몰아내어 현실로부터 소외시키는 결과를 가져오며, 따라서 아마 그것이 목적일 것이다." 예술 작품에 관한 한, 그러한 목적의 존재는 의심할 나위가 없다. 노이로제와 예술은 똑같이 현실을 거부하지만, 노이로제는 현실을 부정하지 않고 단지 망각하고자 하는 반면 예술은 현실을 부정하는 동시에 대체하고자 한다. 따라서 예술가의 태도는 최소한 이 점에서는 노이로제보다 정신 이상에 더 가깝다.[2]

게다가, 예술가의 생산물은 과학자나 의사, 법률가의 그것과 달리 무의식적 공상 속에 있는 그 근원에 지나치게 가까이 있다. 공상은 유아적인 '쾌락 원칙'에 의해 인도되며 '현실 원칙'에 복종하기를 거부한다. 따라서 예술은 현실의 요구에 대한 이성적인 반응이 아니라 비이성적인 현실 부정이다. 이는 바로 예술에 대한 플라톤의 반론을 좀 더 복잡한 다른 방식으로 서술한 것이다.

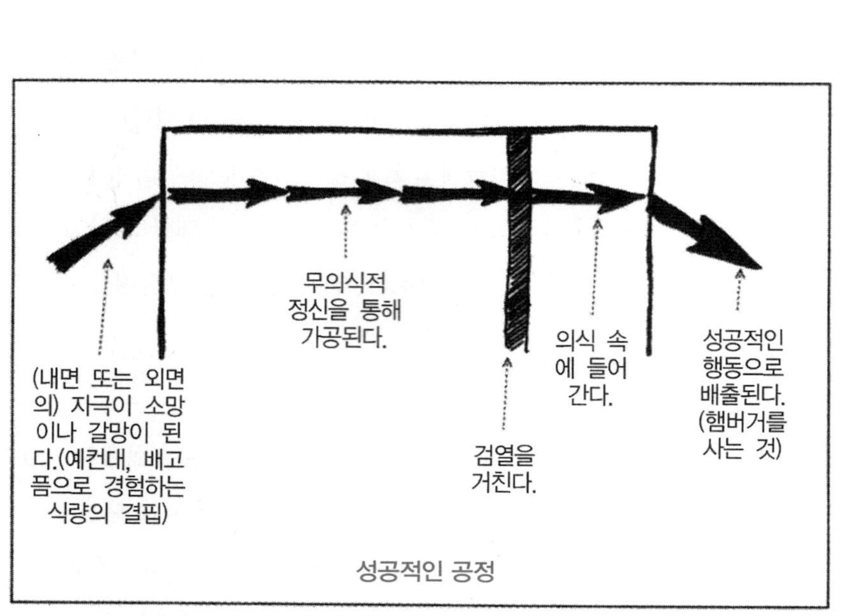

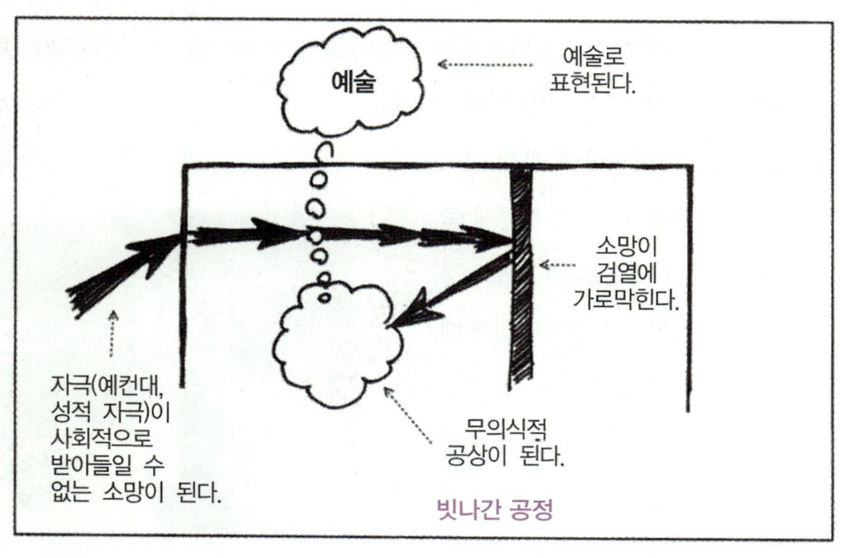

아리스토텔레스

서양 철학에 플라톤이 미친 엄청난 영향에도 불구하고, 그의 추종자들 중에서 그의 예술 비판에 동의한 사람은 거의 없다. 실상, 예술의 변호에 나선 플라톤 이후 최초의 철학자는 플라톤의 가장 중요한 문하생이던 아리스토텔레스였다. 이미 3장에서 살펴보았듯이, 아리스토텔레스는 많은 점에서 자기 스승에게 충실했지만, 궁극적으로는 플라톤의 형상 이론이 지나치게 '피안적彼岸的'이라고 배격했다. 아리스토텔레스는 우리가 태어난 세계가 현실 세계이며 보다 궁극적인 세계의 그림자가 아니라고 믿었다. 그는 형상이 "질료質料 속에 내재한다"고 주장함으로써 플라톤의 철학을 땅으로 끌어내렸다. 형상과 질료의 구별은 단지 지적 구별, 곧 이론상으로 설정되지만 현실에서는 불

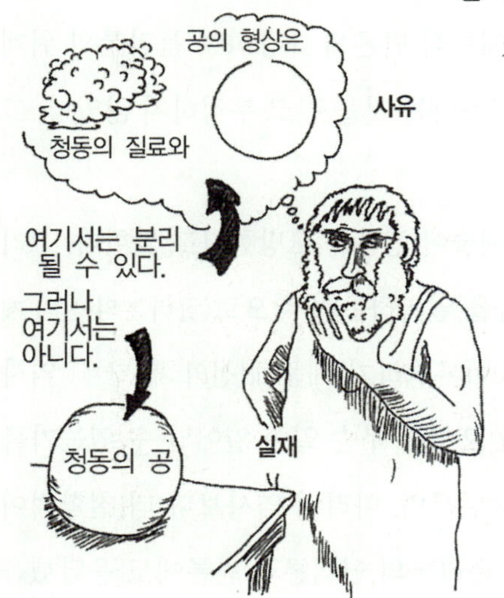

가능한 구별이라고 그는 믿었다. 그의 이론은 플라톤에게서 보이는 '가시적 세계'에 대한 편견을 지니지 않는다. 그래서 아리스토텔레스는 예술이 모방적 가상을 다룬다는 플라톤의 주장을 받아들이면서도 예술을 비난하지 않을 수 있었다.

아리스토텔레스의 형이상학에 관해 여기에 연관되는 또 다른 논평이 있다. 최근에 죽은 영국 철학자 이사야 벌린Isaiah Berlin 경은 여우와 고슴도치 이야기를 철학자들에게 즐겨 적용했다. 고슴도치는 하나의 큰 관념을 지니며, 여우는 수많은 작은 관념들을 지닌다. 그렇다고 할 때 플라톤은 고슴도치이고, 아리스토텔레스는 여우다(벌린에 따르면, 러시아 소설가 톨스토이는 고슴도치가 되고 싶은 여우였다). 다시 말해서, 아리스토텔레스의 형이상학은 플라톤의 그것보다 훨씬 단편적이다. 그렇기 때문에 그의 예술론은 어떤 중심적이고 압도적인 철학적 개념의 지배를 덜

고슴도치와 여우, 그리고
그 각각이 지니는 관념의 조합

받았으며, 따라서 아리스토텔레스는 예술을 좀 더 자율적인 활동으로 고찰할 수 있었다(하지만 그리스인은 어떤 활동이든 도덕적, 정치적 함축과 무관하게 고찰하지 않기 때문에 완전히 그렇지는 않았다).

그래서 아리스토텔레스는 예술에 대한 플라톤의 존재론적 반론에 대응하여 플라톤의 위계적位階的 존재론을 거부한다. 하지만 그는 예술이 미메시스라는 것을 결코 부정하지 않았다. 그러면 예술은 무엇의 모방인가?

시와 연극에 특히 관심이 많았던 아리스토텔레스는 예술이 행동을 모방한다고 말한다. 그러나 그것은 역사 기록이 그러하듯이, 단지 특수한 사건들을 열거하는 방식으로(플라톤의 선의 제2단계) 행동을 모방하지는 않는다. 예술은 행동에 관해 이론화하기 때문에(선의 제3단계) 역사보다 우월하다. 그것은 무슨 일이 일어났는가가 아니라, 오히려 무슨 일이 일어날 수 있는가를 말해준다. 예술은 특수적인 것이 아니라 보편적인 것을 다루며, 따라서 역사보다 더 철학적이다. 그래서 우리는 아리스토텔레스가 또한 예술에 대한 플라톤의 인식론적 반론에도 응답했음

을 본다. 그럼에도 불구하고 지적해야 할 것은 아리스토텔레스에게서 예술은 여전히 철학보다 열등하다는 사실이다. 그것은 말하자면, 선의 세 번째 등급에 놓으며 결코 네 번째 등급을 획득할 수 없다. 플라톤에게서처럼 그 등급은 오직 철학만이 획득할 수 있다. 예술에 대한 플라톤의 도덕적 반론은 어떤가? 아리스토텔레스는 예술이 열정에 호소한다는 플라톤의 주장에 동의했는데, 비록 아리스토텔레스가 플라톤보다 열정에 대해 덜 의심하기는 했지만 그도 역시 그것들이 거칠고 무절제하고 위험할 수 있다고 믿었다. 그러나 예술은 열정을 부추겨 이성의 통제로부터 벗어나게 만드는 것이 아니라 오히려 열정을 씻어내는 것이다. 이러한 정화 작용(카타르시스)에 관한 아리스토텔레스의 유명한 구절을 읽어보자.

어떤 영혼들에게 강한 영향을 미치는 감정은 모든 사람에게 다양한 정도로 존재한다. 이는 예컨대 연민과 공포, 환희 등이다. 이 마지막의 것에 어떤 사람들은 특히 약한데, 영혼을 광란으로 몰고가는 종교적 음악과 노래의 영향 아래 그 사람들이 마치 의학적 치료와 씻김을 받은 듯이 조용해지는 것을 우리는 본다. 연민이나 공포에 사로잡힌 사람들, 일반적으로 감정이 풍부한 사람들, 그리고 그밖에 비슷한 감정을 지니는 사람들도 똑같은 방식으로 영향받는 것이 틀림없다. 왜냐하면 그들 모두는 일종의 배설 작용과 쾌적한 안도감을 경험하기 때문이다. 이와 똑같이, 카타르시스적인 [노래와] 음악은 사람들한테 무해한 기쁨을 준다. 따라서 우리는 극장

그리스의 관객

에서 무지케*mousikê*(시와 음악)를 연습하는 사람들로 하여금 그와 같은 종류의 곡조와 가사를 상연하도록 해야 한다.[3]

오늘날의 좀 더 길들여진 관객과는 달리, 아테네인이 극장에 갈 때는 연극의 전개에 따라 웃고 신음하고 비명을 지르고 가슴을 치고 머리를 쥐어뜯었다는 사실에 유념하라. 그러한 정황에서 아리스토텔레스가 왜 카타르시스가 예술의 기능이라고 주장했는가는 쉽게 알 수 있다. 그러나 여러분이 그와 플라톤 중에서 결정을 내리기 전에 TV와 영화에서 폭력을 관람하는 것이 현실의 폭력을 대체한다고 생각하는지 아니면 자극한다고 생각하는지 다시 자문해 보라. 영화와 문학 속의 성에 관해 같은 질문을 할 때 여러분은 아마 한층 더 혼란스러울 것이다. 음란물은 성적 행동을 대체하는가, 아니면 부추기는가? 그것은 성 범죄를 대체하는가, 아니면 촉발하는가?

이러한 주제들에 대한 여러분의 견해와 무관하게, 카타르시스의 설명에 뒤따르는 다음과 같은 구절을 읽어보면 나는 여러분이 아리스토텔레스의 예술 변호의 일부 내용에 대해 다소 실망할 것이라고 생각한다.

관객은 두 종류가 있다. 한 종류는 자유롭고 교양 있는 사람이고, 다른 한 종류의 통속적인 부류는 기술자와 일반 노무자와 그 밖의 그와 같은 사람들로 이루어진다. 이들도 또한 자신들의 여흥을 위해 경기와 구경거리를 제공받아야 한다. 그들의 영혼은 그들의 자연적 상태로부터 왜곡되어 있다. 그래서 긴장되고 퇴폐적인 멜로디와 가사의 왜곡이 존재한다. 모든 사람은 자연적으로 자신에게 친근한 것에서 기쁨을 얻으며, 따라서 우리는 연희자들이 이런 종류의 관객을 염두에 두고 이런 종류의 '무지케'를 활용할 수 있게 해주어야 한다.[4]

여기서 우리는 카타르시스의 경험이 "기술자와

일반 노무자들" 및 그 밖의 그와 같은 "통속적인" 사람들에게 가장 필요하다는 것을 안다. 플라톤은 예술이 서민층과 아울러 귀족 계급에 미치는 영향에 대해 우려했다. 아리스토텔레스는 예술의 생산이 대중을 진정시키는 수단이라고 보는 것 같다.(또 다른 '인민의 아편'인가?) 이는 예술이 철학적이라는 그의 주장과 충돌하는 것으로 보인다.

마지막 한 가지. 플라톤의 공격에 대한 아리스토텔레스의 예술 변호에도 불구하고 누구든 두 사람의 저작을 읽는 사람은 플라톤이 아리스토텔레스보다 예술에 대해 훨씬 더 풍부한 감정을 지니고 있다는 것을 분명하게 느낀다. 실상, 묘하게도 플라톤은 특출한 시인이며 예술가이지만 아리스토텔레스에게 그런 비난을 가할 사람은 아무도 없을 것이다. 아리스토텔레스는 예술과의 만남에 의해 민감한 영혼 속에 생겨나는 감정의 동요를 느낀 적이 없었다. 플라톤은 그것을 느꼈고 그에 대해 두려워했다. 예술가들을 국가에서 추방할 때 자신이 눈물을 머금고 그랬노라고 그는 말했다.

아리스토텔레스와 19세기 사이의 막간

우리는 프로이트의 예술론을 플라톤 이론에 부속되는 20세기 이론으로 다루었다. 잠시 뒤에 우리는 기원전 4세기의 플라톤과 아리스토텔레스로부터 19세기의 칼 맑스로 건너뛸 것이다. 그러나 나는 그 중간 2200년 동안에 유의미한 예술 사상이 존재하지 않았다는 인상을 주고 싶지 않다. 오랜 중세 기간 동안에 수많은 견해가 표명되었으나, 가장 중요시된 것은 예술이 단지 예배의 한 형식이거나 예배에 기여하는 것이어야 한다는 견해였다. 르네상스 시대에

예술 이론가들은 주로 '신플라톤주의
적'이었다. 그렇다고 해서 그들이 플
라톤처럼 예술을 비난한 것은 아니다.
그들은 예술이 미와 관능에 관련된 더
높은 진리를 표현한다고 보는 플라톤
적 수정주의자들이었다.

　예술과 쾌락의 연관성은 18세기에
'미학Aesthetics'이란 용어를 만들어낸
알렉산더 바움가르텐Alexander Baum-
garten의 저작과 더불어 화두로 떠올
랐다. 그는 예술과 자연에서 '형식'의
지각은 기쁨이나 혐오감으로 경험되

는 '영혼 속의 변화'를 가져온다고 믿었다. 이러한 쾌락주의적 '형식주의'는 19세기 초에 요한
헤르바트Johan Herbart와 로버트 짐메르만Robert Zimmermann의 저작을 통해 강력한 영향을 미
쳤다.(이 학파는 다음과 같은 짐메르만의 언급과 더불어 불합리의 절정에 도달했던 것 같다. "작은 것 옆
의 큰 것은 유쾌하지만, 큰 것 옆의 작은 것은 불쾌하다.") 임마누엘 칸트는 그의 위대한《판단력 비
판》에서 예술을 도덕적 상징으로 보았다. 헤겔은 예술을 "정신을 통과한 자연"이라고 정의했다.
존 러스킨John Ruskin(1819~1900)은 예술이 정서 또는 본능의 표현이라고 이해했다. 일부 낭만
파 시인들은 러스킨의 견해를 예술이 종교적 서비스라는 중세 사상으로의 복귀와 결합시켰다.
레오 톨스토이는 예술이 감정의 전달이라고 주장했으며, 그 기능은 인간성을 보편적 형제애로
통일시키는 것이라고 보았다. 플로베르, 보들레르, 포우, 와일드 같은 19세기 예술가들은 '예술
을 위한 예술' 학파에 속했다. 그들은 예술이 아무런 기능도 갖지 않으며, 그 자체로서 가치 있
는 것이라고 주장했다. 이러한 사례들이 보여주는 것은 전통적 예술 철학이 플라톤과 아리스토
텔레스의 논쟁에서 출발했을 수 있지만 결코 그들의 논쟁에 국한되지 않았다는 사실이다.

맑스

플라톤이 시작한 예술과 정의의 관계에 대한 논쟁은 칼 맑스의 저작에서 재개되었다. 맑스는 예술에 관해 논문을 쓴 적이 없지만 명백히 예술에 매혹되고 많은 관심을 지녔던 것이 분명하다. 왜냐하면 그의 철학, 사회학, 경제학 저작들 전반에 걸쳐 예술과 예술론에 대한 언급이 상당히 많은 곳에 흩어져 나오기 때문이다. 예술에 관한 그의 생각을 재구성하려는 시도는 복잡하다. 예술에 관해 두 가지 구분되는 사고의 흐름이 맑스의 저작에 관류하는데, 그것들은 때때로 서로 어긋나는 듯이 보이기 때문이다.

한편으로 그의 주장은 예술적 표현과 미적 향수의 요구는 인간성의 필수적 측면이라는 것이다. 다른 한편의 주장은 예술과 미학이 '이데올로기'의 구성 요소이며 그렇기 때문에 정치적 포로라는 것이다. 처음 주장은 칸트와 톨스토이처럼 예술을 격찬하는 전통적인 저자들과 같은 편이다. 둘째 주장은 플라톤의 예술 비난과 같은 편이다. 우리는 두 가지 흐름을 모두 검토하고 그것들이 서로 부합될 수 있는지 볼 것이다. 그리고 나서 우리는 허버트 마르쿠제의 이론을 간략하게 살펴볼 것이다. 마르쿠제는 맑스적 전통에 속하는 20세기 중반의 철학자인데, 그의 믿음에 따르면 맑스의 견해들 사이의 갈등은 해소될 수 있으며 예술은 그 본연의 고귀한 지위를 되찾을 수 있다. 이는 아이러니하게도 약간의 프로이트적 사고를 맑스주의에 융합함으로써 이루어진다(아이러니는 앞서 보았던 프로이트 자신의 예술에 대한 양면 가치성 및 일반적으로 프로이트와 맑스가 양립 불가능해 보인다는 사실과 상관이 있다).

맑스의 견해에 따르면, 인간은 진공 속에서 연구될 수 없으며 항상 세계와의 연관 속에서 연구되어야 한다. 인간의 세계는 자연과 동료 인간, 그리고 그들의 손과 정신의 생산물에 대한 여러 관계로 구성된다. 최적의 조건 아래서 이러한 관계들은 긍정적이다. 그것들은 생산적, 예술적, 미적, 창조적이다. 어디든 그러한 관계가 균열되는 지점에서 인간은 세계로부터 소외되며, 따라서 자기 자신으로부터 소외된다(9장에서 우리는 '소외된 노동'에 대해 살펴보았다). 맑스는 인간이 "세계에 대해 보고, 듣고, 냄새맡고, 맛보고, 느끼고, 생각하고, 바라고, 사랑하는 각각의 관계 속에서 총체적 인간으로서의 자기 개별성을 확인할 때 — 간단히 말해서, 자기 개별성의 모든 기관을 확인하고 표현할 때"— 에만 독립성을 지닌다고 적었다.[5] 맑스에게서 완전한 인간적 존재는 미학적으로 세계에 접근하며 '미의 법칙에 따라' 사물을 형상화하는, 본질적으로 예술가다.[6] 이러한 관점에서 우리는 공산주의의 목표(또는 최소한 청년 맑스가 구상한 목표)가 호모 아르티스티쿠스*homo artisticus*, 곧 '예술적 인간'의 해방이었다고 말할 수 있다. 로버트 터커는 맑스의 공산주의관의 이러한 측면을 다음과 같이 규정했다.

남는 것은 특별하고도 매우 폭넓은 의미에서의 예술과 과학의 삶이다. 맑스의 궁극적 공산주의의 상은 근본적으로 미학적 성격을 지닌다. 그의 유토피아는 미래의 인간-자연 관계의 미학적 이상이다. 그 관계를 그는 예술적 창조 및 인간이 만든 환경의 그 창조자에 의한 미적 감상의 견지에서 본다. 탐욕적이고, 따라서 소외된 역사 시대 인간은 새로운 방식으로 '풍요'를 누리는 역사 이후 시대의 미학적 인간에 의해 계승될 것이다…….

경제 활동이 예술 활동으로 전환되고 산업이 최고의 창조 수단이 될 것이며, 지구 자체가 새로운 인간의 예술 작품이 될 것이다. 소외된 세계가 미학적 세계에 자리를 내줄 것이다.[7]

그러나 진정으로 인간적인 모든 생산 활동을 예술적이고 미학적인 행위로 전환시키는 이러

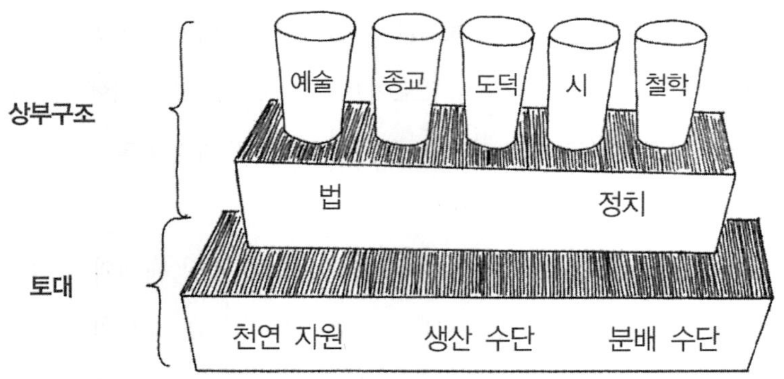

한 일반 이론은 맑스 자신의 시대에 이르기까지의 역사 속에서 예술적 생산과 비예술적 생산이 갖는 차이에 관해 아무것도 말해주지 않는다. 모든 사람이 예술가가 되는 맑스의 미래 공산주의 사회를 보지 않고, 오직 몇 사람만이 예술가인 현재와 과거를 볼 때, 우리는 맑스의 이데올로기 이론에 마주치게 된다. 이 이론을 이해하기 위해 우리는 먼저 사회의 토대와 상부구조에 대한 맑스의 구분을 설정해야 한다. 맑스는 이렇게 말한다.

인간은 그 존재의 사회적 생산 속에서 불가피하게 일정한 여러 관계를 맺는다. 그 관계들은 인간의 의지로부터 독립된 것이며, 인간의 물질적 생산력의 일정한 발전 단계에 부합하는 생산 관계이다. 이러한 생산 관계의 총체는 사회의 경제 구조를 이루는데, 이 경제 구조는 법률적, 정치적 상부구조가 그 위에서 생겨나며 사회 의식의 일정한 형태가 거기에 조응하는 현실적인 토대이다. 물질적 생활의 생산 양식이 사회적, 정치적, 지적 생활의 전반적 과정을 조건짓는다. 사람의 의식이 존재를 규정하는 것이 아니라 반대로 사람의 사회적 존재가 의식을 규정한다.
……그리하여 사회 혁명의 시대가 도래한다. 경제적 토대의 변화는 조만간에 방대한 상부구조 전체의 변혁으로 이어진다. 그러한 변혁을 연구할 때는 항상 자연과학적 정확성을 가지고 규정할 수 있는 경제적 생산 조건의 물질적 변화와 인간이 그러한 갈등을 의식하고 싸워나가

"모든 시대의 지배 사상은……"

는 법률적이거나 정치적, 종교적, 예술적, 철학적인 — 한 마디로 이데올로기적인 — 형식을 구별해야 한다.[8]

나아가, 맑스는 이렇게 덧붙였다. "지배 계급의 사상이 모든 시대의 지배 사상이다."[9]

'이데올로기'는 각각의 사회경제 체제가 불가피하게 (의식적이 아니더라도) 그 창조적 구성원들의 정신적 생산의 형식과 내용을 독점하고 통제함으로써 만들어내는 자기 강화의 신화를 가리키는 맑스의 용어다. 그러한 생산물은 일종의 무의식적인 정치 선전이 된다. 이데올로기 이론은 철학 및 정치 사상은 물론, 예술 사상에도 분명하게 적용된다. 그 의미는 예술가 또한 자신들을 후원하는 지배 계급의 가치를 표현한다는 것이다. 따라서 예술가는 의도적이든 아니든 기존 질서를 승인하고 영속시킨다. 중세 예술은

예술의 이데올로기적 성격

신을 찬양하고 세속성을 비난함으로써 기독교 세계를 지배하는 교황청의 가치관을 반영했다. 르네상스 회화는 종교적 주제와 아울러 신화적 비유, 메디치가의 초상, 위대한 군사적 승리 등을 묘사함으로써 예술가의 생계 수단을 지원해준 지배 엘리트의 가치관을 긍정했다. 베르미어를 비롯한 북구 바로크 미술가들이 네덜란드의 응접실과 부엌, 서재의 빛과 공기를 놀랍도록 탁월하게 처리한 것은 그들의 그림을 구입하는 부르주아지의 가치관을 찬양한 것이었다. 콘스타블의 사랑스러운 19세기 영국 풍경은 사람들에게 (부르주아지의) 세상이 모두 잘 되어간다는 느낌을 주었다. 콘스타블의 아름다운 〈디덤 계곡〉은 계곡을 따라 평화로운 디덤 마을로 이어지는 싱그러운 영국의 시골 풍경 속에 마을의 교회 첨탑이 햇빛에 반짝이는 것을 우리에게 보여준다. 우리는 결핵에 걸린 아이들이 자기 부모들의 식탁에 몇 조각의 빵을 더하고, 자본가인

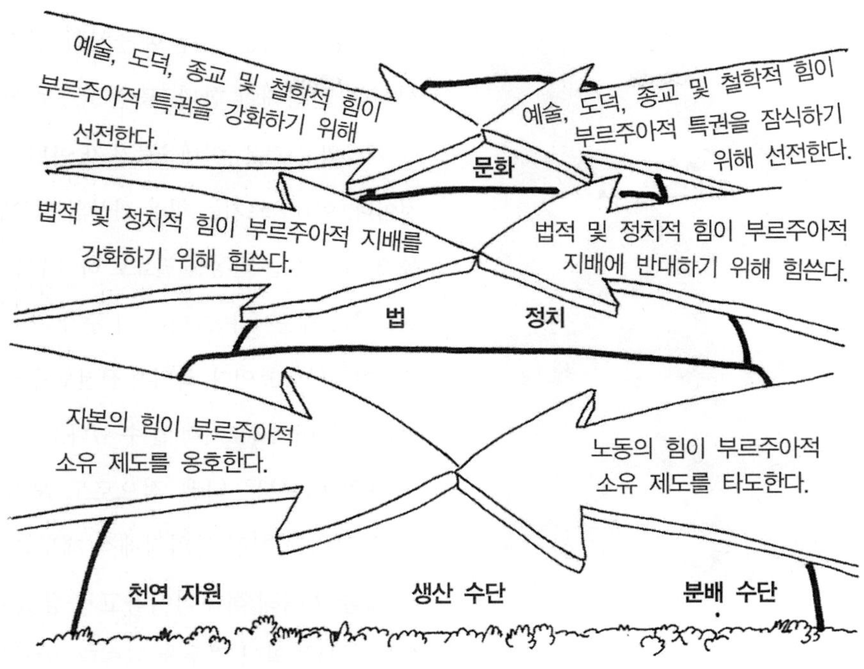

공장 소유주의 호화로운 식탁에 '잉여 노동'(이윤)을 더하기 위해 하루 12시간의 노예 같은 노동을 하는 마포麻布 공장을 보지 않는다. 또 다시 예술은 종교처럼 아편이다. 심지어 가장 아름다운 예술, 고전의 위대성도 '이데올로기'에 불과하다.

그러나 우리는 더 복잡한 문제를 추가해야 한다. 맑스에게서 모든 예술이 생겨나는 사회의 물질적 토대는 적대적인 계급들로 갈라져 있다. 다시 말해서, 한 계급이 사회의 물질적 부를 소유하며, 소유하지 못한 계급은 그러한 소유 계급에게 자신의 노동을 팔아야 한다. 한 계급의 이익은 다른 계급의 이익이 아니다. 지배 계급의 이익은 어떤 역사적 시대에나 항상 지배적인 사상으로 표현되지만, 불이익을 당하는 계급의 이익도 또한 문화적 표현을 갖는다. 그러므로 문화적 형태를 띠는 사회경제적 토대의 모든 표현에는 대항對抗 표현도 또한 존재할 수 있다. 결국 귀족 계급의 도덕은 농노의 도덕이 아니며 그들의 사상, 종교, 예술도 똑같지 않다. 문화적 예술은 왕의 초상화일 수 있으나, '대항 문화적' 예술은 상스러운 낙서와 더불어 벽에 그려진 그의 풍자화이거나, 계급 의식에 물든 노동 계급 사이에서는 호세 오로스코José Orozco나 디에고 리베라Diego Rivera가 그린 정치 포스터나 벽화일 수 있다. 그러나 명백히 이데올로기 이론

존 밀턴

의 시각에서는 '대항 문화적'이거나 '혁명적인' 예술도 또한 주류 예술처럼 선전이라는 사실을 인정해야 한다.(물론, 맑스는 혁명적 노동 계급의 선전은 '이데올로기'가 아니라고 말할 것이다. 이데올로기는 항상 환상의 일종인데, 프롤레타리아트는 환상을 필요로 하지 않는 유일한 계급이기 때문이다. 그러나 이 주장 자체가 이데올로기적으로 보인다. 좌익적 선전도 우익적 선전만큼이나 '이데올로기적'일 수 있다.)

마치 이 모든 나쁜 점으로도 모자라다는 듯이, 맑스는 어떤 사회경제적 제도는 본래부터 예술에 대해 적대적이라고 주장했다. 이는 특히 자본주의의 경우에 그렇다. 맑스는 말한다. "자본주의적 생산은 특정한 계열의 정신적 생산, 예컨대 예술과 시에 대해 적대적이다."[10] 자본주의가 예술에 대해 적대적인 까닭은 "부르주아지가 여태까지 존경받고 경외심의 대상이던 모든 직업에서 그 후광을 벗겨버렸기 때문이다. 그것은 의사와 법률가, 사제, 시인, 과학자를 돈 받는 임금 노동자로 바꾸어놓았다."[11] 맑스에 따르면,

자본주의에서는 자본을 생산하는 임금 노동만이 생산적이다……. 예를 들어, 5파운드의 돈을 받고《실락원》을 쓴 밀턴은 비생산적 노동자였다. 반면에 자신의 출판사를 위해 공장 방식으로 물건을 만들어내는 작가는 생산적 노동자다. 밀턴은 누에가 비단을 생산하는 것과 똑같은 이유로《실락원》을 생산했다. 그것은 그의 본성에 따른 활동이었다. 나중에 그 생산물을 그는 5파운드에 팔아 넘겼다.[12]

자본주의에서 생산적인 것은 상품을 만들어내는 것이다. 그러나 예술은 상품이 아니다. 그

것은 진정한 인간적 본질의 필연적 표현이다. 따라서 예술과 자본주의는 양립할 수 없다.

자본주의가 예술에 대해 적대적이라는 또 다른 의미는 분업과 관련이 있다. 맑스와 그의 동료 프리드리히 엥겔스Friedrich Engels는 이렇게 말한다.

> 예술적 재능이 특정한 개인들에게 배타적으로 집중되고 그것과 결부된 광범위한 대중에게서 억압되는 것은 분업의 결과다……. [문제는] 각 사람이 라파엘로의 몫을 해야 한다는 것이 아니라 라파엘로 같은 소질이 있는 사람은 누구든 방해받지 않고 발전할 수 있어야 한다는 것이다……. 공산주의 사회에서는 화가가 존재하지 않으며, 기껏해야 다른 여러 활동 중에서 그림도 그리는 사람이 있을 뿐이다.[13]

여기까지 맑스의 이론은 다음과 같을 것이다. 예술적 충동은 인간성의 자연적, 필연적인 표현이다. 진정으로 인간적이고 인도적인 사회(곧, 공산주의)에서는 각각의 개인이 '미의 법칙에 따라' 예술적 표현 형식을 발견한다. 그 중의 일부는 위대한 예술적 탁월성의 경지에 도달하기도 하겠지만, 모두가 미적 충동의 만족스러운 표현을 성취할 것이다. 그러나 예술적 충동은 역사적으로 시대에 따라 채택되기도 하고 때로는 억압되기도 했다. 예술적 충동은 또한 정치적 선전의 수단으로 타락하고 왜곡되기도 했다. 예술적 표현 형식의 해방은 인류가 그 창조적인 생득적 권리를 되찾는 혁명 이후의 공산주의 사회에서만 이룩될 것이다.

그러나 이러한 해석은 한 가지 문제를 야기한다(맑스가 옳다고 생각할 만한 충분한 근거가 있는가를 판정하는 문제는 말할 것도 없다). 맑스가 실제로 인용하는 사례를 보면, 우리는 그가 자기 이론에 따르면 비난해야

라파엘로의 마돈나 그림을 감상하는 칼 맑스

할 것 같이 보이는 바로 그 예술가들을 극찬한다는 것을 알게 된다. 명백히, 앞의 구절에서 언급된 밀턴과 라파엘로는 맑스의 비난을 받지 않는다. 오히려 그는 그들을 높이 평가하는 것으로 보이지만, 이 두 사람의 예술가는 본질적으로 종교적이다. 나아가, 맑스가 찬양하는 예술가들의 명단을 보고(발자크, 디킨즈, 세르반테스, 하이네) 해마다 맑스가 괴테와 셰익스피어, 에스킬로스의 전집을 재독했다는 사실을 고려할 때 우리는 예술에 대한 맑스 자신의 취미가 분명하게 전통적이라는 것을 발견한다.

맑스의 개인적인 예술적 선호는 예술이 이데올로기라는 그의 이론과 어떻게 부합하는가? 맑스 자신도 문화가 이데올로기라는 일반 이론과 자신의 개인적인 미학적 취미 사이의 갈등을 깨달았던 것 같다. 그와 같은 명백한 불일치에 대해 그는 어떤 시대에 예술은 다른 시대보다 더 많이 경제적 하부구조에 속박된다는 말로 설명했다. 경제 제도가 고도로 발달되지 않은 경우에, 그리고 그것이 예술에 대해 특별히 적대적이지 않은 경우에, 또한 물질적 생산과 예술적 생산 사이에 수많은 중간 매개적인 관계가 개재하는 경우에 예술은 상대적 자율성을 지닐 수 있다. 맑스는 경제와 예술의 불균등 발전의 사례로 그리스 예술과 셰익스피어를 든다. 명백히, 에스킬로스와 셰익스피어의 작품들의 형식과 내용은 순수하게 그 시대 사회경제적 관계의 구조에 의해서만 설명할 수 없다고 맑스

는 느꼈다. 그 사실을 인정하는 것은 유물론과 이데올로기의 이론을 크게 수정하는 것이나 마찬가지일 것이다. 어떤 사람들은 심지어 그것이 그러한 이론의 전면 폐기가 아닌가라고 문제를 제기하기도 했다. 실제로, 1888년에 맑스가 죽은 이후에 그의 동료 프리드리히 엥겔스는 아마 자신과 맑스가 경제에 대한 문화의 의존성을 과장했는지도 모른다고 시인했다. 또한 맑스 자신은 어떤 프랑스 맑스주의자들의 과장된 주장에 당혹

로미오와 줄리엣, 그리고 이윤 동기

하여 엥겔스한테 이렇게 말했다. "내가 아는 한, 나는 맑스주의자가 아니다."

그러나 아마 문화에 대한 맑스의 일반 이론은 예술론에 몇 가지 수정을 한다면 유지될 수 있을 것이다. 현대 맑스주의 철학자 허버트 마르쿠제는 그렇게 생각했다. 이제 우리는 그의 저작을 다시 간략하게 살펴볼 것이다.

마르쿠제

마르쿠제

나치의 박해를 피해 미국에 온 허버트 마르쿠제Herbert Marcuse(1898~1979)는 미국 좌파의 논쟁적인 인물이었다. 그는 1960년대 말과 70년대 초의 행동주의적 시기에 유럽과 미국에서 매우 커다란 영향을 미쳤다. 1968년 로마에서 열린 한 시위에서 급진적 학생들은 "M-M-M"(맑스, 마오쩌둥, 마르쿠제)이라고 연호했다. 1972년에 마르쿠제가 콜롬비아대학의 해체에 서명을 거부함으로써 결국 그와 학생 활동가들 사이에 균열이 생기기는 했지만, 서양의 지적 발전에 그가 미친 영향은 의문의 여지가 없다. 여기서 우리가 주로 관심을 갖는 저서는 《에로스와 문명》(1955)이다. '철학적 프로이트 탐구'라는 부제에도 불구하고, 이 책은 기본적으로 플라톤과 맑스가 제기한 예술의 문제를 다루며 사실상 프로이트와 맑스를 종합하고자 하는 대단한 노력의 표현이다. 이러한 시도는 그 두 사람의 현대 사상 창시자가 수많은 중요한 문제에 대해 근본적으로 불일치하는 것으로 보인다는 사실로 인해 복잡성을 지닌다(이는 현대 사상이 왜 그렇게 분열적으로 보이는가에 대한 부분적 설명이 될 것이다).

우리는 마르쿠제 저작 속의 유관한 주제들에 대한 논의를 맑스와 프로이트의 한 가지 근본적인 차이를 상기하는 데에서 출발할 수 있다. 맑스의 무정부주의적 측면은 모든 속박과 모든 형태의 억압이 궁극적으로 제거된 세계를 상상한다. 그 세계에서 인간의 참다운 예술적 본성은 이제까지 오직 소수의 독특한 개인에게만 가능했던 여러 방면에서 꽃필 것이다. 반면에 프로이

트는 억압의 세계에서만 예술이 가능하다고 보았다. 승화 이론에 따르면, 오직 자아의 권위와 초자아, 그리고 현실의 가혹함이 리비도의 에너지를 억압하는 조건에서만 그러한 에너지가 예술로 방향 전환할 수 있다. 맑스와 반대로, 프로이트는 억압의 폐지가 예술의 개화를 가져오는 것이 아니라, 우리의 살인적이고 포식적인 과거 선사 시대로의 회귀를 초래할 것이라고 생각했다.

도대체 어떻게 마르쿠제는 이러한 극단적인 정반대의 논리를 종합한단 말인가? 그는 양자의 견해에서 모두 진리를 찾아내는 참으로 헤겔적인 방식으로 그렇게 한다. 억압 없는 사회를 상상할 수 없다고 말하는 것은 프로이트가 옳다(그리고 맑스가 틀렸다). 암묵적인 힘의 위협으로 뒷받침되는 속박과 요구는 항상 존재할 것이다(누군가가 곡식을 심어서 거두고 가축을 도살하며 하수구를 열어주어야 한다). 이것을 마르쿠제는 '필요 억압'이라고 부른다. 그러나 사회적 억압의 대부분은 기본적인 생물학적 및 사회적 필요를 충족하기 위한 목적에 기여하지 않는다는 인식에서는 맑스가 옳다(프로이트가 틀렸다). 오히려 그것은 엘리트 계급의 특권적 입장을 보장하는 목적에 기여한다. 이러한 지배를 마르쿠제는 '잉여 억압'이라고 부른다. 요약하면, 마르쿠제에게서 철학(및 정치적 행동)의 목표

는 '잉여 억압'을 제거하고 '필요 억압'을 절대적 최소치
로 줄이는 데 있다고 말할 수 있다.

여기까지 마르쿠제의 주장은 프로이트보다는 맑스 쪽
에 더 많이 기울어져 있다. 맑스는 역사의 변증법적 법칙
이 진보와 사회주의의 궁극적 승리를 보장할 것이라고
생각했으나, 마르쿠제는 그 '변증법'이 무너졌음을 보여
준다. 맑스는 프롤레타리아트와 부르주아지라는 궁극적
인 두 계급으로 역사가 분화되어 이러한 두 계급의 충돌
이 계급 제도 자체를 종식시키고 진정한 공산주의의 최초
단계인 계급 없는 사회를 가져올 것이라고 주장했다. 그
러나 마르쿠제는 프롤레타리아트와 충돌하기보다는 (맑
스가 인정하는 것보다도 훨씬 더 간교한) '자본주의의 간지奸
智'가 입을 딱 벌려 프롤레타리아트를 삼키고 씹어서 자신
의 가장 훌륭한 대변자로 만들어 되뱉아낼 것이라고 믿었
다. 마르쿠제의 시대에 특히 미국에서 자본주의적 가치의
최고의 대변자는 기업의 중역이 아니라 노동 계급 자체의

마르쿠제에 따른,
자본주의와 노동 계급의 대립

구성원들이었다. 그들은 기업의 주식을 소유하며, 평화 운동에 반대하여 안전모를 쓰고 행진
하고, 더 많은 재화를 소비할 기회를 달라는 것을 가장 급
진적인 요구로 내걸었다. 오늘날에도 모든 계층의 미국인
들은 자신들이 '소비자'라는 견해를 무비판적으로 받아들
인다. 심지어, 인민의 보호자인 '좋은 친구들good guys'
도 '소비자의 보호자'라고 불린다. 우리는 영화와 강연,
교육, 심지어 풍경까지 소비한다. 마르쿠제의 옛 동료
였던 프로이트 좌파 진영의 에리히 프롬Erich Fromn이
말하듯이, "그(현대인)는 영원한 소비자다. 그는 음료,
음식, 담배, 강연, 구경거리, 책, 영화 따위를 '섭취'한
다. 모든 것이 소비되고 삼켜진다. 세계는 그의 식욕을

소비자

채우기 위한 하나의 거대한 대상, 곧 거대한 병, 거대한 사과, 거대한 젖가슴이다."**14**

만약 맑스의 변증법이 실제로 작용한다면 우리는 이러한 '테제'가 부정적인 '안티테제'를 낳고 그것이 오늘날 지배적인 소비자 세계를 근본적으로 반대하여 결국에 파괴할 것이라고 예상할 수 있을 것이다. 그러나 '자본주의의 간지'(또는 사실상 선진 기술의 간지)는 모든 가능한 반대를 선점했다. 《일차원적 인간》(1964)에서 마르쿠제는 그렇게 주장했다. 어떤 것도 '체제'에 대한 반대로 간주되지 않는다. 그것은 전체주의적으로 되었다.

이는 스탈린적이거나 히틀러적인 의미가 아니라, 그것이 스스로를 '전체화'시켰다는 의미다. 모든 것은 체제의 한 변형이 된다. 1960년대에 '히피족'이 반체제적인 사이키델릭 예술을 만들어냈지만, 그것은 이내 빌보드와 TV 상업 광고로 진입하여 체제가 게워내는 쓸모없는 생산물들을 선전했다. 반체제 평화 운동의 상징이었던 '브이V'자 신호는 리차드 닉슨 대통령의 승리의 신호가 되었다. 평화의 상징 자체는 잽싸게 한 거대한 전국 은행의 수표에 장식 무늬로 이용되었는데, 이 은행의 남베트남 투자는 그곳의 임시 정부를 지원했다. 그 상징은 또한 최대 담배 회사 중 하나의 포장에서도 발견되었다. 반체제적 제스처로서의 장발 기르기는 너무나 성공적

자본주의 – 구식과 신식

이어서 체제 자체가 그것을 인수했다. 누더기 청바지와 농부 작업복도 그와 비슷하게 잽싸게 흡수되었다. 실제로, 사전에 탈색한 무명천을 온통 기워 만든 청바지는 이내 가장 유행에 앞서고 값비싼 모든 상점에서 구입할 수 있게 되었다. 마르쿠제에게는 명백히 적은 더 이상 월 스트리트가 아니라 매디슨 애비뉴였다. 자본주의는 간지를 부릴 뿐만 아니라 '냉정'해졌다.

그 밖의 외견상의 반체제 활동들도 마르쿠제의 검토 아래, 때로는 그의 추종자를 자처하는 사람들에게 당혹스럽게도 똑같은 운명을 맞이했다. 마리화나를 피우는 것은 혁명적인 활동이 아니며, 그것을 합법화하기 위한 시위도 아니었다. 그와 비슷하게, 이른바 성 혁명도 비판의 도마에 올랐다. 그것은 결코 혁명이 아니라 매디슨 애비뉴가 조종하는, 아니면 최소한 그것에 의해 흡수된 새로운 형태의 조작이었다. '피임 약'을 발명한 것은 히피가 아니라 제약회사였다. 여성복의 목선을 낮추고, 남성의 바지를 꼭 끼게 조이고, 책상 정면의 '다리 가리개'를 치우고, 영화에 정면 전라 상을 등장시키고, 황금 시간대 TV를 뜨겁게 달구고, '섹시한 매장 감독' 따위의 존재를 만들어낸 것은 혁명적 열정이 아니었다. 자본주의는 브래지어를 태우는 불길에 의해 소진되거나, 서로의 침대 속을 들락날락하는 젊은이들에 의해 전복되는 것이 아니었다. 마르쿠제는 이 모든 것을 성 혁명이라고 부르기보다는 '억압적 비속화repressive desublimation'라고 불렀다. 그것은 성을 물화物化하여 또 다른 상품으로 변화시키는 행위다. 마르쿠제는 이렇게 적었다.

가장 두드러진 예증은 기업, 정치, 선전 등의 분야에서 성적 매력을 수단으로 도입하는 것이다. 성이 일정한 판매 가치를 획득하거나 또는 위신의 표시 및 게임 규칙에 따르는 유희의 표시가 될수록 그만큼 더 그것은 사회적 응집의 도구로 변형된다.[15]

그러므로 히피 세대의 성적 자유는 상품 세계의 토대를 위협할 능력이 없을 뿐만 아니라, 그 자체가 상품으로 변형되었다. 이제, 마침내 우리의 예술 논의로 돌아갈 시점이다. 마르쿠제는 1960년대와 70년대에 넘쳐났던 반체제 예술에 어떤 희망이 있다고 보았는가? 맑스의 변증법과 이데올로기 이론에 따르면, 이러한 종류의 예술은 최소한 기성 권력에 대해 어떤 이데올로기적 반대를 제공하는 것이어야 한다. 그러나 변증법은 무력화되고, 반체제 예술 또한 흡수되어 그저 전위적 자본주의가 되었을 뿐이다. '리빙 시어터', '게릴라 시어터', 록 음악(또는 최소한 백인 록 음악) 따위는 모두 자기 몫의 비난을 받았다(록 음악의 목표가 혁명이 아니라 '요란한 공격'임을 증명하기 위해 마르쿠제는 제퍼슨 에 어플레인의 그레이스 슬릭을 즐겨 인용했다). 전혀 무표정한 얼굴로 그레이스는 이렇게 말한다. "우리의 삶의 영원한 목표는 더욱 큰 소리를 내는 것이다."[16]

그렇다면 희망은, 만약 있다면 어디에 있는가? 여기서 놀라운 답변이 나온다. (아직도 그것이 놀라움이라면) 그것은 전통 예술에 있다. 맑스 자신이 사랑했지만 쉽게 설명할 수는 없었던 그 예술에 말이다! 여기서 마르쿠제의 이론적 근거를 이해하자면, 우리는 프로이트로 되돌

콘스타블의 〈디덤 계곡〉을 감상하는 맑스와 마르쿠제

아가야 할 것이다. 프로이트와 플라톤은 모두 예술의 근원을 환상에서 찾았음을 기억할 것이다. 바로 이런 이유 때문에 그 두 사람은 예술을 의심스럽게 여겼다. 프로이트에 따르면 환상, 특히 무의식적 환상은 여전히 '쾌락 원칙'에 의해 인도되었고, 따라서 에로스의 지배 아래 있었다. 그것은 '현실 원칙'을 벗어난 단 하나의 영역이었다. 마르쿠제는 프로이트의 예술론을 수용했으나, 예술에 대한 프로이트의 판단은 받아들이지 않았다. 예술은 참으로 환상에 근원이 있으며, 유년기의 기억과 희망에서 유래하는 환상은 참으로 현실 원칙을 회피하는 것이다. 그러나 마르쿠제는 프로이트의 현실 원칙을 자신이 말하는 '잉여 억압'과 결부시켰다. 환상과 그로부터 유래하는 예술은 잉여 억압, 또는 실상 어떤 억압의 지배도 받아들이기를 거부하는 현대 정신의 한 구성 요소이다. 예술은 참으로 환각적인 영역이다. 그것은 아마 어머니의 젖가슴에서 발견했을 유년기의 행복의 약속, 배신당한 약속에 바탕을 둔다. 따라서 마르쿠제는 예술을

‘행복의 약속promesse du bonheur’이라고도 부르며, 그 아름다움을 “자유 이념의 감각적 외양”이라고 칭한다. 예술은 프로이트의 “억압된 것의 복원”처럼 “상품 세계의 부정”이다. 마르쿠제는 말한다. “억압된 것의 복원은 금기시되고 숨겨져온 문명의 역사를 이룬다.”[17] 그것은 문명이 우리한테 부정하는 행복의 약속 ― 우리 자신의 개인적 유년기 및 어쩌면 인류의 유년기로부터의 기억 ― 으로서 억압적인 문명에 따라다닌다. 정신분석학의 가치는 기억을 가장 중요한 위치로 끌어올렸다는 것이다. 정신분석학에 대해 마르쿠제는 이렇게 말한다.

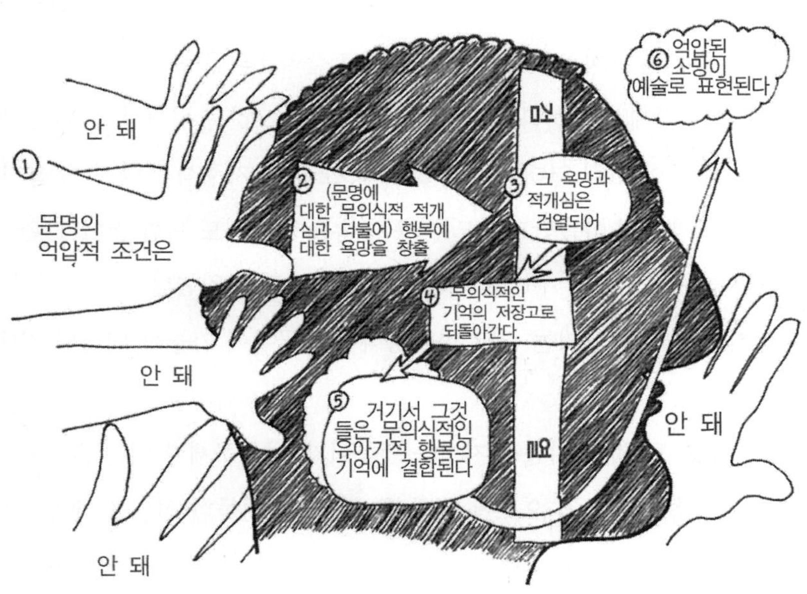

그 진리치는 약속과 가능성을 보존하는 기억의 특정한 기능에 있다. 그 약속과 가능성은 성숙하고 문명화된 개인에 의해 배신당하고 심지어 금지당하기도 하지만, 그의 희미한 과거 속에 한때 실현된 적이 있으며 결코 완전히 잊혀지지 않는 것이다……. 정신분석학적인 기억의 해방은 억압된 개인의 합리성을 폭발시킨다.[18]

베르미어의 부르주아적 응접실이나 콘스타블의 잉글랜드 시골 풍경 같은 고전적 예술 작품을 관람할 때 우리는 유토피아적 사고의 원천으로 들어간다. 이러한 작품들은 이데올로기적으로 우리한테 세상 모든 것이 괜찮다는 확신을 심어주기보다는(아마 지나치게 단순한 '맑스주의적' 해석은 그럴지도 모르지만) 오히려 세상을 고발한다. 온화한 브르통 시골 풍경이든 싱싱한 타이티적 에로티시즘이든 간에 고갱이 창조한 영역으로부터 되돌아올 때 우리는 또 다시 소비해야 할 따분한 사물들로 이루어진 우리의 공허한 세계에 자리잡아야 한다. 예술의 정신에 정확하게 몰입하는 사람은 자신의 세계가 가능하거나 당위적인 그런 모습이 아니라는 사실에 혼란을 느낄 것이다. 이런 사실에 대해 그는 무언가 구체적인 조치를 하고 싶어질 것이다. 모든 위대한 예술, 지배적인 현실에 흡수되기를 거부하는 예술은 혁명적이다. 그것은 파괴적이다. 그것은 변증법을 다시 살려낸다. 그것이 바로 마르쿠제가 말하는 '부정의 힘'이다.

예술의 지위 문제에 대한 마르쿠제의 해답이 결코 플라톤의 주요 비판 중의 하나를 실제로 부정하지는 않는다는 점에 유의하라. 예술은 거짓말이다. 그것은 성취할 수 없는 행복을 약속한다. 우리는 결코 고갱이 그린 열대 세계의 초록색, 노란색, 자주색 그늘 속에 눕지 못할 것이며, 콘스타블의 디덤 계곡의 아름답고 조밀한 풍경 속을 거닐지도 못할 것이다. 완전히 비억압적인 세계는 불가능하다. 하지만 우리가 그러한 가능성을 믿지 않는다면, '고상한 거짓말'(플라톤의 용어)을 믿지 않는다면 우리는 결코 비이성적이고 극복이 가능한 억압의 거대한 범람을 이겨내지 못할 것이다.

여기서 마지막으로, 한 가지 비판적 지적을 덧붙이자. 마르쿠제가 이룬 맑스와 프로이트의 종합은 위대한 예술 속의 흥분적 요소에 대해 흥미롭고 그럴듯한 설명을 제공해준다고 나는 믿는다. 그러나 그의 설명은 검증이 불가능해 보이기 때문에 문제가 있다. 마르쿠제의 해석을 지지 또는 반대하는 증거가 무엇이 있겠는가? 이는 답하기 어려운 문제다. 그러나 아마 마르쿠제의 이론은 예술의 본성과 지위에 관한 다른 이론들 이상으로 문제거리는 아닐 것이다. 미학 이론은 종종 경험적 세부 사항에 대한 주의 깊은 관심을 통해 검증되거나 논박될 수 있는 과학적 이론이기보다는 예술을 바라보는 올바른 방법에 관한 추천의 성격이 짙다.

실존주의

실존주의는 예술에 커다란 관심을 기울인 20세기의 철학 사조다. '실존주의'라는 용어는 장

실존주의 – 공통의 분위기

그림 1

그림 2

그림 3

그림 4

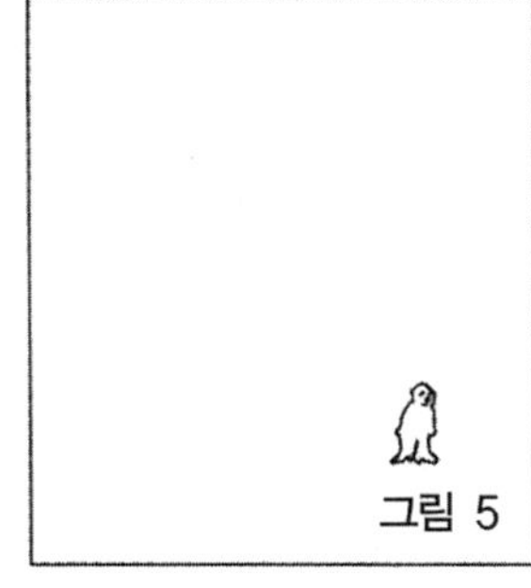
그림 5

폴 사르트르가 만든 것이지만(6장 참조), 그 철학 자체는 19세기의 특정한 사상 경향, 특히 프리드리히 니체와 쇠렌 키에르케골의 사상에서 유래했다. 실존주의를 정의하는 과제는 실존주의자라고 불리는 철학자들의 커다란 다양성과 그들이 지닌 견해의 많은 상이점 때문에 복잡성을 띤다. 하나의 철학으로 실존주의를 정의하려다 결국 성을 내며 그 과제를 포기하고 그것을 '하나의 공통된 분위기' 또는 '하나의 태도'라고 부르는 데 만족하는 사람들에게 공감을 느낄 수도 있지만, 나는 그 과제가 정말 그처럼 무망한 것은 아니라고 생각한다. 사르트르 자신은 실존주의를 간단하고, 비교적 성공적인 방식으로 정의하고자 했다. 우리는 그의 안내에 따를 것이다.

사르트르는 적어도 인간의 경우에 "실존이 본질에 선행한다"는 견해를 지도 사상으로 삼는 철학자라면 누구든 실존주의자라고 말한다. 철학에서 전통적으로 제기된 주장은 그 반대, 곧 "본질이 실존에 선행한다"는 것이다. 사르트르와 철학적 전통 사이의 이러한 쟁점을 정리해내자면, 우리는 플라톤과 아리스토텔레스로 되돌아가야 한다. 그리스 사상에서 '본질'은 '본성'("짐승의 본성이 무엇이냐"고 물을 때 같이) 및 플라톤적 의미의 '형상'과 결부된다. 우리가 잘 아는 플라톤의 이론에 따르면, 자연적 대상이나 인간 존재는 형상의 모사로서만 존재한다. 그러므로 플라톤에게서 "본질은 실존에 선행한다." 이미 살펴보았듯이, 아리스토텔레스는 영어의 대문자 'F'로 표기하는 '형상Form'이 사실은 소문자 'f'로 표기하는 '형상form'이라는 점을 지적하면서 플라톤의 형상을 지상으로 끌어내리고자 했다. 다시 말해서, 칼의 형상은 사실상 그 형태와 관련되며, 형태는 그 기능과 관련된다.(흐늘거리는 날을 지닌 칼은 어떻게 생겼을까? 그것은 칼의 기능을 못하기 때문에 칼이 아닐 것이다.) 그러므로 "본질이 실존에 선행한다"는 말은 먼저 사물의 본성과 기능이 존재하고, 그 다음에 사물이 존재한다는 말이나 같다.

사르트르는 이러한 공식이 칼과 같은 인공물에 대해 참이라는 데 동의하며, 자연적 실체에 대해서도 그것이 참이라는 데 동의하는 것 같다. 예컨대, 칼의 경우에 먼저 인간이 어떤 기능에 대해 상상한다.(그림 1) 그는 빵을 자를 어떤 것이 필요하다. 다음에 그는 그러한 기능을 충족시키는 대상을 만든다.(그림 2) 이러한 분석이 참나무나 산, 고양이 같은 자연물에 어떻게 적용되는가는 아마 덜 분명할 것이다. 그러나 가상하자면 '고양이'종이라고 불리는 사물이 존재하며(곧, '고양이의 본성'이 존재하며), 한 사물이 고양이이기 위해서는 어떤 '고양이성性'의 기준들을 충족시켜야 한다고 말할 수 있을 것이다(이 모든 것은 너무나 플라톤적인 생각으로 들린다). 그런데 인간에 대한 낡은 상, 곧 실존주의 이전의 인간상은 인간을 고양이나 칼과 똑같은 방식으로 다룬다. 먼저, 신이 존재한다. 신은 인간에 대해 상상한다.("내가 필요로 하는 것은 나를 닮았으되, 더 작고 더 연약하고 더 둔한 존재다.[그림 3]) 이어서 미켈란젤로의 그림처럼 신이 인간을 창조한다.(그림 4) 이 피조물은 어떤 신적인 기준들을 충족시키는 한에만 진정으로 인간적이다. 이러한 기준들을 벗어난 행동은 '비인간적'이거나 심지어 '광적'인 것으로 비칠 것이다. 그리고 나서 프리드리히 니체가 "신은 죽었다!"라는 나쁜 소식을 가지고 등장한다. 만약 그림에서 신을 지워버린다면, 우리한테 남는 것은 (그림 5)의 장면이 전부다. 실존주의자들에 따르면, 그것이 인간의 조건이다. 키에르케골이 말했듯이 인간은 '절대적 고독' 속에 존재하며, 사르트르가 말하듯이 '버려진' 존재다. 사르트르는 이렇게 묻는다.

여기서 실존이 본질에 선행한다는 말은 무슨 의미인가? 그것은 인간이 가장 먼저 실존하고 등장하고 무대에 나서며, 그런 다음에야 비로소 자신을 정의한다는 뜻이다. 만약 인간이 실존주의자의 생각처럼 정의할 수 없는

존재라면, 그것은 최초에 그가 무無이기 때문이다. 그 뒤에야 비로소 인간은 어떤 것이 될 것이며, 자기 스스로 자신의 모습을 만들어낼 것이다. 그러므로 인간의 본성은 존재하지 않는다. 왜냐하면 그것을 상상할 신이 존재하지 않기 때문이다.[19]

이러한 설명은 실존주의를 무신론으로 만들어 키에르케골을 그 부류에서 배제할 것 같이 보인다. 실제로, 니체와 사르트르는 다른 많은 실존주의자들과 나란히 급진적인 무신론자다. 그러나 방금 인용한 구절에서 몇 페이지만 넘어가면 사르트르 자신이, 어쩌면 다소 모순되게 이런 말을 한다. "신이 존재한다 하더라도, 달라질 것은 아무것도 없다."[20] 그리고 키에르케골처럼, 사르트르는 아브라함의 사례를 인간 조건에 대한 예증으로 사용한다. 키에르케골에게서 인간 조건은 절대적 고독의 조건이다. 자신의 절망 속에서 그는 신의 도움을 목 놓아 요청한다. 그러나 대답은 — 키에르케골주의자인 잉마르 베리만이 자기 영화의 제목을 빌어 말하듯이 — '침묵'이다. 키에르케골에게서 만약 신이 존재하지 않는다면 이는 충분히 나쁜 상황이다. 그러나 신이 존재하기 때문에 상황은 더 나쁘다. 인간과 신 사이에는 질적인 심연이 가로놓여 있다. 사르트르의 철학에서처럼 인간은 혼자 남겨졌고, 버림받았으며, 자기 것인 완전한 자유를 두려워하고, 자기가 창조해야 할 세계에 대해 책임을 지는 엄청난 과제에 대해 절망한다. 만약 이러한 상에 동의한다면 여러분은 실존주의자다.

키에르케골과 니체의 글에서 등장하는 첫 순간부터 실존주의는 항상 예술에 매료되었다. 그러나 현대 실존주의자들은 전문적으로 예술에 관해 철학적 사색을 하는 데 그치지 않고, 그들 중 다수가 능동

세계는 하나의 예술 작품처럼
우리를 대면한다

적으로 예술을 생산해낸다. 사르트르와 시몬느 드 보봐르, 알베르 까뮈는 철학에 관해 체계적 논문을 저술했을 뿐만 아니라 장편 및 단편 소설, 희곡도 썼다. 니체는 시를 썼다. 미겔 데 우나무노Miguel de Unamuno는 소설과 희곡, 시를 썼다. 그리고 소설가 프란츠 카프카와 표도르 도스토예프스키는 종종 실존주의자의 대열에 포함된다. 실존주의가 예술에 관해 어떻게 이론화하는가를 보자면 우리는 현대 미국의 실존주의자 두 사람, 곧 아투로 팰리코와 모리스 내턴슨의 저작을 검토해보아야 할 것이다. 내가 두 사람을 선정한 이유는 그들의 책이 읽기 쉬운 데다 그와 동시에 현상학적 실존주의 학파로부터 나오는 예술에 관한 전문적 철학 사상을 대표하기 때문이다.

아투로 팰리코의 책《예술과 실존주의》에서 저자는 실존주의적 미학의 가능성에 관해 이렇게 말한다. "우리는 예술 현상으로부터 인간의 조건에 관해, 그리고 인간의 실존적 조건으로부터 예술 현상에 관해 우리가 무엇을 배울 수 있는가를 알고자 해야 한다."[21] 그의 책의 주요한 주제 중의 하나는 어떤 의미에서 세계가 하나의 예술 작품 같이 우리를 대면하지만, 또 어떤 의미에서는 예술 작품과 전혀 다르게 우리를 대면하며, 예술 작품과 인간의 실존에 관해 이러한 현상들 각각으로부터 우리가 배울 수 있는 것이 있다는 것이다. 세계가 우리를 하나의 예술 작품 같이 대면한다는 의미는 우리가 그 안에서 살아가는 세계가 근본적으로 과학적이기보다는 미학적이라는 것이다. 현대 정신에 대한 과학의 주도권 때문에 우리는 이러한 사실을 잊어버릴 수도 있지만, 실제로 세계는 물리학자의 언어보다 예술 비평의 언어로 더 잘 묘사되는 종류의 경험적 질과 연관하여 자신을 드러낸다. 식상하지 않은 눈에는 세계가 자연발생적인 예술 작품 같이 보인다. 이러한 통찰력의 영향 아래 팰리코는, 니체와 더불어 "우리 경험의 미학적 변형"이 우리의 개인적인 실존적 투기投企가 될 가능성에 관해 이야기한다. 그는 다음과 같은 니체의 말을 긍정적으로 인용한다. "인간이 예술가인 한, 그는 이미 자기 자아로부터 해방되어 진정한 주체가 환상 속의 자기 구원을 찬양하는 매개자가 된다."《비극의 탄생》에서 니체는 자기가 '오랜 전설'이

마무리되지 않았으니 손댈 필요가
없는 것으로서의 세계

라고 부르는 마이다스 왕 이야기를 하고 있다.

그는 디오니소스의 벗인 지혜로운 실레노스를 찾아 숲에서 오랫동안 사냥했으나 그를 잡을 수 없었다. 마침내 그를 잡았을 때 왕은 그에게 인간의 가장 커다란 행복이 무엇이라고 생각하느냐고 물었다. 그 요정은 뿌루퉁해서 이야기를 않다가 결국 왕의 강요에 이기지 못해 날카로운 웃음을 터뜨리며 말했다. "하루살이 같이 불쌍한 자, 우연과 고생이 낳은 자여, 그대는 어찌하여 듣지 않는 것이 가장 좋을 이야기를 나더러 하라고 강요하는가? 그대의 최선의 행복은 그대의 손닿는 곳 너머에 있노라. 태어나지 않는 것, 존재하지 않는 것, 무가 되는 것이 그것이로다. 그러나 차선은 빨리 죽는 것이라네."[22]

니체류의 실존주의의 문맥에서 이 이야기가 말하는 교훈은 요정 실레노스가 틀리다는 것을 증명하기 위해 개인이 무언가를 하지 않는 한 실레노스가 옳다는 것이다. 사람이 무언가를 창조하지 않는다면 — 니체에게서 창조는 그 자체가 예술적이다 — 태어나지 않는 것이 나을 것이다. 니체에게서 실존은 예술을 통해서만 구원될 수 있다.

예술과 세계의 유사성과 이러한 유사성이 인간에게 갖는 의미성을 주장하고 난 뒤에 펠리코는 예술과 세계의 차이성으로 돌아간다. 이 차이성은 그 자연 발생 상태에서 세계가 우리에게 "마무리되지 않았으나 손댈 필요가 없는 것"으로서 자신을 드러낸다는 사실에 내재한다. 이와 대조적으로, 예술 작품은 하나의 전체, 완성된 통일체, 충만함, 다른

예술은 우리의 정처 없는
조건을 드러내준다

어디에도 실존하지 않는 완전성으로 자신을 드러낸다. '정물화'는 모든 예술의 표본이다. 팰리코는 말한다. "예술 속에는 모든 것이 존재하며, 생성중이거나 생성될 필요가 있는 것은 아무것도 없다." 오직 예술만이 시간을 정복한다. 괴테의 위대한 희곡에 나오는 파우스트처럼 우리는 시간을 향해 "머물러라!" 하고 외친다. 그러나 시간은 머물지 않는다. 예술에서는 시간이 머문다. 예술은 "인간의 실존이 존재와 의미의 풍부성이라기보다 결핍이라는 것"을 보여준다.[23] 그것은 "인간의 정처 없는 조건과 본질의 결핍"을 증언한다. 그래서 또 다시, 팰리코에 따르면 예술은 우리가 창조해야 한다는 것을 보여준다. "예술은 실존을 확인하는 방식을 전시한다."[24] 예술은 그 순수한 가능성에서 가치가 무엇인가를 보여준다.

현상학적 실존주의 전통에 속하는 또 다른 미국인 저자는 모리스 내턴슨이다. 그의 책 제목 《여행하는 자기》도 또한 우리의 정처 없는 본성을 강조한다. 내턴슨에 따르면, 예술과의 대면은 개인에게 전형적인 것에서 상징적인 것으로, 또는 익숙한 것에서 초월적인 것으로 이행할 기회를 제공한다. 예술 작품에서 우리는 "인간 실존의 커다란 형이상학적 상수常數인 탄생과 노령화, 상호 주관성, 죽음"의 표현을 본다. 물론, 일상 생활 속에서도 우리는 끊임없이 이와 같은 커다란 상수들에 마주친다. 하지만 그것들은 우리의 일상적 실존에 너무나 긴밀하게 얽혀 있기 때문에 우리는 그러한 주제들을 그 진정한 의의에 비추어 분리해낼 수 없다. 예술 속에서 나는 "개별적인 탄생과 죽음에 대한 나의 모든 지식과는 근본적으로 다른" 방식으로 탄생과 교제, 죽음에 대면한다. 여기서는 "상징적인 것이 상식에 깊은 상처를 입혀 뜨거운 피를 흘리게 만들기" 때문에 "일상 생활의 나이브한 태도는 한계점까지 밀려난다."[25] 예술을 통해 탄생과 교제, 죽음 같은 궁극적인 주제를 근본적으로 대면함으로써 개인은 어쩔 수 없이 자기 자신의 세계의 토대를 구축하기 위해 싸우면서 실존적으로 철학적 사고를 하게 된다. 실존주의의 요점은 독일 시인 라이너 마리아 릴케의 일화를 통해 가장 잘 표현할 수 있을 것이다. 릴케는 아테네 박물관에 있는 아폴로 상의 아름다움을 음미하며 오후를 보낸 뒤에 자기가 묵고 있는 호텔로 돌아와서 다음과 같은 한 줄을 일기에 써넣었다 — "너는 인생을 변화시켜야 한다."[26] 이는 실존주의와 허버트 마르쿠제의 이론의 공통 분모를 보여준다. 양자에 따르면, 예술은 행동과 창조성을 일깨울 수 있고 또 일깨워야 한다.

<h1 style="text-align:right; color:purple">비트겐슈타인</h1>

이제 우리는 지금까지 본 것과는 전혀 다른 예술 논의를 살펴볼 것이다. 그것은 이제까지 우리가 보았던 자료들 일부보다 훨씬 덜 극적이겠지만, 자체적으로 흥미로운 점이 있다. 그것은 케임브리지에서 공부하고 가르친 비엔나의 철학자 루트비히 비트겐슈타인의 저작에서 비롯된다. 비트겐슈타인은 일반 대중에게는 별로 귀에 익은 이름이 아니다. 우리는 1장에서 그를 간략하게 다루었지만, 여러분은 아마 철학 수업을 듣기 전에는 그 이름을 들어보지 못했을 것이다. 그럼에도 불구하고 많은 사람은 그가 20세기의 가장 위대한 두세 명의 철학자 중의 하나이며, 확실히 가장 영향력 있는 철학자의 한 사람으로 판명될 것이라고 믿는다.

비트겐슈타인의 활동은 보통 두 시기로 나뉘는데, 하나는 생애 초기에 쓴 《논리 철학 논고》를 중심으로 하는 시기이고, 다른 하나는 훨씬 후기의 저작인(사후에 출판된) 《철학적 고찰》을 중심으로 하는 시기다. 첫 번째 책은 '논리 실증주의'와 신비주의라는 주제에 관한

비트겐슈타인

변주의 기묘한 결합이다. 두 번째 책은 외견상 이러한 긴장성을 포기하고 일상적 사고와 언어, 행동의 미묘한 작용에 집중한다.

《논고》에서 오직 한 구절만이 예술을 다루는 것으로 해석될 수 있다. 특이하게도 그것은 모호한 구절이다. 비트겐슈타인은 말한다. "윤리학과 미학은 하나이며 동일하다." 이 책에서 비트겐슈타인은 윤리학을 언어의 영역 바깥에 놓았기 때문에("윤리학은 말로 표현할 수 없다는 것이 명백하다"), 미학(미에 관한 철학적 명상)의 대상은 신비적인 것에 속하며, 그것에 관해 명료하게 말할 수 있는 것은 없다는 결론이 나온다.[27]

《논고》에서 비트겐슈타인은 자신의 충고에 따라 예술에 관해 아무 말도 하지 않았다.(책 서두에 나오는 그의 훈계는 이러했다. "말할 수 없는 것에 대해서는 침묵해야 한다!")

그러나 후기 비트겐슈타인은 예술론과 연관해서 할 말이 많았으며, 그 중의 일부는 극히 도발적이어서 후대 철학자의 좋은 연구 재료가 되었다. 우리는 특히 교훈적이라고 판명된 후기 비트겐슈타인의 예술 사상의 두 분야를 검토해볼 것이다. 하나는 어떤 개념의 '개방성'에 대한 비트겐슈타인의 논의와 관련되며, 다른 하나는 그의 '삶의 형식'으로서의 언어 개념과 관련된다. 살펴보겠지만, 이 두 가지 주제 중의 어느 쪽도 특정하게 예술에 대한 언급을 포함하지 않는다. 하지만 예술 철학의 문제에 대한 그것들의 적용은 최근에 많은 관심과 논쟁을 불러일으켰다. 그러나 이 장의 주제인 예술에 대해 비트겐슈타인의 사상을 적용하기 이전에 우리는 먼저 비트겐슈타인의 핵심 개념을 개진하는 데 약간의 시간을 소비해야 할 것이다.

열린 개념

비트겐슈타인은 철학의 역사에서 사상가들은 반복적으로 특수한 성공적인 명료성의 모형을 취하여 모든 언어와 사고를 그 한 모형의 틀에 우겨넣고자 하는 생각에 현혹되어왔다고 믿었다. 이러한 오류를 그는 지성의 언어적 현혹이라고 불렀다. 이와 같은 오류의 분명한 일례는

수학이나 논리학에서 가져온 어떤 예증을 바탕으로
의미의 일반 이론을 제시하고자 하는 시도다. 예
컨대, 삼각형의 정의를 보자. "삼각형은 세 변을
지닌 닫힌 도형이다." 이제 '변'과 '닫힌' 따위의
용어에 대해 표준적 의미를 가정하면 이 정
의는 완료된다. '삼각형'이라는 명칭을 얻
고자 하는 어떤 후보자든 이러한 기준에
부합해야 한다. 다양한 종류의 삼각형이
있을 수 있지만(이등변, 직각, 둔각 등), 그럼
에도 불구하고 그 각각은 반드시 세 변을
지닌 도형이어야 한다. 그러므로 '삼각형의 본

질'이라고 부를 수 있는 이러한 특징은 모든 가능한 삼각형에 공통된 특징이다. 비슷한 종류의
분석은 '형제'(형제는 같은 항렬의 남자 피붙이다)나 '총각'(총각은 결혼하지 않은 적령기의 남자다)
같은 개념에 대해서도 가능하다. 이러한 종류의 명료성에 고무된 많은 철학자 — 특히 '본질'을
추구하는 플라톤주의 경향의 철학자 — 는 언어가 한 부류의 모든 구성 요소에 대해 공통된 어
떤 특징을 지칭할 때만 유의미하다고 주장했다. 실제로, 소크라테스는 모든 개념이 수학적 개
념 같이 작용하도록 만드는 노력에 평생을 바쳤다고 볼 수 있다.

그러한 모형을 바탕으로 성공적인 의미 이론이 설 수 있다는 환상을 깨기 위해 비트겐슈타
인은 '게임'이라는 개념을 고찰해볼 것을 요구한다. 그러나 그는 그 개념에 관한 철학적 사색
을 요구하는 것이 아니다. 오히려 그는 우리가 '게임'이라고 부르는 모든 활동을 살펴보고 그
모든 것에 공통된 어떤 것을 발견할 수 있는지 보라고 요구한다.

예를 들어, 우리가 '게임'이라고 부르는 행위를 살펴보자. 내가 의미하는 것은 보드 게임,
카드 게임, 올림픽 게임 등등이다. 그 모든 것의 공통점이 무엇인가? "반드시 어떤 공통점이
있어야 한다. 아니면 그것들을 '게임'이라고 부르지 않을 테니까"라고 말하지는 말라. 다만,
모두에게 어떤 공통된 것이 존재하는지 살펴보라. 그것들을 살펴보면 여러분은 모두에게 공
통된 어떤 것이 아니라 단지 유사성, 연관성, 그리고 그 정도 수준의 전반적 연결성밖에 보

이지 않을 것이다. 반복하건대, 생각하지 말고 눈으로 보라! 다방면적 연관성을 지니는 보드 게임의 예를 보라. 이어서 카드 게임으로 넘어가라. 여기서 여러분은 첫 번째 집단과의 많은 대응점을 발견하지만 많은 공통성이 누락되고 다른 것이 등장한다. 다음에 우리가 구기 게임으로 넘어가면 공통된 많은 것이 남지만, 또 많은 것이 사라진다 — 그 모두가 즐거운 것인가? 체스와 오목을 비교해보라. 아니면 선수들 사이에 항상 승패나 경쟁이 있는가? 인내심을 가지고 생각해보라. 구기 게임에는 승패가 있지만, 한 어린이가 공을 담벼락에 던졌다가 다시 받는 놀이를 한다면 그러한 특징은 사라진다. 기술과 행운이 하는 역할을 살펴보라. 체스의 기술과 테니스의 기술의 차이를 보라. 이제 '둥글게 둥글게' 같은 게임을 놓고 생각해보라. 여기에는 즐거움의 요소가 있지만 얼마나 많은 다른 특징이 사라졌는가! 또한 우리는 같은 방식으로 수많은 다른 게임 그룹을 거칠 수 있으며 여러 유사성이 생겨나고 사라지는 것을 볼 수 있다.

　　이러한 검토의 결과는 이렇다. 중첩되고 교차되는 유사성의 복잡한 연결망을 본다. 때로는 전체적인 유사성을, 때로는 세부적인 유사성을 본다.[28]

'즐거움', '승패', '경쟁', '기술과 행운' 따위의 특성에 대해 언급할 때 비트겐슈타인이 무엇을 의미하는지 주목하라. "즐거움"이란 용어를 보자. 즐거운 모든 것이 게임이고 모든 게임은 즐거운(또는 '재미있는' 또는 '유쾌한') 것이 사실인가? 정확히 누가 즐거워야 하는가? 만약 관객이 있다면 관객과 마찬가지로 선수도 즐거워야 하는가? 최하위의 두 팀이 벌이는 시즌 마지막 날의 프로 야구 경기를 상상해보라. 오직 소수의 관중만이 한 해 중 가장 고약한 날씨에 시즌 중 가장 대충 하는 게임을 보러 오는 실수

를 저질렀다. 여러분은 경기장의 모든 사람을 면담해보고 아무도 즐겁지 않다는 사실을 발견할 수도 있다. 그럼에도 불구하고 아무도 즐거워하지 않았기 때문에, 야구 경기는 없었다는 결론이 나오지는 않을 것이다(그 게임이 프로 야구 게임이었다는 사실도 그것이 게임이라는 것을 가로막지 않는다). 실제로, 나는 게임이 너무 오래 걸려서 끝 무렵에는 아무도 즐기지 않는 모노폴리 게임을 한 적이 있다. 그랬던 것은 그 게임이 재미없다는 것을 아무 도 먼저 시인하고 싶지 않았기 때문이다. 결국, 어떤 특정한 활동이 게임이라는 것을 증명하는 유일한 길은 사람들을 면담해서 누군가가 즐거운 시간을 보내고 있는지 알아내는 것이라고 한다면 참으로 터무니없는 소리다.

'승패'나 '기술과 행운'에 관련해서 게임을 정의하고자 하는 시도도 비슷한 운명이 기다린다. '둥글게 둥글게' 게임을 보라. 거기에는 승패가 없으며 단지 넘어지는 데 얼마나 많은 기술이나 행운이 필요할까?(그런데 '둥글게 둥글게ring-around-the-rosy'는 적어도 그 유래는 결코 즐겁지 못한 게임 중의 하나다. 그것은 아마도 흑사병이 잉글랜드를 휩쓸었던 시기에 생겨났을 것이다. 원명의 'rosy'는 치명적인 상처 주위에 두른 붉은 고리, 또는 일설에는 로자리오 염주를 가리킨다. 다행스럽게도 "유해와 유해를 맞대고 우리 모두 넘어진다네"라는 마지막 행의 불길한 의미는 보통 우리 아이의 머리에서 잊혀져 있다.)

'경쟁'에 관해서는 어떤가? 내 아들이 다섯 살 때(아마 다른 모든 다섯 살짜리 남자아이들과 나란히) 발명한 '벽에다 공 맞추기' 게임을 고

층계 아래로 사람 떠밀기 게임

찰해보자. 아이는 누구하고 경쟁했는가? 아마 그는 자기 자신을 상대로 경쟁했을 것이다. 그러나 분명히 자기가 공을 실수 없이 몇 차례나 맞출 수 있는지 보기 위해 노는 아이의 경우는 처음에 자기가 톰의 역할을 하고 다음에 빌의 역할을 하며 노는 아이의 경우와 차이가 있다. '톰'이 공을 놓치면 '빌'이 맞출 차례다. 이 후자의 경우에 아이는 실제로 자기 자신과 경쟁하는 것이다. 내가 어렸을 때 사촌이 자기가 발명한 게임을 하자고 했다. 그는 그 게임을 '층계 아래로 사람 떠밀기'라고 불렀다. 그 게임에는 경쟁이 내포될 수도 있고 아닐 수도 있다.

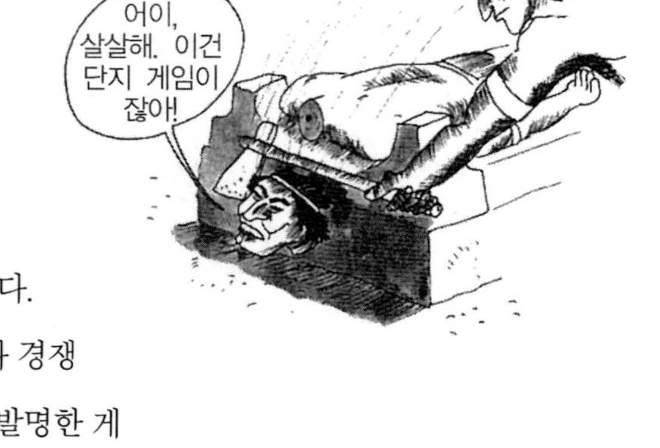

모든 게임은 그것을 게임이라고 부르게 만드는 공통의 규칙을 지니고 있다는 지적을 할 수도 있다. 모든 게임에 규칙이 있다는 것은 아마 사실일 것이다(가능한 예외는 《이상한 나라의 앨리스》에 나오는 '코커스 경주'다). 그러나 그것은 길 건너기, 강연하기, 영화 보기 등등의 게임이 아닌 다른 모든 종류의 것도 그렇다. 실제로, 중요한 의미에서 모든 인정할 만한 인간 활동은 규칙의 지배를 받는다. 이러한 사실에 직면해서 어떤 학생들은 그러니까 모든 것은 게임이다, 특히 학교 수업이 그렇다고 말하고 싶어한다.(여기에 대해 나는 보통 이렇게 응답한다. 아즈텍족의 '하이알라이jai-alai'도 게임인데, 패자는 목이 잘렸다. 어떤 게임은 다른 것들보다 더 심각성을 띠는 법이다.) 그리고 실제로 묘하게도 거의 모든 활동이 게임이 될 수 있다.(내가 어릴 때 잔디 깎는 일을 시키면, 나는 깎지 않은 풀밭을 '나치'라고 가상하곤 했다. 지금도 나는 때때로 그런 식으로 깎는다. 내가 아는 어떤 사람

사람들이 즐기는 게임

은 통근차를 몰고 집에 갈 때 폭격 편대 조종사 행세를 한다. 언젠가 내가 같이 있다는 것을 그가 까먹었을 때 나는 그 사실을 알아차렸다. 교외의 차길로 접어들었을 때 그는 무전기에 말하듯이 주먹을 입에 대고 중얼거렸다. "레임 덕, 레임 덕, 불시착을 해야 하니 활주로 5번을 소개하라!") 어떤 활동이든 게임이 될 수 있다는 사실은 모든 활동이 게임은 아니라는 것을 증명해준다. 에릭 번Eric Berne의 책《사람들이 즐기는 게임》이 성공한 까닭은 바로 그가 열거한 활동들이 진짜 게임이 아니었기 때문이다. 그의 목록에서 내가 애호한 것은 "당신이 날 어떻게 하도록 만드는지 보기"라고 부르는 '게임'이었다! 잘못을 떠넘기는 사람들의 행동에는 의례화된, 게임 같은 특질이 있다. 그러나《파티 게임》이라는 책을 산다면 거기에는 "당신이 날 어떻게 하도록 만드는지 보기"라는 게임은 결코 나오지 않을 것이다. 만약 그런 게임이 나온다면 번스는 자기 책에 그 게임을 넣지 않았을 것이다.

1장에서 보았듯이, 게임들 사이의 많은 유사성에도 불구하고 '게임'이라는 개념을 정의할 수 없다는 사실과 관련한 비트겐슈타인의 결론은 이렇다.

이러한 유사성을 규정하는 데에는 '가족 유사성'보다 더 나은 표현이 떠오르지 않는다. 가족 구성원들 사이의 다양한 유사성, 곧 체격과 용모, 눈 빛깔, 걸음걸이, 기질 등등은 똑같은 방식으로 중첩되고 교차된다 ─ 그리고 '게임들'은 하나의 가족을 이룬다고 할 만하다.[29]

그러므로 '게임'은 '열린 개념'이다. 그것은 우리가 '삼각형'이라는 개념에 대해 할 수 있듯이, 특정한 정의를 가지고 그 개념을 닫을 수가 없다는 뜻이다. 왜냐하면 나중 시기에 어떤 새로운 활동을 '게임'이라는 개념 아래 포함해야 할 가능성이 항상 존재하며, 그럴 공산이 매우 크기 때문이다.

여러분은 이 모든 것이 예술과 무슨 관계가 있는지 이미 짐작했을 것이다(또는 1장에서 이 문제에 관해 제기한 몇 가지 논평으로부터 그 점을 추리했을 것이다). '예술'이라는 단어에 대해 완료된 정의를 찾는 사람들은 '게임'이라는 단어를 정의하고자 하는 사람과 똑같은 곤란에 빠질 수 있다.

비트겐슈타인 자신은 이러한 결론에 대해 단지 암시했을 뿐이다. 그것을 명시적으로 제시한 것은 〈미학에서 이론의 역할〉이라는 영향력 있는 논문을 쓴 그의 추종자 모리스 바이츠다. 바이츠 교수는 '열린 개념'이라는 용어를 다음과 같이 정의한다.

> 만약 한 개념의 적용 조건이 수정되거나 정정될 수 있다면, 곧 개념 사용을 확대해서 새로운 사례를 포괄할 것인가, 아니면 개념을 닫고 새로운 사례와 그 새로운 속성을 다룰 새로운 개념을 만들 것인가에 대해 우리한테 모종의 결정을 요구하는 어떤 상황이나 사례를 상상하거나 확정할 수 있다면 그 개념은 열린 개념이다. 만약 한 개념의 적용을 위한 필요 충분 조건을 서술할 수 있다면 그 개념은 닫힌 개념이다. 그러나 이러한 닫힌 개념은 개념들이 구성되고 완전하게 정의되는 논리학이나 수학의 경우에만 생겨날 수 있다. 경험적-기술적이고 규범적인 개념의 경우에는 우리가 자의적으로 그 사용 범위를 규정함으로써 그것들을 닫지 않는 한 그런 일이 생길 수 없다.[30]

그러므로 바이츠에 따르면, "앤디 워홀의 〈엘비스〉는 예술인가?" 같은 질문은 이미 확립된 정의에 호소함으로써 답변할 수 있는 것이 아니다. 오히려 어떤 결정이 요구된다. 우리는 '예술' 개념을 확대해서 이러한 경우를 포함할 것인가? '예술'이라

는 칭호를 적용하거나 유보하는 결정을 정당화하기 위해 제시할 수 있는 근거는 명백히 비트겐슈타인이 말하는 '가족 유사성'과 상관이 있을 것이다.('층계 아래로 사람 떠밀기'는 '게임'이라는 명칭을 그 경우에도 확대 적용하는 것을 정당화할 만큼 충분한 유사성을 우리가 게임이라고 부르는 다른 활동들에 대해 갖는가?)

예술 개념에 대한 바이츠의 비트겐슈타인식 설명이 옳다면, 최소한 그는 현대 예술의 가장 당혹스러운 특징 한 가지를 해명해줄 것이다. 어째서 오늘날의 예술의 위기가 반드시 예술 개념 자체를 훼손하는 것은 아닌지 그는 해명해줄 것이다. 오직 우리 시대에만 1장에서 묘사한 것과 같은 이벤트가 벌어질 수 있다.(덤프 트럭이 미술관 안으로 후진하여 자갈 더미를 쏟아놓는다. 운전수는 그 옆에 〈자갈더미〉라는 명칭을 새긴 작은 카드를 놓아둔다. 예술에 진지한 관심을 갖는 사람들이 그 카드를 읽고 서서히 자갈더미 주위를 에워싸며 세심하게 관찰하면서 그 예술적 장점에 관해 논란을 벌인다.) 옛날의 소크라테스라면 이렇게 말했을 것이다. 만약 예술의 본질을 제시하는 방식으로 예술을 정의하고, 그럼으로써 어떤 것을 '예술'이라고 부르거나 예술이 아니라고 단언하는 절대적인 이유를 제시할 수 없다면 우리는 예술에 관해 무언가를 안다고 주장할 권리가 없다. 그러나 바이츠의 분석은 모든 미술관 탐방객들로 하여금 베르미어의 〈창가에서 편지를 읽는 여인〉이 예술이라는 것을 확신시켜주는 동시에 〈자갈더미〉의 지위에 관해 이성적으로 논증할 수 있게 해준다.

삶의 형식

묘하게도 예술 개념에 대한 모리스 바이츠의 비트겐슈타인식 분석에 대한 가장 심각한 도전은 그들 스스로가 비트겐슈타인의 영향을 깊이 받은 일군의 철학자에게서 나온다. 그들은 비트겐슈타인의 철학에서 바이츠에게 영감을 준 것과는 다른 측면을 도전의 근거로 삼는다. 이러한 예술 철학자들의 기본 입장은 아서 단토와 조지 디키의 논문들에서 정립되었다. 그것은 '예술 제도설'이라고 부른다. 실제로 그 이론을 공식화한 것은 디키였지만, 그의 공식은 단토의 다음과 같은 구절을 바탕으로 삼는다. "어떤 것을 예술로 보기 위해서는 눈으로 알아낼 수 없는 어떤 것 — 예술 이론의 배경과 예술사의 지식, 곧 예술계artworld가 필요하다."[31] 디키 교수는 단토의 '예술계' 개념을 가지고서 비트겐슈타인의 다음과 같은 언급에 비추어 해석한다. "어떤 언어를 상상하는 것은 어떤 삶의 형식을 상상하는 것을 의미한다."[32] 비트겐슈타인의 주장에 따르면, 우리는 항상 언어를 사회적 활동으로 간주한다. 이와 비슷하게, 디키는 예술과 예술에 관한 담론의 사회적 문맥을 강조한다. 만약 우리가 예술을 그 사회적 문맥 속에 놓는다면, 우리는 예술을 정의하려는 시도가 잘못이라는 바이츠의 단정에도 불구하고 적절하게 예술을 정의할 수 있을 것이라고 그는 믿는다. 디키의 정의는 이렇다. "분류적 의미에서 예술 작품은 (1) 인공물이며, (2)그것에 대해 특정한 사회적 제도(예술계)를 대표하여 행동하는 사람이나 사람들이 감식 대상의 후보자 지위를 부여한 것이다."[33]

디키의 정의는 '예술계'의 제도적 성격과 다른 사회적 제도 사이의 유추에 근거한다. 예를 들어 어떤 특정한 둥글고, 희고, 껍질이 단단한 공은 야구 심판이 그런 지위를 부여할 때 '스트라이크'가 된다. 성인 남자와 성인 여자는 성직자나 치안 판사로부터 그런 지위를 부여받을 때 '기혼'이 된다. 특정한 행동의 장본인은 배심원이나 판사에 의해 그런 지위를 부여받을 때 '유죄'가 된다. 이와 비슷하게, 어떤 특정한 대상은 예술계의 어떤 구성원이 그런 칭호를 부여할 때 '예술'이 된다. 이 구성원은 보통 그 인공물을 창조한 예술가다. 때로는 '예술가'가 '기성품'에 그런 지위를 부여할 수도 있다. 20세기 프랑스의 다다이스트 예술가 마르셀 뒤샹은 양변기와 눈삽을 가지고 그렇게 했다(실제로 디키는 자신의 새로운 예

술 정의에 영감을 준 것은 바로 뒤샹과 그의 추종자들인 라우센버그, 워홀, 올덴부르크의 작업이라고 말한다). 디키 교수는 자기 주장을 이런 말로 요약한다. "내가 강조하고자 하는 주안점은 어떤 것이 예술이 되는 것은 그것이 어떤 사회 제도 안에서 갖는 위치 때문이라는 것이다."[34]

디키의 견해는 현대 미학자들 사이에서는 영향력을 지녔지만, 예술이 열린 개념이라는 바이츠의 주장을 그가 논박한 데 대해 모두가 만족하는 것은 아니다. 예를 들어, B. G. 틸먼에 따르면, 디키의 정의는 사실상 "예술가가 예술이라고 말하면 예술이다"라는 주장으로 환원된다.

틸먼의 주장에 따르면, 그러한 정의는 "전혀 표적을 벗어난 것이다. 진정한 이해와 감상의 문제가 다루어지지 않고 있다."[35] 그럼에도 불구하고 틸먼은 디키가 예술의 사회적 성격을 강조하는 데 동의한다. 틸먼은 비트겐슈타인의 〈강연과 대화〉를 인용하는데, 거기서 비트겐슈타인은 이렇게 말한다. "우리가 미적 판단이라고 부르는 언어는 우리가 시대 문화라고 부르는 것 속에서 매우 복잡하지만, 그러나 매우 분명한 역할을 한다. 그 사용법을 설명하거나, 문화적 취미라는 말로

여러분이 의미하는 것을 설명하기 위해서는 한 문화를 설명해야 한다."[36]

마지막으로, 나는 비트겐슈타인에게서 깊은 영향을 받은 또 다른 현대 철학자 티머시 빙클리가 이러한 예술 논의에 기여한 것에 대해 이야기하고 싶다. 빙클리는 다음과 같은 규정에 의해 디키의 정의를 완전히 무장 해제시킨다. "나는 모든 것이 예술이라고 규정함으로써 이에 따라 엄청나게 많은 일련의 예술품을 창조해낸다."[37] 만약 디키의 정의가 모든 것이 예술이 되도록 허용한다면 그 구별의 의미가 무엇인가?(빙클리의 규정을 1장에서 언급한, 빙클리도 언급하는 로버트 배리의 '개념 예술' 작품 〈1969년 6월 15일 오후 1시 36분 뉴욕 — 그 순간에 내가 알지만 생각하지 않는 모든 것〉과 비교해보라.) 그래서 빙클리는 예술이 정의될 수 없다는 바이츠의 비트겐슈타인식 주장으로 복귀하기를 원한다. 그러나 그가 보기에, 바이츠의 특정한 설명은 예술을 너무 길들여진 것으로 만든다. 빙클리의 말에 따르면, '게임'의 가족 유사성은 명백한 게임의 예를 명백한 비게임의 예와 구별할 수 있게 해주지만, 최근의 예술사가 시사하는 바대로 예술의 경우에는 그것이 해당되지 않는다. 예술은 "근본적으로 열려 있고, 근본적으로 정의 불가능하다"고 그는 말한다.

결론

우리는 예술에 관한 비트겐슈타인의 견해 — 예술은 "근본적으로 열린 개념"이며 항상 어떤 문화의 사회적 구조의 일부분이라는 견해 — 를 받아들이더라도, 여전히 예술에 대한 플라톤의 당혹감을 이해할 수 있다. 우리는 예술의 유혹적이고 조작적인 특징을 인정할 수 있다. 프로이트와 마르쿠제가 지적하듯이, 예술은 초超이성적이며 환상에 바탕을 두기 때문에 우리를 현실과 '현실 원칙'으로부터 끌어낸다. 여기에 좋은 소식과 나쁜 소식이 있다.

나쁜 소식 그 끌어냄은 허위, 경박, 위험, 심지어 광기를 지향하는 것이다. 아놀드 하우저가 말했듯이, 모든 예술은 돈키호테주의의 한 변형이다.[38] (여러분은 돈키호테가 현실 생활을 버리고 낭만 소설식의 삶을 추구하다가 그 과정에서 미쳐버리는 것을 상기할 것이다. 물론, 여기서 달콤한 아이러니는 돈키호테 자신이 단지 소설 속의[그것도 대단한 소설 속의!] 인물이라는 것이다. 우리 독자들은 그의 현실 세계를 찾아 우리 것을 회피하는 돈키호테다. 예술은 항상 대안의 현실을 제공하며, 따라서 광기의 가능성이나, 때로는 일상 세계의 광기의 대체물의 가능성이 항상 존재한다[《일상 생활의 정신 병리학》이라는 프로이트의 책 제목을 상기하라].)
좋은 소식 그러나 예술은 또한 철학을 향해 이끈다(아리스토텔레스와 실존주의자들의 생각). 아울러 생의 기쁨과 찬미를 향해 이끈다(니체의 생각). — 작은 것 옆에 놓인 큰 것은 즐겁다!

플라톤과 그리스인들은 예술을 일종의 '미메시스'(모방)라고 불렀다. 이 용어는 플라톤에게 일종의 가상假像 — 현실보다 풍부하지 못한 어떤 것으로 현실을 대체하는 것 — 을 의미한다. 이러한 플라톤적 개념은 지나치게 협소하지만(잭슨 폴록의 그림, 존 케이지의 악곡, 제임스 조이스의《피네건의 각성》은 무엇을 모방하는가?) 그래도 그다지 동떨어진 것은 아니다. 예술은 세계를 모방하는 것이 아니라 재현한다. 그러나 그것이 재현하는 것은 플라톤의 얼음장 같고 시간을 초월한 형상이 아니다(하지만 그것은 재현되는 대상을 형상화하고 포착하며 그런 의미에서 시간으로부터 구해낸다). 또한 단지 '사물'을 재현하는 것도 아니다. 그것은 그 현실적이고 가능적인 모든 측면 속에서 세계를 재현한다. 그렇게 할 때, 그것은 일종의 무한한 역행逆行으로 나타난다.

예술은 자신을 재현하는 자신을 재현하는 것이다(대부분의 회화는 자연 세계보다는 다른 회화의 영향을 더 많이 받으며, [이 책도 포함하여] 대부분의 책은 다른 책에 관한 것이다). 그래서 예술의 본성은 정신의 본성과 그다지 다르지 않다. 정신의 본성도 또한 세계를 재현하는 것이며 자신에게 자신을 재현하는 것이다. 그러므로 예술은 광기와 타락의 가능성을 제공하지만, 또한 통찰과 기쁨, 진보, 세련, 구원의 가능성도 제공한다. 이 점에서 그것은 또 다시 인간의 정신 그 자체와 흡사하다.

권장 도서

Lars Aagaard-Mogensen, ed., *Culture and Art*(Humanities Press, 1976). 비트겐슈타인으로부터 영향을 받은 많은 이론가의 예술에 관한 철학 에세이의 발췌.

Aristotle, *The Poetics in Aristotle: On Poetry and Style*, trans. G. M. A. Grube(Liberal Arts Press, 1958). 예술 일반과, 특수하게는 시와 연극에 관한 아리스토텔레스의 고전적인 논문.

Sigmund Freud, *Leonardo da Vinci and a Memory of His Childhood*, trans. Alan Tyson(Norton, 1964). 레오나르도뿐만 아니라 프로이트의 심성을 일별하고 있다.

E. H. Gombrich, *Art and Illusion: A Study in the Psychology of Pictorial Representation* (Princeton University Press, 1972). 철학, 심리학, 예술에 관한 최고의 책 중의 하나일 뿐만 아니라 내가 늘 좋아하는 책.

Arnold Hauser, *The Philosophy of Art History*(Meridian Books, 1963). 이 장에서 다룬 수많은 주제를 다룬 훌륭한 저작.

Herbert Marcuse, *Eros and Civilization: A Philosophical Inquiry into Freud*(Vintage Books, 1955). 마르쿠제에 의한 맑스와 프로이트의 종합과 예술의 혁명적 지위에 관한 주장. 어렵고 논쟁적이나 읽을 가치가 있다.

Joseph Margolis, ed., *Philosophy Looks at the Arts: Contemporary Readings in Aesthetics*(Charles Scribner's Sons, 1962). 또 다른 훌륭한 편집서.

Iris Murdoch, *The Fire and the Sun: Why Plato Banished the Artists*(Oxford University Press, 1978). 일급 철학자이자 일류 소설가이기도 한 그녀가 쓴 간략하나마 훌륭한 저작.

Friedrich Nietzsch, *The Birth of Tragedy*, trans. Francis Gollfing(Doubleday Anchor, 1990). 문화에서의 예술의 지위에 관한 친실존주의적 주장.

Plato, *Republic*, in *Great Dialogues of Plato*(New American Library, 1956).《국가》 전체에서 예술과 철학의 관계를 논하고 있으나, 10편은 이 논의에 집중하고 있다.

Adolfo Sánchez Vázquez, *Art and Society: Essays on Marxist Aesthetics*, trans. Maro Riofrancos(Monthly Review Press, 1973). 멕시코 맑스주의 철학자의 훌륭한 편집서.

주

1 Plato, *Republic*, in *Great Dialogues of Plato*(New American Library, 1956), pp. 369~370.

2 Arnold Hauser, *The Philosophy of Art History*(Meridian Books, 1963), p. 56.

3 Aristole, *Politics*, in *Aristotle: On Poetry and Style*, G. M. A. Grube, trans.(Liberal Arts Press, 1958), pp. XV~XVI.

4 Aristotle, *Politics*, pp. XV~XVI.

5 Erich Fromm, ed., *Marx's Concept of Man*, T. B. Bottomore, trans.(Friedrich Ungar, 1969), p. 38에서 인용.

6 Karl Marx, "Alienated Labor," in Fromm, *Marx's Concept of Man*, p. 102.

7 Robert Tucker, *Philosophy and Myth in Karl Marx*(Cambridge University Press, 1965), pp. 157~158.

8 Karl Marx, "Preface to a Contribution to the Critique of Political Economy," in Fromm, *Marx's Concept of Man*, pp. 217~218.

9 Karl Marx, "The German Ideology," in Fromm, *Marx's Concept of Man*, p. 212.

10 Marx, "Theories of Surplus Value," quoted in Adolfo Sánchez Vázquez, *Art and Society: Essays in Marxist Aesthetics*, Maro Riofrancos, trans.(Monthly Review Press, 1973), p. 155.

11 Karl Marx and Friedrich Engels, "Manifesto of Communist Party," in *Marx and Engels: Basic Writing on Politics and Philosophy*(Doubleday, 1959), p. 10.

12 Karl Marx, "Theorise of Sourplus Value," quoted in Sánchez Vázquez, *Art and Society*, pp. 200~201.

13 Karl Marx, "The German Ideology," quoted in Sánchez Vázquez, *Art and Society*, pp. 282, 285, 286.

14 Erich Fromm, *The Dogma of Christ and Other Essays on Religion, Psychology and Culture*(Holt, Rinehart & Winston, 1963), p. 96.

15 Herbert Marcuse, *Eros and Civilization: A Philosophical Inquiry into Freud*(Vintage Books, 1955), pp. IX~X.

16 Herbert Marcuse, *Counterrevolution and Revolt*(Beacon Press, 1972), p. 115.

17 Herbert Marcuse, *Eros and Civilization*, p. 15.

18 Herbert Marcuse, *Eros and Civilization*, p. 18.

19 Jean-Paul Sartre, *Existentialism and Human Emotions*(Philosophical Library, 1957), p. 15.

20 Sartre, *Existentialism*, p. 51.

21 Arturo B. Fallico, *Art and Existentialism*(Prentice-Hall, 1962), p. 52.

22 Friedrich Nietzsche, *The Birth of Tragedy*, Francis Gollfing, trans.(Doubleday Anchor, 1956), p. 29.

23 Fallico, *Art and Existentialism*, pp. 74~75, 65.

24 Fallico, *Art and Existentialism*, pp. 66, 81.

25 Maurice Natanson, *The Journeying Self: A Study in Philosophy and Social Role*(Addison-Wesley, 1970), p. 122.

26 Quoted by Arthur Danto, *Mysticism and Morality: Oriental Thought and Moral Philosophy*(Harper & Row, 1972), p. 77.

27 Ludwig Wittgenstein, *Tractatus Logico-Philosophicus*, D. F. Pears and B. F. McGuinness, trans.(Routlege and Kegan Paul, 1961), sec. 6.421, p. 147.

28 Ludwig Wittgenstein, *Philosophical Investigations*, G. E. M. Anscombe, trans.(Macmillan, 1964), pp. 31~32.

29 Wittgenstein, *Philosophical Investigations*, p. 32.

30 Morris Weitz, "The Role of Theory in Aesthetics," in *Philosophy Looks at the Arts: Contemporay Reading in Aesthetics*, Joseph Margolis, ed.(Charles Scribner's Sons, 1962), p. 54.

31 Arthur Danto, "The Artworld," in *Culture and Art*, Lars Aagaard-Mogensen, ed. (Humanities Press, 1976), p. 16.

32 Wittgenstein, *Philodophical Investigation*, p. 8.

33 George Dickie, "The Institutional Conception of Art," in *Language and Aesthetics*, Benjamin R. Tilghman, ed.(University Press of Kansas, 1973), p. 23.

34 Dickie, "The Institutional Conception," p. 30.

35 Benjamin R. Tilghman, "Artistic Puzzlement," in Aagaard-Mogensen, *Culture and Art*, p. 80.

36 Tilghman, "Artistic Puzzlement," in Aagaard-Mogensen, *Culture and Art*, p. 80.

37 Timothy Binkley, "Deciding About Art," in Aagaard-Mogensen, *Culture and Art*, p. 109.

38 Hauser, *The Philosophy*, p. 55.

1. 예술의 도덕적 지위에 관한 플라톤과 아리스토텔레스의 경쟁적 이론을 오늘의 세계에서 고대 아테네의 연극과 비슷한 역할을 하는 '예술 형식'인 TV나 영화에 적용하여 검증해보라.

2. 프로이트는 승화의 한 형식으로서의 예술에 대해 양면적인 태도를 취한다. 어떤 면에서 그것은 성공적이다(그것은 예술가와 관객 모두에게 대리 만족을 제공한다). 그러나 다른 면에서 그것은 노이로제 증세나, 심지어 정신병적인 현실 부정 내지 자기가 만든 망상의 세계로의 도피와 너무 흡사한 것 같다. 이러한 주장에 대해 논하라.

3. 20세기 이전의 시각 예술을 이용하여 예술이 모방이라는 견해를 옹호하고, 20세기의 시각 예술을 이용하여 그 견해를 공격해보라.

4. 예술이 이데올로기적이라는 맑스의 견해와 예술이 인간 정신을 가장 자유로운 상태로 표현한다는 그의 견해 사이에는 갈등이 존재한다. 그러한 외견상의 모순을 마르쿠제의 이론이 어떻게 해결하고자 하는지 제시해보라.

5. 어째서 많은 실존주의 철학자들(예컨대 사르트르, 드 보봐르, 니체, 우나무노 등)은 또한 예술가, 소설가, 시인, 희곡 작가였으며, 몇몇 소설가들(도스토예프스키, 카프카 등)은 또한 실존주의 철학자로도 간주된다고 여러분은 생각하는가?

6. 일부 시민들을 당황하거나 성나게 만든 현대 예술 작품(크리스토의 〈울타리?〉 매플도프의 〈외설〉 사진?)을 골라서 비트겐슈타인/바이츠의 시각으로 논하라.

7. 예술은 어떻게 "근본적으로 열려 있고, 근본적으로 정의 불가능"한가? 예술이라고 간주할 수 없는 것은 무엇인가?

용어 풀이

가언 명령hypothetical imperative 임마누엘 칸트가 '당위'라는 언어의 비도덕적 사용법에 붙인 명칭. 이러한 '당위'의 용법은 항상 가언의 형식으로 서술될 수 있다.(예컨대, "만약 사람들이 당신을 좋아하기를 원한다면, 사람들에게 잘 대하도록 해야 한다.")

감각 자료sense data 정신에 의해 해석되기 이전에 감각을 통해 직접 지각되는 것을 말한다. 감각 자료에는 색깔, 소리, 맛, 냄새, 촉각, 쾌락, 고통 등에 대한 지각이 포함된다. 고전적 경험주의는 감각 자료에 인식론적 기초의 성격을 부여하는 것을 근본 입장으로 삼는다.

개념 미술conceptual art 20세기의 지난 40년 동안 발전한 미술 형식으로, 최종적인 예술 작품보다 제작 기법과 소재가 예술의 실질적인 예술 작업 자체라고 주장한다. 또한 몇몇 경우에는 대상보다 개념 자체를 예술 작업으로 간주하고 있다.

개념론conceptualism 개념은 정신 속에만 존재하는 일반화된 관념이지만, 자연에 실재하는 유사성과 차이성으로부터 정신이 도출하고 추상해낸 것이라는 인식론적 견해.

개념적 진리conceptual truth   한 명제가 표현하는 진리가 경험적 사실이 아니라 순전히 논리적인 연관성에 근거할 때 그것이 개념적 진리다. 예를 들어, "과부는 여자다"는 개념적 진리다. 분석 명제, 동어 반복, 아프리오리를 참조하라.

게슈탈트 심리학gestalt psychology 지각은 수많은 지각 기관의 총합으로 발생하는 것이 아니라 그러한 지각 기관들 자체가 일반적인 지각장場으로부터 도출된다고 보는 이론. 지각장은 지각 기관들의 그 어떤 것이나 그 모두로부터도 도출될 수 없는 속성을 지닌다.

결정론determinism 모든 사건은 필연적으로 일어나는 것이라고 보는 견해. 모든 사건은 반드시 그것에 선행하는 사건으로부터 유발된다. 현실에는 우연이 없고, 모든 것은 법칙의 지배를 받는다. 자유 역시 존재하지 않거나(완강한 결정론), 필연성과 양립하는 한에서만 존재한다(유연한 결정론).

경험experience   경험주의 인식론의 전문 용어로서 오감五感에 의해 직접 주어지는 자료를 가리킨다. 감각 자료를 참조하라.

경험주의empiricism   참된 인식은 일차적으로 감각 경험으로부터 나온다고 보는 인식론적 견해('순수한' 경험주의에서는 전적으로 감각 경험에서만 인식이 나온다고 본다). 경험주의자들은 모든 유의미한 인식이 아포스테리오리하다고 여기며, 아프리오리한 인식은 존재하지 않거나 동어 반복이라고 주장한다. '고전적' 경험주의자들은 로크, 버클리, 흄 등 17세기와 18세기 영국의 철학자들인데, 이들은 모두 생득 관념의 존재를 부인하고 인간 정신을 태어날 때부터 '백지'라고 가정했다.

계몽주의Enlightenment   18세기 철학 사조로서 이성의 힘이 미신, 무지, 불의를 소탕해준다고 믿는 것이 특징이다.

공리주의utilitarianism   제레미 벤담과 존 스튜어트 밀의 도덕 및 사회 철학. 그들에 따르면, 어떤 행위나 법 제도의 가치는 '최대 다수의 최대 행복'을 옹호하는 '공리성의 원칙'으로부터 도출될 수 있다고 한다.

공산주의communism   사유 재산의 폐지를 옹호하고 재화는 공유되어야 하며 이상적 사회 단위는 꼬뮨이라고 주장하는 정치 이론. 맑스주의를 보라.

관념론idealism   존재하는 모든 것은 궁극적으로 영적이거나 정신적인 것이라고 보는 존재론적 견해(따라서 일원론의 일종이다). 서구 철학에서는 대개 버클리와 헤겔을 대표자로 친다.

구조주의structuralism   프랑스의 현대 이론가인 클로드 레비 스트로스의 철학적 인류학에서 나온 사조(인문학 전반에 걸쳐 추종자들이 있다). 구조주의에서는 인간 정신이 보편적이라고 간주한다. 어느 시대, 어느 장소에서든 인간 정신은 주어진 자료를 특정한 일반적 정식화에 따라 처리하도록 구성되어 있으며, 그것을 통해 정신적 자료에 의미를 부여한다.

근본적 회의radical doubt   방법적 회의를 보라.

기능주의functionalism   정신 철학에서 최근에 가장 유행하는 이론. 이에 따르면, 정신은 '사물'이 아니라 오히려 계산 활동을 통해 그것을 둘러싸고 있는 환경과 상호 작용할 수 있는 체계다. 기능주의에 따르면, 문제를 해결하기 위한 상징을 조작할 수 있는 어떠한 계산 체계도 그 체계가 뇌이든 컴퓨터이든 외계인이든 간에 정신적 상태를 가지고 있다고 말할 수 있다. 인간의 경우에 그 정신 상태(욕망, 희망, 기대 등등)는 실제적(곧, 인과적으로 효율적)이다. 그것들은 뇌에서 현실화되나 그 자체가 뇌 상태는 아니다. 컴퓨터의 계산은 그 자체가 물리적인 상태가 아니나 컴퓨터 하드웨어의 물리적인 구성 부분에서 실현된다. 기능주의자들은 자신을 유물론자로 간주하고 있으나 그들은 정신-뇌수 동일성 이론과 배제적 유물론에 반대한다.

나쁜 믿음bad faith 장 폴 사르트르 철학의 전문 용어로서 인간적 진정성을 상실한 상태, 책임과 자유, 불안으로부터의 도피를 가리킨다. 자신이 자기 존재와 행동의 유일한 근원이 아니라고 스스로에게 납득시키고자 하는 일종의 고의적인 자기 기만.

논리실증주의, 또는 논리적 경험주의logical positivism, or logical empiricism 1차 대전과 2차 대전 사이에 오스트리아와 독일의 분석 철학에서 시작된 운동. 과학적 성향을 지닌 철학자들과 철학적 성향을 지닌 과학자들이 19세기의 유럽 철학자들의 거창한 형이상학에 대한 대응으로 이 운동을 전개했다. 그들의 목표는 철학에 과학적 근거를 부여하는 것이었다. 철학은 논리적 분석에 국한되어야 하며, 따라서 유일하게 참되고 의미 있는 명제는 과학의 명제뿐이다. 분석해보면 다른 모든 명제는 감정의 표현이거나 무의미하다는 것을 입증할 수 있다.

논리적 가능성logical possibility 어떤 것의 관념이 자기 모순을 포함하지 않으면 그것은 논리적으로 가능하다(이를테면, 1백만 개의 변을 지닌 도형의 관념). 역으로, 어떤 것의 관념이 자기 모순을 내포하면 그것은 논리적으로 불가능하다(이를테면 4변형의 원의 관념).

논리적 경험주의logical empiricism 논리실증주의를 보라.

논리적 구성물logical construct 20세기 경험주의의 용어로서 감각 자료로부터 추론될 수 있는 실체를 가리킨다. 예를 들어, 탁자가 우리의 지각과 독립해서 존재한다는 믿음은 우리의 지각에서 도출된 추론에 근거한다. 이 견해에 따르면, 오직 감각 자료만이 직접적으로 인식할 수 있다. 논리적 구성물은 간접적으로만 인식할 수 있다.

논리적 수반logical entailment 두 개념이나 명제 사이의 논리적 필연성의 관계. 만약 개념 또는 명제 X가 필연적으로 개념 또는 명제 Y를 함축한다면 X는 논리적으로 Y를 수반한다. X를 주장하면서 동시에 Y를 부인하는 것은 자기 모순이다. 예컨대, '남자 형제' 개념은 논리적으로 '형제'와 '남자' 개념을 모두 수반한다.

논리적 행동주의logical behaviorism 모든 의미 있는 심리적 용어는 궁극적으로 어떤 관찰 가능한 행동으로 소급될 수 있어야 하며 순수하게 정신적인 사실로 소급되면 안 된다고 보는 인식론적 견해. 예를 들어, '똑똑하다'는 용어는 궁극적으로 '지능'이라고 부르는 정신적 상태와 결부되는 것이 아니라 어떤 관찰 가능한 능력과 결부되어야 한다는 것이다.

논리학logic 타당한 추론의 구조를 연구하는 철학의 분야. 논증의 내용보다는 논증의 구조에 관심을 가지는 순수하게 형식적인 학문이다.

다다, 또는 다다이즘dada, or dadaism 장난감 망아지를 가리키는 프랑스어에서 유래. 제1차 세계 대전의 기계화된 대량 학살에 대한 항의로서 잉태된 유럽의 미술 운동. 전쟁의 공포 이후에 모든 기성의 도덕적, 미학적 가치가 무의미해졌다는 것을 대중에게 전달하고자 하는 허무주의적 비합리성을 표현했다.

다원론pluralism 실재가 단 한 가지 종류의 존재(일원론) 혹은 두 가지 종류의 존재(이원론)가 아니라 여러 존재들로 이루어져 있다고 보는 존재론적 견해.

대자 존재being-for-itself 장 폴 사르트르 철학에서 인간의 실재를 가리키는 용어.

도덕적 이기론moral egoism 이기론 참조.

동어 반복tautology 한 명제가 어느 면에서 반복적이거나 사족이 되면 그것은 동어 반복이다. 예를 들어, 정의는 그 서술어가 정의되는 명사와 동격이기 때문에 동어 반복이다. 분석 명제를 보라.

동인efficient cause 세계의 4가지 원인 중의 하나로서 변화를 겪는 사물에 작용하는 물리적 힘을 가리키는 아리스토텔레스 철학의 용어(예컨대, 조각가가 화강암 덩어리를 정으로 쪼는 것). (아리스토텔레스의 다른 세 가지 원인은 '질료적 원인'[화강암 덩어리], '형상적 원인'[조각가의 마음 속에 있는 조각상의 관념], '궁극 원인'[조각상이라는 궁극 목적] 등이다.)

동일성 이론identity theory 정신-뇌수 동일성 이론 참조.

로고스Logos (1) '언어' 또는 '학문'을 의미하는 그리스어. 그로부터 영어 단어의 '논리학logics'과 생물학, 사회학 등의 '~학'(~logy)이 유래되었다. (2) 플라톤에게서 믿음의 이성적 정당화를 가리키는 용어. (3) 뮈토스와 대립된 개념으로서 세계에 대한 과학적 또는 철학적인 해명을 가리킨다.

맑스주의Marxism 칼 맑스의 저작에 바탕을 둔 정치적, 철학적인 신조. 정치적으로는 공산주의의 일종이며, 철학적으로는 변증법적 유물론으로 알려진 유물론의 일종이다.

메논의 역설 Meno's paradox 플라톤의 동일한 명칭의 대화편에서 메논이 제기한 인식론의 역설. 지식을 찾는 것이 어떻게 가능한가? 만일 찾고자 하는 것을 알지 못한다면 그것을 발견하더라도 알아보지 못할 것이다. 만일 그것을 알고 있다면 이미 지식이 있는 것이므로 그것을 찾을 필요가 없다.

명제proposition 이 책에서 말하는 명제란 문장으로 주장된 모든 것을 뜻한다. 예컨대, "비가 온다"
와 "It's raining"은 같은 명제다.

목적론teleology 목적, 목표, 의도를 기준으로 해서 설명하는 것을 가리켜 목적론적 설명이라 부른
다(그리스어로 *telos*는 '목적'이다). 예컨대, "존은 잉꼬가 날아가지 못하게 하기 위해 창문을 닫았다"
는 말은 목적론적 설명이다. 존의 행동을 그의 의도를 기준으로 설명하고 있기 때문이다. 인과론적
설명과 대조하라.

목적론적 논증teleological argument 자연 속에 비지성적인 존재들의 합목적적인 행동이 존재한다
는 사실로부터 신의 존재를 연역하려는 시도(예를 들어, 도토리 끝부분이 뾰족한 '목적'은 도토리가
떨어질 때 땅 표면을 파헤치기 위한 것이다).

무신론atheism 신이 존재하지 않는다는 견해.

무정부주의anarchism 국가는 필연적으로 개인의 권리를 침해하기 때문에 부자연스럽고 부당하다
고 보는 정치적 신조.

물화reification 추상적인 것, 일반적인 것, 구체화가 불가능한 것을 부당하게 구체화한 결과를 말한
다. 라틴어의 *res*(사물)에서 나왔으므로 '사물화'라고도 한다.

뮈토스Mythos 사물을 그 초자연적 기원으로 소급해서 설명하는 설화적 문맥 속에서 세계를 해석
하고자 하는 신화와 전설, 민담의 총체. 간혹 로고스와 대비되는 의미로 쓰인다.

미메시스mimesis 직역하면 '모방' 또는 '사본'. 그러나 미학에서는 예술의 주된 기능이 모방, 곧 실
재나 관념, 또는 가능성의 모방에 있다고 보는 견해.

미학aesthetics 질적인 판단 ― 배타적으로가 아니라 전형적으로 미의 개념과 그에 관한 평가의 연
구 ― 이라고 부르는 세계의 그러한 특성들을 연구하는 철학 분야. 미학은 예술 철학에 의해 좌우
되는 경향이 있으나 그것은 또한 미와 자연에서 발견되는 것과 같은 연관된 질 자체에 관심이 있
다. 마치 윤리학이 선, 의무, 옳고 그름과 같은 질이 있는가를, 그리고 이들 도덕적 질에 관한 객관
적 평가와 주장이 정당하게 정식화될 수 있는가를 묻는 것과 꼭 마찬가지로, 미학은 미, 추, 숭고함,
희극성과 같은 대상이 있는가를, 그리고 이들 미학적 대상에 관한 객관적 평가와 주장이 정당하게
정식화될 수 있는가를 묻는다.

반증 가능성falsifiability 반증 가능성의 원리를 보라.

반증 가능성의 원리principle of falsifiability 칼 포퍼 경이 제기한 과학적 의미의 기준으로서, 그에

따르면 한 명제나 이론은 어떤 종류의 증거에 의해 논박되거나 반증되는지 진술할 수 있는 방식으로 구성될 때만 과학적이라고 한다.

방법적 회의, 또는 근본적 회의methodological doubt, or radical doubt 데카르트가 모든 지식의 절대적으로 확실한 기초를 찾아내기 위해 사용한 철학적 방법을 가리킴. 의심할 수 있는 모든 믿음은 그 자체로서 전혀 의심할 여지가 없는 믿음에 도달할 때까지 의심해야 한다.

배제적 유물론eliminative materialism 비물질적인 의식 상태를 가리키는 문장(이를테면 "나는 머리가 아프다")은 물질적 상태를 가리키는 좀 더 정확한 문장("나는 C-섬유가 자극받는다")에 의해 배제될 수 있을 것이라는 유물론적 정신 이론.

배제주의eliminativism 배제적 유물론 참조.

범주 오류category mistake 영국의 언어 철학자 길버트 라일이 지적한 핵심적인 철학적 오류. 한 논리적 범주에 속하는 명사가 다른 데 속하는 것으로 잘못 범주화되는 경우를 가리킨다. 그러한 범주의 착오에 근거해서 허위 질문이 제기된다. 한 예는 (라일에 따르면) 데카르트가 정신을 육체와 동일한 사물로 가정하고 이러한 두 가지 '사물'이 어떻게 상호 작용하는가를 묻는 것과 같은 경우다.

법적 실증주의legal positivism 정의와 적법성은 전적으로 기성 정치 권력에 의해 규정된다는 견해.

변증법dialectic 헤겔과 맑스 같은 철학자들이 주로 사용한 개념으로, 변화와 진보의 메커니즘을 설명한다. 모든 가능한 상황은 오직 그 대립물과의 관련 속에서만 존재한다. 이 관계는 적대적인 동시에 상호 의존적인데, 그 적대성(일종의 폭력성)은 결국 그 관계를 무너뜨리고 타도하게 된다(하지만 '변증법적'이라는 용어는 간혹 두 실체 혹은 과정 간의 상호적인 관계를 강조하기 위해 사용하는 경우도 있다).

변형 문법transformational grammar 일련의 대수 공식을 사용하여 문장 속의 여러 요소나 구문의 여러 상이한 형식 또는 시제들 — 곧, 능동형, 수동형, 미래형, 현재형 등 — 의 관계를 표현하는 문법적 분석의 방법.

분배적 정의distributive justice 어떤 사회 이론에 따르면, '정의로운 사회'는 부의 공정한 분배와 사회 내부의 기회 창출이 이루어지는 사회라야 한다. 그럴 때만이 분배적 정의가 존재한다는 것이다.

분석 명제analytic proposition 그 부정이 자기 모순을 낳는 명제는 분석적이다. 예를 들면, "사각형은 네 변을 가진다"와 같은 명제는 "사각형은 네 변을 갖지 않는다"는 부정형이 자기 모순이기 때문에 분석적이다. 동어 반복, 개념적 진리, 아프리오리를 참조하라.

분석 철학analytic philosophy   세계에 관한 철학적 이론을 구성하는 것보다 논리적 분석과 의미 분석이 철학에서 우위에 있어야 한다고 보는 견해. 분석 철학자들은 일상 언어나 과학적, 도덕적, 종교적 및 미학적 담론에서 중시되는 상당 수의 개념이 철학적으로 모호하거나 오도된 것이라고 믿는다. 따라서 이 개념들을 명료화하면 철학 문제들은 해결할 수 있고, 사이비 철학 문제들을 제거할 수 있다는 것이다. 분석 철학자들이 만드는 이론들은 거창한 형이상학적 구도를 제시하기보다는 담론의 다양한 영역들 사이의 논리적 관계를 보여주려 한다. 이 학파의 수많은 선구자는 유럽 대륙인이었으나, 이후에는 앵글로-아메리카인들이 이 운동을 주도하게 된다.

불가지론agnosticism   신이 존재할 가능성을 열어놓지만 실제로 신이 존재하는가는 우리가 알지 못하거나 알 수 없다고 주장하는 견해.

비결정론indeterminism   원인 없는 사건 같은 것이 존재하며, 따라서 결정론은 거짓이라는 견해.

생득 관념innate idea   태어날 때부터 존재하는, 따라서 아프리오리한 관념.

생득설nativism   정신 속에는 의식의 자료를 구성해내는 어떤 생득 관념이나 원리, 또는 구조가 존재한다고 보는 심리학적 또는 인식론적 견해.

소박 실재론naive realism   철학적 사유 이전에 일반적인 사람들이 갖는 인식론적 입장. 그에 따르면, 정신에 주어지는 지각 자료는 외부 세계를 실제 있는 그대로 정확히 복제하는 것이라고 본다.

승화sublimation   프로이트가 주로 사용한 정신분석학의 핵심 용어. 그 전에 쇼펜하우어, 맑스, 니체도 사용한 바 있다. 어떤 반사회적인 충동을 그 일차적인 목표(성적이거나 공격적인 욕망의 충족)로부터 벗어나게 이끌어 사회적으로 가치 있는 고급 문화 ― 예술, 종교, 철학, 법률, 과학 따위 ― 로 전환시키는 과정을 가리킨다.

신비주의mysticism   일상적인 이성적 절차를 초월하여 신의 존재에 대한 직접적 직관이나 궁극적 진리에 대한 초이성적 통찰을 주는 특별한 경험을 얻을 수 있다고 보는 견해.

실용주의pragmatism   한 관념의 의미는 그 관념이 진리라고 믿을 때 어떤 실제적 차이가 생겨나는가를 판정함으로써 증명될 수 있고, 한 관념의 진리성은 그 관념의 '작업' 능력을 판정함으로써 증명될 수 있다고 보는 미국의 철학.

실용주의적 진리론pragmatic theory of truth   이 이론은 어떤 명제의 진리에 관해 이야기하는 것은 그것의 '작동할' 힘, 곧 개인이 그 명제와 세계의 나머지 사이에 보다 만족스럽고 효율적인 관계를 맺어줄 수 있는 능력에 관해 이야기하는 것이라고 주장한다. 이 이론은 진리 상응 이론과 진리 일관론을 진리의 기준으로서가 아니라 효율성에 관한 몇 가지 검증 중의 두 가지로 채용한다. 실용주의 이론에 따르면, 진리는 절대적인 것이 아니라 상대적이다.

실존주의existentialism　주로 20세기에 장 폴 사르트르와 관련된 철학을 가리키지만 칼 야스퍼스, 마르틴 하이덱거, 가브리엘 마르셀, 알베르 카뮈, 미겔 데 우나무노 등의 철학을 포함하기도 한다. 실존주의란 철학의 학파라기보다는 공통의 철학적 태도에 가까운데, 사르트르의 말에 따라 개략적으로 정의하자면 인간에 대해 "실존은 본질에 선행한다"고 믿는 사상이라고 할 수 있다. 다시 말해서, 인간이 세계 속에 현존하는 것에 앞서는 인간의 본성 따위는 없다는 주장이다. 모든 인간은 각자 자유로운 행위를 통해 매 순간마다 인간됨을 창조해나가는 것이다.

실체substance　철학에서 실체란 전통적으로 가장 근본적이고 독립적인 실재라고 간주되는 것을 지칭하는 용어다. 아리스토텔레스는 다른 것들과 독립적으로 존재할 수 있는 것이면 무엇이든 실체라고 불렀다. 예컨대, 말이나 사람(아리스토텔레스가 든 예)은 독립적으로 존재할 수 있지만, 말의 색깔이나 사람의 크기는 그럴 수 없다. 17세기와 18세기의 이성주의자들은 이 독립적인 존재라는 실체의 개념을 지나치게 곧이곧대로 받아들였다. 그래서 스피노자 같은 철학자는, 세계에는 단 하나의 실체, 즉 신밖에 없다고 주장했다. 신만이 독립적으로 존재할 수 있다는 것이다. 버클리가 물질적 실체를 비판하고 흄이 정신적 실체를 비판한 이후에 실체 개념은 서서히 사라져갔다. 칸트에게서 다시 실체가 등장하지만, 그는 그것을 근본적 실재가 아니라 인식의 한 '범주'라는 의미로 사용했다.

실험적experimental　관찰 가능한 증거가 어떤 이론이나 명제의 검증 또는 반증과 연관될 때 그 이론이나 명제는 실험적이라고 칭한다. 아포스테리오리, 종합 명제, 반증 가능성의 원리를 참조하라.

심리학적 이기론psychological egoism　이기론 참조.

심층 생태주의deep ecology　자연 보존을 인간의 이익에 부합하는 것으로서 옹호하는 생태주의 운동 내부의 경향을 '천박한' 것으로 비판하는 그 운동 내부의 발전된 입장. 심층 생태주의자들(아르네 나에스, 조지 세시언즈, 게리 스나이더 등)은 모든 생명계에서 내재적 가치를 발견하며 인간 중심주의의 오만성을 비판한다. 그들은 '생태 중심'의 정치적 행동을 제시하는데, 이를테면 세계 인구의 통제라든가 '생활 수준 향상'을 위해 이미 자연 파괴가 자행된 영역에서 그러한 목표를 폐기하는 것 등이다.

아노미anomie　방향과 의미, 가치, 규범의 상실을 특징으로 하는 개인 또는 사회의 상태를 가리키는 사회학 용어.

아레테_aretê_ 고대 그리스 철학에서 종종 '탁월함'이나 '질'로 번역되기도 하나 보통은 '미덕'으로 번역되는 용어.

아포스테리오리_a posteriori_ 믿음, 명제, 논증의 진리성이 오직 관찰에 의해서만 확립될 수 있는 경우를 가리킨다. 고전적 경험주의는 세계에 관한 모든 유의미한 인식이 아포스테리오리한 진리에 기초하고 있다는 것을 보여주려 했다.

아프리오리_a priori_ 믿음, 명제, 논증의 진리성이 관찰과는 독립적으로 확립될 수 있는 경우를 가리킨다. 각종 정의, 수적 계산, 논리학의 원칙들은 보통 아프리오리하다고 말한다. 고전적 이성주의는 세계에 관한 모든 유의미한 인식이 아프리오리한 진리에 기초하고 있다는 것을 보여주려 했다. 대부분의 이성주의자는 아프리오리한 진리를 생득 관념과 연관시킨다.

양식mode 본질적 속성 중의 하나. 예컨대, 데카르트에 따르면, '사유'는 '정신'의 본질적 속성이고, '오성'은 사유의 한 속성이나 양식이다.

언어 철학linguistic philosophy 폭넓은 경향을 망라하는 20세기의 철학 유파로서 외견상의 철학 문제들은 파고들어 보면 언어에 대한 착오일 수 있다고 본다.

에고ego 정신분석학에서 이드 및 초자아와 대조적으로 정신의 합리적이고 가장 의식적이고 사회적인 측면의 명칭.

에로스Eros 그리스의 사랑의 신 이름. 정신분석학 이론에서는 타나토스, 곧 '죽음의 본능'과 대립하는 '생명 본능'을 가리키는 명칭으로 쓰인다.

예술 철학philosophy of art 예술의 미학적 특징과 이 특징에 대한 평가를 탐구하는 철학의 분과.

오캄의 면도날 Ockham's, or Occam's razor 중세 철학자 오캄의 윌리엄에게서 유래하는 간결화의 원리. 그에 따르면, 모든 관찰 가능한 자료를 설명해주는 두 가지 경합하는 이론이 있을 때 둘 중 더 간단한 것이 더 나은 이론이라고 한다. "불필요하게 실체를 늘리지 말라."

완강한 결정론hard determinism 결정론이 진리이며, 따라서 자유와 책임은 존재하지 않는다는 견해. 유연한 결정론과 비교해보라.

완강한 행동주의hard behaviorism 정신은 존재하지 않으며, 따라서 심리학은 오직 '행동'만을 연구할 수 있다는 견해. 이는 '유연한 행동주의'의 순전히 방법론적인 견해와 대립되는 존재론적 견해다.

우생학eugenics 인종을 개량하기 위한 생식 활동의 통제를 옹호하는 입장.

우연적, 또는 우연성contingent, or contingency 두 대상이나 관념 사이의 관계는 관계항 중 하나가 다른 하나 없이 존재할 수 있다면 우연적이다. 예를 들어, 데카르트는 영혼과 육체의 관계는 우연적이라고 말하는데, 왜냐하면 영혼은 육체 없이 존재할 수 있고, 육체는 영혼 없이 존재할 수 있기 때문이다. 필연성과 대조하라.

우주론적 논증cosmological argument 세계 속의 관찰 가능한 사실들로부터 신의 존재를 연역해내어 신의 존재를 입증하려는 시도. 예를 들어, 세계 속의 인과적 연쇄를 관찰함으로써 '제일 원인', 곧 신의 필연성을 연역해낼 수 있다는 토마스 아퀴나스의 주장 같은 것.

원자론atomism 존재론적 이론으로서는, 실재를 구성하는 궁극적 단위가 기초적이고 환원 불가능한 물질 입자 — 원자 — 라는 견해(이 견해는 유물론의 일종이다). 인식론적 이론으로서는, 지식을 구성하는 궁극적 단위가 기초적이고 환원 불가능한 지각 단위 — 감각 자료 — 라는 견해('심리학적 원자론'이라고 부르는 이 견해는 경험론의 일종이다).

위서apocrypha 저작이나 말이나 행위들이 사실상 확실하지 않거나 거짓일 때 그것들을 중요한 개인이나 권위 있는 전통의 탓으로 잘못 돌려 버리는 것.

유기체론organicism 실재는 기계보다 유기체에 가깝다고 보는 존재론적 견해. 전체는 어떠한 부분보다도 더 실재적이며 부분들의 실재성은 전체에 의존한다고 본다.

유물론materialism 모든 실재는 자연 속의 물질임을 증명할 수 있다고 보는 존재론적 견해(예컨대, '정신'은 실제로는 뇌수다).

유신론theism 신 또는 신들의 존재에 대한 믿음.

유아론solipsism 자신이 얻을 수 있는 참된 인식은 오로지 자신의 의식뿐이라는 견해. 유아론에 따르면, 자신 이외에 어느 것도 존재한다는 근거가 없어진다.

유연한 결정론soft determinism 결정론은 진리이지만, 자유와 책임은 결정론의 진리성에도 불구하고 존재할 수 있다는 견해. 완강한 결정론과 대비하라.

유연한 행동주의soft behaviorism '정신'이 존재하든 않든 상관 없이 그것을 인간에 대한 과학적 연구 속에 포함시킬 필요가 없다는 견해. '행동'과 그 물리적 원인에 대한 연구만으로도 충분히 완벽한 심리학이 된다는 것이다. 완강한 행동주의와 대비하라.

윤리학ethics 도덕 철학. 이를테면, 다음과 같은 문제들을 다루는 철학의 한 분야다. "선이란 존재하는가?" "선한 삶이란 어떤 것인가?" "절대적 의무 같은 게 존재하는가?" "도덕적 논증이 타당성을 가질 수 있는가?" "도덕적 판단은 단지 선호도에만 따르는 것인가?"

의도성intentionality 정신 철학에서 사용되듯이, 정신 현상의 준거적 특징. 정신 상태는 그 자체를 넘어 대상에 준거한다. 사람들은 어떤 것에 관해 생각하고, 어떤 것을 보고, 어떤 것에 대해 말하고, 어떤 것을 두려워한다. 그 용어는 비기술적 의미에서 의도를 숨기거나("그녀는 철학 과목의 수강 신청을 철회하려 한다") 또한 욕망, 희망, 기대, 공포를 숨긴다. 정신 철학에서 유물론적 이론의 가장 중요한 질문은 어떻게 어떤 물질적 대상(뇌 또는 뇌의 부분)이 이런 의미에서 의도성을 지닐 수 있는가이다.

이기론egoism 모든 행동의 동기는 자기 이익이다('심리학적 이기론'), 또는 자기 이익이어야 한다('도덕적 이기론')고 보는 동기 부여의 이론. 쾌락주의를 보라.

이드id 정신분석학에서 정신의 세 측면 중의 하나에 주어진 명칭. 그것은 주로 무의식적이고 반사회적이며 비이성적이나 에고(이성적이고 주로 의식적인 사회적 자아)와 초자아(비이성적이고 권위주의적이며 주로 무의식적인 가족적 및 사회적 양심)와 대조적으로 원초작인 성적 및 공격적 충동을 내포하고 있는 교활한 '동물적' 자아.

이론적 실체theoretical entity 실재의 일부가 아니라 이론의 일부로서만 존재하는 실체를 가리키는 20세기 경험주의의 용어. 예를 들어, "평균적인 미국의 가정 주부"는 이론적인 실체이다.

이성주의rationalism 참된 인식은 '일차적으로' 이성으로부터 나온다고 보는 인식론적 견해('순수한' 이성주의는 '오로지' 이성에서만 인식이 나온다고 본다). 정신은 스스로 질료를 만들어내서 그것에 작용을 가할 수 있다. 대개의 이성주의 이론에서 이 질료는 생득 관념의 형태를 취한다. 그러므로 이성주의자에게는 아프리오리한 인식이 가장 중요한 인식 형태이다. 이성주의 존재론에서는 정신과 세계를 동일한 것으로 본다. 따라서 현실적인 것은 이성적인 것이다. 전형적인 이성주의자들은 데카르트, 스피노자, 라이프니츠 등 17세기와 18세기에 활동했던 대륙의 철학자들인데, 그밖에 파르메니데스, 플라톤, 헤겔 같은 철학자도 이성주의자로 분류된다.('합리주의', '합리론'으로도 번역한다. ― 옮긴이)

이원론dualism 실재는 두 가지 종류의 존재 ― 보통(데카르트의 경우처럼) 정신과 육체 ― 로 구성된다고 보는 존재론적 견해.

2차 성질secondary qualities 17세기 및 18세기 인식론 및 존재론에서 유래한 용어로서 물체에 실재하는 속성처럼 보이지만 실제로는 지각에만 존재하는 지각된 성질(색깔, 맛, 냄새 등)을 가리킨다. 이 성질은 물체 속에 존재하는 성질, 곧 1차 성질에 의해 생겨난다.

인과론적 설명causal explanation 설명해야 할 대상이나 사건이 선행하는 대상이나 사건으로부터 어떻게 필연적으로 생겨나는가를 증명하는 것으로써 그 대상이나 사건을 해명하는 기계론적 방식의 설명. 인과론적 설명은 보통 자연 법칙의 술어로 표현된다. 목적론적 설명과 대조하라.

인식론epistemology 인식(앎, 지식)에 관한 이론. 이를테면, 다음과 같은 문제들을 다룬다. "인식이란 무엇인가?" "우리는 무엇을 알 수 있는가?" "의견과 지식의 차이는 무엇인가?"

인지 과학cognitive science 정신의 계산 모델을 강조하고 있는 철학, 심리학, 언어학 및 컴퓨터 과학에 걸친 다영역 연구. 기능주의 참조.

인지 불일치cognitive dissonance 예상한 것과 다른 감각 경험으로 인한 지각의 혼동 상태.

일원론monism 오직 하나의 실체만이 존재한다고 보거나(예컨대, 스피노자), 오직 한 종류의 실체만이 존재한다고 보는(예컨대, 홉스와 버클리) 존재론적 견해.

일상 언어 철학ordinary language philosophy 특히 1960~70년대에 철학의 주요 임무를 일상 언어의 개념적 및 논리적 분석으로 간주했던 영미 분석 철학에서의 강력한 운동. 이 학파는 버트란드 러셀과 논리 실증주의자들 같은 초기 분석 철학자들에 의해 추동된 일상 언어에 대한 공격을 거부했다. 대신에 일상 언어 철학자들은 많은 철학적 오류가 일상 언어에 대한 경멸과 의미의 본성에 대한 혼동의 결과였다고 주장했다. 그 혼동은 인위적인 수학적 언어를 만들어내는 것이 아니라 오로지 이상 언어의 뉘앙스에 관해 조심스럽게 주의함으로써만 제거된다는 것이다. 이 학파의 주요 구성원은 존 오스틴, 질버트 라일, 루드비히 비트겐슈타인이었다.

1차 성질primary qualities 17세기 및 18세기 인식론 및 존재론에서 유래한 용어로서 우리의 지각과 독립하여 물체에 내재하는 성질(예컨대 크기, 모양, 위치, 분할 가능성 등)을 가리킨다. 2차 성질과 대조하라.

자기 민족 중심주의ethnocentrism 자신의 민속적, 사회적, 문화적 집단이 다른 집단보다 우월한 가치를 지니고 있다는 왜곡된 믿음으로, 이 때문에 그 신봉자들은 다른 문화나 사회 체계의 가치를 무시하려고 한다.

자발적 조건화operant conditioning 어떤 자극에 대한 반응의 긍정적 강화(보상) 또는 부정적 강화(벌칙)에 의해 습성을 만들어내는 행동 통제 방법.

자유freedom 자유가 존재하려면 자유로운 행위와 자유로운 행위자가 있어야 한다. 다시 말해서, 자유란 행위자가 자신의 행위에 책임질 수 있는 방식으로 행위가 이루어지는 경우를 가리킨다. 어떤 철학자('자유주의자')들은 그런 행위가 존재하며, 누구나 자유롭게 자신의 행위를 선택할 수 있다고 말하면서 결정론이 잘못이라고 주장한다.("나는 X라는 행위를 했다. 그러나 그와 똑같은 상황에서 나는 Y라는 행위를 할 수도 있었다. 그러므로 X는 자유로운 행위다.") 또 어떤 철학자(유연한 결정론자)들은 자유로운 행위가 존재하는 건 사실이지만, 그 기준을 참된 선택이 아니라 자발적인 행위라는 관점에서 찾는다.("나는 X라는 행위를 하고 싶어서 X를 했다. 그러므로 X는 자유로운 행위다.") 또 다른 철학자(완강한 결정론자)들은 자유로운 행위의 정의에 관해서는 자유주의자들에게 동의하지만, 그런 행위나 행위자가 존재한다는 것을 부인한다.

자유주의liberalism 민주 정부를 옹호하며, 국가는 그 시민들의 최저 생활 수준을 정하고 평등한 기회와 분배 정의를 보장하는 법률을 시행할 정당한 권리와 책임을 지닌다고 주장하는 정치적 견해.

자유주의libertarianism 자유가 존재한다는 견해.

재현적 실재론representative realism 보통 존 로크와 결부되는 경험주의 인식론으로서, 그에 따르면 지각 자료는 외부 세계를 문자 그대로 복제하는 것이 아니라 사진이나 그림과 흡사하게 재현하는 것이라고 한다.

정신–뇌수 동일성 이론mind-brain identity theory 정신과 뇌수는 상이한 두 종류의 사물이 아니며, 정신과 정신 상태에 대한 언급은 실제로는 뇌수와 뇌수의 상태에 대한 언급이라고 보는 존재론적 견해.

정신분석학psychoanalysis 지그문트 프로이트가 자신의 정신 치료법에 붙인 이름. 이 치료법은 결국에 심리학적, 사회적 현상을 무의식 속의 기원으로 소급해서 설명하는 정신과 자아, 문화에 대한 포괄적인 이론으로 발전한다.

정신 철학philosophy of mind 정신과 두뇌, 정신과 컴퓨터, 정신과 행동 같은 존재론적 문제들을 다루는 철학의 분과.

정언 명령categorical imperative 보편적 도덕률로 일컫는 것에 칸트가 붙인 명칭. 그 한 가지 형태는 "그러므로 네 행동의 격률이 보편적 법칙에 따를 수 있게 행동하라." 또 다른 형태는 "그러므로 인간을……단지 수단이 아니라 항상 목적으로 대하도록 하라."

정치 철학political philosophy 정치적 실체와 정치적 관계의 정당화에 관련된 문제들을 탐구하는 철학의 한 갈래.

존재론ontology 존재에 관한 이론. 이를테면, 다음과 같은 문제들을 추구하는 철학의 분야이다. "실재란 무엇인가?" "외양과 실재의 차이는 무엇인가?" "정신과 신체의 관계는 어떠한가?" "개념들도 실재하는가, 아니면 물리적 대상들만이 실재하는가?"

존재론적 논증ontological argument 신에 대한 생각으로부터 신의 존재를 연역할 수 있다는 것을 보여줌으로써 신의 존재를 증명하고자 하는 아프리오리한 논증. 플라톤적 전통에 따르는 수많은 종교 철학자가 이 논증을 옹호했다. 처음 정식화한 사람은 안셀무스이며, 이후 데카르트, 스피노자, 라이프니츠, 헤겔의 저작에서도 여러 형태로 등장한다. 찰스 하트션이나 노먼 맬컴 등 현대적인 옹호자들도 있다. 그러나 그것을 거부한 철학자도 많은데, 예를 들면 토마스 아퀴나스, 흄, 칸트, 키에르케골 등이 대표적이다.

종합 명제synthetic proposition 한 명제의 부정이 자기 모순으로 귀결되지 않으면 그 명제는 종합 명제다. 예를 들어, "목성은 네모난 달을 갖고 있다"는 명제는 그 부정문인 "목성은 네모난 달을 갖고 있지 않다"가 자기 모순이 아니기 때문에 종합적이다(보통 아포스테리오리 명제와 결부되며, 분석 명제와 반대된다).

즉자 존재being-in-itself 장 폴 사르트르 철학에서 비인간의 실재 — 인간의 개입에 선행하는 것으로서의 '존재' — 를 가리키는 용어.

진리 상응론correspondence theory of truth 어떤 명제가 사실과 상응하면 그 명제가 참이라는 이론. "케사르는 루비콘강을 건넜다"는 사실은 케사르라고 불리는 사람이 있었고, 사실 그가 루비콘강을 건넜다면, 오직 그래야만 참이다. 그렇지 않다면 그 명제는 거짓이다. 진리 일관론과 실용주의적 진리론 모두에 반대하는 이 이론은 경험주의자들에게 특별하게 매력이 있었다.

진리 일관론coherent theory of truth 어떤 명제가 참으로 판명된 다른 모든 명제의 몸체와 일치한다면, 곧 그 명제가 논리적으로 이들 명제를 뒤따르거나 또는 그것들을 지지하고 그것들에 의해 지지받거나 또는 적어도 그것 중의 어떤 것과도 모순되지 않는다면 그 명제가 참이라는 이론. 진리 상응론과 실용주의적 진리론 모두에 반대하는 이 이론은 이성주의자들에게서 특별하게 호응을 받았다.

초자아superego 정신분석학에서 이드의 반사회적인 욕망과 충동에게 의식적 및 무의식적 죄의 감정을 첨부함으로써 그것에 반작용하는 정신의 구성 요소.

최소 국가minimal state 로버트 노직 같은 사회 이론가들의 사회적 이상. 그에 따르면, 정부가 지니는 유일한 권리와 책임은 시민들의 인신과 재산을 보호하고 시민들에 대한 범죄를 징벌하며 이러한 활동의 재정 마련을 위해 시민들에게 과세하는 것이다. 국가는 그 밖에는 아무런 정당한 권리나 책임을 지니지 않는다.

충분 조건sufficient condition P가 Q의 존재를 보장해준다면 P는 Q의 충분 조건이다. 예를 들어, 한 동물의 유선乳腺은 그 동물을 포유류라고 지칭할 수 있는 충분 조건이다(그것은 또한 그러기 위한 필요 조건이기도 하다).

콸리아qualia, 단수는 *quale* 라틴어 질quality로부터 유래하여 정신적 경험, 예컨대 부드러움, 기쁨, 고통 등과 같은 경험 자체의 (양적인 것에 반대하여) 질적인 특징을 지칭하는 정신 철학의 용어.

쾌락주의hedonism 모든 행동의 배후에 있는 동기는 쾌락이다(심리학적 쾌락주의), 또는 쾌락이어야 한다(도덕적 쾌락주의)고 보는 동기 부여의 이론. 이기론을 참조하라.

타나토스Thanatos 그리스의 죽음의 신. 정신분석학 이론에서는 모든 유기체 속에 내재한다고 하는 '죽음의 본능'을 가리킨다. 이 본능은 그 반대되는 '에로스', 곧 생명의 본능보다 더 근본적이다.

타불라 라사*tabula rasa* '백지'를 가리키는 라틴어. 존 로크로부터 출발하는 경험주의는 정신이 날 때부터 백지 상태이며 모든 지식은 경험에 의해 그 백지 위에 새겨진 것이라고 가정했다.

패러다임 변동paradigm shift 지성사에서 한 시대의 핵심적인 개념 장치가 새로운 것으로 교체되는 시점. 이를테면, 중세 시대의 본질적으로 신학적인 실재관이 새로운 판단 기준과 증명 기준을 포함하는 좀 더 세속적인 것으로 교체되는 경우.

페미니즘feminism 여성의 사회적 및 법적 평등을 거부하고 역사를 통해 여성을 평가 절하하고 주변화하고 제한한 남성적인 쇼비니즘과 남성 지배적인 권력 구조에 맞서 여성의 존엄성과 권리를 지키려는 사회정치적 이론과 실천.

필연성necessity 두 가지 사물이나 관념 사이의 관계는 만약 하나의 존재가 다른 하나의 존재를 논리적으로 수반한다면 논리적 필연성을 지니는 관계이다. 예를 들어, 삼각형의 세 각과 세 변의 관계는 논리적으로 필연적이다(우연성과 대조하라). 두 사물의 관계는 만약 하나의 존재가 항상 다른 하나의 존재로 결과한다면 물리적 필연성을 지니는 관계다. 예를 들어, 죽음은 뇌수가 파손되는 것의 필연적 결과다.

필요 조건necessary condition 만약 X가 없이 Y가 존재할 수 없다면 X는 Y의 필요 조건이다. 예를 들어, 산소는 불의 필요 조건이다. 충분 조건을 보라.

해석 기하학analytic geometry 르네 데카르트가 창시한 수학의 한 분야로서 대수적 절차를 기하학에 응용한 것이다.

해체deconstruction 페르디낭 드 소쉬르의 언어 이론에 대한 엉뚱하고도 도발적인 독해에 근거한 현대 프랑스 철학자 자크 데리다의 지적 창조물. 해체는 (철학, 소설, 법률, 과학) 텍스트에 관한 이론이다. 그것에 따르면, 바로 사유와 언어의 본성으로 인해 대부분의 전통적 텍스트는 그 자체를 '해체하고' 그 자신의 테제를 갉아먹고 거부하는 것처럼 보일 수 있다. 또는 해체는 특정 텍스트가 그 자체를 갉아먹고 거부한다는 것을 입증하는 행위다.

행동주의behaviorism 인간이나 동물의 행동의 오직 관찰 가능하고 객관적인 특징만이 그 행동에 대한 과학적 해명을 위해 필요한 연구 대상이라는 이론. 완강한 행동주의, 유연한 행동주의, 논리적 행동주의를 참조하라.

허무주의nihilism 존재론적 견해로서는, 어떤 것도 존재하지 않는다는 이론. 도덕적 견해로서는, 어떤 가치도 존재하지 않는다 또는 존재할 만한 가치가 있는 것은 아무것도 없다는 이론.

현상학phenomenology 에드문트 후설이 창시한 철학 유파로서 순수한 의식 자료에 도달하여 인식론과 존재론의 기초를 제공한다고 주장되는 분석 방법을 채용한다. 이 방법은 경험의 어떤 특징들을 "괄호"치며 모든 가정과 전제를 벗겨내고 그 본질을 드러내는 것을 포함한다.

형상forms 플라톤과 아리스토텔레스의 철학에 등장하는 개념. 플라톤(그의 철학에서는 보통 대문자를 써서 Form으로 표기한다)은 물리적 혹은 개념적 세계 안에 존재하는 모든 것이 형상에 의존한다고 보는데, 형상은 세계와 독립적으로 존재하며 모든 실재의 모형(본질, 보편자, 원형)이 되는 것이다. 형상은 영원 불멸하며, 모든 참된 철학의 궁극적 대상이다. 아리스토텔레스도 형상을 사물의 본질로 꼽지만, 그는 형상이 사물과 독립적으로 존재하는 게 아니라 그 내부에 있다고 본다. 한 대상의 형상과 기능은 궁극적으로 서로 연관되어 있다는 것이다.

형이상학metaphysics 일반적이고 사변적인 세계관을 구성하고자 하는 철학의 분야. 모든 실재와 경험에 대해 완벽하고 체계적으로 설명하고자 하며 보통 인식론, 존재론, 윤리학, 미학 등을 포함한다('형이상학적'이라는 형용사는 주로 과학적이거나 상식적이 아니라 사변적인 이론 또는 명제의 성질을 가리킬 때 사용한다).

회의론skepticism 인식의 가능성을 부인하는 태도. 전반적 회의론은 모든 인식의 가능성을 부인한다. 그러나 특정한 탐구 분야(예컨대, 형이상학)나 특정한 기능(예컨대, 감각 지각)에 대해서만 회의론을 품을 수도 있다.